湖北交通运输年鉴

（2016）

《湖北交通运输年鉴》编辑委员会　编

人民交通出版社股份有限公司

China Communications Press Co.,Ltd.

图书在版编目（CIP）数据

湖北交通运输年鉴 . 2016 /《湖北交通运输年鉴》
编辑委员会编 .—北京 : 人民交通出版社股份有限公司，
2016.11

ISBN 978-7-114-13427-2

Ⅰ . ①湖…　Ⅱ . ①湖…　Ⅲ . ①交通运输业—湖北—
2016—年鉴　Ⅳ . ① F512.763-54

中国版本图书馆 CIP 数据核字 (2016) 第 263226 号

Hubei Jiaotong Yunshu Nianjian (2016)

书　　名：湖北交通运输年鉴（2016）
著 作 者：《湖北交通运输年鉴》编辑委员会
责任编辑：赵瑞琴　陈　鹏
出版发行：人民交通出版社股份有限公司
地　　址：（100011）北京市朝阳区安定门外外馆斜街3号
网　　址：http://www.ccpress.com.cn
销售电话：（010）59757973
总 经 销：人民交通出版社股份有限公司发行部
经　　销：各地新华书店
印　　刷：北京盛通印刷股份有限公司
开　　本：880×1230　1/16
印　　张：27.25
字　　数：907千
版　　次：2016年11月　第1版
印　　次：2016年11月　第1次印刷
书　　号：ISBN 978-7-114-13427-2
定　　价：180.00元
（有印刷、装订质量问题的图书由本公司负责调换）

2015 年 6 月 9 日，交通运输部部长杨传堂（右二）到湖北省港航海事局检查指导工作

2015 年 4 月 21 日，交通运输部副部长冯正霖（前排右一）调研宜张高速公路项目群建设

2015年1月2日，省长王国生（前排）检查孝感客运站安全工作

2015年1月7日，省委副书记张昌尔（右三）调研老河口市村村通客车工作

2015 年 10 月 22 日，省委常委、常务副省长王晓东（右二）到京港澳高速公路检查指导工作

2015 年 1 月 30 日，副省长许克振（右一）到京港澳高速公路鄂豫交界处，实地查看车辆疏导情况

2015 年 1 月 12 日，省政协副主席刘善桥（左二）观摩长江宜昌至安庆段沙盘及航道整治模型试验

2015 年 2 月 4 日，团省委书记张桂华（前排左二）到武汉火车站慰问交通青年职工和志愿者

领导活动

LINGDAO HUODONG

2015 年 6 月 23 日，省交通运输厅厅长尤习贵（左一）调研武汉沌口长江大桥建设情况

2015 年 2 月 16 日，省纪委驻交通运输厅纪检组组长刘汉诚（左四）在京珠高速公路检查春运安全

2015年4月14日，省交通运输厅副厅长马立军（前排左二）调研武汉公路建设

2015年6月7日，省交通运输厅副厅长谢强（前排左三）检查随岳高速公路"东方之星"救援通道应急保畅工作

2015年5月21日，省交通运输厅副厅长程武（右二）到洪湖市万全镇开展"三严三实"专题调研

2015年5月19日，省交通运输厅副厅长石先平（左一）督导荆门市村村通客车工作

2015 年 5 月 20 日，省交通运输厅副厅长胡超文（右二）到随岳高速公路管理处调研指导工作

2015 年 6 月 19 日，省交通运输厅总工程师姜友生（左三）检查指导沌口长江公路大桥工程建设

　　2015 年 5 月 13 日，省交通运输厅党组成员、重点办主任高进华（前排右二）检查指导咸宁交通建设

　　2015 年 2 月 12 日，省交通运输厅副巡视员高玉玲（右一）慰问黄黄高速公路困难职工

2015 年 2 月 4 日，省交通运输厅副巡视员魏公民（前排右二）在荆州调研督办"三万"驻村工作队工作

2015 年 10 月 26 日，省交通运输厅副巡视员刘立生（右一）到京珠高速公路管理处检查指导工作

2015 年 12 月 16 日，省交通运输厅副巡视员阮云旻检查江汉运河航道管理处党风廉政建设

2015年12月22日，湖北省人民政府召开新闻发布会。截至12月15日，全省25989个行政村全部通客车

2015年2月9日，荆州江陵县农村公路提档升级

2015年3月，宜昌枝江市农村公路提档升级

2015年4月，十堰郧西县整治达标的通村路

2015 年 1 月 20 日，红安县 12 个乡镇 396 个建制村实现村村通客车

2015 年 3 月 10 日，恩施市有 148 个行政村通客车

2015 年 3 月 11 日，江陵县村村通客车村口始发

2015 年 3 月 31 日，鄂州市 320 个行政村在全省率先实现村村通客车

2015 年 4 月 13 日，枝江市全市实现村村通客车

2015 年 4 月 20 日，江夏区农村客运车正式上路

2015 年 4 月 14 日，老河口市 217 个行政村全部通客车

2015 年 5 月 18 日，襄州区 387 个行政村全部通客车

2015 年 5 月 21 日，远安县 102 个行政村全部通客车

2015 年 5 月 21 日，通山县村村通客车行进在楠林桥镇沿线

2015 年 5 月 29 日，潜江农村客运车辆正式运营

2015 年 5 月 31 日，天门市行政村全部实现村村通客车

2015 年 12 月 1 日，武穴市 308 个村全部实现村村通客车

2015年2月10日，郧十高速公路正式通车试运营。图为郧十高速汉江特大桥

2015年2月10日，麻竹高速公路随州西段正式通车。图为随州均川枢纽互通

2015年12月25日，麻城至武穴高速公路项目通过交工验收

2015年12月28日，保宜高速公路全线建成通车

2015 年 12 月 31 日，武英高速鄂皖省界站通车，打通湖北安徽"断头路"

2015 年 8 月 29 日，老河口光化汉江大桥大修工程竣工通车

2015 年 8 月 9 日，国内首条水上生态环保公路——古夫至昭君桥高速接线工程建成通车

2015 年 7 月 1 日，重庆巫山大昌至湖北神农架九湖旅游公路正式通车

2015 年 9 月 20 日，荆门城区至漳河一级公路建成通车

2015 年 12 月底，咸宁幕阜山区生态旅游公路基本建成

2015 年 12 月 28 日，武汉市东湖隧道正式通车

2015 年 1 月，武穴市横岗山旅游公路建成通车

2015 年 11 月 9 日，中法友谊大桥建成通车

2015年12月16日，天门南汽车客运站建成投入运营

2015年12月28日，武汉地铁3号线一期开通试运营。图为乘车大厅

2015年7月15日，湖北首条快速公交——宜昌BRT试运行

2015年6月23日，建设中的沌口长江大桥

2015年7月13日，利万高速公路清江大桥主跨顺利合龙

2015年8月28日，秭归香溪长江公路大桥正式动工

2015年7月31日，麻城至武穴高速公路沥青上面层摊铺

2015年3月22日，在建的仙洪高速沙湖特大桥

2015年5月8日，利万高速齐岳山隧道右洞顺利贯通

2015年9月8日，在建的老谷高速公路汉江特大桥

2015 年 12 月 3 日，荆州长江公铁特大桥主跨钢梁顺利合龙

2015 年 12 月 16 日，在建的团风县罗霍洲大桥

2015 年 6 月 14 日，崇阳县"6.2"水灾受损的 15 个村的道路全部抢通

2015 年 11 月 25 日，黄梅县小池港区滨江综合码头全面竣工

2015 年 9 月 29 日，黄石新港开港营运

2015 年 12 月 26 日，武汉新港阳逻集装箱港区三作业区一期工程开港试运行

2015 年 12 月 24 日，长江中游荆江河段航道整治工程完工试运行

2015 年 10 月 30 日，武汉新港三江港区综合码头一期工程开工

2015 年 12 月 4 日，松滋港车阳河港务码头二期工程沉桩施工完成

汉江碾盘山至兴隆段航道整治工程杜家滩段杜 T22# 丁坝

2015 年 1 月 16 日，交通运输部党组副书记、副部长翁孟勇一行来汉调研长江干线港口联盟和三峡水运新通道工作

2015 年 1 月 20 日，全省综合交通运输工作会在武汉召开

2015 年 1 月 13 日，湖北交通运输行业精神文明建设委员会第一次全会在省交通运输厅召开

2015 年 3 月 11 日，全省"村村通客车"现场会在江陵县召开

2015 年 4 月 23 日，长江中游城市群水运合作联席会在武汉召开

2015 年 5 月 8 日，湖北省交通运输厅、长江航务管理局与省内沿江 9 个市州政府在鄂州召开"2+9"合力共建长江黄金水道座谈会

2015 年 4 月 29 日，长江中游城市群道路运输联席会议在武汉召开

2015 年 10 月 13 日，鄂豫皖大别山革命老区扶贫攻坚省际联系会在黄冈召开

2015 年 11 月 10 日，"十二五"全国干线公路养护管理检查组到湖北检查干线公路养护管理情况

2015 年 3 月 9 日，全省县市区交通局长培训班在宜昌开班

2015 年 6 月 23 日，全省联动治超现场会在界子墩治超站举行

2015 年 10 月 24 日，武汉—莫斯科国际铁路货运公共班列首发

2015 年 4 月 30 日，国航开通武汉—素叻他尼直飞国际航线

2015年9月28日，"武汉—日本、韩国集装箱快班航线"正式开通

2015年9月29日，武汉—澳大利亚黄金海岸直达航线开通

2015年12月16日，南航开通广州—武汉—罗马航线

2015年10月20日，EMS华中（武汉）陆路邮件处理中心正式投入运营

2015年7月24日，省交通运输厅、宜巴高速公路建设指挥部和世行代表团在武汉签订宜巴建设项目监测备忘录

2015年9月16日，省交通运输厅与中国进出口银行湖北省分行签订战略合作协议

2015 年 10 月 17 日，省交通运输厅与潜江市政府签订合力打造江汉运河生态文化旅游带交通现代化示范城市共建协议

2015 年 10 月 27 日，湖北省地方海事局与西藏自治区地方海事局签订水上交通安全合作共建备忘录

2015 年 10 月 19 日，省交通运输厅、省农垦事业管理局和荆门市委市政府签订《打造中国农谷·屈家岭生态文明现代交通示范区共建协议》

2015 年 11 月 27 日，省邮政速递物流公司与湖北交通职业技术学院签订战略合作协议

2015 年 12 月 30 日，省运管物流局与省邮政速递公司签订战略合作框架协议

行业管理和交通文化

HANGYE GUANLI HE JIAOTONG WENHUA

209 国道十堰畅安舒美示范路

2015 年 1 月 29 日，汉十高速路政联合交警为过往货车压速带道，确保车辆安全行驶

2015 年 6 月 2 日，省交通运输厅紧急开通随岳高速"东方之星客船翻沉事故"生命救援专用通道

2015 年 3 月 19 日，举办湖北交通运输网上审批服务平台操作培训

2015 年 5 月 5 日，省交通运输厅正式启动纪律
审查协作组工作

2015 年 6 月 30 日，省交通运输厅纪念建党 94 周年
表彰大会暨创建"红旗党支部"现场会在红安召开

2015 年 10 月 17 日，全省水上安全联合应急演练
在汉江潜江兴隆水域举行

2015 年 11 月 30 日，全省
装配式公路钢桥架设应急演练
活动在孝感举行

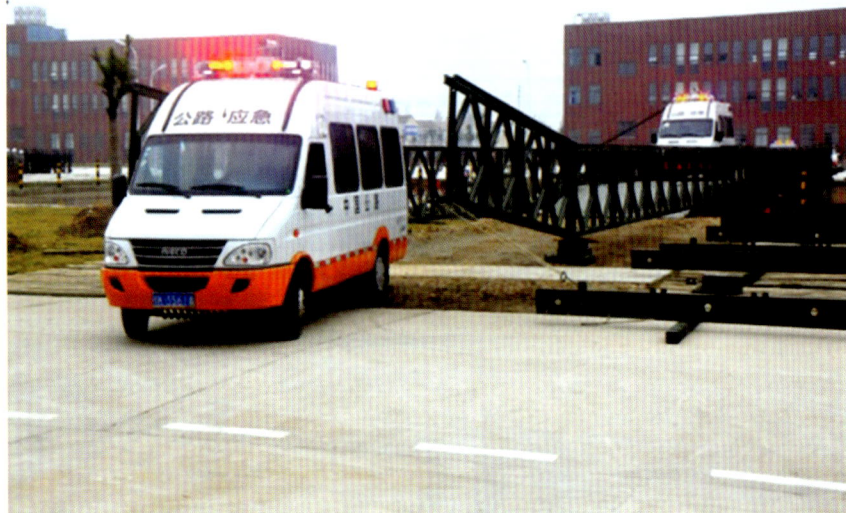

2015 年 8 月 28 日，全省交通运输行业"冲刺杯"职业技能大赛航道养护技术比武在汉江钟祥段举行

2015 年 10 月 14 日，全省高速公路系统"冲刺杯"养护工技能竞赛决赛在武英高速举行

2015 年 12 月 19 日，全省高速公路路政执法技能竞赛决赛落幕

2015 年 10 月 15 日，湖北省交通运输行业"冲刺杯"职业技能大赛公路养护决赛在潜江落下帷幕

2015 年 10 月 28 日，湖北省交通运输行业"冲刺杯"农村客运驾驶员职业技能大赛落幕

2015 年 10 月 17 日，全省综合交通运输职工乒乓球比赛在湖北交通职业技术学院举行

编 辑 说 明

一、《湖北交通运输年鉴(2016)》是省交通运输厅连续编纂的第26卷年鉴，主要反映2015年全省地方交通发展的新成就、新经验和新问题，涵盖铁路、民航、邮政、公路、水路等综合交通部门。本卷年鉴既突出2015年度交通发展的特点，又保持与历年年鉴内容的连续性，为各级领导、全省交通运输系统干部职工和各界人士研究湖北交通运输提供信息，积累资料。

二、本年鉴设特载、大事记、概况、交通运输发展战略研究及前期工作、交通基础设施建设、交通基础设施养护和管理、综合交通和水陆运输、安全应急管理、交通财务费收和筹融资、交通法治、交通科技与培训教育、交通综合管理、党群工作和精神文明建设、调查研究、专题资料、全省交通运输系统领导名录、获奖名录、统计资料等18个栏目。

三、本年鉴记述2015年内容，凡未标注具体年份的记述，也均为2015年内容。

四、本年鉴照片由各单位提供，编辑室补充并审定编排。

五、本年鉴统计资料由湖北省交通运输厅计划处提供，其他栏目的同口径统计数字，均以统计资料数字为准。

六、本年鉴由各市（州）交通运输局（委）、综合交通各部门和湖北省交通运输厅厅直单位、厅机关各处室供稿。稿件均经有关部门领导审核，编辑复审，主编审定，年鉴编委会终审。

七、《湖北交通运输年鉴(2016)》的出版发行，得到全省交通运输系统各级领导和职工的大力支持，在此一并致谢。错漏之处，敬请读者指正。

目　录

交通运输发展战略研究及前期工作

交通基础设施建设

交通基础设施养护和管理

党群工作和精神文明建设

调查研究

专 题 资 料

全省交通运输系统领导名录

获奖名录

统 计 资 料

特　载

当好发展先行官　建成祖国立交桥
为服务全面小康而奋力拼搏

——尤习贵厅长在2016年全省交通运输工作会上的报告

（2016年1月19日）

同志们：

这次会议的主题是：认真贯彻落实十八届五中全会、中央、全省经济工作会议和全国交通运输工作会议精神，总结"十二五"工作，分析形势，研究"十三五"交通运输发展总体思路，部署2016年重点工作，动员全省交通运输系统广大干部职工勇于担当、竞进提质，为我省率先在中部地区全面建成小康社会奋力先行。

下面，我讲三个方面的意见。

一、"十二五"我省交通运输发展取得重大成就

"十二五"以来，在省委省政府的坚强领导和交通运输部的大力支持下，全省交通运输系统坚持以"四个全面"战略布局为统领，瞄准"六个翻番"的规划目标，以改革创新为动力，以服务人民群众交通运输需求为核心，主动作为，克难攻坚，着力推进"五个交通"，打牢发展大底盘，建设祖国立交桥，全力提升交通运输服务发展水平，全面推进治理体系和能力现代化建设，圆满完成了"十二五"各项任务，实现交通运输发展阶段由"总体缓解"向"基本适应"跃升，为"建成支点、走在前列"提供了强有力的交通支撑保障。

这五年是极不平凡的五年，是我省交通运输发展史上具有里程碑意义的五年，是跨越发展、成就辉煌的五年，也是创新突破、亮点纷呈的五年。一是创造了"六个翻番"。全省公路水路交通固定资产投资规模翻番，由1877亿元增长到4279亿元；内河航运投资规模翻番，由106亿元增长到342亿元；综合运输枢纽及交通物流工程建设投资规模翻番，由22亿元增长到182亿元；一级公路里程翻番，

由2210公里增长到5248公里；新增高等级航道里程翻番，由新增60公里再增614公里；港口集装箱吞吐能力翻番，由150万标箱增长到433万标箱。二是实现了"六项进位"。公路水路交通建设投资稳居全国第四，是"十一五"投资的2.2倍，相当于中华人民共和国成立后60年交通投资总和的1.4倍。全省公路总里程位居全国第三，达到25.3万公里。新增一、二级公路8436公里，其中一级公路3038公里，二级公路5398公里，均居全国第一。全省25989个村全部实现"村村通客车"，新改建农村公路73184公里，进入全国第一方阵。高速公路位居全国第四，达6204公里。内河千吨级及以上航道位居长江沿线第一，达1738公里；阳逻港集装箱吞吐量位居全国内河港口第一，突破100万标箱；内河航运投资位居全国第二，达342亿元。汉新欧班列2015年增幅位居全国第一，逾500%；累计164列，其中回程66列，全国第一；去程98列，全国第二。三是打造了"六大品牌"。深化党建品牌，坚持从严治党，铁肩担责、铁腕问责、铁面履责，持续反"四风"、正党风、改作风、树行风。"三严三实"专题教育工作经验在全省推广，鸿忠书记给予高度肯定。省厅连续四届被省委授予党建工作先进单位。拓展创建品牌，以社会主义核心价值观为引领，"十行百佳"在全国交通运输行业率先构建铁、水、公、空、邮大交通文明创建工作机制，入选全省十大文明创建品牌，交通运输行业连续三届获得全省文明行业。壮大英模品牌，张兵、张祚琼、王何林、王华君、陈红涛等一批交通英模享誉全省，走向全国。厚植文化品牌，培

育了"铺路石精神""航标灯精神"，打造"情满荆楚"等一系列文化品牌，在行业内外产生广泛影响，交通人精神家园更加丰富。提升文明品牌，建成国家级文明单位12个、省部级文明单位145个、省级文明路33条；142个先进集体、111个先进个人获得省部级以上表彰。省厅连续四届获得全国文明单位。创新青年品牌，交通青年在改革发展中建功立业，建成全国青年文明号22个、省部级青年文明号198个，建成20多个工作成果显著的创新工作室。

"十二五"我省交通运输工作主要做法和特点是：

（一）砥砺奋进，交通基础设施建设实现新跨越。一是公路路网加快完善。宜巴、保宜、麻武穴、恩黔、恩来等一批高速公路建成通车，"七纵五横三环"高速公路网基本形成。普通国道二级及以上公路比重达到89%，公路网密度达到136.1公里/百平方公里。实现了100%的县市通国道，99%的县市通一级及以上公路，100%的乡镇通国省道，98%的乡镇通二级以上公路，100%的建制村通沥青（水泥）路。二是港航建设加速推进。280公里荆江航道提升到3000吨级，提前5年实现规划目标。汉江兴隆以下提升为千吨级航道。江汉运河全面贯通，"长江—汉江—江汉运河"810公里高等级航道圈全面形成。全省港口货物吞吐能力净增8000万吨，达到3.1亿吨。三是综合枢纽建设加大力度。建成客运枢纽站场项目54个，7个国家公路运输枢纽城市均建有或在建综合客运枢纽，初步形成综合客运枢纽网络骨架体系。建成货运枢纽（物流园区）项目41个，实现全省100%的

市州在建或建有货运枢纽(物流园区)。顺丰国际物流核心枢纽落户鄂州。天河机场三期稳步推进,助推武汉冲刺全国航空"第四城"。

(二)量质兼取,交通综合运输服务能力得到新提升。一是交通运力结构明显改善。营运车辆逐步向专业化、标准化、清洁化方向发展,清洁能源和新能源公交车达9438台,中高档客车占比达68%。内河船舶大型化、标准化进程明显加快,全省新增航运企业78家、达到424家,净增船舶运力100万载重吨、达到780万载重吨,单船平均载重从1240吨提升到1750吨。二是城市公共交通服务水平明显提高。国家"公交都市"和11个省级公交示范城市创建工作稳步推进。79个市县开通城市公交线路,全省开通微循环公交线路近100条,公共交通成为人民群众出行的首要选择。出租汽车公车公营比例超过65%,积极推广出租车电召服务模式,试点推行城市网络约租车服务。三是货运物流组织方式明显优化。华中甩挂运输联盟、华中大道快运联盟、华中道路客运小件快运联盟相继成立,先进运输组织方式得到有效推广。武汉至上海洋山、泸汉台、武汉—东盟四国航线持续、常态运营。铁水联运、江海联运、公水联运、国际国内快件多式联运发展迅猛,构筑起内陆开放新高地。新建、改建农村物流综合服务站352个。省交通、商务、邮政等8个部门合力共推农村物流融合发展,交通物流服务网络体系日臻完善。

(三)以人为本,交通服务民生再上新台阶。一是率先实现村村通客车。2015年村村通客车被省委、省政府列为"一号工程",整合多方资源,筹集资金约90.5亿元,加宽改造通村公路4.7万公里、修建错车台9.5万个;修缮改造桥梁1598座;新增乡镇客运站141个、候车亭7032个、招呼站12824个。人民日报头版头条以《湖北,客车开进了村里》进行了报导,传堂部长作出重要批示,充分肯定我省经验做法。二是倾力打造四大最美扶贫路。编制实施全省集中连片特困

地区交通建设扶贫规划,积极争取部、省支持,在项目安排、补助标准等方面向四个扶贫开发片区倾斜,建设大别山红色旅游路、秦巴山环库生态路、武陵山清江画廊路、幕阜山香泉特色路等4条、总长3813公里的扶贫攻坚路,惠及29个贫困县、800万贫困人口,为片区群众打通了奔向小康的致富路。三是健全交通运输安全应急机制。建立健全交通运输突发事件应急管理规章制度,完善应急预案,构建了涵盖交通运输全领域、多等级的安全应急组织管理体系。建成省高速公路应急指挥中心、水上搜救应急管理平台和公路水路安全畅通与应急处置系统。2580艘客渡船、旅游客船实现北斗视频监控。完成安保工程6.6万公里,改造危桥1805座。加大跨省跨区域应急演练力度,2012年全国公路交通联合应急演练在武英高速成功举行。全省交通运输安全生产形势持续稳定好转。

(四)开拓进取,交通转型发展取得新成效。一是智慧交通开启新模式。整合交通运输数据资源,构建湖北省交通运输云数据平台,形成"一张图、一个网、一套终端"。着力打造"互联网+"便捷交通,全省道路客运联网售票系统已覆盖15个市州、114家客运站。高速公路ETC实现全国联网,"通衢卡"用户突破100万。搭建交通物流信息平台,注册企业覆盖全省一半以上的物流企业。移动互联网、北斗、无线射频识别、驾培e网通等新技术得到推广应用,传统业态实现转型升级。二是绿色交通取得新进展。低碳交通运输城市、基地、企业的试点示范工作加快推进,清洁能源、废旧材料循环利用等"四新"在交通运输领域广泛应用。全面推进"车船路港"千家企业低碳交通运输专项行动,4批共8家低碳交通推广基地、20家节能减排示范企业带动作用明显。全省拆解内河老旧运输船舶1050艘。丹江口库区和梁子湖绿色航运示范区建设取得积极进展。三是科技创新实现新突破。深入实施"科教兴交"战略,围绕重大工程建设与养护、综合运输与现代物流、资源节约与环境保护、

交通安全与应急保障等领域的关键技术问题,开展科技创新,完成科技成果200余项,一批成果达到了国内领先以上水平,获得省部级以上科技进步奖12项,取得专利授予权等知识产权100余项,《复杂地形地质条件下山区高速公路建设成套技术》获国家科技进步二等奖,成功解决了一批关键技术难题,自主创新能力与水平明显提高。交职院建成交通运输部和湖北省"双示范"高职院校,成为湖北省十大职教品牌建设单位之一。

(五)攻坚克难,交通深化改革开创新局面。一是交通行政审批改革深入推进。推行行政审批"四减五制三集中",省级审批事项同比全国最少。省市县交通运输实现网上审批全覆盖。将5000万元以下的、绝大部分交通基础设施建设项目的工可、初设等下放到市州,释放改革红利,加快了项目前期工作。在省直部门首开双休带班值班制、午休值班制先例,免费培训行政相对人,切实方便老百姓。二是综合交通体制机制改革稳步推进。积极争取交通运输部将湖北纳入全国综合交通运输改革试点省份,出台加快推进重点改革实施意见,构建综合交通协调共建机制,组织综合交通试点示范项目建设,基本形成大交通文明创建格局。三是交通筹融资体制改革创新推进。争取省政府出台普通公路发展新政策,安排120亿元地方政府债券用于普通公路建设。充分发挥各级交通投融资平台作用,通过银行贷款、企业债、资产证券化等渠道筹集建设资金,全省公路水路领域市场化融资规模超过2000亿元。继续开放交通建设市场,积极推行BOT、BT、BOT+EPC等模式,成功推动交通基础设施项目PPP试点示范工作。支持、督促市县以财政投入、融资平台融资、土地捆绑和资源开发等方式落实配套资金。"十二五"期,我省累计争取中央车购税资金502亿元,是"十一五"期的2.4倍。四是交通法治建设全面推进。《湖北省水路交通条例》《湖北省公路超限运输管理办法》《湖北省城市公共交通发展与管理办法》相

继出台，深入开展"法律六进"活动。全省交通运输行政执法"四统一""三基三化"建设取得积极进展。事业单位分类改革、公路与航道管养、驾培和维修检测等各项改革稳步推进，形成行业发展新动能。

同时，援藏援疆、综治维稳、信息宣传、群团、老干、职业资格、造价、后勤等各方面工作全面加强，卓有成效。

五年来，全省邮政业发展成效显著。全省邮政业务总量累计完成405亿元，年均增幅30%；邮政业务收入累计完成379亿元，年均增幅25%；支持国内网络交易额近700亿元。全省邮政业成为推动流通方式转型、促进消费升级、普惠城乡百姓、扩大就业渠道的重要力量。全省邮政业基础设施建设逐步完善，服务保障能力显著增强。农村邮政普遍服务基础设施明显改善。

2015年全体交通干部职工同心协力，"十二五"完美收官。一是固定资产投资逆势上扬，突破1100亿元，为经济稳增长提供了有力支撑。二是"十二五"交通建设项目决战决胜，开展"冲刺杯""大战五十天、确保开门红"等劳动竞赛活动。同时，集中开工了一批45个、130亿元投资的公路水路建设项目。三是黄金水道开发取得新成果。"645工程"取得新进展。建立"2+9"合作机制推进长江中游深水航道建设。整合鄂东南5市港口资源，组建武汉港航发展集团，打造"港口航母"。武汉航交所完成重组，并与多家商业银行开展战略合作。四是圆满完成了迎国检工作。全省大、中修工程按时完工，预防性养护和日常养护全面加强，路容路貌焕然一新，部检查组给予高度评价。五是大力推进综合交通发展规划编制工作。在综合交通各部门的大力支持下，着力深化前期研究、做实调研工作、加强文本编制、强化汇报衔接，广泛征求各方意见。目前，已形成"十三五"综合交通运输发展规划征求意见稿，相关投资政策已获省政府常务会议审议通过。六是党风廉政建设全面加强。厅党组始终把"党要管党、从严治党"

作为交通运输改革发展的生命线，"两个责任"一起担、一起抓、一起压，多措并举尽职履责，下大气力抓好领导班子和干部队伍建设，形成了风清气正的交通政治生态。全面推进审批、服务、执法、工程等4个"廉政阳光交通"建设，取得明显成效。深入学习贯彻落实《条例》《准则》，把纪律规矩始终挺在前面。七是东方之星应急救援体现湖北交通精神，传堂部长称赞我们为"政治坚定、敢于担当、保障有力、服务细致"的交通铁军。

五年来，在推进湖北交通运输改革发展的实践中，我们有几点深刻体会：一是省委省政府高度重视、强力推进，各地大力支持、形成合力。党委政府高度重视，鸿忠书记、国生省长等领导多次现场调研交通运输工作，一批路书记、路市长、路县长倾情交通运输发展；部省共建、厅市共建、多元共建，广大群众倾注交通建设；省厅强化服务职能，发挥补助资金杠杆作用，各地整合资金配套，上下一心，极大调动了各方积极性，有力推动了交通大建设大发展。二是必须坚持以先进理念引领交通运输发展。"打牢发展大底盘，建设祖国立交桥"战略、"五个交通"发展理念，引领我省交通科学发展、跨越发展。理念创新为我省交通运输发展提供了不竭动力。三是必须坚持稳中求进、难中求进总基调。面对经济下行压力，四万亿投资政策红利消失，交通体制机制深刻变革，燃油税改革、二级公路撤销106个收费站，厅党组严格遵循"十二五"规划，目标不变、规模不减，增幅不降。全省交通运输系统坚定信心不动摇，咬紧目标不放松，做稳增长的主力军，始终没有放慢发展的步伐，各项工作稳中求进、难中求进、稳中向好，一年一个新台阶，一年一个新跨越。四是必须坚持把改革创新作为交通运输发展的源动力。坚持目标导向、问题导向，力促行业可持续发展。简政放权，全面深化行政审批制度改革；破解资金短缺难题，鼓励和推进社会资本进入交通领域；稳步推进综合交通运输改革试点工作，

成立了省综合交通运输工作领导小组，办公室设在省交通运输厅。首次统筹编制综合交通运输发展规划，有效整合各类综合交通运输资源。五是必须坚持竞进有为、主动作为的精神状态。精神状态决定发展状态。只有善用"精神经济学"，以"跳起来摘桃子"的精神，积极争取，主动作为，才能保持发展战略定力。只有坚持以严的作风、实的举措，把责任扛在肩上，把担子挑在身上，克难攻坚，勇于担当，才能开创发展新局面。

湖北交通"十二五"的辉煌成就，得益于省委省政府的坚强领导和交通运输部的大力支持；得益于地方党委政府和人民群众的鼎力支持；得益于交通历届班子的共同努力；得益于"三严三实"的精神引领，以及全体交通人的奋力拼搏，竞进提质，扎实工作。在此，我代表厅党组，向长期以来大力支持交通运输工作的各级党委政府和有关省直部门，向历届老领导和离退休老同志、全省交通运输系统广大干部职工及其家属，表示衷心的感谢！

二、"十三五"我省交通运输发展的形势与任务

（一）准确认识和把握交通运输发展形势

发展机遇多重叠加。一是从供给侧结构性改革要求看，认识、适应、引领经济发展新常态，有效投资仍是推动我省经济增长的重要动力，投资交通基础设施建设仍将保持高位运行。二是从国家战略落地生效看，湖北是国家三大战略的重要节点，是国家、省多重战略叠加布局的交汇点，改革开放"棋局"轮到湖北，中央"布局"器重湖北，科学发展战略体系"谋局"湖北，我省交通发展新空间将全面拓展。三是从我省经济社会发展阶段特征看，"十三五"仍处于大有可为的黄金机遇期、积蓄能量释放期、综合优势转化期、四化同步发展加速期，交通运输需求持续旺盛。同时，新一轮科技革命和产业变革蓄势待发，"互联网+"交通运输深入实施，新模式、新业态、新动能不断涌现，这些都为我省交通运输创新发展注入了强大动

力、提供了重大机遇。

面临挑战日趋严峻。一是转型升级的挑战。交通发展所依赖的土地、环保、生态、能源等要素刚性约束进一步加剧，交通建养资金短缺矛盾日益突出。二是行业发展深层次问题带来的挑战。管理体制机制不畅，区域之间、城乡之间交通运输发展不平衡，综合交通运输网络不完善、融合不紧密，效率和品质不高、安全不牢固，农村和贫困地区交通基础设施仍然比较薄弱，基础设施覆盖范围和通行能力有待扩大，运输服务能力和水平有待提升，运用法治思维推进交通治理体系和治理能力现代化有待进一步加强。三是提升运输服务品质和效率的挑战。人民群众对高品质、高效率、低成本的交通需求日益强烈。这些都成为我省交通运输转型发展面临的新挑战，需要我们积极应对、响应期待。

发展要求更加明确。习近平总书记提出，湖北要加快"建成支点、走在前列"；李克强总理提出，湖北要争做长江经济带发展的脊梁；省委省政府提出，要按照1.5倍的系数加快发展，率先在中部地区全面建成小康社会，力争在全国发展方阵中总量进位、质量升级，为实现第二个百年奋斗目标奠定坚实基础。这就要求我们践行"五个更加注重"，加速形成开放型立体综合运输体系，加速提升交通基础设施网络化水平，加速推进区域城乡交通一体化，加速转型升级、提质增效，为实现"交通强国"梦奋力先行。

综合研判，"十三五"期是我省加快完善综合交通运输体系、强化综合交通枢纽地位的发展机遇期，是加快转变发展方式、调整交通运输结构的转型关键期，是强化基本公共服务、提升服务品质和效率的重要成长期，是全面深化改革、促进交通可持续发展的攻坚突破期。机遇与挑战并存，困难与希望同在，我们应当因势而动，应势而为，顺势而进，乘势而上，推动交通运输转型升级、提质增效。

（二）牢固树立和贯彻落实五大发展理念

党的十八届五中全会提出创新、协调、绿色、开放、共享的发展理念。新的发展理念就是指挥棒，就是指导全局、统一思想、协调行动的总原则、总要求，要坚决抓好贯彻落实。

一是崇尚创新，在转型升级、增强动力上攻坚突破。要强化理念创新，紧紧围绕建成交通强国、率先在中部地区全面建成小康社会战略目标，结合供给侧结构性改革，深入研究当前我省交通运输基础设施、综合服务、运输装备、运输方式等方面存在的结构性问题，不断创新具有湖北特色的交通运输发展理念，扩大有效供给，提高供给质量效率、降低运输服务成本。要强化科技创新，广泛推广应用"四新"，充分发挥信息化在交通运输转型升级中的重要作用，建成一批创新成果多、科技含量高、质量品质优、安全效应好的品牌示范工程；推进"互联网＋"交通运输，促进信息技术与交通发展全面融合。要强化体制机制创新，深化重点环节和关键领域的改革，破解发展难题、增强发展动力、厚植发展优势，推进交通运输行业治理能力现代化。要强化服务创新，紧紧围绕人民群众对交通运输服务的新需求新期待，发展个性化、多样化、高品质的公众出行服务产品。

二是注重协调，在优化布局、补齐短板上攻坚突破。要统筹城乡、区域发展，优化综合交通空间布局，紧紧围绕"两圈两带一群""一主两副多极"等战略布局，坚持立足当前、着眼长远，促进区域交通协调发展，突出交通对城镇化建设、产业发展的支撑带动作用。要推进现代综合交通运输体系建设，统筹各交通方式高效衔接，完善综合运输新格局。加快完善铁水公空有机衔接的多式联运体系，推进港产、港城协调发展，使衔接不畅的短板真正转化为综合交通的优势，使湖北综合交通的优势真正转化为享誉全国、面向世界的品牌。要推动建管养运的平衡发展，注重短板领域和薄弱环节建设，重点加快普通公路的提挡升级，补齐水运发展短板，推进农村客运和农村物流的长效发展。要

促进交通运输全面发展，在加快交通大建设、大发展的同时，更加注重文化文明建设，实现行业"软实力"与"硬实力"的齐头并进、同步提升。

三是倡导绿色，在节能减排、保护生态上攻坚突破。要落实国家生态文明建设战略和全面推进生态省建设的要求，努力将"两型交通"理念贯穿于行业发展的全过程，加快建设以绿色循环低碳为特征的交通运输体系。要深入开展"车船路港"千家企业低碳交通运输专项行动，大力实施绿色交通示范工程，推进结构性节能减排、管理性节能减排和技术性节能减排。要集约节约高效利用资源，推进交通设计、建设、运营领域的环境保护，提高废旧材料循环利用率，合理确定建设标准及方案，推动绿色生态公路、枢纽等建设。注重长江、汉江流域生态环境保护，共抓大保护，不搞大开发，大力构建绿色生态廊道。

四是厚植开放，在拓展空间、内外联动上攻坚突破。要加强与"一带一路""长江经济带""长江中游城市群"战略的衔接互动，培育全方位对内、对外开放优势，努力形成立足湖北、辐射中部、沟通各大重要经济区、联通国际的综合交通运输发展新格局。要用好长江中游区位优势，推进陆海内外联动、东西双向开放，巩固提升"汉新欧"班列、武汉至日韩快班，做大做强"泸汉台"等品牌航线，建立以顺丰国际货运机场为核心的航空网络，初步形成覆盖全球主要经济体的国际航空货运网，将湖北由内陆腹地打造成开放高地，努力开创开放发展新局面。

五是推进共享，在普惠民生、互联互通上攻坚突破。要充分发挥交通运输在基本公共服务均等化中的关键作用，通过共建共享，保障和改善民生、提升服务品质，促进社会公平发展。大力推进城乡客运一体化发展，方便公众出行，增进人民福祉，全面提升公共客运服务均等化水平。要更加注重贫困地区、农村地区交通发展，重点推进交通精准扶贫脱贫，加快通路、通车、通物流"三通"建设，让老百

姓共享交通发展成果。要积极促进云计算、大数据、物联网等与交通运输行业融合发展，做好基础数据、运行数据、调查数据的采集、整合和共享，推进省级云数据中心与交通运输部数据中心、省政府其他部门、市级数据中心之间的数据交换，实现交通信息资源全面开放，共享利用。

只要坚持，梦想总是可以实现的。当前，中国人民正在为实现中华民族伟大复兴的中国梦而奋力前行。传堂部长指出，建设世界交通强国，是我们交通人的"中国梦"。从"九省通衢"到"九州通衢"，承载着湖北交通人的梦想和希望；从"大路飞歌"到"当你走过"，记载了湖北交通人孜孜追求、激情奋进的足迹。新的历史时期，省委省政府把我省交通运输发展定位为：当好发展先行官、建成祖国立交桥。这就是湖北交通人"十三五"的"交通梦"。当好发展先行官，继续做大做强交通总量是前提、是基础，建成立交桥是目的、是结果。其核心和要义是发展。当好先行官，要求继续做强做大交通总量，体现的是厚植优势、夯实底盘；建成立交桥，要求立足中部着眼全国，体现的是高效衔接、互联互通。两者相辅相成，互为因果，辩证统一，共同组成一个科学完整的交通运输发展战略体系，是"十二五"湖北交通发展战略的延续，是湖北交通发展纲领的升级版，是一个承上启下、与时俱进的战略构想和行动纲领。它既是服务经济社会发展大局、完善国家综合交通运输体系的战略举措，也是加快现代物流业和现代服务业发展的必然要求。当前和今后一段时期，我们必须把五大发展理念融入"当好发展先行官、建成祖国立交桥"的生动实践，自觉对准国内、国际先进水平，立足湖北的区位优势，着力打造在全国、全世界有影响力的交通枢纽和试点示范，在交通基础设施建设上先行，发挥好拉动内需、稳定增长的突出作用；在对接国家战略上先行，加快构建综合交通运输体系；在绿色、智慧、平安交通发展上先行，推进综合交通运输服务提档升级；在改革攻坚上先

行，努力构建现代交通运输治理体系；在简政放权、建设法治政府部门上先行，建立权责统一、权威高效的依法行政体制；在培育交通人才队伍和优秀文化上先行，提升交通软实力，奋力为实现交通强国梦、两个百年梦而不懈努力！

（三）"十三五"的总体思路、目标和任务

总体思路是：认真贯彻落实党的十八大、十八届三中、四中、五中全会精神，围绕"四个全面"战略布局，按照"保底线、补短板、重衔接、强服务、促转型、抓治理"的思路，以推进交通运输行业转型升级为主线，以提升交通运输质量和效益为重点，加快构建安全便捷、畅通高效、绿色智能的现代综合交通运输体系，当好发展先行官，建成祖国立交桥，为湖北率先在中部地区全面建成小康社会、"建成支点、走在前列"提供有力支撑。

总体目标是：基本建成"两中心两枢纽一基地"，即武汉长江中游航运中心、全国铁路路网中心、全国高速公路网重要枢纽、全国重要航空门户枢纽、全国重要物流基地。具体到公路水路交通发展目标是：到2020年，全省高速公路里程达到7500公里、二级及以上公路里程达到3.6万公里、高等级航道里程达到2000公里、全省港口通过能力达到4亿吨、集装箱通过能力达到500万标箱。实现县县通高速，建制乡镇通二级及以上公路，普通国道二级以上公路比例达到97%，100%行政村、撤并村、易地扶贫搬迁新建安置点、规模以上自然村通沥青水泥路，国省道网与主要港口、重要站场、高速公路出口、以公路为主通道的4A及以上景区实现二级及以上公路通达。客运枢纽和物流园区（中心）覆盖所有市州。

重点任务是实施以下七大工程：

第一，实施决战决胜扶贫脱贫攻坚工程。以"四好农村路"建设为目标，促进农村公路建管养运与"三农"协调融合发展。一是重点打造农村地区和贫困地区交通基础网。创新交通扶贫"精、深、准、实"，以路带业

规模化连片开发新机制。继续推进贫困地区高速公路建设，加快实现县县通高速。全面建成秦巴山生态环库路、武陵山清江画廊路、幕阜山特色香泉路，继续推进大别山红色旅游路建设。推进撤并村畅通工程，积极推进农村公路向规模以上自然村延伸。加快推进县乡公路改造及旅游公路、旅游航道等建设。积极推进农村地区运输站场改造完善工程，改善航道和库区水运条件。二是巩固提升农村地区和贫困地区客运服务网。继续发展农村客运，扩大覆盖范围，完善长效发展机制，实现村村通客车保通率100%。加快推进城乡客运一体化、农村客运公交化进程。对城镇化水平较高和居民出行密度较大地区，实行农村客运公交化改造。三是积极构建农村地区和贫困地区交通物流网。继续完善县级物流中心、乡镇农村配送站、农村货运网三级物流服务体系，重点推进农村综合运输服务站建设。统筹交通、邮政、商务、供销等农村物流资源，重点加强交邮共建、"交通＋电商快递"发展，共同打造"一点多能、多站合一、一网多用、深度融合"的农村物流体系。

第二，实施路网完善工程。一是继续推进高速公路路网建设。以"建成国高网，扩容拥堵路，打通省际路"为重点，继续推进"九纵五横三环"高速公路网建设。加快推进国家高速公路建设，重点建设武汉至深圳高速嘉鱼北段、呼和浩特至北海高速五峰（渔洋关）至湘鄂界段等项目，加快京港澳高速湖北北段等改扩建工程。稳步推进地方高速公路建设，建设保康至神农架、宜昌至来凤高速公路；进一步完善省际高速公路布局，重点建设武汉至大悟、武汉至阳新、鹤峰至来凤、枣阳至潜江等项目，服务区域新型城镇化发展战略。重点推进高速公路过江通道建设。全力加快沌口、嘉鱼、石首等一批长江大桥项目的建设，服务长江两岸的互动开发。二是积极推进普通国省干线升级改造。重点推进沿长江、汉江、京港澳、焦柳等城镇发展轴带内国省干线的升级改造，基本消除国道断头路，全力打造

畅安舒美干线公路网。三是提升公路养护管理水平。大力推广高速公路养护管理新技术、新材料、新工艺、新设备应用。制定和完善国省干线预防性养护相关制度措施，加强小修保养及管养设施建设。推进农村公路养护规范化、标准化、常态化，探索农村公路路政管理模式。

第三，实施航道畅通工程。一是加快建设武汉长江中游航运中心。重点打造航运交易中心、综合保税中心、多式联运中心、中部地区邮轮中心，初步形成高度聚集的核心功能区和航运服务聚集区。二是加快建设"一主三江一网四支"长江中游高等级航道网。提升长江主通道功能，积极推进长江航道"645工程"，加快完善三峡翻坝运输体系。畅通汉江、江汉运河、清江航运，加快实施航道渠化整治工程，建成雅口枢纽，畅通襄阳至丹江口1000吨级航道。三是提升航道养护管理水平。加强航道分类养护，推进内河安全监管设施建设。加快港口航道引航装备、锚地建设，加强堤岸保护措施。

第四，实施运输服务品质效率提升工程。一是推进运输枢纽协同发展。推进武汉、襄阳、宜昌重要综合交通枢纽建设。积极主动与机场、铁路站场对接，促进多种运输方式的高效换乘；积极引导货运枢纽（物流园区）建设；积极推进港口建设，创新港城、港园、港运综合立体开发新机制，形成以主要港口核心港区为枢纽、铁水公空有机衔接的多式联运体系。加强重要港区、机场、重要枢纽和物流园区的集疏运通道建设，有效解决"最后一公里"问题。二是推进客运转型发展。创新城市公交、城乡一体客运均等化服务新机制。发展长途接驳和节点运输，推动城际客运公交化改造，完成长江中游城市群公交化改造试点。对接高铁、机场等站点，加强多种运输方式衔接。全面推进公交优先战略，分类推进城市公共交通发展。引导城市出租汽车行业规范有序发展。三是推进现代物流发展。推动交通运输与现代物流融合发展，建设全国重要物流基地。积极引导货运装备优化升级，大力发展先进运输组织方式，培育市场主体，推进城乡物流发展，有效提升物流效率、降低物流成本。

第五，实施智慧绿色平安交通示范工程。一是加快智慧交通建设。强化科技创新及应用，推动交通运输各领域协同开展工程建设与养护、运输装备与运输组织、安全应急等技术的研发和应用。加快"互联网+"交通发展，推进信息资源的整合与共享。重点建设统一的交通建设与运输市场信用信息服务系统、道路安全畅通与应急处置平台和应急指挥平台，进一步完善公众出行信息服务系统。二是加快绿色交通建设。着力推进节能减排，加强环保监管和资源利用，促进交通运输低碳绿色可持续发展。三是加快平安交通建设。牢固树立以人为本、安全第一的理念，督促落实企业安全生产主体责任和行业管理部门监管责任。全面推进安全生产隐患排查治理"标准化、数字化"建设，加强安全风险管理和安全诚信体系建设，建立健全重大隐患排查、重大危险源监控制度和预警、预报、预防制度。强化重点行业、领域和人员的安全监管，全力推进安全应急信息化、智能化建设，强化远程动态监测防范和突发事件预警处置。大力实施交通安全应急保障工程，加快推进公路安全生命防护工程建设和危桥改造力度，建立完善公路水路应急基地（中心），积极推动省交通运输应急指挥中心建设，切实提升交通运输突发事件应急救援处置能力水平。

第六，实施综合治理体系现代化工程。一是全面深化体制机制改革。按照《关于加快推进交通运输改革重点任务和重大课题调研的实施意见》，开展8类23项行业治理改革，重点推进综合交通运输体制机制改革、行政审批制度改革、预算管理制度改革、投融资机制改革等，进一步激发交通运输发展活力，理顺行业监管职能职责。二是加强法治政府部门建设。制定完善地方交通运输法规体系，争取出台《湖北省公路路政管理条例（修订）》《湖北省高速公路服务区管理办法》《湖北省联网收费管理办法》等。深入开展"三基三化"建设，整合交通运输行业执法资源，推进交通领域综合执法试点与改革。加强和规范运输市场、建设市场的监督，针对分包转包、非法营运等重点开展专项整治，净化市场环境。三是落实"人才强交"战略。加强领导班子和干部队伍建设。依托湖北省交通职业技术学院，加强高层次科技人才、高技能实用人才、高素质管理人才的培养，优化交通行业人才队伍；加强执法队伍建设，进一步规范全省交通执法行为，切实做到严格、规范、文明、廉洁执法。

第七，实施党风廉政建设强化工程。一是全面贯彻落实党风廉政建设责任制。全面推进两个责任落实，深入贯彻《条例》《准则》，继续推进"廉政阳光交通"建设，明确权力清单和责任清单，完善权力运行监督制约机制，有效防治腐败。二是扎实做好党建工作。进一步提高党员队伍整体素质，增强党组织的凝聚力和战斗力，不断提升党建工作科学化、制度化、规范化水平，以全面加强党的建设推动交通运输科学发展。三是大力开展行业文明建设。围绕社会主义核心价值观，深入开展"十行百佳"活动，深化"两赛一创"工作，培树一批引领行业风尚的先进集体和典型人物。四是加强新闻宣传工作。提升交通运输热点问题舆情研判和舆论引导工作水平，汇集民意，汇聚民智，增进社会共识。

三、确保"十三五"开好局、起好步

开局决定全局。2016年是推进供给侧结构性改革的攻坚之年，也是我省率先在中部地区全面建成小康社会的开局之年。

主要目标是：

——全省公路水路交通固定资产投资完成900亿元，其中，高速公路380亿元，普通公路380亿元，内河航运50亿元，运输与物流站场90亿元。

——确保高速公路网中的长江大桥全面开工，骨架高速公路网结构进一步完善。续建武汉城市圈环线孝感南段、武汉四环线南段、沌口、石首长江大桥等16个项目577公里。开工建设保康至神农架高速、枣潜高速荆门北段及武穴、棋盘洲、白洋长江大桥等项目。

——确保国省干线公路养护管理综合服务水平进入全国先进行列，完成一级公路400公里、二级公路1000公里，新改建农村公路10000公里。

——建成公路客货运枢纽（站场）项目18个，其中，客运站场10个，货运枢纽（物流园区）8个。

——新增船舶运力20万载重吨，完成港口货物吞吐量3.5亿吨，集装箱吞吐量140万标箱；船舶安全面达98%以上，遏制一次死亡10人以上的水路交通安全责任事故。

——高速公路通行费收入达到180亿元，力争突破185亿元。ETC车道覆盖率达98%以上（其中主线站达到100%全覆盖）。

主要任务是：

第一，着力抓好精准扶贫脱贫攻坚。一是加快农村公路建设。进一步完善定点扶贫和对口支援计划，突出断头路、循环路建设。二是巩固村村通客车成果。加强城镇化水平高、居民出行相对密集的农村客运公交化改造，推动城镇客运班线公司化改造和公交化运行，建立服务保障、资金奖励等机制，进一步探索农村公路管养新路子，确保村村通客车"开得起、留得住、有效益、管长久"。认真开展"四好农村路"示范县活动。三是加快农村物流发展。深入推进农村物流试点示范工作，打造区域性农村物流融合发展试验区。出台服务农村电商发展行动计划，推动各地制定服务农村电商发展实施方案，推进农村电商、快递物流融合发展。

第二，着力推进交通基础设施建设。组织开展"争当主力军、建功十三五"劳动竞赛，掀起"十三五"交通基础设施建设高潮，确保项目建设实现开门红。实施国省干线大中修工程，大力处治新增国省干线危桥，实施农村公路安全生命防护工程，努

力提升现有路网技术服务水平。高速公路和普通公路建设要坚持一季一调度，一月一督办，确保完成年度目标任务。启动水运大会战，继续推进"645工程"，汉江航道整治工程全面完工，雅口枢纽主体工程开工建设，全力推进"十三五"首批12个港航重点项目建设。同时，精心做好项目前期工作，按照谋划一批、推进一批、建成一批、储备一批的要求，优化项目的储备库、备选库和实施库，加大绩效评价和考核，严格落实项目建设奖惩制度，确保滚动发展、交叉推进。加强检查督办，采取有力措施，确保工程建设顺利进行、安全优质。

第三，着力优化综合运输体系。一是加快综合枢纽建设。打造宜昌三峡综合枢纽，加快荆州、黄石、十堰、恩施等公路运输枢纽城市建设。二是推进客运零距离换乘。以机场、高铁沿途站点为主要节点，积极发展集疏运服务；主动对接铁路、航空开展延伸服务，开通两种运输方式的客运专线、短驳运输。三是推进多式联运。着力解决铁水公空基础设施互联不畅、互通不畅的问题，加快铁路、公路进园区、进港区。积极争取将"武汉阳逻港、汉新欧和中铁联集联合体""黄石棋盘洲港集疏运体系"纳入国家试点示范工程，同步推进襄阳、宜昌、荆州等地多式联运试点，整合资源，充分发挥不同运输方式组合优势，将我省打造成为全国多式联运中心和全国货物集散中心。

第四，着力提升交通运输服务水平。一是深入实施公交优先战略。分类推进城市公共交通发展。加强对武汉市"公交都市"和综合运输服务示范城市建设的跟踪服务督导，加快十堰、鄂州等11个县市开展"城乡交通一体化"和城市公交智能化应用示范工程试点。发展循环公交线路，积极发展定制公交、高峰通勤巴士、公交旅游专线、校区直达线等公交服务，着力构建公众满意的城市客运系统。加大新能源汽车推广应用力度。开展渡运公交化试点。二是提升现代物流业发展水平。支持物流联盟做实做强，

拓展延伸"汉新欧"等品牌航线，开辟武汉到宁波直达航线。推进以顺丰湖北航空枢纽、EMS华中邮件处理副中心、天河机场空中快递中心等"一枢纽两中心"为支撑的全国快递物流枢纽建设。三是大力推进"互联网+"交通运输服务。积极拥抱互联网，推进交通运输服务转型升级，加快公交卡互联互通，推动全省客运联网售票全覆盖，完善公众出行服务系统，引导驾培、维修行业探索"互联网+"服务。

第五，着力提升依法治理能力。一是强化安全责任落实，出台《湖北省交通运输厅安全生产"一岗双责"暂行办法》等制度规范，建立健全"上下联动、横向到边、纵向到底"的领导、部门、岗位三级安全管理责任体系，严格安全生产目标考核管理和责任追究；深入推进安全生产隐患排查治理"标准化、数字化"建设，启动安全风险管理和诚信体系建设；加强对重点行业、领域和岗位人员的动态监管和预警预控；大力推进交通运输安全应急体系建设，完成公路水路安全畅通与应急处置信息系统建设，加强应急基地装备物资储备，开展应急演练，有效预防和快速处置各类突发事件，确保全省公路水路安全畅通和人民群众生命财产安全。二是加强行业法治建设。完善交通运输发展法规体系，推进《湖北省公路路政管理条例（修订）》出台。开展多种形式的法制宣传教育，启动"七五"普法。深入开展执法人员培训，进一步提升执法人员综合素质，树立良好执法形象。三是加大市场监管力度。强化行业信用体系建设。整顿和规范市场秩序，继续推进公路水路建设领域专项治理。推进联动治超，加大源头治超和路面治超力度。

第六，着力推进行业绿色高效发展。一是推进智慧交通建设。重点建设交通运输数据中心、高速公路联网数据中心、道路运输四级协同管理与服务信息系统。构造以信息化为依托的交通运输治理体系，重点建设高速公路智能交通监控系统、江汉运河航

道智能调度系统，打造汉江兴隆至河口、江汉运河等重点水域电子巡航示范区，推广应用港口危险货物安全监管视频监控。完善交通运输公共信息服务系统，实施城市公共交通"一卡通"，推动武汉城市 ETC 与全省高速公路 ETC 互联互通。推广应用北斗导航，加快项目建设管理信息化建设。二是推进绿色交通建设。建立和完善交通运输节能减排标准、制度体系。积极争取全国绿色交通省创建试点，在工程建设中认真落实资源节约、环境友好的理念，加大废旧材料的循环利用力度。在重点交通企业开展节能减排工作。进一步推广使用混合动力、天然气动力和电动车等节能环保型城市公交车、出租汽车。积极推广 LNG 等清洁能源在运营船舶中的应用。推广 LED 节能灯在高速公路隧道的应用。

第七，着力深化体制机制改革。一是抓好综合交通改革。积极争取获批全国综合交通运输改革试验区。争取高层推动，积极构建省级综合交通运输协调共建机制。稳步推进综合交通运输试点示范工作。鼓励各地根据自身实际，推进"一城一交"试点改革。二是抓好行政审批改革。进一步清理规范全省交通运输行政权力，建立完善权力清单、责任清单、负面清单制度。简化行政审批事项程序，实行"一站式"服务，加强事中事后监管。优化公共服务流程，方便人民群众办事创业。三是抓好筹融资改革。主动适应财税体制改革，努力破解资金难题，探索建立事权与支出责任相匹配的交通投融资机制。明确地方政府财政支出责任，创新交通专项转移支付资金分配、使用方式，探索建立资金监管和绩效评价机制。积极争取地方政府债券资金用于交通建设发展。鼓励社会资金通过 PPP、特许经营等方式参与交通运输基础设施建设。四是抓好公路养

护改革。明晰省市县三级交通运输主管部门的权责，并建立分工协作机制，推动公路管养工作规范化、制度化。五是抓好道路客运改革。积极推进客运线路资源配置机制和道路客运价格市场化改革，扩大道路客运企业经营自主权，促进道路客运转型发展。六是抓好航道管理养护改革。积极开展汉江、江汉运河高等级航道及通航设施的管理研究。在清江、香溪河、江汉运河积极推进航道养护市场化。落实全面取消水路交通规费改革后的配套措施。

第八，着力加强行业软实力建设。一是全面深化行业精神文明建设。进一步完善大交通行业文明创建工作机制，打造"十行百佳"群英谱。巩固和深化创建文明单位、文明行业、文明示范窗口、青年文明号，在新的起点上全面提升行业软实力。二是全面开展"创先争优"活动。创建一批特色鲜明、带动力强、示范突出的创先争优示范点和先进典型。以争创五一劳动奖状、奖章、工人先锋号为抓手，继续统筹推进六大领域"先行杯"劳动竞赛和四大行业技能竞赛，不断深化职工（劳模）创新工作室创建，侧重向科技创新、节能减排、智慧交通等领域引导延伸，挖掘培树新时期"交通工匠"和技术能手。三是全面加强人才队伍建设。建立健全科学合理的选人用人机制，按照好干部"五条标准"，争做"清廉为官、事业有为"干部。实施人才培养四大工程。加速推进交职院新校区建设。加快推进行业职业资格建设，逐步实现交通职业资格归口规范管理，稳步提高行业从业人员素质。

第九，着力加强党风廉政建设。一是全面推进两个责任的落实。坚持把纪律挺在前面，保持全面从严治党的步调不变、力度不减。推动全面从

严治党向基层延伸，将管党治党责任向支部压实压紧。用铁的纪律整治各种顶风违纪行为，惩治腐败坚持无禁区、全覆盖、零容忍。二是深入推进学习型党组织建设。认真组织好中心组理论学习，组织党员干部积极参加干部在线学习。进一步抓好全民阅读活动，不断健全学习制度，丰富学习内容，创新学习方式，转化学习成果。深入开展"三抓一促"主题实践活动，按照新的要求、新的内涵，把抓学习、抓作风、抓党建作为今后一个时期的重中之重，以"三抓"的新力度，促进交通运输改革发展。三是继续推进"三严三实"专题教育。严格落实"五专一改"，在加强学习教育、开展专题交流、深入基层调研、强化整改落实和立规执纪上再下功夫，推动践行"三严三实"要求制度化、常态化、长效化。

春节将至，当前要突出抓好以下几项重点工作：一是要切实抓好春运工作，加强值班值守，强化信息沟通，全面提升服务水平，保障人民群众安全便捷出行。二是认真抓好安全生产，全面排查整改安全隐患，深入企业、基层加强检查监督，认真做好应急防范。三是切实做好社会综治、信访维稳、后勤保障等基础工作，做到情况早掌握、工作早谋划、突发事件早防止。四是深入基层关心群众，做好慰问工作。五是严格执行廉洁自律规定，厉行勤俭节约，反对铺张浪费，确保过一个文明廉洁祥和的春节。

同志们，实现百年梦想的宏伟蓝图鼓舞人心，建成祖国立交桥的奋斗目标催人奋进。让我们在省委省政府和交通运输部的坚强领导下，扎实工作，奋力先行，为我省"建成支点、走在前列"，为率先全面建成小康社会做出新的更大贡献！

湖北省综合交通运输"十三五"发展规划纲要

（鄂政发〔2016〕41号）

"十三五"是湖北在中部地区率先全面建成小康社会的决胜时期，是加快构建现代化综合交通运输体系的关键时期。根据国家《"十三五"现代综合交通运输体系发展规划》和《湖北省国民经济和社会发展第十三个五年规划纲要》等文件，制订本规划。

一、规划背景

（一）发展基础。"十二五"以来，全省交通运输系统在省委、省政府的坚强领导和国家有关部委的大力支持下，继续扩大基础设施规模，重点强化各交通方式紧密衔接，大力提升运输服务水平，着力完善交通支持保障体系，全省综合交通发展取得显著成效。截至2015年底，全省综合交通网总里程约27.2万公里（不含民航航线、城市内道路），综合交通网密度达146.3公里/百平方公里。其中，铁路营业里程4060公里（高速铁路1033公里），公路通车总里程25.3万公里（高速公路6204公里），内河通航里程8638公里（高等级航道1738公里），油气管道里程6740公里。全省内河港口吞吐能力3.1亿吨，集装箱吞吐能力433万标箱，民航机场旅客吞吐量突破2000万人次。主要成绩表现在以下四个方面：

——综合交通基础设施建设取得历史性突破。全省综合交通固定资产投资（不含城市交通、管道和邮政）达到5217亿元，其中，公路水路4279亿元，铁路753亿元，民航185亿元，是"十一五"（3263亿元）的1.6倍，在全省扩内需、稳增长中发挥了主力军作用。"四纵三横"铁路网全面形成，高铁、动车覆盖除荆门、神农架以外的所有市、州、直管市，武汉至十堰等高速铁路开工建设，以武汉为中心的快速铁路骨干网初步形成。"七纵五横三环"高速公路骨架网基本形成，高速公路总里程跃居全国第四，98%的建制乡镇通二级及以上公路，100%的行政村通沥青（水泥）路。长江中游航道整治规划目标提前实现，高等级航道里程居长江沿线第一；建成了武汉阳逻等一批规模化、专业化港区，武汉港成为全国第一个突破百万标箱的内河港口。建成了神农架、武当山等两个运输机场和随州、仙桃等两个通用机场，完成恩施机场改扩建工程，实施武汉天河机场三期建设工程，"一主五支四通用"机场发展格局基本形成。干支管道及联络线建设加快推进。建成省级以上快件分拨集散中心21处，非邮政企业快递网点乡镇覆盖率超过98%，乡镇邮政局所覆盖率达到100%。全省7个国家公路运输枢纽城市均建有或在建综合客运枢纽，所有市州在建或建有货运枢纽(物流园区)，各交通方式衔接明显加强。

——综合运输服务创历史最好水平。运输规模持续增长，结构调整齐头并进，全省客运量、旅客周转量、货运量、货物周转量分别较"十一五"末增长49%、60%、69%和64%，高铁、民航等高品质客运出行和铁路、水路等大能力货运在综合交通中的比重显著提升。开通至巴黎、旧金山、罗马等5条洲际直达航线，国际及地区航线达到37条，国内、国际及地区旅客吞吐量均居中部第一。武汉与省内各节点城市、与全国各大经济区实现快速铁路通达，铁路客运量居中部第一、全国第六。公交优先得到普遍共识，多层次的城市客运服务系统已显雏形，城乡客运一体化试点工作成效明显，率先在中部地区实现了村村通客车。先进运输组织模式加速推广，三峡库区滚装运输、武汉至洋山"江海直达""泸汉台"集装箱快班、中欧班列（武汉）等班线运行良好。邮政普遍服务水平大幅提升，实现100%的建制村通邮，邮件时限准时率居全国第二；快递业实现爆发式增长，业务量和业务收入均居中部前列。整合交通、供销、邮政等行业资源，农村物流发展稳步推进。

——智慧绿色平安交通迈出历史性步伐。铁路公路特大桥隧、新一代空中交通管理系统等一批核心关键技术取得突破性进展，《复杂地形地质条件下山区高速公路建设成套技术》获国家科技进步二等奖，《超大跨混合梁斜拉桥建设关键技术》获中国公路学会科学技术特等奖。成立了全国首个综合交通公共信息联盟和湖北省交通运输云数据平台，铁路12306电子售票、公路长途客运联网售票全面推广，高速公路ETC与全国联网，湖北交通物流信息平台注册企业覆盖全省一半以上的物流企业，建成省高速公路应急指挥中心、水上搜救应急指挥平台等。低碳交通运输城市、基地、企业的试点示范工作加快推进，清洁能源、废旧材料循环利用等"四新"在交通建设运营领域广泛应用，"车船路港"千家企业低碳交通运输专项行动全面推进。综合交通安全形势平稳可控，跨省、跨部门应急联动机制不断完善，成功应对一系列重大自然灾害和重大突发事件。

——交通治理体系建设结出历史性硕果。积极推进大交通体制改革，争取交通运输部将我省列为综合交通运输改革试点省并取得初步成果。成立了省交通投资集团、省铁路建设投资集团、武汉港航发展集团，完成湖北机场集团回购，鄂东南五市港航资源整合、邮政管理体制改革等取得明显成效。积极推进交通行政审批改革，打造省级交通最少权力清单。交通规划和法治建设科学规范，省人大常委会颁布了《湖北省水路交通条例》《湖北省邮政条例》等法规，省政府印发了《湖北省省道网规划纲要（2011—2030年）》等规划，出台了《省人民政府关于加快全省民航业发展的意见》等支持性政策。全省交通运输系统坚持从严治党，务实开展"反四风"活动，"三严三实"专题教育工作经验在全省推广。深化文明创建，在全国率先构建铁、水、公、空、邮大交通文明创建工作机制，打造综合交通运输行业"十行百佳"群英谱，培树了张兵等一批全国先进典型，培育了"铺路石精神""航标灯精神"等一批交通文化品牌。

"十二五"时期，湖北省综合交通发展取得了显著成绩，但与"建成支点、走在前列"的总体要求相比，从满足经济社会发展需要和人民群众日益增长的高品质交通需求来看，我省交通发展仍有一定的差距，主要表现在：一是综合交通发展的短板问题依然突出，长江、汉江水运主通道亟待畅通，高铁、城铁覆盖面亟需扩大，普通国省干线公路技术等级仍然偏低，农村地区和贫困地区交通通达深度和覆盖范围有待提升，与打造全国综合交通枢纽和全面建成小康社会的要求不相适应。二是综合交通体系不尽完善，铁路、水运比较优势未能充分发挥，综合交通枢纽及集疏运体系建设仍需加强，各种运输方式之间，城市与城乡、城际交通之间衔接不畅，与区域、城乡及综合交通一体化发展要求不相适应。三是开放型运输通道亟需构建，国际航线覆盖范围偏小，国际陆路货运通道尚处于起步试点阶段，国际快递和跨境电商发展相对滞后，主要对外运输通道能力已显不足，与湖北省实施开放先导战略的要求不相适应。四是运输服务水平有待提高，运输组织模式和运输管理手段创新不够，局部时空上交通拥堵日趋严重，农村客运发展仍需加强，"最后一公里"问题亟待解决，旅客联程联运、货物多

式联运等高品质运输亟需加快，与新时期多样化的客货运输需求不相适应。五是行业可持续发展能力有待提升，能源、土地及岸线资源日趋紧张，环境压力不断加大，交通安全形势依然严峻，交通建养资金压力日益突出，综合交通运输发展的体制机制障碍仍然存在，与推进行业智慧绿色平安发展和治理能力现代化的要求不相适应。

（二）形势要求。习近平总书记提出，湖北要加快"建成支点、走在前列"。李克强总理提出，湖北要挺起长江经济带的脊梁。省委、省政府提出，"十三五"时期，湖北要率先在中部地区全面建成小康社会，力争在全国发展方阵中总量进位、质量升级，为实现第二个百年奋斗目标奠定坚实基础。这些都要求我省交通行业继续加快综合交通运输体系建设，力争在发展速度和质量上达到中部领先、全国先进水平，全力建成名副其实的"祖国立交桥"。

一是应对率先全面建成小康社会新挑战，需要努力实现交通运输基本公共服务均等化。党的十八届五中全会提出全面建成小康社会的新目标，要求加快精准扶贫、精准脱贫；湖北省提出在中部地区率先全面建成小康社会的新要求；交通运输部提出要打赢交通扶贫脱贫攻坚战。交通发展要以农村地区、贫困地区为重点，采取超常规举措，加大扶持力度，强化政策倾斜，提升发展水平，努力实现交通运输基本公共服务均等化。

二是服务国家重大战略实施新要求，需要加快推进综合交通基础设施互联互通。"十三五"时期，国家将深入推进"一带一路"、长江经济带、长江中游城市群等发展战略。湖北地处"一带一路"的联结地带，长江经济带、长江中游城市群的核心区域，是贯彻落实和推进实施国家战略的重要省份。湖北交通要主动融入，以打造沿江综合立体交通走廊为重点，加快构建与长江中游城市群、全国各大经济区及"一带一路"沿线重要国家高效衔接、互联互通的开放型综合运输大通道，为湖北打造内陆开放新高

地提供有力支撑。

三是拓展湖北发展新空间，需要切实发挥综合交通先行引领作用。"十三五"时期，湖北将以"一元多层次"战略体系为引领，不断拓展发展新空间，全面优化发展格局。全面推进"两圈两带一群"发展战略，要求重点畅通各区域产业和城镇轴带内的干线运输通道，推动城市群交通一体化发展；服务全省"一主两副多极"城市带动战略，要求交通发展更加注重"一主两副"中心城市之间、中心城市与周边县市之间的交通联系，形成畅通高效的城际交通网。

四是适应湖北经济发展新常态，需要着力提高综合运输效率与水平。党中央、国务院做出了引领新常态、推进供给侧结构性改革的战略决策，湖北省委、省政府提出"十三五"时期将加强供给侧结构性改革，提高供给体系质量、效率和竞争力。交通发展要着力调整运输结构，补齐发展短板，加强各种运输方式的紧密衔接，提高综合运输整体效率，要在加快实现交通运输基本公共服务均等化的同时，不断适应人民群众不断增长的出行需求和不断提高的品质要求，促进交通一体化发展。

五是把握行业转型升级新内涵，需要加快提升交通可持续发展能力。"十三五"时期，交通发展所面临的资源、能源、环境等刚性约束进一步加强，交通建养资金矛盾日益突出。交通行业要坚持生态优先、绿色发展，加快转变发展方式，积极构建绿色循环低碳的交通运输体系；加快动能转换，积极推进信息技术与交通运输全领域、全过程的深度融合，大力发展智慧交通；更加注重养护管理，在有序推进交通基础设施建设的同时，努力提升存量设施能力与水平；积极拓展投融资渠道，创新投融资模式，推进交通运输可持续发展。

六是落实全面深化改革和依法治国新布局，需要加快实现交通运输治理体系和治理能力现代化。"十三五"时期是我省致力全面深化改革取得决定性成果全面落实的五年。交通行业

要全面推进大部门制改革，继续深化重点领域关键环节的改革，解决行业发展面临的全局性、关键性问题；着力转变政府职能，进一步完善政策法规体系，推进行业依法行政和依法管理，努力建设责任政府、阳光政府、法治政府、服务政府；进一步加强人才队伍建设，构建湖北交通运输行业的核心价值体系，凝聚行业力量，为实现交通运输现代化贡献智慧和才能。

（三）阶段性特征。经过30年改革开放，特别是"十一五""十二五"时期的快速发展，湖北交通运输发生了翻天覆地的变化，基本适应区域经济社会发展需要。面对"十三五"时期的新形势、新要求，湖北交通运输行业将继续保持加快发展态势，努力实现"竞进提质、升级增效"，主要阶段性特征表现为：

加快完善综合交通运输体系、强化综合交通枢纽地位的发展机遇期。依托国家重大战略实施，对标湖北建成内陆开放新高地目标，全省民航全球化服务能力将稳步提升，国际货运专线将不断拓展，高速铁路加速成网，高速公路布局更加完善，内河水运发展提档升级，沟通省内大中城市、与周边省份互联互通的综合运输大通道将全面形成，湖北在全国综合交通网中的枢纽地位加速提升。

加快转变发展方式、调整综合交通运输结构的转型关键期。"互联网＋"成为推动交通运输转型升级的重要动力，安全发展、绿色低碳等理念将深度融合于综合交通发展各领域。按照供给侧结构性改革要求，全省综合交通结构将进一步优化，各交通方式衔接进一步加强，综合交通基础设施网络基本实现互联互通，交通养护管理得到加强，基础设施运行效率大幅提升，交通有效供给进一步扩大，行业转型升级步伐明显加快。

强化基本公共服务、提升运输服务品质和效率的重要成长期。全省贫困地区、农村地区交通发展力度进一步加大，城市公交、城乡交通运输服务水平进一步提升，基本实现交通运输基本公共服务均等化。适应客货运输需求的新变化，更加注重高品质、快捷化、定制化的客运服务供给和经济、高效的多式联运货运服务供给，运输服务质量和水平显著提升。

全面深化改革、促进交通可持续发展的攻坚突破期。我省将全面落实交通运输部《全面深化交通运输改革试点方案》，湖北综合交通体制机制改革、投融资体制改革、行业监管体制改革等取得突破，交通发展的深层次矛盾初步缓解。法治建设加快推进，综合交通发展的内生动力不断增强。

二、总体思路

（一）指导思想。全面贯彻党的十八大和十八届三中、四中、五中全会精神，以邓小平理论、"三个代表"重要思想和科学发展观为指导，深入贯彻习近平总书记系列重要讲话精神，围绕中央"四个全面"战略布局湖北实施和"建成支点、走在前列"总体要求，全面落实"创新、协调、绿色、开放、共享"发展理念，以推进综合交通行业转型升级为主线，以推进综合交通一体化发展为主攻方向，以提升综合交通运输质量和效益为重点，加快构建安全便捷、畅通高效、绿色智能的现代综合交通运输体系，全力当好发展先行官，建成"祖国立交桥"，为湖北省"率先、进位、升级、奠基"目标的加快实现提供有力支撑。

（二）基本原则。

适度超前、开放先导。继续保持一定的发展速度，强化优势、补足短板、消除瓶颈、优化布局，推进交通基础设施能力适度超前配置。重点推进交通基础设施互联互通，积极推动陆海内外联动、东西双向开放，建设国际运输通道，提升省际通道能力，畅通省内综合运输通道，拓展交通基础设施新空间，支撑湖北打造内陆开放新高地。

深化改革、创新驱动。坚持把改革创新摆在突出位置，全面推进综合交通体制机制改革，努力破解交通发展深层次矛盾。正确处理政府和市场的关系，发挥市场在交通运输领域配置资源的决定性作用，加强法制建设，全面增强行业内生动力。加强交通科技创新，加快现代信息技术的集成创新与应用，引领和推动交通行业转型升级。

统筹兼顾、协调推进。调整综合交通结构，强化各种交通方式紧密衔接，发挥比较优势和组合效率，推进综合交通协调发展。因地制宜发展区域交通，加强各区域之间、各区域内部的交通联系，促进区域交通协调发展。加强基础设施养护和运输市场管理，推进交通建养运管协调发展。

服务民生、共享发展。重点推进交通精准扶贫脱贫，全面提高农村地区特别是贫困地区的交通发展水平，加快城乡交通一体化进程，让人民群众共享交通发展成果。突出服务属性，坚持以人为本，构建广覆盖、多层次的城市、城际交通运输体系，不断满足公众对交通出行的新需求和新要求。

安全可靠、绿色低碳。牢固树立安全第一的理念，重点加强交通工程建设和运营领域安全监管，完善交通应急救援体系，确保交通行业安全形势平稳可控。坚持生态优先、绿色发展，并将这一理念贯穿于交通规划、设计、建设和运营全过程，加快建设以绿色循环低碳为特征的交通运输体系。

（三）发展目标。"十三五"时期，湖北将提前实现全面建成小康社会交通发展目标，建成"祖国立交桥"，全省综合交通总体上达到中部领先、全国先进水平，基本建成"两中心两枢纽一基地"（即武汉长江中游航运中心、全国铁路路网中心、全国高速公路网重要枢纽、全国重要航空门户枢纽、全国重要物流基地），形成立足湖北、辐射中部、沟通各大重要经济区、联通国际的综合交通运输发展新格局，支撑湖北成为"一带一路"、长江经济带的枢纽和门户，为"建成支点、走在前列"提供坚实的支撑。具体目标为"五个中部领先"，即交通基础设施整体水平中部领先、交通运输服务整体水平中部领先、交通转型升级整体成效中部领先、交通安全保障能力中部领先、交通行业治理能力中部领先。

专栏 2-1 五个中部领先

交通基础设施整体水平处于中部领先：主要表现为"四通四有"，即所有市州通快速铁路，所有县市通高速公路，所有建制乡镇通二级及以上公路，所有行政村（含撤并村）通沥青（水泥）路；所有市州均建有综合客货运枢纽，所有沿长江、汉江县市有高等级航道覆盖，所有沿江重要港口均建有现代化码头，所有乡镇均设置有邮政快递网点。

交通运输整体服务水平处于中部领先：主要表现为"八覆盖"，即民航航线覆盖全球五大洲和全国重要城市，航空服务（100公里或1小时车程范围内）覆盖所有市州；高铁服务4-5小时覆盖全国主要经济区，1-2小时覆盖"一主两副"及长株潭、皖江、昌九、中原等周边城市群；城区常住人口100万以上城市建成区实现公共交通站点500米内覆盖；客车服务覆盖所有行政村，邮政快递服务覆盖所有行政村；航运服务覆盖沿江沿海近洋地区。

交通转型升级整体成效处于中部领先：主要表现在四个方面，一是投资结构调整，铁路、民航、水路、站场投资占综合交通比重明显上升；二是运输结构调整，铁路客运周转量和水路货运周转量在综合运输体系中的比重明显上升；三是交通与信息化融合发展，综合交通联网售票取得突破性进展，高速公路ETC覆盖率达到100%，内河主要港口EDI系统覆盖率达到100%；四是绿色低碳发展方面，交通运输碳排放强度下降7%。

交通安全保障能力处于中部领先：主要表现在两个方面，一是安全监管方面，力争实现铁路和民航枢纽、重要高速公路和国省干线、重点水域、重要公路客运站场和港口监控覆盖率达到100%，邮件快件100%实名寄递、100%开箱验视、100%过机安检，综合交通事故死亡人数下降5%；二是应急救助方面，综合交通救援到达时间、应急抢通时间明显缩短，综合运输应急联动机制全面完善。

交通行业治理能力处于中部领先：主要表现在四个方面，即基本形成大交通管理格局，实现同级交通审批"一站式"集中办理，实现省市县三级网上审批，交通法制建设成效明显。

"十三五"时期，全省综合交通固定资产投资7000亿元（不含城市交通），其中铁路1900亿元，公路水路4500亿元，民航300亿元，管道200亿元，邮政100亿元。到"十三五"期末，全省铁路营业里程达到5500公里以上，其中高速（城际）铁路里程达到2100公里；高等级航道里程达到2000公里，全省港口货物吞吐能力、集装箱通过能力分别突破4亿吨和500万标箱；全省高速公路里程达到7500公里，二级及以上公路里程达到36000公里，普通国省道二级以上公路比例达到80%以上；"两主多辅"的机场格局基本形成，全省机场旅客吞吐量达到3500万人次，力争达到4000万人次，货邮吞吐量达到180万吨；全省油气管道达到10000公里以上。

三、规划布局

以构建沿江综合立体交通走廊为核心，以湖北省空间开发战略、城镇化战略为指引，结合湖北主体功能区划分、产业带和城镇带分布以及发展实际，着眼长远，统筹点、线、面三个层次规划，加快构建"一轴一核两心三区九通道"的综合交通运输空间布局。

——一轴：打造沿长江黄金水道的综合交通运输主轴，为湖北挺起长江经济带脊梁提供坚实的交通支撑。加快推进长江、汉江干线航道的系统整治，优化沿江港口功能布局，加强港口集疏运体系建设，充分发挥湖北水运优势；加快推进干线铁路建设，形成覆盖省内各市州，通达全国各大经济区的大能力快速通道；不断优化高速公路布局，加快提升国省干线公路技术等级，形成高品质、广覆盖的快速公路网；重点强化综合交通枢纽建设，促进各种运输方式的衔接优化，

提升综合交通的整体效率，率先建成网络化、标准化、智能化的沿长江综合立体交通走廊。

——一核：构筑武汉国家枢纽，引领武汉国家中心城市和国际化大都市建设。着力巩固武汉全国性综合交通枢纽地位，打造武汉长江中游航运中心、全国铁路路网和高速公路区域中心、中部国际航空门户枢纽、国家物流中心和绿色公交都市。不断强化黄（冈）鄂（州）黄（石）枢纽功能，引导武（汉）鄂（州）黄（石）黄（冈）都市连绵区融合发展。

——两心：构筑宜（昌）荆（州）和襄阳两大城市（含组合）枢纽体系，完善多点支撑的空间开发格局。一是将宜（昌）荆（州）建设成为组合型区域性综合交通枢纽，引导宜（昌）荆（州）沿江城镇连绵带的建设，强化三峡航运中转中心、公铁水跨区域联运中心、三峡物流中心等功能。二是将襄阳建设成区域性综合交通枢纽，引导襄阳都市区的建设，强化中部地区重要铁路客货中转枢纽、汉江航运中心和鄂西北物流中心等功能。三是积极提升十堰、恩施、仙（桃）潜（江）天（门）、荆门、随州、孝感、咸宁等交通枢纽地位，形成"一核两心多点"的城市枢纽布局。

——三区：打造武汉城市圈、鄂中平丘区和鄂西山林区三个综合交通发展区，引导区域交通差异化发展。充分尊重当地实际需求和发展条件，形成与当地经济和产业发展相适应、符合当地地理特征的交通网络和运输服务系统。武汉城市圈加速交通一体化进程，率先实现交通现代化。鄂中平丘区侧重路网加密，推进区域各城市之间的快速连通。鄂西山林区侧重路网构建，进一步完善骨架通道布局，提高网络覆盖广度和深度。着力推进三区交通融合发展，加快构建内畅外联的交通运输体系，形成全省交通协调发展新格局。

——九通道：落实长江经济带发展战略，优先打造支撑我国东西双向开放的沪汉渝综合运输通道，重点完善对接"一带一路"、沟通"一核两

心"的京广、福银、襄荆三条综合运输通道，积极构建完善带动区域经济发展的沪汉蓉、京九、随岳、十宜恩、杭瑞等五条综合运输通道，形成对内连接重点城市，与城镇发展轴、重要产业带有机衔接，对外沟通周边城市群和各大经济区、联通国际，分层次、大能力的"五纵四横"九条大动脉。

沪汉渝通道：作为国家规划的沿江运输大通道的重要组成部分，东接皖江城市带、长三角，横贯长江城镇密集发展带，经黄（冈）鄂（州）黄（石）、武汉、仙桃、潜江、荆州、宜昌、恩施，西联成渝城市群，主要由水路、公路、铁路、民航航路和油气管线组成，形成省际和区域内客货运输并重，连接"一带一路"的综合运输走廊。水路是该通道内最具优势的交通方式。通道内的主要运输线路包括长江、汉江兴隆以下航段、沪渝高速、武汉经监利至荆州高速、汉宜铁路、G318、G347武汉以东段、川气东送和忠县至武汉输气管道，规划建设的武汉至杭州高铁等。

京广通道：作为国家规划的北京至港澳台运输大通道组成部分，北接中原城市群、京津冀，纵贯京广城镇发展轴，经孝感、武汉、咸宁，南连长株潭城市群、珠三角，主要由铁路、公路、民航航路和油气管线组成，形成重点服务于省际客货运输的综合运输走廊。铁路是该通道内最具优势的交通方式。目前，通道内的主要运输线路包括京广铁路、京广高铁、京港澳高速、武深高速建成段、G107、G230、兰郑长输油管道，规划建设的武汉至大悟高速公路、武深高速嘉鱼北段、西气东输三线管道、新疆煤制气外输管道等。

福银通道：武汉以东段是国家规划的北京至港澳台运输大通道的组成部分。作为我省融入"一带一路"的综合运输走廊，东接鄱阳湖生态经济区、海峡西岸，横贯汉十城镇发展带，经黄（冈）鄂（州）黄（石）、武汉、孝感、襄（阳）十（堰）随（州），西联关中城市群、甘新地区，主要由铁路、公路、水路、民航航路和油气

管线组成，形成省际和区域内客货运输并重，发挥各交通方式互补优势的综合运输走廊。目前，通道内的主要运输线路包括武汉至安康铁路、武九铁路、福银高速、麻竹高速建成段、汉江、G316、G346、西气东输二线输气管道，在建的武九高铁、武西高铁、麻竹高速大悟段等。

襄荆通道：是我省又一条国际性南北向综合运输走廊。北接中原城市群，沟通中蒙俄通道，纵贯襄荆城镇发展轴，经襄阳、荆门、荆州，南连长株潭城市群，沟通北部湾，主要由铁路、公路、水路组成，形成省际和区域内客货运输并重，发挥各交通方式互补优势的综合运输走廊，也是国家重要的能源运输通道。目前，通道内的主要运输线路包括焦柳铁路、二广高速、汉江襄阳至兴隆段、江汉运河、G207、G234，在建的蒙华铁路、枣石高速，规划建设的呼和浩特至南宁高铁、唐白河航道、松虎航线和荆襄成品油管道等。

沪汉蓉通道：作为国家规划的沿江运输大通道的重要组成部分，东接皖江城市带、长三角，经武汉、天门、荆门、宜昌，西联成渝城市群，主要由铁路、公路和民航航路组成，形成省际和区域内客货运输并重，以发挥铁路、公路互补优势为主的综合运输走廊。目前，通道内的主要运输线路包括沪蓉高速、武合铁路、长荆铁路、G347武汉以西段、G348，规划建设的宜昌至巴东高铁连接线、武汉至合肥高铁等。

京九通道：北接中原城市群、京津冀，纵贯鄂东，沟通黄（冈）鄂（州）黄（石），南连鄱阳湖生态经济区、珠三角，主要由铁路、公路组成，形成重点服务于省际客货运输，以发挥铁路、公路互补优势为主的综合运输走廊。目前，通道内的主要运输线路包括京九铁路、大广高速、麻阳高速、G106、G220，规划建设的京九高铁等。

随岳通道：是国家规划的北京至港澳台运输大通道的辅助通道，北接中原城市群，经随州、仙（桃）潜（江）天（门），南连长株潭城市群，主要

由公路和铁路组成，形成以省际客货运输为主，公路发挥主体作用的综合运输走廊。该通道处于完善阶段，通道内的主要运输线路包括随岳高速、G240、小厉铁路，在建江汉平原货运铁路等。

十宜恩通道：北接豫西，沟通十堰、宜昌、恩施，南连湘西，主要由公路、铁路组成，是串联豫鄂湘三省著名景区的旅游大通道。通道内的主要运输线路包括呼北高速、安来高速、G209、G241、G242，规划建设的十堰至巫溪高速、十堰至宜昌铁路等。

杭瑞通道：横贯幕阜山、两湖平原、武陵山腹地，沟通长江中游城市群、皖鄂湘三省毗邻地带节点城市，主要由公路和铁路组成，形成重点服务于省际长途客货运输，以发挥公路、铁路互补优势为主的综合运输走廊。通道内的主要运输线路包括杭瑞高速、岳宜高速、G351，在建的黔张常铁路，规划建设的咸岳九铁路等。

四、主要任务

以服务国家重大发展战略、引领湖北经济社会发展为目标，立足交通运输阶段性特征和经济发展需求，全面推进综合交通、民生交通、智慧交通、绿色交通、平安交通建设，全力建成"祖国立交桥"，重点实施"七大工程"。

（一）服务总战略，完成交通扶贫攻坚工程。围绕湖北在中部地区率先全面建成小康社会的总战略，以农村地区、贫困地区、民族地区、革命老区为重点，全面推进交通精准扶贫、精准脱贫，完善交通干支网络，促进农村公路建管养运与"三农"协调融合发展。

1. 重点打造农村地区和贫困地区交通干线网。积极加强铁路建设，继续推进高速公路建设，重点提升国省干线公路技术等级和服务能力，全面建成秦巴山生态环库路、武陵山清江画廊路、幕阜山特色香泉路，进一步推进大别山红色旅游路建设，形成内畅外联的干线运输通道，推动贫困地区优势资源的开放开发。

2. 深化完善农村地区和贫困地区交通基础网。重点实施撤并村畅通工

程，积极推进农村公路向规模以上自然村延伸。支持建制村优选通达路线中不满足通客车要求的窄路基路面公路进行拓宽改造，推进一批具有旅游路、产业路等性质的县乡公路升级改造。配套建设和完善农村地区运输站场，改善贫困地区重要航道和库区水运条件，整体提升贫困地区交通设施水平。

3. 巩固提升农村地区和贫困地区客运服务网。有条件的地方鼓励将城市轨道交通、城市公交向城市周边延伸覆盖，对城镇化水平较高和居民出行密度较大地区实行农村客运公交化改造，努力提升公交服务的广度和深度。建立"村村通客车"长效机制，确保农村客运开得通、留得住。重点推进城乡客运一体化示范工程，打造一批城乡客运示范县，积极推进镇村公交化试点工程，建设一批镇内公交、镇村公交示范镇。

4. 积极构建农村地区和贫困地区交通物流网。继续完善以县级物流站点为核心，以镇、村物流配送站为支撑的三级农村物流服务网，重点推进农村综合运输服务站建设。统筹交通、邮政、商务、供销等农村物流资源，共同打造"一点多能、多站合一、一网多用、深度融合"的农村物流发展新模式。积极推进"交通+电商快递"扶贫工程，完善农村邮政普遍服务设施，实现村村建站、直投到村、转投到户。加快推进快递向下发展，基本实现乡乡有网点、村村通快递。因地制宜发展农村邮政物流，推动农资下乡和农产品进城。

（二）促进大开放，实施综合运输通道畅通工程。统筹各种运输方式发展，积极构建和完善"五纵四横"综合运输大通道，优先建设沪汉渝（含长江）、福银（含汉江）、京广、襄荆等四条国际性综合运输通道，积极完善京九、随岳、十宜恩、沪汉蓉、杭瑞等五条综合运输通道。畅通长江中游，渠化整治汉江，提高三峡枢纽通行能力，推进高速铁路建设，建设干线货运铁路，完善高速公路布局，争取国家油气主干管网在湖北布局建设，着力推进跨区域和城际交通基础设施的互联互通，加快提升交通开放水平，增强湖北沟通全国、连通世界的"祖国立交桥"地位，全力支撑湖北经济社会发展和国家重大战略实施。

1. 积极畅通水运主通道。按照"深长江、畅汉江、联豫湘、通清江"的总体思路，完善内河干线航道体系。重点推进长江航道"645工程"，加快构建三峡综合运输体系，配合国家开展三峡枢纽水运新通道和葛洲坝枢纽船闸扩能等相关工作，推动开展荆汉新水道工程研究，提高黄金水道航运效益；继续实施汉江航道整治工程，加快汉江梯级枢纽建设，对部分既有枢纽过船设施进行扩能改造，消除汉江通航"瓶颈"，充分发挥水运在沪汉渝、福银通道中货运主体作用。加快推进唐白河、松虎航线等航道整治，力争早日形成有效沟通中原地区、江汉平原和洞庭湖地区的南北向水运新通道。实施清江航道标准化工程，提升清江航运能力。

专栏4-1　水运主通道重点项目

深长江：开工建设武汉至安庆段6米水深航道整治工程，积极推进武汉至宜昌段4.5米水深航道整治工程相关重点项目前期工作并争取开工。配合国家开展三峡水运新通道相关工作，推动开展荆汉新水道工程研究。

畅汉江：建成夹河、孤山、新集、雅口、碾盘山等枢纽工程，建成蔡甸至河口段、碾盘山至兴隆段等航道整治工程，积极推动王甫洲、丹江口枢纽过船设施扩能改造工程的实施。

联豫湘：加快推进唐白河、松虎航线整治工程。

通清江：积极推进清江航道标准化工程。

2. 加快建设干线铁路。按照"扩充高铁网、完善城际网、打造煤运通道、加密区际干线"的总体思路，全面建成"五纵三横"铁路通道。重点推进福银、襄荆等通道高速铁路建设，构建以武汉为中心的高铁"米"字形骨干网，打造湖北高铁"铁三角"，实现省内"一核两心"三大综合交通枢纽之间，以及与周边省会城市及全国经济区之间高速铁路直达。加快推进杭瑞、京九等综合运输通道中的铁路建设，扩大铁路覆盖范围，发挥铁路在贫困地区对外开放和资源开发中的重要作用。积极推进沿江高铁开工建设，打造与长江货运通道功能互补的沿江快速客运通道。加快建设蒙华煤运通道，为华中能源供应提供保障。

专栏4-2　干线铁路重点项目

高速铁路：建成武九高铁大冶至阳新段、武西高铁孝感至十堰段、郑万高铁湖北段、安庆至九江高铁黄冈段，开工建设武西高铁武汉至孝感段和十堰至西安段、宜昌至郑万高铁联络线、宜昌至襄阳高铁、武汉至杭州高铁黄冈至黄梅段，积极推进京九高铁阜阳至黄冈段、沪汉蓉高铁合肥至武汉段、荆门至荆州城际铁路等项目前期工作。

普速铁路：建成黔江至张家界至常德铁路、蒙西至华中铁路煤运通道，开工建设常岳九铁路等。

3. 努力优化高速公路布局。按照"建成国高网、加密地高网、扩容拥堵路、建设过江通道"的总体思路，建设"九纵五横三环"高速公路网。武汉城市圈重点加密对外快速通道，贯通环线高速公路，推动城市圈一体化发展。鄂中平丘区重点完善路网布局，便捷城际交通往来，推动交通一体化发展。鄂西山林区重点加快路网构建，全面实现县县通高速，推进区域内外的高速连通。加快建设沌口、白洋、石首等一批长江大桥，打通过江通道瓶颈，密切长江两岸交通联系。

专栏4-3　高速公路重点项目

国家高速公路：建成安来高速建始（陇里）至恩施段、鄂渝界至建始（陇里）段、麻竹高速大悟至麻城东段，武深高速嘉鱼北段，呼北高速五峰（渔洋关）至湘鄂界段，恩施来凤至咸丰高速等；启动实施武汉市四环线与绕城高速公路共线段、京港澳高速湖北省北段改扩建工程。

其他高速公路：建成宜来高速鹤峰（容美）至宣恩（当阳坪）段、保康至神农架、洪湖至监利、老河口至谷城、硚口至孝感、武汉市四环线、城市圈环线高速公路、沙市至公安高速观音垱至杨家厂段、棋盘洲长江公路大桥连接线、枣阳至潜江高速福银以南段、襄阳绕城高速南段、鄂州至咸宁高速公路等；力争建成宜昌太平溪至张家口、蕲春至太湖高速蕲春西段、枣阳至潜江高速襄阳北段、武汉至大悟高速麻竹以南段、沙市至公安高速南段、武汉至阳新高速、宜来高速宜昌段和鹤峰东段、武汉机场东线通道、襄阳绕城高速东南段延长线等；积极推进通山至武宁高速湖北段、十巫高速鲍峡至溢水段、武汉至大悟高速麻竹以北段、蕲春至太湖高速蕲春东段、咸宁桂花至汀泗、利川至咸丰、兴山至长阳、江北高速东延段、武汉新港高速（新洲至华容）、十堰至淅川等高速公路项目前期工作，力争尽早开工建设；开展洪湖经赤壁至崇阳、随州至信阳等高速公路的规划研究，适时启动项目前期工作。

高速公路长江桥梁：建成公安、白洋、石首、嘉鱼、沌口、青山、棋盘洲、武穴等过江桥梁；积极推进李埠等长江公路大桥前期工作，争取尽早开工建设；开展监利、枝江百里洲等过江通道的规划研究，适时启动项目前期工作。

4. 支持国家油气管线建设。按照打造全国能源通道汇集中心、重要区域能源资源集散中心和储备中心的总体要求，加快建设全省骨架管道网络。重点支持西气东输三线、新疆煤制天然气外输管道等国家骨干天然气运输管道在湖北的建设，积极推进仪征至长岭原油管道复线湖北段、荆门至襄阳成品油管道等项目实施，畅通全省能源运输大动脉，适应全省能源运输需求。

（三）拓展新空间，推进综合交通网络完善工程。按照拓展基础设施建设空间的新要求，健全由普通国省干线、农村公路、支线铁路、支线航道、支线管道等组成的区域交通运输网络。提升普通国省干线公路的技术等级，提高农村公路通达深度，完善覆盖广泛、便民惠民的免费公路体系；加快建设支线铁路，打通支线航道网，加密支线管网，促进各交通方式比较优势的发挥；着力推进交通干支网络互联互通，推动城际交通和城市交通基础设施的高效对接，提升农村交通基础设施的联通水平。

1. 重点推进普通公路快速发展。重点推进沿长江、汉江、京广、襄荆宜等城镇发展轴带内 G318、G347、G316、G107、G207 等国省干线的升级改造，加快推进香溪、赤壁、仙桃等普通公路跨长江、汉江过江通道建设，形成支撑全省城镇化发展、与高速公路互补的复合型通道。加强重要省际通道和连接重点城镇、重要景区、矿产资源基地等公路建设，基本消除国道断头路，提高国省道二级及以上公路比重，实现所有乡镇通二级及以上公路。推动对城镇化和产业发展具有重要作用的支线公路建设，拓展干线公路服务功能，促进公路干支协调发展。

专栏 4-4　交通网络重点项目

国省干线：改扩建 G106、G107、G207、G209、G220、G230、G234、G240、G241、G242、G316、G318、G328、G346、G347、G348、G350、G351、G353 等普通国道相关路段，积极推进省道相关路段新改建工程。

普通公路过江桥梁：建成香溪、赤壁等普通公路长江桥梁及 G316 河谷汉江大桥、G346 宜城汉江二桥、G347 钟祥汉江二桥、G348 沙洋汉江二桥、S247 潜江汉江大桥、S450 郧西兰滩口汉江大桥、仙桃汉江二桥等，积极推进郧阳汉江四桥、钟祥丰乐汉江大桥等项目前期工作，力争尽早开工建设。

支线铁路：建成江汉平原货运铁路、汉西—新墩上行联络线、南湖—大花岭下行联络线等。

支线航道：加快实施江汉平原航道网、三峡库区支流、丹江库区支流、鄂东南长江支流资源型航道治理。

支线管网：加快建设武汉至宜昌、黄冈至武汉、孝感至大悟、赤壁至通城、咸宁至通山、公安至松滋等省内支线和联络线以及荆门至襄阳成品油管道、荆门经宜昌至巴东成品油管道、十堰至竹山竹溪天然气管道。

2. 加快推进支线铁路、支流航道及支线管道网建设。建设江汉平原地区货运支线铁路等，完善鄂中平丘区铁路网布局，适应江汉平原货物运输的需要，为湖北"壮腰"工程提供有力支撑。积极推进江汉平原航道网、长江三峡库区支流、汉江丹江口库区支流、清江水布垭库区支流、鄂东南长江支流等"一网多支"支线航道体系建设，形成干支衔接、江海直达的湖北内河水运网。积极推进油气管道支线及联络线的建设，提升油气管网覆盖范围，确保能源安全有效供给。

3. 提升公路、航道养护管理水平。制定和完善高速公路、普通国省干线养护管理制度，积极推广养护新技术、新材料、新设备和新工艺，全面提升高等级公路养护管理水平；建立农村公路管养长效机制，全面落实县、乡、村三级管理养护责任，推进农村公路养护规范化、标准化、常态化。加强航道分类养护，重点提升长江、汉江等高等级航道养护管理水平。

（四）强化大融合，打造综合交通枢纽工程。积极推进武汉国际门户机场建设，努力建成湖北国际物流核心枢纽，加快建成武汉长江中游航运中心，全力提升武汉全国综合交通枢纽地位。重点建设宜昌港、荆州港、襄阳港等港口及集疏运体系，打造宜昌三峡综合枢纽，强化襄阳铁路枢纽地位，着力将宜昌－荆州、襄阳打造成全省重要的多式联运中心。建设一批综合客运枢纽和现代物流园区，推进综合交通一体化发展。通过"一核两心多点"带动，进一步提升湖北综合交通枢纽地位，建成"祖国立交桥"。

1. 加强现代港口集群建设。以建设武汉长江中游航运中心为重点，加快推进武汉、宜昌、荆州、黄石、襄阳五大港口群的建设。将武汉新港打造成辐射中西部地区、连接国际航运市场的区域性集装箱和大宗散货枢纽港口，将宜昌港打造成以三峡翻坝为特色、货物翻坝转运和旅游客运集散为核心的三峡现代物流中心，将荆州港、襄阳港建设成为全省重要铁水联运中心，将黄石港建成服务省内、辐射赣北与皖西的物流枢纽。继续推进"一港双园"模式发展，提升港口运营效率。

专栏4-5　内河港口重点项目

建成武汉新港阳逻港区三作业区一期后续工程、白浒山花山码头二期工程、三江港区综合码头一期工程、唐家渡港区钟家湾综合码头，荆州港江陵港区煤炭储配基地一期工程、盐卡港区四期综合码头工程，宜昌港主城港区云池作业区三期工程、宜昌港三峡游客中心客运码头改扩建工程，黄石港棋盘洲港区二期工程、阳新港区阳新富池综合码头工程，襄阳港陈埠港区、小河港一期工程等，积极推进武汉新港阳逻港区三作业区二期工程、宜昌港主城港区白洋作业区二期工程、黄石港棋盘洲三期工程、荆州港松滋港区车阳河综合码头工程等项目前期工作，力争尽早开工建设。

稳步推进其他港口重要港区的建设。

2. 加快建成民用机场新格局。按照"运输机场和通用机场共同发展，客运和货运双引擎驱动"的发展思路，建成武汉天河机场三期工程，推进湖北国际物流核心枢纽建设，打造客货运双枢纽，提升国际航空枢纽地位。合理新建支线机场和通用机场，推进其他容量不足机场的改扩建工程，形成机场均衡分布的武汉城市圈、鄂中、鄂西三大机场群，提升湖北航空运行保障能力。强化临空经济区建设，形成武汉天河机场、鄂州机场、支线机场各具特色的临空经济产业集群。

专栏4-6　干支机场重点项目

建成武汉天河机场三期工程、湖北国际物流核心枢纽机场。

完成襄阳机场、宜昌三峡机场改扩建工程，建成荆州等支线运输机场。

新建麻城、汉南等一批通用机场。

3. 重点建设综合客运枢纽。依托机场、高速铁路、城际铁路、城市轨道交通等，加快建设一批集多种运输方式于一体的综合客运枢纽。积极引导采用立体换乘、同站换乘设计方案，加强各交通方式的导向标识信息设计的连续性和一致性，推动具备条件的综合客运枢纽向城市综合体转型发展。

专栏4-7　综合客运枢纽重点项目

建成武汉天河机场交通中心、武汉西客运枢纽、武昌航海（武昌火车站）客运换乘枢纽、光谷客运枢纽、宜昌点军客运枢纽、襄阳市东津客运换乘中心、十堰客运换乘中心、黄石团城山客运枢纽、鄂州综合客运枢纽、荆州城东客运站、孝感东城综合客运枢纽、黄冈东站综合客运枢纽等。

积极推进重要县级客运站建设。

4. 引导建设综合货运枢纽。重点推进国家物流园区布局城市武汉、宜昌、襄阳的货运枢纽（物流园区）建设，依托港口、铁路场站、机场等，加快建设一批临港、临铁、临空货运枢纽（物流园区），优先支持具有多式联运功能的货运枢纽。鼓励传统货运场站向物流园区转型升级，支持快递分拨中心和仓配中心建设，全面提升物流基础设施水平。

专栏4-8　物流园区重点项目

积极推进湖北国际物流核心枢纽建设，努力建成武汉集装箱公路中转中心、武汉市物流交易所、武汉汉口北公铁联运中心、宜昌白洋物流园、三峡坝区（茅坪）货运中心、襄阳国际陆港物流园、襄阳新发地百应物流园、黄石棋盘洲综合物流园、湖北长江现代物流产业集聚示范区一期物流园、荆

州盐卡综合物流园、孝感新都市物流园以及武汉吴家山、大花岭、舵落口、滠口铁路物流基地等项目。

5. 着力完善枢纽集疏运体系。重点加强机场、高铁站、大型公路客运枢纽集疏运通道建设，有条件且客流量较大的综合客运枢纽实现轨道交通通达。重点建设主要港口核心港区铁路集疏运通道，提高铁路在港口集疏运中的比重；着力推进核心港区和重点港区的疏港公路建设，实现二级及以上公路高效连通；完善物流园区、大型产业园区集疏运体系，有效解决"最后一公里"问题。

专栏4-9　集疏运规划重点项目

建成武汉新港江北铁路香炉山至黄州段，开工建设长江三峡水铁联运铁路，规划建设黄石山南地方铁路新港支线、荆州江陵滨江新区疏港铁路等。完善武汉阳逻、白浒山等重点港区的公路集疏运通道。配套建成武西高铁、郑万高铁等高铁枢纽的公路集疏运通道建设，积极推进武汉天河机场、湖北国际物流核心枢纽等重要枢纽的集疏运通道建设。

（五）发展大产业，推进综合运输服务提升工程。以做强交通运输业，引领和促进经济社会发展为导向，大力发展国际航空运输，积极发展现代航运业，着力构建城际快速铁路网，充分发挥湖北区位优势和资源优势。加快完善国际、城际、城乡、城市等多个层次的客运服务体系，大力发展多式联运，促进现代物流业发展，全面提升湖北交通运输服务功能与水平。

1. 积极打造通达全球的国际运输系统。

——推进国际客运便捷化发展。进一步开拓国际航空市场，在稳定现有航线运营的基础上，开通武汉机场至国际知名城市的直航国际航班，展开与周边机场的航线合作，研究开通客运需求旺盛的国际中转航线；适时加密亚洲、欧洲航线，不断增加国际包机运输，构建通达全球的航线网络。

——引导国际物流跨越发展。巩固提升中欧班列（武汉）、武汉至日韩集装箱快班，做大做强"泸汉台"等品牌航线，积极参与"海上丝绸之路"建设，推动开通武汉（越南）泰国集装箱近洋航线。发挥内河启运港退税政策的港口优势，大力发展其他品牌航线，推行全航线服务规范化、标准化，增强武汉新港的辐射和集散能力。发挥中欧班列（武汉）等国际班列功能，支持开展国际小包业务和国际航空快件中转集拼业务，扩大国际快件通达范围。

专栏4-10　国际运输重点项目

国际客运：重点申请武汉至芝加哥、纽约、悉尼、温哥华、伦敦、雅加达、吉隆坡、仰光等直航航班。

国际物流：推动武汉至东盟、日韩国际水运航线和中欧班列（武汉）、"鄂满俄"国际货运班列常态化运行，开通武汉至越南泰国集装箱近洋航线、湖北国际物流核心枢纽货运航线等。

2.着力构建多层次的区域客运服务系统。

——推进城际客运差异化发展。重点构建以快速铁路和干线公路为骨干的多层次、一体化、高质量的城际交通网。通过加开干线航班、新开国内未通航城市航线、争取其他城市航班在武汉经停、新开或加密省内及周边支线机场至武汉航线等方式，进一步扩大国内航线覆盖率。以高铁、城铁逐步成网为契机，大力发展以铁路为主体的大容量、快速便捷的区际和城际客运体系，充分利用既有资源，积极开行城际列车。积极发展公路长途接驳和节点运输，鼓励发展短途城际公交，推动城际客运公交化改造，鼓励城际约租车等新生客运经营模式发展；对接铁路和航空枢纽，规划、开行客运专线，发挥公路运输"门到门"优势。

——推进城市交通多元化发展。落实公交优先战略，分类推进城市公共交通发展，推动中心城市轨道交通和快速公交系统建设，构筑大容量快速城市公交系统和城市公交优先通行

网络，拓宽常规公交覆盖范围，发展循环公交线路，积极开通定制公交、高峰通勤巴士、校区直达线等特色公交。优化城市公交枢纽站场布局，重点推进与城市综合客运枢纽配套公交场站和换乘设施建设，鼓励轨道交通线路外围站点配套建设停车场（P+R），提升公共交通吸引力。进一步加强干线公路与城市道路有效衔接，缓解进出城市交通拥堵。促进和规范出租汽车行业发展，有序引导并逐步规范网络预约出租汽车服务和电召服务，推动实现市民出行便捷化、舒适化。

——推进旅游客运舒适化发展。加密武当山、神农架、恩施等鄂西支线机场至武汉的航班班次，加强与周边省市主要旅游机场的航班互通，依托加快完善的快速铁路网络，增开省际、省内铁路班列，开行旅游专列，为旅客提供舒适便捷的旅途服务。以线路班车为载体，提供旅途到景点全程往返服务，推进运输与旅游一体化发展，探索客运与景区门票、餐饮等旅游服务相结合，满足游客高品质、个性化运输需求。

3.积极推进现代物流业发展。

——重点加快多式联运发展。积极对接"一带一路"、长江经济带等国家战略，依托综合交通骨架网，加快打造沪汉渝、福银、京广、襄荆等多条物流大通道。积极争取国家支持，在武汉、黄石、宜昌、荆州、襄阳、鄂州及恩施等地开展多式联运示范项目，重点打造一批江海直达运输、内外贸铁公水班列、散改集联运、零担铁公空联运等多个方面的试点示范工程，将湖北建成全国多式联运中心和货物集散中心，支撑湖北内需和外贸经济发展。统筹布局荆州、襄阳等内陆无水港，构建具备"一次申报，一次查验，一次放行、便捷通关"的综合服务平台。

专栏4-11　多式联运示范工程项目

积极推进武汉多式联运示范工程、黄石棋盘洲新港公铁水多式联运示范工程、三峡翻坝多式联运示范工程、襄阳金鹰公铁联运示范工程、荆州储

煤基地铁水联运示范工程等。

——培育现代物流市场主体。引导港口、航运、铁路企业集中核心资源，以资本为纽带，通过参股、兼并、联合、合资、合作等多种形式重组整合，发挥各自优势，形成一批技术水平先进、主营业务突出、核心竞争力强的大型多式联运企业集团。支持航空货运企业兼并重组、做大做强，提高物流综合服务能力。优化市场发展环境，激发物流市场主体活力和创造力，鼓励中小企业联盟发展，规范中介组织经营行为，全面提升物流行业市场主体竞争力。

——加快邮政和快递服务转型升级。推动邮件快件处理中心与铁路、公路、航空枢纽同步建设，引导企业在物流节点城市布局建设快件分拨中心、航空陆运集散中心，吸引企业在货运机场周围设立配送服务中心，实现产品的快速转运。充分发挥邮政的网络、信息和服务优势，深入推动邮政与电子商务企业的战略合作，发展电商小包等新型邮政业务。支持快递业整合资源，与民航、铁路、公路等运输行业联动发展。深入实施快件"上机上铁"工程，强化航空快件运输保障，发展高铁和电商快递班列，加强邮政、快递网络与不同运输方式之间的无缝衔接。继续推进城市地区智能快件箱"进社区、进校区、进商区"，提升快递服务水平。

——推动降低全省物流运行成本。重点加强铁路货运、内河水运发展，进一步优化全省综合货运结构。依托先进的物流公共信息平台，提升公路货运组织效率，营运货车里程利用率达到70%。进一步优化通行环境，加强和规范收费公路管理，保障车辆便捷高效通行。重点优化综合运输组织模式，着力降低社会物流运行成本，实现社会物流总费用与GDP的比率下降至16%以下，低于全国平均水平，为湖北经济平稳较快增长提供新动力。

4.不断推进运输装备标准化专业化发展。

——引导客运装备水平提升。鼓

励发展中、高级客车，积极发展适合农村客运的经济实用型车辆，提高城市公交车、出租车的舒适性，引导使用安全环保型客运车辆。引导内河客运船舶向旅游化、舒适化方向发展，鼓励发展邮轮，打造中部地区邮轮中心。支持基地航空公司拓展公共航空运力，引进大型宽体飞机及便捷、灵活的支线飞机，满足不同层次客运出行需要。

——积极引导货运装备水平提升。积极推广铁路货运装备先进技术，推广铁路重载运输、双层集装箱运输技术装备，积极发展铁路特种、专用货车及高铁快件等运输技术装备。推进公路货车车型向大型化、专业化方向发展，大力发展集装箱、冷链、危险品等专业运输车辆。加快推进长江、汉江、江汉运河等高等级航道的船舶船型标准化进程，研究推广三峡船型和江海直达船型。大力发展经济高效、节能环保船舶。

（六）厚植新优势，建设智慧绿色平安交通工程。依托现代科技和新一代信息技术，加快智慧交通建设，努力实现规划建设一张图、多式联运一张网、公交出行一张卡；加快绿色交通建设，集约节约利用资源，把生态环境保护摆上优先地位；加快平安交通建设，完善交通安保设施，加强安全监管，提升应急救援能力，努力维持安全稳定的交通环境。

1.强化行业节能减排与环境保护。

——强化节能减排措施。大力发展内河水运、铁路、城市公交等低碳环保型运输方式，推进结构性节能减排。积极采用节能减排新材料、新技术、新工艺、新设备，加大公路隧道、服务区等交通设施的节能技术改造力度，支持高速公路服务区充电设施的建设，总结推广"两型"港口建设经验和技术，引导技术性节能减排。认真落实交通运输部节能减排的制度和标准，引导企业提升运输组织管理水平，增强汽车驾驶员节能意识和素质，强化管理性节能减排。

——实施绿色低碳试点示范工程。围绕公路规划、设计、建设、运营、

管理等过程，开展绿色公路试点工程；借助长江经济带发展战略的机遇，实施生态航道工程和绿色港口工程；实施节能与新能源车船示范推广工程，引导营运车船向清洁化发展。发挥武汉、十堰等低碳交通试点和节能减排财政政策综合示范作用，推进绿色循环低碳交通发展。

——加强资源集约利用和生态环境保护。统筹利用综合运输通道线位资源、运输枢纽资源、跨江通道线位资源，提高铁路、公路、机场建设用地效率。加强岸线资源保护与集约利用，推进长江、汉江干线非法码头集中治理。积极探索资源回收和废弃物综合利用有效途径。普及快递电子运单，推广可降解和可重复利用的邮件快件封装用品，减少寄递过程中的物料消耗。完善环保监管体系，严格执行交通规划和建设项目环境影响评价、环境保护"三同时"制度、建设项目水土保持方案编制制度，加强交通基础设施建设、养护和运营过程中的污染物处理和噪声防治。

专栏4-12　绿色交通重点项目

绿色航运：丹江口航运发展示范区、梁子湖航运发展示范区。

绿色公路：G318"长江经济带"畅安舒美示范公路等。

绿色车船：营运车船燃料消耗准入与退出试点工程、环保与新能源车船示范推广工程、G-BOS智慧客车运营系统推广工程等。

2.大力推动"互联网＋"交通运输发展。

——推进信息资源的整合与共享。整合现有通信、网络、存储和计算资源，依托楚天云平台构建省级交通运输数据中心，整合梳理交通行业信息资源，建立统一的基础数据库。积极推进交通运输数据交换共享系统建设，实现省级交通运输数据中心与交通运输部、省政府相关部门、市级数据中心之间的数据交换，打造湖北"交通云"，促进交通信息资源全面开放，共享利用。

——加强行业信息管理系统建

设。完善网上行政审批服务系统，提供交通运输行政审批事项一站式服务，推进跨地区、跨部门网上联办、联审、联批。运用大数据分析，加快建设湖北省道路运输四级协同管理与服务信息系统，为行政审批、行业规划及辅助决策提供信息支持。建立统一的交通建设与运输市场信用信息服务系统，实现信用等级评定公开透明、信用信息开放共享。构建智能化安全监管模式，重点建设道路安全畅通与应急处置平台、道路运输应急指挥平台等，加强对重要营运车辆的监管，实现交通安全应急管理的可视、可测和可控。

——完善公众出行信息服务系统。积极推进跨运输方式的客运联程系统建设，加快实现旅客出行一次购票、无缝衔接、全程服务。完善湖北省公众出行信息服务平台，实现各种运输方式出行信息的便捷查询。大力发展智能公交，实现城市公共交通"一卡通"；着力将道路客运联网售票系统拓展至所有县市及部分重点乡镇客运站；努力实现机场天气、航班动态、交通换乘、商家信息等方面的快速查询，实现手机APP网上值机等，构建信息共享、方便快捷的公众出行系统。

——完善物流信息服务系统。加快建设集信息发布、电子商务、电子政务等功能于一体的交通物流公共信息平台。完善武汉、宜昌、襄阳三个信息中心，依托平台开展物流园区信息联网工程。鼓励交通物流公共平台实现跨区域的信息共享，促进企业平台、政府平台以及其他区域平台无缝对接。建立航空物流信息系统，提供货物信息跟踪、网上支付运费等信息化延伸服务。研究利用物联网技术自动识别邮件挂车信息和货物数据，引导企业在寄递领域普及使用电子运单，在个人客户中推广APP在线下单模式，提高邮件处理能力和服务效率。

专栏4-13　信息化重点项目

依托楚天云平台构建湖北省交通运输数据中心、湖北省交通运输通信信息网络升级改造、"互联网＋"出

行服务系统、"互联网＋"行业管理决策系统、航空物流信息系统等。

3.加强交通安全监管与应急保障体系建设。

——完善交通安全基础设施。进一步提升公路安全保障能力，大力实施公路安全生命防护工程，加大危桥改造力度，完善标识、标线、护栏等交通管理设施，基本完成乡道及以上行政等级公路安全隐患治理。重点加强高速公路、普通国省干线治超检测站建设，积极推进安检站、救助站等基层站所的建设。进一步完善航标设置等航道安全设施。

——强化交通运输安全监管。重点抓好铁路枢纽、公路客运站、水上旅客、高速公路、危险货物、重点工程及快件寄递渠道等隐患排查治理与专项治理，全面加强重点领域、重点时段、重点区域的安全监管。重点推进货运车辆超限超载治理，加强省际联动，强化区域协调，提高管理水平，保障公路运输安全。推进安全应急信息化、智能化建设，强化远程动态监测防范和突发事件预警处置。继续加强民航运输安全监管，完善现代空管系统，推动航空公司加强运行控制体系建设。完善邮政监管体系，保障邮政快递安全规范运行。落实企业的安全生产主体责任和政府的安全监管责任。

——提高应急保障及处置能力。重点建设现代化铁路应急救援基地，建设全省公路水路应急物资储备库和应急救援中心，推进监管、搜救、应急管理一体化建设。发挥通用航空在应急救援中的重要作用，提高交通应急救援保障能力。积极推进综合交通各部门应急信息资源的互联互通，建立交通运输应急指挥综合信息系统；积极开展应急救援演练，提高交通应急救援队伍素质；积极加强与武警、公安、宣传、安监、卫生、气象等相关部门和单位的协调合作，形成多部门和单位之间的应急联动。建立健全应急预案体系、应急指挥体系，提高应急救援队伍素质，缩短应急救援响应时间。

（七）塑造新动力，打造综合交通治理体系现代化工程。推进交通运输管理方式方法向多元、民主、互动转型，实现从管理向治理的重大变革。以全面深化体制机制改革为动力，以建设交通运输法治政府部门为基础，以提升交通运输从业人员素质为保障，力争在交通运输重要领域和关键环节改革上取得决定性成果，着力推进湖北交通运输治理体系和治理能力现代化，为全省经济发展增添新动力。

1.全面深化体制机制改革。进一步推进综合交通运输改革试点工作，逐步构建完善省、市、县三级"大交通"管理体制，建立健全综合交通运输管理与协调机制，完善综合交通运输规划与发展机制，统筹推进综合交通运输大通道建设，强化综合客货运输枢纽规划建设管理，提升综合运输服务水平，推动综合交通运输信息共享，形成高效运行、相互衔接、协调发展的综合交通运输管理新格局。进一步深化行政审批制度改革，清理规范全省交通运输行政权力，推行建立权力清单、责任清单、负面清单制度，简化行政审批事项程序，实行行政审批"一站式"服务。进一步深化行政执法体制改革，完善多部门联合执法工作机制，创新交通运输综合执法工作机制。发挥市场配置资源的主体作用，进一步开放交通运输建养市场，不断提高交通基础设施养护管理水平。

2.加强法治政府部门建设。制定完善交通运输发展的法规体系，积极争取出台《湖北省高速公路服务区管理办法》《湖北省民用机场管理办法》，加快修订《湖北省公路路政管理条例》，推进《湖北省高速公路联网收费管理办法》等立法进程，制订出台一批与上位法相配套、交通运输发展和管理亟需的规范性文件，强化法治交通建设保障。落实重大决策社会稳定风险评估制度，着力预防和化解交通发展带来的社会矛盾，创造和谐稳定的交通发展环境。深入开展"三基三化"建设，整合交通运输行业执法资源，推进交通领域综合执法试点与改革。建立健全邮政业消费者申诉与市场执

法联动机制和邮政与工商、公安、国安等部门执法联动机制，加快建设法治政府部门。

3.落实"人才强交"战略。加强创新体系建设，通过政策扶持，有效推进交通运输系统重大和关键科技研发及科技成果应用推广。设立交通经济技术创新基金，资助、奖励交通领域的各类技术创新和研究。加大交通行业人才培养力度，依托项目大力培养从事交通运输管理和经营的各类高层次、高技能、复合型专业技术人才，在实践中培育创新团队，为交通运输的可持续发展提供后备人才力量。

4.深化党风廉政建设。全面推进党风廉政建设主体责任和监督责任落实，深入贯彻《中国共产党廉洁自律准则》《中国共产党纪律处分条例》，明确权力清单和责任清单，完善权力运行监督制约机制，有效防治腐败。进一步提高党员队伍整体素质，不断提升党建工作科学化、制度化、规范化水平。开展行业文明建设，深入开展"十行百佳"活动，深化"两赛一创"工作，培树一批引领行业风尚的先进集体和典型人物。加强新闻宣传工作，提升交通运输热点问题舆情研判和舆论引导工作水平，增进社会共识。

五、政策措施

（一）加强统筹协调。省政府成立湖北省综合交通运输工作领导小组，领导小组办公室设在省交通运输厅，研究出台加快综合交通运输发展的指导意见，建立健全综合交通运输发展协调机制，统筹研究解决综合交通规划、建设、运输、管理中的重大问题。各有关部门要按照职能分工，加强沟通配合，制定和完善相关配套措施，为规划实施创造有利条件。各级政府要把综合交通运输体系建设放在重要位置，紧密结合发展实际，细化落实本规划纲要确定的主要目标和重大任务，统筹协调推进综合交通运输发展的重大工程、重大项目，确保落到实处。

（二）加强政策引导。建立完善与事权相匹配的支出责任体系和管理制度，明确各级政府的支出责任。改进对地方资金补助项目的遴选、审批

及监管机制，切实有效发挥部省资金的引导和调控作用。省发展和改革委员会、省交通运输厅根据职能分工，研究制定"十三五"铁路、民航、公路、水路交通投资政策，整体提高交通建养补助标准，实行地区差异化的补助政策，支持有利于综合交通衔接、多式联运、城乡区域交通一体化的重大项目，加大对公益性较强的交通项目的政策支持力度。在政策范围内切实保障交通建设用地，在用地计划、供地方式等方面给予支持。

（三）拓宽投融资渠道。深入推进交通投融资体制改革，创新交通投融资模式。积极争取国家资金支持，加大各级财政性资金及地方一般和专项债券对交通建设的投入，争取国内外金融机构支持，强化综合交通发展的资金保障。继续推动社会办交通，促进综合交通投资主体、投资渠道与投资方式的多元化，积极推广使用政府和社会资本合作模式（PPP），鼓励社会资本发起设立股权投资基金等。探索交通沿线土地综合开发、城市交通枢纽综合开发等投融资模式。

（四）强化规划执行。省级各交通专项规划、各市州"十三五"综合交通规划要与本规划相衔接，贯彻本规划的总体部署，落实本规划的总体要求。省发展和改革委员会、省交通运输厅根据职能分工，制定发布"十三五"铁路、民航、公路、水路等重点项目库，加强对规划实施情况的跟踪分析和监督检查，及时把握交通运输发展中出现的新情况、新问题，组织规划执行情况的评估，适时调整规划和相关政策，进一步增强规划的指导性。省交通投资集团、省铁路建设投资集团、湖北机场集团等省出资企业要主动作为，在全省重大交通项目投资建设中发挥主力军作用。完善监督考评管理机制，将省级层面对规划项目、前期工作及政策方面的支持与各地区规划执行情况挂钩，保障规划项目的顺利实施。

2016 年 8 月 22 日

大事记

2015 年大事记

1 月

2 日 省交通运输厅厅长尤习贵暗访武汉傅家坡长途客运站运输安全工作,强调要注重运输生产环节,加大安全监督检查力度,强化安全责任追究,确保人民群众出行安全。

5 日 召开 2015 年度湖北省春运工作形势分析会。省交通运输厅、公安交管、铁路、公路、水路、民航等行业管理部门,武汉、襄阳、宜昌等地交通运输主管部门及道路运输、城市公交、地铁等企业参加。

7 日 省委副书记张昌尔在老河口市调研客车村村通工作。省委常委、襄阳市委书记王君正参加调研,省委财经办主任刘兆麟、省农业厅厅长戴贵洲、省交通运输厅副厅长马立军参加活动。

12 日 645 工程指挥部办公室在长江航道科研实验新基地组织召开645 工程专题研究第一阶段成果汇报会。省政协副主席、指挥部副指挥长刘善桥出席会议并作重要讲话。会议由省交通运输厅副厅长马立军主持。长江航务管理局、省发展改革委、省水利厅、省环境保护厅、省住房和城乡建设厅、省港航管理局、长江航道局、长江航道规划设计研究院、省工程咨询公司领导及相关人员参加会议。

13 日 湖北交通运输行业精神文明建设委员会第一次全会在省交通运输厅召开。省文明办主任田和平亲临指导,省交通文明委主任、省交通运输厅厅长尤习贵出席会议并讲话。长江航务管理局、武汉铁路局、湖北省邮政公司、湖北机场集团公司、南航湖北分公司、东航武汉公司、国航湖北分公司、省公路客运集团公司、武汉地铁集团运营公司以及武汉公交集团公司等单位负责人参加会议。会议由程武副厅长主持。

16 日 交通运输部副部长翁孟

勇一行来汉调研长江干线港口联盟和三峡水运新通道工作,并主持召开座谈会。省交通运输厅厅长尤习贵、副厅长马立军,交通运输部综合规划司、水运局、长江航务管理局、江苏省、湖南省、湖北省、重庆市交通运输部门负责人以及长江干线相关港航企业负责人参加座谈会。

19 日至 23 日 中央电视台《经济半小时》栏目组到襄阳市,围绕襄阳公交出租汽车公司"公车公营"模式特点、运营情况、可持续性以及与传统"挂靠"模式对比等问题进行深入探讨。1 月 29 日晚,央视财经频道《经济半小时》栏目对襄阳公交出租车"公车公营"进行专题报道。

20 日 全省综合交通运输会议在武汉召开,副省长许克振,省交通运输厅厅长尤习贵出席会议并讲话。省政府副秘书长陈新武主持会议。秭归县政府、老河口市政府、十堰市郧阳区、荆州市政府、武汉港务集团、南航湖北分公司、省铁路建设投资集团有限责任公司做大会交流发言。

23 日 湖北省道路客运联网售票系统正式运行,武汉、襄阳、宜昌、荆州、汉川市长途汽车票实现异地互购,无需手续费。全省 5 家试点客运车站为武汉傅家坡汽车客运站、宜昌汽车客运中心站、荆州先行长途客运站、襄阳汽车客运中心站和汉川汽车客运中心站。

28 日 香溪长江公路大桥项目顺利通过湖北省财政厅、交通运输厅组织的"物有所值"专家组投资评价。这是湖北省首个通过"物有所值"评价的 PPP 项目,"物有所值"评价是PPP 项目实施的前置条件。

29 日 省政府副秘书长陈新武一行到京港澳高速公路鄂北收费站,检查指导高速公路应急保畅工作。省交通运输厅副厅长谢强、胡超文参加检查。

2 月

3 日 省交通运输厅第五轮"三万"活动在洪湖市万全镇五合垸公路桥施工现场启动。厅领导尤习贵、刘汉诚、马立军、程武、高进华,省公路管理局局长熊友山及洪湖市相关领导参加启动仪式。

4 日 全省交通运输行业"十行百佳"标兵先进事迹报告会在武汉举行,省交通运输厅厅长尤习贵、省总工会常务副主席马建中慰问出席报告会的标兵代表。报告团成员王卫东、陈红涛、姚婕、潘恩玲、王何林等先进人物都是来自交通服务最基层、交通发展最前沿的普通职工。

△ 团省委书记张桂华、省交通运输厅副厅长石先平一行到武汉火车站,慰问服务在春运一线的交通青年职工和志愿者。

9 日 省港航管理局、省高速公路管理局、湖北交通职业技术学院、汉十高速公路管理处、武黄高速公路管理处、随岳高速公路管理处、鄂西高速公路管理处 7 家厅直单位纪委书记首次向省纪委驻省交通运输厅纪检组述职述廉,并接受现场测评。驻厅纪检组组长刘汉诚出席会议并讲话。

10 日 副省长许克振在武汉检查春运工作时强调,要适应新常态,采取新措施,全力做好春运各项工作,确保旅客快乐出行,过一个祥和的新春佳节。省政府副秘书长陈新武、省交通运输厅副厅长谢强和武汉市政府、省安全生产监督管理局、省公安厅交通管理局、武汉铁路局等单位负责人陪同检查。

△ 郧阳区至十堰高速公路建成通车试运营。郧十高速公路起于鄂豫省界鹁鸽峪,在十堰经济技术开发区回船沟与福银高速汉十段相接,全长

66.93 公里。郧十高速公路是交通运输部编制的《促进中部地区崛起公路水路交通发展规划纲要》中侯马至十堰高速公路的组成部分，也是湖北省规划建设的"七纵六横二环"骨架公路网中第六纵的重要组成路段。

△ 麻城至竹溪高速公路随州西段、襄阳东段 (随州东枢纽互通至宜城南营互通)102.2 公里建成通车试运营。麻竹高速公路随州西段、襄阳东段是襄随项目群中的两个项目 MZTJ-1、MZTJ-2 标段，起于随州东枢纽互通，经随州市曾都区、随县和襄阳市枣阳、宜城市，止于宜城市小河镇。

12 日 省交通运输厅政府门户网站被评为"全省政府网站绩效评估优秀等次单位"，绩效考评得分 96.4，评估总分排名全省第一。

28 日 湖北省三大重点工程指挥部第四次会议在汉召开。省委常委、常务副省长王晓东主持会议，省人大常委会副主任王玲、省政协副主席陈天会、武汉市市长万勇出席会议，省三大重点工程相关单位领导参加会议。省发展改革委主任李乐成汇报了武汉天河机场三期工程、武汉至十堰铁路客运专线进展情况，省交通运输厅厅长尤习贵代表 645 工程指挥部汇报了"645 工程"进展情况。

3 月

9 日 省交通运输厅首次举办的全省县市区交通局长培训班在宜昌开班，厅长尤习贵出席开班讲话并授课。开班由副厅长程武主持。来自各县市区的 99 名交通局长参加培训。本次培训，首次全部由 5 位厅领导直接授课，培训学习时间 2 天。

10 日 省交通运输厅厅长尤习贵一行对襄阳市公交及出租车管理、国省道重点项目建设进行专题调研。尤习贵一行先后实地视察 207、316 国道襄阳城区段改建项目，察看 207 国道下穿福银高速框架桥、316 与 207 国道平交路口、上跨二广高速公路框架

桥、新建唐白河大桥等关键控制性工程施工现场。

11 日 全省"村村通客车"现场会在江陵召开。省交通运输厅厅长尤习贵出席会议并讲话。马立军副厅长主持会议。厅领导谢强、胡超文、高玉玲、魏公民，荆州市委常委、常务副市长曹松，省公路管理局局长熊友山，省道路运输管理局局长陶维号等参加现场会。

20 日 上海航运交易所张页总裁调研湖北省水运发展。副省长许克振会见张页，希望双方抢抓机遇联合共建，推动长江航运事业发展。省交通运输厅厅长尤习贵、副厅长马立军陪同会见。

△ 2015 年全省交通运输安全应急管理工作会召开。省交通运输厅厅长尤习贵出席会议并讲话，省政府办公厅副主任陈惠霞、省安全生产监督管理局副局长杨爱东出席会议。

24 日 省委书记李鸿忠在麻城调研扶贫开发工作，视察麻城村村通客车情况。他强调，各级党委和政府要切实担负起责任，因地制宜、加大投入，保证老百姓出门有车坐，让农民群众得实惠。省委常委、省委秘书长傅德辉一同调研。

△ 荆州石首市长兴船务有限公司新建的"长兴 1868""长兴 1968"2 艘川江及三峡库区大长宽比示范船，正式获批长江干线及支流省际普货营运资质，单船获得 400 万元补贴。

4 月

1 日 中国海员建设工会在鄂委员单位工作汇报会在湖北京珠高速公路管理处召开。中国海员建设工会主席、分党组书记丁小岗，副主席姚久强、魏薇出席会议，湖北省交通运输厅副厅长程武到会并致辞，在鄂相关委员单位工会负责人参会。与会人员考察武汉西收费管理所，重点查看了杨丽工作室。

3 日 省交通运输厅厅长尤习贵

一行就抢抓机遇、对接"一带一路"战略，先后到中铁联集武汉中心站、新汉正西市场、武汉新港投资集团公司调研了解"汉新欧"、物流园区、集疏运体系建设等有关情况，与武汉市交通委员会、武汉新港投资集团公司、中铁联集武汉中心站有关负责人进行座谈。

14 日 省长王国生、副省长许克振到交通运输部衔接湖北省交通重点项目，为湖北"十三五"发展打基础。交通运输部综合规划司巡视员于胜英，水运局局长李天碧、运输司副司长王水平，省政府秘书长王祥喜，省发展改革委主任李乐成、省交通运输厅厅长尤习贵等参加座谈。

14 日至 17 日 新华社、《人民日报》《经济日报》、中央人民广播电台、新华网、《湖北日报》、湖北电视台、湖北广播电台、《农村新报》等 10 家中央、省级主流媒体和襄阳、宜昌地方媒体记者到襄阳市襄州区、老河口市，宜昌市远安县、当阳市、枝江市等地集中采访"村村通客车"工作情况。

20 日至 23 日 交通运输部副部长冯正霖在湖北省宜昌市、恩施州等地调研。省委常委、宜昌市委书记黄楚平，副省长许克振陪同调研。交通运输部公路局局长李彦武，省交通运输厅厅领导尤习贵、马立军、高进华，省交通投资有限公司总经理龙传华、省公路管理局局长熊友山等参加调研。冯正霖一行先后深入宜岳高速公路宜昌大桥枢纽互通立交、318 国道危桥改造及安保工程、长阳椰坪镇茶园村、沪渝高速公路、建始县红景旅游公路、恩施市峡口大桥、209 国道改造现场、白杨坪镇麂子渡村、白杨坪镇乡村客运站及 222 省道恩鹤公路改扩建工程现场调研。

23 日 鄂湘赣三省港航部门、重点港口企业在武汉召开长江中游城市群水运合作联席会，谋划中游城市群水运发展大计。会上，鄂湘赣三省共同呼吁，尽快启动长江中游"645"深水航道整治工程，力争纳入国家"十三五"规划，打通长江中游水运"肠

梗阻"。

28日 湖北省首个高速公路路警联合执法服务站在襄荆高速正式启用。路警联合执法服务站使用公路路政统一外观标识，安装警灯和LED显示屏，装配监控系统，设置便民设施，配置执法装备，具备路警执法、事故预防、执法监督、安全宣传、便民服务等功能。

29日 湖北、湖南、江西三省运管部门和部分运输企业在武汉召开长江中游城市群道路运输联席会议，共商鄂湘赣三地区域运输一体化发展大计。会上，三省运管部门围绕区域物流、城际公交、长途客运接驳运输、区域城市公交"一卡通"应用等八大领域达成共识，共同签署《长江中游城市群道路运输联席会议备忘录》。

5月

4日 鄂西高速公路管理处宜都管理所收费3班班长苏涵荣获第二季全国"最美青工"称号。

5日 省交通运输厅召开纪律审查协作组第一次会议，正式启动纪律审查协作组工作。厅党组成员、省纪委驻厅纪检组组长刘汉诚出席会议并讲话。厅直各单位纪委书记、分管领导及专职纪检监察员参会。

7日 全国政协社会和法制委员会副主任宋育英率驻鄂全国政协委员到黄冈市交通运输局，专题调研《道路交通安全法》贯彻实施情况。

8日 湖北省交通运输厅、长江航务管理局（以下简称长航局）与省内沿江武汉、黄石、襄阳、宜昌、荆州、鄂州、黄冈、咸宁、恩施等市州政府在鄂州召开"2+9"合力共建长江黄金水道座谈会。厅长尤习贵，长航局领导唐冠军、黄强、朱汝明，沿江各市州政府分管领导、交通运输局（委）和港航管理局主要负责人等参加会议。

14日 省直机关工委副书记项水伦、省交通运输厅副厅长程武一行到黄黄高速公路管理处红安管理所调研指导"红旗党支部"创建工作。

15日 省交通运输厅与省南水北调管理局就合力共推汉江梯级枢纽开发和江汉运河生态文化旅游带建设进行会商。省交通运输厅厅长尤习贵、副厅长马立军参加会商，省南水北调管理局局长郭志高、副局长虞志坚、总工刘文平、引江济汉管理局局长周文明等出席会谈。

26日至29日 青海省人大财经委主任闫宝亮、青海省政府法制办副主任孙青海、青海省交通运输厅副厅长陶永利带领青海省交通路政立法调研组一行到湖北省交通运输厅，就公路路政管理法制建设工作开展专题调研。省交通运输厅副厅长胡超文陪同调研。

29日 省交通运输厅与省测绘地理信息局签订战略合作框架协议。双方将全面推动北斗卫星导航应用产业发展，共同推进全省交通信息"一张图"的共建共享，加快测绘地理信息重大项目成果在交通运输行业中的深度应用，加强人才培养和技术交流。共同加快推进北斗卫星导航应用于农村客运班线项目建设、公路水路客货运输车船动态运营管理和安全监管建设、公路智能化管理系统建设、港航信息化建设、运管物流信息化建设以及智慧公交建设，促进北斗卫星导航在交通运输领域的深度应用和融合，逐步实现全省交通运输智能化管理。

6月

2日 6月1日晚21:28时左右，重庆东方轮船公司所属"东方之星"旅游客船由南京开往重庆，上行至长江水域湖北监利县大马洲水道44号过河标水域处，突遇龙卷风翻沉。闻此消息后，省交通运输厅厅长尤习贵、副厅长、省高管局局长胡超文迅速作出指示，立即启动应急响应机制，紧急开通随岳高速生命救援专用通道，为救援工作快速开展和进行提供道路通行保障。

6日 副省长许克振慰问"'东方之星'客轮翻沉事件"参与抢险保障的港航海事人员。省政府副秘书长陈新武、省交通运输厅厅长尤习贵、副厅长谢强、省港航海事局局长王阳红陪同慰问。

7日 "东船游轮翻沉事件"新闻发布中心在监利县电信局二楼会议室召开中外媒体集中采访见面会，向中外媒体记者通报应急救援最新情况，省交通运输厅厅长尤习贵专门报告交通救援工作情况。会议由省政府新闻办负责人谢双林主持。

△ 省长王国生在"东方之星"客轮翻沉事件前方指挥部慰问参与应急救援的交通干部职工，感谢交通干部职工在本次事件中所做的各项保障工作，并对交通职工在困难面前冲锋在前、应急保畅、吃苦耐劳、无私奉献给予充分肯定。

8日 交通运输部部长杨传堂在"东方之星"客轮翻沉事故救援现场指挥部"航道一号"上听取省交通运输厅、地方政府关于救援和交通运输工作专题汇报。杨传堂高度肯定湖北交通运输部门、荆州市监利县党委政府在这次事件救援中所做的工作，对下一步搜救和善后工作提出明确要求。省交通运输厅副厅长谢强、省港航海事局局长王阳红、荆州市、监利县政府负责人参加汇报。

9日 交通运输部部长杨传堂一行，从监利"东方之星"客轮翻沉事件指挥部现场返京途经武汉，专程到省港航海事局检查指导工作。省政府副省长许克振、副秘书长陈新武、省交通运输厅厅长尤习贵陪同检查指导。

△ 十堰市竹山县首条一级公路——竹山县城至潘口水电站一级公路全线正式通车。该路起于竹山城关镇莲花村堵河二桥，止于潘口水电站坝址，全长15公里，路基宽20米，路面宽18米，总投资3亿元，是集交通、防洪、观光于一体的综合公路交通工程。

18日 全省联动治超工作现场会在黄黄高速界子墩治超站召开，省交通运输厅副厅长谢强出席会议并为界子墩治超站及黄梅区域联动治超示范区揭牌。界子墩治超站位于沪渝国道鄂皖省际，辐射范围涵盖湖北、安徽、江西毗邻区域，是交通运输部批复的国家一类超限运输检测站。

30日 交通运输部副部长冯正霖宣布，湖北并入全国高速ETC网。至此，湖北办理了ETC的车辆在通行已联网的其他17个省市高速公路时，可以不用收费排队。

△ 省交通运输厅纪念中国共产党成立94周年表彰大会暨创建红旗党支部现场会在红安召开。会议对厅直属机关红旗党支部、优秀共产党员、优秀党务工作者进行了表彰，厅党组书记、厅长尤习贵就进一步加强和改进交通党建工作，推进湖北交通全面从严治党，为党员干部上了一堂党课。省直机关工委副书记于春利出席会议并讲话。

7月

8日 省政协副主席肖旭明、副秘书长周向阳一行9人，到省交通运输厅专题调研加快全省综合交通体系建设、推进长江经济带开发。省交通运输厅厅长尤习贵、副巡视员阮云旻，省港航管理局、武汉市交通委员会、武汉新港建设投资开发集团有限公司负责人参加调研座谈。

14日 省编办党组书记、主任岳勇一行到京珠高速公路管理处调研指导高速公路应急管理工作。省交通运输厅厅长尤习贵、副厅长程武，副厅长、高速公路管理局局长胡超文，副巡视员刘立生陪同调研。岳勇一行仔细询问了全省高速公路联网监控中心建设情况，通过视频监控系统观看全省高速公路应急演练纪录片。

△ 湖北省长途客运接驳运输鄂西联盟成立大会在宜昌召开，宜昌交运集团股份有限公司、荆州先行运输集团有限公司、恩施州交运集团运输有限公司、十堰亨运集团有限责任公司4家运输企业代表和湖北省道路运输管理局，宜昌市、荆州市、恩施州、十堰市道路运输管理局负责人参加会议。

议。会上，这4家运输企业共同签署《湖北省长途客运接驳运输鄂西联盟协议》。

15日 湖北首条快速公交——宜昌BRT正式开通试运行。宜昌BRT全长23.9公里，是国内中心城区单条线路最长、站距最短、站位最多、施工难度最大的BRT项目，项目总投资16亿元。该项目利用亚洲开发银行贷款资金1.5亿美元。

20日至21日 全国隧道及地下工程不良地质超前预报与突水突泥灾害防治学术会议在恩施召开。中国工程院院士钱七虎、郑颖人、顾金才出席会议，来自全国各地的隧道及地下工程方面的专家学者共160多人参加会议。本次大会由中国岩石力学与工程学会地下工程分会、湖北省公路学会主办，山东大学、湖北省交通投资集团有限公司、湖北高路鄂西高速公路建设指挥部、中铁十四局集团公司、中铁一局集团公司、恩施州公路局、国家973计划项目承办。

21日 省交通运输厅厅长尤习贵、副厅长胡超文一行到湖北机场集团及武汉天河国际机场，就天河机场三期工程建设及相关配套工程进行调研，湖北机场集团领导、武汉地铁集团、武汉机场二通道、武汉交通投资公司负责人参加调研。

22日 省政府召开全省部分县市区村村通客车工作座谈会。许克振副省长要求，要提高思想意识，增强紧迫感，挂图作战，坚决完成全省100%行政村通客车工作。省交通运输厅尤习贵厅长介绍了全省村村通客车工作情况，巴东、英山、郧西、房县等12个县市汇报了村村通客车开展情况及遇到的实际困难。省发展改革委、省委农办、省公安厅、省财政厅、省安全生产监督管理局等单位表态发言。

△ 全省高速公路系统"冲刺杯"养护工技能竞赛在麻竹高速公路大随段开幕，来自全省高速公路系统16家经营管理单位的24名选手进行了钢护栏维护技能较量。此次竞赛第一名将被授予省五一劳动奖章，前三名将获得省技术能手称号。

23日 省人大常委会党组书记、常务副主任李春明率人大代表团视察交通建议办理工作时，强调要宣传和推广省交通运输厅代表建议办理经验，提升代表履职能力和代表建议办理实效。

24日 省交通运输厅、宜巴高速公路建设指挥部和世行代表团在武汉签订宜巴建设项目监测备忘录，宜巴项目第九次现场监测圆满结束。厅长尤习贵为翟小可等3位项目经理和刘哲夫等5位专家颁发"湖北交通世行专家杰出贡献奖"荣誉证书。副厅长程武主持签字和颁奖仪式。

28日 湖北交通运输云数据管理中心（以下简称数据中心）正式成立。该数据中心将紧跟大数据、云计算、物联网等新兴技术的发展，围绕行业管理、民生服务、安全应急等方面需要，加强对市（州）、县交通局（委）数据中心建设指导、行业信息化建设管理。

29日 湖北省普通公路路政与运政联合治超框架协议签字仪式在省公路管理局举行，厅长尤习贵出席签字仪式。省公路管理局局长熊友山、省道路运输管理局局长陶维号签署框架协议。湖北省普通公路路政与运政联合治超框架协议主要包括建立公路路政、运政联合执法协调工作机制，联合治超联席会议，执法信息抄告机制，开展联合执法行动和治超监管新模式试点工作等内容。

7月31日至8月2日 全省机动车驾驶员培训教练员从业资格考试改革试点工作在十堰市举行，十堰及林区共997名考生参加考试。

8月

5日 省交通运输厅厅长尤习贵、胡副厅长超文一行调研鄂州交通重点项目，先后察看三江港建设工程、铁路货场工程、鄂州南互通建设工程和顺丰货运机场选址项目，听取相关情况汇报。鄂州市委书记李兵、市长叶贤林等陪同调研。尤习贵一行就重大项目建设过程中遇到的问题与鄂州市委、市政府进行沟通。

6日　建始(陇里)至恩施(罗针田)高速公路恩施松树坪至罗针田段建成通车，恩施北收费站正式开始运营。建恩高速公路是"十二五"规划中的纵线之一，是西部大开发重点公路"八纵八横"骨架公路中的"纵三"线银川至北海高速公路的重要路段。建恩高速公路全长75.03公里，总投资约79亿元，其中，松树坪至罗针田段7.4公里。

9日　中国首条水上生态环保公路——古夫至昭君桥高速接线工程正式通车。该路是古夫县城最主要的出口通道，主要解决古夫新县城与宜昌至巴东高速公路的快速连接，是兴山县交通出行和经济发展的重要干线。全长10.9公里，全线采用双车道二级公路标准建设，设计速度60公里/小时，路基宽度为12米，荷载等级为公路－Ⅰ级，全线特大桥2座。总投资4.4亿元，建设工期36个月。为避免对沿线山体造成影响，项目设计秉承对环境最小的破坏和最大的保护，采用桥梁方案通过古洞口二级电站水库和三峡大坝回水区域，其中有4公里建在峡谷溪流中。

11日　交通运输部长江内河水上交通安全监督管理工作调研组对湖北内河水上安全监管工作进行现场调研和座谈。调研组一行重点调研各部门质监职责交叉、职责不明晰问题，各级管理部门在执行交通运输部的法规制度、标准规范、政策等方面的问题，以及企业、船舶、港口码头和从业人员监管方面存在的问题。省交通运输厅副厅长谢强陪同调研。

15日　一辆危化品罐装车途经湖北京港澳高速公路与汉蔡高速公路匝道交汇处，罐装车装载的32吨混合方烃液体缓慢泄漏。京珠高速公路管理处启动多部门联动机制，成功处置危化品车辆追尾泄漏事故，未造成人员伤亡、大面积交通拥堵和二次事故。

18日　湖北省首家验船师实训基地在鄂州光大船业有限公司挂牌，来自全省9个市州船检机构的10名验船师，即日起将开启"以师带徒"模式进行为期2个月的基地实训。鄂州光大船业有限公司具有国防科工委颁发的一级二类资质造船资质。

28日　湖北省公路建设领域首个PPP项目——香溪长江公路大桥在宜昌秭归县郭家坝开工建设。香溪长江公路大桥起于秭归县郭家坝镇东侧，止于归州镇香溪河西岸的向家店，复接省道255线。项目全长5.6公里，批复总概算20.99亿元，建设工期48个月。全线采用双向四车道一级公路标准建设，设计速度60公里/小时。香溪长江公路大桥是湖北省公路建设领域首个PPP(政府与社会资本合作)模式运作的项目，也是长江"黄金水道"上第一座由县级政府争取立项、批复、建设的长江大桥。该项目由武汉市政建设集团牵头，与中铁大桥局七公司、武汉市市政路桥有限公司组成联合体投资建设。

9月

16日　省交通运输厅与中国进出口银行湖北省分行签订战略合作协议。根据协议内容，进出口银行湖北省分行发挥作为政策性金融机构投融资优势，对"一带一路"和"长江经济带"等国家重大战略在湖北省落地的重点交通运输项目，全省"十三五"规划内高速公路、普通公路、港口、高等级航道、客运枢纽和物流园区等重点项目，交通运输行业企业承揽的海外项目等，给予融资安排和金融支持。省交通运输厅副厅长石先平、进出口银行湖北省分行行长助理周亮球参加签字仪式。

28日　"武汉—日本、韩国集装箱快班航线"正式开通。开通后，武汉至日本出口平均运输时间从11-16天缩短至8天，武汉至韩国出口平均运输时间从12-16天缩短至7天。武汉市市长万勇，省交通运输厅厅长尤习贵，武汉市副市长刘立勇，中外运长航集团副董事长宋德星，武汉新港管委会主任张林出席开通仪式。

△　《襄阳市城市公共交通发展规划(2012—2020)》获市政府批复。该规划重点研究襄阳市中心城区，统筹考虑市区乡镇以及部分市域城镇。近期理清公交线网功能和层次，形成"等级清晰，功能分明"的公共交通网络体系。公共交通机动化出行分担率达到50%以上，城市建成区公共交通站点覆盖率不低于70%。

29日　武汉机场开通至澳大利亚黄金海岸直达航线，武汉市成为华中地区首个直航澳洲的城市，此航班也是国内(包括港澳台地区)唯一赴黄金海岸的直航航班。此条航线由澳大利亚捷星航空提供服务，执飞机型为B787-800型宽体远程客机，飞行时长9.5小时，班期为每周二、六各一班。

△　黄石新港正式开港营运。黄石新港是长江中游少有的深水良港，具有广阔腹地和良好产业支撑，港区规划长江岸线约11公里，规划散货码头区、件杂货码头区和集装箱码头区，规划建设69个生产泊位，其中近期规划46个泊位，远期规划23个泊位。黄石新港由深圳盐田港股份有限公司和黄石市交通投资集团公司合资成立。

30日　副省长许克振一行到武汉市轨道交通2号线金银潭站，检查轨道交通安全工作，并要求全力以赴确保国庆期间安全稳定。省交通运输厅长尤习贵全程陪同检查。在金银潭地铁站内，许克振详细查看乘客进站安检、电梯安全运营等相关工作；在2号线地铁车厢内，听取武汉市地铁集团负责人国庆安全生产情况汇报。

10月

13日　省交通运输厅在黄冈组织召开大别山革命老区交通扶贫攻坚省际联系会，共谋大别山革命老区交通新一轮大发展。河南省交通运输厅巡视员蒋晓明、安徽省交通运输厅副厅长程跃辉、信阳市副市长孔凡国、黄冈市副市长崔永辉、湖北省交通运输厅副厅长马立军，六安、安庆、信阳、驻马店、南阳、黄冈、随州、孝感、襄阳、武汉市交通运输局(委)负责人、鄂豫皖三省交通运输厅相关处室负责人参加会议。鄂豫皖三省十市就共同建立省际协调工作机制、完善规划建设协调机制等达成共识。

14日 湖北省高速公路系统举办"冲刺杯"养护工技能竞赛，全省高速公路系统8名选手进入决赛，在武英高速公路进行钢护栏维护技能比赛。省交通运输厅副厅长程武，省总工会、省人力资源和社会保障厅相关领导观看比赛。此次竞赛第一名获省五一劳动奖章，前三名获省技术能手称号。

17日 省交通运输厅与潜江市政府在潜江签订《打造江汉运河生态文化旅游带交通现代化示范城市共建协议》。根据协议，双方将围绕湖北省"汉江生态经济带"和"江汉运河生态文化旅游带"战略部署，积极推进"汉江综合交通走廊"建设；依托江汉平原内河航运优势，整合区域交通资源，打造"内荆河走廊综合交通项目群"；结合潜江产业特征，发挥区位优势，打造"潜江新港现代物流产业集聚区"。省交通运输厅厅长尤习贵、副厅长谢强，省港航管理局局长王因红，潜江市委书记张桂华、市长黄剑雄、统战部长黎喜斌、副市长李江鸿出席签字仪式。

△ "2015湖北省水上安全联合应急演练"在汉江潜江兴隆水利枢纽库区举行。省交通运输厅厅长尤习贵、副厅长谢强，中国海上搜救中心、省政府办公厅、省政府应急办、省财政厅、省环境保护厅、省安全生产监督管理局、省南水北调管理局、引江济汉管理局、驻湖北省航务军代处、潜江市委市政府等领导观摩了演练。演练以"安全绿色发展共建平安水域"为主题，由省交通运输厅与潜江市人民政府联合主办。

19日 省交通运输厅、省农垦事业管理局和荆门市委、市政府签订《打造中国农谷·屈家岭生态文明现代交通示范区共建协议》。"十三五"期间，省交通运输厅将同省农垦事业管理局、荆门市共同推动实施"6大示范工程"，构建和完善现代公路网络体系、现代绿道网络体系、现代客货运输站场体系、现代交通综合服务体系、现代交通应急保障体系、绿色低碳交通运行体系。省交通运输厅厅长尤习贵、副厅长石先平，省农垦局局长朱汉桥，荆门市委书记别必雄、市长肖菊华、副市长张尚贵出席签字仪式，尤习贵、朱汉桥、肖菊华在共建协议上签字。

19日 凌晨24:00时，107国道东余店收费站根据《省人民政府办公厅关于撤销107国道孝感港昌交通发展有限公司东余店收费站有关问题的复函》(鄂政办函〔2015〕83号)的文件精神提前终止收费。

22日 省委常委、常务副省长王晓东在通城参加完幕阜山片区区域发展与扶贫攻坚现场办公会后，到京港澳高速公路指导检查工作。省交通运输厅厅长尤习贵陪同。王晓东深入京港澳高速武汉南管理所收费一线，考察站容站貌及"职工之家"等文化设施，参观该站荣誉陈列室，听取基层站所负责人工作汇报。

△ 副省长许克振一行到钟祥市调研旅游交通基础设施建设情况。省交通运输厅副厅长马立军、荆门市长肖菊华、钟祥市委书记马朝晖等陪同调研。

24日 武汉至莫斯科国际铁路货运公共班列从武汉市吴家山铁路中心站正式首发。全程行驶约9779公里，用时12天，抵达位于莫斯科市中心的昆采沃火车站。此次武汉至莫斯科国际铁路货运公共班列的开通，对缩短武汉和欧洲之间的物流运输时间、带动双方经贸合作具有积极意义。

26日至29日 交通运输部法制司司长梁晓安带队，到湖北省开展交通运输简政放权、放管结合、优化服务工作情况专题调研。副厅长谢强陪同调研。梁晓安一行在恩施州、宜昌市、襄阳市听取有关交通行政审批改革、交通综合行政执法改革、"三基三化"等方面工作汇报，现场调研了基层公路路政、运管、海事执法站所、审批窗口。

27日 湖北省地方海事局与西藏自治区地方海事局就加强两地海事协调合作，共编水上交通安全网、共推海事"三化"建设大战略，共同签署水上交通安全合作共建备忘录。省交通运输厅厅长尤习贵，西藏自治区交通运输厅副厅长王锦河参加备忘录签署活动。

△ 交通运输部海事局召开全国地方海事监管座谈会，全国各地方海事局主要负责人齐聚武汉，研究分析当前水上交通安全工作面临的形势，互相交流安全监管好的做法与经验，齐心协力保持水上交通安全形势的稳定。交通运输部海事局局长陈爱平出席会议并讲话，省交通运输厅厅长尤习贵致辞。

△ 一架波音737客机迎着朝阳从天河机场起飞，武汉开通首条直飞日本东京航线。这是南航继2014年在汉开通至静冈、名古屋2条日本航线后，又开通的直飞东京的航线。直飞东京的航线每周二、五两班。

29日 省直机关工委常务副书记郭俊莘、副书记项水伦一行5人到省交通运输厅就党的基层组织建设调研座谈。副厅长程武作汇报，副巡视员刘立生出席会议。

30日 省交通运输厅厅长尤习贵、副厅长程武一行到卡行天下湖北枢纽中心和中国邮政物流湖北分公司调研，谋划更为精准地服务企业稳增长，提升湖北物流快递业水平。

11月

1日 鄂东长途客运接驳联盟会议在黄冈召开。黄冈东方运输集团有限公司、咸宁咸运运输集团有限公司、捷龙恒通运业有限公司、黄石市交通运输集团有限责任公司、鄂州交通发展有限公司、湖北明珠运输集团有限公司、红安县通达客运有限公司7家运输企业签署联盟协议，鄂东长途客运接驳联盟正式成立。

2日至4日 交通运输职业资格

工作专门机构负责人座谈会在武汉召开。省交通运输厅厅长尤习贵会前会见了交通运输部职业资格中心主任申少君、副主任朱传生一行。来自全国13个省市交通运输职业资格工作专门机构负责人参加会议。会议由朱传生主持，申少君出席会议并讲话，省交通运输厅副厅长程武参加会议并致欢迎辞。

4日 省"六五"普法依法治理工作第四检查验收组在省国资委党委书记、主任文振富带领下，对省交通运输厅"六五"普法依法治理工作进行检查验收。厅长尤习贵陪同检查参观"六五"普法工作展板、厅政务服务中心，副厅长、高管局局长胡超文全程陪同并作汇报。检查组完成听取汇报、查看资料、举行座谈、进行测评等环节考评后，对交通运输厅"六五"普法依法治理工作给予充分肯定和高度评价。

5日 湖北沪蓉西高速公路四渡河特大桥荣获"2014-2015年度中国建设工程鲁班奖（国家优质工程）"。四渡河特大桥地处湖北宜昌与恩施交界处，是沪渝高速公路鄂西段的控制性桥梁工程。大桥全长1100米，主跨为900米单跨双铰钢桁架加劲梁悬索桥。大桥横跨一个"V"型峡谷，索塔塔顶距谷底650米，谷底至桥面高差达560米，两岸坡度均在70～90°之间，被誉为世界第一高桥。该桥由中交路桥华南工程有限公司承建，2009年12月19日建成通车。

9日 武汉中法友谊大桥正式通车。省政府副省长甘荣坤和法国外贸部长城市建设特别代表芭�拉多共同为大桥揭牌。武汉中法友谊大桥位于京珠线与四环线之间，项目概算8.29亿元，建设总里程7.025公里，全线采用双向六车道一级公路标准建设，由武汉市蔡甸区、东西湖区共同建设。

10日至18日 "十二五"全国干线公路养护管理检查组在以海南省交通运输厅总工程师刘闯为组长的带领下，开始对湖北进行为期9天的干线公路养护管理大检查。

12日 英国驻汉总领事馆贸易投资领事毕思德（Chris Butland）、高端制造业及交通业投资经理史蕾（Lei Cullinan）一行拜会省交通运输厅。省交通运输厅副厅长石先平接待了毕思德领事一行。毕思德领事一行深入了解湖北地区在交通方面的对外政策以及合作机会，双方进行了深入的探讨沟通。

19日 召开2015年全省公路水路建设项目集中开工视频会，省交通运输厅厅长尤习贵宣布"318国道荆州段改扩建工程等23个公路项目、蕲河河口至西河驿段航运开发工程等12个港航项目、鄂州客运换乘中心等10个客货运站场项目开工建设"。会议由厅总工程师姜友生主持。

△ 省交通运输厅厅长尤习贵会见世界银行全球交通运输与信息执行总裁Jose Luis Irigoyen先生率领的世行代表团全体成员，省财政厅国际处长方曙东陪同会见。20日，代表团实地考察宜昌至巴东高速公路项目。此次代表团来访，旨在了解世界银行在推动湖北交通发展中所起的作用，为世行与中国交通在更深更广领域的合作打下基础。

28日 黄冈市首个采用EPT模式建设的港口码头——武穴港田镇港区马口工业园综合码头合作建设签约仪式在武穴举行。项目总投资3000万元，由湖北省交通规划设计院与民本矿建资源开发有限公司签订施工协议书。

30日 全省装配式公路钢桥架设应急演练活动在孝感成功举行。本次演练现场以架设321型装配式钢桥为主，前期发布预警预报，启动应急预案，发布预案制定、现场勘查、测量、确定架设方案等工作通过录像进行现场播放。

12月

1日 美国驻广州商务领事谷茉莉女士、美国驻广州领事张瑞明先生以及美国驻武汉总领事馆商务专员王婧女士等一行5人访问湖北省交通运输厅。副厅长石先平会见了代表团。石先平详细介绍了湖北交通在对外合作及项目规划方面的有关情况，希望能在平等、交流、理解、共赢的基础上，与包括美国在内的所有政府机构、金融组织合作，在资金、技术、人才等多个方面互通有无，共同推进湖北交通建设。

3日 由中铁大桥院设计、中铁大桥局施工的荆州长江公铁特大桥顺利实现主跨钢梁精确合龙。荆州长江公铁大桥全长6317.8米，主桥为双塔钢桁梁斜拉桥，主跨518米为世界同类桥梁之最。大桥桥面分两层：上层桥面为4车道公路，桥面宽26米，下层桥面为双线铁路，设计速度120公里/小时。该桥连接荆州市江陵和公安两岸，是蒙华铁路、沙市至公安高速公路共用的过江通道和关键控制性工程，也是全国长江干流上第7座公铁两用桥。

4日 副省长许克振一行赴交通运输部衔接有关交通运输工作。许克振介绍了"十二五"以来湖北交通运输发展情况。恳请交通运输部在加快长江黄金水道建设、邮政快递业发展、集中连片特困地区交通基础设施建设、综合交通运输改革试点示范等方面给予重点支持。省交通运输厅厅长尤习贵作了汇报。交通运输部副部长何建中对湖北交通运输发展成绩给予充分肯定，对湖北提出的有关问题进行了答复，表示交通运输部将继续在规划、资金、技术等各方面给予全力扶持和重点指导。交通运输部政策研究室主任徐成光、规划司副司长彭思义、水运局局长李天碧、省政府副秘书长贺盛有等参加座谈。

5日至6日 交通运输部综合规划司巡视员于胜英一行7人对湖北省多式联运发展、武汉港集疏运体系建设、典型货运枢纽规划建设等情况进行专题调研。省交通运输厅厅长尤习贵会见部调研组一行，副厅长马立军陪同调研。调研组一行先后赴新洲阳逻港、吴家山汉新欧铁路集装箱货运中心站及汉口北国际多式联运物流港项目选址地进行实地调研。

11 日 湖北省援疆工作前方指挥部总指挥、党组书记、博州党委副书记陈新武，博州党委副书记、代州长巴德玛拉，博州副州长巴图，省援疆前方指挥部副总指挥、农五师党委常委、副师长曾向阳，省援疆前方指挥部副总指挥、副州长张弘，省援疆前方指挥部副总指挥、农五师党委常委、副师长冯伟等在新疆会见省交通运输厅厅长尤习贵一行。尤习贵看望慰问了湖北交通援疆干部；在博州交通运输局听取博州交通工作汇报。

14 日 湖北省港航管理局、湖南省水运管理局、监利县人民政府在武汉召开合力共建长江（鄂湘）水上转运中心座谈会，三方就携手共建鄂湘水上转运中心深入研讨并共同签署备忘录。长江（鄂湘）水上转运中心承接洞庭湖大桥至三江口水域 6.5 公里水水中转功能，是未来长江中游水上转运的重要基地。

16 日 武汉至罗马直飞航线正式开通。该航线首站广州，经停武汉后，直飞罗马，航班号为 CZ645，每周一、三、五出发。

18 日 湖南、湖北、江西省公路部门负责人在长沙共商区域公路合作，签署长江中游城市群公路发展合作备忘录。湘鄂赣 3 省将在加强联合治超、养护合作、断头路建设等领域展开深入合作。根据合作备忘录，3 省将着力加强联合整治公路超限超载行为。

△ 石首长江公路大桥施工现场推进会在水中主塔施工平台召开，标志着省石首长江公路大桥正式开工建设。石首长江公路大桥起点顺接潜石高速公路江陵段，终点对接江南高速公路，项目全长 39.7 公里，其中长江大桥长 10.5 公里，南北两岸连接线长 29.2 公里。全线采用设计速度 100 公里/小时的高速公路标准，大桥主跨为 820 米的单侧混合梁斜拉桥。石首长江公路大桥是湖北省交通投资有限公司投资建设的第一座长江大桥，项目概算总投资 75.21 亿元，建设总工期 48 个月。

△ 宣鹤高速公路控制性工程现场推进会在鹤峰县太平镇召开，标志

着宣鹤高速公路正式开工。宣鹤高速公路是宜昌至来凤高速公路在恩施州境内的一段，起点位于鹤峰县艾蒿坪，终点位于宣恩县当阳坪，与恩来高速公路连接，线路总长约 55 公里，设计速度 80 公里/小时，采用双向四车道高速公路标准建设。该工程桥隧占线路长度 61.2%。项目估算投资 63.6 亿元，建设总工期 48 个月，预计 2019 年底建成通车。

19 日 2015 年全省高速公路路政执法技能竞赛决赛在湖北交通职业技术学院落幕。省交通运输厅厅长尤习贵，副厅长、高速公路管理局局长胡超文，省编办副主任李晋湖，省财政厅、省人力资源和社会保障厅等领导观看了决赛。技能竞赛包括演讲比赛、知识竞赛、理论考试、摄影比赛、法治好新闻评选、论文与案例分析评选、体能比赛、队列与交通指挥手势比赛等 8 项内容。

22 日 湖北省人民政府召开新闻发布会。截至 12 月 15 日，全省新增通客车行政村 4630 个，新增客运车辆 1673 辆，实现全省 17 个市州 100 个县市区的 25989 个行政村村村通客车，提前半个月完成全省所有行政村全部通客车的目标任务，初步形成安全畅通的农村客运网络。

23 日 省直机关红旗党支部建设推进会召开，来自省直、厅局 128 家单位参加，黄黄高速公路管理处红安党支部作为唯一的交通运输基层党支部代表参会并展播专题片《丰富党内生活 建设温馨之家》，其中"三评一赞"工作法编入《省直机关红旗党支部支部工作法集锦》。省委常委、省委秘书长、省直机关工委书记傅德辉充分肯定了红安党支部党建工作"严得服气、爱得温暖，解决很多问题"。

△ 武汉四环线青山长江公路大桥正式开工建设。青山长江公路大桥是武汉第 11 座长江大桥，大桥全长为 7.548 公里，工程结构全部为桥梁，工程概算总投资 56 亿元，建设工期 4 年，预计 2019 年基本建成。省委常委、市委书记阮成发出席青山长江公路大桥现场办公会并宣布项目正式开

工。市长万勇，市委常委、常务副市长龙正才，建设银行湖北省分行行长林顺辉，工商银行湖北省分行副行长李峰，交通银行湖北省分行副行长李山红，省交通厅副厅长马立军等出席办公会。

24 日 长江中游荆江河段航道整治工程交工试运行会议在荆州召开。长江中游荆江航道整治工程提前 3 个月全面完工，湖北省境内长江干线 280 公里航道从 2000 吨级整体提升为 3000 吨级，枯水期最小维护水深提高至 3.5 米以上，可满足万吨级船队和 3000 吨级货船双向通航。长江中游荆江航道整治工程是国家内河水运"十二五"期重点建设项目，由长江航道局组织实施，总投资 44.2 亿元。交通运输部总工程师赵冲久，湖北省政府副秘书长贺盛有、省交通运输厅厅长尤习贵出席会议。

25 日 保康至神农架高速公路项目建设推进会在神农架林区阳日镇小蛇湾村举行，保神高速公路建设正式启动。该项目起点位于襄阳市保康县，与保宜高速公路相接，终点位于神农架林区阳日镇，与 209 国道复线相连。全线长 43.7 公里，其中襄阳境内约 38 公里、神农架林区境内约 5.7 公里，总投资约 60 亿元。采用双向 4 车道，设计速度 80 公里/小时，桥隧比 79.23%。

△ 麻城至武穴高速公路项目交安设施专项验收及项目整体交工验收会议在麻武高速公路建设指挥部召开，经交工验收委员会审议，麻城至武穴高速公路项目通过交工验收，全面具备通车试运营条件。验收委员会由省交通运输厅、省厅重点办、省厅质监局、高速公路管理局、省联网收费中心、省交通规划设计院、黄冈市交通局、黄黄高速公路管理处等领导和专家组成。项目北起麻城至武汉高速公路木子店枢纽互通，与武穴长江大桥对接，路线全长 140.453 公里，批准概算投资 93.912 亿元。2015 年 12 月 23 日全面完工。

26 日 武汉阳逻集装箱港区三期正式开港试营运。此次投入试营运

的 4 个 5000 吨级兼顾 10000 吨级泊位，总投资约 40 亿元，设计年吞吐能力 74 万标箱。整个三期工程共规划 17 个 5000 吨级兼顾万吨级集装箱泊位及配套设施，后期还将续建 13 个泊位。阳逻三期全部建成后，将与已建成投入使用的一、二期工程共同实现 480 万标箱的吞吐能力，成为长江内河最大的集装箱港口。

28 日 湖北与陕西、河南相邻的谷城至竹溪高速公路（麻城至安康高速公路）关垭子收费站和郧县至十堰高速公路（呼和浩特至北海高速公路）郧阳北收费站正式开通运营，标志着湖北麻竹至陕西安平高速、湖北郧十至河南三淅高速全线贯通，湖北省西北部承东启西、通南达北的省际大通道正式形成。关垭子、郧阳北省界站的开通运营，对实施中部崛起和西部大开发两大战略、构建鄂西生态文化旅游圈、加强中西部地区的联系与交流、改善湖北省中西部山区交通条件有十分重要的意义。

△ 全国最长湖底隧道"武汉东湖隧道"正式通车。隧道全长 10.6 公里、双向 6 车道。东湖是全国最大的城中湖，湖面面积 32.5 平方公里。东湖隧道横贯武汉市东湖风景区，其中湖底隧道长约 5 公里。工程项目采取 BT 模式建设，总概算投资 81 亿元。驱车通过隧道全程仅需 15 分钟。

△ 武汉市地铁 3 号线一期工程正式通车运行。地铁 3 号线是武汉首条穿越汉江地铁线路，起点蔡甸区文岭，终点三金潭，线路总长 39.6 公里，设站 28 座。其中 3 号线一期工程由宏图大道至沌阳大道，线路长 30.1 公里，设车站 24 座，每列地铁可载 1460 人，列车平均时速 36.2 公里，单程运行时间约 45 分钟。

30 日 省道路运输管理局（物流发展局）与省邮政速递物流有限公司签署战略合作框架协议。通过深化交邮合作，进一步加强资源整合、实现优势互补；强化融合发展，推进运输效率的提升和物流成本的降低。根据协议，双方在物流园区、客运站、交通服务平台等交通物流基础设施营运中，强化资源整合，鼓励优先引进邮政速递物流实行资源共享，发挥邮政速递物流在电商集配、物流仓储、快递派送等优势。

△ 连接鄂渝两省的恩施至重庆黔江高速公路主线站口朝阳寺收费站及重庆舟白收费站开通试运营，标志着恩黔高速公路全线贯通。朝阳寺收费站与舟白收费站采用联合发卡，此项技术是湖北省第一次投入使用，将成为高速公路省级站所收费系统及新型运营管理模式的转折点，该技术为后期省级站高效通行奠定基础。

31 日 连接鄂湘两省的恩施至来凤高速公路鄂西南省界站、杭州至瑞丽高速公路鄂湘省界站，连接鄂皖两省的武汉至英山高速公路鄂皖省界站顺利开通。恩来高速公路省级主线站口鄂西南收费站及湖南永龙高速省级主线站口湘西北收费站开通试运营，增加了一条湖北与湖南经济、文化交流的快速通道。

△ 武岳高速公路岳西至英山段正式通车，武岳高速公路全线贯通。武岳高速公路全长 177.4 公里，其中，湖北段（武汉至英山）131.2 公里（其中黄冈境内 104.8 公里），安徽段（英山至岳西）46.2 公里。通车后，从武汉到岳西县车程从 4 个多小时缩短为 2 小时。

概

况

【全省交通运输概况】　2015年，全省完成交通固定资产投资突破1100亿元，达到1107.7亿元，为年度目标的130%。全年新增公路里程16047.66公里，其中新增高速公路1108.27公里、一级公路1886.71公里、二级公路3521.80公里、四级公路11513.40公里，减少三级公路1277.85公里、等外公路704.67公里。等级公路所占比重达到95.24%，较2014年提高了0.6个百分点，二级及以上公路所占比重达到13.04%，较2014年提高了1.87个百分点。截至2015年底，全省公路总里程25.3万公里，公路密度达到136.09公里/百平方公里，乡镇通畅率为100%、行政村通达率为100%、行政村通畅率为100%。全省内河航道通航里程总计8637.95公里，其中41.6公里四级航道升为三级航道，等级航道所占比重为71%、三级及以上航道所占比重为20.5%；港口集装箱吞吐量突破132万标箱，连续5年稳居长江中上游第一位。

规划编制。"十三五"综合交通规划按照"一总九专八课题"组织编制工作，一总按综合交通、公路水路按2个版本编制均基本完成，九个专项规划均已形成送审稿，八个规划前期研究课题全面完成。湖北省国省道线位规划、长江经济带湖北综合交通运输体系规划基本完成，湖北省长江中游城市群综合交通规划加快推进。组织完成清江流域综合交通规划、大别山革命老区交通规划、湖北省货运枢纽（物流园区）布局规划，武汉港总体规划顺利获交通运输部和湖北省政府联合批复，"两圈两带"交通规划后续工作全面完成。

基础建设。高速公路完成固定资产投资434.5亿元，为年度目标的101.04%。2015年，全省高速公路建设规模1250公里，已建成高速公路23条1108公里，高速公路里程达到6204公里，位居全国第四位。其中湖北省交通投资有限公司投资建设项目15个888.2公里，社会投资建设项目8个361.6公里。建设完成麻城至竹溪高速宜城至保康段、黄冈段，郧阳区

高速公路均川枢纽互通

至十堰高速，利川至万州高速湖北段等一批重点高速公路项目。香溪、青山、石首3座长江公路大桥项目开工建设。

全省普通公路完成固定资产投资554.4亿元，为年度目标的173.3%。完成一级公路建设1279公里、二级公路建设2919公里；完成农村公路16848公里，其中县乡公路改造1434公里、通村沥青（水泥）路15414公里；完成农村公路桥梁246座16133延米；完成公路大修工程2270公里、中修工程678公里。加快推动集中连片特困地区扶贫公路建设，大别山"红色旅游路"、秦巴山"环库生态路"、武陵山"清江画廊路"和幕阜山"休闲旅游路"4个集中连片特困地区特色扶贫路主线路段已实现贯通，项目建设总长度3813公里，惠及29个贫困县、800万贫困人口。实现100%的县市通国道、99%的县市通一级及以上公路、100%的乡镇通国省道、98%的乡镇通二级以上公路、100%的建制村通沥青（水泥）路。

全省港航建设完成投资76.56亿元，为年度目标的127.61%。在建的80多个水运工程项目快速推进：汉江碾盘山至兴隆段航道整治工程6个标段全面开工；荆州港木沉渊港区江陵跃进综合码头4个泊位水工基本完工；宜昌港茅坪作业区二期工程5个泊位水工基本完成；白洋作业区一期工程

1—2号泊位水工主体已完工，3—6号泊位正在进行桩基施工；荆门港沙洋港区中心码头工程6个泊位全部完工。年度目标中确保完工的10个项目均已完工或基本完工，黄梅小池、嘉鱼石矶头、黄石棋盘洲、阳逻三期起步工程、宜昌姚家港等项目建成投入试运营，新增港口能力1800万吨，集装箱通过能力74万标箱。

全省站场建设完成投资42.19亿元，为年度确保目标的140.62%。2015年"村村通客车"被省委、省政府列为"一号工程"，整合多方资源，筹集资金约90.5亿元，加宽改造通村公路4.7万公里、修建错车台9.5万个；修缮改造桥梁1598座，新增乡镇客运站141个、候车亭7032个、招呼站12824个，全省25989个行政村全部通客车。人民日报头版头条以《湖北，客车开进了村里》进行了报导。

综合运输。全省公路水路完成客运量8.85亿人、旅客周转量492.61亿公里，同比增长0.20%、1.19%；货运量14.98亿吨、货物周转量4911.54亿吨公里，同比增长2.53%、5.47%。其中，完成公路客运量8.80亿人、旅客周转量489.29亿人公里，同比增长0.17%、1.12%；完成公路货运量11.58亿吨、货物周转量2380.62亿吨公里，公路货运量同比下降0.41%、货物周转量同比增长1.71%；完成水路客运量574

万人、旅客周转量 33215 万人公里，同比增长 4.83%、13.525%；完成水路货运量 3.40 亿吨、货物周转量 2530.91 亿吨公里，同比增长 14.01%、9.27%。城市公共交通服务水平明显提高，国家"公交都市"和 11 个省级公交示范城市创建工作稳步推进，79 个市县开通城市公交线路，全省开通微循环线路近 100 条。宜昌市 14 条 BRT 线路实行同向免费换乘；武汉市公交在全省首次实现换乘优惠，开通 13 条定制公交线路。出租汽车公车公营比例超过 65%，积极推广出租车电召服务模式，试点推行城市网络约租车服务。积极推进长途客运接驳运输联盟建设，长途客运接驳鄂东联盟、长途客运接驳鄂西联盟、湖北长途客运接驳中部联盟相继成立。全省已有接驳运输车辆 89 台、接驳试点班线共 45 条。武汉至上海洋山江海直达、泸汉台集装箱快班服务、武汉至东盟四国（泰国、柬埔寨、越南、老挝）试验航线持续、常态运营。铁水联运、江海联运、公水联运、国际国内快件多式联运发展迅猛，构筑起内陆开放新高地。

黄金水道开发。"645 工程"（"武汉至安庆 6 米、武汉至宜昌 4.5 米"长江深水航道整治工程）取得新进展，航道整治模型试验研究等多个专题已完成并提交国家发展改革委。建立"2+9"（长江航务管理局、湖北省交通运输厅与湖北沿江的武汉、黄石、襄阳、宜昌、荆州、鄂州、黄冈、咸宁、恩施等市州政府）合作机制推进长江中游深水航道建设。整合鄂东南 5 市（武汉、黄石、鄂州、黄冈、咸宁）港口资源，组建武汉港航发展集团公司，打造"港口航母"。武汉航运交易所完成重组，并与多家商业银行开展战略合作。

养护管理。全省公路加强预防性养护和日常养护，完成大、中修工程 2927 公里，所有内业管理资料全部按照国检要求统一格式规范完善、闭合到位，圆满完成了"迎国检"工作，交通运输部检查组给予高度评价。全省国省干线公路路面使用性能指数（PQI）由"十一五"末的 78.0 提高

到 2015 年底的 88.3。全省创建"畅安舒美"示范路段 2112 公里，建成服务区 18 个，便民服务点 248 个，观景台 99 个，停车休息区 353 个，其他便民设施 263 个。全省高速公路道路 MQI 值始终保持在 90 以上，共建成 25 个标准化收费站示范站、65 个标准化路政大队、10 个标准化养护站、320 公里标准化示范路段、44 个三星级以上服务区。全省航道建养并重，投入养护、应急保通资金 1.43 亿元，较"十一五"增长 50%。在行业管理改革探索创新，借鉴三峡船闸、葛洲坝船闸联合调度经验，汉江兴隆船闸和江汉运河高石碑船闸首次实现跨部门联合统一调度管理。

路政管理。以建设综合治超信息共享平台为纽带，完善公路路政治超、运政、交警多部门联合治超工作机制。公路部门按照"政府主导、立足源头、标本兼治、长效治理"的理念，在江汉平原、鄂东南五市区、鄂西区域三个以地域划分的片区开展联动治超专项活动，普通公路车辆超限载率控制在 4% 以内；运管部门不断完善省运政管理信息系统平台，增加源头治超管理模块，以科技创新手段构建货物源头综合治理体系；高路部门积极探索建立路地、路警、路网一体化运行的黄梅区域联动治超工作机制，启动运行界子墩、鄂南超限检测站。妥善处理 7 起清障施救服务投诉，探索启动清障施救服务单位退出机制。坚持开放创建、合作创建、共赢创建"三维思路"，全省 63 对服务区中，汉十孝感服务区、天门服务区、潜江服务区被评为全国百佳示范服务区，有 14 对服务区被评为全国优秀服务区，达标服务区 100%。

科技与信息化。6 月 30 日，全省 45 家经营管理单位顺利实现 ETC 全国联网接入目标。全省高速公路 288 个收费站建成 ETC 车道 569 条，覆盖率达到 95%，省界站、主线收费站覆盖率达到 100%。高速公路联网收费中心创新电子支付应用与推广模式，电子支付率一年内提高了 4.5 倍。"一站式"ETC 客服网点达 1744 个，实

现县级行政区域全覆盖。"湖北高速 ETC"微信粉丝突破 10.3 万户，位居"湖北省政务微信排行榜"前列。全省有 114 家客运站实行联网售票。加快推进全省公路水路安全畅通与应急处置信息系统建设；进一步完善重要国省道监测预警系统建设，逐步构建全省统一的远程监控监测平台；加快推进"两客一危"运输车辆动态监控平台升级改造工作，完善汽车客运站安全管理信息系统并推广应用，启动普通货运远程动态监控平台建设；完善省、市、县三级渡船北斗监控系统平台，新装 1450 套渡船北斗监控设备，基本实现全省渡船动态监控全覆盖；进一步完善高速公路路网整体运行监测、信息发布等平台建设，开发应用高速公路路政安全应急综合管理信息平台。11 月 5 日，沪渝高速公路鄂西段控制性桥梁工程四渡河特大桥获"2014—2015 年度中国建设工程鲁班奖（国家优质工程）"。

安全管理。强化责任落实，健全安全生产责任体系，努力构建"上下联动、横向到边、纵向到底"的领导、部门、岗位三级安全管理责任体系。联合省公安交管局、省安监局，明确责任分工，强化道路运输安全监管，重点解决道路客运、危险货物运输安全管理工作中存在的突出问题；省、市、县三级联动，采取定点稽查、重点地区稽查检查与巡查督查相结合的方式，重点整治汽车客运站"三不进站、六不出站"、安全例检及设施设备配备等情况，约谈了 3 家运输企业和 6 家客运站负责人。组织开展水上交通和危化运输安全专项整治，聘请相关专家参与，对重点企业、港口码头深入排查安全隐患和漏洞，限期责令整改。强化交通工程建设安全监管，对 23 个公路重点工程项目、汉江航道整治等 4 个水运重点工程项目进行施工安全专项督查，累计下发安全隐患整改通知书 56 份，通报 9 份，提出整改意见 1100 条。组织开展"全省水上交通安全联合应急演练""公路钢桥架设应急演练"等大型综合应急演练活动，提升应急救援处置能力。圆满完成"东

方之星"翻沉突发事件应急救援保通工作，交通运输部部长杨传堂称赞湖北交通人为"政治坚定、敢于担当、保障有力、服务细致"的交通铁军。

改革创新。省级交通行政审批事项同比全国最少。省市县交通运输实现网上审批全覆盖。全面完成新一轮行政职权清理，编制了权力清单和责任清单，共保留行政职权 100 项，其中行政许可 13 大项、38 个子项。与上轮清理相比，共减少行政职权 77 项，减幅为 44%。推动减少交通建设前期工作审批环节、事项。湖北交通简政放权、放管结合、优化服务和网上审批工作得到部省高度肯定。积极争取交通运输部将湖北纳入全国综合交通运输改革试点省份，出台加快推进重点改革实施意见，构建综合交通协调共建机制，组织综合交通试点示范项目建设，基本形成大交通文明创建格局。继续开放交通建设市场，积极推行 BOT、BT、BOT+EPC 等模式，成功推动交通基础设施项目 PPP 试点示范工作。支持、督促市县以财政投入、融资平台融资、土地捆绑和资源开发等方式落实配套资金。

"十二五"期全省交通运输发展成就。

"十二五"期，全省交通运输系统坚持以"四个全面"战略布局为统领，瞄准"六个翻番"规划目标，以改革创新为动力，以服务人民群众交通运输需求为核心，着力推进"五个交通"（综合交通、民生交通、生态交通、智慧交通、和谐交通），打牢发展大底盘，建设祖国立交桥，全力提升交通运输服务发展水平，全面推进治理体系和能力现代化建设，实现交通运输发展阶段由"总体缓解"向"基本适应"跃升。全省公路水路交通固定资产投资规模翻番，由 1877 亿元增长到 4279 亿元，公路水路交通建设投资位居全国第四，是"十一五"投资的 2.2 倍，相当于新中国成立后 60 年交通投资总和的 1.4 倍；内河航运投资规模翻番，由 106 亿元增长到 342 亿元，内河航运投资位居全国第二；综合运输枢纽及交通物流工程建设投

资规模翻番，由 22 亿元增长到 182 亿元；一级公路里程翻番，由 2210 公里增长到 5231 公里，居全国第一；新增高等级航道里程翻番，由新增 60 公里再增 614 公里；港口集装箱吞吐能力翻番，由 150 万标箱增长到 433 万标箱。全省公路总里程位居全国第三，达到 25.3 万公里。新增一、二级公路 8417 公里，其中一级公路 3021 公里、二级公路 5396 公里，均居全国第一。全省 25989 个村全部实现"村村通客车"，新改建农村公路 73184 公里，进入全国第一方阵。内河千吨级及以上航道位居长江沿线第一，达 1738 公里；阳逻港集装箱吞吐量位居全国内河港口第一，突破 100 万标箱。

基础设施建设。全省高速公路建设完成投资 1999 亿元，是"十一五"期的 1.8 倍。高速公路总里程达到 6204 公里，居全国第四，较"十一五"末增长 2530 公里。建设完成宜昌至巴东、麻城至竹溪、谷城至竹溪、恩施至来凤、保康至宜昌、石首至松滋、黄冈至鄂州等一批重点高速公路项目，全省"七纵五横三环"高速公路骨架网基本形成。全省普通公路完成固定资产投资由"十一五"的 603 亿元增长到 1755 亿元，是"十一五"的 2.9 倍。普通国省道规划总里程由"十一五"的 1.4 万公里增长到 2.8 万公里；原国省道二级及以上公路比重达到 99%，公路网密度达到 136.1 公里/百平方公里。实现 100% 的县市通国道，99% 的县市通一级及以上公路，100% 的乡镇通国省道，98% 的乡镇通二级以上公路，100% 的建制村通沥青（水泥）路。全省水运建设投融资 342 亿元，是"十一五"的 3.1 倍。280 公里荆江航道提升到 3000 吨级，提前 5 年实现规划目标；汉江兴隆以下提升为千吨级航道；江汉运河全面贯通，"长江—汉江—江汉运河"810 公里高等级航道圈全面形成。全省港口货物吞吐能力净增 8000 万吨，达到 3.1 亿吨。全省重点客货运站场建设完成投资 182.8 亿元，建成客运枢纽站场项目 54 个，7 个国家公路运输枢纽城市均建有或在建综合客运枢纽，初步形成综合客

运枢纽网络骨架体系。建成货运枢纽（物流园区）项目 41 个，实现全省 100% 的市州在建或建有货运枢纽（物流园区）。顺丰国际物流核心枢纽落户鄂州。天河机场三期稳步推进，助推武汉冲刺全国航空"第四城"。

综合运输服务。全省道路运输与物流行业日均运送旅客 1700 余万人次、发运货物 300 余万吨。交通运力结构明显改善，营运车辆逐步向专业化、标准化、清洁化方向发展，清洁能源和新能源公交车达 9438 台，中高档客车占比达 68%。内河船舶大型化、标准化进程明显加快，全省新增航运企业 78 家、达到 424 家，净增船舶运力 100 万载重吨、达到 780 万载重吨，单船平均载重从 1240 吨提升到 1750 吨。城市公共交通服务水平明显提高，国家"公交都市"和 11 个省级公交示范城市创建工作稳步推进。79 个市县开通城市公交线路，全省开通微循环公交线路近 100 条，公共交通成为人民群众出行的首要选择。出租汽车公车公营比例超过 65%，积极推广出租车电召服务模式，试点推行城市网络约租车服务。货运物流组织方式明显优化，华中甩挂运输联盟、华中大道快运联盟、华中道路客运小件快运联盟相继成立，先进运输组织方式得到有效推广。武汉至上海洋山江海直达、泸汉台集装箱快班服务、武汉至东盟四国（泰国、柬埔寨、越南、老挝）试验航线持续、常态运营。铁水联运、江海联运、公水联运、国际国内快件多式联运发展迅猛，构筑起内陆开放新高地。新建、改建农村物流综合服务站 352 个。省交通运输厅、湖北日报传媒集团、省商务厅、省供销社、省邮政管理局、省邮政公司、省邮政速递物流有限公司、顺丰速运有限公司 8 个部门合力共推农村物流融合发展，交通物流服务网络体系日臻完善。

服务民生。2015 年村村通客车被湖北省委、省政府列为"一号工程"，整合多方资源，筹集资金约 90.5 亿元，加宽改造通村公路 4.7 万公里、修建错车台 9.5 万个；修缮改造桥梁 1598 座；新增乡镇客运站 141 个、候车亭

7032个、招呼站12824个，率先实现村村通客车。人民日报头版头条以《湖北，客车开进了村里》进行了报道，交通运输部部长杨传堂作出批示，充分肯定湖北省的经验做法。编制实施全省集中连片特困地区交通建设扶贫规划，积极争取部、省支持，在项目安排、补助标准等方面向四个扶贫开发片区倾斜，建设大别山红色旅游路、秦巴山环库生态路、武陵山清江画廊路、幕阜山香泉特色路等4条、总长3813公里的扶贫攻坚路，惠及29个贫困县、800万贫困人口，为片区群众打通奔小康的致富路。

养护管理。全省普通公路安排养护补助资金206亿元，较"十一五"增加75亿元，年均增幅11.5%。全省实施大中修工程8896公里、预防性养护工程4680公里，全省国省干线公路路面使用性能指数（PQI）由"十一五"末的78.0提高到2015年底的88.3。全省共创建2112公里"畅安舒美"示范路段，共建成服务区18个，便民服务点248个，观景台99个，停车休息区353个，其他便民设施263个。全省高速公路投入养护资金43.7亿元，道路MQI值始终保持在90以上，共建成25个标准化收费站示范站、65个标准化路政大队、10个标准化养护站、320公里标准化示范路段、44个三星级以上服务区。全省航道建养并重，投入养护、应急保通资金1.43亿元，较"十一五"增长50%。行业管理改革探索创新，借鉴三峡船闸、葛洲坝船闸联合调度经验，汉江兴隆船闸和江汉运河高石碑船闸首次实现跨部门联合统一调度管理；清江航道水布垭至恩施段110公里航道实现市场化养护，为全国内河高等级航道领域内首次试点。

路政管理。全省公路路政管理狠抓工作创新和落实，实现路产路权维护由行业行为转变为政府行为，超限治理由行业组织转变为政府主导，路政执法由注重行政管理转变为文明服务，路政基础建设由"松散薄弱"转变为"四个统一"（统一执法标志、统一执法证件、统一工作服装、统一执

法场所外观）。省政府出台《湖北省公路超限运输管理办法》，30余项公路管理行业规章、标准、制度等规范性文件陆续出台；10多个市州政府发布治超公告；江汉平原、鄂东南、鄂西三大区域联动治超行动效果显著，"路养联合、路警结合"的路产保护机制全面推行，路政执法形象"四个统一"建设全面完成，基层标准化路政大队和超限检测站创建比例达40%。全省高速公路路政共立案37682起，结案37176起，结案率、索赔率分别达到98.7%、98.5%，收回路产损失赔（补）偿费32061万元，其中，联合高警及采取司法手段处理路赔案件119起，追回路产损失403万元。联合地方政府拆除违章建筑约7626平方米、违法广告牌19块，申请法院强制执行拆除违法广告牌3块。成功应对近20起行政诉讼和民事诉讼案件，依法清退1家清障施救服务单位，无行政诉讼败诉案件。

安全管理。建立健全交通运输突发事件应急管理规章制度，完善应急预案，构建涵盖交通运输全领域、多等级的安全应急组织管理体系，建成省高速公路应急指挥中心、水上搜救应急管理平台和公路水路安全畅通与应急处置系统。全省普通公路完成危桥改造1805座、安保工程建设6.6万公里、国省干线灾害防治工程412公里，干线公路阻断发生率、重特大交通事故率大幅下降。高速公路强化应急管理互联互通，与河南、陕西、湖南、江西、安徽、重庆五省一市、武警交通直属工程部、省卫生厅、省气象局、省公安厅交管局建立路网应急、联动、救助、警路共建机制，建有7个消防应急救助站，5个医疗救护站，2处应急救援基地，183个交通气象站，探索出多种共建模式。开展8次路域环境整治，覆盖全省53条高速公路、4座长江大桥，清理全省2.31万块标志标牌，排查整治643处非公路标志标牌、199处安全隐患。道路运输、交警、安监、旅游、公路等部门联合开展执法和安全督查，建立安全督查协作机制。700余家"两客一危"企业及客

运站安全生产标准化全部达标。省级搜救协调中心基本建成，16个市州分中心和60余个县级巡航救助站点投入使用，143处重点渡口、470艘重点渡船实现CCTV、AIS监控，2580艘渡船安装北斗（GPS）终端，实现北斗视频监控。2012年全国公路交通联合应急演练在武英高速成功举行。

通行费征收。全省共通行车辆7.6亿辆、征收通行费665亿元，分别是"十一五"的2.3倍、2.1倍。有2173万辆"绿色通道"运输车辆免费通行，让利社会74亿元；4321万辆7座以下小型客车，享受重大节假日免费通行政策，让利社会24亿元。路网免费期间实现无长时间滞留、无长时间拥堵、无重大安全责任事故目标。建立全路网、区域、路段三级稽查管理体系，重点检查车辆15万辆，收（补）缴通行费500余万元，确保全省高速公路正常收费运营秩序。水路交通"两费"（港务费、航政费）累计征收9.9亿元，超过"十一五"期"四费"（港务费、航政费、航道养护费、水路运输管理费）总和。

ETC全国联网。全省高速公路288个收费站建成ETC车道569条，覆盖率达到95%，省界站、主线收费站覆盖率达到100%。ETC用户由"十一五"末不足1.5万户，增长到106万户。电子支付率由"十一五"末的2%提升到23%。"一站式"ETC客服网点达1744个，实现县级行政区域全覆盖。开发应用覆盖行业的养护管理系统、路政综合业务管理平台、应急指挥调度平台，智慧汉十、随岳通、智真会商等信息化系统有效提升路段或区域管理效率和管理能力。

文明建设。深化党建品牌，坚持从严治党，铁肩担责、铁腕问责、铁面履责，持续反"四风"、正党风、改作风、树行风。"三严三实"专题教育工作经验在全省推广。省交通运输厅连续四届被省委授予党建工作先进单位。拓展创建品牌，以社会主义核心价值观为引领，"十行百佳"在全国交通运输行业率先构建铁、水、公、空、邮大交通文明创建工作机制，

入选全省十大文明创建品牌，交通运输行业连续三届获得全省文明行业。壮大英模品牌，张兵、张祚琼、王何林、王华君、陈红涛等一批交通英模享誉全省，走向全国。厚植文化品牌，培育了"铺路石精神""航标灯精神"，打造"情满荆楚"等一系列文化品牌。提升文明品牌，建成国家级文明单位12个、省部级文明单位145个、省级文明路33条；142个先进集体、111个先进个人获得省部级以上表彰。省交通运输厅连续四届获得全国文明单位。创新青年品牌，交通青年在改革发展中建功立业，建成全国青年文明号22个、省部级青年文明号198个，建成20多个工作成果显著的创新工作室。

转型发展。一是智慧交通开启新模式，整合交通运输数据资源，构建湖北省交通运输云数据平台，形成"一张图、一个网、一套终端"。着力打造"互联网+"便捷交通，全省道路客运联网售票系统已覆盖15个市州、114家客运站。高速公路ETC实现全国联网，"通衢卡"用户突破100万。搭建交通物流信息平台，注册企业覆盖全省一半以上的物流企业。移动互联网、北斗、无线射频识别、驾培e网通等新技术得到推广应用，传统业态实现转型升级。二是绿色交通取得新进展。低碳交通运输城市、基地、企业试点示范工作加快推进，清洁能源、废旧材料循环利用等"四新"在交通运输领域广泛应用。全面推进"车船港口"千家企业低碳交通运输专项行动，4批共8家低碳交通推广基地、20家节能减排示范企业带动作用明显。全省拆解内河老旧运输船舶1050艘。丹江口库区和梁子湖绿色航运示范区建设取得积极进展。三是科技创新实现新突破。深入实施"科教兴交"战略，围绕重大工程建设与养护、综合运输与现代物流、资源节约与环境保护、交通安全与应急保障等领域的关键技术问题，开展科技创新，完成科技成果200余项，一批成果达到国内领先以上水平，获得省部级以上科技进步奖12项，取得专利授权等知识产权

100余项，《复杂地形地质条件下山区高速公路建设成套技术》获国家科技进步二等奖。湖北交通职业技术学院建成交通运输部和湖北省"双示范"高职院校，成为湖北省十大职教品牌建设单位之一。

改革创新。推行行政审批"四减五制三集中"，省级审批事项同比全国最少。省市县交通运输实现网上审批全覆盖。将5000万元以下的、绝大部分交通基础设施建设项目的工程可行性研究、初步设计等下放到市州，加快项目前期工作。在省直部门首开双休带班值班制、午休值班制先例，免费培训行政相对人，切实方便老百姓。积极争取交通运输部将湖北纳入全国综合交通运输改革试点省份，出台加快推进重点改革实施意见，构建综合交通协调共建机制，组织综合交通试点示范项目建设，基本形成大交通文明创建格局。争取省政府出台普通公路发展新政策，安排120亿元地方政府债券用于普通公路建设。充分发挥各级交通投融资平台作用，通过银行贷款、企业债、资产证券化等渠道筹集建设资金，全省公路水路领域市场化融资规模超过2000亿元。继续开放交通建设市场，积极推行BOT、BT、BOT+EPC等模式，成功推动交通基础设施项目PPP试点示范工作。支持、督促市县以财政投入、融资平台融资、土地捆绑和资源开发等方式落实配套资金。"十二五"期，全省累计争取中央车购税资金502亿元，是"十一五"期的2.4倍。《湖北省水路交通条例》《湖北省公路超限运输管理办法》《湖北省城市公共交通发展与管理办法》相继出台，深入开展"法律六进"（法律进机关、进乡村、进社区、进学校、进企业、进单位）活动。全省交通运输行政执法"四统一"（统一执法标志、统一执法证件、统一工作服装、统一执法场所外观）"三基三化"（基层执法队伍职业化、基层执法站所标准化、基础管理制度规范化）建设取得积极进展。事业单位分类改革、公路与航道管养、驾培和维修检测等各项改革稳步推进，形

成行业发展新动能。

【全省高速公路概况】　通行费收入。全省高速公路、长江大桥共通行各类车辆2.12亿辆次，征收通行费169.37亿元，完成年初目标155亿元的109.27%，并超额完成调整目标165亿元的2.65%，比上年同期增长15.14%。路网免费期间实现"三无"目标，即无长时间滞留、无长时间拥堵、无重大安全责任事故。有效组织一年2次的联网稽查活动，共出动稽查人员200余人次、车辆40余台，检查重点车辆5万余辆，查处区域稽查管理中的不规范行为24处，提出整改性意见16个；筛查数据千万余条，查处各类违规逃费车2.06万辆，补缴通行费132.26万元。

ETC全国联网。省高管局统一部署，印发《关于湖北高速公路ETC全国联网接入的通知》《湖北省高速公路ETC全国联网保畅工作应急预案》等文件，成立警路联合应急指挥组提前进驻应急指挥中心，与沿线地方政府及公安建立健全了联勤联动机制。警路执法人员、清障施救车辆全面进驻所有18个省界站口、120余个大中型城市周边收费站和物流重要通道，一线保畅。二是政策宣传到位。印发《湖北高速公路ETC全国联网车型分类及计重收费方式与部对接"十问十答"》，分期、分层次、分岗位培训业务骨干500余人次，基层单位培训面达到100%；指导印制ETC储值卡使用手册、ETC全国联网接入政策解读等相关资料30余万份，设立政策宣讲点100多个，通过电子显示屏、可变情报板、微博、微信发布信息5000余条，拓宽司乘人员知晓渠道。强化舆论引导，发布新闻通稿，统一对外宣传口径。6月30日顺利实现ETC全国联网接入目标。至2015年底，全省在281个收费站建成ETC车道553个，日均通行ETC车辆9.84万辆，日均收入607.30万元，电子支付率达20.3%，其中客车电子支付率达27.7%，电子支付率一年内提高了4.5倍。ETC覆盖率达94.3%，提前实现90%覆盖率的目标。

建设 ETC 客服网点 1656 个，县级客服网点覆盖率达 100%。"湖北高速 ETC"微信粉丝突破 10.3 万户，位居"湖北省政务微信排行榜"前列。

"迎国检"养护管理工作。印发《湖北省高速公路迎接 2015 年全国干线公路养护管理检查工作方案》，实行定人、定责、定时管理。督促管理单位抓紧时间开展大、中修和专项工程招标或实施工作，指导相关单位做好了内业资料整理。规范设置全省高速公路限速标志，按照统一标准，新增、改造和更换了 1200 多块分车型限速标志牌。采取统一招标、现场观摩等方

式确保养护新技术大范围成功应用。组织开展高速公路系统首次养护工职业技能竞赛。联合新闻媒体开展标志标牌调查问卷和实地考察活动，发放调查问卷 1 万余份。武黄高速公路管理处自筹 38 万元对柯家墩大桥进行加固维修；汉十高速公路管理处对照"国检"标准，制定 73 张检查评分表，基本完成内业资料整理工作；楚天高速公路股份有限公司完成"十二五"期间收费内业资料电子档案收集、整理、归类工作；武荆高速公路发展有限公司确定标准化养护路段；荆东高速公路建设开发有限公司完成全线桥梁栏

杆除锈刷漆工作；京珠高速公路管理处开展春季道路养护绿化活动；襄荆高速公路有限责任公司、大广北高速公路有限公司完成全线绿化树木补植、标志标牌清洗等路容路貌整治工作。10 月 26 日—11 月 18 日，按照交通运输部关于开展"十二五"干线公路养护管理检查的有关要求，海南省、宁夏回族自治区交通运输厅组成联合检查组对湖北省国省干线公路养护管理工作进行检查，全省 4006 公里高速公路路段参加检查，湖北省高速公路综合养护水平、管理服务能力获得高度肯定。

路政执法及安全保畅。拟订《高速公路路产损失赔偿费收费主体调整方案》，制订《高速公路运营单位安全生产事故隐患自查标准》。全面完成行政权力和责任清单清理工作。组织开展全省高速公路路政执法技能竞赛，顺利完成 127 名高速公路路政执法人员公开招聘。9 个路政队伍提前进驻 12 条新开通路段。组织开展全省高速公路上跨桥非公路标志标牌专项安全检查，清理、排查和整治了 53 个路段 643 处非公路标志标牌，对检查发现的 199 处安全隐患进行督促整改。积极争取司法部门支持，首次启动违法广告牌申请法院强制执行程序，依法保护高速公路的合法权益。坚持问题导向，以媒体曝光的"2100 元天价换胎"事件为切入点，组织为期一个月的清障施救服务专项整治活动。组织开展"路政宣传月""安全生产月"主题宣传活动，发放宣传资料 22.5 万份，签订爱路护路协议 6573 个，组织执法专项行动 19 次，提供法律咨询服务 45 场。联合养护部门开展公路汛期交通运输安全生产工作专项督查。明确高速公路经营管理单位安全责任清单。启动运行界子墩、鄂南超限检测站。妥善处理 7 起清障施救服务投诉，探索启动清障施救服务单位退出机制。成立湖北省高速公路应急处置服务中心，统筹全省高速公路应急处置服务工作。随岳高速公路管理处、随岳南高速公路有限公司在"东方之星"客船翻沉事故发生后，第一时间启动应

沪渝高速公路湖北鄂西段

急预案，按照"特事特办、救援优先"的原则，设置"应急救援专用通道"开展救援保障工作。省高速公路管理局路政总队从京珠、汉十、武黄、绕城高速公路路政支队调派 12 名路政人员增援，确保随岳高速公路全线畅通。

服务区文明服务创建。探索创新高速公路服务区文明服务创建思路，以规范管理、提升品质为目标，坚持开放创建、合作创建、共赢创建"三维思路"，制定《湖北省高速公路服务区文明服务创建工作方案》，明确创建目标、细化创建措施，强化对标整改完善，按节点组织服务区服务质量等级自查自评、整改初评、交叉复核检查等工作。全省高速公路共有服务区 100 对，有 63 对服务区参加评定，汉十孝感服务区、天门服务区、潜江服务区被评为全国百佳示范服务区，14 对服务区被评为全国优秀服务区，达标服务区 100%。全省服务区整体环境面貌、服务功能、服务品质得到较大提升。

节能降耗有效推进。完成全省高速公路隧道照明 LED 节能改造合同能源管理项目相关政策的报批，有效推进鄂西高速公路隧道 LED 改造合同能源管理项目试点工作。高速公路隧道节能设计和智能通风照明控制技术工程及高速公路不停车收费工程列入湖北省绿色交通"十三五"规划；重点服务区污水处理改造、废旧材料再生利用等项目纳入全省交通运输发展"十三五"专项规划。鄂西高速公路管理处和黄黄高速公路管理处被省交通运输厅、省发展改革委确定为全省第四批低碳交通推广基地。

党风廉政建设。坚持"抓好机关、带好行业"的行业党风廉政建设总体思路，把抓好党风廉政建设工作作为"一把手"工程，认真落实"两个责任"。全面启动"守纪律、讲规矩、做表率"和"三严三实"专题教育。组织召开党风廉政建设推进会，邀请专家作题为"预防职务犯罪"廉政报告，局主要领导为各单位纪委书记、分管领导、政工科长讲授《践行"三严三实"，正确认识权力，积极预防腐败》专题

党课。按照省纪委驻厅纪检组统一安排，牵头纪律审查第四协作组进驻京珠、汉十高速公路管理处，完成养护和机电工程专项巡查工作。（李虎子）

【全省普通公路概况】　截至 2015 年底，全省普通公路"十二五"规划的"四个翻番""五个通达""六个提高"目标全面实现。普通公路固定资产投资由 603 亿元增长为 1755 亿元。普通国省道总里程由 14059 公里增长到 28065 公里，一级公路到达里程由 2210 公里增长到 5231 公里，二级公路到达里程由 16159 公里增长到 21555 公里。基本实现所有县市通县道及一级以上公路、所有建制乡镇通国省道及二级以上公路、所有行政村通沥青水泥路。公路建设项目标准化程度、公路养护水平和质量寿命周期、公路机械化装备现代化程度、公路行政许可与路政管理规划化法治化程度、公路安全应急保障能力、公路职工队伍素质及综合服务水平等均得到明显提高。

项目前期工作。优化国省道网线位布局，完成国道线位规划 GIS 数据库的更新完善和普通省道网线位规划方案批复；完成《湖北省公路发展"十三五"规划》编制工作，建立了"十三五"公路发展项目总库和"2016—2018 年三年滚动项目库"；协助省交通运输厅编制完成《"十三五"农村公路战略发展研究》《"十三五"交通扶贫规划》《"十三五"农村交通基础设施建设规划》。全年完成一级公路工程可行性研究报告评审 42 个711 公里、二级公路工程可行性研究报告评审 39 个 1214 公里，完成一级公路工程可行性研究报告批复 64 个1226 公里、二级公路工程可行性研究报告批复 92 个 1973 公里；完成一级公路初步设计审查 26 个 524 公里、二级公路初步设计审查审批 19 个 438 公里。"十二五"期间，累计完成一级公路初步设计审查 3231 公里，占规划里程 2895 公里的 112%；累计完成二级公路初步设计审查 6056 公里，占规划里程 6045 公里的 100%。"十二五"

规划的一、二级公路项目初步设计审查全部完成。

公路基础建设。2015 年，全省普通公路固定资产投资再创新高，完成固定资产投资 554.4 亿元，占确保目标（320 亿元）的 173.3%。全省完成一级公路建设 1279 公里，占年度确保目标（1000 公里）的 128%，占年度计划目标（1153 公里）的 111%，完成工程量比上年增长 74%；完成二级公路建设2919 公里，占年度确保目标（1800 公里）的 162%，占年度计划目标（2818公里）的 104%，完成工程量比上年增长 34%；完成农村公路建设 16848 公里，占年度目标（11000 公里）的 153%，其中完成县乡公路改造 1434 公里、通村沥青（水泥）路 15414 公里。秦巴山"环库生态路"、武陵山"清江画廊路"、幕阜山"香泉特色路"、大别山"红色旅游路" 4 条片区特色旅游公路完成投资 50.6 亿元，完成路基 385 公里、路面 591 公里。全省完成农村公路安保工程建设 17934 公里，实施农村公路桥梁修缮改造 1598 座，全省农村公路桥梁安全营运状况得到有效改善。以全省"村村通客车"为契机，对通客车的农村公路全面提标升级、全面改善技术状况，完成农村公路路基路面加宽及路肩培土 4.7 万公里，修建错车台 9.5 万个。

公路养护管理。全省国省干线公路路面使用性能指数（PQI）由"十一五"末的 78.0 提高到 2015 年底的 88.3。先后下发《"十二五"国检普通干线公路管理规范化检查职责分工》《全省公路系统"十二五"国检临检工作方案》《关于进一步加强管理规范化检查资料整理工作的通知》等文件，开展"迎国检"模拟检查活动，编印全省干线公路图，制定省级规范化管理检查自评表；督促各地公路部门对照交通运输部检查方案中普通干线公路管理规范化内业资料评分标准，逐步完善日常养护内业资料和养护工程程序资料；开辟"迎国检"宣传专栏，印发 41 期"迎国检情况专报"，编制迎国检应知应会养护手册。突出"2012—2014 年交通运输部挂牌督办路段、国道路况次差路段"两个重点，抓好路

况提升。2015 年全省共完成大中修工程 2900 公里，占年计划 2947 公里的 98.4%。注重日常养护管理规范化，先后出台普通干线公路季节性小修保养管理指导意见、挂牌养护公示制度、桥隧养护管理办法等一系列制度陆续出台，全面加强公路养护巡查力度，提高路面病害及时处置率和养护工程质量。进一步强化日常养护和小修保养检查考核工作，市州每季度对辖区县级公路管理机构、县级公路管理机构每月对养护管理站（中心）进行一次巡检，并进行通报。2015 年全省计划内养护作业规范化设施全部配备到位，推动了公路养护作业现场规范化管理。为保证国省干线桥梁运营安全，组织专业检测机构对全省 1923 座国省干线桥梁进行定期检查，委托湖北省楚晟科路桥技术开发有限公司对全省干线公路 14095 公里路况检测路面破损率和路面平整度。强化公路水毁防治，全省全年公路水毁造成直接经济损失 11.11 亿元（干线公路 2.87 亿元、农村公路 8.24 亿元），中断交通 651 处 220 条。面对水毁灾情，及时派员到现场指导抢险保通工作，干线公路水毁路段基本都能较快恢复正常通行。

路网结构改造。2015 年，修订了《湖北省普通公路桥梁养护管理办法》《湖北省普通公路危桥管理办法》和《湖北省普通公路隧道养护管理办法》，制定了《湖北省普通公路桥梁养护工程师管理办法（试行）》，完善了桥梁信息公示牌及限载标志牌。组织开展公路安全生命防护工程排查专项活动，将乡道及以上行政等级公路纳入排查范围，实地踏勘、逐段分析，建立安全隐患路段数据库。全年争取交通运输部路网结构改造工程资金 6.33 亿元，其中，争取部危桥改造资金 3.43 亿元，计划改造危桥 290 座 21661 延米；争取安保工程资金 2.90 亿元，计划实施安保工程 8338 公里。争取省资金 1.4 亿元，下达危桥改造计划 124 座。

服务保障能力提升。出台《湖北省畅安舒美示范公路创建方案》，开展 105 国道、209 国道 939 公里示范公路创建活动，2 条国道示范工程共

完成升级改造 89.4 公里、大中修及预防性养护 292 公里，打通了十堰、宜昌、恩施、林区等交通瓶颈路段，105 国道和 209 国道优良路率分别达到 98.5% 和 95.5%。加大路政执法力度，取缔占用公路经营等违法行为，不断强化建筑控制区管理，有效维护路产路权，治理穿越村镇路段 160 公里，清除非法公路标志 1060 块，绿化补植 200.4 公里。主要增设 116 处停车港湾、30 处观景台、12 处服务区，构建起以综合服务区为骨架，以便民服务点为填充，以沿线既有设施为点缀的便民服务体系，为过往人员提供停车、加水、维修、卫生等服务。按照"以路为载，传承文化"的要求，坚持把公路作为生态景观建设和传播公路文化的载体，仅神农架林区沿线就设置了"楚风路韵""畅安舒美""勿吻我""盐道新韵""绿缘"5 处观景石，打造了"香风谷""燕天观景台""寿"字景观、"归瀑"等 9 处公路景观。105 国道和 209 国道示范公路创建工作基本完成。其他市州结合辖区国省干线公路实际，均创建了不少于 30 公里的"畅安舒美"示范路段。全省共创建 2112 公里"畅安舒美"示范路段，共建成服务区 18 个、便民服务点 248 个、观景台 99 个、停车休息区 353 个、其他便民设施 263 个。

路政治超管理。印发《全省公路路政与养护联合巡查协作制度（试行）》，全面施行路政、养护"两位一体"工作模式，降低路政巡查成本，提高公路管理效能；开展全省涉路重点工程在建项目调研，各市州加强国省干线公路路损追偿协调，咸宁、襄阳、黄冈等地公路路损赔偿费收取基本到位。全年查处路政案件数 7385 起，收取路损赔偿费 2471.9 万元。按照"简政放权、优质服务"要求，认真梳理公路行政许可权力清单，下放林木采伐许可权限至市州，省级路政许可事项全部实现网上办理、按时办结；全年办理国省干线涉路施工行政许可 156 件、超限运输许可 5907 件、护路林砍伐 1.8 万立方米，群众满意率 100%。印发《关于进一步规范全省国省干线公路非公路标志牌管理的通知》，对违规、超期设置的标志牌进行全面清理整顿；印发《省公路局清理省级公路行政审批事项工作方案》，对 2012 年 1 月 1 日起至 2015 年年底的 964 件普通国省道公路涉路施工活动行政许可事项进行统一清理，排查安全隐患，确保公路行政审批合法、规范。对重难点管控路段路域环境的整治，上报政府挂牌督办、落实销号；地方政府爱路护路意识明显增强，协调公安、城建、土管、各乡镇、村组等部门参与的"路地共管"建筑控制区管理模式逐渐成形。全年集中

2015 年 7 月 29 日，湖北省普通公路路政与运政联合治超框架协议签订

开展大规模专项整治行动 150 余次，对 40 个国省干线公路集镇过境路段进行环境整治，拆除违章建筑 2216 处 38789.3 平方米，拆除违法非标 31031 块，清理公路及用地范围内堆积物 35112 处 393843 平方米，清理占道经营 9396 处 55690 平方米，刷新及覆盖公路法律法规宣传标语 700 余条。推进江汉平原及周边、鄂东南、鄂西三大片区区域治超及百日治超等专项活动，细化完善协作机制，市州、县区、站站之间跨区域联合治超进一步深化拓展；加大路面治超管控力度，采取流动与固定相结合的方式，全年查处非法超限运输车辆 44.2 万余台次，转运卸货 128 万余吨，收取赔补偿 5089.19 万元、行政处罚金额 6742.17 万元。

费收管理。2015 年，全省渡口管理所累计开行航班 6.7 万次，渡运车辆 108.99 万辆次，收费站累计通行车辆 1172.6 万辆次。全年完成普通公路通行费收入 15697 万元，占全年征收目标的 110.54%；按照《省财政厅、省物价局、省地方税务局关于取消和暂停征收部分涉企行政事业性收费和政府性基金项目的通知》（鄂财综发〔2015〕39 号）要求，从 2015 年 10 月 1 日起取消全省专业公路渡口车辆过渡费收费项目，1-9 月份累计完成专业公路渡口过渡费收入 1764 万元，

占全年征收目标的 80.25%，超时间进度 5.25%。2015 年，荆门东桥至子陵段一级公路翰林寺收费站已经省政府批准设立，宜昌当枝一级路金沙站启动收费试运行上报省政府待批；黄冈陶店收费站、孝感 107 东余店收费站撤站工作顺利完成。

安全应急保障。修订完善了普通公路突发公共事件、桥梁、隧道、低温雨雪冰冻灾害、防汛等应急预案，从上至下形成省、市、县分级预案体系。不断强化应急保障基础，建成并投入使用 1 个省级公路交通应急物资储备中心，十堰、黄冈 2 个"区域性应急物资储备仓库"建设有序推进，初步建成 55 个县级养护（应急）中心，形成了"一主两副、多点支撑"的应急保障体系。不断强化路网监测能力，开发应用路网监测与应急处置系统，完成省级路网运行监测指挥中心和 14 个市州二级监控指挥中心建设，在重要国省干线布设 106 个视频监测点、44 块可变情报板，配备 91 台应急指挥车，建成 13 个市州级应急指挥中心，基本实现路网运行状态实时监测分析。不断强化应急救援能力，全省组织开展桥梁、隧道、雨雪冰冻、山体滑坡、钢桥架设、反恐等突发事件应急演练，已组建应急队伍 98 支、6000 余人，初步形成省市县三级应急救援队伍相结合的保障体系。不断提高安全保畅

能力，通过事故黑点综合治理、交叉口渠化改造、更新完善标志标线及防护设施，实施危桥改造、地灾治理、隧道照明等工程，全面提升公路安全保畅和抗灾防灾能力。圆满完成"东方之星"翻沉、通山县山体滑坡、崇阳县特大山洪等各类突发事件应急救援保通工作。全省国省干线实现应急救援 2 小时内到达、一般灾害应急抢通 24 小时内完成的目标。

行业形象。至 2015 年底，全省公路系统实施"十百千"人才工程和干部成长成才工程，评选出技术能手和带头人近 300 人。加强职工队伍培训，大力开展多种形式技术比武活动，在 2014 年第六届全国交通运输行业筑路机械职业技能大赛中，湖北省公路系统代表队获得团体总分第一名的好成绩。全省公路部门创建全国精神文明建设先进单位 8 个、省级最佳及省级文明单位 43 个、省级文明路 18 条，获国家及省部级劳模称号 11 人，获湖北"五一"劳动奖章 12 人，获湖北"五一"劳动奖状 7 个，涌现出张祚琼、王何林、刘彩军、周全寿、监利县公路管理局等为代表的一批行业先进典型。公路文化建设影响力不断提高，宜昌古昭公路、恩施双河至木栗园公路被誉为中国"最美水上公路"、最美"壁挂公路"；"神农溪至神农架公路""丹江口环库公路"被赞为美得令人窒息；"铺路石精神""路畅致远""身在路上、心在路上、情在路上、乐在路上"等一系列文化示范品牌深入人心。

（耿峥）

湖北省公路交通应急物资储备中心

【全省道路运输和交通物流发展概况】 2015 年，全省运管物流系统坚持"民生为本、转型为基、改革为要、服务至上、文化引领"的基本思路，不断改革创新，强化依法治理，积极推进道路运输与物流转型升级，为全省"建成支点、走在前列"提供坚实的运输服务保障。

1. 服务民生，道路运输服务保障能力不断增强

"村村通客车"目标提前实现。各地紧紧围绕目标任务，制定实施方

2015 年，依托畅通农村公路，全面推行村村通客车工作

案、召开动员会、推进会、培训会等，编制和印发工作手册，成立 27 个督导和技术服务组，开展检查、指导、督办，"村村通客车"呈现政府主导、部门联动、社会参与、媒体关注、整体推动的良好局面。各地积极探索以班车客运为基础，以区域经营、电话预约、包车客运等为补充的经营模式，采取支持现有客运企业开拓农村客运市场、新设农村客运公司、引导社会资金和民营企业投入农村客运等方式，不断提高农村客运通达率和覆盖面。红安县采取班车加包车加约租车方式，实现农村客运经营方式互补；鄂州市通过公汽公司统一"兜底"，提前实现全面通车目标。至 2015 年底，全省实现村村通客车，农村客车车辆达 2.4 万台，老百姓交口称赞"出家门，上车门，进城门"。人民日报头版头条以《湖北，客车开进了"村"》进行报导，杨传堂部长又在报导上做出重要批示。"村村通客车"真正成为交通工程、发展工程、民生工程、民心工程。

公交优先战略深入推进。全省公交继续保持良好发展势头，取得了较好的经营成果，推动了新型运输和经营方式的发展，激活了发展内生力，深化了行业改革。宜昌市在全省率先开通 BRT，14 条线路贯穿市三大主城区，极大地方便了市民出行；武汉市

开通 60 余条微循环线路，惠及城乡群众近 100 万人，开通 13 条定制公交线路，市民率先享受私人订制；孝感市完成一半公交车辆、公交线路的公交公营改造；赤壁市投资 1500 余万元，购置 25 台新能源公交车，在全省县级城市中率先发展新能源纯电动公交车。武汉通发卡量达到 1800 万张，实现武汉、孝感、仙桃、大冶、汉川、鄂州葛店等城市"一卡"连通，公共交通带领武汉城市圈步入"同城生活"时代。武汉、宜昌、十堰等城市推出乘客出行服务手机客户端（APP），提供车辆动态信息查询和出行路线规划，打造了"掌上公交"。

农村物流融合发展加快。6 月 15 日，省交通运输厅、省农业厅、省商务厅、省供销合作总社、省邮政管理局联合印发湖北省《农村物流融合发展规划编制指南》，新增十堰市、荆门市、竹溪县、秭归县 4 市县各具特色的省级农村物流试点，引导县市自主开展农村物流试点。秭归县华维物流公司通过客货联盟形式，实行定时、定点、定线的农村物流"货运班线"运营模式，实现多方共赢，人民日报头版进行报道。十堰亨运物流公司在市级枢纽型园区的基础上，积极探索建立客货联盟、交邮共建、交商合作、交农携手、合作共赢、拓展服务等融合发展模式。农村交通物流的快速发

展助推了农村电商发展和农业现代化进程。

站场投资再创新高。通过分解目标任务、完善工作措施、加强督办落实，加快了道路运输与物流站场建设步伐。开展了物流发展资金竞争性分配绩效考核与评估工作，研究提出了分配实施方案，加大对农村综合物流网络体系示范建设投入。全省站场建设完成投资 42.2 亿元，为年度确保目标的 140.62%，其中客运站建设 11.7 亿元、物流基础设施建设 30.5 亿元。全年完成客运量 8.80 亿人、旅客周转量 489.29 亿人公里，同比增长 0.17%、1.12%；完成货运量 11.58 亿吨、货物周转量 2380.62 亿吨公里，货运量同比下降 0.41%、货物周转量同比增长 1.71%。

2. 改革创新，道路运输转型升级蹄疾步稳

体制机制改革取得成效。宜昌市整合交通、发改等单位职能，成立宜昌市物流局，建立大物流综合协调管理体制。落实《省交通运输厅关于进一步深化驾培和维修检测行业管理改革工作的若干意见》，打破驾培和维修检测市场行政壁垒，全面推进审批职责归位，除武汉、荆门市上报方案待批外，其他 15 个市州已落实到位。先后委托十堰市、孝感市、恩施州、宜昌市、襄阳市组织开展 5 场教练员电子化考试试点，最大程度将考试工作下放市州，实现考试组织在市州、报名培训在市州、维持秩序在市州，极大方便了群众。

客运企业转型进展明显。通过鼓励和扶持实力强、信誉好、管理规范的道路客运企业采取收购、参股、并购等方式，不断提高公车公营比率，逐步实现区域集约化、规模化经营。客运企业规模化、联盟化发展趋势明显。武汉长通公路客运有限责任公司一分公司、武汉长通公路客运有限责任公司港口分公司 2 家班线客运公司完成合并重组。鄂东、鄂西、鄂中长途客运接驳运输联盟成立，接驳运输车辆 89 台、接驳试点班线（已公示）共 45 条。黄冈市东方运输集团、洪湖

市永通运输公司开通城际约租客运业务，城际约租客运服务覆盖面不断扩大。

甩挂运输试点积极推进。严格按照交通运输部文件要求，组织专家对湖北省十堰亨运集团有限责任公司、襄阳东风合运物流股份有限公司、武汉赤湾东方物流有限公司甩挂运输试点项目验收和资金申请进行审查，相关申请材料已获交通运输部批复。积极争取主题性甩挂运输试点，开展第四批甩挂运输试点项目申报工作，多式联运主题性试点项目由武汉中运物流有限公司和湖北赤湾东方物流有限公司承担，企业联盟主题性试点项目由武汉大道物流有限公司和荆州鑫泰达物流有限公司承担，均通过交通运输部审查。

绿色低碳运输取得新成效。大力推进"绿色维修企业"创建达标工作，培育试点企业30家，总结推广试点经验，扩大创建工作范围，加大节能环保设备及资金投入。至年底，一、二类维修企业创建率达到50%；11家申报企业通过节能减排资金终审，获得资金补助360万元。全省淘汰营运黄标车12000余辆，节能减排成效明显。全省共有天然气出租车36903台、清洁能源和新能源公交车9438台、营运客车800辆，分别占总数的90.3%、48.28%、1.95%，车辆装备更加绿色低碳。

3.科技驱动，行业管理服务提质增效

湖北省道路运输管理四级协同信息系统开始建设。借鉴湖南、江苏省先进经验，依托省交通运输厅云数据中心，以交通运输部道路运政管理信息系统为核心，按照"整体规划、集中实施，统一接入、复制推广，重在主体、兼顾个体"的思路，建设湖北省道路运输四级协同管理与服务信息系统。该系统通过整合、提升、补缺和丰富等方式，打造省际联动、部门协同、信息共享、互为支撑的道路运输行业信息资源整合与服务基础支撑体系，实现道路运输从传统产业向"互联网＋现代运输服务业"全面转型。

该系统已经完成了功能需求、工程可行性研究和专家评审，在招标过程中。

客运联网售票系统开始应用。省道路运输管理局抽调精干人员成立联网售票项目部，专门负责联网售票工作。全省已有114家客运站实行联网售票，随州、宜昌、荆州、恩施等7市州三级以上汽车客运站联网售票系统应用实施率达100%。联网售票系统官网访问量达176万人次，网站购票3269人次，网站交易资金20余万元；通过系统售票数1753万人次，系统交易金额6亿余元，方便了群众购票乘车，提升了道路运输服务水平。与省邮政公司签署邮政网点代售客票合作协议，武汉、宜昌、荆州、襄阳、汉川等5个市县835个邮政网点开展客票代售业务。探索建立长效运行机制，协调省国税局统一全省道路客运联网售票票证管理政策，为系统应用创造了条件。

联网联控系统全面应用。每月定期通报全省道路运输车辆入网率和上线率，督促运管机构落实监管职责。持续进行数据清理，各项考核指标不断提升。"两客一危"车辆入网数25212辆，上线车辆23037辆，入网率达到97.04%，上线率91.37%，重点营运车辆联网联控管理在提升服务、保障安全、改进管理等方面作用明显。协助省交通运输厅开展湖北省公路水路运输市场信用系统和湖北省公路水路安全畅通与应急处置系统建设，进一步提升道路运输与物流行业信息化水平。

4.依法行政，法治体系和法治能力现代化扎实推进

制定了权力清单（行政审批和运政执法）。对市县两级运管机构行政审批项目进行清理，市级保留8项、县级保留7项。完成省级权力清单和责任清单一报、二报工作及跨境服务负面清单清理工作，清理后，省级运管机构行政权力共有14项。做好交通运输部、省行政审批项目承接工作，全面落实道路运输"先照后证"改革措施，调整规范审批流程。

执法监督不断强化。提出规范行政许可、行政执法等行为的五项措施，对运管机构行政滥作为亮起"红灯"，对截留驾培和维修审批权限、违规指定动态监控服务企业等行为提出具体整改意见。对现行法律、法规和规章需要公示的内容进行收集整理，形成下发了《湖北省道路运输行政执法公示》，推进廉政阳光执法建设。完善网上审批系统，实现网上申请、网上许可、网上发布，提高效率，优化服务。局机关信访投诉日常工作流程进一步规范，全年受理群众来信来访390起，办理率100%，同期相比，信访投诉总量、上访人次均呈下降趋势。武汉市举办第三届"文明运政、法治运政、阳光运政"主题活动，增强法治意识、规则意识。

执法力度进一步加大。坚持以安全和问题为导向，在班线客运、危险品运输、客运站、驾培、维修等领域开展严打严治、"打非治违"专项整治行动，组织全省执法人员开展交叉稽查、联合稽查、网上稽查，打击各类违法违规经营行为。全省开展各类稽查活动52860次、出动稽查人员294529人次、检查车辆444313台，发现违法行为76783起，处理66913起，结案率达87.1%，有效维护了道路运输市场良好秩序。

5.底线思维，安全生产形势持续稳定

优化行业监管工作机制。召开全省道路运输安全监督工作会议，制定全省安全监管行动计划，下发《全省"道路运输平安年"工作方案》，17个市州运管、客管、公交管理机构签订安全管理目标责任书，并在年底进行考核，兑现奖惩。

推动企业主体责任落实。继续开展汽车客运站安全专项整治活动、营运客车、危险货物运输车安全联合整治行动、大排查大稽查活动和安全生产月活动。全省出动稽查人员30257人次，检查经营业户3651家，查处违规车辆4630台，查处违法违规人员1217人，实施经济处罚577万元，关闭企业2家，整改安全隐患1431处。

紧盯重要场所重点时段防恐维稳。

2015 年, 国家庆典、博览会等重大活动较多, 党中央、国务院和交通运输部对道路运输安全维稳工作提出更高的要求, 全省各级运管机构确保了敏感时段道路运输稳定安全运行。省道路运输管理局被省安委会办公室评为 2015 年全省"安全生产月"活动先进单位。争取省交通运输厅对道路运输安全工作的重视和支持, 首次落实了 1900 万元的安全督查以奖代补资金, 为进一步改善安全监管条件奠定基础。全省发生交通行车事故 32 起、死亡66 人、受伤 93 人, 同比上年, 分别呈下降趋势, 安全生产形势总体稳定。

6. 文化引领, 精神文明和党风廉政建设取得明显成效

"抓典型、争示范、创品牌"活动深入开展。以创建评选"八个十佳"和 2015 年度先进集体、先进个人活动为主要载体, 深化"抓典型、争示范、创品牌"专项行动, 加大培树和宣传力度, 在运管物流系统积极创建国、省级重大先进典型和特色文化品牌。襄阳公交公司 1 路线被共青团授予全国青年文明号, "三零司机"张兵获得"感动交通十大人物", 3 名公交驾驶员被评为全国劳模, 6 家公交企业获得湖北五一劳动奖状, 襄阳公交公司总经理水波被授予省级劳动模范称号。在出租车和谐劳动关系创建中, 武汉市华昌出租汽车公司荣获"全国五一劳动奖", 宜昌盛龙公司刚毅车队、恩施明德公司白虎图腾示范车队获"全国工人先锋号"荣誉称号。

党风廉政建设不断加强。进一步细化党风廉政建设任务, 针对重点岗位和廉政风险点开展谈话、谈心、约谈, 层层落实廉政责任。开展第十六个党风廉政建设宣传教育月活动, 召开党支部书记交流座谈会暨创建"红旗党支部"推进会, 加强革命传统教育和廉政教育。局主要领导带队 4 次参加政风行风热线直播节目, 面对面与群众沟通, 解答问题, 接受监督; 各级运管物流机构主要领导带头讲党课、开展专题研讨和专题调研, 将学习教育与工作实际紧密结合。 　　(王国富)

【全省水路交通概况】 2015 年, 全省港航海事系统开拓奋进, 勇于担当, 再创建设管理服务新佳绩, 较好地完成全年目标任务, 为"十二五"收官交出一份圆满答卷。

水运建设投资逆市上扬。全省水运建设投资完成 75 亿元, 为省交通运输厅年度确保目标 60 亿元的 125%, 省港航管理局年度确保目标 70 亿元的107%; "十二五"累计完成 343 亿元, 为"十二五"规划目标的 1.6 倍, 连续 4 年以超 70 亿元投资额排名全国内河航运第二位。阳逻港三期起步工程、宜昌姚家港综合码头、黄梅小池等一批港口项目建成投入试运营。汉江兴隆至碾盘山航道整治工程完成形象进度达到 75%。

港口生产扩能增效。全省有港口37 个、2031 个码头泊位。国家规划的长江 11 个内河主要港口, 湖北有武汉、宜昌、荆州、黄石 4 个主要港口, 全省港口通过能力达到 3.3 亿吨、集装箱年通过能力达到 433 万标箱。2015年, 港口集装箱吞吐量突破 130 万标箱, 连续 5 年稳居长江中上游第一位。全省完成水路货运量 3.40 亿吨、货物周转量 2530.91 亿吨公里、港口吞吐量 3.29 亿吨, 同比增长 14.01%、9.27%、13.74%。港口集装箱和滚装汽车运输分别完成 132.2 万 TEU、66.5 万辆, 比上年增长 5.2% 和 14.5%。黄石棋盘洲新港开港运营。注册资金 70 亿元的武汉港航发展集团正式成立, 着力打造鄂东南 5 市统一规划、协同发展的"港口航母"。5 年来, 建成或在建松滋车阳河、黄梅小池、宜昌白洋、荆门沙洋等 50 个"一港双园"项目, 聚集了武汉 80 万吨乙烯、咸宁金盛兰冶金科技等一批近百亿的重大项目沿江布局, 成为经济稳增长、调结构的强力引擎。

航道通过能力显著提升。新增三级以上航道 614 公里, 高等级航道总里程达到 1738 公里, 占全省通航里程的 21%, 位居长江中上游沿线第一位。长江航道"畅中游"取得阶段性成果, 武汉至安庆 4.5 米深水航道改造工程、荆江 280 公里航道整治工程完工, 实现 5000 吨级单船常年可直达武汉、3000 吨级直达宜昌。汉江梯级枢纽开发取得重大突破, 雅口航运枢纽指挥部成立, 河口至潜江段建成千吨级航道。清江水布垭库区、童庄河、黄柏河、巴河经整治提升为千吨级航道。航道大规模升等带动水路货运量迅猛增长, 达到 3.2 亿吨 / 年, 比"十一五"末翻了一番。

宜昌夜明珠港口

2015年5月底，宜昌港枝江港区姚家港作业区综合码头投入试营运

运输结构不断优化。全省航运企业476家，拥有运输船舶4744艘。2015年，全省净增船舶运力7.72万载重吨、达到771万载重吨，货船平均吨位达到1750吨，较"十一五"末增长14.6%、38.5%。全省近100艘船舶加装生活污水处理装置。"十二五"期，全省累计拆解改造老旧船舶2098艘、209万总吨、2万客位，新建示范船19艘、5.2万总吨。千吨级以上船舶达到572万载重吨，占全省总运力的75.3%，船舶标准化、大型化、专业化发展趋势明显。集装箱、汽车滚装、高端旅游、大宗散货等专业运输稳健发展。泸汉台快班、日韩快班、东盟四国航线等一批近洋品牌航线影响力日益提升。江海联运、铁水联运不断壮大，有效对接"汉新欧"国际货运班列。

安全态势持续稳定。2015年全省辖区发生水上交通安全责任事故1.7起、死亡1人，四项指数在控制范围内。5年来安全形势持续稳定，运输船舶发生事故6.2起、死亡5人、直接经济损失37万元，较"十一五"分别下降41%、55%、93%，连续68个月未发生一起死亡3人以上责任事故。港口危货、工程建设零事故、零伤亡。

低碳理念不断增强。国内首创"双指标"控制，新建码头每米岸线通过能力突破5000吨，为"十一五"的3.7倍；集装箱门式起重机"油改电"技术在主要港口得到全面应用，客船岸电使用、港口LED照明、港口机械势能回收等技术先行先试。汉江航道整治采用疏浚土再用于丁坝回填新工艺、引进生态护岸措施，汉江兴隆以下至河口航道率先应用遥感遥测太阳能一体化航标灯，打造生态文明航道。船型标准化不断推进，100艘船舶加装生活污水处理装置。湖北省首艘LNG动力示范船"海川2号"建成下水，全国首批7个水运LNG试点，湖北省3个入围。

水路交通规费征收。2015年前9个月内征收"两费"（港务费、航政费）2.32亿元，超全年目标0.29亿元，为年度目标的114.1%。"十二五"水路交通"两费"（港务费、航政费）累计征收9.9亿元，超过"十一五"期"四费"（港务费、航政费、航道养护费、水路运输管理费）总和（9.7亿元）。

精神文明建设和水运文化再结硕果。省港航（海事）局被评为全国文明单位，荣获交通运输部文化示范单位称号，连续四年被省安委会评为安全红旗单位。2015年全系统新增"六型"文明示范窗口29个。将刘利金、曹道国等一批"航标灯""守护人"式行业典型搬上舞台。对新调入的47名县港航所长进行全覆盖培训，完成3164名海事人员职务等级标识授衔。

5年来，累计建成"六型"文明示范窗口113个、省市县三级文明单位75个，其中省级文明单位9个，部分优秀窗口进入全国交通运输行业和全国海事系统文明示范窗口序列。

（马日福）

【全省铁路运输概况】　铁路局工作"十二五"圆满收官。路网质量和装备水平实现重大跨越。完成铁路建设投资577.8亿元，新增营运里程956公里，全局总营业里程达到4927.5公里，其中高铁营业里程1234.2公里，比2010年末增长近4倍。特别是随着京广高铁和沪汉蓉快速通道全线贯通，武咸、武石、武冈城际铁路相继开通运营，代表世界一流先进水平的新型动车组、大功率机车、通信信号、无砟轨道等技术大量应用，武汉高铁训练段建成投用，武汉铁路局成为名副其实的高铁"十字中心"，成为铁路技术装备现代化的领先者，成为全国高铁人才培训中心，武汉枢纽在全国路网中的地位和作用进一步提升。

客货运输保持快速发展。深入推进客货运输组织改革，2015年运输收入比2010年增长57.5%，旅客发送量比2010年增长107%，是全路增幅的两倍多，总量位居全路第七；货运组织改革、现代物流建设稳步推进，货运收入比"十一五"增长35.7%。"三个出行"的要求有效落实，服务质量取得重大进步。

经营转型取得显著成效。紧紧围绕保盈亏、保工资，加快转换经营机制，全面推进资产经营开发，大力实施集约经营，深化收入分配、劳动用工改革，发展质量和效益持续提升。2015年运输营业收入比2010年增长29%，全局非运输企业综合创效比2010年增长185%。职工总量减少9262人，劳动生产率进一步提高。路局经营业绩年年被评为优秀。

安全基础建设不断深化。牢固树立安全发展的理念和"三点共识""三个重中之重"的意识，牢牢把握求实强基的总基调，大力推行安全风险管理，深入开展"三化"建设，创新安全管理体系、过程控制体系、责任落实体系,毫不松懈地强化高铁、动客车、宜万线、行车设备、施工、防洪等关键环节控制,安全风险的防范能力得到提升,安全生产保持了基本稳定。

队伍素质整体提升。全局拥有高技能人才3.9万多人,全国技术能手12人,全路技术能手137人,全路首席技师7人,铁路局首席技师95人,获得国务院政府特殊津贴2人、省政府专项津贴2人。先后完成200多项科技项目,获国家科学技术进步奖1项、铁道科学技术奖28项、湖北省科学技术进步奖3项。

职工生活日益改善。2015年职工人均收入是2010年的1.93倍;职工保障性住房建设累计开工1.7万户、竣工1.5万户;文明和谐站区创建工作扎实推进,全面、系统改善了一线职工生活条件,同步建立管理机制;加大"三不让"承诺落实力度,累计投入2.2亿元,帮扶困难职工11.9万余人次;深化职工代表大会制度落实和厂务公开、民主管理,职工代表提案办结率保持在93%以上。铁路局先后荣获全国五一劳动奖状、全国安康杯竞赛优胜企业、全路火车头奖杯、湖北省优秀企业等荣誉称号,连续5年被评为湖北省百强百优企业。

2015年,全局干部职工践行实干兴局,同心同德同向,奋力拼搏进取,较好地完成全年各项工作任务,取得"五个武铁"建设新成效,为"十二五"规划目标画上圆满句号。

坚持求实强基,运输安全生产保持稳定。面对安全生产全新挑战和跌宕起伏的安全局面,全局始终坚持求实强基和问题导向不动摇,以坚韧不拔的定力,狠抓安全工作落实,有效提升安全工作水平。以安全风险管理为主线,按照推进安全管理规范化、现场作业标准化、检查整治常态化的要求,健全铁路局"1862"(即:1本白皮书、8个子体系、6项管理机制、2种合力)安全规范化管理体系,修订铁路局和基层单位各级安全职责、岗位标准和流程,完善安全对话、排队抓尾、预警管理、问题清单、重点

约谈等日常管理制度,实现安全管理机制创新。以武汉北示范区创建为代表,大力推进安全标准化站区、站段、车间、班组建设,武汉北站区在安全基础管理、生产生活环境、队伍精神面貌上,都发生了翻天覆地的变化,尤其是在生产指挥现代化、现场管理信息化、职工作业标准化和安全考核规范从严等方面,有了很大的提升。以强化现场控制为重点,在铁路局39个运输站段建立安全生产指挥中心,初步形成集生产指挥、应急处置、大数据管理、干部考核、现场管理、视频监控等六大功能于一体的现代化安全生产指挥管理系统。以落实安全生产责任制为核心,大力度抓责任考核和"红线"管理,把72条违章指挥、违规作业、违反劳动纪律的不规范行为,明确为铁路局层面的安全"红线",促进干部职工履职尽责。以全员岗位达标为载体,按照"干什么学什么、缺什么补什么"的思路,持续开展作业技能靶向培训和"学练比"活动,职工标准化作业能力明显提升。以解决突出问题为导向,深入开展安全大检查和专项整治,解决了一大批安全隐患。全年消灭了行车一般A类及以上事故,实现了安全年,尤其是铁路局依靠地方政府,标本兼治推进"平安铁路"建设的实践,得到铁路总公司、湖北省的高度肯定。

坚持市场导向,运输组织改革取得实效。沉着应对市场波动,深化客货运输组织改革,全力增运增收。客运在高起点上再创新高。大力践行"三个出行"(安全出行、方便出行、温馨出行)常态化,深入实施"以客补货"战略,动态优化列车开行结构,不断改进服务质量,全年发送旅客1.5亿人、同比增长7.3%,客运收入完成184.4亿元、同比增长10.2%,总量和收入均实现"十连增"。单日最高发送旅客80.48万人,再次创造历史记录,高峰日武汉地区铁路旅客到达量仅次于北京、广州两大城市,位居全国第三。货运向现代物流转型迈出坚实步伐。认真贯彻落实沈阳铁路现代物流建设现场会精神,制定和实施现代物

流建设三年规划,全局以武汉为中心的"1+10"(一级物流基地1个、二级物流基地10个)物流基地建设前期工作进展顺利,"311"(建成300个货运服务点、100个作业站、配置专业服务汽车100台)物流布局工程全面完成,在拓展收货触角、完善快运功能、打通客户"最后一公里"方面,取得阶段性成效。创新"九州快运"班列品牌,不断开发管内、跨局、跨境等多层次的货物快运班列,全年开行到俄罗斯、德国、波兰、捷克、越南等国的中欧、中亚班列93列,是上年的4倍多;稳定开行了武汉至广州、昆明、月山、成都跨局班列,武汉至十堰、恩施管内班列。95306网站注册企业达1.2万家,店面展示4200家,成交30亿元,超额完成总公司下达的目标任务。在大宗货运持续下滑的情况下,下半年货运装车较上半年增长9.9%,白货在8月份以后保持了97%的增幅,基本止住了下滑势头。

坚持效益中心,企业经营业绩好于往年。积极适应总公司盈亏考核政策的新变化,加快转换机制,深化改革攻坚,实现集约经营、提质增效和转型发展。建立紧密挂钩的经营考核机制。突出效益与分配联动的政策导向,按照"总量保底、增量连挂、综合考核、到岗到人"的思路,制定全新的工效挂钩、安全考核、基层单位负责人工资收入管理等制度办法,完善和实施预算管理、盈亏倒逼、弹性激励考核等10个方面的配套机制,充分发挥考核机制杠杆作用。深化劳动用工制度改革。在优化劳动组织、规范用工管理的同时,实施常态化的劳动生产率考核机制,铁路局全年综合用工定员减少3900多人、综合劳效提高3%,为工资增长贡献了0.9个百分点。优化内部管理结构。适应铁路管理体制改革和运输生产力发展需要,成立价格管理处、设备监造处、政法办等新机构,组建武汉高铁工务段、襄阳车辆段等单位,推进非运输企业优化调整、多经投资管理模式改革,以及物资采购管理改革,进一步理顺内部管理关系,提高管理效能。大力

推进资产经营开发。非运输企业经营业务不断发展壮大，机械制造、站车商服、传媒广告等产业利润全路靠前，全年实现资产经营开发综合创效5.03亿元，同口径增长85%。深入实施精细管理和集约经营。全年节约能源、大维修、间管费用1.2亿元，汽车费用、办公会议费、业务招待费同比下降15%、13%、45%，实现资金净效益4.8亿元。深入开展"小金库"专项治理，自查整改问题201件、金额871万元。大力清理债权，收回债权4337笔，清收率93.6%。同时，合资公司经营管理步入新的轨道，完成武广公司管理关系调整，全局合资公司实现盈利26.8亿元。2015年，全局完成多元化经营总收入352亿元、考核利润45.7亿元，较基数增加12亿元。

坚持竞进提质，铁路建设和科技创新取得新进展。认真落实党中央、国务院稳增长、调结构、惠民生的战略要求，举全局之力加快推进铁路建设，不断打牢"五个武铁"建设的发展基础。宁西增建二线顺利开通运营，襄阳北上行系统、武孝城际、孟平二线等重点工程建设有序推进，全年完成基本建设投资117.46亿元。紧紧围绕物流基地建设、运输生产扩能改造、行车设备补强、安全基础设施及指挥中心建设、信息网络平台建设、职工生产生活保障建设等重点领域，抓好更新改造项目的实施，全年完成更新改造投资26.05亿元。大力实施科技创新，全年共获得中国铁道学会科技奖7项。加快推进信息化建设，新的客票系统、货运电商系统、运输调度系统、办公网络系统广泛应用，提高了网络化、数字化、智能化管理水平。

坚持共建共享，和谐稳定局面得到巩固发展。抓好民生改善、文化建设和队伍稳定三大重点任务，构建和谐稳定、合力共为的良好局面。持续改善职工生活，全局人均收入同比增长10.25%，增幅位居全路第二；保障性住房开工3009户、竣工4690户；219个文明和谐站区创建任务基本完成；近3.5万人次的困难职工得到及时帮扶；高度重视职工代表提案办理

工作，形成紧紧依靠职工群众办企业的浓厚氛围。深化企业文化建设，"执信致远、畅行九州"的企业精神正式确立，得到积极实践和广泛传播，产生了良好的社会反响，金鹰重工被授予第四届"全国文明单位"荣誉称号，武昌车站"580服务台"成为全国第一批学雷锋活动示范点，荆门桥工段职工鲁朝忠当选全国十佳"最美职工"。畅通"武铁在线交流"等各类职工诉求表达渠道，建立各级干部民情走访、包人包案、限期解决等工作制度，定期开展矛盾纠纷排查，强化职工群众初信初访的解决，一批信访突出问题得到化解，职工队伍总体保持稳定。

坚持从严治党，党风政风焕然一新。扎实开展"三严三实"专题教育和专项巡视整改，形成了作风建设新常态。加强学习型领导班子建设，开展7个专题学讲，动态调整领导干部，制定领导班子决策"三重一大"事项实施细则。坚持从严从实管理干部，深化服务型机关创建和"千名干部下沿线"活动，各级干部的纪律意识、廉洁意识、担当意识明显增强。召开铁路局第一次党代会，深化基层服务型党组织建设，落实"党支部书记能力提升年"各项任务，进一步强化党组织的政治功能和服务功能。广泛开展"武铁之星"选树宣传活动，运用"四项机制"做好改革过程中职工思想政治工作，强化正面宣传，凝聚攻坚合力。落实党风廉政建设"两个责任"，推进重点领域专项治理，严肃查处违规违纪问题，全年立案100件，党纪政纪处分120人，下发通报17期。

（欧阳书娟）

【全省民航运输概况】　2015年，湖北民航旅客运输量2141.43万人次，运输机场安全起降18.87万架次，货邮运输量16.74万吨，同比分别增长9.9%、5.4%、10.9%。通航飞行8.91万小时、24.6万架次，同比增长1.3%、9.3%。武汉天河机场三期扩建工程顺利向前推进，预计2016年6月第二跑道投入运行。武当山机场于2016年2月顺利实现首航。辖区航空安全水平

总体平稳。

1.民航湖北监管局。2015年，监管局严格依法行政，实施日常行政检查1179次，发出整改通知书81份，建议书12份，发现问题140条，实施行政约见（约谈）8次，承办行政处罚案件5起，发出行政处罚决定书10份。荆门爱飞客"5.10事故"发生后，监管局与地方安监局、公安局配合调查，联动执法；与涉事单位行政约谈，梳理事故中暴露的安全管理问题，督促企业落实主体责任；在地方安监局依据《安全生产法》作出处罚后，根据"一事不再罚"原则，就事故中其他违反民航规章行为进行补充调查，并依法实施行政处罚。结合同诚"4.13事故"、天河机场违规扩建加油站事件，厘清行政处罚边界问题，督促监察员形成学法懂法用法的执法思维。

夯实安全基础。以绩效管理为切入点，改进安全监管方式。不只关注岗位操作，更加注重运行环节，从岗位操作的漏洞查找管理上存在的不足。在天河机场，将驻场单位机坪运行纳入机场绩效管理范畴；在三峡机场，建立风险控制运行平台；在支线机场，引导湖北机场集团采取"六个一"（一份检查单、一个专家型内部监察员队伍、一次无脚本演练、一份经营管理人员访谈、一次评估报告、一次关键岗位人员资质能力测试）的检查方式对支线机场加强管理；在南航湖北分公司开展安全绩效管理试点工作，建立公司二级部门指标体系，初步形成比较完整的风险管理机制。印发《民用运输机场航空安保绩效指标体系》《公共运输航空公司航空安保绩效指标体系》《企业安保季度评估工作规范》等指导性文件，供辖区单位参考使用，从2015年下半年开始，各机场、运输航空公司安保季度评估工作进入常态化。运用科学手段，提高安全监管的有效性和针对性。针对通航运行分散、小而多的状况，监管局自主开发通航运行管理平台，解决了通航企业作业运行监管难题。与民航管理干部学院、三峡机场共同推进三峡机场安保平台建设，对三峡机场安保指标

2015 年 6 月 15 日，东方航空公司新引进的波音飞机

进行监测、分析。与航科院合作开展民航突发事件案例库构建、通用航空事故预防等课题研究。

抓住突出问题。加强天河机场三期建设监管力度，将天河机场三期建设作为全年监管工作重点，收集掌握机场建设与运营第一手资料，提前制订监管工作方案，多频次高密度跟踪检查建设期间安全运行情况，开展季度评估，建立建设运营一体化机制，及时协调解决机场建设和安全运行之间的问题。机场飞行区内，经局方审批许可的不停航施工项目未发生不安全事件，不停航施工安全风险可控，施工秩序良好。针对通航法治意识不强、规范化基础薄弱的状况，对通航单位管理层开展安全标准培训，对一线岗位操作人员进行运行实践培训。组织通航企业修订完善《运行手册》《作业手册》；建立"两个标准一个程序"（飞行放行标准、飞行计划制作标准、飞行放行程序）；制定《民航湖北地区通用航空机场安保方案示范大纲》《民航湖北地区通用航空公司安保方案示范大纲》，有效指导通航企业明确各自航空安保职责和安保工作程序规范。

服务行业发展。支持企业转型发展。全力支持友和道通公司 A300 机型引进工作，成立补充运行合格审定小组，派员参加 A300 签派放行、机型改装培训，对公司手册修改、工作程序制定提供支持和服务，完成相关补充审定工作。发挥行业政府沟通协调作用。参与湖北省"十三五"发展规划、临空经济建设、湖北长江经济带民航建设规划、中航工业荆门爱飞客小镇规划等，及时了解掌握辖区各单位发展战略和阶段重点。

2.东航武汉公司。全年共完成运输飞行 7.693 万小时、3.8285 万架次，同比分别增长 4.39%、下降 2.59%。发生严重差错 3 起，发生人为原因不安全事件 4 起，未发生运输航空事故征候和地面事故征候，保持了安全总体平稳态势。飞行部、飞机维修部被东航股份公司授予 2015 年度无事故征候优胜单位。

公司将整治违章违规工作作为 2015 年首要的安全工作来抓，按照"全覆盖、零容忍、严执法、重实效"的总体要求，集中整治部分运行人员规章意识淡薄、作风纪律松散、有章不循的现象，严格落实《2015 年公司严肃整治违章违规工作实施方案》。至 2015 年年底，违章违规行为明显好转，公司安全态势保持基本平稳。自上而下建立现场检查制度，加大安全检查力度，开展安全检查 96 次，下发整改单 21 份，完成总部下发的风险通告和预防纠正措施验证检查 32 次，整改完成率 100%。强化飞行作风纪律，建立跟班检查制度，收集飞行作风纪律检查单 200 份；聘请外部飞行审计人员对公司航班开展 LOSA 审计，对共性问题及时整改完毕。积极应对天河机场不停航施工带来的风险，加强关键运行类风险管理，查找运行危险源，积极开展 42 期专项风险管理，前移安全关口。规范信息传递渠道，获取信息同比增长 20.7%。加强 QAR 系统监控，切实提高飞行员改善飞行技术的意识，2015 年公司三级事件数量同比下降 0.31%。开展航班大面积延误等各类应急演练 9 次，梳理完成应急岗位单卡制作。组织公司各级领导开展年度安全管理初训；针对不同时期的运行特点，组织、开展技术研讨、案例分析和专题讲座；制作公司近 3 年来典型人为原因不安全事件课件材料，强化全员警示教育。通过四级评审机制，有效提升转升机长理论水平和通过率，公司机队"两头重、中间轻"的状况有所好转，缓解了运行压力。11 月份，公司正式开始模拟运行电子飞行包项目（EFB），是湖北地区首个使用 EFB 电子飞行包运行的航空公司。

经营能力增强。全年完成运输总周转量 5.35 亿吨公里，同比增长 10.02%；旅客运输量 464.9 万人，同比增长 7.81%；货邮运输量 3.54 万吨，同比增长 12.63%；2015 年主营业务收入同比增长 4.3%，成本费用同比减少 6.1%，利润总额同比增长 124%。一是提升市场掌控力。根据春运、暑运市场特点，提前布局加班、包机方案，2015 年春运加班同比增长 16%；全年夜航包机同比增长 40.4%，边际贡献收入同比增长 60.8%。抓住旺季良机，持续优化航班计划，所优化航班边际贡献率均高于 55%。管控提质，保持公司优势航班运价，聚焦长航线销售，及时调整团队销售比例，台北、台南座公里收入分别增长 5.14% 和 0.8%。建立代理数据营销体系，及时跟踪落实销售数据与贡献收入指标相匹配。调整国际货运销售策略，重点开拓日本线市场，日本直航货运销售收入同比增长 382.7%。二是提升渠道掌控力。加强团队管理，使用及推广团队系统，2015年武汉进出港航线成团人数约26万人，实现团队销售收入15763万元。增强直销能力，全年直销收入同比增长34.4%；加大多式联运产品团队销售，空铁、空巴销售额约322万元，同比增长64%以上。丰富营销产品，积极开发神农架机＋酒、机＋船、机＋门票产品，武汉台湾自由行产品，武汉—上海—香港＋迪士尼等本地化东航假期产品，销售额达269万元。加强货运中转，做大、做厚货运中转运输规模，加大外站沟通力度，全年中转货量、收入同比增长117.3%、151.4%。三是提升客户掌控力。全年签约集团客户175家，同比增长22%；做好保障服务，政府采购销售386.4万元。通过加强网络合作、开通营销微信公众号、提升微信平台功能等销售网络平台渠道，提升东航本地产品竞争力和市场占有率。侧重邮件运输资源投入，全年邮件运输量1063吨，同比增长41.5%，实现邮件收入206万元，同比增长5.1%。四是提升经营支撑力。公司在降低维修成本、采购成本、系统运维费用、盘活存量资产等方面取得新成效，2015年可控成本同比下降1.2%。国际航线经营许可获民航局批复，每年减少税负2000多万元。

服务稳步提升。2015年，公司保障进出港旅客464.8万人，同比增加7.79%；武汉高端旅客保障量同比增加17.65%。空地旅客满意度88.87分，高于股份公司平均水平；受理旅客投诉307件，投诉控制保持在股份公司前列；旅客表扬同比增加147%；自助值机率第三季度以来每天平均维持在60%以上，并跃居股份公司109个站点的前列，年底以第一名的好成绩完美收官。推进"全流程"各环节服务再精细，营销服务重点检查PNR旅客手机号码信息录入正确率及营销服务产品的推广；地面服务重点提升"工单"完成率和自助值机率，完成贵宾室扩容升级的立项；空中服务加强客舱部与保卫部的交流，重点开展机上特色活动评选、餐食及机供品专项提升、"啄

木鸟"行动、"美加净"工程等活动，并对公司执飞机型开展深度清洁及机上设施损耗排查工作。实施旅客满意度测评奖惩机制；多措并举管控空、地投诉率；横向对比各项服务考核指标，制定指标弱项专项方案重点提升，力争指标超东航均值。与院校签订校企合作框架协议，探讨"联合办学""订单培养"的模式；开展"悦在服务，享于体验"服务技能竞赛活动。服务保障VVIP级重要旅客航班，成功应对台风"灿鸿"、大雾天气等不利因素影响，积极承担尼泊尔地震救灾物资、"东方之星"沉船打捞设备及官兵等运输任务；建立空地绿色通道，全年成功快速保障了3起活体器官运输，获得社会肯定和旅客好评。开展"爱在东航·校园行"活动，给高校师生送爱心机票1587张，累计销售金额超过55万元。

稳推重点项目。制定公司"十三五"发展规划研究报告，明确"十三五"期间总体思路、发展目标以及主要政策，提出8大方面32项主要措施。6月1日，公司基地建设北区一期建设项目立项申请获股份公司批复，同意公司建设飞机维修工程、航空食品工程和生产用房工程，总建筑面积36700平方米，总投资4.15亿元。11月5日，基地建设土建施工正式开工。2015年引进4架B737-800新飞机，机队规模达到30架，是公司引进飞机最多的一年。安排部署2016年5架EMB145、5架B737-300及1架B737-800飞机退出准备工作，做好2016年飞机引进计划的确认及跟踪工作。配合总部机务"四化"要求，完成机务资产评估、划转等工作。飞机维修部整体划归东航技术公司武汉分公司。

3. 国航湖北分公司。安全形态平稳。修订SMS手册，完善干部值班、航前准备、运行监控等基础制度，完成7个部门24项工作流程的修订发布。抓好航安系统在各个生产管理环节的应用。前移安全关口，加强风险防控。做好59项危险源的实时监控，发布风险警示材料15期，完成95项安全隐患治理。针对新开航线、新机场运行，

固化干部滚动带飞的开航准备模式，开展专项风险评估。结合飞行品质监控数据，建立人员风险管控制度，在排班派遣上予以重点关注。细化过程管理，严格监督检查。持续优化过程考核指标设置，严格落实"三严格一加强"制度，推出管理进驾驶舱举措，加大对机组地面支持力度。严把机组派遣关，细化机组资质搭配。严把航前准备关，充分运用航前准备工作单，严格落实航前准备程序。严把带飞标准关，制作副驾驶带飞标准卡，把控带飞训练所带来的安全风险。运用多种方式开展常态化监督检查，重点防控违章原因的不安全事件和行业内典型多发的重复性事件。通过梳理发布《训练升级管理流程》、推广应用飞行员资质管理系统，明确各类转升训练、资格检查的实施路径和资质标准。加大副驾驶梯次培养力度。利用QAR译码认真分析规律性、趋势性问题，结合复训安排针对性训练。顺利完成"平安民航"建设年度检查验收。落实重点航线、新开航线空防安全措施，对勤务派遣、清舱检查、协同应急处置、驾驶舱门监护、机供品装配等重点环节持续开展监督检查。

服务品质稳步提升。落实服务提升专项项目组管理机制，分公司设立的乘务员沟通技巧、乘务员广播、机上餐饮、贵宾休息室服务、客舱清洁等5个专项项目组CSS得分均同比提高2分以上。坚持以客户体验为导向，梳理完善服务流程，持续推行服务例会和季度专题协调会制度，及时解决服务协同保障方面存在的问题。完善中转支撑服务，通过开通中转服务保障热线、改版北京转机流程地图、发放中转温馨提示卡，武汉始发经北京国际中转成功率达93.6%。设计推广客舱服务产品，着力打造地面保障"预服务"工作品牌，采用智能分拣识别技术改良三色行李条，全年出港行李差错率降至0.54‰。修订服务过程管理考核办法，设置过程考核共性指标和个性指标，不断丰富服务品质监控手段。结合职业素质教育与服务规范专项治理，改善队伍服务作风。注重

服务骨干选拔培养，对标"金凤"，创建"楚韵"示范乘务组，发挥示范作用。

生产组织平稳有序。加强航班正常性管理，规范运行保障程序。修订完善分公司航班保障规定，对各环节执行标准与考核要求进行量化。加强航班生产组织精细化管理，持续优化系统思维、时间倒推管控模式，加大过站航班保障力度，顺畅远机位保障秩序。改善外部运行环境，积极协调获取廊桥等外部资源支持。加强航班动态监控。根据天气变化趋势提前制订人员调整方案，防止因机组执勤时间超时影响航班运行。进一步完善不正常航班保障预案，提升应急响应速度和现场处置效率。

4. 友和道通航空有限公司。截至12月31日，公司共有 B747-200 全货机 3 架、A300-600 全货机 7 架。公司新开武汉—达卡、武汉—比什凯克 2 条国际货运航线。11月中旬，启动 A300 补充运行审定，12月底完成全部审定工作。在空客 EFW 通力合作下，7 架 A300 飞机客改货工作进展顺利。与此同时，公司积极筹备技术人员引进、飞行员储备、硬件设施设备、适航审定等方面工作。7 月 28 日，首架 A300-600 飞机 B2330 在德国改装完毕抵达武汉，再到广州飞机维修工程有限公司进行喷漆改装。

5. 湖北机场集团公司。安全运行有序。全面夯实"三条底线"，通过健全安全体系、狠抓风险防控、强化监察手段、开展专项整治等方式，武汉机场各类不安全信息同比下降逾 17%，FOD 信息和鸟击信息大幅下降逾 40%；及时补充急需资源，开展 B3 滑行道大修工程，补充、新建、改造各类机位 14 个，改造 221-224 机位以补充国际机位资源。机场集团"平安民航"建设第一阶段工作顺利通过考核验收；武汉机场安检站在民航中南地区机场安检部门检查考核中获并列第一；消防救护支队突破创新开展战训工作，受中南局通报表彰。改善航站楼内服务环境，推行首问首见责任制，开展商业服务等专项整治和"微

笑明星"等活动，武汉机场在全国机场首推出入境自助服务窗口。改善场区环境，改造 T2 停车场，新增停车位 330 个；实施武汉机场南保通路提档升级，搭建围挡 2500 米，迁移围挡 2200 米，制作宣传牌 297 副；保障道路畅通，建立交通事故处置联动机制，对南北保通路实行 24 小时站岗执勤，完善道路标示标牌 10 余处。通过优化跑道及机坪运行规则、实行提前 40 分钟截载、建立航班运行保障监控系统、完善与空管部门工作协议等方式，压降机场责任原因造成的航班延误。武汉机场平均航班放行正常率由 6 月的 57.84% 逐步回升到 12 月的 80%，全年为 70.03%，达到民航局要求。成功应对 5 起非法干扰航空器事件以及"4.2"强弱电主干网络受损、"4.5"强降雨和"7.23"特大暴雨等事件，圆满完成党和国家领导人以及多位外国元首或政要的专机保障任务，精心组织国家长江经济带建设座谈会、中博会、"东方之星"沉船事件遇难者家属等重要运输保障任务。

建设项目加速。武汉天河机场三期建设工程按照既定目标，理顺管理体制，推行项目负责制，开展问责、追责工作。征地拆迁、工程设计和招投标等保障工作进入收尾阶段，场外集体土地实现全面交地，场内拆迁完成 13.5 万平方米场内房屋拆迁；施工图设计及审查工作全面完成，飞行程序初步设计于 12 月 26 日获中南局批

复；完成 25 个项目招投标工作。全年共到位资金 42.486 亿元，累计到位资金 103.9098 亿元；完成工程投资 46.16 亿元，累计完成投资 101.16 亿元，约占工程总投资的 56.11%。T3 航站楼及高架桥土建工程完成总进度的 70%，原 1 号路以东区域实现结构封顶；飞行区工程完成全部土方、水稳层和不停航施工前 3 阶段。综合管廊土建、南 110KV 变电站完成施工，员工倒班楼、旅客过夜楼以及通信导航工程按计划推进，综合保障楼、新建货站投入使用，桥载设备工程完成竣工验收。支线场站改扩建工程进展顺利。襄阳机场改扩建工程完成第二批初步设计及概算审批，新建航站楼已经封顶，飞行区工程全面动工；恩施机场国际航站楼改造项目于 8 月 10 日获恩施州发改委正式批复立项；宜昌航管站盲降系统、自助观测系统等关键保障设备完成更新改造，正式投入使用，新增导航、气象等设备更新项目已获中南局同意，投资估算 149.4 万元；神农架机场 35 号次降方向盲降系统获中南局批复立项，投资估算 1240 万元。配合十堰武当山机场建设工作，成立运营筹备领导小组，制定工作方案，运营筹备人员已选派到位。武当山机场于 12 月 21 日完成首次试飞，2016年 2 月 5 日成功首航。

市场战略落地。国际及地区业务保持中部第一。加大营销力度，协助局方清理出多家航空公司虚占时刻，

2015 年 10 月 27 日，南航开通武汉—东京直飞航线

联合市民航办赴荆州、宜昌、恩施等地举办航线推介会，促请政府申报武汉机场"72 小时免签"政策并于 5 月 1 日获批实施，组队参加亚洲航线论坛、世界航线论坛、北京全球友好机场总裁论坛等活动，推介武汉航空市场。加大协调力度，多次走访口岸联检单位了解需求，共投资 498 万元补充设备设施，招录多名国际协管员。加大资源补充力度，国际航班过站中转厅、过渡性国际航站楼二期扩建工程于 12 月底和 2016 年 1 月下旬先后投产，分别新增面积 1200 平方米、5200 平方米。武汉机场新开通黄金海岸、罗马、东京等 10 条国际航线，国际及地区通航点达 37 个，航线版图覆盖亚、欧、美、澳四大洲，航线数量、旅客吞吐量均位列中部第一，是中部地区唯一开通赴澳直航和形成赴欧航线回路的城市。多式联运不断强化。新开仙桃城市候机楼，8 家城市候机楼共运送旅客 19 万人次；开发增值服务产品，设置国内—国际中转休息区，扩大空铁联运接驳及免费餐券的服务范围，与南航合作推出中转隔夜住宿优惠产品；广泛征求设计公司、基地航空公司等意见，完善 T3 中转流程。武汉机场共保障"空空"中转旅客 22.1 万人次，隔夜中转人数 6.1 万人次，"空铁联运"旅客 21.9 万人次。货运物流突出发展重点。明确以"国际＋邮快件"为发展重点，新开阿拉木图、达卡、阿克托比等国际全货机航线，加强与顺丰航空、邮政航空合作力度。补充硬件资源，1.4 万平方米的新货站正式投入使用，新增货邮处理能力 14.4 万吨。口岸功能不断完善，国家质检总局批复武汉机场进境水果指定口岸，武汉机场进境食用水生动物口岸和进境冰鲜水产品口岸顺利通过国家质检总局专家评审组现场验收。

改革转型升级。2 月 28 日，机场集团公司回归省属后，积极与省国资委等有关部门全方位开展工作对接，办理工商变更手续，制定过渡时期决策与运行机制，确保各项工作平稳过渡；妥善推进专业公司收回工作，组建工作专班，多次与首都机场集团和各专业总公司积极洽谈；探索混合所有制发展道路，为缓解襄阳机场改扩建工程建设资金不足问题，申请国开发展基金，以股权形式投入，占襄阳机场股份；参与湖北物流核心枢纽机场规划筹建工作，就成立合资公司相关事宜积极沟通。开展"十三五"规划编制工作，规划报告已上报省国资委备案；完善经营管理层工作规则与决策机制，建立健全各项议事规则；全面启动"三定"工作；与武汉大学、民航管理干部学院合作，实施"管理人员系列培训项目"；有 59 名员工聘任专业技术职务和职业技能职务；研究经营模式转型过程中人员分流安置问题，探索业务外包模式；倡导节能减排，研究试行光伏发电等新能源项目。

6. 宜昌三峡机场有限责任公司。2015 年，三峡机场完成旅客吞吐量 124.43 万人次，飞机起降 11730 架次，实现货邮行运输 9395 吨；起降架次、旅客吞吐量同比实现 10% 以上的增长。

安全持续稳定。三峡机场围绕安全生产"红线意识"和"底线思维"，推进依法治理。以"转作风、重计划、严执行"工作理念为指引，改进管理手段、提高监管效能、加强风险防控、落实运行规章、规范操作标准，下沉主体责任，有效推进三峡机场安全管理体系建设，实现第 19 个航空安全年。

三峡机场以完善"SMS、SeMS"体系建设为重点，以绩效管理为工具，推进安全管理体系建设。围绕"安全政策、风险管理、安全保证、安全促进"四个核心，通过查找危险源、组织风险评估、严格风险控制等手段推进风险管理，促使组织管理手段从被动防范到前置处理。全面推行安全绩效管理，结合 SMS 安全管理体系要求，制定《三峡机场安全绩效管理方案》，并与民航湖北监管局签订了安全绩效责任书，推进机场安全工作绩效化。并总结出制定安全绩效告警图开展管理和预警、下发风险信息警告单、制定专项行动工作方案的标准安全绩效看板管理 SOP 流程，将绩效管理标准化。

三峡机场狠抓安全基础，先后开展多个专项行动，其中"系列安全大检查"针对机场运行安全进行全面排查，及时消除安全隐患；"平安民航建设"和"防暴恐专项行动"提高了员工安全意识和应急处突能力，进一步提升机场安保水平；"货运安保专项治理"专项行动针对货运安全开展了自查自纠，有效杜绝货物夹带危险品事件的发生。以四级品控为基础，以四级四库为依据，以"找差距、还欠账、补短板"为工作主线，以海航基础安全监管技术平台为抓手，同时通过安全阿米巴安全基层小组的建立和完善狠抓安全基础，将风险项目责任到人。通过基层安全小组加强安全监管和安保内控工作，建立完善安保内控体系，通过对核心风险、关键环节和重点领域的量化统计及评估，促进安全品质进一步提高。组织开展内审和对标整改工作，开展各类教育及培训 157 次，开展各项演练 10 次，全面完成整改项目 107 条，提高机场安保工作标准化程度，顺利通过安保审计工作。

服务品牌效应。2015 年，三峡机场以 SKYTRAX 四星创建、机场亮丽工程为契机，不断提高自身软硬件实力，全力打造最美机场。全年共完成绿色停车场改造、国际厅改造提升、商业设施提升、巴楚文化主题景观等硬件改造 28 项，开展各级各类技能、服务、礼仪、形体、语言培训 2600 人次，年度旅客满意度 94%，机组满意度 97%。获"中国最美服务品牌"等国家主管部门或民航行业荣誉奖项 4 项，"湖北省巾帼文明岗"等省市级荣誉 7 项。

航线实现新突破。2015 年，三峡机场以"稳固核心干线、搭建中转桥梁"为目标，积极拓展上海、广州、深圳等国内重点城市航线，开辟青岛、天津、南宁等新航线，航线覆盖效应初显，连续 3 个月旅客吞吐量连创历史新高。公司积极争取口岸开放政策，寻求更广泛的国际合作。台湾航线稳定运营，韩国釜山首条真正意义上国际航班顺利开通。2015 年实现旅客吞吐量 124.4 万人次。2015 年，三峡机场一方面积极争取市政府航线补贴资金，一方面探索建立集旅行社、航空公司、机场三位一体的客源市场开发模式。上半年，公司联合旅行社、航空公司、包机商等30余家企业成立"宜昌航空旅游联合体"，将航空、旅游、服务优势资源有机结合。同时借助宜昌航空旅游联合体平台，集中优势资源开辟新航线客源渠道，在确保新进航线基础上，打造出宜昌至南宁、海口、昆明等"金品"航线。

通航产业平稳起步。为保证三峡机场快速发展与地方规划全面对接，机场总体规划修编报告于11月通过民航中南局和宜昌市政府联合审批。通航产业园项目完成前期规划设计工作，占地面积1230亩通航服务园区和120亩运营基地概念规划通过审批，完成运营基地设计；与首航直升机达成合作开发旅游、医疗急救等业务合作意向，夷陵、五峰、长阳、恩施、神农架等通航运营网点建设得到广泛支持。

7.民航湖北空管分局。2015年，湖北空管面对航班量持续高位运行、建设任务艰巨等情况，紧扣安全发展主题，贯彻持续安全理念，努力破解各种瓶颈与难题。截至10月31日，分局共保证各类飞行338578架次。本场起降137282架次，区域指挥338578架次，进近指挥150537架次。与2014年同比增长10.6%，其中日高峰达583架次，小时高峰39架次。设备运行正常率100%，重要天气预报准确率92.7%，观测错情率0.003‰。

明确安全目标，分局制定《民航湖北空管分局2015年安全工作思路与要点》，签订《2015年湖北空管分局航空安全目标责任书》。按照安全生产党政同责的原则，落实分级责任管理，以实施2015版《民用航空器事故征候》、提高CDM运行质量、防范三期施工风险等为切入点，在QSMS理念的指导下，提高各项工作质量。同时，各部门积极运用QSMS"以客户需求为关注焦点"的理论，开展服务对象满意度调查分析，改进服务质量。进一步关注超期服役设备运行风险和边远台站的管理；对天河机场三期建设"不停航施工"和施工期间"供电停、传输断、干扰强"的风险进行防控。

强化运行管理，提升空域容量，建立空域运行数据采集和态势分析机制，每月提取具体数据进行分析总结；积极配合做好全国航路网和终端区规划工作。通过推广应用协同放行系统（CDM），初步实现地区级航班信息共享和放行协同。开展流量管理与航路航线接收率、跑道容量等动态因素关联的研究工作，清理航班虚拟站时刻，提高对时隙资源的利用率；积极推行管制和气象部门共同协商、共同决策的流控方案制定程序，流量管理更加精细化。

全面开展安全整顿活动。落实五级责任管理（分局、部门、科室、班组、岗位），建立周会制度，督促各部门工作的落实。做好"三防"工作，从"三严"（严格制度、严格落实、严格检查）入手，以查无后果违章为常态化抓手，加强运行现场管理，安全关口前移。同时加强风险管控工作，重点是加强管网保护和塔台运行风险的管控。规范应急演练工作，加强运行质量监督检查，加强QSMS建设工作。加大业务培训工作力度，主要是重视特情处置能力和大流量抗压的培训。分局技术部所属8个台站开展通信导航监视精细化管理，组织编写规范工作流程单100多项。全年开展16个专题项目的应急演练和业务培训；设备巡检70次，完成巡检设备146台套，组织排查无线电干扰6次，首次通过跨区域协作排查武汉地区无线电干扰源。

全年协助完成管制员执照注册115人次，新增注册10人，管制员体检137人次；气象专业执照5人次，新增注册4人；通导专业执照注册64人次，新增注册9人。

强化系统管理，提高运转效率。

全年组织完成塔台小区、空管小区及黄陂和蔡甸导航台、东西场监雷达站的土建工程，且工艺设备安装按时间节点稳步推进。新建武汉一二次雷达站进场已开工，十堰二次雷达工程已开展前期准备工作。终端管制区项目初步设计获批。分局自筹资金300多万元，对生产生活设施进行维修改造；两年累计投入46万元对10

个项目进行研发。

8.华南蓝天航空油料有限公司湖北分公司。分公司从安全理念、应急处置、现场纠偏、设备防护、员工安全行为等方面对供应站管理人员进行培训，对供应站关键岗位操作员操作技能进行逐一培训和复核；提供更多的资源、技术力量，确保供应站各项安全生产保障，提升供应站安全管理水平。开展员工培训，从新员工入职培训入手，制定严格周密的培训计划，让新员工经历分公司、库站、班组三级培训后，成为分公司现场骨干。针对分公司薄弱环节外请培训师进行专项培训。在政策上和经费上给予大力支持，将宜昌供应站打造成分公司的远程供应站培训基地，为新接收的襄阳供应站、神农架供应站、十堰武当山供应站新员工提供培训和考核。

2015年，长输管线总长9.2公里，跨越横店临空开发区和机场三期施工2个大工地。沿线穿越管线的施工有国防光缆、西气东输施工及机场高压供电线路及三期综合管廊、城铁、地铁施工等项目。为做好长输管线风险管控，分公司联合当地政府、安监部门以及长输管线沿途村委会组织召开长输管线隐患治理座谈会，与管线沿线行政单位签订联防协议，规范联防机制；对重点部位专人定点巡查，严格执行保压监控，有效确保长输管线安全运行。分公司安排专人加强对机场三期工程建设的巡查，协调机场各部门加强沟通，做好机坪管网沿线施工保护。

开展分公司危险化学品二级达标复审及重大危险源、应急预案备案工作。武汉、宜昌、恩施供应站危化品达标工作到期复审，襄阳、神农架供应站创建达标。加强隐患排查治理，落实三级安全检查及关键屏障检查，完善变更管理，持续跟进各项风险督办任务。组织查找一般安全隐患53条，通过制定相应的整改、防护措施，全部隐患均得到有效控制。分公司二级安全检查工作着重关注各现场关键屏障检查、变更管理以及隐患闭环管理，稳步推进武汉机场油库排水重大安全隐患整改治理工作。

武汉机场三期供油扩建工程进展总体满足机场建设时序要求；武当山机场供油工程建设基本完成；襄阳机场油罐扩建工程稳步推进。

2015年，分公司被评为武汉市"安全生产先进单位"，获"楚天情"武汉天河机场2014年度"最佳安全奖"；被蓝天公司评为年度新闻宣传最佳组织奖；武航空加油站被中国航油集团评为2014年度"青年文明号"；被航油公司评为"安康杯"优胜班组。

（李文斌　符栋峰）

2015年10月，国家邮政局党组书记、局长马军胜（右四）在武汉市江兴路邮政所体验"邮乐网"线上操作

【全省邮政业发展概况】　2015年，全省邮政管理系统围绕建设"五个邮政"目标，坚持"竞进提质、升级增效"的工作总要求，坚持稳中求进工作总基调，坚持依法治邮、提质增效，加强创新驱动、公共服务，确保运行安全，各项重点工作任务扎实推进，全省邮政业保持了持续快速发展的良好态势。全省邮政业业务总量完成137.41亿元，同比增长39.28%；业务收入完成115.21亿元（不含邮政储蓄银行直接营业收入），同比增长27.76%。其中快递业务量完成5.08亿件，同比增长53.41%，最高日处理量超过1029万件；快递业务收入完成59.56亿元，同比增长43.94%；快递业务量增幅均高于全国平均水平。

1.行业发展环境持续优化。扶持发展政策到位。2015年共为全省365辆普遍服务邮运车辆办理免费通行手续。省政府出台《关于加快互联网平台经济发展的指导意见》，要求省商务厅等七部门联合支持电子商务企业、邮政、快递等流通企业建设农村电子商务配送及综合服务网络。省财政厅延续每年对邮政普遍服务给予专项补助资金政策。宜昌、十堰和襄阳邮政管理局争取到地方政府财政支持，奖励快递业发展。荆州市将快递业纳入电子商务发展专项资金扶持和奖励范围。武汉、黄石、宜昌、随州、荆门邮政管理局有效解决邮件投递车辆行车难问题。

规划编制工作推进。全省、各市（州）邮政业"十三五"规划初稿进入全面征求意见阶段。邮政业发展纳入全省综合运输交通"十三五"规划，部分市（州）邮政业"十三五"规划纳入全市专项规划。省邮政管理局联合省交通运输厅等4部门出台《农村物流融合发展规划编制指南》，推动农村物流健康发展；参与《长江经济带湖北省综合交通运输体系规划》编制工作，将邮政业基础设施布局和建设纳入其中；将符合条件的邮政、快递企业重大项目，申报省发改委纳入省服务业"十三五"重大项目库。

部门协同合作加强。省邮政管理局联合省教育厅、经信委、机要局等部门，分别出台《关于做好高等院校校园快递服务工作的意见》和《关于加强党政机关公文寄递的通知》，推动解决快递服务进高校"最后一公里"投递难题和公文寄递安全问题。联合省交通运输厅继续深入推进交邮合作，省EMS与省交通运管物流局签订战略合作框架协议，共建农村快递物流示范点。宜昌邮政管理局联合市商务局等七部门联合推进邮政及快递服务进园区、进商区、进社区、进小区工作。十堰邮政管理局联合市商务局推进"快递向下"工程。黄冈邮政管理局与市住建、规划三部门联合加强全市城镇住宅楼邮政信报箱建设工作。咸宁邮政管理局联合市物流发展局推动农村快递物流体系建设。

2.行业改革不断深化。简政放权、优化服务。省邮政管理局率先下放邮政普遍服务2项行政审批权至市（州）局，下放仙桃、潜江、天门、神农架林区4个省直管市的邮政监管工作职权。率先印发优化快递业务经营许可流程的有关意见，进一步下放许可权限，建立诚信企业"绿色通道"制度，确定非绿色通道企业125家，实行形式审查与实地核查相结合，服务企业与加强监管相结合，依法开展行政审批。全省全年新增许可企业419家，许可变更企业249家，增设分支机构3637家，快递业务经营许可审批时限比以前缩短60%，许可变更时限比以前缩短37.5%。

县级邮政管理体制改革取得新突破。省邮政管理局印发《关于加快推进县级邮政监管工作的通知》，推进县级邮政监管机构设置试点工作。2015年，襄阳宜城、十堰郧西邮政监管机构正式挂牌成立，仙桃、随州广水、黄石大冶等地的县级监管机构设置工作有序推进。邮政企业经营管理体制改革顺利进行，全省县级分支机构圆满完成工商注册更名和换牌工作。

3.行业服务能力显著提升。邮政普遍服务设施布局进一步完善。全省

46个空白乡镇补建邮政营业场所全部投入运营，邮政营业场所实现乡镇100%覆盖。积极推进村邮站建设工程，省邮政管理局出台《关于大力推进村邮站建设工作的指导意见》，全省新建村邮站2392个，村邮站累计4297个。完成西部和农村地区邮政局所改造和邮政机要通信基础设施建设工程，改造网点600余处。

快递服务能力进一步提升。快递综合枢纽建设取得积极成效，EMS华中陆运中心投入运营，顺丰国际快递枢纽项目在湖北进入选址阶段。"快递向下"工程效果显著，农村快递网络进一步健全，全省快递服务网点的乡镇覆盖率达99%。快递干线处理能力不断增强，2015年"双十一"期间，全省完成快件处理总量累计7057万件，同比增长32.18%；全省快件日平均处理量突破882万件，是上年同期的1.35倍。快递物流园区充分发挥产业集聚效应。各地因地制宜积极推进快递服务制造业，快递企业服务汽车制造业、纺织工业成效显著。

4.依法行政能力不断增强。加强执法监督工作。开展行政执法案卷评查工作，对2014年立案并已结案的57份行政处罚案件的合法性和规范性进行全面评查，提高市（州）局依法行政能力。出台规范性文件制定程序规定与备案规定，完善执法监督相关制度。广泛宣传和推动实施《邮政业安全生产设备配置规范》《快递营业场所设计基本要求》等行业标准。多次举办邮政行政执法培训班，开展

"六五"普法依法治理总结工作。

加强邮政普遍服务和特殊服务监督管理。坚守"两条红线"，严格按规定受理审核邮政企业撤销局所和停限办业务申请，全省受理营业场所撤销审批14件，批准撤销11件、未批准撤销3件，登记备案新增营业场所28处。加强邮政普遍服务监督检查，全省共出动检查人员6615人次，检查1741个营业场所，下达检查通报54份、责令改正通知书95份和作出行政处罚1件。全面开展乡镇邮政服务达标检测和投递服务调查、乡镇地区邮政网点覆盖达标检查。开展邮政服务重点环节和机要通信安全保密情况等专项检查，依法监督省邮政公司销毁保管期满的无法投递又无法退回的信件。

加强邮政市场监管工作。开展寄递渠道、快递企业经营范围规范和清理、快递服务质量整治等专项工作。加强市场执法检查，全省邮政系统全年检查快递企业及网点6461家次，出动检查人员24718人次，下达整改通知书594份，行政处罚105件，其中停业整顿14家，罚款31.48万元。处理消费者申诉4.1万件，为消费者挽回经济损失79.3万元。开展信报箱设置专项检查，共检查居民住宅楼房91处，住宅总户数61979户。加强集邮市场监管，开展"3.15"集邮市场诚信主题活动，开展《乙未年》等纪特邮票专项监督检查。

5.安全监管和应急保障能力显著提高。夯实安全监管工作基础。全省、各市（州）寄递渠道安全管理协作机

制迅速建立，全省13个市（州）、4个省直管市均将市寄递渠道安全管理纳入市综治工作（平安建设）考评体系。深入开展寄递渠道清理整顿专项行动，全面推进执行收寄验视、实名收寄、过机安检"三个100%"等安全制度。联合省经信委、省安监局出台《关于加强化学品寄递安全管理的通知》，进一步堵塞化学品寄递安全管理漏洞。

完善应急保障体系。全省系统实行24小时值班制度，行业安全预警、监测和管控能力不断加强。各市（州）局督导企业完善、细化应急预案，建立起邮政管理部门、企业总部、营业网点全覆盖的应急预案体系。全省严肃查处、妥善处置18起寄递渠道突发应急事件，其中因违规收寄危化品、毒品、枪支等禁寄物品12起、快递网络纠纷事件3起、交通事故2起、火灾1起。

6.行业人才队伍建设力度不断加强。省EMS与湖北交通职业技术学院签订战略合作协议，共同建设"邮政速递物流人才培养基地"。荆州邮政管理局与市快递行业协会、市职业技术学院签订三方合作协议，挂牌成立"荆州市邮政业人才培养基地"。省邮政管理局联合省人社厅等三部门举办全省首届邮政行业职业技能竞赛，15家快递企业、9所职业院校的157名选手参赛。全年完成快递业务员职业技能鉴定3634人次。举办新闻宣传、财务管理、市场监管、行政执法、普遍服务、统计工作等13个培训班。

（乔杨）

武汉市交通运输

【概况】 至2015年底，全市公路通车里程15658.72公里、路网密度195.03公里/百平方公里，其中高速公路633.5公里、一级公路959.94公里、二级公路1599.64公里、三级公路551.93公里、四级公路11649.33公里、等外公路264.38公里，等级公路比重达到98%；铺装路面14313.171公里、

简易铺装路面375.751公里，铺装、简易铺装路面铺装率为97.76%。客运站19个，其中一级客运站6个、二级客运站9个、三级客运站1个、五级客运站2个、简易站1个。

基础建设。全年完成交通固定资产投资333.2亿元，比上年增长16.6%。中法友谊大桥建成通车，阳

逻集装箱三期开港运行，武孝城际铁路及天河机场第二跑道、机场交通中心、空管塔台主体完工，西四环主线贯通。沌口长江大桥、武深高速、硚孝高速、南四环等项目加快建设。青山长江大桥、北四环、孝汉大道武汉段、光谷火车站等项目开工建设。完成公路建设投资54.02亿元，占年度目标

的 103.88%，完成新改扩建等级公路 169.06 公里，其中一级公路 80.9 公里、二级公路 16.82 公里、县乡等级公路 71.34 公里，建成通湾公路 808.57 公里；新建项目有 107 省道消仙线蔡甸段新建工程、黄土公路改造工程、新施公路（武英高速汪集出口至举水河大桥段）提升工程；续建项目有黄陂区三环线南湖互通至黄陂新村（新十公路及延长线）、黄陂区岱黄公路刘店立交综合改造工程、天河机场至阳逻港区综合运输通道、东西湖区新沟至径河公路改建工程、蔡甸区黄星线、金东公路（金山大道西延线九支沟至二十支沟段新建工程）、108 省道府河大桥东西湖段接线工程、蔡甸至汉川公路、柏银路（张柏路至环湖路）道路改造工程、东柏公路（东山集镇至杨湾段）、东西湖区马池公路、金银湖环湖路道路改造工程、团结大道；惠安大道改造工程、江大一级公路、淘金山西路金发大道、金阳大道东环线建设完工。完成港航建设投资 19 亿元，基本完成阳逻三期起步阶段、恒阳石化码头一期工程、和润物流公用码头、武汉国际博览中心客运码头、上海通用配套码头、武船双柳基地水下产品舾装码头工程、武船双柳基地滑道工程 7 个项目建设；有序推进宏达恒信码头、阳逻通用码头、南顺油码头工程、中交二航局阳逻基地项目 4 个项目建设；加快推进武船双柳基地 2 号舾装码头工程、奥里油码头、汉江食用油码头、国储能源储运码头工程、汉南滚装码头二期等项目前期工作；海波重科码头开工。全面完成汉江搜救中心建设，船舶交易服务中心项目初步设计已上报待批复。道路运输行业完成投资 12.27 亿元，汉口客运中心顺利开工；天河机场交通中心、汉口北客运站主体工程完工；黄陂汽车客运中心通过竣工验收。完成物流园区基础设施建设投资 13 亿元，全市"一港六园八中心"物流空间布局加快推进，园区累计开发面积 28 平方公里，新建标准仓库 150 万平方米，东西湖、金口、东湖、北湖 4 个园区（中心）基础设施基本建成，阳逻港、天河空港、汉口北、

郑店、朱家湾、纱帽 6 个园区（中心）开发面积超过 50%。

综合运输。2 月 28 日，湖北机场集团正式回归地方管理。新开武汉至澳大利亚黄金海岸、意大利罗马等 6 条国际航线，国际及地区旅客吞吐量达 174 万人次，同比增长 32.5%，继续保持中部第一。"汉新欧"国际铁路货运班列双向常态化运营水平不断提升，全年发运 228 列次，发运量 1.5 万标箱，回程货量全国第一。"江海直达"航线全年运行 410 个班次，72 小时点对点到达率 99.71%，"泸汉台""东盟四国快班"运行良好。9 月 28 日，武汉—日本、韩国集装箱快班航线首航。全年完成交通运输换算周转量 3842.48 亿吨公里，同比下降 0.98%；完成空港旅客吞吐量 1894 万人次，增长 9.6%；完成港口货物吞吐量 8455 万吨，增长 3.7%，其中集装箱吞吐量 106.2 万标准箱，增长 5.6%；铁路客运量 1.5 亿人次，增长 7.3%；城市客运量 24.11 亿人次，增长 3.13%；铁水公空货运量 4.8 亿吨、货物周转量 2952 亿吨公里。全年完成公路客运量 11835 万人次、旅客周转量 81 亿人公里，完成货运量 27277 万吨、货运周转量 604.5 亿吨公里；水路完成货运量 6247 万吨，比上年增长 3.3%；完成换算周转量 761 亿吨公里，比上年增长 2.7%；船舶运力净增 10 万载重吨，

全市船舶运力达到 170 万载重吨，货船平均吨位超过 4500 载重吨。1—9 月份完成规费征收 6861 万元，比 2014 年全年增长 5.6%。武汉市有道路运输经营业户 11447 家、营运车辆 105925 辆。其中，客运经营业户 76 家（班车客运 48 家、旅游客运 28 家）、客运线路 754 条、客车 4452 辆（班线客车 2515 辆、旅游客车 724 辆、租赁汽车 1213 辆），货运经营业户 11371 家（普通运输 10816 家、专用运输 462 家、大型物件运输 42 家、危险货物运输 51 家），货车 86662 辆，其中普通货车 69650 辆、专用货车 4876 辆（危险货物运输 2226 辆、其他专用 2650 辆），牵引车 6287 辆、挂车 5849 辆。机动车驾驶员培训经营业户 74 家，其中一级驾校 28 家、二级驾校 18 家、三级驾校 28 户，机动车驾培车辆 5253 辆。机动车维修经营业户 1688 家，其中一类维修 261 户、二类维修 492 户、三类维修 935 户。机动车综合性能检测站 9 家；汽车租赁业户 86 家；其他经营业户 955 家。

行业监管。全年办理行政处罚案件 20404 件、许可案件 14 件、赔（补）偿案件 4178 件。路政案件查处率达 98% 以上，结案率达 98% 以上，文书使用率、合格率均为 100%。无行政复议和行政诉讼败诉案件。开展汉施公路路域环境整治，完成江夏 107 国道

2015 年 12 月 23 日，武汉青山长江公路大桥正式开工建设

2015年8月27日，武汉市定制公交开通

贺站街、蔡甸318国道成功街、黄陂黄孝线李集街和汉施公路武湖街4处过境路段整治任务。积极推进养护路政一体化建设，进一步完善"四统一"建设。全市列养公路里程1725.89公里。全市路政巡查18527次、333594公里，路政宣传143次，制止新增违章建筑18起，拆除非公路标志473块，清除路障974处13944平方米，清理摊点6448处4124平方米。健全联合执法和协作联动执法机制，进一步完善市、区两级打击"黑的"非法营运工作长效机制，加大打击克隆车、异地车非法营运力度，出动执法力量22618人次、执法车辆8342台次，查扣"黑的"2270台。港航、运管、安监部门相互配合，成功查处将危险货物谎报普通货物进行水陆联运的违法运输行为；运管部门联合公安交管、路政等部门，实施出口路运政检查、窗口地段综合治理等多项措施，查处道路运输违法经营行为1358起。开展流动治超和区域联合治超，全年共检测车辆4.3万余台次，卸载超限货物23.1万吨，超限率控制在3%以内。

交通服务。统筹推进全市排堵保畅工作，建立完善联席会、通报督办制度。全市经营城市公共交通的企业有8家，拥有常规公交线路共467条，运营线路总长8144.1公里，各类公交车辆8301台，轮渡航线14条，船舶36艘。强力建设"公交都市"，建成解放大道（青年路—三环线）、发展大道（二七路—长丰大道）、友谊大道（中山路—工业路）、中北路（徐东大街—洪山广场）、鹦鹉洲大桥、江城大道（四新南路—沌阳路）等30条、120公里公交专用道，新辟、调整公交线路108条次，其中新开通微循环公交线路32条，新增公交车405台，出台《武汉市常规公交换乘优惠实施办法》，公交满意率达86.67%。12月28日，国内首条穿越汉江地铁线路——武汉市轨道交通3号线一期工程开通，全长30.1公里，地铁第一环成网运营。新增和调整农村客运线路260条，全市所有新城区均通达公交车、1890个行政村实现"村村通客车"，武汉市交通运输委员会被评为全省"三万"活动先进工作组。投入资金1000万元，在38个基层站所、52个交通基层执法单位开展"三基三化"创建活动。

2015年，武汉市邮政业新增江汉、洪山、汉阳国税及卓刀泉商投站点，全年累计完成迁址、改造网点25处，新建主题邮局6处。建成中心局中心仓、汉口分仓、武昌分仓以及江南、江北包裹快递集中收寄点，截至2015年底，武汉市共设邮政网点261个、村邮站1500个。累计完成业务总量77.3亿元，比上年增长44%；累计完成业务收入54.5亿元，比上年增长

35.5%。武汉市快递品牌增至81家，快递企业及其分支机构1158个，乡镇网点300余个。至2015年底，武汉快递企业累计完成业务量66.60亿元，比上年增长48.4%，占全省的74.3%，列全国各大城市第11位。

安全管理。全市交通运输系统安全生产形势继续保持平稳，全年未发生一次死亡3人以上的较大事故；春运、"五一""十一"黄金周及"9.3"抗战纪念活动等节假日和重要时期交通运输安全生产态势平稳；水上交通、水陆危货运输、轨道交通运营、交通建设施工等领域安全生产保持稳定。组织开展"平安交通建设提高年"活动，对年度目标任务进行分解，层层落实责任单位和时间节点。实施公路安全生命防护工程，强化路域管控和路网保畅，以新城区危险路段、乡村道路与国省道连接路段、边施工边运行路段、路面破损严重路段为重点，强化公路建设和质量管理，完善安全防护设施。开展国省干线公路改造后废弃桥梁安全普查，对全市17座废弃桥梁落实监管主体，安全监控率100%。组织开展"两客一危"安全检查，落实公交安保防控措施，强化道路运输动态监管，严格执行汽车客运站"三不进站、六不出站"，查处客车站外违法经营行为63起、站内违规车辆23台次，督促企业落实24小时监控值班制度，通过信息平台及时纠正和处理各类违法违章驾驶行为796起；对12734台次客车安全机件、消防设施等重点部位进行全面检查，补配安全锤3875把、更新和维护灭火器18104具。严格执行轨道交通站点"逢包必检"等安全管理制度，通过安检规程，查获各类违禁物品6万余件。严格执行港口危险货物装卸安全操作规程，做好人员密集场所安全管理。继续推进渡口建设改造和渡船标准化建设，健全完善渡口渡船网格化管理长效机制。重点对东湖、木兰湖等风景旅游区等水上旅游客运安全和汉江武汉段水上交通秩序进行专项整治，纠正船舶不安全航行、停泊行为35起。推行网格化管理，分区分片分渡口，将辖

区56处乡镇渡口渡船监管责任分配到37个海事执法人员，渡口渡船行业安全监管覆盖率100%。全面推行工程安全质量考核评价制度，加强开工前安全生产条件审查和施工现场安全监督。严格执行企业、车船、从业人员进入交通运输市场安全生产条件标准，严把车辆、船舶、设施设备技术状况关，从事客运、危险化学品运输、特种设备操作等重点岗位人员必须持证上岗。全年共下发公路水运工程建设巡查意见通知书16份，查改问题66项，整改合格率100%。

文明创建。出台《2015年度武汉交通运输系统文明城市建设工作方案》《关于进一步加强武汉交通窗口文明城市建设日常督导检查工作方案》《武汉交通运输行业文明创建长效管理办法》，建立完善交通运输行业精神文明建设长效机制，深入开展文明城市建设"十大工程"，着力提升交通窗口文明形象。将"全市突出问题"承诺整改纳入文明创建工作考核范畴，将双月测评结果、每月开展的"三站一场"及公交车、出租车、邮政网点、公益广告刊播检查排名结果、"十大工程"完成情况与相关部门绩效挂钩、对连续两次排名后三名的部门进行责任追究。武汉交通运输行业有全国文明单位11个、学雷锋志愿服务站(岗)280个、行业注册志愿者1.2万余人、"凌燕""小红帽""心连心""张兵小组"等品牌服务小组，将正元出租车公司五星级驾驶员"湖北最美一线职工"陈远凯、武汉地铁2号线汉口火车站"最强站长"姚婕、公交轮胎修理员"锤钉兄弟"谢舒明和彭龙、汉口火车站"心连心"志愿服务队队长熊文、江夏区舒安支局乡邮员"湖北好人"熊桂林等交通运输行业先模人物。　　　　　(刘元林)

【江岸区】　5月，按照区委、区政府《江岸区政府职能转变和机构改革实施意见》，江岸区交通运输局职责划入区经济和信息化局。江岸区经济和信息化局结合"大城管"对交通运输管理的要求，坚持依法管理交通运输，依法治理运输市场秩序，热情服务企业，促进辖区交通运输和物流业的发展。

行政许可。优化交通运输审批流程，实行年审服务零收费，实现节假日不休息的全天候管理服务。严格执行市治庸办《关于实施行政审批一次性告知制度的若干规定》，对每位前来办事人员做到一次性告知。严格实行机动车维修企业准入管理。对辖区维修企业资质条件全面清查，对不符合条件的维修企业，责令限期整改，整改后仍达不到要求的，依法予以降类直至吊销其经营许可。全年办理货运许可38家，其中接收武汉市下放企业1家、新增37家；办理三类维修许可1家；驾驶员诚信考核450名，核发旅游客运标志牌9498张，其中省际3566张、市际5501张、市内431张。江岸区交通行政执法未引起一例行政投诉或诉讼，执法行为规范，执法程序合法正当，统一执法文书使用率100%，行政处罚案卷、行政许可案卷做到一案一卷。依法、及时对查处的违法案件实施行政处罚，查处交通行政执法案件413起，组织交通运输法律法规集中学习6次。

行业监管。加强客运市场监管，调整实施重点地段管控，打击非法营运和站外揽客违法行为，查获班线车违法经营420起，其中新荣平台摄像245起、人工摄像175起、扣证59起。每月上报监管报表，重大节日有监管方案。加强横向联系，搞好联合执法，参与市运管处、客管处、区城管委、后湖街、塔子湖街、二七街联合执法8次。办理市长专线"黑车揽客"投诉件138件，对投诉问题依法依规进行查处，并及时回复，回复率100%、满意率98%。

综合运输。全区在册货运企业580家，在册货运车辆16709台，其中新增4067台、转入473台，核定载重量107363吨；在册维修企业127家，其中二类维修企业45家、三类维修业82家；在册汽车租赁企业6家、租赁车辆66台；道路运输相关业务备案企业91户，其中从事运输服务业78家、装卸搬运企业13家。全年完成货运量1132万吨、货物周转量35092万吨公里。

物流工作。2015年，辖区规模以上交通、仓储、邮政业实现营业收入27.7亿元，比上年增长14.60%，现代物流业实现营业收入60.36亿元，比上年增长12%。新增5A级物流企业1家、3A级物流企业1家。为做好行业管理基础工作及经济指标调度分析，建立物流企业基本情况档案库、网上工作群，按时催报月报、季报、年报。引进武汉城哥物流科技有限公司、武汉航运交易所、武汉良中行供应链公司食品加工物流园等7大项目。同时抓好培育行业龙头企业，申报省级领先企业1家、市十佳企业1家，指导湖北银丰棉花股份有限公司申报5A级物流企业、武汉良中行供应链公司申报3A级物流企业，均已获批。

安全生产。充分发挥行业监管部门监督指导职能，与辖区监管企业签订安全生产责任书、安全生产诚信承诺书156份，制定企业安全生产责任目标考核标准，对企业安全生产主体责任落实情况进行考核。全年走访企业206家，完成31类隐患排查治理工作，下达安全隐患整改通知书68份，督促企业完成整改工作246项。落实车辆动态抽查和监管工作，全年抽查营运车辆1867台次，查办监控不到位181起，查办违反凌晨2点至5点停车休息制度车辆28起，查办超速、超载、疲劳驾驶等交通违章车辆30起。

文明创建。加大新闻宣传力度，强化城市文明建设宣传，实现从单一宣传到全方位、多层次立体宣传的突破。全年报送交通信息简报60余篇。在新荣客运站前广场投入近10万元制作了6组12块景观式广告宣传牌，站内张贴城市文明建设宣传画120多幅，在醒目位置张贴城市文明建设宣传标语30余条，LED显示屏滚动播出城市文明建设公益广告和宣传片，提高城市文明建设工作在旅客中的知晓率和参与度。局驻区政务中心窗口被授予湖北交通行政审批"明星窗口"，工作人员被武汉市交通委员会评为"岗

位能手"，服务窗口连续 10 年被区政务中心评为"文明窗口"。 （王克）

【江汉区】 12 月，根据区委、区政府《江汉区人民政府职能转变和机构改革实施意见》和《江汉区机构编制委员会关于调整江汉区城市管理委员会（江汉区城市管理执法局、江汉区交通运输局、江汉区物流局）机构设置的通知》精神，将区交通运输局（区物流局）职责划入江汉区城市管理委员会。

行业监管。严格规范交通行政处罚，全年累计办结行政处罚案件 98 件，无行政申诉及行政复议撤销案件、无执法违法案件。积极处理网格化投诉案件，全年办理回复市长热线投诉、行业系统投诉 315 件，做到回复率 100%、满意率 98%。狠抓道路运输市场监管，加大打击非法营运力度，集中整治客运站周边秩序，圆满完成各项任务。与市运管处、区城管委、区安监局、汉口火车站综管办、江汉交警大队等部门开展系列整治行动 40 余次，全年查处非法营运车辆 142 台，其中"黑的" 66 台、外籍出租车异地违法经营 5 台，查处班线客车站外非法揽客、甩客 38 台，查处危化品运输车辆违法经营 7 台，查处市内出租车拼客、拒载、议价 11 台，查处客运车辆非法从事货运 15 台。江汉区交通运输局被评为全市交通运输系统绩效管理先进单位。

春运工作。春运 40 天，辖区火车站和客运站发送旅客 424.32 万人次，其中铁路发送旅客 357.28 万人次、公路发送旅客 67.04 万人次。金家墩、青年路客运站严格落实"易燃、易爆、危险品"检查、"三不进站六不出站"制度，全区未发生重大安全责任事故。与江汉区城管委、江汉区公安分局、江汉交通大队、汉口火车站综管办、区工商局等部门处置占道经营行为 120 余处，清除违法广告招牌 60 余个，驱散拉客人员 2300 余人次，暂扣处置"黑的"及非法营运车辆 131 台；帮助群众找回遗失钱包、电脑、手机、行李箱物品 30 余件，宣传教育 3000

余人次，发放春运安全、消防安全传单 5000 余张。

运输市场管理。全年完成公路货运量 565 万吨、货物周转量 1.4 亿吨。新开户企业 20 家，其中道路货运企业 11 家、机动车维修企业 4 家、汽车租赁企业 5 家。积极开展车辆年审工作，年审货车 3470 台、"两客一危"（从事旅游包车、三类以上班线客车和运输危险化学品、烟花爆竹、民用爆炸物品的道路专用车辆）车辆 315 台。发放旅游客车线路牌 2.6 万张。开展客运站周边车辆整治行动。全年查处客运车辆、"客改货"车辆及危险品车辆 23 台。加大对北湖西路、常青五路等地段机动车维修企业的监管力度，发放宣传单 200 张，现场抽查维修合同 300 份。在整治非法运输燃气行动中，查处违规运输煤气罐车辆 6 台。

安全应急管理。江汉区交通运输局强化安全生产基础工作，切实履行交通运输行业安全生产监管职责，加强节日期间安全检查，对"两客一危"（从事旅游的包车、三类以上班线客车和运输危险化学品、烟花爆竹、民用爆炸物品的道路专用车辆）企业实行全覆盖，加强企业安全生产标准化达标工作，全年有 4 家货运企业完成达标工作。加强企业安全生产监管工作，全年开展行业专项检查 50 次，下达安全隐患整改通知书 8 份，约谈企业 5 次，落实上级督办案件 15 起，通报典型违规案件 3 起。积极推进数字化、标准化"两化"系统隐患排查工作，纳入"两化"系统 76 家企业。全年向企业发布《安全警示录》9 期、举办安全生产专题培训班 4 期、参训人员 240 人。实行旅游客车运输报备制度，要求企业对行程 800 公里以上和行程 10 天以上的旅游包车进行备案，督促落实车辆动态监控主体责任，辖区 8 家旅游客运企业均安装岗位监控视频，并接入联网联控平台。整组交通专业保障队伍，组建 1 个中队、4 个分队，交通战备运输专业队伍 90 人。全年未发生重特大安全生产事故。

文明创建。区交通运输局与黄陂祁家湾街向阳村开展美丽乡村结对共

建活动，慰问生活困难党员、村民，捐款 2 万元支持村级经济发展。与蔡店街李谷堡村开展对口精准扶贫，与城管委组织驻村工作队，建立扶贫机制。 （杨琪琪）

【硚口区】 6 月，硚口区交通运输局职责划入区城市管理委员会，设立硚口区城市管理委员会，挂硚口区城市管理执法局、硚口区交通运输局、硚口区公路运输管理所牌子，为区人民政府工作部门。硚口区城管委（交通运输局）稳步推进汉正街物流整治、物流产业转型升级工作、客运站周边环境整治、趸船整治、打击"黑的"非法营运等工作，交通运输各项工作取得明显成效。全年发放省际线路牌 1400 张、市际线路牌 1700 张、年审道路运输证 1222 台。汽车租赁许可 3 家、汽车维修许可 9 家、普通货运许可 24 家。出动执法人员 1170 人次、执法车辆 500 台次，抽查班线及旅游营运车辆 2900 余台次，取缔无证无照店面 16 家，开展 20 余次客运、货运、机动车维修以及货运车辆超限超载整治行动，进一步规范市场秩序。

行业监管。加强道路运输市场监管，采取日常专人驻站、节假日（重大活动）专班监管的方式加强全日制驻站管理，严格"三品"检查、客车安全例检、出站门检和进站客车"五证一单"等重点环节的监督检查，加强对客运站候乘室、售检票口、车场秩序及环境卫生等日常巡查力度，督促客运站保持良好秩序，做好规范服务、安全运营，履行服务承诺。对辖区内货运车辆年审资料逐一核查，对有疑惑的车辆进行现场察看，严格把关。对 12 吨以上的车辆逐一查看 GPS 监控，要求安装到位并且在线；对危险品车辆年审，从车辆资质、驾驶员从业资格、押运员资格等方面从严核查；对黄标车一律不予年审。抽调行业技术骨干对机动车维修现场进行鉴别配件真伪演示、维修常识讲解、维修质量保证宣讲，抵制粗制滥造，假冒伪劣配件和服务维修质量低下的修理；加大市场日常巡查频率，重点对

汽车客运站进站车辆安全隐患排查

竣工出厂合格证履行情况、维修台账、配件来源、超类等违规经营行为进行检查，每月检查，下发《责令整改通知书》113份。办理交通行政执法案件377件，其中处罚结案329件，处罚金额63万多元。处理信访投诉29起，办结率、回复率100%。

运输市场。紧扣辖区客运市场实际，加大巡查频率，有针对性的做好客运站周边、园博园周边及古田地区等重点地段监管，严厉查处旅游、班线客运站外揽客、出站不出城、兜圈打转、超越许可事项、擅自从事班线客运经营及非法营运等各类扰乱市场秩序、破坏行业形象的道路客运违法经营行为。强化"打非治违"专项整治，坚持驻站管理，重点做好交通秩序、路面环境、站内环境整改等工作，加大重点路段巡查，严厉查处客车站外揽客、超员经营等违法违规经营行为。采取联合执法、定点守控与机动巡查相结合的方式，在汉正街区域"三纵一横"和晴川桥、江汉桥等重点路口设点执法，对"黑面货""黑面的"进行不间断整治。采取多次联合执法行动，查处发展大道、长丰大道和汉西三路等16家无证无照从事机动车维修经营门店，强制关停蓝焰永通汽车修理厂。

物流发展。新引进物流企业6家，其中景海龙翔物流、佳利物流2家物流企业正式获评全国3A级物流企业。

扶持培育现代物流产业，蓝焰电商城6万平方米仓储中心和12万平方米配送中心正式投入运营，其中仓储中心入驻率达80%以上、配送中心入驻4家，全年综合入驻率达到50%以上，快件量达到800万件。引进国家3A级企业中运通物流在江汉区注册成立中城易速运营管理股份有限公司。引导专注于同城快运的O2O企业北京速派得物流选址江汉区经济开发区办公，鼓励其注册成立武汉分公司。汉正街物流整治坚持日巡查周整治，坚持走访调研重点商城、商会、商户，违法经营点取缔率100%，全面完成汉正街物流现状调查，并制定汉正街物流管理长效机制。

安全管理。强化落实生产经营单位主体责任，建立生产经营单位负责、职工参与、政府监管、行业自律和社会监督的机制，不断加强行业安全建设。按照"四不"放过原则，召开5次安全专题例会，坚持每月不少于1次安全检查。组织企业安全管理人员参加培训，积极推进安全标准化达标工作。对全区道路运输企业开展安全隐患排查，重点检查是否存在"三合一"场所，对存在"三合一"隐患的维修企业下达整改通知书，对整改不到位的企业不予年审。客运站坚持驻站管理，重点做好客运站安全专项整治行动和客运站周边交通秩序专项整治行动。全年排查安全隐患70起、查处违

法违规行为790起，指导25家企业完成安全生产化达标。　　（王新刚）

【汉阳区】　9月，汉阳区交通运输局职责划入区城市管理委员会，汉阳区城市管理委员会挂区交通运输局牌子。汉阳交通运输局被评为"2015年春运工作先进单位"、安全生产目标考核优秀单位、全区社会管理综合治理先进集体等。

行业监管。辖区内道路运输企业597个、运输车辆7656台，物流企业478个。全年完成公路货运量737万吨、货物周转量23763万吨公里。按照"周密部署，宣传劝阻、调查取证、重拳打击"的原则，对非法营运"黑的"尤其是私家车利用打车软件非法营运进行严厉打击，取得较明显的成果。同时，与市客管处、蔡甸区交通运输局对跨区域经营的蔡甸籍出租车进行查处，出动交通、公安、交警执法人员10余人次，执法车辆3台次，查扣"黑的"370余台。做好疏堵结合，协调武汉市公交办在汉阳区开通369、361、760等公交线路。

机动车维修业日常监管。全区现有二、三类维修企业98家，其中二类维修企业44家，三类维修企业54家。为进一步规范维修行业经营行为，倡导企业诚信服务，年初与维修企业签订"五不"诚信服务承诺书、安全生产责任状。同时成立非法改装整治专班，对汉阳区黄金口汽车市场、燎原村汽车市场、龙阳大道沿线、三眼桥周边非法改装情况进行摸底清查。对44家二类维修企业开展安全隐患排查，对存在"三合一"隐患的12家维修企业下达责令整改通知书。对44家二类机动车维修企业在服务质量、服务意识、信誉指数等方面进行评价、考核。

客货运市场监管。采取灵活多变方式，建立汉阳道路客运市场长效管理机制。采取流动执法、不定时检查、交叉执法、联合检查等方式，打击不按规定站点停靠、站外揽客、中途甩客、超范围经营等违法行为。出动执法人员2376人次，执法车辆792台次，查处违规经营行为1336起。加强

春节、"五一""十一"等节假日时段、地段监管，全区未发生一起安全责任、治安、火灾事故，无一起服务质量投诉事件的发生。加强对货运车辆特别是危化品车辆路查路检，检查货车2000余台次，查处违规货运经营行为13起。

安全应急。牢固树立"安全发展"意识，切实保障道路运输安全。紧紧围绕全年安全工作目标，层层落实安全责任制，以"安全生产年"活动为主线，规范管理，完善机制。与道路运输企业签订《安全目标责任书》，层层落实安全生产责任制。深入推进消防安全专项整治、危险品运输专项整治、非法改装专项整治、客运市场安全专项整治等专项工作，取得明显成效，查处"三合一"隐患维修企业12家、查处无证危险品运输车辆8台。完善安全管理长效机制，进一步落实好安全隐患排查治理制度、重大危险源管理制度，对隐患分布和治理情况进行登记建档，实施分级管理、分级督办，确保隐患整改到位，排查一般安全隐患60余处。　　（李丽）

【武昌区】 8月，武昌区交通运输局职责划入区城市管理委员会。武昌区交通运输局被武汉市公路运输管理处评为"2015年度武汉市运输行业安全管理先进单位"、被武汉市交通运输委员会评为"2015年度武汉交通运输安全生产工作责任目标考核优胜单位"。

行业管理。依法注销普通货运、维修企业132家，清理注册和办公所在地不同的企业5家，注销和报废货运车辆112台，核查3家危化品运输企业和6家客运企业资质情况。完成租赁企业年审16家，上线抽检维修竣工车辆272台，维修设备检测34台。检查辖区97家维修企业220件（套）零配件，查处无证照经营户16户。督促落实维修车辆出厂合格证制度和维修合同制度，发放维修合同2000余份，维修竣工出厂合格证1800份。市场监管。驻点监管与流动巡查相结合，日常监管和突击联合整治相结合，查获

非法违规营运车辆359台，其中长途客车255台、"黑的"79台、违规运营的异地出租车5台、套牌出租车2台和"专车"18台。开展货车专项稽查，加强对巡司河周边危化品运输管控力度，查扣实施危化品运输的改装面包车2台。淘汰营运黄标车266台。

依法行政许可。坚持首席代表责任制、服务承诺制、AB岗责任制和一次性告知等制度，严格审批条件、办事程序和工作时限。政务中心交通窗口受理行政事务10295件，其中行政许可59件，相关业务备案1件，发放旅游包车标志牌4700张，咨询件6326件，行政许可合法率100%，提前办结率100%。普通货运企业在册559家，已年审302家，年审率54%，货运车辆在册1637台，已年审1018台，年审率62%。全面落实诚信考核及等级签注，诚信考核及等级签注1584人，继续教育395人。加强投诉管理，及时处理涉诉事件，受理航海客运站旅客投诉事件22起，处理各类行政举报投诉单、督办案79件，处理率100%。制作下发《旅客投诉处理记录本》，定期检查3家客运站投诉处理情况。

运输服务。全区有傅家坡客运站和宏基客运站2个一级AAA客运站、航海客运站1个二级AAA客运站。傅家坡客运站日均发客运班次700班、日均发送旅客7200人次，节假日高峰时段达3.9万人次，经营客运线路140条，营运辐射半径达1500公里；宏基客运站日均发客运班次830班、日均发放旅客1.2万人次，节假日高峰时段达4.2万人次，经营线路156条，辐射半径2000公里；航海客运站日均发客运班次314班、日均发送旅客3100人次，节假日高峰时段达1.1万人次，经营客运线路120条，营运辐射半径达1600公里。春节、端午、清明、"十一"等重大节假日期间，安排驻站值班人员187人次，核查出站车882台次，下发告驾驶员安全书200余份，收缴自制牌39块，自制小凳32条，纠正未配系安全带、灭火器安全锤等不符合安全要求、超载等违规问题23起。

全区完成公路货运量47.5万吨、货物周转量4127万吨公里。

安全应急。层层签订安全生产责任状、安全生产诚信承诺书98份。检查道路运输企业422家次，排查隐患162起，下达安全整改督办单32份，其中区级挂牌督办并整改重大安全隐患1起、一般隐患161起，已完成整改。投入安全工作经费13万余元。注册湖北省安全生产隐患排查治理标准化、数字化"两化"管理系统企业60余家。积极推进安全生产标准化建设，完成维修企业安全生产标准化达标15家。坚持动态监控，抽查辖区车辆15663台（次），营运客车视频32台（次），专职监控人员在位情况19次，发送安全提醒短信1200余条，核查处理违法违规问题33起。组织企业人员参加培训173人次。　　（孙杰）

【青山区】 3月，青山区交通运输局（区物流局）职责及人员整体划入区城市管理委员会（区城市管理执法局），设立区城市管理委员会（区城市管理执法局、区交通运输局、区物流局）。青山区交通运输局先后被评为省级文明单位、创建国家卫生城市工作先进集体突出贡献单位、全市安全生产优秀单位、市卫生先进单位、市交通运输系统创建全国文明城市工作先进单位、市道路运输行业安全管理先进单位。

货运市场管理。强化市场监管力度，严把货运市场准入关和从业人员资格关。开展《道路运输经营许可证》《道路运输证》年度审验工作，车辆年审换证822台，年审率为96%。积极开展辖区货运市场专项检查和日常稽查，全年监督检查货运车辆300余台次，查处违章车辆30辆，其中警告放行20辆。按时开展货运车辆技术等级评定工作，评定率达98%。开展辖区内道路货运企业信誉质量考核30户，对驾驶员信誉考核4650余人。做好辖区内装卸搬运、道路运输代理、货运配载信息服务、仓储理货报备工作，全区有65家企业办理备案登记证明，报备率达100%。

客运市场管理。认真落实"三关一监督"职责，全面加强青山长途客运站点监管，安排专人驻站，督促客运站加强对司乘人员的教育和管理，严格落实"三不进站六不出站"规定。督促客运企业落实各项安全防范措施。春运以及重大节假日期间，根据辖区旅客流量、流向，合理调配运力，做到按时发车，无滞留旅客。建立健全辖区内客运站投诉处理机制，做到投诉处理有记录，投诉回复率达100%。与交管部门配合，开展联合执法大检查，组织运政力量对武汉火车站、青山客运站周边重点地段进行监管，重点打击和查处站外揽客、超范围经营和坑、宰、骗、甩客等违法经营行为，检查长途客车90辆次，纠正违规行为25起。与区交通大队组成联合执法队，加强对高峰时段、重点地带的执法，确保整治实效。全年共出动执法人员2530余人次，出动执法车辆638台次，累计查扣"黑的"166台，有力地维护了青山区道路客运市场正常秩序．

机动车维修管理。严把市场准入关，对辖区机动车维修行业进行清理整顿。开展机动车维修行业安全隐患大检查，签订安全生产责任书，进一步检查和落实汽车的二级维护维修竣工出厂合格证及维修合同的使用填写规范情况。召开了维修企业负责人会议，与维修企业签订"四不承诺书"（不使用伪劣配件、不承修报废车辆、不非法改装车辆、不非法拼装车辆）。以优质服务月为契机，对二类以上机动车维修企业进行质量信誉考核。区政务中心交通窗口全部受理送达辖区机动车维修二、三类企业经营、装卸搬运、道路运输代理、汽车租赁的报备工作，33家企业办理备案登记证明，报备率100%。

物流发展。大力提升物流企业标准化水平，辖区内通过全国A级物流企业认证及复审的企业10家，其中4A级企业4家、3A级企业6家、省重点物流企业4家。推动物流互联网＋行动，大力发展智慧物流。

安全管理。全面落实安全生产责任制，全年行业安全生产形势保持平稳，各项指标控制在目标值内。深入开展道路运输安全生产项整治，特别对"两客一危"企业进行重点督导检查。强化企业主体责任，继续推进开展交通运输企业安全生产标准化建设，建立健全安全生产责任体系，全年排查一般隐患193起，整改率100%。深入开展交通运输企业安全生产标准化建设，重点是辖区二类、三类机动车维修企业、青山长途客运站、大型普通货物运输企业的安全生产标准化建设。

（马艳）

【洪山区】　7月，洪山区交通运输局职责划入区城市管理委员会（区城市管理执法局），设立区城市管理委员会（区城市管理执法局、区交通运输局）。2015年，洪山区交通运输局被武汉市交委授予"武汉市交通系统立功单位"称号。

"十二五"交通发展。至2015年底，全区道路运输企业289家，其中包括危险货物运输企业1家、客运站1家、客运班线1家、汽车租赁企业5家128台租赁车辆、普通货运企业284家1165辆货车、二类维修企业52家、三类维修企业89家，二级维修企业车辆维修合同、出厂合格证使用率达100%。加强武汉火车站、杨春湖客运站及周边的市场监管，查处非法营运行为，持续开展打击"黑的"整治工作，5年查处"黑的"1715辆。认真落实"党政同责"和"一岗双责制"，全面加强"三关一监督"的监管职责，结合开展的安全生产隐患排查治理数字化、标准化管理系统建设工作，组织企业安全负责人座谈研讨，统一思想认识，充分调动企业隐患排查自查整改工作的主观能动性，逐步形安全生产"单位负责、职工参与、政府监管、行业自律、社会监督"的良好局面。深入开展"平安交通"、"打非治违"、"危化品运输"等专项治理活动，及时排查和整改各类安全隐患，道路运输安全生产形势保持稳定。

市场管理。加强危险品货运车辆管理，暂扣危化品货运车2台、违规停放油罐车5台，扣证1台，下达责令整改通知书1份。参与洪山区治超治限和货运车辆非法改装专班工作，检测疑似车2200台，清查在籍车1540台，清查完成率100%，查扣超限超载车220余台，查扣非改车101台，卸载8000余吨，处罚金额95余万元。进一步优化审批程序，新增货运企业许可43家，其中汽车租赁企业4家，维修企业新增许可15家。年审货运企业100家，年审货运车辆596台，完成货运企业质量信誉考核23家，完成二、三类维修质量信誉考核企业36家，签注道路货物运输从业资格证723人。开展辖区机动车三类维修企业综合整顿，严格专项汽车修理业（三类）审批和从业资格审查，完成二类维修企业19家、三类维修企业17家的年度考核工作。督促维修企业落实出《厂合格证》及《维修合同》制度，管理部门及时做好发放核销台账。

行业监管。重点打击客运车辆违规拉客揽客、兜圈打转等违法经营行为，监督客运站做到"三不进站，六不出站"，保障广大旅客出行安全有序。全年查处长途客车违规经营10起，结案7起，现场查扣省际班线客车线路牌、营运证2套。协调开通"校校通"公交专线，连通13所大专院校、设立30个公交站点，9月29日，洪山"校校通"567路公交车正式开通运营。采用蹲点守候、上路布控、流动巡查、调整整治时段等方式，对全区非法营运"黑的"进行严厉打击，出动执法人员3289人次、执法车辆1109台次，查扣非法营运"黑的"403台。淘汰黄标车190辆。

安全管理。以重点时段为突破口，强化监管职能。在加强日常安全监管工作的同时，重点突出元旦、春节、"五一"、"十一"等时段辖区企业安全工作。全面排查企业安全生产隐患和薄弱环节，查出重点安全生产隐患195处、下达隐患整改通知书27份。以标准化、数字化"两化"体系为平台，推进企业落实主体责任，"两化"系统企业数193家，基本实现全覆盖，企业自查并整改安全隐患2755起，有效促进安全生产形势良性发展。加强与安监、交管、工商等部门协调联动，严肃查处道路运输企业超载、超限、超负荷运行等违规违章行为。把好市场准入关，始终坚持安全工作"一票否决"原则。在从业人员资质管理上，重点完善危险货运从业人员、机动车检测和维修人员职业资格和注册管理制度，坚决杜绝无证上岗、无证经营行为。

（何伟元）

【蔡甸区】 至2015年底，全区公路通车里程2440.74公里，其中国道116.53公里、省道113.7公里、区道186.64公里、乡道757.33公里、村道1262.04公里、专用公路4.5公里。

基础建设。全年完成交通固定资产投资5.53亿元。中法友谊大桥（武汉三官汉江公路大桥）2月12日主桥成功合龙，11月9日建成通车，总投资6.78亿元。星光大道（黄星线）全长8.52公里（含310米星光大桥），建安投资3.4亿元，星光大桥主体工程全部完工，全线除拆迁外的6.6公里路基、5.7公里路面及路面基层铺筑完成。8月28日，连通蔡甸区消泗乡与仙桃市西流河集镇的消仙线二级公路开工建设，全长0.89公里、路基宽10米，总投资1300万元，完成填筑毛渣3.5万立方米，软基路段粉喷桩施工2.5万米，路面工程全面完成，完成投资

960万元，占总投资的73.8%。投资2100万元，完成黄陵大桥应急抢修工程，对马鞍山隧道和南湖大桥进行维修，实施老湾板桥和龚家渡桥危桥改造，建设十永线西2公里标准化路段，对南桥公路管理段进行综合整治和改造。新建通湾公路154.9公里，涉及13个街乡镇（园区）、91个行政村，完成投资4337万元。

行业管理。重点做好汉江蔡甸段港口规范化建设，加大危险品码头和危险货物装卸作业规范化管理，推进运输船舶船型标准化，逐步淘汰老旧船舶。10月1日全面停止征收规费，完成省级规费征收任务217万元。推进管辖水域视频监控系统建设，提升港航管理信息化水平。围绕蔡甸区物流产业发展规划引导和政策支撑，完成物流园区基础设施投资1.2亿元、物流项目建设投资7亿元，物流园区"三通一平"400亩。按照一企一策方式，福康医药、上海宇培2个项目申请物流建设用地，推动弗兰西蒂项目建设营运，普洛斯、黑石新地等项目准备开工建设。鼓励本地企业参与A级物流企业评选，组织申报省、市物流示范项目，积极争取上级扶持资金，培育一批有规模的物流企业及项目做大做强。以新天大道（十永线城关至新天段）、知音大道、318国道、

蔡城线和天鹅湖大道为重点，开展24小时不间断路面治超联合行动，检查车辆1071台次，查处430台次，卸载5700.5吨，罚款81万元，遏制了辖区内超限超载行为蔓延。

运输服务。全年完成旅客周转量27715.25万人公里、货物周转量63950万吨公里，分别比上年增长0.01%和1.4%。4月10日开通蔡甸区城关至黄金口地铁站270路公交、28日开通蔡甸区大集南湖社区至汉阳区五里墩地铁站760路公交，将268路公交延伸至长江大学武汉校区正门、656路公交延伸至武汉体育中心；12月10日，开通蔡甸区城关至蔡甸区大集街262路公交线和蔡甸区大集街至格力工业园区393路公交线。经过协调，将蔡城公交公司城关公交纳入城市公交管理范畴。调整优化7条城关公交线网布局，进一步解决城关市民出行难问题。投资3250万元，完成站棚安装70处、站牌136处，扩宽路基9.8公里。处理路面破碎板14.8万平方米，修建错车台60处。开通双林至蔡甸、侏儒至石山、石山至彭新、蔡甸经鸽翅领至玉贤、石山经横岭至蔡甸、成功至蔡甸、洪北经新湾至蔡甸、消泗至罗汉、杨庄经曲口至蔡甸、世城经洪城至永安、竹林经高新至永安、桐湖经群建至常福、常福经三羊至桐湖等13条线路。全区288个行政村全部通客车。

安全应急。围绕"平安交通建设提高年"，重点抓好道路客运、渡口船舶、事故多发路段、工程施工安全隐患排查治理，组织检查57次，出动检查人员260余人，检查单位73个次，排查事故隐患25起，完成整改23起。全面完成企业达标工作任务。强化应急救助保障，提高交通运输安全生产防、管、控能力，遏制重特大事故发生。

（姜卫）

【江夏区】 至2015年底，全区公路通车里程3701公里、路网密度148.86公里/百平方公里，其中高速公路116公里、一级公路250.67公里、二级公路370.36公里、三级公路112公里、四级公路2851.97公里。内河航道通航

2015年12月10日，蔡甸区开通城市公交262路、393路

整修一新的江夏大道

里程 92.5 公里，港口 4 个，渡口 26 个。二级客运站 4 个。

基础建设。全年完成交通固定资产投资 15 亿元，比上年增长 20%。普通公路建设投资 5.9 亿元，天子山大道路面刷黑、马法线改扩建、三门湖东撇水港综合整治、武昌大道纸坊段路面修复、纸贺公路养护等项目如期完工，新改扩建等级公路 24 公里，建成农村通湾公路 118 公里。物流园区（中心）基础设施建设面积 2 平方公里，完成物流项目建设投资 7 亿元。107 国道海吉星段、纸贺线渡槽段、段乌线改扩建等项目加快推进。国省干道大中修按计划实施，修复破损路面 8 万平方米、清理路肩边坡 27.71 万平方米。农村公路全年完成路面改造 43.24 万平方米，养护标准大幅提高。纸坊大街东段改造、107 国道（郑店互通—龚家铺）改扩建、纸陈线、山舒线、南环线（凤凰山—金口段）、金鞭港西路、S314 湖泗段、天子山大桥、武昌大道升级改造工程（九鼎—王家湾）等项目前期工作全面启动。全年完成物流项目投资 11.4 亿元，完成郑店物流园、金口物流中心各 1 平方公里"七通一平"基础设施建设任务；安吉（一期）、菜鸟网络（一期）、海吉星（电商中心）、百利威、梁子湖水产品加工冷链物流等项目建成投入运营。

综合运输。全区拥有营运车辆 10512 辆，其中营运货车 9639 辆、46746 万吨，全年货运量 1463 万吨，比上年增长 14.2%，货物周转量 47916 万吨公里；营运客车 873 辆；一级网络客车 550 辆、二级网络客车 299 辆、三级网络客车 24 辆，客运量 8488 万人次、旅客周转量 41692 万人公里，分别比上年增长 6.7%、6.13%。累计投入资金 326.47 万元，改造 901 公交站场 6480 平方米、重建挡土墙 133 米，开通 920 路公交中洲至北嘴龙湾线、

2015 年 6 月 15 日，江夏区路政治超检查

919 公交纸坊至金港新区线；优化 901 线路，沿途新增设 5 个公交站点；重点调整 2 路、6 路、7 路公交运营时间，新建站点、站棚、站牌 238 个，方便市民出行。更新节能车辆 23 台、老旧黄标汽车 186 辆、天然气车辆 240 台，投资 200 万元新增修理设备。

安全管理。落实安全生产"一岗双责"、行业管理"一责双管"制度，全年在临沟路段增设波型护栏 1530 米，在危险路段增设安全警示标志 10 套、减速带 26 米、警示桩 17 个；查处超载车辆运车辆 4576 台次，实施处罚 3135 台次，卸载货物 54149.53 万吨，强制恢复非法改装车辆 1874 台，发现隐患整改率 100%。车辆超限、超载、超速现象得到有效管控。江夏区二、三级客运未发生道路旅客运输事故；水路运输 18 年零事故；公路、水路工程施工未发生施工企业职工伤亡事故。

村村通客车。年初，成立"村村通客车"工作专班，实地现场勘察，制定"村村通客车"规划和具体实施方案。5 月底实现全区行政村通客车率 100%，圆满完成"村村通客车"工作目标。江夏区实施"村村通客车"，累计投资 7800 万元，建成农村通湾公路 118 公里，改造路面 375340.2 平方米，改造桥梁 8 座 72 延米，增设错车台 327 处，改造转弯半径 1 处，

安装波型钢护栏 2.8 公里，新设置站棚站牌 249 个，延伸、新开"村村通"客运线路 29 条。建立长效机制，保证"村村通客车"持续、高质、高效运营。"迎国检"工作。江夏区公路局完成投资 6210 万元，实施破损路面修复工程、安保设施完善工程、路肩边坡达标工程、标志标线补齐工程、路政管理排查工程、超限超载整治工程、内业资料查漏补缺工程"七大工程"，完成 107 国道大修 15 公里，中修 31 公里，武纸线大修 1 公里，中修 2 公里，完成贺站和安山站点立面和环境改善，完成安山应急中心翻修工程；完成宁港、金口、云井山 3 个治超站"四统一"工作。完成邬家桥、许家桥、云井山桥 3 座危桥改造。完成标志标线 3 条 86.78 公里；完成标准路基 30 公里建设，超计划 10 公里；完成畅安舒美路段建设 20 公里，完成停车港湾建设 1 处。

文明创建。为推动文明城市建设工作，交通部门在客运站、公交站、客运车、公交车统一车身宣传标语、统一车内温馨提示、统一车载电视宣传内容，及时更新、更换，实现 460 台公交车、287 台客运车辆全覆盖。更新更换 52 块公益广告牌，更换 15 块宣传栏、创建标语 1000 余条。组建 9 支 45 人的文明志愿者队伍，节假日在纸坊城区主要干道和公交站点开展文明劝导和进社区活动。江夏交通运输局被评为区"优秀单位""安全生产工作责任目标考核优秀单位""2015 年绩效管理立功单位""五四红旗团委"，被武汉市交委评为"2015 年绩效管理立功单位""安全生产工作责任目标考核先进单位""交通运输安全应急管理先进单位"，汪菊兰被武汉市总工会授予"武汉市岗位立功明星"称号。　　　　　（陈立忠）

【东西湖区】　至 2015 年底，全区公路通车里程 1420 公里、路网密度 284.16 公里／百平方公里，其中高速公路 93.24 公里、一级公路 304.85 公里、二级公路 203.15 公里、三级公路 73.84 公里、四级公路 585.56 公里、等外公路 141.45 公里。内河航道通航里程 76 公里(界河按二分之一算)，港口 14 个，生产性码头泊位 24 个，渡口 5 个。

基础建设。全年完成交通固定资产投资 16.03 亿元，比上年增长 12.02%。新改扩建等级公路 35.63 公里，完成公路建设投资 15.58 亿元。建成金东公路、三官桥引桥及接线段等新改扩建等级公路，107 国道大修工程完工并通过"国检"，完成干线公路大中修工程。完成汉江海事基地趸船建设，申报石榴红村"轮渡兼旅游码头"和神华国能配套中转码头项目，其岸线已获批。率先实现"村村通公交"，新增公交线路 5 条、优化公交线路 4 条，推进公交场站建设，配合园博会调整公交线路。

综合运输。全年完成公路货运量 2326 万吨、货物周转量 112418 万吨公里，分别比上年增长 3.65%、1.54%；水路完成港口吞吐量 246.77 万吨、货物周转量 16080 万吨公里，征收港航规费 273.05 万元。完成区域出租车"严管、调价"等工作。查处违规行驶的道路运输车辆 400 起，非法营运车辆 19 起，市场营运秩序不断规范。顺利实施汇通物流搬迁，拟定《吴家山地区物流企业西迁工作方案》，配合申报武汉汉新欧多式联运项目。全区物流业年收入 231 亿元，比上年增长 28.3%。实施公交港湾亮化工程，对吴

东西湖综合物流园获批国家级示范物流基地

家山等地区 176 个惠民公交站亭全面改造升级，与市内智能化港湾信息接轨。建成区交通运输综合信息平台，对"班线客运、危化品运输、区域出租车、城市公交、乡镇渡船"等实现了 24 小时监控管理，同时负责该平台维护、数据收集和分析、资料汇总及平台功能拓展等任务。完成区域出租车调价工作，拟定《东西湖区客运出租汽车服务质量信誉考核暂行办法(征求意见稿)》，完善制度管理。

安全管理。区政府与有乡镇渡船的办事处签订《2015 年度乡镇渡口安全责任状》，区交通运输局与二级单位及交通工程建设指挥部签订《2015 年度安全目标管理责任书》《消防安全责任书》，二级单位与所属企业签定《安全生产责任书》《安全生产诚信承诺书》，交通工程建设指挥部对每个工程项目都签订《工程安全合同》《施工合同》《廉政合同》，确保施工安全无盲点。积极开展突发事件应急演练工作，区海事处配合武汉市地方海事局开展武汉市西四环线汉江特大桥施工人员高处坠落溺水事故救援演练、开展水上交通安全知识进校园活动，邀请区消防大队教官和区交警大队干警给辖区 3 家客运企业、3 家出租车公司员工讲解安全行车知识，组织消防演练和客运车辆逃生演练活动。区公路局成立应急救援队伍，在

环湖路项目泥江桥施工现场开展土方坍塌事故应急演练，提升施工单位和和施工作业人员应对突发安全事故的应急处置能力。开展辖区道路运输行业安全生产隐患排查，出动检查专班40余次、检查人员100余人次、车辆50余次，对辖区160余家道路运输企业开展安全生产隐患排查，发现安全生产隐患16次，现场整改8次，其余的下达《责令限期整改通知书》，存在安全生产隐患企业在整改时限内全部整改完毕。加强上路执法检查，重点检查客运汽车驾驶员资质、车辆技术状况以及消防设施配备等。

文明创建。全区交通系统单位获武汉市文明单位、市工人先锋号、市"三八"红旗集体等荣誉称号，1人获省技能能手、市十行百佳"岗位能手"，4名出租汽车司机被评为"东西湖好人"，挂牌成立"戴立文劳模创新工作室"。　　　　（余超）

【汉南区】　至2015年底，全区公路通车里程733.48公里、路网密度255公里/百平方公里，其中高速公路31.2公里、一级公路16.5公里、二级公路60.27公里、三级公路21.69公里、四级公路561.62公里、等外公路42.2公里；省道45.4公里、县道43.41公里、乡道67.14公里、村道546.33公里。

基础建设。完成公路建养投资3.2亿元，启动7个重点交通建设项目。全年建成通湾公路16公里、新改扩建等级公路11.6公里，完成物流中心基础设施建设0.5平方公里，增设了农村公路安保设施。完成4条8公里城市道路黑色化工程，完成投资5700万元；完成省道汉仙线、汉沙线3.6公里大修工程，完成投资829万元；完成通湾公路16公里建设，完成投资416万元；启动纱帽大道与幸福中路工程，完成投资1.2亿元；完成乌邓公路工程，完成投资9500万元。完成大陡公路和江大公路的道路绿化与路灯安装，乌邓公路协子河大桥安装人行道外侧扶手栏杆，完成外挂装饰、桥头护坡、河道清淤工作等。完成103省道老堤角处连接线工程。

综合运输。全年完成公路客运量305万人次、旅客周转量11895万人公里，分别比上年增长4.81%；完成货运量400万吨、货物周转量30390万吨公里，分别比上年增长13%、4.8%。水路完成货运量4.46万吨、完成水上货物周转量223万吨公里，分别比上年下降10%、4%，完成港口货物吞吐量96.63万吨，比上年增长14%。投入资金1331万元，开通"村村通"客运线路6条，实现客运覆盖率100%。采取政府补贴的方式，结合《汉南区"村村通客车"经营管理协议书》《汉南区"村村通客车"季度考核办法》，自开通之日起，一季度一考核，一季度一结算，及时发放农村客运车辆营运亏损补贴，保证车辆运营连续性。启动纱帽新城公交化改造，开通4条公交线路，新建公交停保场1个、首末站3个、候车亭120个。全面启动公交站场建设，并与市公交集团进行对接。

安全监管。运管部门加强对运输企业日常安全生产检查，以窗口地带及客货集散地为重点，从严打击违法违规经营行为，出动执法人员480余人次、检查车辆1500余辆次，查处违法行为360余起，其中小型客车非法营运载客264起、普通货车90辆；海事部门出动检查人员315人次，深入全区渡口码头检查水运企业4家、码头9处、渡口2处，检查各类船舶273艘次（渡船168艘次，趸船105艘次），下达隐患整改通知书5起，并督促落实，强化监督力度；区港航管理处成立专班，对辖区3处危险品码头进行安全隐患排查，中秋、国庆节前对辖区港埠趸船、渡口渡船安全进行全面检查，确保渡运安全。加大路政巡查力度，查处案件15起，查处超限车辆420辆、卸货1200吨，拆除非标80块，清理堆积物18500平方米，清理摆摊设点500个。"迎国检"期间，对103省道公路沿线路域进行整治，下达《责令整改通知书》12份，清理摊点5起、清除路障12起、清除非标8块。　　　　　（曹海军）

【黄陂区】　全年完成交通固定资产投资10.28亿元，全区在建交通工程项目19个502.91公里，总投资20.40亿元；进行前期交通工程项目25个179.05公里，总投资约47.3亿元。启动黄孝线大修工程，同步推进318国道中修、许家桥改造施工以及省道黄土公路长岭至土岗段路面挖补施工，318国道示范路创建在巩固管养路段路容路貌前提下，推进港湾式停车观景台建设，实施标志标线、景观绿化、公路排水工程，将G318打造成"畅安

2015年9月30日，黄陂区岱黄公路刘店立交南北方向竣工通车

舒美"的景观示范路。

公路运输。全年完成客运量 6332 万人、旅客周转量 28.48 亿人公里，旅客周转量比上年增长 30%；完成货运量 3018 万吨、货物周转量 18.11 亿吨公里，货物周转量比上年增长 31%。查处超限超载车辆 1812 辆，处罚金额 424 万元。

民生工程。新开通公交线路 3 条、优化公交线路 10 条，新建公交首末站 1 处，新建公交站亭 157 个。新建通湾公路 200 公里，农村公路大修 227 公里，完成危桥改造 41 座及农村公路安保工程 173 公里，新建农村公路错车台 3663 个。黄陂区 611 个行政村全面完成村村通客车工作，完成城乡公交一体化全覆盖目标。

安全管理。围绕春运、"五一"、"十一"等重大节假日抓安全，精心安排，分别对黄陂区道路运输车辆、水上运输船舶、在建工程项目进行安全大检查，排查和整治各类安全隐患 23 起，检查车辆 1500 余台次，消除隐患 29 起。节日期间没有发生一起重特大交通安全责任事故，实现"三零"工作目标。

物流业发展。全区入驻各类规模以上(300 万元)物流企业 26 家、项目总投资 372 亿元，其中投资总额在 50 亿元以上 4 家、10 亿元以上 6 家、5 亿元以上 14 家。全区从事物流企业近 270 家、从业人员 2 万余人。争取物流企业用地指标 1300 亩，完成 2 个综合物流园区控制性详规的编制工作。铁路物流中心的中立物流公司开通到俄罗斯和欧洲的铁路物流专线，九洲快运公司承担国内大宗货物零散运输，汉口北物流信息港成功牵手阿里巴巴打造武汉产业带，天河空港海航蓝海建成 8.7 万平方米现代仓库，京东、顶通分别入驻。普洛斯 4 个仓储库区全部建成并投入使用。

执法队伍建设。黄陂区交通运输系统执法标志标识逐步统一(包括执法徽标、肩徽、肩章、领花、胸章、号牌、臂章)，5 个基层执法站所完成外观统一。通过行政执法人员信息登记核实，组织换证考试，有 129 人申领 IC 卡式交通行政执法证照，其中综合执法 30 人、公路路政 17 人、道路运政 63 人、港航海事 19 人，执法人员全部具备大专以上学历。（姚俊杰）

【新洲区】 全年完成交通基础设施建设投资 28.4 亿元，其中公路建设投资 13.7 亿元、港口建设投资 7.5 亿元、物流园区道路建设 3 亿元、轻轨 21 号线建设 4.2 亿元。完成江北快速路新洲段 5.6 公里、举水河老大桥连接工程、新建农村公路 117 公里、农村公路危桥改造 34 座、国省道大修 47.2 公里。完成红色旅游公路二期、华中影视城

大修后的 106 国道新洲区四合庄段公路

阳枫路提升和环湖路、230 国道阳福公路改建、武英高速阳逻连接线前期工作。问津大道举水河特大桥合龙，全线 13 公里土路基本形成，后续工程有序推进，新施公路 8.5 公里提升工程进展顺利。全面启动阳逻港综合物流园东北部工业园场平及道路基础设施建设、物流项目建设、武汉物流交易所建设。承担轨道交通 21 号线沿线打围、广告牌拆除、便道建设等重大工程建设协调工作。

行业监管。"三基三化"建设与执法形象"四统一"工作有序推进。公路治超检测车辆 17622 台次、处罚 6893 台次、转卸载 11718 吨，超载率控制在 4% 以内。清理公路及建筑控制区内非公路标志，控制窗口地带环境污染，拆除非标 211 块，制作执法案卷 10 卷，收取行政处罚及公路赔(补)偿费用 25.96 万元。加强公交站点和车身广告管理，加快黄标车淘汰进程，68 辆黄标客运车全部报废、904 辆黄标货运车全部淘汰。客运车辆、危险品运输车辆、大件运输车辆 GPS 安装率 100%。查处违法营运车辆 745 台，下发整改通知书 45 份，整改率 100%。

公路养护。公路路况路容路貌平均路面使用综合性能(PQI)大于 80，路面损坏状况指数(PCI)大于 81。修复桥梁伸缩缝 21 处，清理涵洞 1065 道，修复损坏的警示桩、道口标、公里碑、百米桩 1042 处，恢复路缘石 2385 米，更换标志标牌 15 块，补植行道树 3600 棵；建成 318 国道"畅安舒美"示范路段 25 公里。完成新洲邾城养护应急中心建设，配备养护机械、应急抢险物资及设备。

运输管理。编制《新洲区公共交通规划》。建成邾城至武汉中心城区 2181 惠民线路，完成邾城城区公交、邾城至阳逻及阳逻地区公交改造升级、阳逻 231、232 公交延伸，新开 233 路公交。投资 9775 万元，全区 34 个行政村全部实现"村村通客车"。开展客运站安全专项整治活动，督促客运站规范生产经营行为。制定道路运输应急预案，提高春运等特殊时期旅客

2015 年 4 月 20 日，新洲邾城 62 辆 LNG 新能源公交车上线运营

和物资运输组织能力。完成 15 家货运企业质量信誉考核工作，办理货运业务 2824 件，新增货运车辆 394 台，年审车辆 1729 台，淘汰客车 163 台。辖区内机动车维修企业 27 家。完成道路运输驾驶员继续教育学时确认及签章

3579 人，诚信考核及等级签注归档率 100%。暂扣违规驾培车辆 9 辆，验收合格训练场地 8 处。拥有客车 465 辆，全年完成公路客运量 2164 万人、旅客周转量 97380 万人公里，货运量 414 万吨、货物周转量 30312 万吨公里。水路货运量 1280 万吨、货物周转量 37400 万吨公里，水运集装箱 106 万标箱。

安全管理。深入开展安全专项整治活动，加强安全生产应急管理。在辖区开展"安全生产月"活动，按照"全覆盖、重实效"的原则，重点盯防从事旅游的包车、三类以上班线客车和运输危险化学品、烟花爆竹、民用爆炸物品的道路专用车辆，组织各类安检组 364 个，参与人员 1721 人次，排除各类隐患 628 起。针对日常安全监管，重要地段、时段制定应急预案，开展行业消防、防汛应急救援演练 4 次。　　　　　（吴迪）

黄石市交通运输

【概况】　至 2015 年底，全市公路通车里程 6644.62 公里、路网密度 140.73 公里/百平方公里，其中高速公路 180.24 公里、一级公路 300.78 公里、二级公路 577.82 公里、三级公路 162.05 公里、四级公路 5423.73 公里。境内航道通航里程 247.6 公里，码头泊位 138 个（其中生产性泊位 132 个、非生产性泊位 6 个）。客运站 15 个，其中一级客运站 2 个、二级客运站 2 个、三级客运站 3 个、四级客运站 8 个，货运站 1 个。农村五级客运站 17 个、候车棚 146 个、招呼站 225 个、港湾式候车亭 10 个。

基础建设。全年完成交通固定资产投资 114.9 亿元（含社会共建项目 43.02 亿元），同比增长 27.3%。其中，武汉至九江客运专线项目完成 21.4 亿元，棋盘洲长江公路大桥连接线完成 7.9 亿元，普通公路完成 52.8 亿元，港航项目完成 10.9 亿元，站场物流项

目完成 21.9 亿元。棋盘洲长江公路大桥连接线、兴国至富池一级公路、316 国道分线等一批项目建设顺利推进；完成一二级公路路基 70.62 公里、路面 181.50 公里，完成国省干线大中修 62.42 公里、县乡公路改造 44.53 公里，新建通村公路 547.5 公里；棋盘洲新

港铁路货运支线建设顺利推进，棋盘洲港区 3-4 号、5-6 号码头泊位，兴国作业区和富池综合码头建设有序推进，一期后方陆域和前沿设备工程于 2015 年 2 月份正式开工，9 月 29 日开港运营。

综合运输。全社会营运车辆保有

2015 年 8 月 31 日，黄阳一级公路大冶湖特大桥建设工地

量16411辆，其中营运客车1437辆、营运货车11745辆、出租车1902辆、城市公交车1327辆。全年完成道路运输客运量3325万人、旅客周转量21.37亿人公里，分别比上年同期增长4.3%、7.9%；完成货物运输量5522万吨、货物周转量110.73亿吨公里，分别比上年同期增长2.9%、2.7%。全市共有水运企业15家，营运船舶200艘，未发证的乡镇客渡船148艘，总计348艘。营运船舶总载重吨31.1万吨。其中海船81艘、载重吨26.3万吨，内河船舶119艘、载重吨4.8万吨。全市共有客船8艘、1585客位，148艘乡镇客渡船载客量2918客位。全年完成水路货运量1427万吨、货物周转量172.69亿吨公里，分别比上年同期增长9.3%、6.1%。完成港口货物吞吐量3643.37万吨，较上年同比增长14.8%，其中：外贸货物吞吐量完成301.4万吨，集装箱吞吐量完成2.8818万标箱。

依法行政。黄石交通运输局被评为全省交通运输系统"六五"普法优秀单位。黄石交通运输局以铁山治超站作为"创建人民满意站所"示范试点单位、以黄石港运管所作为"三基三化"试点单位，制定工作方案，全面规范基层执法工作。按照省交通运输厅的要求和行政执法评议考核内容和标准，对全市8个行政执法单位进行综合考核评议打分，公示结果。根据《湖北省交通行政处罚自由裁量权执行标准（试行）》，结合2008年后新颁布或修订的法律、法规、规章，黄石交通运输局修订原行政处罚裁量标准，报市政府法制办审核并在局门户网站向社会公布。对制定的规范性文件进行备案及监督，共出台规范性文件6件。积极落实"四减五制三集中"要求，将全市交通审批事项由35项减少到21项，确保市政务中心既能受理又能办理的审批事项比例达到80%，强化审批领导到交通窗口带班制度，所有审批项目规定在7个工作日内完成。全年受理办件2601项，无一例投诉。

安全应急管理。坚持按照"党政同责、一岗双责、齐抓共管"的总体要求，牢固树立安全生产红线意识，结合交通运输行业特点，以强化安全责任为重点，以预防事故为主攻方向，以规范管理为重要保障，加强基层和基础工作，加强责任落实，加强依法监管，有效预防重特大事故发生。全市水上船舶安全面始终保持在100%，船舶每万吨死亡率、船舶每载货吨直接经济损失均为零，水路交通连续13年保持"零事故"；权限范围内的交通建设工程、安保工程未发生一起人员死亡事故；道路运输行业连续10年无重大以上责任事故，全市交通运输行业安全生产形势总体平稳。

村村通客车。2015年，全市新建或改造农村公路81.3公里，完成路基加宽（路肩培土）工程1477公里，投入车辆274台，新增开通金湖街办马叫村至上冯村等农村客运线路80条，新增通客车行政村196个，全市行政村通车率达到100%。

投融资。黄石市交通投资集团公司于2015年7月正式成立，已经争取交通项目融资额约10.75亿元。

文明创建。以创建文明城市为主阵地，深入推进交通运输行业文明创建。在城区30余个公交候车亭刊发公益广告宣传画近百幅，在城区1022台出租车、828台公交车车尾LED屏、车载电视上，累计滚动播放公益广告标语、公益宣传片占总广告的40%，做到公共交通宣传全覆盖。抓市场监管，改善交通运输秩序；抓环境整治，美化交通服务窗口形象。"文明公交"创建，出租车车内禁烟、拆除车载电台专项整治行动，为市民营造良好乘车环境。

（柳君）

【大冶市】至2015年底，全市公路通车里程4403公里，其中高速公路70公里，二级以上公路450公里，三级公路260公里，四级公路3623公里。大冶湖通航里程34.5公里，渡口4个。客运站6个，其中一级客运站1个、二级客运站3个、三级客运站2个。

基础建设。全年新建和续建交通项目18个，总投资27.645亿元。新建项目9个：①武（汉）九（江）城际铁路客运专线，跨大冶湖大桥桥墩施工基本完成，黄连港中桥箱梁于4月份吊装，全年完成产值11.7亿元。②棋盘洲长江大桥连接线大冶段（又称黄咸高速东段），征地工作全面完成，路基及桥隧施工进行顺利。③新建农村公路117公里，概算总投资3000万元。④国省干线公路危桥改造工程，大冶湖2号桥完成改造任务，大冶湖大桥已对0号–1号桥台间梁板进行半幅撤除封闭维修；铁铺垅桥完成桥墩桩基12根/13根。⑤跨大冶湖公路特大桥工程，施工便道和钢筋场地已建成并投入使用，搅拌站建设和制梁场选址及地勘已完成，桩基施工已完成105根（总共226根），完成桥墩（台）7个。⑥刘金线（黄咸高速金牛出口至金牛客运站段）改造工程全长8公里，路基土石方完成2.5万立方米，"三杆"迁移工作已启动。⑦殷南公路改造扩建工程，已基本完成路基拓宽土石方工程，浇筑混凝土路面1.2万平方米，完成货币工程量1680万元。⑧314省道保安镇区段改造工程，全长1.8公里，已完成两层路基水稳层施工，已开始铺筑第三层。⑨刘金线水库桥至龙凤山庄600米建设工程，项目概算投资650万元，8月份建成通车。续建项目9个：①铜都大道南延段全长4.8公里（含长流港大桥216米），9月份建成通车，铜都大道全线贯通。②锦冶大道建设工程，路基工程基本完成，铺筑水稳层18公里、路面刷黑9公里。③黄（石）鄂（州）一级公路大冶段，路基土石方工程基本完成，路面刷黑13公里。④316国道陈贵至金山店段改造工程，基本完成陈贵镇辖区拓宽路基，路面刷黑4.6公里；金山店镇辖区路段路基施工完成75%，陈竹坡桥完成下部结构施工，梁板制作基本完成。⑤狮子山路网工程，已完成土路基1公里，占总量的60%。⑥完成仕秦桥、秦贩桥、架子桥、五里亭桥、朱铺桥和江添受桥6座农村公路危桥改造。⑦完成罗桥高速客运站前道路工程招投标。⑧完成金湖上冯村旅游公路路面刷黑1.6公里，余下3.5公里

2015年9月17日，武九客专跨大冶湖特大桥在建中

路基土石方已完成80%，铺筑水稳层1公里。⑨刘金线殷祖镇区段全长1.8公里，总投资2000万元，9月份建成通车。11月14日，239省道还地桥至梅咀公路7.9公里改造工程开工建设；11月27日，316国道殷祖牛角垄至刘仁八铜山口段20.6公里改造工程开工建设。

公路养护。全市列养公路MQT值达到干线92、支线85.2的目标。出台《大冶市公路管理局养护管理中心目标考核实施办法》，推进养护管理规范化；开展预防性养护和日常性养护，实现养护作业精细化；累计投入资金220万元，添置振动压路机等公路养护机械设备16台套，新建水稳搅拌站1座，推进养护施工机械化；建立应急物资储备库并成立30人的突击队，推进应急救援专业化。对全市79座桥梁内外业数据进行采集和录入，建立公路桥梁动态数据查询系统，全面实现桥梁管理电子化。对还地桥、金山店、铜山口、毛铺等公路管理站实行承包性养护，探索"国路民养"体制改革，推进养护市场化。坚持技术培训常态化，先后组织12名技术骨干参加省、黄石市组织的培训，每年举办1次养护技术大比武，养护职工马建国被评为全省交通运输行业"十行百佳"标兵。

以"迎国检"为契机，提高公路养护水平。全年累计投入养护资金280万元，完成国省干线路面日常养护里程98.7公里，填补坑槽21328平方米，清理边沟74公里，整修路肩146公里，疏浚桥涵1087座，更新完善公路牌13块，百米桩217根，示警桩454根，修复边沟700米，安装维修波形护栏874米，完成安全民生防护工程7项。完成铁贺省道还地桥至保安段大修工程。

开展全市农村公路养护工作季度检查与考核，落实乡道乡养、村道村养的管养责任。全市共抽查农村公路养护里程1269公里，对农村公路桥梁进行日常安全监管，发现问题及时下达整改通知书。开展"绿满铜都"活动，督促各乡镇通村通组公路两旁植树16万棵，创建农村公路养护示范路40条。结合"村村通客车"工作，大力实施安保工程，重点消除临水、临崖路段安全隐患，在危险路段设置防撞墩，安装警示标志、防护栏。全市投资138万元，在刘仁八、殷祖、金湖等8个乡镇138公里实施安保工程8个。

运输市场。定期对道路旅客运输企业进行质量信誉考核，对评为B级企业的旅游客运公司责令整改。春运期间，发放加班牌17块，发班9.8万个班次，安全运送旅客147万人次，未发生旅客滞留和重大责任安全事故。全年完成客运量1368万人、旅客周转量2.74亿人公里，同比均增长1%。对全市道路运输企业进行质量信誉考核，共评出AAA级企业15家、AA级企业9家、A级企业1家、B级企业3家。全年新审批普通货运车辆578台，年审货运车辆2834台。全年完成货运量11268.74万吨，同比增长19.9%，货物周转量78.49亿吨公里，同比增长20.1%。落实城市优先发展公共交通战略，开通101路（金湖四斗粮至上冯）、102路（金湖马叫至四斗粮）公交进乡村示范路线，实现公交路线微循环。对大冶至汪仁城乡客运班线实行公交化改道，开通公交线46路，延伸公交3路与10路线。全年新增公交站点25处，调整公交站点2处。

依法行政。加强法制宣传教育，规范执法行为，强化执法监督。年初，与基层执法单位签订《行政执法工作目标管理责任书》，进一步落实执法责任，明确执法任务。建立行政执法例行检查制度。行政执法督查实行日常管理常态机制，对行政执法案件实行网上运行监管，接入运政和行政执法与刑事司法衔接信息"两个平台"，接受行政司法监督。组织执法人员集中学习《交通运输行政执法证据收集与运用、程序与文书务实、典型案例评析》等法律法规培训材料，参加全省运政执法考试。新购6台行政执法记录仪，为行政执法提供证据支撑。做好"六五"普法迎检工作，对照考检标准，查漏补缺，完善档案资料。联合公安、城管部门开展打击"黑的""摩的"非法运营为重点的专项整治行动，共查扣"黑的"416台、"摩的"495台次，运输市场秩序趋向好转。对乘客反映较多的出租车营运无从业资格证、无服务卡、拒载、不使用计价器、乱涨价等违章行为进行严肃处理，维护乘客的合法权益。开展客运市场整顿行动，共查处非法客运车辆273台，纠察违规改装车辆193台，纠正驾驶员不规范经营行为428人次。

安全生产。局主要负责人与二级单位行政主要负责人签订《2015年大冶市交通运输企业安全工作责任书》《春运安全责任书》《交通运输系统安全危险源监控整改责任书》。按照"全覆盖、零容忍、严执法、重实效"的要求，坚持日常检查与专项检查相结合，强化行业安全监管责任和企业主体责任。组织专班到客运、危货运输企业、站场、驾校等重点领域开展安全生产大检查12次，查处各类安全隐患76处，下达《安全隐患限期整改通知书》78份。加强危险货物运输管理工作，规范和完善危险品运输企业基础资料，建立健全货运车辆基础管理台账，督促货运企业建立健全并落实各项管理制度。全市未发生一起重特大安全事故。

村村通客车。按照"政府主导、部门联动、社会参与、市场运作"的工作思路，建立"一镇一公司"农村客运运营体系，引导规范农村客运实行"五种经营模式"。新开通农村客运班线（含约租）35条，新增农村客运车辆169台。市政府当年列支1000万元，用于农村客运基础设施建设补助（按实际工程款的70%补助）。市财政对新增一辆农村客车补贴1万元、每车每年保险费补贴2000元、GPS使用费每年每车补贴1000元，并由市财政每年列支300万元设立农村客运发展基金。全市新建候车亭88个、招呼站190个、错车台1548个，安装警示牌1157块、警示桩3430根、波形防护栏28257米、减速带565处，加宽维修路面路肩82.6公里，路面刷黑48.9公里，满足了农村客运通行条件，全市332个行政村实现村村通客车。

（刘佳国）

【阳新县】 至2015年底，全县公路通车里程4250.8公里，其中高速公路100公里、一级公路58公里、二级公路342公里、三级公路43.6公里、四级公路2303公里、等外路1404.2公里。县内航道通航里程126.8公里，港口3个(兴国、富池、黄颡口)、码头泊位86个、渡口41个。客运站9个，其中二级客运站1个、三级客运站3个、五级客运站5个，货运站2个。

基础建设。308省道兴国至富池段32.86公里，总投资7.78亿元，累计完成路基32公里、路面基层14公里、路面8公里，富池特大桥208根桩基全部完成、预制T梁105片、立柱完成104根、墩身10个，年度完成投资3.98亿元，累计完成投资5.10亿元；

黄石至阳新一级公路阳新段20.95公里，总投资5.76亿元，完成路基清理1.5公里、路基路面4公里，富河特大桥在建中，年度完成投资1.05亿元；106国道大冶金桥至沿镇公路阳新段一级公路15.27公里，总投资2.36亿元，完成梁公铺至浮屠街段8.8公里，完成投资1.36亿元。武汉至阳新一级公路三溪至兴国段28.97公里、总投资3.37亿元，已完成23.4公里、完成投资2.79亿元；357省道木港至龙港段二级公路改建工程41.68公里，总投资4.35亿元，桥梁工程完成桩基22根、梁板预制完成40片，涵洞完成124米，累计完成投资640万元；阳新县浮屠街至茶铺一级公路（原为106国道浮屠至武阳一级公路接线工程）6.54公里，总投资8254万元，路基及路面已全部完成；拟升省道排市至肖家咀二级公路27.68公里，概算投资1.27亿元，全线除星潭大桥未完成外，路基路面工程基本完成，完成投资7618万元，累计完成投资12710万元；阳新军垦农场至大冶梅咀公路阳新段18.64公里，总投资1.68亿元，已完成路基1公里、4座桥梁下构、预制梁板700立方米，完成投资1200万元；阳新县大田至三溪二级公路22.55公里，总投资1.55亿元，路表清理完成8公里、路基土石方10.3万立方米，王英街道段1.1公里路面已完成，完成投资1700万元；阳枫省道富枫段21.39公里，

总投资6194.14万元，路基路面工程全部完成；阳新县良荐湖至七峰山国防公路42公里，按四级公路标准设计，估算总投资5400万元，已完成路基路面10公里，累计完成投资1285.7万元；阳新县梁公铺至三溪国防公路39公里，按四级公路标准设计，估算总投资4919万元，已完成路基16.2公里、基层10公里、路面及桥涵工程7.6公里，完成投资607万元，累计完成投资2397万元；完成界浮线、106国道等国省干线公路大修工程37.5公里，完成投资9375万元；连通工程125公里（不含两镇一区）全部完成，总投资3125万元；阳新县白沙镇下畈村下畈渡改桥69.04延米，投资192.05万元，已完成桩基工作，完成投资50万元；阳新县龙港镇南山村李家畈渡改桥建成通车，投资233.53万元；阳新县三溪镇丫吉村垴上屋渡改桥建成通车，投资136.9万元；三溪河口大桥245.04米，总投资958万元，已完成桥梁下构工作，完成梁板预制20片，完成投资660万元；农村公路桥梁18座426.64延米，总投资1354.44万元，全部按四级公路标准设计建设，已建成上塘桥、周家桥、平原村桥3座61.12延米，完成投资174万元；农村公路安保工程总投资619万元全部完成。黄石港阳新港区兴国作业区建设工程，主要建设7个300吨级件、杂货运及客运码头泊位，设计年货物吞

2015年4月2日，武汉至阳新一级公路阳新宏卿至塘塝段正式竣工

吐量 300 万吨（兼顾 1000 吨级），总投资 4844.31 万元。完成空心板 100 块、平台实心板 40 块、系梁 64 根、前边梁 31 根、中梁 60 根、后边梁 31 根、灌注桩 186 根、接桩 156 根、进港道路 1 条。完成投资 343 万元，累计完成投资 1893 万元。龙港客运站全部建设完成，建设标准为三级汽车客运站，建设规模 2435 平方米，总投资 647.7 万元。武九客运专线，县境内全长 57 公里，总投资 57 亿元，已基本完成路基工程及大部分桥梁下构工程，完成投资 30 亿元。

农村客运。截至 2015 年 12 月，新开通农村客运线路 42 条、96 台客车、828 个客座，线路里程达 500 公里，惠及 123 个行政村、620 个自然湾、23 余万老百姓日常出行。加上已开通农村客运线路 30 条、86 台客车、1289 个客座，全县行政村通客车率 100%。阳新县村村通客车累计完成投资 1.29 亿元，其中农村公路水毁修复资金 751 万元、危桥改造资金 1007 万元、安保建设资金 2353 万元（防护栏 170.65 万元、防撞墩 315.74 万元、示警桩 286.57 万元、警示牌 1338.80 万元、

广角镜 67.97 万元、减速带 173.42 万元）、候车亭资金 1640 万元、招手牌资金 68.5 万元、错车平台资金 1849.5 万元、路基加宽和路肩培土资金 5272 余万元。完成水毁修复 42 公里、危桥改造 12 座 334 延米、路基加宽和路肩培土 1647.8 公里（包括通连村公路建设 125 公里），建设错车平台 4110 个、防护栏 8244 米、防护墩 6864 个、示警桩 35822 根、警示标志 20597 套、广角镜 971 个、减速带 8671 米、候车亭 410 个、招呼站 1370 个。

（陈绪国　章杰）

十堰市交通运输

【概况】　至 2015 年底，全市公路通车里程 27510.75 公里，路网密度 114.63 公里/百平方公里，其中高速公路 522 公里、一级公路 298.92 公里、二级公路 1976.68 公里、三级公路 1344.70 公里、四级公路 22112.85 公里、等外公路 1255.60 公里。内河航道通航里程 745.78 公里（界河按二分之一算），港口 6 个，生产性码头泊位 11 个，渡口 200 个。客运站 109 个，其中一级客运站 2 个、二级客运站 7 个、三级客运站 4 个、四级客运站 4 个、五级客运站 92 个。

基础建设。全年完成交通固定资产投资 72.79 亿元，其中十房、谷竹、

郧十 3 条高速公路全年完成投资 7.89 亿元，累计完成投资 321.61 亿元；地方交通建设完成投资 64.9 亿元。全年一、二级公路完成路基 315 公里、路面 552 公里，完成投资 51 亿元。建成丹江口市东环一级路、十房高速至三海堰连接线等公路。全市在建客货运站场、物流及港航项目 30 个，累计完成投资 4.5 亿元。其中，郧西高速客运站、官山客运站主体工程完工；许家棚物流园一期投入运行，竹溪县物流中心主体工程完工；白河至丹江航道整治工程、郧阳岛旅游码头主体工程基本完工。全市完成农村公路 2239 公里，完成投资 8.3 亿元。

丹江口市沧浪海旅游港

综合运输。全市完成道路客运周转量 33 亿人公里、货物周转量 106 亿吨公里，同比分别增长 10%、3%；完成水路客运周转量 880 万人公里、货运周转量 1.36 亿吨公里、港口吞吐量 400 万吨。城市公交完成客运总量 2.9 亿人次，同比增长 7%。深入开展省级公交示范城市创建，新购豪华双温空调公交车 90 台，新开公交线路 19 条。先后推广丹江口市公车公营、竹山客运"四统一"、郧西客运"六个直补"等道路客运发展先进经验，积极探索季节班、周末班、电话预约班等混合运营方式。全市开通通村客运线路 511 条，新增客运车辆 273 台，通村客运覆盖率同比提高 29.09%。全市改造农村综合服务站 62 个，配备电子商务业务人员 30 名，基本形成市级物流园、县级物流中心、乡级物流服务站、村级物流服务点四级物流发展网络。

行业管理。全系统开展各类稽查行动 983 次，查处违章行为 200 余起，暂扣违法营运车辆 510 台次；出动安全监督检查船 112 余次，检查船舶 1100 余艘次、水运企业 10 家，消除安全隐患 131 处，运输市场稳定可控。受理市长公开电话、网上问政等渠道的群众诉求 68 件，回复率 100%，限时办结率 90% 以上，群众满意率 80% 以上。全年抽检公路路基、路面、桥

梁、隧道、原材料等抽检指标总体合格率为91%。以干线公路迎国检为契机，完成国省干线路面大中修1421公里，其中大修879公里，中修192公里，实施路面预防性养护350公里，创建209国道十堰段畅安舒美示范路277公里，整治马路集贸市场30余处，查处清理乱堆乱设乱建1350余处，通过交通运输部"十二五"干线公路养护管理规范化检查，公路通行环境进一步改善。

科技与信息化建设。环丹江口库区生态环保公路累计完成路基396公里、路面235公里，累计完成投资35亿元。"车城通"公交卡与澳门等72个城市互联互通，累计发行"车城通"卡30余万张，31条公交线路495台公交车辆实现智能单边调度，公交车载免费WiFi覆盖15条公交线路。城区更新投入365台双燃料出租车，开通6条绿色环保公交线路，新增60多辆LNG清洁能源公交车，清洁能源公交车比重达到40%。"十堰市道路运输远程视频采集与应用系统"通过验收进入正式使用阶段。联网售票系统建设稳步推进，全市11个三级以上客运站全部连入全省联网售票系统。推广养护"四新"技术，实现低碳养护，引进同步碎石封层车、稀浆封层车等新型养护设备，采用SBS改性沥青、橡胶沥青等新材料，推广使用贴缝胶、同步碎石封层、稀浆封层等新工艺，路面旧材料回收率达到96%、循环利用率达到72%。

安全应急管理。坚持安全教育常态化，先后召开水上、公路、道路运输、城市公交等5次大型安全培训活动，共有65个涉水乡镇、16个重点建设项目部及200名交通执法人员进行安全生产专场培训。坚持整治行动全面化，陆续开展水上非法治违、汽车客运站专项整治、道路运输平安年、公路水运工程落实施工方案等5个专项行动，集中开展"查隐患、查漏洞、查违章、查失责"安全生产大排查行动，运管部门共组织18次安全生产隐患大检查。坚持安全监管信息化，十堰市道路运输远程视频采集与应用系统投

入使用，全市路网监测和应急指挥平台加快完善，重要线路路网监测与应急处置系统全面启动，合理布局并增设监测点6个。港航部门全面普及北斗卫星定位系统、AIS船舶识别系统等新型航运监管手段。坚持安全生产标准化，运管部门加快推进企业安全生产标准化建设达标考评，全市普货、维修、出租、公交等8家企业通过考评达标。公路部门开展"平安工地""标准化施工"达标考核工作，建立健全"预案、预控、预报、预警"监督长效机制，大幅提升工程建设安全监管水平。

投融资。建立市、县两级融资平台，市政府通过注资1.5亿元、划拨541亩黄金地段土地，高规格组建和扶持市交投公司，并将汉十高铁十堰北站核心区1.18平方公里交由交投公司开发，拟投资128亿元建设高铁小镇。各县市区将林业、景区等优质资源面向市场融资。竹山县交投公司争取工商银行每年放贷1亿元用于交通扶贫。丹江口市通过BT模式引进太平洋建设集团投资建成东环一级公路。郧阳区招商引资资金近5亿元，推进长沙路、环湖路等一级公路建设。郧西县吸引3亿多元社会资本，建成旅游公路11条100多公里。

交通运输改革。推进行政审批改革和标准化建设，重新梳理编制行政审批目录，承接落实国务院、省交通运输厅下放的3个审批事项，积极推进省市县三级行政审批"一张网"全覆盖。发放《道路运输管理工作规范流程图集》等办事指南，完善路政运政联合治超工作机制，健全出租车服务质量信誉考核机制。组织500多人次参加执法人员网上学法、执法专题培训、岗位练兵和技能比武等活动，提升执法人员服务能力和水平。引导实行农村客运安全通行"四方会审"机制，鼓励各地结合实际推行区域经营、电话预约等多元化运营模式，全力推进城乡交通一体化。重点培育亨运物流、寿康、新合作、恒通等一批知名龙头物流企业，发挥辐射带动作用，促进城乡物流双向流动。推进干部上挂下派和轮岗交流，累计交流5

人、挂职8人，局直单位对60多名中层干部进行轮岗。

文明创建和党风廉政建设。启动学习型党组织和"书香机关、智慧公仆"创建活动，举办4期交通"通志堂"讲坛。以创建"十星级党组织"为载体，以争创"十星级党员"为抓手，系统内75个党组织已建立示范点6个，17个党支部、300多名党员完成设星定标。严格落实党风廉政建设"两个责任"，组织系统200余名副科级以上党员干部参加严守政治纪律和政治规矩教育培训活动，分批分次组织党员干部参观市看守所廉政教育基地，副县级以上干部写警示教育感悟15篇。2月13日，十堰市交通运输局获"全国农村公路养护和管理先进集体"荣誉称号。

（黄永良）

【丹江口市】 至2015年底，全市公路通车里程3239.59公里、路网密度103.79公里/百平方公里，其中高速公路40公里、一级公路62.03公里、二级公路306.79公里、三级公路264.93公里、四级公路2564.71公里、等外公路1.13公里。内河航道通航里程237公里，南水北调中线工程调水后，丹江口水库水域面积1050平方公里，通航里程增加至400公里，港口码头9个，生产性码头泊位2个。客运站9个，其中二级客运站1个、三级客运站1个、四级客运站1个、五级客运站6个。

基础建设。全年完成交通重点项目建设投资16亿元。对在建的16个重点项目和5个新开工项目，明确时间节点，加快推进。东环一级公路、环库公路江北段、牛河接线路、环库公路江南段一期、六均路、枫土路试通车，完成316国道丹江段中修工程；汉丹港主体工程基本建成；汉十城际铁路开工建设，丹江口南站、武当山西站站区规划在设计中；土武一级公路、汉江公路大桥、龙山大桥等重点项目加快推进。土关垭、石鼓、浪河3家农村综合物流服务站在建中，积极推进丹江物流园区建设。

综合运输。全市客运公司5家、

2015年6月26日，丹江口汉江公路大桥桥梁主塔施工中

客运车辆226台，危险品运输公司8家、危险品运输车辆125辆。维修企业9家，驾校3所，教练车辆106辆。全年完成道路客运量164.9万人、客运周转量1.40亿人公里，货运量504.55万吨、货运周转量7.88亿吨公里。分别比上年同期增长19%、5%、19%、4%。结合全市"江北百里生态走廊""生态家园"等重点工作和"村村通客车"要求，新增农村客运班线33条。全市已有20家注册交通物流企业录入湖北交通物流公共信息平台。发展绿色交通，打造生态文明，坚持低碳发展，丹江口市公交公司投入345万元，购置3辆金旅牌纯电动大型空调公交车，开通环一江两岸旅游观光线路。

行业管理。重点对316国道、209国道、省道丹郧路等进行集中整治，对公路沿线非公路标志牌、交叉道口、加水洗车、乱堆乱放、农作物种植以及集镇过境路段摆摊设点等问题进行清理。完成316国道、六两路、丹土一级路、丹郧路、茯大路等沿线春季绿化任务180公里，种植路树6400余株。拆除乱搭乱建35处，清理非公路标志标牌3622块。加强浪河固定治超站超限治理工作，联合公安、交警部门在丹土一级路口设置流动治超检测点，采取轮班运转24小时工作制，极大地控制了本地籍货运车辆超限运输现象泛滥的势头。

安全应急管理。开展安全隐患"四查""道路运输平安年"等专项行动，开展道路交通、水上交通、工程建设、公路养护安全大检查，发现隐患85起，下达整改通知书41份。大力进行农村公路安全整治，督促各镇办加强农村公路临崖临水、急弯陡坡路段安保设施建设。对村村通客车采取公车公营方式，实行规范化安全管理，在雨雪、大风大雾等恶劣天气时重点监管，通过北斗监控平台实时发出安全行车指令，提醒司机安全行车。加强运输企业安全生产标准化及安全隐患"两化"建设。汛期安全生产工作严格实行24小时值班，组成专班对运输企业、车站码头、施工现场和危险路段进行全面检查，及时整改安全隐患，做好防汛物资、设备及人员的准备工作，确保安全渡汛。成立由交通系统民兵组成的应急抢险突击队，共有突击队员90名，应急专家6名，预备25辆客货应急车辆、15台工程机械、3艘救援船舶，分别开展船舶应急演练、客运站反恐怖及消防应急演练。

交通改革举措。加快推进出租车、公交车运营体制改革，逐步推行公车公营。按照政企分开、政事分开、监管与执行分开的原则，全面推行现代工程管理，提高交通项目建设管理水平，以完善市场机制、创新管理模式和政府监管方式、落实建设管理责任

为重点，改革完善建设管理制度，建立与现代工程管理相适应的交通项目建设管理体系。以增强交通发展能力为目标，按照盘活存量资产、注入增量资产、建设集投融资、建设、管理功能于一体的综合性有限责任公司的发展思路，成功组建丹江口市交通投资有限公司。

文明创建和廉政建设。开展网络文明传播，讴歌健康舆论，唱响主旋律，传递正能量，结合"精准扶贫"活动，努力为联系村、户办实事、解决实际困难，为牛河莲花寺村贫困留守儿童送去文具、球拍、图书等价值1000元的物品。以强化廉政风险防控为目标，形成用制度管人、用制度管事、用制度管物的管理机制，着重抓好重大事项集体讨论制度、机关财务管理制度、政府采购制度。　　　　（乔蕾）

【郧阳区】　至2015年底，全区公路通车里程4135.85公里，路网密度103.5公里/百平方公里，其中高速公路120.2公里、一级公路35.02公里、二级公路271.63公里、三级公路251.28公里、等外公路3457.72公里。

基础建设。全年地方性交通建设完成投资20亿元。推进3条城区出口一级路、柳五路、郧白路、刘谭路、郧阳沧浪洲汉江大桥等项目建设。县乡道改造3条，完成投资1500万元。农村公路桥梁计划3座，完成投资800万元。加大农村公路项目投入力度，村组公路建设270.5公里。油长路、五将路、堵方路等项目前期扎实开展。工程质量监督覆盖率100%，工程质量合格率100%，优良率达到90%以上，没有发生质量安全事故。

综合运输。全年完成道路客运量287.822万人、货运量765.71万吨，同比分别增长11%、6%。全区拥有客货运输车辆3964台，其中营运客车127台、营运大小货车3827台。全区已开通客运班线138条，其中跨省5条、跨市5条、市内25条、区内103条（通村线路77条）。加强公共交通设施建设，建成青曲镇三级汽车客运站，建设公交站亭40个。加强驾培、维修市

场管理,督促驾校建立健全学员档案、车辆档案、教练员档案及培训记录等基础档案,完善设施设备。以现场核实、逐项检查、综合考评为抓手,对辖区一、二类维修企业进行考核,评定一类AA级1家、一类A级1家、二类AA级9家、二类A级1家。水路运输完成客运量9万人、货运量290万吨。新增运力2艘、载重吨675吨、客位80人;拆解老旧运输船舶10艘、老旧渡船更新改造3艘。

行业管理。严厉打击非法营运,净化运输市场环境,规范运输市场秩序。依法实施路政管理,开展了超限运输专项整治,保障路产路权和安全畅通。依法实施港政监督,打击非法航运,取缔"三无船舶",规范水上运输行为。全面加强交通执法队伍建设,提高执法人员执法和服务水平。

公路养护。坚持建养并重、凡建必养、协调发展,健全管养机制,提高管养质量,开展农村公路管理工作,管养责任落实到位,机构人员配备到位,监督检查考核到位。以"迎国检"为契机,加强日常养护工作,强化安全隐患监测和安全设施维护,推进养护工作全面落实。加大公路超限运输治理力度,保障公路安全畅通和投资效益。

运输安全。整治道路安全隐患,确保道路安全畅通。健全运输市场安全监管网络,把住"三关一监督"源头管理。抓好船舶管理,确保水上运输安全。加强建设施工安全管理,没有发生施工安全事故。落实安全管理各项制度,运输安全形势持续平稳,全年未发生安全责任事故。

村村通客车。完善农村道路客运基础设施建设,确保全面完成行政村安全通车目标任务。完成投资32154万元,完成路基培土684公里,修建错车台4334处,新建防撞墙42.16万米、示警墩67830米、示警桩622680根、警示标志4144套、凸面镜1056块、减速带494米。建成候车亭1746个、招呼站86个,购置客运车辆60台,新增通车行政村77个,通车率100%。逐步推进"一江二湖四区六镇"

新城区公交全覆盖,开通郧阳城区3路、6路、9、11路城区公交线路。

(张才明)

【郧西县】 至2015年底,全县公路通车里程4647.64公里,路网密度130.67公里/百平方公里,其中高速公路62.4公里、一级公路23.28公里、二级公路267.84公里、三级公路99.27公里、四级公路4102.78公里、等外公路92.07公里。内河航道通航里程182公里,标准化港口1个、乡镇渡口68处,各类船舶707艘。客运站19个,其中二级客运站1个、四级客运站2个、五级客运站16个。

基础建设。全年完成交通固定资产投资7.3亿元。普通公路完成建设项目1个,开工建设5个,共完成路基工程104.7公里、路面工程79公里,完成投资约5亿元。其中,完成郧羊路路基工程19公里,沥青混凝土面层12公里,桥梁及隧道完成90%;完成郧漫路孙上段路基工程16公里、路面11公里,隧道全部完工,桥梁完成90%;完成观大路观马段路基工程25.5公里、路面工程15公里,桥梁及隧道完成100%;完成郧漫路土天一级路11公里、土门段路面大修工程6公里;完成郧三路路基工程3.2公里,桥梁完成40%;完成上湖路二天门至

湖北关段24公里沥青混凝土路面大修工程。郧西高速客运站完成主体及外墙涂刷工程,进入内部装修及场地绿化阶段;五龙河旅游客运换乘中心进入主体楼建设阶段。

综合运输。全年完成道路客运量108万人次,客运周转量7520万人公里,货运量73万吨、货物周转量9520万吨公里;完成水路客运量17.2万人、货运量84万吨。全县拥有客货运输车辆2507辆,其中客车141辆、货车2366辆。有道路运输经营企业160家,其中客运企业4家、货运企业2家、维修企业151家、驾培机构3家。开通城区公交线路6条,投入公交车15辆,出租车70辆。开通客运班线65条,其中跨省7条、跨市2条、跨县10条、县内46条,营运客车141辆,乡镇(场、区)通客车率100%,行政村通客车率100%。新建候车厅110个、招呼站70个。

行业管理。优化路域环境,保障道路安全畅通。全年出动路政执法宣传车辆70余台次、宣传人员300余人次,刷写路政宣传标语22条,制作路政法律法规宣传册100余册、宣传展板2块,发放宣传单600份;出动路政人员4689人次,完成路政巡查及清障里程5762公里,组织专项整治9次,查处超限车辆527台,卸载货

郧西县整治达标的通村路

物 1434.9 吨。投资 10 万元，累计出动 220 余人次，投入 12 个机械台班、10 余吨工业盐、200 余立方米防滑料，圆满完成春运保畅工作；投资 2 万元，先后备存砂石料 600 余立方米对郧漫路、郧羊路、郧白路、土兰路等路段路面沉陷、坑槽进行处治；投资 25 万元对部分遗留水毁驳岸进行修复。投资 9 万元，在险路险段增补各类警示标志 50 余块，修复钢护栏 500 余米，完善郧漫、上湖路钢护栏端头 500 余块；投资 50 余万元，完成羊景路 K5+300 处山体岩崩地灾治理工程；投资 260 万元，完成郧漫路安保工程 12 公里；投资 260 余万元，完成郧漫路沥青路面坑槽处治 2.50 万平方米，路面灌缝 1.8 万米。

安全应急管理。组织开展百日安全大检查、道路客运安全集中整治、"打非治违"、水上客运安全检查等专项行动，排查安全隐患点 100 余个，下发限期整改通报 4 批 20 余件，安全隐患整改销号率 100%。切实加强交通建设市场和运输市场日常监管。切实推进安全网格化管理，所有客运车辆安装 GPS 或北斗卫星定位系统。加大道路安全通行环境整治，完成干、支线路域环境治理 90 公里，实施干支线和农村公路安保工程 400 余公里，改造农村危桥 10 座 263.9 延米。

文明创建和廉政建设。开展"文明单位""文明示范窗口""管养示范路""文明执法单位""最美交通人"等创建活动，规范行业管理，提升公共服务水平。郧西县交通运输局、农村公路管理局被评为 2013-2014 年度省级文明单位；郧西县公路局路政大队副大队长严国勤当选 2015 年 7 月"十堰好人"。围绕工程建设、招标投标、物资采购、资金拨付、行政执法等控制环节和关键岗位，进一步健全监督机制，完善工作流程，强化责任体系，制定责任清单。　　　　（刘金明）

【房县】　　至 2015 年底，房县公路通车里程 4686.51 公里、路网密度 80.09 公里 / 百平方公里，其中高速公路 117 公里、一级公路 31.37 公里、二

级公路 310.25 公里、三级公路 308.06 公里、四级公路 3905.30 公里、等外公路 14.53 公里。内河航道通航里程 30 公里（界河按二分之一算），生产性码头泊位 1 个，渡口 12 个。客运站 13 个，其中二级客运站 1 个、五级客运站 12 个。

基础建设。"十二五"期，全县共争取国家对房县交通建设投资 136.8 亿元，已完成投资 120.8 亿元，其中，普通公路和农村公路建设投资 28.3 亿元，高速公路投资 92.5 亿元。合力共建城市出口路，确保十房高速连接线 4.4 公里、县城至军店一级公路 19 公里、346 国道西延工程 5 公里、209 国道北门河至高枧（迎宾大道）8 公里、诗经大道 3.5 公里、吉甫路 4.9 公里全面建成，城市交通圈经济基本形成。346 国道、209 国道、235 省道改造升级，十竹、车门、门中、青万、椰沙、杜阳 6 条普通公路扎实推进，新增通村水泥路 980 公里。建成乡镇五级客运站、农村综合服务站各 12 座，建成城区 100 个公交候车亭；建成房县二级货运站、白露武神物流中心、恒通停车场，城区服务功能进一步提升。

综合运输。全县拥有各类客运车辆 572 台，比"十一五"末增加 246 台，其中客车 251 台、公共汽车 27 台、电动公交车 184 台、新增出租车 110 台。班线客车比"十一五"末增加 96 台，其中跨省客运班线 5 条、客车 4 台、省内客运班线 112 条、县内班线客车 80 台、专线客车 55 台。实现村村通水泥路目标，全县 303 个行政村基本实现"村村通客车"。培育运输市场，集中收购麻木车 2063 辆，组建出租车公司，新增出租车，开通房陵大道天然气公交车，城区居民出行方便实惠。

行业管理。346 国道房县段大修 65 公里、447 省道六两路房县段大修 30 公里、209 国道十两路房县段中修 21 公里全面完成。全力建设"畅安舒美"示范路，武神路取直 4 处、建设景点 3 处、停车港湾 5 处，圆满完成"迎国检"各项工作。完成 346 国道马栏至温泉 2 公里、熊家凸至军店段

路面大修 6.8 公里。路域环境整治 67 公里，安装钢护栏 88.4 公里、防护网 9061 平方米。精心做好通村公路养护管理，建立长效机制，行政村公路通畅率 100%，实现了有路必养。检测超限车辆 1857 台次，卸货 642.6 吨，超限率控制在 3% 以内。强力打非治违，查处违章 210 辆次。督促运输企业开展安全生产标准化建设和考试达标工作。实施农村客运公交化改造，开通通村公交 5 条，电话预约 7 条。开展物流寄递市场专项整治，受理查处物流纠纷 34 起。积极开展五城联创，牵头开展城区运输秩序专项整治，查扣非法营运麻木车 44 台，运输秩序进一步好转。

安全应急管理。开展交通建设、运输安全生产大检查，落实安全生产"三同时"。客运站认真落实日检、班检制度，全年检车 65900 台次，责令自排隐患 482 台次，送厂维修 550 台次，查处易燃爆物品 90 起，纠正违规违章操作 200 人次，处罚 50 人次。协助公安机关行政拘留存在严重安全隐患驾驶员 1 人，约谈运输企业 1 家。组织运输、维修、驾培企业 120 人，开展消防安全应急演练。发挥新成立交通勘察设计院、质量监督站的作用，加强建设工程质量管理与监督，落实工程监督管理制度，全力建设安全放心工程。　　　　（赵荔）

【竹山县】　　至 2015 年底，全县公路通车里程 4592.72 公里、路网密度 126.69 公里 / 百平方公里，其中高速公路 51 公里、一级公路 29.83 公里、二级公路 349.6 公里、三级公路 168.38 公里、四级公路 3407.96 公里、等外路 585.95 公里。内河航道通航里程 160 公里（界河按二分之一算），港口 1 个，渡口 24 个。客运站 17 个，其中二级客运站 1 个、三级客运站 2 个、五级客运站 14 个。

基础建设。全年完成交通固定资产投资 16.06 亿元，比上年增长 3.8%。普通公路完成建设投资 5.77 亿元，建设完成十竹公路竹山段、竹山县官渡（桃园）至柳林（公祖）公路工程、

2015年6月5日，竹山首条一级公路——竹山县城至潘口水电站一级公路全线通车

竹山县柳林至洪坪公路改扩建工程、454省道竹山县三转弯至深河段改扩建工程。

公路管养。日常养护全面推行合同管理，与72名一线养护人员签订新一轮承包合同。加快多元化养护方式改革步伐，推行国路民养60公里、家庭承包养护250公里、责任标段养护140公里。春运扫雪防滑投入人力600人次，车辆240台次，使用防滑盐30吨、防滑料300立方米、防滑柴20000斤，保障了低温冰冻天气公路畅通。开展路域环境整治，整修边坡、路肩、边沟260公里，清理塌方85处1.50万立方米，修补坑槽8200平方米，应急抢险16次。优化公路养护站点布局，塘湾公路管理站建成投入使用，其他3处站房建设顺利推进。开展农村示范路创建活动，全力推行"样板化建设、精细化养护、规范化管理、人性化服务"的理念，基本实现"一条公路，两道风景，三季常青，四季畅通"的农村公路示范路养管目标。

行业管理。开展道路运输、客运站场、客运企业等专项安全检查，开展打击"黑车"整治行动，全年出动稽查625人次，检查车辆900台次，查处违法车辆45台，处罚45台；公路部门加大公路巡查养护力度，加强对水毁修复工地、大修公路及有交叉作业路段的安全生产监管，严厉打击"超限、超载"违法现象，检测运输车辆5000多台次，源头劝返120辆，认定超限超载2110辆，卸载货物210吨，车辆超限超载控制率在4%以内，道路运输市场平稳有序。

安全应急管理。以"安全生产月"和"冲刺杯"劳动竞赛为载体，大力实施"安全生产进工地"活动。制定隧道、桥梁、高挡墙、高边坡施工安全管理专项方案，备足应急机械和物质，加强应急值班和现场处置，交通工程安全质量保障能力全面增强，全年未发生安全责任事故。海事部门重点对渡口、渡船进行全面排查整治，实施水上、渡口安全生命工程，全年检查各类船舶865艘次，消除隐患11处，撤销渡口7处，督促24艘渡船勘划载重线，督促10艘渡船进厂维修。严格履行好质量监督7项职能，加强项目基本建设程序、建设进度、工程质量、施工安全监管，从源头上管好建设市场，工程质量监督覆盖率100%，工程质量合格率100%，优良率89%，未出现质量安全事故。

文明创建和廉政建设。以省委巡视组发现问题整改落实、内部审计和工程项目审计为契机，进一步加强关键环节、关键领域、关键人员的监督管理，加强工程招投标、项目管理、资金管理、行政执法的监管。不断丰富创建内涵，完善创建措施，保持创建活力，争创文明样板示范路、青年文明号、文明示范窗口，确保行业和谐稳定。竹山县交通运输局机关和公路局被评为"省级文明单位"，其他局属单位分别被评为市县文明单位。

（党时轩）

【竹溪县】 至2015年底，全县公路通车里程3161.5公里、路网密度104公里/百平方公里，其中高速公路38.78公里、一级公路14.67公里、二级公路216.67公里、三级公路261.33公里、四级公路2600.35公里、等外公路29.7公里；国道79.2公里、省道529.58公里、县道306公里、乡道895.76公里、村道1350.96公里，有铺装路面里程2784.55公里，占总里程的88.1%，简易铺装路面比率3.7%，未铺装路面比率8.2%；大中桥502座14448延米。标准化渡口14处。客运站15个，其中二级客运站1个、五级客运站14个，候车站棚115个。

基础建设。全年完成交通建设（不含高速公路）投资7.6亿元，占目标任务7.5亿元的101%。346国道县河至黄龙段一级公路改扩建15.2公里路基、路面及桥梁配套工程已完成；花桥寺至关垭段15公里一级公路改扩建路基及桥梁配套工程在招标准备阶段。水向公路水小段13.5公里、兵天段21公里、龙背湾电站复建段11公里全面完工；水向公路桃源段18.05公里及3公里隧道和桥隧工程，路基路面基本完成，隧道已进洞200米；水向公路天宝至瓦沧段30公里路基工程及桥隧配套工程全面推进；兴界公路桐树沟至习武基段23公里、泗水至界梁段4公里路基及桥隧配套工程全面推进。汇两三级公路60公里已完成5.8公里，剩余路段全面推进；通村水泥路完成191公里；危桥改造完成8座。高速客运站项目已完成前期准备工作。新洲码头建成投入使用。

综合运输。综合服务设施逐步增强，县二级客运站实现微机裁票和信息电子显示，车站与铁路部门联合设立火车票售票窗口，实现公铁互通、互补。开通城乡公交客运公交线路18条，投入营运车辆57台，覆盖行政村109个，惠及人口20余万人。4月6日，竹溪县首条通村旅游公交专线10路公交线路正式开通。7月1日正式实施老年人、残疾人、伤残军人免费乘坐公交车的优惠政策，办理老年人"寿星卡"14574张，残疾人和伤残军人"爱心卡"2858张。推进"村村通客车"工程，做到路运并举、站运并重、同步规划、同步建设、同步使用，完成道路改造工程通村路98条849.6公里，修补破损路面266.34公里，加宽路肩589.51公里，改造超标纵坡657处22.62公里，新建防护栏500米、防撞墙498米、示警墩43799个、安装警示标志牌863套，改造危桥10座，新建错车台2532个，新建候车亭168个，招呼站189个，新开通6条通村公交线路和20条农村客运线路，全县15个乡镇8个林特场295个行政村全部实现"村村通"客车目标，通达率100%。

行业管理。加强许可工作督查，行政许可做到一案一档，做好县服务中心附属中心管理工作。定期深入客运企业、汽车客运站等经营场所进行现场监督和检查，做好汽车客运管理站安全生产监督管理，严格落实"三不进站五不出站"制度，从源头上规范客运经营行为，真正做到车进站、人归点、站管车。通过开展综合执法行动，切实维护好道路运输市场秩序，保障道路运输安全，保护群众的合法权益，同时开展对驾培、维修、检测等行业进行专项治理。以创建农村公路养护管理样板示范路为契机，明确乡镇政府对农村公路管养的主体责任，强化乡镇、村对乡道、村道的日常养护，设立全县养护管理专项基金，把农村公路管好养好。扎实开展精准扶贫工作，成立精准扶贫工作领导小组和工作队，结合泉溪镇塘坪村实际，制定作战图、精准扶贫规划等，扎实地开展多项结对帮扶活动。

（张波　吴志美）

【茅箭区】　至2015年底，全区公路通车里程492公里，路网密度89.26公里/百平方公里，其中二级公路22公里、三级公路70公里、四级公路220公里、等外公路180公里。客运站2个。

基础建设。全年完成交通固定资产投资2.69亿元。完成二级公路路基24公里、路面12公里，完成县乡公路改造32公里、农村公路100公里，完成危桥改造2座、安保工程30公里。争取马家河至赛武当公路马家河至营子段县乡二级公路14公里，争取资金5607万元；县乡公路改造升级争取资金960万元，渡改桥项目争取资金315万元。

行业管理。年初与各乡、镇（街办）签订通村公路责任书，明确通村公路工作任务和目标；区养护站与养护责任人签订通乡公路养护责任书22份。严格按照《茅箭区公路养护管理办法》和《考核细则》进行检查考核，全年投入309万元，清理垮方、治理滑坡、水毁抢险等工程，疏通开挖边沟20余公里，防滑材料（工业盐）4吨，安装标志标牌及广角镜80余套、安装防护栏8000米，因地制宜绿化通村公路20公里。全面推进工程质量监管，重点对桥梁和隧道工程重点部位、重点工序和施工工艺进行监督检查。对严重质量问题下达监督指令，严格执行挂号销号制度。

村村通客车。茅箭区把完善辖区25公里危险路段安保工程纳入"十件实事"，投入资金1664.35万元。紧紧围绕"村村通客车"目标，先后开通16条乡村公交线路，建成茅塔、大川镇卡子村2个综合客运站，辖区37个行政村全部通客车，通车率100%。

安全应急管理。以"安全生产年"活动为主线，强化"红线"意识，开展交通运输安全专项治理和专项整治"回头看""全国安全生产月"等活动。6月，开展交通运输安全隐患排查整治专项活动，排查辖区24个行政村、30余条通乡通村公路，检查了14个项目施工标段，发现隐患16处，下达隐患整改通知书16份，全部整改到位。完善行业维稳预警和矛盾纠纷化解机制，健全和落实责任体系。

（姚志豪）

【张湾区】　至2015年底，全区公路通车里程890.86公里，路网密度130.36公里/百平方公里，其中高速公路50.98公里、一级公路58.92公里、二级公路52.42公里、三级公路44.18公里、四级公路495.26公里、等外公路189.1公里。

基础建设。全年完成交通固定资产投资2.75亿元，比上年增长46.7%。316国道柏林至黄龙段改扩建一期工程斤坪砖厂至双丰店全长3公里，已建成通车。十竹公路张湾段二期改扩建工程路段全长14.45公里，路基已完工，在进行稳定砂铺设。岳竹关隧道全长1580米，已进洞1200余米。三峡路工程可行性研究报告编制完成，省发改委已组织召开专家评审会，水利、环保、土地要件办理完毕。209国道双楼门至柳陂段改扩建、辽瓦至十堰一级公路、朱庄至安城二级公路张湾段工程可行性研究报告编制完成。通村公路完成路基100公里、路面100公里。六堰至柳家河村公交车、发动机厂青年桥至蔡家村、市艺校至桃子村、小峡至舒家等8条公交线路开通，方便村民出行。方辽路景观绿化工程已完成；十竹路张湾段二期景观绿化工程在进行设计中。

行业管理。将600余公里农村公路养护任务分解到各乡镇街办、西城开发区，层层签订养护责任书。全面清扫辖区通村公路路面，整修路肩，疏通水沟，清理垃圾，拆除影响道路通行的违章建筑物、障碍物，确保路基、边坡稳定。全面巡查公路陡弯、急坡、重点危险路段，设置安全警示标志、错车道、安全防护栏等安保设施，投资300多万元，安装农村公路钢护栏18公里，修复挡墙6000立方米，清除塌方10000立方米；完成二方路路面维修工程，修补稳定砂基础1.98万平方米，修补沥青面层3.50万平方米，确保道路安全畅通。

安全应急管理。坚持每月召开一次安全生产联系会，实行安全属地管理，施工安全责任书与施工合同同步签订，制定和完善安全生产管理制度，配备安全生产现场管理员，施工现场设置安全施工标识或警示、警告标志，严格按规范程序施工。继续采取现场检查、督促等方式，强化源头安全督查，进行经常性的公路巡查，及时排查隐患。与涉水的黄龙、方滩乡政府签订水路安全责任书，并会同市海事局督促地方政府落实安全措施，会同并督促方滩乡对存在重大安全隐患的22条船只进行销毁处理，消除水上重大安全隐患。与各乡镇街办、西城开发区签订道路安全责任书、农村公路安保责任书、农村公路养护责任书。全区交通安全形势良好，未发生一起安全事故。

文明创建和廉政建设。开展文明单位创建、"五城联创"攻坚、"精准扶贫"帮扶、"项目一线"服务等活动，全面提升行业文明服务水平。认真办理人大代表建议和政协委员提案，共办理人大代表建议、政协委员提案共22件，办结率、见面率100%；及时办理信访件，信访办结率100%。组织机关副科级以上干部参加"廉政大讲堂"活动。　　　　（汪辉）

【武当山特区】 至2015年底，全区公路通车里程620.4公里、路网密度198.84公里/百平方公里，其中高速公路6公里、一级公路4公里、二级公路10.4公里、三级公路260公里、四级公路340公里。内河航道通航里程22公里，港口1个，生产性码头泊位8个，渡口6个。客运站2个，包括临时大型客运站1个、三级客运站1个，货运站1个。

基础建设。全年完成交通固定资产投资2.20亿元，比上年增长4.5%。普通公路建设完成投资1.04亿元，在建一级公路完成路基3.8公里、路面0.9公里，桥梁主体工程完成260米，建成通村公路20公里，年度等级公路新增生产能力20%以上。水运及港航建设完成投资1000余万元，新增泊位20余个，港航通过能力最大可达1000余吨。在建二、三级客运

武当山旅游公路

站完成首期投资150万元。建成老营进山大门—景区乌鸦岭25公里、景区磨针井二道垭子—索道下站琼台15公里、六里坪蒿口村至五龙宫景区18余公里3条景区公路。5年累计完成通村公路390余公里，城乡互通水平进一步提高。

综合运输。武当山城区有道路客运企业4家、水路客运企业1家，客运车辆200余台、游船20余艘，出租车10台。城区小型停车场（容量300辆）1个、大型停车场（容量1000辆）2个、景区大型停车场（容量3000）1个、中小型停车场4个；水上码头4个、车船等候点26处。全年完成货物周转量7000万吨公里、旅客周转量2.82亿人公里，完成水路客运量6万人。

行业管理。抓好国省干道养护，其中管养国道14.1公里。清扫路面3005公里，清理边沟257.5公里，清理道路垃圾720吨，修补坑槽5221平方米，清除塌方1553立方米，补植树木315株，疏通涵洞56道。以"迎国检"为契机，集中投入力量，对316国道武当山段实施大翻新工程，实现国省干线公路技术状况、通行状况优良率均为100%。对五龙景区公路边坡塌方进行治理2次，投入20余万元对通村公路重点险段进行安全改造建设，装设安全指示牌、铸铁减

速带、安全防护栏，经常性深入归口企业督查整改安全隐患，查治陆路水路隐患问题17项。拆除非公路用标志18块，清理占道堆放物47处650平方米，制止违章建房2处479平方米。坚持"净化市场、突出打黑"指导原则，出动执法人员630余人次，接管高警移交客运车辆6辆，查处违章车辆33台，查获"黑车"29台，有效遏制了非法营运蔓延的势头，道路旅客运输市场秩序明显转好。水路交通执法出巡监管船艇120余艘次、执法人员300余人次，纠正船舶违章78起，消除隐患55处，通航水域未发生交通安全事故。

安全应急管理。修编《特区交通运输系统安全生产事故应急救援预案》《特区交通运输系统紧急突发事件应急预案》《特区交通运输系统预防和处置群体性事件应急预案》《特区交通运输防汛抢险工作应急预案》。成立3支应急队伍、专兼职人员60余人，每年进行专职培训和应急演练2次以上。同时在雨雪冰冻、节假日出行高峰等重要时间段，及时组织和有效实施现场应急管理和抢险除险工作，无重大事故发生。全年现场除险费用投入应急资金40余万元，施工排险机械、车辆7台，救援船舶3艘，救生服200余套，消防救火器械180余件。　　　　（王丰）

襄阳市交通运输

【概况】　至2015年底，全市公路通车里程29059公里、路网密度147.51公里/百平方公里，其中高速公路392公里、一级公路647公里、二级公路2069公里、三级公路1263公里、四级公路23215公里、等外公路1473公里。内河航道通航里程532.25公里，港口1个，港区7个，生产性码头泊位179个，渡口119个；港口岸线492.9公里，码头利用岸线11.2公里，生产性泊位95个；登记在册船舶运力325艘、11.55万载重吨。客运站88个，其中一级客运站3个、二级客运站7个、三级客运站4个、四级客运站5个、五级客运站69个，简易站5个，货运站11个。

基础建设。全年完成交通固定资产投资131.99亿元，与上年同比增长8.2%。其中，境内高速公路建设完成投资64.9亿元，麻竹高速襄阳东段建成通车，新增高速公路58.7公里。麻竹高速襄阳西段、保宜高速襄阳段通过竣工验收。襄阳绕城高速东段完成除跨汉丹铁路桥外的全部路基路面工程，保神高速公路建设启动。普通公路建设完成投资58.4亿元，建成一级公路路基134.53公里、路面159公里，二级公路路基372.83公里、路面469.21公里，县通乡公路95.1公里，通村公路1174公里，渡改桥1295.6延米，改造农村公路危桥3591延米。港航建设完成投资2.59亿元，汉江航道局部整治工程完工，襄阳港小河港区一期工程完成全部桩基施工，陈埠港区综合码头完成38根桩基施工，襄阳港喻家湾港区综合码头完成前期工作。站场建设完成投资1.25亿元，老河口市高速汽车客运站和谷城县高速汽车客运站主站房基本完工，保康县马桥汽车客运站完成主体工程，襄阳汽车客运南站、南漳县汽车客运中心站和襄阳汽车客运西站完成前期审批工作，新建农村综合服务站3个、候车亭475个、招呼站833个。物流园区建设完成投资4.85亿元，襄阳物流信息中心、襄阳汽车产业物流园（一期）、老河口大通综合物流中心（一期）工程建成投入使用；襄阳物流信息中心与广东林安物流园签订正式合作协议，已完成信息大厅改造和平台软件开发，于10月28日投入试运行；襄阳乾通物流中心主体工程基本完工，在进行配套设施建设及招商工作；宜城市天兴物流中心、南漳县吉美家综合物流中心、枣阳百盟商贸物流中心主体工程基本完成，在进行配套设施建设中。

综合运输。全年完成道路客运量1.03亿人、旅客周转量52.48亿人公里，货运量2.59亿吨、货物周转量507.36亿吨公里，同比分别增长6.83%、10.32%、4.46%和5.00%；完成水路客运量25.69万人、旅客周转量401.5万人公里，货运量1171.9万吨、货物周转量19.27亿吨公里，同比分别增长18%、8%、20%和19%。推进公交优先发展战略，落实《襄阳市城市公共交通改善三年行动计划（2014—2016）》，完成宜城—鄂西、南漳—水泥厂、南漳—老官、枣阳—梁集4条客运线路公交化改造；襄阳主城区新开通公交线路8条，延伸运营里程59公里，更新公交车辆171台。县（市）以城关为中心20公里范围内客运班线公交化率达到70%。采取多种方式解决了193个行政村不通客车问题，其中城市公交方式15个、公交化运行方式5个、客运班车方式88个、区域运行方式30个、约租车等其他方式55个。加大基础设施建设力度，累计完成连通循环路144.8公里、路基加宽（路肩培土）5755公里，新建错车道（错车台）6507个，完成安保工程1746公里，危桥改造105座2468.8延米。新建乡镇客运站2个，维修、改造候车亭257个，新建候车亭475个，新建招呼站833个。4月14日至15日，新华社、《人民日报》《经济日报》、中央人民广播电台、新华网、《湖北日报》、湖北电视台等中央和省级主流媒体，到襄州区、老河口等地对"村村通客车"进行了专题采访。

行业监管。1月30日，襄阳市

2015年12月31日，麻安高速南漳北互通金漳大道连接线竣工

2015 年 4 月 14 日，襄阳老河口市村村通客车

交通运输局、公安局、城管局、水利局、工商局、质监局联合发布《关于进一步加强车辆超限超载治理工作的通告》，2 月 4 日正式启动车辆超限超载治理，全年查处超限超载车辆 12400 多辆，依法强制拆除非法加高墙板车辆 4780 余台，卸（转）载货物 30000 余吨。紧扣"打非治违、保障安全"主题，强化市场监管，建立部门联动和"教育规范、责令改正、行政处罚三步式执法""严重违法通报约谈""经营违章定期通报"，推行"违章记分"及严重违章"黑名单"等查违纠章综合监管制度，集中开展以主城区"打黑"和"两客一危"为主要内容的专项整治行动，以治理车辆非法改装为主要内容的货运源头超限超载整治行动。全市运管机构查出各类违规经营行为 3427 起，部门联动查处违法 35 起，协查外地来函抄告 51 件，涉及本地车辆违章 509 起，查获非法改装车辆 1556 台；查处非法营运车辆 1441 辆。联合乡镇政府和城管部门综合整治路域环境，查处及制止 7 条国省道 210 处违法建筑，没收非交通标志 1893 块，清理乱搭乱建 985 处，制止摆摊设点 800 余处。开展船舶超载、"打非治违""四船共治"、客渡船乘客定额复查、船舶吨位复核等专项活动，积极推进内河船型标准化建设，引导改建船舶加大新能源应用力度。

现代物流。纳入全省交通运输"十二五"规划的 7 个物流建设项目进展顺利，《襄阳国际陆港物流园发展规划（2015—2030）（初稿）》编制完成。启动卡行天下襄阳物流枢纽，推动襄阳物流企业通过互联网平台逐步向专线物流配送信息化、专业化及标准化发展。提升襄阳物流行业品牌意识，加大物流示范企业（园区）、重点物流企业培树力度，有 2 家物流企业（园区）被省物流发展局评为物流示范企业（园区）、9 家物流企业被省发改委、省现代物流联席会议办公室命名为第三批重点物流企业、3 家物流企业被省物流与采购联合会确定为湖北省物流企业 30 强。至 2015 年底，全市有 A 级物流企业 44 家（其中 5A 级 1 家、4A 级 25 家、3A 级 13 家、2A 级 5 家），有各类运输、仓储、第三方物流企业、货运信息企业等 1200 多家。

安全管理。突出旅游客车、包车客车、三类以上班线客车和危险货物运输等重点营运车辆动态监管。组成 3 个督查组采取"四不两直"（不发通知、不打招呼、不听汇报、不用陪同接待、直奔基层、直插现场）方式，重点抽查危化品运输企业、车站、渡口、码头、施工现场等重点部门和环节，全面排查安全隐患。全市道路运输行业出动执法人员 759 人次，排查隐患 370 起，整改隐患 370 起。联合公安、城管、水利等部门启动市区超限超载整治行动，查处超限超载车辆 12400 多辆，依法强制拆除非法加高墙板车辆 4780 余台，卸（转）载货物 30000 余吨。全市未发生水上交通安全责任事故，交通建设工程、道路运输行业没有发生重大责任事故及社会影响恶劣事件。

依法行政。全年举办各类法制培训班 83 期，实现全市 1500 名交通运输执法人员全覆盖。制定《重大行政决策规则》《重大行政决策听证规则》《重大行政决策责任追究制度》《重大行政决策论证和评估制度》。推进执法标志标识、执法服装、执法证件、执法场所外观"四统一"，完成 55 个执法单位外观统一建设。10 月底，襄阳交通运输简政放权、放管结合、优化服务和"三基三化"建设等，受到交通运输部法制司的充分肯定。市政府法制办组织全市行政执法案卷评查中，市交通运输局获二等奖。交通运输综合执法改革方案获市政府批准。

廉政建设。突出干部管理重点，为市直交通运输系统 160 多名科级干部和局机关党员干部建立廉政档案，完善"四个不直接分管""三重一大"决策等制度。组织近 700 名党员干部集体接受警示教育，提高党员干部廉政意识。全面启动"转作风、抓落实"活动，重点围绕吃拿卡要、办事拖拉和违反工作纪律等 9 个方面突出问题，展开监督监察和执纪问责。（徐旭贤）

【枣阳市】 至 2015 年底，全市公路通车里程 4808.16 公里、路网密度 146.72 公里 / 百平方公里，其中，高速公路 67.62 公里、一级公路 35.95 公里、二级公路 458.19 公里、三级公路 233.55 公里、四级公路 3778.22 公里、等外公路 234.63 公里。客运站 12 个，其中一级客运站 1 个、五级客运站 11 个，货运站 3 个。

基础建设。全年完成交通固定资产投资 2 亿余元。建成 316 国道枣阳城区至常庄段改建工程路基 19 公里、路面 3 公里，272 省道枣阳市刘升至兴隆段改建工程路基 7.1 公里，316 省道枣阳新市至襄州黄集段改建工程（枣阳段）路基 12 公里、路面 9.3 公里；改造二级公路杨垱至王岗公路 17.8 公里；投资 1764 万元，实施麻竹高速平林连接线（平宋路）10.8 公里；建成通村公路 163 公里，县乡公路改造清平路 8.7 公里、榆刘路 8.5 公里、梁高路 8.3 公里、吴店良种场至火车站 2 公里；完成熊河风景区至白水寺景区旅游公路 20 公里招投标等前期工作；全面加强农村道路基础设施改善，完成路基加宽 1900 多公里、硬化路肩 980 公里、路面破损修复 12.4 万平方米、大修公路 2.5 万平方米，新增设错车台 631 处。完成汽车东站建设工程勘察设计、公铁换乘中心项目选址及规划用地红线等前期工作。

综合运输。全市有营运客车 420 辆、12382 座位，营运货车 16296 辆、196272 载重吨位。跨省客运线路 23 条、跨地市客运线路 8 条，农村客运里程 890 公里，农村客运线 102 条，全市乡镇行政村通客车覆盖率达到 100%。全年完成道路客运量 1682 万人次、旅客周转量 8.71 亿人公里，货运量 5446 万吨、货物周转量 124.73 亿吨公里。有驾校 7 家，机动车维修企业 160 家，其中一、二类企业 50 家、三类企业 110 家。出租汽车公司 4 家，出租汽车 300 台，从业人员 600 名。城市公交线路 14 条，营运车辆 133 台。有规模物流运输企业 12 家，运输车辆 858 台、载重吨位 9587 吨。具有一定规模的物流园区 3 个，拥有铁路货场 3 家。

行业管理。加强出租汽车经营行为监管力度，全年查扣机（电）动三轮车 265 辆次，老年代步车 40 辆次，载客营运"黑的"156 辆次。鼓励企业发展中长途客运、快速客运、旅游客运，加快营运车型由开放、散装型向厢式、甩挂型发展。通过设置连锁维修服务网点，吸收三类维修企业合作、加盟，形成品牌连锁效应。整合驾培市场资源，鼓励驾培机构创新经营理念，基本建立"四统一、两集中"经营管理模式。勤抓公路日常养护，加强标准路基整修，通过整治边沟排

水、清理整修路肩等措施，确保公路和桥梁设施功能完好。以"迎国检"为契机，多方筹集资金，启动东郊应急中心新建和东郊、陈岗站房改造，将养护站、治超站和应急中心三位一体的基层站点规划好、建设好、美化好。深入开展"标准化路政大队"创建、超限车辆治理和路政巡查管理，维护路产、路权，确保公路安全畅通。拆除大型广告牌 12 块、非交通标志牌 76 块，取缔加水点 3 处，清除乱堆乱放 1000 余立方米；查处路损案件 7 起，结案 7 起；查处超限车辆 2973 台次，卸（转）载货物 2646 吨，其中联合治超期间督促自行切割非法改装车辆 227 台，强制切割 141 台，查处超限车辆 94 台。

安全管理。按照"三关一监督"职责，督促道路运输企业建立健全安全管理制度和突发事件应急预案，不定期到运输企业和危险品运输企业，对其资质条件、车辆状况、生产厂房等进行安全检查。强化汽车客运站安全源头管理，严格执行客运站"三不进站五不出站"要求，落实首班检测制度，规范安检工作程序，门检"双签率"达到 100%。道路运输生产无重特大事故发生，水运生产连续 36 年实现安全生产无事故。

文明创建和廉政建设。深入开展廉政三做起、"廉政阳光示范工程"创建、治庸问责等专项活动，认真落实"一岗双责"，从内容到形式上构建起反腐拒变体系，杜绝各类腐败案件发生。充分发挥党组织战斗堡垒作用和党员干部先锋模范带头作用，基层党组织建设取得新成效。2015 年 2 月，局机关被枣阳市委评为最佳文明单位，枣阳市道路运输管理局被交通运输部评为全国交通运输行业文明示范窗口；5 月，枣阳市公路局东郊治超检测站获 2014 年度"襄阳市青年文明号"称号。

（谢少波）

【宜城市】 至 2015 年底，全市公路通车里程 3585.41 公里、路网密度 161.05 公里／百平方公里，其中高速公路 91.53 公里、一级公路 56.49 公

里、二级公路 281.57 公里、三级公路 191.63 公里、四级及以下公路 2964.19 公里。内河航道通航里程 65 公里，拥有港区 7 个、客货码头 55 个、泊位 67 个，其中 500 吨级泊位 2 个，达标渡口 19 处。客运站 10 个，其中一级客运站 1 个、二级客运站 1 个、四级客运站 2 个、五级客运站 6 个，货运站 1 个。

基础建设。全年完成交通固定资产投资 43007 万元。完成疏港公路城区段新建工程 1.96 公里、218 省道大修工程 7.6 公里、346 国道宜城城区至二广高速宜城北站段改建工程 5.84 公里、207 国道宜城周岗至桃园段扩建工程 12.84 公里。完成雷李路 20.30 公里、朱雷路 18.49 公里、新王路 18.07 公里、小九路 16.80 公里、杨雅路 28.96 公里、松林寺旅游公路 5.39 公里、马头寨旅游公路 17.3 公里、板邓路 19.12 公里 8 条路的提档升级。建成通村水泥路 93 公里。宜远线城区至雷河火车站段 6.67 公里改建工程可行性研究报告已批复，初步设计通过评审。协助完成麻竹高速公路宜城段各项建设任务，除上跨铁路桥在铺筑外，宜城境内基本全线通车；协助完成枣潜高速公路宜城段前期工作。

公路养护。加强日常养护，做好国省干线路面清扫保洁工作，确保管养的 183.13 公里路貌整洁、安全畅通。巩固完善标准路基 320 公里，挖除高路肩 2.58 万平方米，清理边沟 3.9 万米，207 国道新栽绿化树木 5700 余棵，清除路段堆积物 900 余立方米。207 国道维修路面 2.84 万平方米、硬化路肩 24 公里，新建 U 型沟 6210 米，修补基层和路面坑槽 10259 平方米；完成 207 国道、襄钟线、宜远线、随南线路面水泥路面补灌缝 49300 米，沥青路面灌缝 74239 米；完成县乡道路面维修 3.15 万平方米。补齐公里碑 36 块、百米桩 585 块，维修钢护栏 188 米，新建钢护栏 2000 米，新修、维修浆砌边沟 1885 米。加强桥涵养护工作，清除锥坡垃圾、杂物 29 座，维修伸缩缝 19 道，检修汉江大桥路灯 44 盏，疏通涵洞 155 道。

综合运输。全年完成道路客运量1073万人、旅客周转量52479.02万人公里，完成货运量1760万吨、货物周转量319939万吨公里，分别比上年增长6.87%、10.32%、4.46%、5%。全市拥有出租汽车141辆；民用汽车34828辆，比2014年增长34.6%。"村村通客车"争取"以奖代补"资金700多万元，新开辟3条大循环、9条小循环农村客运线路，延伸18条农村客运线路，投入延伸车辆70台。新增村村通客车31台，维修及新建候车亭101个、招呼站(牌)220个、综合服务站2个，全市城乡客运线路27条、客车231台，全市行政村客车通达率100%。

客运市场管理。与公安、城管、物价、广电等部门组成联合执法专班，通过宣传教育、蹲点检查、流动巡查、查扣车辆等措施，打击"黑面的""黑三轮"非法载客行为，对出租汽车违规经营、乱涨价等行为及时纠正。全年查扣、处罚"黑三轮"300余台次、"黑面的"20余台次、出租车130多台次，客运投诉明显减少。依法拆除驾校非法设点，有5家驾校通过新国标改造验收，查扣3台非法培训车辆、取缔3个非法招生点。依法对违法违规从事车辆维修等行为进行查处，纠正维修违章经营行为35户次，对全市1家一类维修企业、18家二类维修企业进行质量信誉考核，新许可3家二类维修企业。

路政管理。市政府办公室印发《宜城市联合治超实施方案》，成立专班，集中办公，联合执法，参加人员专职从事治超，确保治超各项工作落到实处。全年查处改型车辆52台，其中自行割除高强板46台、强行割除6台。开展"迎国检"路域环境整治工作，重点对207国道绕城路段路域环境进行集中整治，对摆摊设点、乱搭乱建的建筑物进行拆除。清除占道物资85处675平方米，拆除临时搭建5处，拆除制止非公路标志标牌11块，制止违法建房1处，出动工程机械台班20台(套)，铲除公路路肩和用地内种植农作物32处610平方米，取缔未经许可加水点9个。加强国省道非路用标志管理，禁止公路用地范围内设置非路用标志。小河超限站被授予全省公路行业"五星级文明站"称号。

安全应急管理。组织开展工程施工企业、出租车企业、普货运输企业、维修企业安全标准化达标考评，1家工程施工公司、2家出租车公司、5家普货运输公司、1家一类维修企业安全标准化达标基本完成。开展隐患排查"两化"(标准化、数字化)建设，所有交通企业全部登录上网，实现"三个15天"运行操作。组织开展水上应急搜救、道路阻断抢通、危险品泄漏、客运站失火扑救、旅客紧急疏散等5个科目的应急演练。全年旅客运输、水上交通、工程施工、危险化学品运输、客运站场没有发生安全生产责任事故和人员伤亡事故。

（胡浩亮）

【南漳县】 至2015年底，全县公路通车里程5639.05公里、路网密度146.1公里/百平方公里，其中高速公路66.55公里、一级公路38.7公里、二级公路284.6公里、三级公路331.6公里、四级公路3850公里、等外公路1067.6公里。内河航道通航总里程79公里，旅游码头泊位14个，渡口12个。客运站14个，其中二级客运站1个、四级客运站2个、五级客运站11个，货运站1个。

基础建设。全年完成交通固定资产投资4.71亿元，同比增长29%。启动高速公路连接线、二级公路改建、农村公路、危桥改造以及"村村通客车"等重点工程22个，竣工21个。完成高速公路连接线3.56公里，完成二级公路改扩建路基57.13公里、路面44.88公里，完成公路大修46.88公里；完成农村公路新建255公里、农村公路维修改造320公里、安保工程236公里，完成干线公路、农村公路危桥改造5座。

公路养护。以争创全国"四好农村路"示范县为目标，不断健全农村公路管养机构，在全县各镇区建立农村公路养护机构，每个行政村配备1名以上的农村公路养护员，基本形成"有路必养、养必到位"的农村公路管养体系。南漳县乡镇公路管理所被交通运输部表彰为"全国农村公路养护与管理先进集体"。

综合运输。全年完成客运量1104万人、旅客周转量55172万人公里，同比增长6.9%、10.3%；完成货运量2842万吨、货物周转量293865万吨公里，同比增长4.4%、5%。新增、更新农村客车16辆，比上年增长9.8%；高级客车30辆，比上年增长20%；重型、专用货车248辆，比上年增长10%；甩挂运输车辆34辆，比上年增长17%；厢式货车221辆，比上年增长30%。新建港湾式公交候车站亭12

2015年12月17日，南漳城关至薛坪二级公路改扩建工程竣工通车

2015 年 11 月 22 日，南漳县首个农村社区客运中心站建成投入使用

处，建成全县首个农村社区客运中心站。

行业管理。全年巩固完善标准路基 326 公里，完成干线公路绿化 465 公里，列养公路干支平均好路率、干线好路率、标准化路基建设 3 项公路养护指标，比 2014 年提升 2 个百分点，县公路局被省公路局表彰为"十二五全国干线公路养护管理迎检工作先进集体"。联合交警、安监等部门，开展公路超限超载联合整治行动，全年查处超限超载车辆 192 台，卸载货物 539 吨，境内超限超载运输率控制在 4% 以内。开展规范客运市场经营行为专项整治行动，全年查处城市公交车、出租车、班线客运等五大类营运车辆违法违规经营行为 542 起，查扣无资质非法从事客运车辆 23 台。对汽车维修、驾驶员培训、危险品运输、水上交通等行业进行规范整治，运输市场秩序明显好转，运输行业服务质量明显改善。

科技与信息化。11 月 25 日，南漳县公路局在 305 省道涌泉段、250 省道双坪段、251 省道花庄段等主要干线安装 6 套交通量调查自动观测和传输系统。该系统通过安装在公路上的交通量数据采集模块，可现场分类记录通过该路段的车型及数量，实现现场数据实时采集和自动传输，从而结束了过去交通量调查人工观测记录

的历史，开启自动观测和传输新时代。

安全应急管理。强化安全监管，扎实开展道路危险品运输和水上交通安全应急演练，积极排查治理各类安全隐患，全年交通安全态势稳定，无重大责任事故发生。

投融资。依托县亨昌交通投资公司平台，通过市场运作、抵押贷款等方式，全年筹措交通建设资金 3500 万元。通过招商引资，引进民营企业投资 2 亿元参与金漳大道、发展大道与麻安高速 2 条连接线建设。

文明创建和廉政建设。全面落实党风廉政建设主体责任，深入推进廉政文化"六进"活动，始终坚持党员干部自我教育、警示教育不放松，全年无腐败案件发生。开展创先争优和文明创建活动，南漳县交通运输局机关连续三届被评为"省级文明单位"，连续 11 年为全市交通运输系统年度综合目标考核第一名；南漳县公路管理局被评为"2013-2014 年度省级文明单位"；涌现出"全国交通技术能手"王祖银、"全省劳动模范"郝文海、"全省交通运输行业十行百佳标兵"何红玲等一批先进个人。　　（何靖）

【保康县】　至 2015 年底，全县公路通车里程 4863.77 公里、路网密度 150.81 公里 / 百平方公里，其中高速公路 123.11 公里、二级公路 342.62 公

里、三级公路 97.15 公里、四级公路 2686.89 公里、等外公路 1614 公里。渡口 8 个。客运站 11 个，其中二级客运站 1 个、五级客运站 10 个，货运站 1 个。

基础建设。全年完成交通固定资产投资 49340 万元，同比增长 8.7%。其中普通公路建设完成投资 40880 万元，襄关线保康城区段改建工程（县城绕城路）完成投资 14200 万元，两峪至马良段改建工程 19.67 公里完成投资 11000 万元，保康石板沟至南漳板桥段改建路基工程 8 公里完成投资 2600 万元，保宜线朱家场至五道峡段大修工程 18 公里完成投资 3250 万元，白茨线欧店至高桥河至马桥段 22 公里完成投资 3700 万元，后高路旱拱桥、襄关路蒋口桥危桥加固工程完成投资 590 万元，干线公路安保工程钢护栏 2.35 公里、防撞墙 800 米完成投资 80 万元。完成旅游公路野花谷大桥 156 延米、投资 750 万元，寺坪大畈旅游公路刷黑工程 6.77 公里、投资 350 万元，五道峡景区分水岭至横冲旅游公路 6.78 公里、概算投资 160 万元。建成通村水泥路 138 公里，新建农村公路桥梁 6 座 280.2 延米，新修错车道 536 个、路肩培土 432 公里、安保设施警示标志（牌）689 套、钢护栏 6636 米、防撞墙 9816 米、防撞墩 576 个、减速带 350 米，建指路牌 220 个、示警桩 7829 个。维修、改造候车亭 22 个，新建候车亭 39 个、招呼站 77 个。完成歇马大桥危桥加固工程 91 延米、投资 4200 万元。客（货）运站场建设完成投资 8000 万元，高速旅游汽车客运站主站楼完成主体工程和室内外装修。城区公交车站建设完成投资 460 万元。

综合运输。全年完成道路客运量 1278 万人、旅客周转量 42475 万人公里，货运量 1455 万吨、货物周转量 299867 万吨公里，分别比上年增长 6%、7%、7%、9%。营运车辆逐步向大型化、专业化和高级化方向发展，中高级客车及专用货车比例稳步增长。全县拥有营运车辆 1852 辆，其中客车 330 辆、货车 1392 辆、农用车 130 辆。客运班线 190 条，其中跨省市县际班线 17 条、

客车 25 辆；县境内班线 173 条、客车 305 辆。公交线路 2 条、公交车 14 辆。机动车维修企业 86 家，其中一类维修企业 1 家、二类维修企业 12 家、三类维修企业 73 家。危险品运输企业 1 家。驾驶员培训学校 4 家。

行业管理。加强列养公路养护，全年清扫路面 11617 公里、清理边沟 3625 公里、清理涵洞 2752 道，完成后高路、保宜路路面灌缝 43 公里，襄关线、保宜线、白茨线、保兴线采取打沥青带方式处理不规则宽缝及错台 3500 平方米。投资 100 余万元对歇马、羊五、西牛湾公路管理站进行维修改造，后坪道班站房新建工程进入装修阶段。开展超限超载专项整治，维护路产路权。全年清理堆积物 220 处，清理堵塞边沟 56 处，拆除非公路标志 30 块。查处超限车辆 412 台，转（卸）载车辆 412 台，卸载货物 136 余吨。查处加轴、加胎车辆 225 台，拆除悬浮轴车辆 165 台，拆除高栏板车辆 103 台，车辆超限超载现象得到有效整治。加强客运市场源头管理，开展汽车客运站经营行为专项整顿活动，严格落实"三不进站、六不出站"及安全例检规范、出站签证规范、"三品"检查规范。

安全应急管理。以"打非治违""安全隐患排查""安全生产月"等专项活动为载体，强化安全生产责任制的落实，切实加强道路运输、险路险段与危桥、工程施工、水上交通、汛期应急等重点领域、重点环节的安全监管。开展安全隐患排查与整改，建立安全管理台账，确保交通运输安全生产形势持续稳定。

文明创建和廉政建设。严格执行党风廉政责任制，强化作风建设，狠抓制度建设。全面推进预警防控体系建设和反腐倡廉"十个全覆盖"，开展廉政文化"六进"活动，打造"廉政阳光交通"。保康县交通运输局、县公路管理局被评为市级文明单位，县交通物流发展局被评为市级最佳文明单位，县交通运输局被县委、县政府授予"2015 年度工作成绩突出单位""政务工作成绩突出单位""议案提案和意见建议办理工作成绩突出单位"等荣誉称号。　　（朱兴隆）

【谷城县】　至 2015 年底，全县公路通车里程 3766.17 公里、路网密度 147.52 公里/百平方公里，其中高速公路 83.45 公里、一级公路 49.63 公里、二级公路 99.06 公里、三级公路 275.89 公里、四级公路 2702.65 公里、等外公路 555.49 公里。内河航道通航总里程 184.5 公里，港口 3 个，生产性码头泊位 6 个，渡口 26 处。客运站 10 个，其中二级客运站 1 个、三级客运站 1 个、五级客运站 8 个，候车亭及招呼站 330 个，货运站 1 个。

基础建设。全年完成交通固定资产投资 7.88 亿元，同比增长 20%。公路建设：盛赵路全长 49 公里、总投资 5.7 亿元，11 月 30 日提前完工；303 省道庙滩段完成路基 4 公里，南川桥完成半幅主体建设，剩余 14.46 公里造价审计完成，招投标工作结束；盛五路建设全线推进；南河三桥 3 公里接线工程基本建成；石开路 34.1 公里刷黑工程提前完工。继续抓好农村通畅公路建设和危桥改造，实施村路连通和向自然村延伸工作，完成 117 公里通畅建设任务，新争取 36 公里撤并村水泥路建设计划和 13 公里县通乡工程，建成青龙山、金盆岭、窑岭和龙湾村通村水泥路，实现村村通水泥路。港航建设：襄阳港喻家湾港区格垒嘴综合码头建设工程可行性研究报告，于 12 月 29 日获省发改委批复，该项目设计为 1000 吨级泊位 4 个，年吞吐量为 289 万吨，其中杂件泊位、散货泊位各 2 个，年吞吐量分别为 69 万吨和 220 万吨，泊位总长 390 米，平台总长 366 米，港区占地总面积 10.08 万平方米，工程概算投资为 2.8 亿元。站场建设：北辰汽车客运站位于城关镇东升社区和曾家营社区交界处，占地面积 73.1 亩，估算总投资 4889.84 万元，建设规模为二级客运站，集候客、公交中转、停车、维修、检测于一体，2014 年 6 月 16 日动工，2015 年 11 月完成候车大厅主体工程和外墙装修；建成赵湾、南河五级客运站。物流园建设：谷城县综合物流中心位于谷城县经济开发区再生工业园，是以公路货运枢纽功能为主的物流园区，该项目已完成园区内停车场硬化和完善配套设施，信息中心和交易中心投入使用；庙滩综合物流园项目位于谷城县庙滩镇宣武街，总面积 150 亩，集仓储、中转、交易为一体，总投资 2 亿元，2015 年完成投资 2415 万元。

公路养护。4 月，按照公开公平公正的原则，对干线公路 18 个养护班、206 公里列养公路实行新一轮养护承包权招投标，不仅节约了养护成本，又有利于养护管理工作的开展。全年完成修补坑槽 11574.26 平方米，垫补坑槽 748 立方米，处理沉陷 470.5 立方米，清扫路面 14655.1 公里，清理边沟 656.543 公里，整修高路肩 243936 平方米，灌缝 52277 米，清除垮方 23300 立方米，整修路基 12385.6 立方米，完善公里碑、百米桩、标志等 823 块（处），道路标线标划 18826.44 平方米；农村公路养护里程 1500 公里，日常养护管理采取以村为主、公开招聘、竞争择优办法进行，全县配备 294 名养护人员，逐人配备养护服装与工具，平时检查由村负责、月度检查由乡镇考核、季度检查由县农路办抽查，年度根据考核结果发放养护经费。

综合运输。完成道路客运量 4955.57 万人、旅客周转量 200427 万人公里，货运量 4317.52 万吨、货物周转量 442078 万吨公里，比上年分别增长 8.07%、9.39%、10.98%、10.66%；完成水路客运量 10.41 万人、旅客周转量 146.6 万人公里，货运量 9.24 万吨、货物周转量 1078 万吨公里，比上年分别增长 6.99%、7.32%、7.44%、7.58%。有道路营运客车 393 辆，客运出租车 103 辆，客运班线 99 条，其中跨省班线 11 条、跨市县班线 27 条、县内班线 61 条；开通农村客运线路 37 条，新投放客车 25 辆，延伸农村客运线路 21 条，开通旅游专线 3 条。有持证营运货车 3095 辆，其中新增货车 222 辆。新开通城区至黄康 8 路公交线路、谷城至薤山旅游公交线路。新建或改建公交候车亭 20 个，投资 100 余万元。

运输安全。严格落实"党政同责、一岗双责、齐抓共管"制度，出台《谷城县水上交通安全管理办法》，实施渡船标准化更新改造，对50艘客渡船和总重12吨以上重型载货汽车按规定安装使用卫星定位装置，对716名货车驾驶人员进行继续教育培训考核，15家运输企业完成安全生产达标创建，圆满完成春运、"十一"黄金周运输。全年组织参加应急安全演练4次，排查安全隐患216个，整改到位216个，无交通运输安全事故发生。

行业监管。开展城区客运市场专项治理行动，查处出租"黑车"67台、查扣非法营运三轮车300余辆，城区客运秩序得到改善；出台《谷城县道路交通环境综合治理实施方案》，查处超限运输车辆1492台次，卸（转）载3789吨，查处并恢复改装车辆267台，处理路损案件22起，查处涉路违法案件23起。加强港航海事管理，完善船舶技术档案，检验各类船舶35艘、707总吨、646.44千瓦、1287客位。春运期间，投入营运客车347台、船舶47艘，发班3.2万台（次），水陆疏运旅客130万人，未出现旅客滞留、积压现象，没有发生安全责任事故。

文明创建和廉政建设。建立和完善"一对一"式主体责任约谈、下级党组织每年向局党委述职述廉等制度，加强廉政风险防控，开展风险点排查，梳理风险点130个，明确防控措施86项。推出文明示范窗口、文明执法标兵、明星驾驶员、最美的哥的姐等创建"品牌"，谷城县港航所被省港航海事局授予"六型"文明示范窗口。　　　　　（冷俊）

【老河口市】　至2015年底，全市公路通车里程1876.80公里、路网密度181.86公里/百平方公里，其中一级公路56.51公里、二级公路119.02公里、三级公路111.19公里、四级公路1526.58公里、等外公路63.50公里。内河航道通航总里程57.8公里，港口1个，生产性码头泊位32个，渡口2个。客运站9个，其中二级客运站1个、三级客运站1个、五级客运站7个，

2015年4月14日，襄阳老河口市客车行驶在村路上

货运站1个。

基础建设。全年完成交通固定资产投资8.5亿元，同比下降21%。建设高速公路连接线、二级公路改建、农村公路、危桥改造、港口建设以及"村村通客车"等重点工程11个，竣工2个、在建续建7个、启动2个。老宜高速公路老河口段完成挖方96.6万平方米、填方113.7万平方米、特殊地基处理50.5万平方米、圬工砌体防护3675方、排水工程20930米，桥梁工程完成桩基88根、承台、系梁32座、墩台身58个、盖梁32个、梁板预制145片、梁板安装156片，完成通道30座、涵洞22座；完成普通公路建设34.9公里，建成路基1.5公里，完成干线公路、农村公路危桥改造2座。完成余家桥连接线工程615米，老河口高速客运站在进行主站楼装修，陈埠港综合码头工程在进行主体工程水工施工。

综合运输。全年完成公路客运量883万人、旅客周转量4.86亿人公里，分别比上年增长28.99%、15.53%；完成公路货运量1619万吨、货物周转量31.10亿吨公里，分别比上年增长4.26%、7.98%。全年新增、更新农村客车10辆，比上年增加30%。高级客车92辆，其中新增1辆。重型、专用货车773辆，比上年减少14辆；甩挂运输车辆275辆，其中新增19辆。

水运完成货运量67.5万吨、货物周转量6750万吨公里、港口吞吐量67.5万吨，均比上年增长5.18%。全市登记注册的物流企业41家，其中传统运输业30家、综合物流企业3家、仓储企业3家、邮政快递企业5家、物流园区3个。开展公交示范城市创建工作，成功入围全省二类创建城市。新建港湾式公交候车站亭8处、新开通城市公交线路3条、新增农村客运线路9条，实现217个行政村"村村通客车"。

行业管理。境内管养公路11条214.712公里，其中干线公路列养里程67.76公里（国道27.84公里、省道39.92公里）、县道列养里程146.96公里；桥梁45座3334.06延米。2015年，干线公路路面使用性能指数PQI为86.4，优良路率达到74.6%。与交警队、车管所联手，重点对跑马机、一机多卡、复制电子围栏等进行重点打击，驾培行业管理得到进一步理顺规范，全市8家驾校全部通过国标达标。开展公路超限超载联合整治行动，检查车辆133742台，查处超限车辆4156台，卸（转）载货物2789吨。对汽车维修、城市客运、危险品运输、水上交通等行业进行规范整治，运输市场秩序明显好转，行业服务质量明显改善。

安全应急管理。开展公路水路运输安全专项整治行动17次，整改公路

水路交通安全隐患 33 处。开展水路两栖应急救援和道路危险化学品运输应急抢险演练活动，全年交通安全态势稳定，无重大责任事故发生。

文明创建。开展创先争优和文明创建活动，老河口市道路运输管理所运政综合科获"襄阳市青年文明号"，老河口出租汽车司机龚志雪被评为"百名襄阳好青年"。 （刘源）

【襄州区】 至 2015 年底，全区公路通车里程 3689.06 公里、路网密度 153.32 公里/百平方公里，其中高速公路 104.09 公里、一级公路 92.52 公里、二级公路 183.4 公里、三级公路 139.12 公里、四级公路 759.6 公里、等外公路 2410.33 公里。内河航道通航里程 205 公里，旅游性码头泊位 4 个，经区政府批复达标渡口 34 处。客运站 10 个，其中一级客运站 1 个、二级客运站 2 个、三级客运站 2 个、四级客运站 2 个、五级客运站 3 个，农村综合服务站 1 个，公路货运站场 2 个。

基础建设。全年完成交通固定资产投资 7.2 亿元，同比下降 33.1%。全区新建、续建高速公路项目 1 个、一级公路项目 8 个、二级公路项目 6 个、旅游公路项目 1 个、县乡公路项目 4 个。其中，襄阳绕城高速 11.8 公里主体工程全部完工，累计完成投资 6 亿元。316 国道改建一期工程 25.17 公里完工，累计完成投资 6.38 亿元；二期工程 27.79 公里在进行路基建设，累计完成投资 2.3 亿元。207 国道改建一期工程 8.33 公里完工，累计完成投资 0.84 亿元；二期工程 18.42 公里在进行路基建设，累计完成投资 0.9 亿元。南北轴线 1.9 公里全部完成，累计完成投资 4996 万元。中环线 1.8 公里完工，累计完成投资 2.6 亿元。东外环连接线 2.27 公里已完成路基和半幅水稳基层，完成投资 5100 万元。建设 316 国道双沟段、217 省道新 316 国道至福银高速襄阳北出口段、邵马路新老 207 国道连接线段一级公路 13.23 公里，已完成 8.7 公里，投资 9550 万元。开工建设双沟新唐河大桥、埠口唐河

桥接线、翟双路、316 省道黄集至古驿孙铺段、274 省道黑牛路、古凉路二级公路 102.75 公里，已完成 85.70 公里，投资 4380 万元，其中黑牛路、古凉路已完工。建成通村公路 224 公里，完成投资 6272 万元，占区政府下达任务的 100%；完成县乡公路建设 11.4 公里，占区政府下达任务的 103.6%。完成东津至鹿门寺旅游公路改造 8.81 公里、张家集至徐窝革命烈士陵园公路 7.6 公里、现代农业示范区南北主干道 2.36 公里、毕岗至黄湾 5 公里，共投资 1775.58 万元。程河东大道 3.7 公里在建设中，完成投资 102 万元。

综合运输。全年完成公路客运量 1582.2 万人次、旅客周转量 78562.84 万人公里，同比增长 8%、9%；完成货运量 6124.98 万吨、货物周转量 15084.16 万吨公里，同比增长 11%、12%；完成港口吞吐量 323.3 万吨，水路货运量 185.85 万吨、货物周转量 17325 万吨公里，同比均增长 5%。完成伙牌中巴车公交化改造。新增货运企业 19 家，维修企业 17 家，货车 1381 辆，中高级客车 6 辆，水运运力 2500 载重吨。新建农村客运候车棚 43 个、招呼站 14 处，新开通农村客运线路 18 条，新投入客车 28 台，解决了 31 个行政村未通客车问题，全区 387 个行政村（场）实现"村村通客车"。圆满完成春运、"十一"等重大节日运输保障任务，全年未发生一起水陆运输重大安全责任事故。

行业管理。公路管养工作进一步加强，圆满完成"迎国检"任务。开展超限超载集中整治工作，查处非法改装货车 428 台，切割恢复原状 387 台。全年包车线路牌发放全部实现网上审批、电脑打印。执法车辆全部安装北斗定位系统，稽查车辆安装移动电子监控取证系统。 （王志功）

【襄城区】 至 2015 年底，全区公路通车里程 1490.04 公里、路面密度 137.74 公里/百平方公里，其中一级公路 102.94 公里、二级公路 31.17 公里、三级公路 52.45 公里、四级公路 1303.48 公里。客运站 4 个，其中二级

客运站 1 个、五级客运站 3 个。

基础建设。全年完成交通固定资产投资 5480.4 万元。共建设完成通村公路 70 公里，县乡公路改造 5.58 公里，完成危桥改造一座 49.02 米。维修通村公路路面 73003 平方米，其中欧庙镇 29503 平方米，卧龙镇 40300 平方米，余家湖办事处 3200 平方米。修建农村公路错车台 140 个、候车站（棚）150 座。

交通运输。拥有客运车辆 80 台，中巴车 26 台。开通客运线路 29 条，日发班次 368 班，营运线路总里程 1825 公里。全年完成道路客运量 311 万人次、旅客周转量 7259 万人公里，货运量 1577 万吨、货物周转量 284538 万吨公里。

农村公路建养管。全面落实设计、施工、监督责任制度，建立农村公路质量责任档案，实施工程质量追究制，健全质量监管体系。狠抓工程安全管理，确保施工安全无事故。加强农村公路日常养护，实行由各行政村对辖区内农村公路进行日常养护，由区乡道所进行考核验收，并兑现养护资金。农村公路养护要求做到路面清扫及时，干净整洁，无泥土、无污物、无散落砂石；路肩宽度不少于 50 厘米，高度不超过路面，平整坚实，无蒿草，除养护用料外无其他堆积物；边沟通畅无阻塞，无积水；路基稳固，不出现水泥路面空心、悬板和路基缺口；涵洞（管）通畅无淤塞；交通标志齐全、完好，无擅自移动、损毁、涂改、张贴等现象；倾倒树木、线杆等影响通行的障碍物及时排除；垮方要及时清除干净；公路绿化要提高成活率，不出现损毁和干死现象。 （邱丽华）

【樊城区】 至 2015 年底，全区公路通车里程 1225.87 公里、路面密度 145.5 公里/百平方公里，其中一级公路 85.07 公里、二级公路 19.16 公里、三级公路 40.62 公里、四级公路 1081.02 公里。客运站 4 个，其中一级客运站 1 个、二级客运站 2 个、五级客运站 1 个。

基础建设。全年完成交通建设固

定资产投资 4566 万元。建设完成通村公路 50 公里，完成县乡公路改造 2.2 公里。完成农村公路路肩培土 153 公里，修建错车台 44 个，安保工程 56 公里，维修增设警示牌 48 个，招呼台 48 个，候车亭 21 个。

交通运输。全区拥有客运车辆 467 台，中巴车 197 台。开通客运线路 134 条，日发班次 1256 班，营运线路总里程 5476 公里。全年完成道路客运量 3386 万人次、旅客周转量 8261 万人公里，货运量 1247 万吨、货物周转量 7.94 亿吨公里。

农村公路建养管。加强农村公路建设施工过程控制，加大源头管理。严把市场准入关，杜绝"无资质、无技术、无设备、无资金"施工队伍进入樊城农村公路建设施工市场，各乡镇办要通过招投标确定施工单位；统一标准，严格施工过程管理。新建通村公路必须做到路基宽度不低于 5 米，高低误差不超过 2 厘米，必须经过验收方可进入路面施工程序；施工路面必须达到 4 米宽、20 厘米厚，路肩必须达到 50 厘米以上。施工工艺不到位的立即停工整改。坚持"建养并重"的原则，不断强化各级交通主管部门的管养职能，建立稳定的农村公路养护资金来源，加快公路养护市场化进程，促进农村公路持续健康发展。全年投资 200 余万元，完成柿铺办事处、牛首镇、太平店镇 25 条道路进行维修养护。

（李磊）

宜昌市交通运输

【概况】 至 2015 年底，全市公路通车里程 29793.09 公里、路网密度 138.1 公里／百平方公里，其中高速公路 676 公里、一级公路 523.89 公里、二级公路 2586.49 公里、三级公路 475.74 公里、四级公路 21803.56 公里、等外公路 3727.41 公里。内河航道通航里程 678.44 公里，港口泊位 579 个，其中生产性泊位 394 个，渡口 190 处。客运站 94 个，其中一级客运站 2 个、二级客运站 12 个、三级客运站 7 个、四级客运站 8 个、五级客运站 65 个。

基础建设。全市完成交通固定资产投资 115 亿元，比上年增长 4.5%。全年新增高速公路 127 公里，宜巴高速、保宜高速宜昌段建成通车，结束了兴山、远安不通高速的历史；宜昌至张家界高速公路、宜昌至岳阳高速公路宜昌段基本建成，白洋长江大桥准备开工，江北翻坝高速、宜来高速等项目前期工作积极开展。全年建成一级公路 113 公里、二级公路 512 公里，全市"六线三环"公路主骨架雏形初备。完成公路大中修 347 公里、安保工程 746 公里，国省干线优良路率达到 81%，路况综合水平跃居全省第三位。完成县乡等级公路 111 公里、通村公路 1621 公里，农村交通出行更加便捷。白洋一期、茅坪二期、云池二期等三峡枢纽港核心港区建成开港营运，三峡国际游轮中心、三峡枢纽旅客翻坝转运中心码头、宜都红花套综合码头、兴山峡口旅游码头等项目加速推进。新增港口泊位 52 个，港口年吞吐能力达到 9400 万吨。爱奔物流园一期工程竣工并投入营运，二期工程加快建设；三峡坝区（茅坪）货运中心、远安物流中心场平工程基本完成；白洋物流园、红花套物流园征地拆迁及部分场平工程有序推进。当阳汽车客运站完工，秭归恒业客运中心站、五峰客运站加快建设，全市物流、客运站场进一步完善。

综合运输。城市公共交通服务能力不断增强，湖北首条快速公交——宜昌 BRT 试运行，日均运送乘客近 30 万人次，并被联合国区域发展中心、国际城市交通与发展研究所、国际公共交通协会等十家国际机构联合授予"世界可持续发展交通奖"。全年完成公路客运量 10187 万人、旅客周转量 53.8 亿人公里，货运量 8843 万吨、货物周转量 172.7 亿吨公里，分别比上年增长 6.8%、10.3%、3.9%、4.4%。完成水路客运量 240.5 万人、旅客周转量 2.39 亿人公里，货运量 4837.9 万吨、货物周转量 347.1 亿吨公里，分别比上年增长 22.6%、28.3%、13.56%、13.59%。港口完成货物吞吐量 7776 万吨，比上年增长 12.8%，其中集装箱吞吐量 13.06 万标箱，比上年增长

2015 年 9 月 28 日，三峡机场路改造工程完工正式通车，宜昌首条景观大道全面建成

3.7%。全市邮政业务总量达到6.9亿元，比上年增长41.52%，其中快递业务量6545.18万件。全市现代物流总产值达到1002.9亿元，比上年增长21.1%，国家A级物流企业43家，以三峡物流园为代表的国家级示范项目、以爱奔物流园为代表的省级示范项目相继建成并投入运营，物流业进入宜昌"千亿产业"行列。三峡机场开通韩国釜山国际航班，新增青岛、天津、南宁等航线，旅客吞吐量实现历史性突破，达到124.4万人次。城乡客运一体化建设大提速，开通城区至长阳、五峰两地城际公交；全市1355个行政村全面实现村村通客车；打造客货联盟，通村客运和"货运班线"结合，解决物流配送"最后一公里"的问题。

行业监管。全市交通运输行业管理和服务并重。公路养护管理实施"十大工程"，拓展公路服务功能，增强公路服务保障能力，提高公路养护科技应用水平，全面完成迎国检各项任务。全市普通公路国省干线公路PQI值达到87.48。209国道兴山段"鄂西生态文化旅游圈"畅安舒美示范路，全长65.45公里，10月建成并通过验收。开展形式多样的"法治惠民"活动，上门宣传法律法规，提供咨询服务；广泛开展"送法进基层"活动，组建"交通法治巡回宣讲团"，深入到基

层执法站所，解决一线执法突出问题，重点开展以"执法规范化、案卷评查及文书制作、执法风险与防控能力"为主题的培训。在2015年全国交通执法评议考核中，宜昌市交通运输局选送的运政执法案卷成功入选"全国交通执法十佳案卷"。运输市场专项执法和跨区域联合执法相结合，开展"百日治超"专项行动，查处超限运输车辆18510辆，卸载货物1.49万吨，超限率控制在4%以内；开展"打非治违"专项行动，运政执法行动3543次，联合执法1725次，查处违法违规数4861次，罚款540万元，查扣非法营运车辆394辆；开展驾培市场专项整治顿行动，全市查处"黑教练车"76辆，罚款22.8万元。全市办理一般程序路产赔补偿案件99件，行政处罚案件89件；超限运输赔偿简易程序案件4050件，行政处罚简易程序3096件。案件查处率和文书使用率均达100%，案卷合格率99%，无行政复议和行政诉讼败诉发生。全市收回公路路产赔补偿费430万元、行政处罚罚款120万元。全市检测货运车辆210730辆，查处超限运输车辆14091辆、卸载货物10050辆1.49万吨。宜昌市交通审批窗口作为全省网上审批试点单位，开通网上申报、预受理、咨询和反馈服务，建立省市县三级联网网上办事

大厅，行政审批事项延伸至村级服务站，全年办理审批事项12513件、提供各类咨询服务4682件、接待服务对象5725人次，全面实现零投诉，办结率、满意率达100%。

科技与信息化。启动全省路网二级监控平台建设，建设与省公路局联网的路网监测与应急处置系统，新增9个隧道18个监测点和2处可变情报板；增置8台应急安全指挥车，全市10个公路养护管理生产单位均配备应急车辆，通过车辆无线网络终端和移动视频，随时监控特长隧道、特大桥梁、治超点、收费站和公路突发险情，公路交通应急反应和处置能力进一步提升。市运政管理信息化中心建成投入使用，两客一危GPS监控、机动车驾驶员培训计时管理系统、主城区客运市场视频监控系统、出租汽车GPS监控系统、客运站安全管理监控、12328服务监督电话、主城区公交车运行监控等基本实现集成管理。公交车辆GPS实现全覆盖，"掌上公交""一卡通"等智能科技推广运用，公交多样化支付开始试点，出租汽车智能计价器安装调研和协调工作稳步推进，市民出行更加便捷；大力推广运用"四新"技术，打造"资源节约、环境友好"两型公路。

安全应急管理。"二客一危"运输企业GPS系统全面安装使用；部门联合、交叉稽查、"打非治违"卓有成效，检查客渡船舶420艘次，消除危化码头安全隐患101处，查处非法营运车辆225辆、违规车辆2010辆，整治危险路段106公里，确保隐患查处不留死角，安全整改落实到位。在全省率先启动道路从业人员继续教育工作；深入开展"平安交通"创建活动，强化对水域、道路和建设领域的安全监管，交通工程施工"零死亡"，全市交通辖区水上安全面达100%。采取"零容忍"态度，坚持安全整治常态化，建立完善"党政同责、一岗双责、齐抓共管"安全新机制，落实安全责任全覆盖。加快推进安全示范乡镇渡口、安全示范客运站建设，组织开展应急演练，交通应急救援能力显著增强，

2015年3月5日，湖北省首艘大长宽比示范船——宜昌航捷船务公司新建的"乔泰3号"下水营运

交通整体安全形势继续保持稳定。

投融资。采用PPP项目合作新模式引进社会资本，解决香溪长江公路大桥等项目建设融资难题，有效破解资金瓶颈，确保了项目建设顺利实施。华信交投联合湖北龙都投资公司投资建设白洋物流园，掀开股权融资合力加快交通建设的新篇章。

交通改革。积极探索执法改革，在当阳市开展综合交通执法改革试点，将公路路政、道路运政、港航海事等交通执法机构进行整合，组建综合交通执法队伍，工作统一部署，人员统一调度，行政处罚、行政强制以原执法单位名义，执法效率有了大幅提高，办理行政执法案件13042件，比上年增长24.7%。村村通客车工程与农村物流发展相结合，加快建设市、县、乡、村四级物流网络体系，打造客货联盟，探索通村客运和"货运班线"结合，解决物流配送"最后一公里"和农村地区卖难买难的问题。秭归县"货运班线"+"村村通客车"以《好货轻松出深山》专题报道被《人民日报》头版刊发。

文明创建和廉政建设。全面落实从严治党总体要求，着力提升党建工作科学化水平，宜昌市交通运输局研究确定的"建立健全行业系统党建工作模式"试点项目被市委组织部确定为全市基层党建试点项目。坚持一把手讲党课，深入推进廉政文化"五进"和"四型家庭"创建活动。在工程建设、行政执法、行政审批、行业服务等领域深入开展"廉政阳光交通"建设，进一步建立健全具有交通运输行业特色的惩治和预防腐败体系。宜昌市交通运输局获2013—2014年度全省最佳文明单位、2014年度市直"群众满意机关"、2014年度市直机关党建工作先进单位等荣誉称号。王华君、宋俊明荣获全国劳动模范称号，宜昌长江大桥总公司收费管理中心收费班长喻双丽被评为"中国最美路姐"。

（张琬灵）

【宜都市】　至2015年底，全市公路通车里程3299.53公里、路网密度243.14公里/百平方公里，其中一级公路109.57公里、二级公路167.38公里、三级公路92.19公里、四级公路2840.94公里、等外公路89.45公里。市境内航道通航里程87公里，港口176个，其中生产性码头泊位156个，渡口16个。客运站11个，其中二级客运站1个、三级客运站1个、五级客运站9个，货运站1个。

基础建设。全年完成交通固定资产55.05亿元（含高速公路），比上年增长9.3%。278省道宜都市陆城至松木坪公路改建工程，累计完成路基32公里、路面22公里、涵洞95道、桥梁6座、隧道2010米，完成投资27931万元。216省道宜都绕城一级公路新建工程，累计完成路基12公里、沥青混凝土路面8公里、涵洞30道、桥梁2座，完成投资16425万元。宜都市陆城至枝城双城一级公路建设工程，累计完成路基5.6公里、路面1.86公里，完成投资2634万元。全市新建通村水泥路185.3公里，其中省计划100公里、市政府配套85.3公里，完成投资4632.5万元，重点解决了山区乡镇行路难和农村公路断头路等连通工程。红花套作业区综合码头工程进入一期工程施工阶段，完成投资5800万元。陆城一级客运站项目征地拆迁、立项、环评等前期准备工作已完成，完成投资2082万元。机动车性能检测站已建成，于5月28日投入运营。

综合运输。全市有各类营运船舶64艘，其中在营客渡船16艘、旅游客船1艘、货运船舶47艘，港口经营企业92家、码头112座。在营客运车辆243辆，从业驾驶员859人，在营货运车辆3345辆，从业驾驶员2797人，出租车140辆，经营客运班线122条，其中省际班线2条、市级班线41条、县际班线15条、市内班线64条，全市实现100%的行政村通客车。全年完成公路客运量5843.7万人次、旅客周转量60.16亿人公里，货运量2255万吨、货物周转量11.03亿吨公里，分别比上年增长22.11%、34.49%、10.49%、15%。完成水路货运量1849.2万吨、货物周转量77.40亿吨公里，分别比上年增长9.97%、0.73%。

行业监管。列养国道优良率100%、省道80.75%，公路通行能力稳步提升。扎实推进路域环境集中整治，联合交警、运管等部门开展"联合治超"，全年拆除违章加水点18处，清理公路及公路用地内占道堆积物110处780平方米；制止新违法建房7处542平方米；清理摆摊设点135处，清除非公路标牌、条幅990余块，检测超限超载车辆8558台次，处罚2213台次，卸载货物3401台次、15234吨，教育放行2945台次。全年查处路损案件20起，路政案件查处率100%、结案率100%。开展创文明出租车、公交车"双创"活动，依法加强客货运市场监管，组建专班对出租车拒载、不打表经营、乱收费、故意绕道行驶、无证上岗及公交车不按时发车、乱停乱放等行为进行专项整治，查处非法营运"黑车"80辆，纠正违规经营出租车120辆次。规范水路运输市场秩序，开展"打非治违"等专项整治活动，开展港口码头和船舶防污染整治，确保水运市场健康有序发展。

科技与信息化。积极推进创新技术研究与应用，完成《跨长江公铁两用桥梁维修加固成套技术研究》的科技成果鉴定，填补国内公铁两用钢桁架桥公路桥面维修加固的技术空白。养护职工自制桥梁涂装模板、涂刷桥梁安全警示线，不仅节省材料五分之一，而且划线速度提升一倍，此项技术在各养护站进行推广。

安全应急管理。层层签订安全生产目标责任书，全系统签订安全生产管理目标责任书745份。开展交通安全综合整治专项行动，坚持源头治理，加强道路运输安全监管。强化安全生产，排查治理安全隐患，对危化品生产企业生产、装卸和运输、在建公路建设工地施工安全等进行逐环节、全方位的隐患排查，坚决杜绝"三违"现象，强化重点部位和关键环节治理措施，把事故隐患消灭在萌芽状态。扎实开展节假日、汛期等安全大检查，对发现的隐患立即整改到位。进一步完善安全管理应急预案，组织消防安全实战演习、爆破施工事故及交通保畅应急救援演练、公路抢险应急演练等专项应急救援演练，确保各项安全生产持续稳定健康发展。

文明创建与廉政建设。以"路桥铁军"创建为平台，组织开展"争当时代先锋、建功小康宜都"劳动竞赛活动，激发广大职工劳动热情和创造力，成立"王全洲"水上志愿服务队及公路劳模工作室，挖掘培树一批影响广泛、群众满意的先进典型。

（邹庆平）

【枝江市】　至2015年底，全市公路通车里程3683公里、路网密度281.14公里/百平方公里，其中一级公路85公里、二级公路117公里、三级公路39.2公里、四级公路3440公里、等外公路1.8公里。内河航道通航里程185公里，港口20个，生产性码头泊位30个，渡口26个。客运站10个，其中二级客运站1个、三级客运站2个、四级客运站2个、五级客运站5个、货运站2个。

基础建设。全年完成交通固定资产投资16.03亿元，比上年增长3.6%。其中，完成公路建设投资11.81亿元、港航建设1.52亿元、客运站场及物流园建设2.7亿元。新增一级公路63公里、二级公路14公里、农村公路204.72公里。宜昌至张家界高速当枝段、当枝一级路枝江段基本建成通车；318国道一级公路改建工程全线开工，万城大桥至马家店20公里开工建设，马家店至云池段41公里完工通车；刘金路14公里、窑马路江汉大道段7.8公里完成建设任务；鸦来路完成8.8公里沥青路面大修；雅澧路完成6公里水泥混凝土路面大修；安董路县乡等级路改造完成9.86公里；安猇路一级公路、安福寺瑶火路玛瑙河桥项目启动前期工作。姚家港综合码头完工验收；滕家河散货码头主体工程完工；城区码头3家搬迁企业已达成协议，全部停止散货作业，搬迁工作有序推进；七星台综合码头施工图设计通过评审待批复，取得防洪影响评价报告并获批复；完成姚家港物流园、周正物流园工程可行性报告编制。

综合运输。全年完成道路客运量2683.8万人次、旅客周转量20.48亿人公里，分别比上年增长5.6%、3.4%；水陆货运量9023.4万吨、货物周转量36.95亿吨公里，分别比上年增长2.24%、5.6%。大力实施公交优先发展战略，开通7路公汽，调整2路公汽线路，方便市民出行。

公路养护。国省道大修和其他2139万元，农村公路、危桥改造、小修保养等3258万元，完成公路大中修14.8公里，其中鸦来路8.8公里、雅

2015年7月28日，枝江市安董路城乡统筹示范路

澧路6公里。国省干线优良路率达到85%，养护管理满足规范化要求。

行业监管。规范运输市场秩序，开展执法行动162次、联合执法20次，检查车辆5913台次，依法查处非法营运车辆638辆，收缴空车灯3个，清理非法客运经营点4个。对14家道路客运企业(客运站)、6家危货运输企业、11家机动车维修企业、1所机动车驾驶员培训学校和10余处驾培报名点实施监管检查。核查港口企业22家、水路运输企业16家、个体工商户10家，核查经营船舶43艘。开展行政执法主体及执法人员清理认证，确定法律法规授权执法机构5个、行政执法人员97名。对系统行政许可和重大行政处罚决定进行合法性审查，审查交通行政许可案件7件、重大交通行政处罚案件14件。

安全生产应急管理。水上安全检查客运汽渡船舶69艘次，查处安全隐患18处；检查港口企业21家，查处安全隐患28处。道路运输开展6次大型安全检查，下发检查通报2期，查处安全隐患32起，签发整改通知书和安全监督检查记录清单9份，现场整改安全生产设备设施缺项隐患32起，责令限期整改客运企业1家。全市水陆运输行业、交通工程施工无上报安全责任事故发生。

（王芳）

【当阳市】　至2015年底，全市公路通车里程3170.78公里、路网密度143.47公里/百平方公里，其中高速公路73.34公里、一级公路75.45公里、二级公路180.35公里、三级公路54.47公里、四级公路2151.81公里、等外公路635.36公里。内河航道通航里程112.5公里，渡口38个。客运站9个，其中二级客运站1个、四级客运站1个、五级客运站7个，农村候车亭、招呼站287个，二级货运站1个。

基础建设。全年完成交通固定资产投资11.53亿元，比上年增长24.4%。当枝一级公路改建工程全线竣工通车，224省道当阳绕城一级路新改建工程完工，当阳四桥新建工程完工，庙河路改造工程三标段竣工，小

2015 年 11 月 2 日，远安棚马公路河口至茅坪场段改扩建完工

陈路改造工程全线通车，庙白路改建工程 12 月动工，新建通村水泥路 105 公里，完成公路大中修 77.8 公里。

综合运输。全市客运汽车 183 辆 3206 座、货运汽车 2422 辆 7244 吨。全年完成客运量 346.95 万人次、旅客周转量 1.83 亿人公里，货运量 491.39 万吨、货物周转量 9.52 亿吨公里。当阳火车站全年发送旅客 36 万人、旅客周转量 3.78 亿人公里，完成货运量 48 万吨、货物周转量 5.04 亿吨公里。50 辆公交 LNG（液化天然气）环保新能源汽车投入运营。新车呈现零排放、无污染和行车记录、语言报站、自动投币、GPS 定位智能化，为市民和城区周边 17 个行政村的群众出行提供了良好乘车环境。

行业监管。成立综合执法专班，狠抓超限超载治理，全年检测车辆 21419 辆，查处超限超载车辆 11605 辆。开展客运秩序整治、安全隐患排查、服务质量信誉考核和投诉举报查处，清除公路违章堆积 1666 处 3241 平方米，制止打场晒粮 6 处，拆除非公路标牌 125 块，规范加水点 2 处，查处路产损失案件 13 起，收取赔偿费 92616 元。

安全应急管理。制订安全应急预案及交通保障方案，加强安全巡查，督促隐患整改。全年查处水上违法行为 3 起，挂牌督办更新改造拖、驳船

各 1 艘，更新客运消防器材 36 件，现场纠正和处罚违规行为 21 起，保持连续 13 年无安全生产责任事故。

（邢影琦）

【远安县】　至 2015 年底，全县公路通车里程 1770.33 公里、路网密度 101.05 公里／百平方公里，其中高速公路 48.92 公里、一级公路 21.58 公里、二级公路 178.09 公里、三级公路 38.44 公里、四级公路 1374.6 公里、等外公路 108.7 公里。乡镇渡口 4 个。客运站 9 个，其中二级客运站 1 个、四级客运站 1 个、五级客运站 7 个，货运站 2 个。

基础建设。全年完成交通固定资产 10.57 亿元，比上年增长 247%。棚马线河口至茅坪场二级公路改建主体工程完工，盘棚一级公路改建工程嫘祖段、分水至两河口公路远安段改建工程开工建设，224 省道远安县百福头至洋坪公路改建工程加快建设，完成省道大修 24.2 公里、县乡道改造 12.7 公里，新增通村水泥路 113.8 公里。

综合运输。全年完成道路客运量 244.92 万人、旅客周转量 12987.27 万人公里，货运量 339.72 万吨、货物周转量 66939.93 万吨公里。加快城乡公交一体化步伐，投资 320 万元，新建城乡公交车站并投入运行，投入营运车辆 17 台，新开通城市公交线路 5 条，鸣凤城区基本实现城市公交全覆盖，新增城乡公交车 4 台，全县有 5 个乡镇开通城乡公交，实现农村客运与城市小公交的融合。投入 5100 余万元，开通农村客运线路 33 条，新增农村客运车辆 9 辆，全县 102 个行政村全面实现“村村通客车”，其成功经验在全省推广。

行业监管。国省干线和农村公路优良率达到 90% 以上，支线年平均优良率保持在 80% 以上。推进“站点检查、流动巡查、源头管理”的治理模式，超限率控制在 4.7% 以内。整治鸣凤城区客运秩序，检查各类车辆 2600 余台，

2015 年 6 月 13 日，远安“村村通客车”行驶在山路上

查处各类道路运输违法违规经营行为210余起，行政处罚137起，暂扣证照205本，查扣非法营运"黑的"20台、"黑"轿车6台、"黑"教练车6台、危货运输车辆3台。完成2005年12月31日前注册的营运"黄标车"治理淘汰任务，全年淘汰"黄标车"客车16台、货车132台。行政审批事项全部纳入行政服务中心交通窗口办理，办结率、满意率均为100%，实现"零投诉"目标。

安全应急管理。大力开展"平安交通"、"打非治违"等专项活动，坚持专项活动与日常安全监管相结合，重点治理农村客运、渡口渡船、涉校运输以及危化运输等领域非法违法经营行为，督促客运站把"三不进站、六不出站"规定落到实处，确保安全运输生产态势平稳，实现道路运输安全无责任事故。建立健全安全应急组织机构和运行机制，统一协调应急资源，全县公路应急处置能力建设取得重要阶段性成果。　　　（裴根）

【兴山县】　至2015年底，全县公路通车里程2145.97公里、路网密度92.3公里/百平方公里，其中高速公路47公里、二级公路430.83公里、三级公路19.14公里、四级公路1552.97公里、等外公路96.03公里。内河航道通航里程33.2公里，港口1个，生产性泊位码头18个，渡口5个。客运站9个，其中二级客运站1个、三级客运站1个、四级客运站2个、五级客运站5个。

基础建设。全年完成交通固定资产投资7.6亿元，比上年增长21.2%。8月9日，中国首条水上生态环保公路——兴山县古(夫)昭(君桥)公路建成通车。10月，兴神隧道开工建设。完成国省干线二级公路改造4条，共78公里。完成通村公路硬化170公里、路基加宽349公里、错车台硬化881处、危桥加固4座、安保设施388公里，89个村候车亭全覆盖，提前完成100%行政村通客车任务。完成大礼溪、龙头坪10.5公里工业园新建进场道路路基、桥梁主体工程；完成国省干线大中修75公里，209国道成为全省首条畅安舒美示范路。投资1.1亿元，完成一批港口码头建设，峡口作业区改扩建项目6号泊位具备交工验收条件、泗湘溪配套应急码头安检站准备投入使用；峡口旅游码头改扩建项目正式开工；石佛寺货运码头获航道通航安全影响批复。

综合运输。全县道路运输经营1008家，其中客运经营198家、营运客车283辆3275座，货运经营690家、营运货车1415辆6388吨。全年完成公路客运量592万人、旅客周转量59004万人公里、货运量408万吨、货物周转量52000万吨，分别比上年增长19.4%、20.4%、22.6%、20.6%。完成港口货物吞吐量1000万吨，比上年增长33.3%，进出港旅客28万人次，比上年增长55.6%。

行业监管。国省干线养护水平全面升级，交通出行环境得到改善，路面大中修和路网改造工程有效实施，应急保畅能力增强，优良路率达到90%以上。农村公路路基加宽、新建安保防护设施，通行条件大幅改善。依法办理路政执法案件100起，结案100起，立(结)案率100%；标志标牌完好率达到98%；制止违章建筑79处3074平方米、拆除违章建筑4处159.8平方米，拆除非公路标牌1011块，清理乱堆乱放、路肩非法种植等16046处39290平方米，清除摆摊设点179处817平方米，制止新建加水站2处，封闭交叉道口5处。依法收取公路路产赔(补)偿费、超限运输补偿费、罚没款47万元。检测货运机动车346852车次，其中超限车辆9517车次、卸货货物2043.7吨，超限率控制在2.7%。行政审批事项全部纳入窗口办理，办结率、满意率100%；依法办理交通行政执法案件158起，立案查处158起，暂扣非法营运车48台，无行政败诉案件。

安全应急管理。深入开展"平安交通"创建活动，强化安全监管，责任分解定岗定位，安全整改落实到人，坚持安全隐患排查整治常态化，全年实现安全生产零事故目标。全县所有客运车辆采取四方会审(交通、公安、安监、乡镇政府)，实行高额保险、安装动态监控等，保障客运安全，市场营运逐步规范。全年集中组织安全大检查24次，常规性安全检查96次，发现安全隐患48处，督促整改48处。农村公路新建安保设施388公里，安装警示标牌320块，公路安全运行能力增强。参加兴山县朝天吼景区旅游突发事件应急演练和举办公路抢险实战演练活动。

文明创建。开展"道德讲堂""帮

2015年8月9日，国内首条水上生态环保公路——古夫至昭君桥高速接线工程建成通车

扶慰问""扶贫一日捐""义务献血"等活动，无偿扶持资金44万元，帮助黄粮镇火石岭村和南阳镇两河口村新建农村公路12公里。打造神宜生态示范公路、最美"水上公路"等畅安舒美文明旅游通道。深入开展"文明单位""文明示范线路""文明车船""文明家庭""文明交通志愿服务"等文明品牌创建。

（万侃侃）

【**秭归县**】　至2015年底，全县公路通车里程2868.75公里、路网密度107.13公里/百平方公里，其中一级公路7.63公里、二级公路306.83公里、三级公路25.45公里、四级公路2426.34公里、等外路102.50公里。内河航道通航里程134.2公里，港口18个，生产性码头泊位44个，渡口21个。客运站12个，其中二级客运站1个、五级客运站11个，候亭棚161个，招呼站220个。

基础建设。全年完成交通固定资产投资8.58亿元，比上年增长24.6%。普通公路建设完成投资4.94亿元。8月28日，香溪长江公路大桥全面开工，该工程是湖北省第一个PPP项目，也是全国第一个进行物有所值评估的PPP项目。两河口至梅家河公路改扩建工程完成主油层铺筑；香溪渡口至卡子湾桥公路改建工程，已完成沥青面层铺筑9.8公里；兴山高桥至秭归水田坝段改扩建工程，一期已完成沥青主油层刷黑，在进行二期路基施工，已完成路基工程量的80%；卡子湾桥至泄滩段改建工程，一标完成沥青主油层刷黑，在进行路肩带和边沟施工，二标归州镇境内完成路基施工1.2公里。磨古、磨卢、沿水河至纸坊河县乡道改造全部完工，2014年第二批通村公路197.4公里全部完工，2015年第一批通村公路97公里基本完工。水运建设完成投资2.09亿元，茅坪作业区二期工程完成陆域用地367.92亩的开挖与回填，件杂码头已完成陆域护岸、码头平台立柱及橡胶护舷安装、水下疏浚工程；滚装码头已完成陆域边坡修整及3条斜坡道、145平台、155平台、165平台、

175平台道路钢筋混凝土面层施工、小岛钻孔爆破及开挖、水下沉块沉放及水下抛石和道路伸缩缝灌沥青施工。新增运力7艘、总吨1580吨、载重2400吨。站场建设完成投资1.55亿元，新建候车亭39个和招呼站120个，三峡坝区货运中心和恒业客运站改造升级项目正式动工建设，水田坝农村综合运输服务站完成建设任务，九畹溪农村综合运输服务站已完成主体工程。

综合运输。全年完成公路客运量987.04万人、旅客周转量51561.85万人公里，货运量401.74万吨、货物周转量77161.24万吨公里，分别比上年增长6.2%、8.7%、3.3%、2.1%。完成水路货物吞吐量519万吨，比上年增长24.5%；旅客吞吐量35.88万人，比上年减少2.5%；滚装船运输27.82万辆，比上年减少15.4%。全县186个行政村全部实现村村通客车，通村客运模式在全省推广。农村交通物流被纳入全省4个试点县之一，新建县城农村物流综合服务中心1个、改造乡镇客运站物流功能为农村综合运输服务站5个，投放货运车辆10台，开通货运专线6条，解决了全县12个乡镇农村物资流通难题。

行业监管。全年出动执法人员1068人次、执法车辆230台次，印制公路法律法规宣传资料600份，悬挂宣传横幅20幅，纠正各类路政违章行为98起，下达《责令改正交通违法行为通知书》76份，取缔加水站点4处，拆除非公路标牌587块。立案查处公路路产赔（补）偿案件9件，结案9件。查处超限运输车辆14台次，教育放行56台次，执法文书使用率100%、案件查处率100%，无一起行政复议、行政诉讼案件。组织开展"打非治违""农村客运市场专项整治""出租车专项整治"等活动，出动稽查车辆400台次，检查各类营运车辆1800多辆次，查处各类违章300多起，运政网上登记违章车辆30台次，罚款15万多元。加强黄标车治理，全县累计注销各类营运车辆1534台、客运车辆44台，其中个体出租车11台、旅游客运车10台、班线车3台、通村客运车20台、货车

1490台，淘汰黄标车200台。

安全应急管理。贯彻落实《湖北省安全生产党政同责暂行办法》，强化安全生产责任，严格责任追究。全面落实水上安全监管定期巡查制度，全年辖区内安全态势稳定，实现水上安全生产连续16年"零事故"。坚持"依法整顿、突出重点、堵疏并举、标本兼治"的原则，狠抓道路运输安全管理不放松，实现道路运输行业安全生产无事故。严格落实工程建设安全主体责任，严格"三同时"制度，全县交通基础设施建设工地实现安全责任零事故。

交通改革举措。采用PPP模式，解决香溪长江公路大桥建设融资难题。香溪长江公路大桥是国家发展改革委批准的政府收费还贷项目，概算投资21亿元，资本金仅6亿元，资金缺口高达15亿元，采用PPP项目合作新模式引进社会资本，有效解决了项目融资难题，8月28日，香溪长江公路大桥顺利开工。成功创建通村客运新模式，有效解决偏远山区群众乘车难、乘车贵、乘车不安全的难题。成功创建农村物流新模式，《秭归县农村交通物流示范区建设方案》获省交通运输厅批复，秭归县被纳入全省4个农村交通物流发展试点县之一，解决了山区农村物资流通的难题。拥有乡村级物流服务站17家，开通货运班线7条，覆盖12个乡镇。4月2日，《人民日报》头版头条《湖北秭归"农村货运班线"联姻城乡　好货轻松出深山》对县农村交通物流发展经验给予报道。

（赵建华）

【**长阳土家族自治县**】　至2015年底，全县公路通车里程6751.46公里、路网密度196.83公里/百平方公里，其中高速公路84.65公里、一级公路22.82公里、二级公路432.43公里、三级公路106.25公里、四级公路2221.05公里、等外公路3884.26公里。清江航道全长138.5公里，其中三级航道92.5公里、五级航道51.5公里、支流六级航道38.7公里，港口9个，客货码头25个，泊位24个，渡口42处。

2015年10月11日，长阳龙舟坪至宜都五眼泉一级公路中溪河大桥顺利合龙

客运站13个，其中二级客运站1个、三级客运站1个、五级客运站(综合)11个。

基础建设。全年完成交通运输固定资产投资10.83亿元，比上年增长11.65%。完成长阳龙舟坪至宜都五眼泉一级公路路基、桥涵工程量的60%；新建王子石至宜都五眼泉二级公路丹水段10公里，路基、路面、桥、涵等主体工程基本完工；新建318国道贺家坪镇绕城公路，完成涵洞4道94米，全线路基线段清表、挖方11万立方米，挡土墙3300立方米及桥台、桩基。二级公路改扩建项目4个、总里程91.1公里，已完成路基挖填工程量的90%。完成公路养护大修44公里、中修28.8公里、危桥改造6座。建成农村公路300公里，开工建设农村公路桥梁3座，其中吊弓岩桥已竣工通车。全县154个行政村全部通客车，通客车率100%。完成港航建设投资1620万元，其中汽渡船建设投资120万元，清江画廊公司旅游船建设投资800万元，客渡船更新改造建设投资350万元，海事搜救趸船建设投资350万元。

公路管养。对全县道路标志牌及道路标线及时进行更新维护，其中完成警示标志牌增设458块；完成318国道沪聂线长阳孙家湾至八子岭段5个交叉路口标志牌48块；完成318国道沪聂线长阳孙家湾至八子岭、242省道王渔线王子石至五峰县渔关镇段大中桥梁牌更新12座48块；318国道沪聂线长阳孙家湾至八子岭、王渔线王子石至五峰县渔关镇段段新增责任信息牌108块；完成318国道长阳境内孙家湾至八字岭、242省道王子石至五峰钟家铺子段、323省道赤土垭至州府口段、324省道白氏坪至下渔口段划线139.93公里。抢通交通中断108次，修复水毁挡土墙7300立方米；投资84万元，对318国道K1388+500～K1388+650处进行安装抗滑桩地质灾害治理，安装抗滑桩50根、修建挡墙220立方米。投资14万元对行道树进行治理，清理枯树、险树712棵，动用养护车120台班。

综合运输。全县拥有营运车辆1752辆，其中客车205辆、3654座，货车1547辆、5392吨。公交车84辆、1475座位，出租车183辆，其中轿车86台、面的97台。全年完成公路客运量441.14万人、旅客周转量23236.79万人公里，货运量380.1万吨、货物周转量74239.03万吨公里。全县有各类船舶2853艘、总吨位17353吨位。客货运输船舶305艘，其中客渡船197艘6394个客位，货运船舶65艘7589载重吨，其他船舶43艘。完成水路客运量104.6万人、旅客周转量3166.84万人公里，货运量802万吨、货物周转量3050.4万吨公里。4月28日，长阳至宜昌城际公交车正式投入运行。有汽车综合性能检测站1个。

2015年4月28日，宜昌至长阳城际公交车正式投入运行

行业监管。积极推进交通法制建设，路政管理以日常巡查和集中整治、综合治理相结合，开展路域环境综合整治，拆除非公路标牌1089块、龙门架10个，拆除路边违章搭挂物25处，清除占用公路堆积物78处；依法查处行政处罚案件1起、路赔案件6起、行政强制案件1件；治超检测1864台次，超限725台次。启动为期3个月城区交通环境联合整治工作，出动稽查车150余台次，稽查人员249人次，暂扣车辆15台，扣牌扣证30套，结案13期，城区交通秩序得到有效治理。农村客运保障机制"1+3+N模式"基本建立，全县投入资金3628万元，完成路基路面加宽121公里，设置错车台2505处，改善安保设施路段590.5公里，完成危桥改造3座，新建候车亭102个，143辆农村客运车辆全面完成统一标识喷贴；新增和调整、延伸农村客运班线，实行客运区域经营，全县154个行政村通客车率100%。加强全县水路运输市场监管，维护水路运输市场秩序，组织运政、海事、船检等执法人员，全面开展水路运政自查工作，重点检查夷龙运输公司和清江画廊旅游公司等水上营运单位，全年完成客运运输公司2家、货运个体户4家33艘船舶水路运输许可证、船舶营业运输证的核查工作，船舶核查率100%。定期检查危化码头1家、港口企业6家，新办1艘货船的运输许可证和船舶营运证书。全年检验船舶87艘，其中货船6艘、客船9艘、高速船8艘、客渡船64艘，并对古渡码头和18号客渡船发现的问题及时提出具体整改意见，对一般问题当场予以纠正。

安全管理。制定安全应急方案，签订安全目标责任书，严格落实"一岗双责"制度，狠抓运输市场和"重点时段"安全监管。对车站、码头人员密集场所加大公共安全及反恐措施，深入开展"六打六治"专项行动，对非法违法生产经营建设行为、公路隧道安全、公路水运施工安全、道路客运安全、道路危险货物运输、内河渡运安全、公共交通运输安全等实施打非治违专项整治工作。检查客运企业8家、危化企业1家、水上客运企业7家及全县所有渡口、码头、客运渡船，落实水路运输安全管理措施，采取GPS定位及视频监控，提高水上监管能力。检查建设工地2处，及时整改隐患67处，确保全县交通运输安全。

文明创建。积极开展交通志愿服务活动，全年组织参加志愿者服务300多人次。县交通运输局机关档案管理由原省二级升为省一级。组织全体干部参加"壹佰基金""精准扶贫一日捐"等爱心捐助活动，累计捐款5万多元。弘扬交通文化和核心价值观，在白氏坪高速公路进口通道设置宣传栏。

（李作强）

【五峰土家族自治县】　至2015年底，全县公路通车里程5176.56公里，其中一级公路16.02公里、二级公路241.85公里、三级公路75.26公里、四级公路1713.94公里、等外公路3129.49公里。公路桥梁190座6045.05延米、公路隧道16道9662米。

基础建设。全年完成交通固定资产投资6.37亿元，比上年增长53.79%。呼和浩特至北海国道渔洋关绕城线完成投资2.18亿元；台州至小金国道渔洋关绕城线完成投资6400万元；台州至小金国道大修完工，完成投资10640万元；242省道大修完成投资4200万元，完成改线2.8公里，完成投资1100万元；长阳资丘至五峰小河公路完成投资4000万元；五峰镇至巴东公路牛庄至周家坳段全面完工，完成投资1000万元。小口至长湾公路卡坳至大堰淌段全面完成，完成投资2240万元；二叉口至博家堰公路全面完成，完成投资2000万元。农村公路硬化150公里全部完工，完成投资4200万元。危桥加固改造3座、渡改桥1座，已完成95%，完成投资665万元。五峰客运中心站完成形象进度的30%，完成投资320万元。全县8个乡镇97个行政村全面完成路基改造、加宽、安保等项目，完成候车棚48个、招呼站110个，客车通村率达100%，完成投资4996万元。湾潭农村综合服务站全部完成，完成投资150万元。

综合运输。全县道路运输经营业户1482家，其中客运经营户7家、货运经营业户和道路运输相关业户1475家，营运客车118辆、2309座，公共汽车25辆、442座，出租车30辆。更新客运车辆2台，新增县内客运班线2条。农村客运班线通达率100%。新增运营货车70辆，货车量达到947辆、3419吨位，其中危货专用车19辆、300吨位。全年完成公路客运量307.33万人次、旅客周转量16176.15万人公里，货运量228.73万吨、货物

2015年5月21日，五峰农村客运班车行驶在采花乡白溢寨至万马桥路段

周转量44671.85万吨公里，分别比上年增长0.85%、0.83%、1.027%、0.97%。

行业监管。2015年，国省干线养护PQI值达到85以上，农村公路养护好路率达71%。集中开展实施清洁畅通工程和实施集镇过境路段整治活动，全年累计巡查公路2万余公里，发放宣传单2200份，清理违建建筑物12处320平方米、摆摊设点32处，拆除非公路标牌323块，处理路政赔偿案件18件；处罚超限车辆15台次，卸载超限车辆15台次，卸载货物88吨。集中开展"打非治违"行动，与县交警大队联合执法，全年出动稽查车辆5000台次，查处各类违法违章行为200起，查扣非法营运车辆13台，现场纠正违章187车次，淘汰"黄标车"47台。全年受理行政许可件101件，更新公交客运车辆11辆；发放包车牌、加班牌210班次；全年二级维护签证2700辆次。以质量安全监督站为主体，加大在建项目监督检查力度，工程交工验收合格率均达100%。开展机动车维修市场整顿工作，对境内59家维修企业强化日常监管，40多名质量检测员进行资格培训。

安全应急管理。开展安全生产大检查和隐患排查治理，进行安全生产集中整治，"打非治违"等专项活动，全年无安全生产责任事故，各项安全指标均在控制范围内。重点强化安全隐患排查治理，逐步建立安全隐患排查一路一档、一企一档、一患一档的信息机制。开展安全生产标准化建设，已完成五峰国通物流危货运输企业、交运集团五峰客运公司、顺通客运公司、五峰交通建设总公司4家企业的安全生产标准化建设达标考评。修订《公路交通突发公共事件应急预案》，加强应急建设，完成351国道湾谭应急中心建设。全年排查各类安全隐患70起，其中挂牌督办安全隐患5起、运输安全隐患24起、通行安全隐患41起，投入安全隐患整改资金1.23亿元。

交通改革举措。与湖北宜昌交运集团股份有限公司开展战略合作，以宜昌交运集团五峰客运有限公司为平台，高标准建设五峰道路运输站场等基础设施，提升五峰道路运输产业专业化、智能化、品牌化水平，推进城际、城市、城乡公交一体化进程，服务居民出行、惠利城乡百姓。先期投入14辆公交车，开通新县城2条城市公交线，开通宜昌至五峰镇、宜昌至渔洋关2条城际公交线，满足人民群众基本出行需求。

（向常明）

【夷陵区】 至2015年底，全区公路通车里程4124.28公里、路网密度116.2公里/百平方公里，其中高速公路144.98公里、一级公路43.8公里、二级公路237.7公里、三级公路86.9公里、四级公路2900.2公里、等外公路710.7公里。内河航道通航里程106.1公里，港口2个，渡口17个。客运站8个，其中二级客运站2个、五级客运站6个。

基础建设。全年完成交通固定资产投资22.3亿元，比上年增长22.53%。完成桂尤路、陡颜路、乐大路新码头至乐天溪大桥段、桔乡大道及梅林大道综合改造，黄花军田坝至龙泉雷家畈农村客运示范公路改造工程，雾渡河集镇道路沿河段。12月22日，宜黄一级公路正式开工，采取招商融资模式、通过竞争性谈判确定由中电建湖北工程公司投资建设。完成农村公路硬化161公里，比上年增长10.3%。完成黄柏河航道整治项目

主体工程，投资4178.7万元；太平溪港新港二期工程完成投资4亿元，预计2017年建成。完成三堡垭、白庙、庙垭3个不通客车行政村道路安保设施建设，实现全区172个行政村村村通客车。投资5000多万元用于乡村道路提档升级，完成路基加宽(路肩培土)160公里，建设错车平台1159个，完成农村公路安保工程348公里，临水临崖和特别危险路段实现波形护栏全覆盖；改造危桥6座，新增乡村道路标识标牌1606个，新建候车亭74个、招呼站150个。

综合运输。全年完成公路客运量1319.49万人、旅客周转量6.84亿人公里，货运量1603.94万吨、货物周转量31亿吨公里，分别比上年减少12.19%、15%、10.07%、2.19%。完成水路货运量403万吨，比上年增长2.66%，货物周转量5.40亿吨公里，比上年减少10.84%，客运吞吐量46万人，比上年减少22.64%，货物吞吐量501万吨，比上年增长27.61%。

行业监管。开展"清路肩、清边沟、清路障"养护竞赛活动，圆满完成武汉至宜昌公路、宜昌至兴山公路、鸦鹊岭至来凤公路(夷陵区段)等大中修项目，干支优良率达83.3%。加大路政执法力度，拆除非交通标牌77块，清理乱堆乱放677处，清除摆摊设点124处，查处超限车辆2073台次，超

2015年12月22日，夷陵区宜黄一级公路改建工程开工

限率控制在 5% 以内。开展安全生产巡查和隐患排查专项整治 76 次，组织安全培训 20 次，治理各类隐患 46 处，对 6 家违规使用岸线单位和个人进行查处，全年未发生一起安全责任事故。处理路赔案件立案 32 件，结案 32 件，群众满意度 100%。完成 11 家客运企业、2 家客运站、6 家危货运输企业质量信誉考核，13 家企业达到 AAA。完成 5 家水运企业、21 艘营运船舶经营资质核查，交通运输市场进一步规范有序。

（邓啸峰）

【西陵区】　至 2015 年底，全区公路通车里程 127.82 公里，其中一级公路 3.46 公里、二级公路 25.30 公里、三级公路 0.50 公里、四级公路 98.56 公里，桥梁 14 座 708 延米，隧道 2 条 170 米。

行业管理。完成西陵区窑湾乡 29 公里乡村道路点亮工程，安装 8 米高自弯臂太阳能节能路灯 100 盏，美化乡村道路环境，方便广大村民出行。完成发展大道西陵段绿化升级改造项目，改造面积约 3 万平方米，投入资金约 400 万元，更新行道树、增加花灌木、扩大绿地栽植植物面积及景观节点改造，完成各类植物种植约 24 万株，其中樟树 604 株、水杉 370 株、栾树 44 株、广玉兰 80 株、锦叶白兰 27 株、花灌木 1735 株、竹子 400 株、小灌木 23.7 万株。黄河路、渭河路片区提档升级项目效果显著，该项目对行道树更新改造，将原有生长不良的 400 余株树木更换为大法桐，形成法桐景观带，完成黄河路、渭河路 220 株法桐的种植，总投资约 50 万元。全区公路实行省道由国家和省市专门机构管理养护，县道由城区公路分局委托西陵区交通局管理养护，乡道乡管、村道村管。西陵区财政每年安排 10 万元专款，用于农村公路管理养护，全年西陵区农村公路管理养护率达 100%。

（曾执平）

【伍家岗区】　至 2015 年底，全区有农村公路 125 条 162 公里，其中乡级公路 13 条 41.36 公里、村级公路 111 条 121.63 公里、专用公路 1 条 3.1 公里，桥梁 10 座 580.7 延米，涵洞 478 个。

行业管理。按照"连接断头路，衔接周边路，提高等级路，建设生态路"的工作思路，重点把握三个环节、实施三个结合，即把握好规划这个"龙头"、把握好资金这个关键、把握好质量这个根本，道路建设与发展农村经济、公路养护、新农村建设紧密结合。全年完成投资 500 万元，完成南湾村南灵路、双桥路改造 6 公里，全区 16 个自然村主干道全部通水泥路，主干公路通达率 100%。进一步缓解旭光、南湾、灵宝村行路难的问题，大大方便村民、市民生产生活。春运和"十一"黄金周，共发送旅客 50 万人次，16 个行政村开通公汽，公汽开通率 100%。

公路养护。制定并实施《伍家岗区农村公路养护管理办法》，按照公路养护分级管理和受益负担的原则，多渠道筹集养护资金，争取国家农村公路养护经费 24 万元、区财政安排 20 万元、乡财政安排 5 万元对乡村公路养护、维修进行补贴，标准为乡村主干道养护补贴 1500 元 / 公里、维修补贴 2 万元 / 公里。农村公路养护、维修不足的部分按照"谁受益谁管护"的原则，由受益企业出资养护或按照"村民自治"的原则，采取"一事一议"的办法，由村民自愿筹集养护经费。通过政策引导、机制促进、服务保障、规范管理，农村公路养护管理责任得到全面落实，乡道 42 公里、村道 100 公里的养护、保洁、绿化纳入养护范围，一批薄弱路线路况得到根本改善，缓解了农村公路"重建轻养"的矛盾，好路率由年初的 30% 提高到 72%，农村公路养护管理工作取得初步成果，公路交通环境得到根本改善。

安全管理。全年开展安全检查 5 次，船舶、港口和渡口事故死亡率为零，无特大责任事故发生，安全态势良好。会同长江海事宜昌管理局、市地方海事局、市港航管理局、区安监局联合开展渡口安全检查。审批白沙脑汽运渡口，完成白沙路客运渡口规划、选址。对非法占用港口岸线从事港口经营进行整治，逐步实现全区港口经营业户和沙石滩场地经营业户统一管理、统一发证，保护港口岸线资源，规范港口经营秩序。

（董淼）

【点军区】　至 2015 年底，全区公路通车里程 1080.01 公里、路网密度 196.36 公里 / 百平方公里，其中高速公路 38.6 公里、一级公路 20.06 公里、二级公路 41.02 公里、三级公路 17.29 公里、四级公路 601.66 公里、等外公路 361.38 公里。内河航道通航里程 34.4 公里，渡口 6 个。五级客运站 2 个。

基础建设。全年完成交通固定资产投资 5851 万元。完成黄家棚至新村公路一期建设 3 公里，完成投资 2300 万元；完成碑湾至白云山公路路基工程 11.3 公里，完成投资 1500 万元；完成长江岸线整治新砂场建设，完成投资 500 万元；完成通村公路建设 40 公里，完成投资 1200 万元；完成农村公路桥梁 3 座，完成投资 246 万元；完成联棚乡楠长路建设，完成投资 105 万元。启动"十三五"国省道项目前期工作，完成了 241 国道、287 省道工程可行性编制工作。

综合运输。全区客运企业 2 家、公交企业 1 家、驾驶员培训学校 1 所、驾驶员培训学校校外培训场 3 所，班线客车 156 辆、城市公汽 38 辆，客运线路 52 条，其中跨市县班线 7 条、县内农村客运班线 40 条、城市公交线路 5 条，平均日发班次 499 个，新开通客班车村 3 个，全区 45 个行政村全部通客车。全区公路营运里程 1247.06 公里，其中公汽营运里程 157.06 公里、班线客运营运里程 1090 公里。全区各类货车 695 辆。全年完成客运量 474.5 万人次、旅客周转量 5694 万人公里，货运量 343.42 万吨、货物周转量 8242.08 万吨公里，分别比上年 20%、22%、33.8%、34.2%。

行业管理。全区农村公路养护里程 422.78 公里，养护线路好路率 100%。坚持对养护线路采取定期检查和不定期检查相结合的办法，分季度以乡镇为单位进行考核，根据考核结果划拨补助资金。争取区政府同意成立综合执法大队，相关机构成立审批手续在办理中。长江岸线砂场整治工作基本完成。

安全应急管理。全局分行业分别制定应急预案，全年无水陆重特大安全责任事故发生，乡镇船舶安全面达100%，全区道路畅通无阻塞，无工程质量安全事故发生。

文明创建。不断深化文明机关创建活动，点军区交通运输局获"市级文明单位"荣誉称号、被区委评为党建工作先进单位。　　　（黄传华）

【猇亭区】　至2015年底，全区公路通车里程290.23公里、路网密度241.86公里/百平方公里，其中一级公路54.11公里、二级公路17.65公里、三级公路2.85公里、四级公路215.62公里。内河航道通航里程22公里，港口23个，生产性码头泊位36个，渡口2个。客运站2个，其中二级客运站1个、五级客运站1个，货运站1个。

基础建设。全年完成交通固定资产投资5.22亿元，其中，公路项目完成投资2.91亿元，分别为机场路综合改造工程投资1亿元、先锋路绿化投资6700万元、张家湾绿化投资5500万元、迎宾大道绿化投资5900万元、农村公路投资1000万元，港航项目完成投资2.31亿元，分别为海汇综合码头投资1.31亿元、云池深水港二期投资1亿元。机场路综合改造工程，是宜昌市交通基础设施重点建设项目，市委、市政府定位为"迎宾大道、景

观长廊、人文之窗"，概算投资3.9亿元，实际投资约3.6亿元，项目分三期建设，一期为道路及绿化工程，全长3.56公里，按双向八车道城市主干道建设，设先锋路和七里路2处下穿通道；二期为沪渝高速公路猇亭收费站改造和三峡机场候机楼站前广场改造工程，三期为绿化工程提档提升级工程。4月完成三峡机场候机楼站前广场改造和机场路沿线绿化工程施工，8月完成猇亭收费站改建工程施工，12月31日，三峡机场路综合改造工程顺利通过交工验收。

综合运输。全区拥有道路运输车辆1326辆，其中客运车辆42辆、普通货车1092辆、危险货物运输车辆192辆。开通城乡公交客运线路20条，其中城市公交线路9条、县域农村班线6条、区内农村班线5条。行政村通客车率100%。全年完成客运量216.07万人、旅客周转量1.14亿人公里，货运量557.46万吨、货物周转量10.92亿吨公里。经营性码头23个、非经营性码头10个，办理岸线许可证20个。经营性码头年吞吐量850.97万吨，比上年增长29.1%，其中进口598.34万吨、出口252.63万吨，货物周转量16.46亿吨公里。

行业管理。全区农村公路养护管理里程249.6公里，为农村公路养护里程的100%，全年投入养护经费50万元。农村公路养护以街办、村（居）为养护管理责任主体，交通行业主管部门监督检查指导。养护采取县道、乡道、村道主干线常年养护，组级道、

户户通路采取季节性养护方式，同时对集镇、居民点生活垃圾较多的路段采取与环卫工人相结合的办法进行养护保洁。加大道路行政执法力度，重点打击超载、超限等违法行为，有效地保护国省县道道路运营秩序。完成318国道维修、标线等建设，保障了路况良好、安全畅通。开展驾培市场专项整治、客运班线专项整治、道路运输市场综合治理等行动，加大客运、危货运输、维修、驾培等相关企业安全隐患排查力度，全年开展各项执法行动246次、出动执法人员1021人次，查处各类违规146起，下达各类整改通知书8份，进一步规范了道路运输市场秩序。组织港口检查人员408人次，打击非法违法、治理纠正违规违章行为7个，对安全设备、操作人员、操作流程等进一步规范，督促企业做好安全应急预案，做到防患于未然。

安全应急管理。结合"安全生产月""安全大排查"等活动，协调宜昌长江海事部门，重点加强水路运输安全生产的监督，完善水上交通安全长效安全管理机制，落实横向到边，纵向到底的安全责任制。开展道路事故多发路段治理工作，联合交警、安监等部门对全区道路交通事故多发和危险路段进行全面排查，严格按照排查标准，研究治理措施，完善交通行业安全工作监管和预防。开展全区危险品运输安全生产专项检查，检查危运企业12家，排查安全隐患10余处，责令限期整改，消除安全隐患。

　　　　　　　　　　（李威）

荆州市交通运输

【概况】　至2015年底，全市公路通车里程222647.6公里、路网密度157.1公里/百平方公里，其中高速公路348.5公里、一级公路429.1公里、二级公路1642.9公里、三级公路870.2公里、四级公路18789.2公里、等外公路567.7公里。航道通航里程2309公里，港口泊位383个。客运站69个，

其中一级客运站4个、二级客运站6个、三级客运站3个、四级客运站10个、五级客运站46个。

基础建设。全年完成交通基础设施建设投资150.6亿元，比上年增长13.6%。"十二五"累计完成交通基础设施建设投资451亿元，是"十一五"期投资总额112亿元的4倍。规划的

8条高速公路、总里程391公里中，江南高速公路建成通车，潜石高速公路江陵段、东卷高速公路、武汉城市圈环线荆州段建成，江北高速公路、石首长江大桥及接线、沙公高速公路加快建设。高速公路建成通车里程由"十一五"末的214公里增加到364公里，"三横五纵"高速公路网初步

2015年7月20日，荆州沙渔线弥市大桥危桥改造完成通车

形成，"县县通高速"目标基本实现。"十二五"期完成普通公路建设项目660个，建设一二级公路727公里，二级公路比重由7%增加到10%，二级以上公路里程由1344公里增至2071公里，增加54%。其中318国道荆州段改扩建项目控制性工程已开工，荆松一级公路、纪南至楚王车马阵旅游公路、仙洪一级公路洪湖段建设速度加快。全市96%的乡镇通达二级以上公路，全市100%行政村通公路、100%行政村通客车。全市"十二五"期完成港航建设投资60.7亿元，为"十一五"期的10.8倍。引江济汉工程实现通水通航，长江中游与汉江中游间新的千吨级航道已经形成。荆江航道整治一期工程完工，长江中游枯水期碍航瓶颈有效突破。国电沙市煤炭储配中心码头等11个港口项目基本建成，公安斗湖堤港区朱家湾综合码头二期等4个港口项目快速推进，港航建设项目数量和规模均居全省前列。全市"十二五"期完成站场物流建设投资9.7亿元，为"十一五"期的6倍。郢城综合客运枢纽站建成投入运营，全面实现公交、出租车、班线客运与动车"零换乘"。监利客运中心站、石首客运中心站建成并投入使用。

运输生产能力。2015年，全市清洁能源和新能源公交车765台，中高级客车占比由58%提升至68%。内河

船舶大型化、标准化进程明显加快，单船平均载重从1200吨提升到1816吨，高于长江干线平均水平。运力运量显著增强，客运车辆由3567辆增至3748辆，货运车辆由10973辆增至24807辆，船舶运力由86万载重吨增至127万载重吨，居全省第二。港口吞吐能力由3700万吨增至5800万吨，集装箱吞吐能力由20万标箱增至62万标箱。"十二五"期间共完成公路客运量4.2亿人次、公路货运量2.9亿吨、水路货运量1.9亿吨、港口货物吞吐量1.3亿吨、集装箱吞吐量43万标箱，分别为"十一五"期的131%、263%、161%、163%、180%。2015年完成公路客运量7059万人次、公路货运量7339万吨、水路货运量6686万吨、港口货物吞吐量3061万吨、集装箱吞吐量10万标箱，与2014年相比，除公路客运量下降外，公路货运量、水路货运量、港口货物吞吐量、集装箱吞吐量分别增长4.1%、23.2%、7.4%和0.5%。

行业管理。以服务民生为重点，强力推进"村村通客车"和社会信用体系建设，建立道路、水路运输经营者和从业人员诚信档案与评级机制。进一步加强车辆超限超载治理，完善以政府为主导，交警、路政、运管等多部门联合治超的工作机制。全市公路预防性养护和日常养护全面加强，

大中修工程按时完工，路容路貌焕然一新，公路迎"国检"工作圆满收官。开通公交专线对接荆州开发区、沙北新区和政府招商企业。中心城区5家出租车公司优化重组，整合城区771台出租车，400辆新增出租车运力实现公车公营，公交分担率由18%提升至24%。圆满完成春运、中高考等重点时段运输保障工作，荆州市成为湖北省首批"公交示范城市"。构建质量监督体系，建立市县两级立体质量安全监督网络，打造一批"平安工地""标准化管理"示范项目。完成农村老旧渡船改造34艘，义渡、半义渡实现转型。市级建议提案72件全部办理完成，办复率、见面率、满意率均为100%。

安全应急管理。交通运输企业实施安全生产标准化管理体系建设，落实安全生产"一岗双责"制度，完善安全风险预防预控体系和安全应急体系。组建专兼结合的应急抢险队伍，建立健全交通运输突发事件应急管理规章制度，完善应急预案，构建涵盖交通运输全领域、多等级的安全应急组织体系，水上搜救指挥平台覆盖至县市一级。至2015年底，全市完成县乡道中桥以上危桥改造、公路安保工程和农村公路达标任务；内河渡口全部实施达标改造，客运站安全检测、行包检测设施得到完善。建立"打非治违"和"隐患排查"专项整治、客运站专项整治、渡运专项整治、道路危险货物运输专项整治、港口危险货物运输专项整治工作机制，保持安全工作高压态势。

科技与信息化。坚持"优化设计、技术人员、机械设备、试验检测、科技创新、工程管理"六个到位工作措施，推广技术创新，对施工设备、原材料和施工人员进行跟踪监管，确保工程质量。在207国道大修施工中，推广应用"新型抗弯拉水泥混凝土路面"和"水稳填充大粒径碎石基层"2项新技术，被确定为全省公路科技推广应用项目。"湖北省普通公路建设与养护投资政策研究"和"荆州市普通公路养护市场化管理研究"通过省

交通运输厅组织的鉴定验收。搭建网络交流平台，荆州市交通运输局、港航管理局、道路运输管理局更新机关网站建设，提高办事效率。荆州长江大桥费收所依托微信平台，创办"班长工作交流""所班子成员"微信群，督促和通报工作200多项，收集各种意见建议100多条。积极推进ETC建设，6月28日，荆州长江大桥正式启用ETC，实现与全国联网。公安县公路局微博获荆州市2014最具互动性政务微博、2015年最具亲和力政务微博。

建设资金筹措。2015年，交通建设项目优惠政策逐步落实，"政府主导、提高公共财政保障能力、以财政性资金为主解决普通公路投入"的筹融资机制建立。"十二五"期间，荆州市县两级政府共筹资47亿元支持普通公路建设，是"十一五"期的2.5倍。交通发展实现由"部门办交通"向"政府主导、部门联动、社会参与"模式的转变，资金筹措实现由"贷款修路、收费还贷"的单一模式向部省资金定补、地方资金配套、多元化资金补充方式转变。湖北省交通投资集团有限公司与市政府签约建设5条高速公路，化解了交通建设资金筹措难题。

交通体制改革。以行政审批改革为重点，实行行政权力清单、责任清单、中介清单制度，清理10个中介机构，规范行政许可18项和行政职权174项，将15项交通行政许可下放到县市区、5项行政审批改为"先照后证"，市级交通行政审批项目全部进入市政府行政服务中心窗口。"十二五"期间，荆州率先在全省实行运管物流体制大部制改革，将原市运管处、市物流发展局、市客管处和沙市区、荆州区运管所5家单位进行整合，组建市运管物流局，实行中心城区运管物流综合执法，有效解决中心城区道路运输多级管理、多头执法的问题。在交通工程质量监管中，争取市政府政策支持，将交通质监经费调整为财政全额拨款，将质量监督抽查专项经费列入市财政预算，解决困扰交通质监发展的体制束缚。建立县市区农村公路管养机构，落实管养责任，健全管养长效机制，

提升管养水平和安全通行能力。

文明创建。开展"十行百佳""三优一满意""出租车双创"等系列创建活动，荆州市交通运输局连续三次被评为全省交通运输系统先进集体，连续三届被评为省级文明单位，三次被评为全市绩效考核先进单位。"交通壮腰"受到荆州市政府通令嘉奖，先后获全省老区扶贫工作先进单位、全省安全生产先进单位、全省"三万"先进工作组、全市投资先进单位等荣誉。全市交通运输系统文明单位、文明行业创建覆盖面100%。市直交通运输单位全部创建成市级以上文明单位。全市交通运输系统创建"全国交通运输行业文明单位"1个、"全国创先争优先进基层党组织"1个、"全国交通运输行业文化建设优秀单位"1个、省"五一"劳动奖状2个、省级文明单位13个、市级文明单位25个，创建市级文明系统2个，创建部级文明示范窗口2个、省厅级文明示范窗口16个；培树全国交通运输系统先进典型2名、省部级先进典型4名、市级先进典型12名。　　　　（肖飞　王昌福）

【荆州区】　至2015年底，全区公路通车里程2005.9公里、路网密度192.0公里/百平方公里，其中高速公路42.9公里、一级公路80.4公里、二级公路185.5公里、三级公路26.5公里、四级公路1639.4公里、等外公路31.2公里。航道通航里程66公里，港口泊位27个。客运站4个，其中一级客运站1个、五级客运站3个。

基础建设。全年完成交通固定资产投资5.11亿元。引江济汉通航工程27座桥梁全面完成建设，顺利通航；李埠港区一期综合码头工程完成投资8000万元；弥市危桥重建工程完成总投资3300万元，于7月20日正式通车；荆当一级旅游公路，总投资8.8亿元，已完成投资8000万元；引江济汉渠顶二级公路完成投资4900万元。完成二级公路改造56.46公里、农村公路危桥改造7座、通村通组公路建设75公里，全面兑现荆州区政府10件实事承诺。

公路养护。全年投入公路养护资金755.2万元。207国道砖桥至纪北渠段2.2公里橡胶沥青同步上封层处理、种禽场加水点下水道整治及路面集中整治全部完成。对322省道天宝村至双马村路面破板进行处理，318国道秘师桥拆除重建，国省干线标志标牌更新及钢护栏整修全部完成。农村公路修建错车台133个、整理路肩111公里，危桥加固改造15座420延米，道路路面维修82公里，破碎板处理5000平方米，修补坑槽5000平方米，沟油灌缝5000米，安装安全标志牌406块，预制示警桩2000根，安装钢护栏3420米，减速板942米，招呼站牌66块。

运输安全生产。全年开展10次安全生产大检查，共检查道路运输企业28家、内河及长江渡口24处、危桥管控现场4处、交通在建工程12项，成功应对引江济汉通航工程新建桥梁雨雪冰冻造成的通行困难，确保人民群众出行安全，保障春运等重大节假日交通运输安全。投入4万元，在东关桥两头设置限行墩及限宽、限载、限行等警示标志；投入11万元，在弥市大桥两端设置水泥墩限行；投入680万元，对全区农村公路，危险路段设置安全警示装置，修建错车台120个、招呼站60个、10个港湾式候车亭；争取资金30万元，完成渡船更新改造2艘。全区交通运输系统安全监管措施得力，交通运输安全生产形势总体稳定，创下了道路危险货物运输连续14年、水上运输连续12年无安全生产责任事故。　　　（唐亮）

【沙市区】　至2015年底，全区公路通车里程1292.2公里、路网密度179.2公里/百平方公里，其中高速公路39.2公里、一级公路94.8公里、二级公路48.9公里、三级公路63.2公里、四级公路1046.1公里；公路桥梁208座，其中国省干线公路桥梁5座、农村公路桥梁203座。内河航道里程105公里，长江岸线14.56公里，生产性码头48座，生产性码头泊位71个，长江渡口2处，内河乡镇渡口4处。

客运站 4 个，其中一级客运站 1 个、二级客运站 2 个、农村五级客运站 1 个、货运站 6 个。

基础建设。全年完成交通固定资产投资 2.53 亿元。其中，完成普通公路建设投资 1.48 亿元，建成通乡通村公路 50.19 公里、桥梁 4 座 110.16 延米，新增等级公路 18.53 公里。完成港航建设投资 1.05 亿元，建成沙市热电厂国电煤炭码头项目、荆州港木沉渊港区湖北沙隆达股份有限公司热电煤码头工程项目，荆州港盐卡多功能综合码头 (第三期) 项目建设经过调整后取得进展，启动荆州港木沉渊港区荆州开发区工业综合码头 1-4 号泊位工程。

运输生产能力。全年新增船舶 2 艘，新增运力 9180 吨。本港籍船舶 93 艘、17.08 万载重吨，单船平均吨位增至 1836 吨，最大单船达到 5506 吨。完成港口货物吞吐量 1598 万吨，是 "十一五" 期末年完成港口吞吐量 445 万吨的 3.59 倍。港口集装箱达到 10.06 万标箱。完成港口规费征收 426 万元。

养护管理。全区公路养护里程 1253.01 公里，公路列养里程 157.8 公里。列养公路全年投入养护经费 684 万元，强化养护、科学施工、规范管理，公路状况良好，综合评定指标达到养护标准。在区政府统一指挥下，联合城管、规划、公安、交警、乡 (镇) 政府等多个部门开展综合执法，开展为期一个月的路域环境整治行动，对 318 国道沿线过境集镇路段和十号路段非公路标志标牌和占道堆积物拆除清理，路域环境明显改善。严格超限治理，全年检测车辆 4270 辆，查处超限车辆 3084 辆、卸货 5.76 万吨，货车卸载率为 98%。非列养农村公路养护管理采取重点养护与日常养护相结合，每月对非列养县道进行养护巡查 4 次以上、乡道 2 次，每季度对各村养护情况进行 1 次考核评定，对非列养县道进行 1 次路况检评，全年对农村公路桥梁进行 3 次经常性检查、1 次定期检查，汛期对桥梁进行 1 次安全隐患排查。

安全监管。层层签订安全应急管理工作目标责任书和乡镇渡口安全管理工作四级目标责任书，全区交通运输安全形势平稳，无安全责任事故发生。开展安全生产数字化、标准化工作，有计划、按步骤、有效稳妥地推进企业安全生产标准化达标工作，督促各相关企业严格按照 "三个十五天" 的要求进行登入、更新、排查，督促重点企业进行网上登入。加强辖区 "两客一危" 企业安全隐患整改力度，坚决杜绝 "三超一疲劳" 现象。积极做好恶劣天气防控和应对，强化对重点部位、重点企业和重点时段安全监管，组成检查组，定期和不定期地对全系统安全生产管理工作进行检查督办，特别是对长江渡口、乡镇渡口、危险货物作业码头、客运站、道路运输企业等进行检查督办。6 月 16 日，联合多单位、多部门在江津汽车客运站开展突发事件紧急疏散演练，提高应急反应及处置能力。

法治建设。大力推进依法行政，将法治建设纳入绩效考核范围，签订行政执法目标责任书，落实目标、责任、领导、机构和措施，把法治建设贯穿到交通运输建设、运营、管理、安全生产各个方面，全区公路、水路无 "三乱" 行为发生。积极推进行政执法 "四统一" 和行政执法政务公开，对行政权力及行政服务事项进行清理，制定对内、对外工作流程图，全部在网上公开。在服务大厅设立政务公开栏、电子显示屏、电脑触摸屏等，实行事项公示、首问负责、一次告知、跟踪服务等，坚持一个窗口对外，一站式服务，方便群众办事。做好行政执法与刑事司法网上对接，将行政处罚案卷，包括处罚流程、决定书、案情进行网上公开公示。2015 年起，区交通运输部门有关重大决策事项、"三公" 经费预决算等都在网上公开。严格执行《交通行政处罚自由裁量执行标准》，实行一案一卷，层层审核。加强水陆运输市场依法监管，开展 "打非治违" 等专项整治活动，各类行业投诉、纠纷和业务矛盾投诉处理率达到 100%。

村村通客车。完成农村公路提档升级 20.02 公里，修复农村公路路面 4191 平方米。建设港湾式候车亭 20 个、线路信息公示牌 17 个。危险路段新栽警示桩 1190 根、警示标牌 84 块，种植道路树木 6500 多棵，投资 358.07 万元。采取由市公交公司将原有的 34 路、36 路延伸至三洲村、宜阳村和新开通岑河镇岑定线、岑张线 2 条线路的方式，开通原来未通客车的宜阳、白渎、张场、陈龙、木坑、定向等 6 个行政村。截至 5 月底，全区 52 个行政村全部开通客车，实现 "村村通客车" 目标。制订《沙市区农村客运发展奖励补助考核办法（试行）》等农村客运发展长效机制，确保农村客运 "开得通、留得住"。

（胡敏　吴前健）

【江陵县】　至 2015 年底，全县公路通车里程 1783.5 公里、路网密度 170.2 公里/百平方公里，其中一级公路 25.1 公里、二级公路 141 公里、三级公路 104 公里、四级公路 1362.9 公里、等外公路 150.5 公里。航道通航里程 146.3 公里，港口泊位 27 个。客运站 8 个，其中二级客运站 1 个、四级客运站 1 个、五级客运站 6 个。

基础建设。全年完成交通固定资产投资 50.5 亿元，江陵县境内江北潜石高速公路建设围绕临时用地复垦、借用道路还建、江北高速公路施工环境协调、石首长江大桥北岸连接线江陵段房屋拆迁前期工作和临时用地征用全面开展。其中潜石高速公路江陵段完成货币工程量 17.29 亿元、累计完成 41.1 亿元，江北高速公路江陵段完成货币工程量 29.1 亿元、累计完成 45.2 亿元，沙公高速公路江陵段完成 0.18 亿元。潜石高速公路江陵段实施二期路面刷黑和三期机电、交安、房建刹尾工作，12 月底基本完工。江北高速公路完成一期工程量的 90%，沙公高速公路完成项目部及分部建设、施工便道 20 公里，架设临时电力线路 11 公里。江北高速公路连接线完成石灰土路床处置 6.73 公里、全线桥涵工程、雨污管网工程 1.23 公里、水稳基层 (单幅两层)3.2 公里以及排水边沟 5.3 公里。石首大桥江陵段接线工程进入拆迁、临时征地及项目部建设。

白鹭湖至万场公路改建工程进入改建路段控制性工程建设，路面建设完成16.6公里，其中白马段10.3公里、熊河段6.3公里。江陵石化码头工程年内完成投资3080万元，累计投资20180万元，建设泊位3个，投入趸船2条。江陵跃进综合码头完成投资14385万元，后方仓储用地220亩完成征用手续，1个散货泊位竣工投入营运、3个高桩泊位进入平面安装施工。湖北荆州煤炭储配基地码头一期工程基本完成前期工作，完成进口泊位施工、监理招标工作。江陵园区工业码头工程已组成项目公司，完成后方用地征用，启动前期工作。

公路养护。全年完成货币工程量124万元，完成坑槽修补700立方米、长草整治420公里、汉沙线路肩硬化210立方米、沥青路缝养护35公里、水泥路缝养10公里、完成新马线、秦黄线大修配套工程。3月，完成扶林工作，新植路树78.8公里，栽植香樟4157株、意杨树30000株。

综合运输。全县有营运客车205辆、营运货车2440辆、营运船舶27310载重吨。全年完成道路客运量533.07万人次，旅客周转量27099.79万人公里，分别比上年增长13.6%、16.2%；公路与水路完成货运量508.2万吨，货物周转量43236万吨公里，分别比上年增长8.7%、12.4%；港口完成货物吞吐量155.17万吨，比上年增长14.6%。有公共汽车53辆、客运出租汽车80辆，分别完成客运量510万人次、265万人次。配合物价部门全面完成出租车调价工作，稳定出租车市场，12月份圆满完成出租车第三轮经营权出让工作，对全县80台出租车计价器全部更新，并实施出租车经营管理改革。全年向118台农村客运车辆、80台出租车、51台公交车发放燃油补贴2次，发放资金696万元。

路政管理。以分片包路段和重点巡查相结合的方式，将路段进行分工，责任到中队，严格落实工作日、夜间及节假日值班制度，实施无缝隙管理。7月，对省道荆新线过时广告牌及擅自设置的非公路标志依法进行拆除，

对占道堆物及边坡种植农作物进行清理，对沿线百姓进行公路法律、法规宣传。8月，联合秦市乡政府、城建、国土、公安、交警等部门对省道汉沙线K239~K246路段进行专项整治，拆除因历史原因在红线建筑控制区内的陈旧性建筑物22处约1500平方米。

文明创建。扎实开展"三万"活动，自觉将秸秆禁烧工作纳入"三万"规定动作，"三万"工作组被评为全市先进工作组。县交通运输局被县委县政府、县政法委评为绩效考核优胜单位、党建工作先进单位、综治工作先进单位、项目争取先进单位、政协提案办理先进单位，局机关档案工作顺利晋升为省一级。

（袁丹梅 沈海艳）

【松滋市】 至2015年底，全市公路通车里程3486.8公里、路网密度156公里/百平方公里，其中高速公路38.4公里、一级公路77.1公里、二级公路268公里、三级公路156.4公里、四级公路2935.9公里、等外公路11公里。航道通航里程156公里，港口泊位28个。客运站11个，其中二级客运站1个、三级客运站1个、四级客运站1个、五级客运站8个。

基础建设。全年完成交通固定资产投资10.68亿元。其中荆松一级公路年内完成货币工程量5.4亿元，累计完成15.8亿元。松滋城区至临港工业园发展大道建成通车；荆州长江大桥荆南收费站至松滋城区路基施工全部完成；全线桥梁工程主体结构基本完成，松西河特大桥桥面架设"合龙"，松东河、松虎河桥面工程顺利推进，所有中小桥涵施工结束。国道351改建工程于11月分2个标段同时动工，年底已完成便道建设、全线路基清表工作，建成圆管涵基础混凝土2座、开挖箱涵1道，完成桥梁下构桩基础和预制梁场建设。年内县道升省道二级公路改造项目有庆卸线26公里、陈老线16公里、汪杨线16.5公里，完成县道新江口至老城大修改造18公里、通村公路建设241.5公里，总投资7245万元。完成庆卸线滑坡处治工

程，投资100万元。荆州港松滋车阳河码头一期工程、堆场、道路、给排水、供电、绿化等工程结束，已建成封闭式围墙；二期工程1号、4号泊位水工建筑及道路、堆场建于8月正式启动，至年底已完成新建泊位沉桩120根，夹桩焊接钢横撑施工顺利，全年完成投资5400万元。

村村通客车。全年投资9173万元，打通断头路19.1公里，整治路肩527公里，修建错车台440个，配套安保设施364.9公里，维修路面86公里，改造危桥31座，投入农村路日常养护2035公里，绿化527公里，安装减速板1235米，示警桩14425根，示警墩34个，标志牌406块，钢护栏9700米。在农村客运配套设施方面，新建港湾式候车亭15个、普通候车亭70个、招呼站400个。在农村客运服务方面，实现农村客运服务与城乡客运一体化有机结合、农村客运站点与城市公交站点建设有机结合，实行统一规划、统筹布局、整合建设。全市69条农村客运线路全部绘制行车路线图，明确16条文明示范线，贴制农村客运车辆标识。城市公交运营线路、公交站点、出租车营运区域统一建立电子地图，实施GPS电子监管。

公路管养。公路部门在全面养护方面落实三级养护巡查责任制，公路养护机构和人员分级定岗定责，完善"三图三表"管理规范，提高养护巡查频次。全年完成路面清扫12467公里，水沟清挖235公里，清割长草682公里，标线刷新178公里，完善标准路基126公里，完成路树刷白93公里。在提高预防养护效能方面，集中整治水毁损害，维修公路附属设施，强化桥涵防护、排水设施清理，提升公路安保防护水平。全年填补坑槽12074平方米、实施水泥路面灌缝9800延米、沥青路面灌缝2470延米、清理涵洞135道、泄水孔261个、修复挡土墙182立方米、清理路基、路肩坍塌2140立方米、完成省道路面挖补1987立方米、路面封油7946平方米、撒油罩面50000平方米、完成大修路段钢护拦拆除13560米、波形护栏维

修 1460 米，新装钢护栏 4980 米，维护标志牌、警示桩 239 处。在大修建设方面，完成红东、雅澧 2 条省道大修 46.6 公里，城区道路大修 3.932 公里，完成货币工程量 7074.5 万元。完成沙渔线八宝路段破碎板处治 800 块、18000 平方米，完成货币工程量 320 万元。大修施工推行"工序检验验收责任制"，建立原材料进场、基料拌各、熟料摊铺、分层碾压到养护的工序验收质量保证体系，分工序从严控制质量；引进和推广"平衡型骨架密实结构水泥稳定矿石基层"工艺新技术，确保大修路段基层结构建设质量。公路治超坚持政府主导治超治抛、多部门联合形成高压态势，采取固定与流动相结合的方式，全年查车 6000 余辆次，纠正超限车辆 1100 辆次。对列养公路沿线所有非路用标志进行清理，累计巡查 887 次，拆除非路用标牌 275 块，清理堆物占道 295 处，摆摊设点 51 处，路域环境得到改善。

道路运输。全市有营运车辆 446 辆，客运班线 207 条、省际班线 38 条、省内跨地市班线 42 条、跨县班线 63 条、市内班线 64 条。道路运输坚持转型升级、环保节能两个重点，引导社会资金投入物流产业，依托车阳河港区建设长江物流产业园，依托便利的道路、铁路条件发展乡镇小型物流产业，实现物流业水公铁有效衔接，物流企业由 60 家上升到 72 家。按照"环保节能、绿色发展"理念推进机动车维修业现代化发展。在中心城区建成汽车维修城，实现"统一污水处理、统一油汽水循环利用、统一行业标准"的"三统一"管理，全年规模以上维修业产值突破 2000 万元。提高安全管理科技能力，争取市财政补贴 70 万元，建起北斗卫星监控平台，为 343 辆农村客运车辆安装监控终端，实现运输安全电子化管理。全年完成客运量 1310 人次、旅客周转量 79679 万人公里，完成货运量 352 万吨、货物周转量 51220 万吨公里。

城市公共交通。拥有公交车 58 辆，公交线路 5 条。有客运出租汽车公司 3 家、出租汽车 240 辆。分批适时投放出租车 40 辆，新增出租车经营权数一律审批到出租车公司，实行"两权统一"员工制管理模式。注意将资源配置与公司质量信誉考核挂钩，考核获优的公司可获一定经营权数奖励，不合格公司则予以调减经营权数。在转换经营方式中，全面推进"两权统一、公司化经营"，对历史遗留的经营权审批至个人的出租车实施公司收购车辆或经营者带车入股的经营模式改革，实现"统一经营方式、统一公司管理、统一合同文本、统一服务标准"的"四统一"管理。争取市政府资金和政策倾斜支持公交车发展，由政府出资 280 万元采购高档公交车 10 辆，开通 5 路公交线，委托神通公司负责经营管理。

水路运输。全市有渡船 57 艘、2158 客位。拥有水上货运公司 1 家，货船 21 艘、30695 载重吨；拥有旅游公司 1 家，旅游船 15 艘、413 客位。辖区内有港口作业区 5 个，其中 2000 吨级以上泊位 16 个，有港口经营企业 23 家，其中新落户 19 家。全年完成货物吞吐量 176.9 万吨、周转量 3054 亿吨公里，完成水路客运量 95 万人次、客运周转量 47.3 万人公里。全市旅游客船实现钢质化，全年完成旅游客运量 2.5 万人次、旅客周转量 92.5 万人公里，实现旅游收入 180 余万元。

铁路运输。焦柳铁路松滋火车站日均办理接发列车 98 列，其中客运列车 10 列。全年发送货物量 13980 吨、货物到站量 70392 吨；全年发送旅客 32.07 万人、到站旅客 32.45 万人；实现客货运输收入 4912.6 万元。圆满完成春运、黄金周等重点时段客运工作，严格内部纪律，加强周边留驻人员警务管理等综合措施，扼制非法倒卖客票现象。为适应物流市场需要，在武汉铁路局统一部署下，开通武汉滠口车站—松滋火车站的九州快运环线列车，每日往返一班。并与松滋运管部门衔接，实现铁路物流成功对接。

（朱卫华　李宝婵）

【公安县】　至 2015 年底，全县公路通车里程 3455.61 公里、路网密度 158.1 公里 / 百平方公里，其中高速公路 110.4 公里、一级公路 14.91 公里、二级公路 212.6 公里、三级公路 148.8 公里、四级公路 2968.9 公里。航道通航里程 357 公里，港口泊位 40 个。客运站 11 个，其中二级客运站 1 个、三级客运站 1 个、四级客运站 3 个、五级客运站 6 个。

基础建设。全县在年内共实施交通基础设施建设项目 17 个，完成货币工程量 33268 万元。207 国道续建的 3 座危桥 2127.18 延米，线外工程连接线共 2321.15 米，全年完成货币工程

2015 年 7 月 9 日，公安县 46 艘新渡船交接

量5100万元，累计完成货币工程量1.01亿元；黑狗垱大桥年底建成通车，梅园大道3.38公里已完成投资9098万元、年底完工通车；351国道公安段黄金口至松滋22.15公里改建工程，全年完成货币工程量4600万元，累计完成货币工程量4800万元；355省道汪家汊至景阳岗段26.63公里改建工程，全年完成货币工程量4800万元，累计完成货币工程量5300万元。朱家湾码头二期工程新建4个3000吨级泊位，全年完成货币工程量1.02亿元，累计完成货币工程量1.15亿元。屠陵一级客运站全年完成货币工程量2000万元，累计完成投资3000万元。黑闸线全长7.14公里、完成货币工程量780万元，斗五线全长12.86公里、完成货币工程量390万元，牛浪湖桥、三八桥、蒿子咀桥、剅口桥、郭家湾桥5座危桥共326延米，全部建设完工，完成货币工程量250万元，累计完成投资471.04万元。东卷高速公路境内3.47公里，完成投资2.6亿元；荆松一级公路境内完成货币工程量3000万元，累计完成9000万元；沙公高速公路公安段开工建设，修建便道3公里，完成货币工程量500万元；江南高速公路"三改"遗留问题全部解决。

村村通客车。新建通村公路165公里，加宽路基427公里，修建错车台308个，新增安保工程防撞墙1029米、标志牌298套、减速板932.5米、示警桩1817根，总投资4500万元。完成农村公路危桥改造30座，投资1200万元。

运输管理。坚持"无缝隙衔接、零距离换乘"，合理调整长途客运，大力发展农村客运，优化公共交通，为城乡居民提供安全、便捷、舒适的出行服务。全年完成公路客运量1518万人次、旅客周转量9.78亿人公里，货运量590万吨、货物周转量9.90亿吨公里，分别比上年增长10%以上。全县公路客运有省际班线30条、市际班线12条、县内班线43条，其中通村班线23条。客运车辆524辆、11616座，公交车辆90辆，出租客运小汽车260辆，货运车辆4987辆。

安全管理。强化安全隐患排查，重点对施工现场、危险路段、车辆超载超限和客运站防火、安保以及事故多发、易发重点部位、关键环节进行排查治理，发现隐患及时进行整治。大力开展"平安交通""打非治违"等专项行动，增强安全生产"红线"意识、责任意识、底线思维。落实安全生产监管责任。严格履行"三关一监督"职责，对客运车辆、船舶、危险货物车辆加强动态监管，确保水陆交通运输安全，全年安全运输生产态势平稳。

公路养护。全年完成"迎国检"207国道南平至鲍关段6公里、章庄铺至东岳庙段5公里、油江至埠河段19.2公里、东岳庙至卷桥段4.6公里、公石线工农村至幸福村段4.92公里5个项目大中修工程，总投资5799.8万元，并通过"国检"检查组验收。加大公路、桥梁养护日常巡查、多方联动遏制公路超限超载行为，加大公路养护资金投入，完成小修保养投资904万元，占全年计划100%。县、乡、村道投入养护资金684万元，完成重要路段绿化苗木的补栽，栽植绿化成活率达到95%。强化在建工程质量、施工安全，严格执行工程建设"三同时"制度。大力推进安保工程建设，搞好水毁公路修复和渡危桥改造，确保公路通行安全。

（王万军 高艳娟）

【石首市】 至2015年底，全市公路通车里程2500.2公里、路网密度175.2公里/百平方公里，其中高速公路19.7公里、一级公路10.1公里、二级公路193.2公里、三级公路102.3公里、四级公路2171.5公里、等外公路3.4公里。航道通航里程82公里，港口泊位33个，渡口43个。客运站5个，其中一级客运站1个、三级客运站1个、四级客运站1个、五级客运站2个。

基础建设。全年完成交通固定资产投资20亿元。全力推进潜石高速公路与石首长江公路大桥建设，做好潜石高速及长江公路大桥挖沟放线、征地拆迁及服务项目开工各项协调工作。至年底，潜石高速公路与石首长江公路大桥征地拆迁工作完成，4家施工单位全面进场，完成货币工程量6.48亿元。加快市内路网建设。完成220省道改线横沟市至赵家湾段路基土方20.7公里，启动全线桥梁建设；完成221省道公石线大修工程19.1公里；完成220省道秦黄线公路大修工程4.5公里。金银垱至绣林港一级公路完工，实现公、铁、水路多式联运。积极推进农村公路建设，完成新狮线县乡道建设13.6公里，完成月马线建设7公里，完成小河至神皇洲6.5公里；完成通村公路建设90公里；完成农村公路危桥改造18座。完成石首物流中心项目9.94万平方米的场区主干道硬化，2.4万平方米的交易信息大楼和1.64万平方米的多功能仓库。

村村通客车。全市完成农村公路加宽路基475.8公里，新建错车台442个，新设交通安全标示标牌1772个、减速板4656.5米、警示桩5147根、危桥改造28座，修复断头路12.3公里，新建候车亭、招呼站159个。新增线路2条，开通已停运线路2条，延伸线路34条，直接通客车的行政村达到247个，间接通客车行政村减少为27个，行政村通车率达到100%。

行业监管。全年完成公路客运量680万人、旅客周转量3.25亿人公里，货运量323.85万吨、货物周转量1800万吨公里，港口吞吐量440.8万吨。开展客运、出租车专项专线整治及货运、驾培、机动车维修检测市场专项整治，确保运输市场秩序，取得良好效果。全年共上路巡查534次，拆除非公路标志牌199块474平方米，清除堆物占道180处1008平方米，制止新违法建筑18处235平方米；清理摆摊设点16处119平方米；清理洗车加水点2处10平方米；检测车辆3875台，查处超限车辆155台。配合市"绿满荆州"活动，圆满完成公路绿化砍伐任务，共砍伐意杨5394株1265立方米。全年无新增违法建筑，做到执法无失误、零投诉。全市交通运输系统先后组织开展行业安全生产综合大检查12次，出动检查人员400多人次，累计发现安全隐患112处，发出整改通知

2015年5月23日，石首长江大桥首根钻孔灌注桩浇注成功

书16份，督促整改到位率100%，有效遏制了重特大交通安全事故发生，确保交通运输行业安全生产形势持续稳定。

文明创建。石首市交通运输局到绣林办事处玉皇岗村开展"精准扶贫""一对一帮扶"等活动。以"文明出租车、公交车"评选活动为载体，把出租车建成"城市流动名片"、公交车建成"市民流动之家"。继续开展"廉政交通三做起"主题实践活动、廉政文化进机关活动，石首市交通运输局机关再次荣获省级文明单位称号。

（王军强）

【监利县】　至2015年底，全市公路通车里程4870.9公里、路网密度150.4公里/百平方公里，其中高速公路93.4公里、一级公路49.7公里、二级公路341公里、三级公路235.5公里、四级公路3813.2公里、等外公路338.1公里。航道通航里程480公里，其中长江航道140公里、内河航道340公里，港口企业30家，码头泊位34个，渡口70个。客运站17个，其中一级客运站1个、四级客运站3个、五级客运站13个。

基础建设。全年完成交通运输固定资产投资8.38亿元，比上年增长1%。江北高速公路监利连接线全长10.43公里，总投资2.3亿元，与江北高速公路同步建成；新沟一级公路连接线完成所有前期工作后于年底启动建设。完成干线公路潜监线周沟至红城段13.5公里公路大修，汉沙线朱河段5公里公路大修已竣工通车。网府线大修于11月底进场施工，军调线大修路面主体工程完工，陈分线全线完工，荒新线完成工程量的80%。农村二级公路红南桥至汴河段按计划完工，严场至汪桥段年底启动建设。建成县乡公路36公里、通村公路210公里，危桥改造和渡改桥24座879延米全部完工。总投资2.2亿元、规划占地面积40万平方米的监利县中心物流园项目已落实园区规划选址，进行了项目推介和招商引资，省市主管部门安排资金补助计划，达成投资意向。老汽车客运站城市综合体项目腾退房建设已启动竞争性谈判程序，中心物流园项目达成投资意向，城区公交新建港湾式公交站点87个、简易候车点59个、首末站6个的建设项目已完成规划上报工作，容城新港新洲码头项目已与天域公司进行检测、清算、审计等工作，与中交三航局签订合同后复工。

综合运输。全县有营运客车845辆、公共汽车76辆、客运出租车381辆、营运载货汽车1796辆、营运船舶12.6万载重吨。全年完成公路客运量1365万人次、旅客周转量8.19亿人公里，比上年增长5%、8%。公共汽车与客运出租车完成客运量860万人次。全年完成公路、水路客运量1348.8万人、旅客周转量8.06亿人公里，货运量411.2万吨、货物周转量8.37亿吨公里，港口完成货物吞吐量398万吨。提升公共交通服务能力，完成60辆出租运力投放工作，划定公交停车位120处，方便市民出行需求。

村村通客车。全县交通运输部门争取上级投资1900万元、县财政补助3000万元，按照"路站运一体化"服务理念，对全县农村候车亭实地考察选址，全年新建港湾式候车亭12个、普通候车亭11个、招呼站100个、维修候车亭90个。完成农村公路错车平台4024个、路肩培土2016公里、安

2015 年 7 月 9 日，岳阳荆州过驳基地共建协议正式签订

保工程 152 公里、危桥改造 40 座、修建断头路 90 公里，新增"村村通"客车 91 辆、线路 32 条。全县行政村通客车率 100%，初步形成以县城为中心，辐射周边中心乡镇的"城镇圈"，满足广大群众出行需求。

行业监管。加大打非治违、驾培整治、超限超载治理力度，推进诚信考核和质量信誉考核工作，查处违规营运出租车 50 余辆，纠正驾培违规行为 6 起，超限运输率控制在 4% 以内。强化安全管理，通过开展"道路客运安全应急演练""水上交通安全进校园"等活动，进一步增强全员安全生产意识。全县所有交通运输企业全部纳入全省安全隐患排查治理"两化"平台管理，自主完成安全隐患排查治理 150 余处。

"东船翻沉"事件救援。6 月 1 日 21 时 30 分，隶属重庆东方轮船公司的东方之星游轮从南京驶往重庆途中，在长江中游监利大马洲水域突遇罕见强对流天气沉没。"东船翻沉"事件发生后，全县交通运输系统按照"东船翻沉"事件现场指挥部命令和荆州市委、市政府以及监利县委、县政府工作部署，在省、市交通运输部门指导下，讲纪律，讲服从，全力做好救援交通运输保障工作。整个救援行动中，全县交通运输系统投入资金 439.76 万元，抢建救援通道 6 公里，

维护抢修救援公路 31 公里、新建停车场 2 处 6000 平方米，全县出租车率先开展"黄丝带"活动，展示交通运输系统"小城大爱"良好形象。

（王平祥 徐艺）

【洪湖市】 至 2015 年底，全市公路通车里程 3252.9 公里、路网密度 129.1 公里 / 百平方公里，其中高速公路 4.6 公里、一级公路 77.1 公里、二级公路 252.9 公里、三级公路 33.5 公里、四级公路 2851.4 公里、等外公路 33.4 公里。航道通航里程 574 公里，港口泊位 83 个，渡口 101 处。客运站 9 个，其中二级客运站 1 个、四级客运站 1 个、五级客运站 7 个，候车亭 201 个，招呼站 280 个。

前期工作。编制全市交通"十三五"规划，项目库总投资额 260 亿元。编制"十三五"规划过程中，同时编制三年滚动计划和 2016 年年度计划。乌林长江大桥项目在 5 月份被交通运输部列为第一批 PPP 模式先行试点项目，11 月 5 日项目招标文件专家评审会在汉召开，省交通运输厅和财政厅审查修编后的招标文件已报交通运输部备案，12 月中旬在省公共资源交易平台挂网招标。江北高速公路东延段前期工作委托中铁第四勘察设计院完成工程可行性编制，并启动相关专题编制工作。

基础建设。全年完成交通基础设施建设投资 33.46 亿元，其中高速公路完成投资 30.1 亿元，普通公路及其他交通工程投资 3.36 亿元。洪湖至监利高速公路全长 95 公里，完成投资 15.1 亿元，累计完成投资 58 亿元，占总投资的 66%；该高速公路桥梁桩基全部完成、桥梁下部构造完成 93%、路基土石方完成 87.3%、涵洞及通道完成 81%、路面工程底基层开始施工。武汉城市圈环线高速公路洪湖段全长 19.8 公里，完成投资 12.6 亿元，累计完成投资 33.3 亿元，占总投资的 96%；该高速公路路基土石方、桥梁工程、交安工程、隔离栅、房建、服务区、收费站全部完成，进入路面刷黑阶段。燕窝长江公路大桥施工单位四川路桥公司已进场施工。洪湖新堤港区综合码头主体工程全部完成并交工验收，后续工程已完成货币工程量 4000 万元，启动施工段堤外滩地征用程序，同期进行滩地林木砍伐、场地平整和堤岸防护工程。洪湖新滩港区综合码头完成项目选址、工程可行性初稿、航道、海事、防洪等专题工作。洪湖大道改建工程完成货币工程量约 8000 万元，路基土石方与路面水稳层完工；通港大道改建工程完成货币工程量 2200 万元；长河至黄家口段完成货币工程量 1000 万元，路基土石方与中府河桥已完成；大同湖至长河公路改建工程完成货币工程量 800 万元，已完成路基土石方与涵洞工程；曹市至戴家场公路改建工程完成货币工程量 1200 万元；下新河大桥及接线工程完成货币工程量 200 万元；曹府线完成货币工程量 200 万元，府场至监利段峰府河桥已完工。洪湖市汽车客运站项目完成货币工程量 1100 万元，已完成施工场地回填和围墙工作，用地指标取得省国土资源厅批准，站场平面设计图报洪湖市政府和规划委员会待批。

公路养护。完成修复坑槽 11624 平方米、路面灌缝 19 公里、整修标准路基 92 公里、刷白路树 96 公里、路面标线 57 公里、增设和修复钢护栏 1500 多米、设置警示桩 2200 多根、

2015 年 7 月 7 日，洪湖市首批建造的 24 艘小型机渡船发放使用

增设标志牌 54 块。维修处理公路桥梁病害 12 处，处理桥头跳车 6 处，储备应急物质 26 吨，抛撒融雪剂 10 吨，处治省道汉沙线胡范路段段路基滑坡，修复汉沙线 2 处水毁路段。

村村通客车。全年投入资金 4500 万元用于村村通客车工作，全市 475 个行政村基本实现"村村通客车"。改造县乡公路 14.5 公里，新建村级公路 175.6 公里，改造危桥 30 座，群众出行条件得到较大改善。明确客车途经且停靠站点距离村委会所在地或村民主要居住区距离不超过 2 公里、步行时间不超过 20 分钟的标准，落实建设资金，为 111 个村开通客车。其中通过新增 10 条客运班线、28 台客车，为 41 个村开通客车；通过调整 5 条客运班线，为 13 个村开通客车；通过延伸 11 条班线，为 27 个村开通客车；用预约包车经营方式，为 26 个村开通客车；采取渡船转运方式，为 4 个村开通客车。

综合运输。全市有道路客运企业 11 个、货运物流企业 6 个、二类维修企业 15 个，水路货运企业 3 个，长江汽车渡口 3 个、长江客运渡口 6 个、危险货物运输码头 4 个、沙石装卸码头 22 个，船舶修造厂 2 个。有客运汽车 430 辆，货运汽车 969 辆，货运船舶 37 艘、4.3 万载重吨。全年完成客运量 1124 万人次、旅客周转量 72046 万人公里，公路货运量 388 万吨、货物周转量 79522 万吨公里，港口货物吞吐量 132.3 万吨。

行业监管。以水陆运输安全管理、客运市场管理、公路路政管理为重点，实现水陆交通运输无安全生产责任事故发生。客运市场管理方面，组织专项稽查 30 余次，共查处违章车辆 91 台，整治客运车辆乱停乱靠、拉客抢客等违章行为 20 起。通过开展最美"的哥的姐""爱心送考生"等系列活动，加大日常稽查力度，从业人员经营行为、服务质量得到改善。公路路政管理方面，清理路面堆积物 187 处 2000 平方米，拆除非公路标志牌 396 块，清理路边摊点 20 处，制止打场晒粮 40 余场次，制止新增违章建筑 9 处 586 平方米，查处涉路案件 5 起。蔡家河超限站检测车辆 11861 辆次，查处超限超载车辆 1251 辆次、卸载货物 3029 吨，基本杜绝 55 吨以上非法超限运输车辆上路行驶，超限率控制在 3% 以内。

文明创建。推出"光耀水乡交通在行动"党建品牌，加大对"三到村"工作支持力度，选派 3 名中层干部到村任第一书记，在基础设施建设方面给予重点支持。完成洪湖市政府交办的 17 件代表建议、7 件政协委员提案，均已按要求落实，实现办复率、见面率、满意率均为 100%。

（张俊）

【荆州开发区】　交通发展规划。荆州开发区交通局委托荆州五维设计院编制开发区"十三五"交通规划，该规划依照已经建成的深圳大道、上海大道和开发区概念性规划，围绕沪蓉高速、沙公高速、蒙华铁路、长江黄金水道、荆监一级公路，制定一级公路项目 3 个、二级公路项目 5 个、物流园区 3 个、客运站 2 个、港口码头项目 3 个。其中规划的沙公高速至荆监一级路、沙市机场至荆监一级路、沿江一级路，全长 26 公里，总投资约 6 亿元；规划的荆监一级路至荆沙大道延伸线二级公路、南桥至跃进二级公路、致湖渠至宝莲二级公路、麻林至洪塘二级公路、王桥至月堤路二级公路，全长 50 公里，总投资约 3 亿元。规划的城东物流园、荆岳物流园、盐卡保税物流园，总投资约 4.5 亿元。规划新建城东客运站、改造荆州开发区客运站，总投资约 1 亿元。规划的港口码头项目为盐卡三期、粮仓专用码头、工业综合码头，总投资约 5.5 亿元。

基础建设。滩桥镇三观线二级公路升省道项目——新龙桥至滩桥集镇 3.8 公里，于年底完工。荆州王桥至盐卡一级公路完工。习杨线荆州开发区段项目经市公路局协调，沙市区交通运输局实施，该项目进入招标程序。按照市铁路办要求，做好蒙华铁路相关协调工作，7 月份施工单位进场。

运输服务。开发区交通局与市公交总公司为解决企业职工上下班无车可乘的困难，调整公交线路，延长开班时间，加密公交班次，新开通公交 42 路。将 10 路车延伸 1.2 公里至金源世纪城，将 4 路车延伸至恒隆世纪城，满足企业职工上下班需求。对东方大道公交站台广告经营权公开拍卖，筹措资金 250 万元，建候车棚、指路牌，改善园区环境。对东方大道、深圳大道、上海大道与有意向合作单位，就道路绿化用地作为苗木基地开展共建，全部由合作单位出资栽植，美化区内环境。

（施静）

荆门市交通运输

【概况】 至 2015 年底, 全市公路通车里程达到 14230.70 公里、路网密度 112.2 公里／百平方公里, 其中高速公路 313 公里、一级公路 275.60 公里、二级公路 1441.65 公里、三级公路 1085.34 公里、四级公路 10553.10 公里、等外公路 562.01 公里, 等级公路比重达 96%; 国道 127.86 公里、省道 749.19 公里、县道 854.74 公里、乡道 4510.83 公里、专用公路 38.63 公里、村道 7636.45 公里。全市通车里程中有铺装(高级)路面里程 9853.20 公里, 其中水泥混凝土路面 8135.85 公里、沥青混凝土路面 1717.35 公里; 简易铺装路面(次高级)里程 1517.668 公里, 未铺装路面(中级、低级、无路面)里程 2545.115 公里。航道通航里程 460 公里, 有沙洋港、钟祥港、京山港、东宝港 4 座港口, 其中钟祥港和沙洋港为省重要港口, 港区 16 个(汉江港区 9 个), 生产性港口泊位 58 个, 渡口 46 个(含停运渡口 5 个)。客运站 40 个, 其中一级客运站 1 个、二级客运站 4 个、三级客运站 4 个、四级客运站 10 个、五级客运站 21 个。

基础建设。全年完成交通固定资产投资 34.6 亿元。普通公路投资 283292.66 万元, 完成路基 1100.42 公里、路面 1161.68 公里、桥梁 32 座 1539 延米, 其中投资 235149 万元, 完成一、二级公路路基 156.1 公里、路面 217.36 公里; 投资 10987 万元, 完成三、四级公路路基 88.3 公里、路面 88.3 公里; 投资 28501.66 万元, 完成通村公路路基 856.02 公里、路面 856.02 公里; 安保工程完成投资 2807 万元; 投资 3884 万元, 完成危桥改造 13 座 816 延米; 投资 1964 万元, 完成桥梁(隧道)19 座 723 延米。水运工程建设完成投资 23200 万元, 占年计划的 116%, 其中沙洋港中心港区一期综合码头工程完成投资 8400 万元、钟祥港石牌港区综合码头完成投资 12750 万元、沙洋港江汉运河港区后港作业区综合码头完成投资 2050 万元。

综合运输。全市客、货运输车辆 30927 台, 其中客运车辆 2379 台, 普通货运车辆 27215 台 174696 吨、危险品运输车辆 1333 台 31679 吨。

全市开通客运班线 652 条, 其中省际班线 45 条、市际班线 168 条、县际班线 116 条、县内班线 323 条; 农村客运线路 449 条、客运车辆 1145 台, 实现 1429 个行政村"村村通客车"。全年完成道路客运量 2871.32 万人次、旅客周转量 173541.33 万人公里, 货运量 2932.06 万吨、货物周转量 984520.12 万吨公里。全市有机动车维修企业 340 家, 其中一类 25 家、二类 122 家、三类 193 家。机动车综合性能检测站 5 家, 年检测车辆 51520 辆次。全市驾培学校 30 家, 注册教学车辆 1050 台、教练员 1120 人。全市有港口企业 26 家, 拥有泊位 58 个、装卸机械 106 台套。在册营运船舶 106 艘, 货运船舶 62 艘、42551 载重吨、功率 10448 千瓦, 其中拖船 5 艘、1476 千瓦, 驳船 15 艘、10336 载重吨, 货船 42 艘、32215 载重吨、8972 千瓦; 在册营运客运船舶 44 艘、1271 客位、功率 4861 千瓦。全市完成港口起运量 157.25 万吨、港口吞吐量 228.38 万吨。全年检验各类船舶 217 艘次、57330 总吨、22752 千瓦, 确保新建船舶防污染设备配备率 100%、营运船舶防污染设备整改合格有效率 100%。

路政管理。荆门市公路路政监督检查支队下设沙洋、京山、钟祥、东宝、掇刀 5 个路政大队和屈家岭公路管理所路政中队, 共有路政执法车 29 台, 其中 21 辆安装 GPS。5 个固定治超站、3 个临时治超点(安栈口、湾堰、麻城)均配备专用治超车和检测设备、卸货设备。开展"治超治抛"专项行动, 检测车辆 1670635 辆, 其中卸货 99151 辆、处理超限车辆 114914 辆、处理金额 1414 万元, 处罚超限车辆 6042 辆、处罚金额 625 万元, 卸货 74224 吨。全市拆除非路用标牌、标语 1243 块, 龙门架 2 个, 大型 T 牌 10 块, 清理

2015 年 12 月, 荆新公路沙洋段改建完工全线贯通

2015年10月4日，公交运输服务荆门爱飞客飞行大会

堆物占道896处4397平方米，取缔洗车、加水点16处，拆除新的违法建筑物61处。受理路政许可5起，办理砍伐证17个，查处路损案件96起，路政案件查处率、结案率100%，执法文书使用率100%，涉路施工行政许可全部网上办结。

行业管理。积极推广应用养护"四新"（新技术、新工艺、新设备、新材料），大修工程运用沥青路面冷再生技术、级配碎石基层技术、大粒径水稳基层填充技术，中修工程运用同步碎石沥青封层技术、稀浆封层技术、沥青路面洗刨工艺及橡胶沥青、玻璃纤维格栅等新材料，日常养护工程运用"黑蚂蝗"路面灌缝沥青。全市公路养护里程13913.77公里，其中列养里程1917.28公里（国道127.86公里、省道749.19公里、县道854.30公里、乡道185.93公里）。全市有县级公路养护单位6个、养护公路管理站及道班50个。利用冷再生机维特根铣刨机等，解决废弃材料再生利用的问题，在207国道、分当线、文乐线上实施大粒径水稳基层填充18.8公里，全年回收利用铣刨旧料1000余吨，利用率达95%以上。完成2015年老旧船舶拆解和船舶加装生活污水改造任务，2013-2015年核准拆解改造船舶26艘，补贴资金全部发放到位。

安全管理。组织开展"安全生产月"、客运站安全专项整治、"两客一危"道路运输企业专项整治以及"平安交通"创建活动，全市未发生重特大交通运输安全责任事故，水上交通运输连续15年安全零事故。重点对全市危险品货物运输企业进行专项治理，组织13个检查组、42名执法人员开展大排查，发现隐患76处，下达整改通知书29份，约谈8家危险品货物运输企业负责人，对1家企业暂停办理相关业务，实行挂牌督办。推进安全生产标准化创建达标，全市4家普通货物运输企业、1家危险品运输企业、12家客运企业、6家出租车企业、11家维修企业完成三级标准化达标，1家普通货物运输企业完成二级标准化达标。全面落实GPS动态监管，全市上线"湖北省道路运输动态监管平台"车辆2475台，入网车辆2416台，入网率达97.8%，车辆上线率均达到90%以上，普通货运车辆进入"全国道路货运车辆公共监管与服务平台"4872台，上线率达82%。加快AIS系统建设步伐，完成渡船GPS安装60艘、AIS安装35艘，设置固定视频监控点4处，利用港航海事MAS（移动代理服务）效能快讯短信平台编发行业信息和安全提醒及天气预警短信2800余条。

交通改革举措。交通行政审批改革稳步推进，下放交通行政审批事项8项，保留11项，审批时限提速15%；全面清理行政事业性收费项目，取消和暂停涉企行政事业性收费项目7项，交通政务服务环境进一步优化。驾培市场全面放开，驾培机构经营许可由各县市区运管部门依法依规实施（不具备行政许可资格或未设置运管机构的行政区域由市运管处负责组织实施）。

（汪微波　汪发芝）

【京山县】　至2015年底，全县公路通车里程2805.10公里，其中一级公路87.28公里，二级公路363.64公里，三级公路158.26公里，四级公路1874.07公里，等外公路321.85公里；省道244.18公里、县道201公里、乡道853.27公里、村道1506.65公里。渡口6个。客运站20个，其中二级客运站1个、四级客运站4个、五级客运站5个、简易客运站10个。

基础建设。全年完成交通建设投资7.76亿元，其中普通公路建设投资3.71亿元，占年度投资的135%；物流企业投资1.50亿元，占年度投资的150%。全县主要完成240国道刘岭至幸福段一级公路11公里路基及桥涵工程，完成新长线空山洞至义和段19公里、杨拖线12.75公里、客排线杨集至排落河段12.5公里二级公路路面工程，完成县乡三级公路11公里、通村四级公路165公里，改造农村公路桥梁180余延米。完成京山物流中心5万平方米常温库和3万吨冷库等物流仓储基础设施建设。

综合运输。全县拥有经营业户2759家，营运车辆5500辆，其中货车4916辆、17044.86吨，客车382辆8815座（农村客运车254辆、旅游客运车5辆、长途客车123辆），出租车202辆。全县跨省客运线路9条、跨市客运线路41条、跨县客运线路6条、县内客运线路67条。全年完成旅客周转量34186.18万人公里、货物周转量43550.04万吨公里。新建农村客运候车亭90个、维修60个、新开通农村客运线路44条，实现全县所有行政村"村村通客车"。

公路管养。完成路面保洁 52500 公里，处治软基、坑槽 32000 平方米，补双曹线坑槽 24000 平方米，沥青路面病害处治 36100 平方米，清理堆积物 3320 立方米，扫桥 2210 座，清塌方 211 立方米，清障 655 立方米，割长草 2643 公里，清、灌缝 65 公里，砍障及整枝 230 公里，清挖水沟 396 公里，栽警示桩及百米桩 655 根，整修路肩 274 公里，设置标志牌 361 块，划线 202 公里，路树刷白 140 公里，清洗钢护栏 9000 米，维修更换钢护栏 1100 米，小应线稀浆封层 37 公里，分当线路缘石砌筑 17 公里。全年完成大修工程 63.40 公里，其中大天线 21 公里、小应线 18.51 公里、分当线 21.59 公里、汉宜线 2.3 公里。完成波型钢护栏安装 9250 米，其中京绿线 4120 米、坪客线 5130 米。

路政监管。开展公路巡查，全年清除各类堆积占道 241 处 697 平方米，清理堵塞水沟 590 米，发现并制止违章建筑 2 起，清理断毁行道树 160 余棵，拆除非路用标志牌、商业性横幅、标语 696 块（条），取缔非法洗车加水点 2 处。开展超限运输治理，检测车辆 59362 台次，处理超限车辆 6177 台次，处罚 597 台次，卸货 6486 台次、34980.3 吨；查处装载易掉落、遗撒或飘散货物及没有覆盖油布造成抛洒的货车 52 辆。

安全监管。重点加强"两客一危"车辆动态监控管理工作，每月召开安全例会，开展安全隐患排查、安全生产月活动、客运站安全专项整治、客运消防安全应急演练、夏季高温客运安全防控、企业安全生产达标等活动，进一步提高企业安全生产意识和安全管理能力。全面开展企业安全生产达标工作，全县已有 6 家客运企业、2 家出租客运企业、1 家公交企业、3 家驾培企业和 4 家维修企业通过市行业主管部门安全生产达标验收，有 1 家货运企业、1 家出租客运企业和 9 家维修企业在开展安全生产达标验收申报工作。

运输市场监管。对城区出租客运市场进行细化管理，打击非法经营"黑的"，执法人员出动 1013 人次，检查出租车 312 辆次，查处 12 起不打表经营和 6 起不文明服务行为，查扣"摩的"24 辆、"黑的"53 辆，全部依据相关法规进行行政处罚，有效遏制了非法经营行为蔓延的势头。依据《中华人民共和国道路运输条例》规定，对全县道路运输经营业户的经营规模、经营行为和服务质量进行年度审验，审验客车 392 辆、货车 1217 辆、出租车 202 辆、公交车 69 辆、教练车 117 辆。

（徐利斌）

【沙洋县】 至 2015 年底，全县公路通车里程 2287.63 公里，其中一级公路 60.45 公里、二级公路 244.75 公里、三级公路 289.92 公里、四级公路 1681.99 公里、等外公路 10.52 公里；国道 37.76 公里、省道 121.88 公里、县道 210.46 公里、乡道 673.65 公里、村道 1243.88 公里。内河航道通航里程 174 公里，港口 3 个，生产性经营码头泊位 11 个，渡口 10 个。客运站 7 个，其中二级客运站 1 个、三级客运站 1 个、四级客运站 2 个、五级客运站 3 个。

基础建设。全年完成交通固定资产投资 3.25 亿元，比上年增长 12.1%。其中借瞄线瞄集至毛李段二级公路改建工程 5000 万元，工业七路城区段改线工程 4900 万元，村村通客车项目 5021 万元，207 国道、汉宜线大中修工程 716 万元，后港至龙垱公路建设工程 840 万元，后港聚仙桥至西湖外环公路建设工程 420 万元，通村公路建设项目 3300 万元，沙洋至中心港集疏通道建设工程 12300 万元。

综合运输。全年完成道路货运量 1073 万吨、货物周转量 21085 万吨公里，比上年均增长 1%；完成旅客周转量 21558.73 万人公里，比上年减少 1%。完成水路货运量 116.26 万吨、货物周转量 2.68 亿吨公里，比上年分别增长 48%、27%。

行业监管。大力推广路面再生材料循环利用技术提高了养护机械化作业水平，促进了公路养护质量全面升级，207 国道采用开普封层技术、汉宜线广平段大修工程应用就地冷再生技术。全县列养路面 POI 值达到 92.7，位于全市干线路况前列。全年清除违章堆积物 205 处 813 平方米，取缔 207 国道、沙河线违章洗车加水点 7 处；公路标志牌完好齐全、无缺损，清理拆除不规范公路广告牌 782 块；发生路损案件 41 件，查处 41 件、结案 41 件。行政处罚 350 件，处罚金额 68.77 万元；超限治理检测车辆 346159 台次，其中查处超限车辆 17306 台次、卸货 1700 余吨，收取超限运输补偿费 179.77 万元，抛洒货车油布覆盖率达到 90% 以上。查处客运车辆不依线经营行为 1 起、站外揽客等 13 起、货运车辆不办理道路运输证从事营运行为 56 起。

安全应急管理。组织开展"平安杯""安全生产月""打非治违""隐患大排查"等各项安全活动，出动宣传车 22 台次，发放安全宣传画册、宣传资料 1000 余份，召开安全会议 50 余次。排查治理隐患 82 处，全系统安全生产态势良好，道路运输未发生安全责任事故；水上交通安全四项指标（事故起数、受伤人数、死亡人数、经济损失）为"零"；交通施工无事故。

廉政建设。以党员干部及执法人员为重点，以"效能风暴"行动为契机，以"第 16 个党风廉政建设宣传教育月"活动为载体，以"读书思廉、文化倡廉、谈话保廉、联手促廉、家庭助廉"为主要内容，营造廉政"大宣教"格局，增强各级党员干部廉政意识，筑牢拒腐防变的思想防线。 （林峰）

【钟祥市】 至 2015 年底，全市公路通车里程 5425.85 公里，其中一级公路 34.69 公里、二级公路 440.27 公里、三级公路 423.92 公里、四级公路 4312.55 公里、等外公路 214.42 公里；国道 31.29 公里、省道 259.23 公里、县道 204.96 公里、乡道 1714.63 公里、专用公路 38.63 公里、村道 3177.11 公里。内河航道通航里程 144 公里（界河按二分之一算），港口 7 个，生产性码头泊位 52 个，渡口 29 个。客运站

8个，其中二级客运站1个、三级客运站1个、四级客运站3个、五级客运站2个、简易客运站1个。

基础建设。全年完成交通固定资产投资20万元，比上年增长11.1%。327省道张客线完成路基5公里及3座桥梁建设；265省道客排线全线建成；分当线九里至钟祥段一级公路8月份全线建成；城南二级客运站10月份完成站前及站内场地硬化工作，主站楼在进行室内装修、候车厅网构、停车场钢构的加工制造及室外广场效果图设计等工作。

综合运输。全市道路运输经营业户1377个，拥有营运车辆5451辆，其中班线客运车辆533辆、9812座，出租汽车350辆，驾校教练车380辆，危货车辆18辆，普货汽车4170辆、46285吨。道路客运线路129条，其中跨省线路7条、跨市（州）线路32条、跨县（市）线路15条、县内客运班线75条（含农村客运线路8条）。新购置LNG新型节能减排公交车30台，对市内3、5路公交车进行全面更新。全年完成道路客运量3460万人、旅客周转量15.86亿人公里，货运量3540万吨、货物周转量53.47亿吨公里，均与上年持平。全市有证书齐全的运输船舶41艘、29231载重吨、6726千瓦。全年共完成港口货运量28.9万吨、货物周转量15192万吨公里、吞吐量166.79万吨。机动车维修企业78家，其中一类维修企业5家、二类维修企业31家、三类维修企业42家；综合性能检测站2家，机动车年维修能力12万台次。驾校8所，年培训能力3万人次。

运政监管。组织开展道路运输"打非治违"专项整治工作，依法查处非法从事出租客运"黑的"15台次、违规经营出租车105台次，全市出租车客运市场秩序有明显好转，乘客投诉率较上年同期下降10%。建立与交警部门联网的道路运输车辆动态监控共享平台，连接视频端口6个；建立GPS监控平台28个，实现对1019辆"两客一危"车辆及总质量12吨以上的货运车辆实时动态监控。

路政监管。全年清除占道堆积物272处、2538平方米；拆除各类广告、店名牌等非路用标牌417块，清除广告布标33幅，制止加水、洗车点19处；检测超限运输车辆56.71万台次，查处超限运输车辆2.7万台次，处罚超限运输车辆143台次，卸货及转运38000余吨；查处路损案件13起，立案13起，结案13起，结案率100%。

安全应急管理。组织开展行业安全隐患大检查10余次。进一步健全安全内保制度，投资近30万元对局办公楼外墙和电梯进行整改和更换，投资3万多元购置配齐消防器材、防盗器材，增加视频监控，全年全系统未发生一起重大安全生产事故和治安案件。开展水上安全大检查，检查船舶183艘次，查出安全隐患18起，现场整改16起，限期整改2起，全年无一起水上安全事故发生。

交通改革。2015年6月，经钟祥市政府同意，成立"钟祥市城市交通客运管理处"。9月7日，"钟祥市客运出租车管理所"更名为"钟祥市城市交通客运管理处"，同时将城市公汽管理职责划入钟祥市城市交通客运管理处。

（张峻玮）

【东宝区】　至2015年底，全区公路通车里程1771.29公里，其中一级公路24.06公里、二级公路280.05公里、三级公路130.93公里、四级公路1328.51公里、等外公路7.74公里；国道34.05公里、省道85.09公里、县道162.39公里、乡道794.40公里、村道695.36公里。境内有马河、仙居南河2条通航内河，航道通航里程13公里，渡口5个。客运站6个，其中四级客运站1个、五级客运站5个，候车棚48个，招呼站114个。

基础建设。全年完成交通固定资产投资6.5亿元。完成城区北出口月亮湖路至子陵铺段一级公路改造工程，襄荆高速至东外环一级公路改造工程的土地预审、环评报告、水土保持报告、项目选址等前期工作，编制施工图及预算并通过专家评审。荆门城区北出口月亮湖路至子陵铺段一级公路9公里，已完成安栈口至宝棠木业段路基工程建设。311省道铁坪至栗溪二级公路改建工程7.87公里，路基工程全部完成；347国道洞沟至马河段二级公路10.11公里，已完成琵琶洲大桥主体工程。全区县乡道改造计划17公里，已完成石桥驿至花园与盐池12.5公里、铁坪至钱河4.5公里。全区通村公路计划62公里全部完工。完成了"十三五"东宝区道路交通编制方案，对东宝区6个乡镇21个贫困村道路交通基础设施三年规划装订成册，下发至各个乡、镇、村。

交通运输。全区拥有货运车辆3047台，农村客运车辆138台、线路68条。有机动车辆维修企业78家，其中一类维修企业4家、二类维修企业22家、三类维修企业52家。

交通改革。充分利用燃油税费改革后的人力、物力资源，结合已经开始的事业单位分类改革，将原交通管理站加挂"农村公路养护管理站"一牌，专门从事农村公路管养督促、指导、管理工作，5镇1乡"农村公路养护管理站"均挂牌正常运作。

安全管理。结合"村村通客车"工作，完成通村公路路基加宽280.6公里，修建错车平台287个，标志牌454块，警示桩2200个。完成临水、临崖、安全波形钢护栏228公里，油路改造成水泥路8公里。稳步推进农村公路危桥改造工作，已完成盐池桥、燕子河桥、矮子桥危桥改造，完成药铺桥、道班桥、黄湾二桥、新坪桥、盐井桥、孙家台桥、白云山桥施工图设计，编制施工预算并进行财评。以"村村通客车"、运输企业监管、客运安全管理、乡镇道路及危桥、险路、施工现场安全管理为重点检查对象，全年查出隐患105起，整改105起。

（周婷）

【掇刀区】　至2015年底，全区公路通车里程1139.51公里，其中一级公路60.26公里、二级公路47.75公里、三级公路75.29公里、四级公路956.21公里；国道24.75公里、省道38.81公里、县道 31.20 公里、乡道 284.48 公里、村道 760.27 公里。

基础建设。全年完成交通固定资产投资 3836 万元。新修通村公路 43 公里，惠及 2 镇 1 街道 23 个行政村，完成投资 1290 万元。完成牯牛寺至张场三级公路改建工程 6.4 公里，完成投资 964 万元。完成麻城桥、荆寨桥、横店桥 3 座危桥改建，投入资金 481 万元。国省道维护资金 848 万元，其中中修工程省补资金 500 万元、危桥加固工程 348 万元。养护应急中心建设补助资金 150 万元。

公路养护。全区农村公路养护里程 580.19 公里，投入 103 万元，完成坑槽处治 6882 平方米、沥青灌缝 51809 米、沥青下封 4500 平方米、路面铺油 4835 平方米。加强国省道管养，处治坑槽沉陷 2695 平方米、路面灌缝 6.3 万米、修整路肩 16.4 万平方米、维修护肩带 9.6 公里、浆砌水沟 5000 米、行道树刷白 44 公里、行道树整枝 44 公里、植树 1100 株、路面划线 53.5 公里；完成 44 公里里程碑、百米桩、警示桩的设置刷新，辖区管养道路 PQI 值达到 89。

路政管理。对辖区 207 国道、219 省道、311 省道路段开展路产路权普查和确权登记工作，完善路产路权资料数据库；对沿线加水洗车点、摆摊设点、乱堆乱放、乱设广告牌、占道施工、堵塞水沟等行为开展集中整治，下达整改通知书 45 份、清理铲除公路用地范围堆积物 113 处 1154 平方米、清理路边摆摊设点 27 处、关闭路边加水点 8 处、清理拆除非公路标志牌 195 块、大型 T 型牌 5 块；办理路损案件 27 起，办结行政许可 1 起。全年查处超限运输车辆 17712 台次，处罚 322 台次，卸货 30870 吨，散货运输车辆油布覆盖率达到 90% 以上。

综合运输。全区营运车辆 2521 辆，其中货车 2469 辆 23380 吨，客运车辆 52 辆 546 座。全年完成道路客运量 38.2 万人、旅客周转量 382 万人公里，货物周转量 4544 万吨公里。有农村候车亭 34 个、招呼站 67 个、客运线路

26 条。拥有车辆维修企业 82 家，一类维修企业 14 家、二类维修企业 48 家、三类维修企业 20 家。

科技与信息化。加强节能减排，先后引入热拌再生沥青料、水稳填充大粒径碎石基层技术和大型铣刨机铣刨回收旧料一体工艺，使用了优质高效的新型路面灌缝材料。2015 年全年回收利用铣刨旧料 1000 余吨，利用率达 95% 以上。

安全管理。2015 年共组织执法人员 87 人次，出动执法车辆 18 台次，检查农村客运车辆 246 台次，查处超载学生车辆 15 台次；春运期间投入农村客运车辆 52 台，累积运输旅客 114722 人次，组织执法人员 234 人次，出动执法车 80 台次，检查登记农村客运车辆 1120 台次；大雪恶劣天气下出动应急车辆除雪机械 14 台次、道路养护工人 79 人次，在 207 国道、荆新线、农村主干道上铺洒防滑石料 5.5 吨，抛洒融雪剂 10 吨。全年共组织危货专项检查 38 次，出动执法人员 108 人次，检查企业 183 次，排查出安全隐患 30 处，均已完成整改，查处违章货车 365 起、客车乱停乱靠 43 起、黑的 4 起、黑教练车 3 起、异地培训车 3 起。

投融资。全年向上级部门争取筹措资金 1722 万元，分别为通村公路省补资金 430 万元，县乡道改建省补资金 192 万元，农村公路桥梁建设资金 118 万元，危桥改造省补资金 83 万元，农村公路安保工程资金 51 万元，中修工程省补资金 500 万元，危桥加固工程 348 万元。

文明创建。加大文明创建宣传力度，制作宣传专栏 20 余处、宣传电子屏 4 块、宣传展板 30 余块、宣传标语近 100 条。掇刀区交通运输局党组精心筹划、推陈出新，将上年度由党组一把抓推进的方式，改为由党组谋划出题，各党支部轮流牵头抓推进，组织开展"以活动为载体，落实主体责任"十项活动，推进主体责任落实进一步深入。

（罗汉钟）

【漳河新区】 至 2015 年底，漳河

新区公路通车里程 619.06 公里，其中一级公路 7.26 公里、二级公路 27.09 公里、三级公路 96.01 公里、四级公路 488.70 公里。内河航道通航里程 175.5 公里，港区有漳河旅游码头 1 座，道子河、姚家堰、王家湾、蚰蜒坡 4 个渡口。

基础建设。全年完成交通固定资产投资 1636 万元，比上年增长 73.1%。普通公路建设完成投资 1636 万元，新建通村公路 33 公里、完成三级公路改造建设 6.9 公里、改造农村公路危桥 2 座。

综合运输。全年完成水路运输客运量 10 万人次。投资 250 多万元，完善农村客运配套基础设施建设，共维修改造断头路 3.8 公里、培护路肩 100 公里、修建错车台 78 处、改造农村公路危桥 2 座；完成农村公路安保设施建设 75 公里，设置公路标志标牌 114 个、安装波形护栏 800 米、维修护栏 540 米、安装警示桩 1080 个；完成公路绿化 110 公里；新建候车亭 29 个、维修改造候车亭 2 个、新建招呼站 5 个。全区所有行政村实现农村客运全覆盖。

公路养护。全年农村公路管养投资 339 万元，完成仙杨公路 3.6 公里、凤凰水库堤坝路 1 公里中修改造，完成 540 公里乡、村公路小修保养和日常管护。

安全应急管理。交通运输领域开展车辆、船舶安全检查 105 次，查出一般性安全隐患 376 处，整改完成 376 处，隐患整改率 100%。开展水上交通安全生产应急演练，参加人员 60 多人。

（陈祺）

【屈家岭管理区】 至 2015 年底，全区公路通车里程 488.32 公里，其中一级公路 8.87 公里、二级公路 65.19 公里、三级公路 7.03 公里、四级公路 399.76 公里、等外公路 7.47 公里；县道 44.73 公里、乡道 190.41 公里、村道 253.18 公里。二级汽车客运站 1 个。

基础建设。全年完成交通固定资产投资 1.47 亿元。340 省道王岭至季河段二级公路改建工程（新曙线）管

理区境内 8.01 公里，总投资 9860 万元，已完成路基施工 5 公里、垫层 1.6 公里。311 省道屈家岭郭湾至高湖段公路工程（北外环）全长 14.4 公里，总投资 11081 万元，已完成城区段 3.7 公里沥青混凝土路面，农谷公司对东段 7.2 公里、西段 3.5 公里进行路基施工。屈家岭至王宝公路改建工程（屈王线）全长 11.5 公里，总投资 5900 万元，6 月 19 日开工建设，除京山插花地段未完成外，其余路段均已完成。屈家岭农产品物流园分两期开发，第二期仓储设施 31 号楼钢结构框架及屋面板安装完毕，在进行地坪施工中，仓储设施 32 号楼已开始基础施工；冷库完成全部桩基施工，保温材料全部到位，地下通风管道及预埋件安装完毕；完成停车场施工约 8 万平方米、区内道路硬化约 8 万平方米、园区绿化约 2 万平方米。

道路运输。有运输业经营业主 509 家、营运车辆 811 辆，其中，货车 750 辆 5127 吨、客车 45 辆 986 座（包括农村客运车辆 23 辆 304 座）、公交车 16 辆。城市公交线路 5 条，客运线路 14 条，其中跨省线路 1 条、班车 1 辆，跨市（州）线路 9 条、班车 19 辆，跨县（市）线路 2 条、班车 2 辆，区内

客运班线 2 条（均为农村客运线路）、班车 23 辆。汽车维修与检测中，一类维修企业 1 家、二类维修企业 3 家、三类维修企业 59 家，二级维护检测中心 1 家。驾驶员培训学校 1 所，新增教练车 6 辆。全年完成道路客运量 42.16 万人、旅客周转量 7132 万人公里，同比增长 5%；完成货运量 57.76 万吨、货物周转量 34396 万吨公里，同比增长 2%。全区从事物流运输企业 1 户，物流配送企业 11 户，车辆 120 余辆，从业人员 200 余人，车型以大货、中型及小型箱式货运车辆为主，配送业务主要以建材、粮食、棉花、畜禽、服装、食品、药品等为主。

公路养护。全区公路养护里程 480.85 公里，其中列养里程 44.73 公里、非列养里程 436.12 公里。列养公路以日常性养护为主、预防性和周期性养护为辅。对群众反映突出的屈王线月湖小区路段进行了修复。修补坑槽 2120 平方米，路面保洁 53.6 万平方米，灌缝 2 千米，清理边沟淤泥 500 立方米，清理长草 26.8 万平方米，桥梁日常养护 11 座，疏通涵洞 38 道，路肩、边坡、水沟和行道树修剪等基本到位。

执法管理。路政部门开展超限

运输和"滴漏撒"车辆整治活动，完善公路交通标志标线，全年清除路障 420 多处，取缔非法洗车加水点 6 处，清理横幅广告 130 余条，制止打场晒粮及违法占利用公路 130 余处，开展专项行动治理路面打场晒粮及违法堆物占道 290 余处。运政部门进一步完善执法公示制度，对交通行政执法便民措施、交通行政处罚和行政许可程序、行政处罚裁量标准、许可条件、执法结果等重要内容，严格执行"六条禁令、三项规范"要求，坚决杜绝轻违章重处罚、重违章轻处罚、不违章也处罚的乱用裁量权行为。

安全管理。采取以源头管理为主、突击检查为辅的方式，狠抓道路运输安全生产工作，年初与各道路运输企业层层签订安全管理责任书。加强节假日和重点时段安全检查力度，开展安全隐患排查专项行动 10 次，排查一般隐患 38 项，下达整改通知书 13 份，整改率 100%。全区 7 家道路运输企业均按时完成安全生产达标工作。采取企业承办、单位组织的方式，集中开展道路运输企业从业人员消防应急演练和消防安全知识讲座，全区 50 余名道路运输从业人员参加了应急演练。

（李红波）

鄂州市交通运输

【概况】 至 2015 年底，全市公路通车里程 3586.12 公里、路网密度 230.31 公里 / 百平方公里，其中高速公路 122.24 公里、一级公路 142.11 公里、二级公路 206.91 公里、三级公路 259.99 公里、四级公路 2413.42 公里、等外公路 441.45 公里。内河航道通航总里程 102.01 公里，港口 4 个，码头泊位 169 个，渡口 39 个。客运站 8 个，其中二级客运站 1 个、五级客运站 7 个，农村货运站 1 个。

基础建设。全年完成交通固定资产投资 9.98 亿元，占年度计划的 106.9%。其中普通公路完成投资 1.45 亿元，完成一级公路路基 13.55 公里、

路面 45.64 公里；完成二级公路 0.5 公里；完成三级公路 7.5 公里；106 国道鄂州城区至分水岭段一级公路工程已完成开工前的全部工作，项目总投资 2.12 亿元；黄石（铁山）至鄂州（东沟）一级公路（鄂州段）顺利开工，总投资 1.66 亿元。水运工程建设完成投资 4.31 亿元，武汉新港三江港区综合码头一期工程开工建设；湖北交投商贸物流沥青建设项目部码头稳步推进；三江港航海事基地趸船建造工作顺利推进，各分段建造工作基本完成；鄂州港五丈港港区综合码头工程钢结构车间基本完成；湖北三和管桩有限公司码头件杂货泊位引桥、码头平台已

建成，浮式泊位趸船准备招投标；鄂州港五丈港区鄂州建华管桩码头待组织岸线评审。站场物流建设完成投资 3.72 亿元，湖北大通公司甩挂运输试点项目准备进行竣工验收，总投资 1.06 亿元；鄂东物流中心项目顺利建设中；赤湾东方物流甩挂运输站场工程建设完成整个项目的 40%；扩大百里长港农村物流示范区项目规模，在沿线乡镇布置新的物流配送站，筹划鄂州城乡物流配送中心，已完成蟠龙市场市级分拨中心，长岭、长港、太和、蒲团、杜山 5 个配送站、40 个物流节点建设；鄂州综合客运枢纽站工程 12 月份动工建设，总投资 3.25 亿元。完成民生项

2015年5月7日，鄂州市牛舒线公友至官塘公路改造工程全线完工

目建设投资 0.5 亿元。完成新建农村公路 100 公里，修复混凝土路面破板 10 万平方米，混凝土路面加宽 1.41 万平方米，修建错车平台 608 个，桥梁加固改造 10 座。

综合运输。全市客运企业 16 家，营运客车 719 台 18308 座，客运线路 148 条，其中省际客运线路 7 条、市际客运线路 32 条、市内客运线路 79 条、"村村通"线路 30 条。"村村通"客车 66 台 1130 座，行政村通车率 100%。全市公交客运企业 8 家，公交线路 31 条、营运车辆 375 台、营运站点 881 个（含城际站点），公交营运线路里程总长 540.6 公里，日营运班次 2870 班。出租汽车 520 辆，从业人员 1500 余人。全年完成城市公交客运量 5561.8 万人次、出租车 3631 万人次。全市运输船舶 122 艘，其中客船 37 艘 1450 客位，货船 85 艘、总运力 14.6 万吨，平均载重吨 1717 吨，提前一年实现长江干线船型标准化提出的单船超 1600 载重吨的目标。运力超万吨规模企业 5 家，成品油船 7 艘，货学品船 3 艘，海船 1 艘。全年完成道路客运量 2123 万人、旅客周转量 13 亿人公里，客运周转量比上年增长 24.8%；货运量 1435 万吨、货物周转量 33 亿吨公里。完成水路客运量 82.5 万人次、货运量 628.95 万吨，同比分别增长 4%、14%；货物吞吐量 2170 万吨，同比增长 6%。

行业管理。全年完成国省干线公路大修 29.1 公里、中修 38.9 公里，大中修项目基本完工。开展春季、雨季、汛期养护，积极推广碎石化工艺、车辙铣刨、预防性养护、微表处等"四新"技术，推进机械化养护和养护管理信息化进程，干线公路路况总体保持平稳。全年清理边沟 73 公里，修整路肩 92 公里，修补坑槽 4 万平方米，灌养缝 6.8 万延米；完成公路绿化 95 公里，共补植行道树 6000 余株。通过启动新一轮鄂东南联动治超和全域治超，加大东沟大桥治超力度，超限超载运输反弹的势头得到初步遏制，全年共检测车辆 15666 台，依法处置超限超载运输车辆 3146 台，卸（转）载货物 63072.28 吨；以"迎国检"为契机，加大路域整治力度，制止和依法处置挖路毁路行为 14 起，制止各类新增违法建筑 54 处 431 平方米，依法清除和管理违法占道 962 处 2351 平方米，制止砍伐毁坏公路行道树 60 棵；清理路障 496 处 2374 平方米，制止并管理其他涉路违法行为 94 起，依法拆除各类非路用标志牌 982 块。积极强化客货运输市场，全年清理线路 30 条、更正车辆错误信息 115 台；清理未安装动态监控系统的农村包车客运经营范围车辆 69 台；清理规范"两客一危"车辆，客车 336 台、危货车辆 140 台。

与交警部门共同开展主城区正三轮摩托车非法载客营运专项整治行动，继续保持对火车站前出租车营运秩序高压态势。开展内河船舶及码头渡口专项整治，着力构建水上交通安全管理长效机制。加强交通工程质量风险管控，强化节点检查，对在建公路、码头等项目质量安全进行巡查，全年进行检查 30 次，下达工程抽查通知并出具质量监督通报 6 期。

科技与信息化。进一步完善梁子湖水上搜救系统工程，推进梁子湖区电子巡航示范航区建设工作，科学有效整合梁子湖水上搜救平台和软硬件资源，促进管理手段提档升级，实现梁子湖水上运输"安全、有序、畅通"的安全管理目标；建成并启用城市公交智能调度系统，对城市公交车进行动态监督，实现公交运营监督全覆盖；加大道路运输保障力度，积极建设全市道路运输综合信息服务平台，不断探索现代科技在交通运输管理中的应用，提高运输行业管理水平和服务能力，加强乘客运输安全保障。大力推进公路养护管理信息化进程，全市干线公路网格化管理方案在制定中，路口公路站安装了连续式车辆观测仪，进一步提高了公路管理信息化水平。

安全应急管理。推动交通运输安全生产大排查大整治工作全覆盖，积极推行安全网格化管理，深化企业安全生产标准化建设，加强安全隐患排查和整改治理，重点抓好以"四客一危"、渡口渡船、公路建设施工现场、重点领域的安全隐患排查治理，以及道路运输"两客一危"关键环节的安全监管。全系统开展安全明察暗访 33 次，整改各类隐患和问题 107 个，企业自查自纠隐患 1456 个，乡镇渡口渡船达标率 100%，水上交通安全连续 35 年无重大责任事故发生，连续 6 年被省政府评为"全省安全生产红旗单位"。

投融资。将五丈港港务公司、公交站台广告经营、星都宾馆、综合办公大楼等国有资产划转给市交通建设投资有限公司经营管理，做大做强交通投融资平台，公司资产规模近 15

亿元。加强与各商业银行联系力度，确保贷款资金的落实，已与中信银行落实2500万元物业贷款、与工商银行达成客运站建设项目一期7000万元贷款意向，贷款申请初步通过省行审核；同时与市农发行对接衔接利用"十三五"公路项目争取政策性贷款事宜，达成意向。结合国家政策，积极推动发行城市停车场专项债券事宜，首次采用PPP模式为铁山至东沟一级公路项目融资1.8亿元，交通筹融资机制改革为交通建设提供了有力的资金保障。

文明创建。全市交通系统班子和队伍建设成果丰硕，先后涌现出一大批省部级劳动模范、"厅级青年岗位能手"、湖北"最美的哥"、全省十行百佳、服务明星、全市十大杰出青年、见义勇为先进个人等先进典型。16路公交车驾驶员肖进兵在全省交通职业技能竞赛中荣获第二名，鄂州市交通运输局被省委省政府授予2013-2014年度省级文明单位称号，有90多个先进集体或个人受到交通运输部、省委省政府、省交通运输厅及市委市政府的表彰。

（胡浩　张昭）

【鄂城区】　至2015年底，全区公路通车里程1486.29公里、路网密度251公里/百平方公里，其中高速公路52公里、一级公路66.687公里、二级公路103.942公里、三级公路119.977公里、四级公路981.702公里、等外公路161.98公里。全区1404个村民小组中，已通水泥路1305个，硬化路面通畅率达到93%。

基础建设。全年完成公路建设53.4公里。新建通村公路1.6公里，改造通村公路10公里，道路加宽7.8公里，路肩加宽9100平方米，新建错车平台76个，安装标志牌386个，减速板1200米，反光镜5个，修建或修整候车亭25个，招呼站22个，规范候车信息37处，改造危桥3座，为客车顺利通行创造条件。

安全管理。对全区14条县道、146条乡道，进行生命安全防护工程拉网式大排查，积极整改农村公路安全隐患，完善安全标识、减速板、反光镜等安全设施。结合季节性、重点时段安全生产工作特点，采取自查与互查、明察与暗访相结合的方式组织开展安全生产综合大检查，全年组织安全生产检查26次，确保道路安全畅通。同时适时掌握水上运输状况，结合"东方之星沉船""天津爆炸"等重大事故开展专项整治行动，取缔安全生产不达标的乡镇渡口1处、整改停渡长江渡口1处，下达各类整改通知书9份，打击了非法营运，消除了安全隐患。

（王淑萍）

【华容区】　至2015年底，全区公路通车里程1077.38公里、路网密度237公里/百平方公里，其中高速公路44公里、一级公路70.4公里、二级公路39.57公里、三级公路90.67公里、四级公路647.93公里、等外公路184.81公里。

基础建设。全年完成交通固定资产投资600多万元。完成路肩加宽61公里，新建错车平台136个、招呼站115个、候车亭26个、破板修复30000平方米，完成所有客运线路安保设施建设，其中警示桩1646根、波形护栏500米；安装标牌905个、广角镜23个。争取国家奖补资金430万元，新建农村公路43公里；投资480万元对段胡线实施改扩建，全长4.3公里；投资430万元对华容镇车站路实施改扩建，全长0.9公里；投资50万元对段店镇泥矶至四份线1.3公里实施改扩建；建成瓜圻村大队钢便桥，投资35万元。投入1200万元对316国道1.2公里进行更新改造。

廉政建设。重大工程项目全部实行招投标制度，在招投标的过程中，严格遵守党风廉政承诺书。对农村公路建设工程实行年度建设计划公开、建设资金公开、招投标公开、施工管理公开、质量监督公开、竣（交）工验收公开、工程决算公开、考评结果公开，工程建设与廉政建设任务同步部署、责任同步落实、合同同步签订、考核同步实施、工奖惩同步兑现"八公开五同步"，让权力在阳光下运行。

（朱延平　陈军）

【梁子湖区】　至2015年底，全区公路通车里程996.21公里（不包含高速公路），其中一级公路5.02公里、二级公路63.40公里、三级公路49.34公里、四级公路783.79公里、等外公路94.66公里。全区86个行政村全部通水泥路或沥青路，通村率100%。

基础建设。全面完成农村公路建设计划48公里。全区加宽路肩21万方，建设错车平台481处，安装防护栏7902米、警示标牌1976个，完成破板修复41330平方米，改造危桥4座，新建农村公路29公里，设置候车亭、招呼站149个，购置营运车辆13台，植树23000株，实现道路改造达标、危桥改造达标、安保设施达标、公路绿化达标"四个达标"，农村公路通行能力得到提升。牛舒线公友至官塘段工程建成，已全线通车，总投资6300万元；畈上但渡改桥工程是区"十二五"实施的首座桥梁工程，该桥设计投资254.3万元，已按设计工程量全部完成；239省道长岭段路面改造工程全长1.09公里，总投资500万元，9月底已完工；314省道紫坛至谢埠段路面改造工程全长5.79公里，总投资3200万元，已完成总工程量的85%，计划2016年1月完成主体工程施工、3月份全部完工；六十至铁山一级公路施工便道已完成，在进行浮桥架设，桥梁主体工程在准备中。

安全管理。以安全工作为重点，以"安全达标"工程和"服务提升年"活动为契机，联合安检、海事、路政等有关部门开展深化平安交通建设大行动，对公路水运安全隐患进行专项治理，把梁子岛、磨刀矶、长岭码头交通安全专项整治及"三超一无"船舶专项整治作为工作重点，对存在安全隐患的单位或个人，当场下达整改通知书，要求限期整改到位，坚决防范和遏制交通安全生产事故的发生。全区未发生一例交通运输安全事故，交通安全生产形势保持平稳态势。

（陈浪）

孝感市交通运输

【概况】 至2015年底，全市公路通车里程15954公里、路网密度179公里/百平方公里，其中高速公路279公里、一级公路246公里、二级公路1250公里、三级公路1285公里、四级公路12894公里。内河航道通航总里程546.8公里（界河按二分之一算），港口5个，生产性码头泊位91个，渡口163个。客运站72个，其中一级客运站2个、二级客运站9个、三级客运站2个、四级客运站5个、五级客运站54个，货运站8个。

基础建设。全年完成交通固定资产投资78.30亿元（含高速公路30.19亿元），比上年增长112%。麻竹高速公路大悟段在进行路基试验段施工、主线路基清表和隧道施工，完成投资5.5亿元，占年度计划的110%；武汉城市圈环线高速项目征地、三场一地建设全部完成，房屋拆迁基本完成，项目控制性工程全部开工，完成投资25.1亿元，占年度计划的100.4%；白水湖大桥孝感段建成，完成全部投资2.46亿元。一级公路建设中，316国道安陆段改扩建已完工；云梦南段基本完成，北段和城区段在收尾中；孝

南段完成路面基层4公里、路面面层1公里。107国道孝感南段与投资商中交二航局签订三方框架协议，采用"PPP+EPC"模式筹资建设，孝南区政府在进行招投标和征地拆迁工作。孝汉应快速通道孝感至汉川一级公路外审修编基本完成，该项目孝南翟家湾至老316复线段在施工中；孝感至应城一级公路应城绕城段全长约18公里，已完成项目外审。国省道二级公路完成建设投资3.92亿元，占年度计划的115.3%；县乡道完成建设投资2.06亿元，占年度计划的100.8%。通村公路累计建成1085公里，占年度计划的159%。客运站场完成建设投资0.64亿元，占年度计划的116.3%。西城公交换乘中心建成，于7月8日投入使用，东城客运换乘中心在筹备前期准备工作。"两园区三中心"项目加快推进，完成建设投资1.88亿元，占年度计划的121.1%。锦龙物流园于8月31日开始试运营。汉川港城关港区国电三期配套码头主体工程全部完工，完成建设投资1.2亿元。汉北河新沟船闸完成全部前期工作并开工建设，完成投资1亿元，占年度计划的100%。

运输服务。全市有道路客运车2521辆57991座（其中旅游客车54辆2646座），出租汽车2313辆11565座，普通货运汽车13275辆58652.8吨，危险货运汽车212辆3438.14吨。有客运线路727条、核发客运线路牌2414块，其中，省际线路38条92块、市际线路226条609块、县际线路106条372块、县内线路357条1341块。全年公路客运量6866万人、旅客周转量375763万人公里，分别比上年增长6.1%、7.3%；货运量3174万吨、货物周转量632477万吨公里，分别比上年增长3.8%、4.1%。

行业监管。开展全市道路交通安全专项整治和道路运输市场秩序整治活动，严厉打击客车超员、货车超限、无证营运等违法运输行为。启动以整治公交车、出租车车容车貌、服务质量和查处异地营运为重点的出租车市场专项整治行动。检测货车1.8万多台次、卸载（转运）1200多台次、卸货1.3万余吨。查处客运车辆违规经营2096台次、查扣异地经营出租车73台次、黑车985台次。现场查处公交准驾不符、开门行车、车载安全设施缺失等违章行为45起；受理各类投诉28起。

安全生产。从7月下旬至年底，开展道路班线客运安全、汽车客运站安全、危化品运输安全、道路普通货运安全、营运车辆动态监控5大专项整治活动，对道路运输企业安全隐患进行拉网式清理排查，列出86处安全问题清单，督促企业对照问题清单逐条整改落实。完善道路运输从业人员资格管理制度，严格执行考核标准和考试发证制度，强化实际操作培训考试，把好道路运输从业人员源头准入关。严格执行岗前培训制度，做到新进、转岗道路运输从业人员全部培训考核合格方能上岗。继续推进交通运输企业安全生产标准化达标工作，对达不

2015年7月，孝感市公共汽车公司西城公交换乘中心二期工程完工

2015 年 5 月 29 日，孝感市首次使用油电混合动力新能源公交车

到要求的一律停业整顿甚至取消经营资格，2015 年注销 1 家水运企业和 2 家水运辅助业经营企业从业资格，淘汰 9 艘老旧营运船舶，约谈 3 家水运企业。进一步落实消防安全责任，加强消防安全教育，配齐消防安全器材，组织开展船舶、车辆消防安全应急演练，开展渡口渡船安全管理专项整治"回头看"，巩固安全管理成果。

改革创新。积极推进简政放权，原有 32 项行政审批事项精简为 14 项，承诺办理时限比法定时限统一缩减 1/3，完善网上申请和办理；市路政、航政简化审批流程 20 余项。完成城区 1 路、6 路公交全部承包车辆 38 台，以及 5 路、7 路公交部分承包车辆 9 台公营改造工作。新增公交车辆全部公车公营。107 国道孝感南段改扩建项目与中交二航局达成协议，采用"PPP+EPC"模式筹资建设。8 月份，组织专班制定将运管、客管等相关职能进行合并的方案。在事业单位分类改革中，报批行政执法类事业单位 3 家、公益类 3 家、转为企业 1 家。交通企业改革稳步推进，徐家河交通干部培训中心改制主体工作完成。提前撤销 107 国道东余店收费站。（来宾）

【孝南区】　至 2015 年底，全区公路通车里程 2895.99 公里，其中高速公路 55.69 公里、一级公路 83.48 公里、二级公路 209.44 公里、三级公路 72.58 公里、四级公路 1835.36 公里、等外公路 639.44 公里。客运站 11 个，其中四级客运站 6 个、五级客运站 5 个，候车亭 223 个，招呼站 149 个。

基础建设。全年共完成交通固定资产投资 11.6 亿元。续建 107 国道孝感北段改扩建工程，完成路基 17.2 公里和市政管网，路面基层、沥青混凝土面层铺设、桥梁施工完成 100%，路面附属工程施工完成 99%，完成货币工程量 7.19 亿元。316 国道孝南段改建工程，完成老路加宽段路基施工 3 公里、新路基 1 公里，完成路面水稳碎石基层铺设 3 公里，完成货币工程量 2830 万元。北京南路市政工程，完成路基和雨污管道 1.5 公里、路面底基层和下基层水泥稳定碎石铺筑 1.3 公里，老漖河大桥基础及下部构造完成 100%、上部构造完成 50%、主塔完成 90%，完成货币工程量 9450 万元。硚孝高速孝感连接线，完成路基 3.5 公里、管网 4.3 公里、路面水稳基层 2.5 公里、路面沥青面层 1.2 公里；完成硚孝高速至 107 国道联络线清表 500 米、污水管单幅 800 米、路基土方 5 万立方米，完成货币工程量 5900 万元。孝南区陈八埠至天河机场北公路，高新区段已完成路基 7.8 公里。南方国际物流商城项目累计完成投资 20.42 亿元，占总计划投资的 68.1%；新都市物流园项目累计完成投资 6.43 亿元，占总计划投资的 54%；孝感传化公路港项目累计完成投资 3.5 亿元，占总计划投资的 5.8%。农村公路建设完成县乡道改造 4.22 公里，通村公路 112.4 公里，危桥改造 2 座。

村村通客车。孝南区针对西北部肖港镇、朋兴乡、陡岗镇一带和西南部卧龙乡等通车率较低地区，确定"优化线路，合理布局，树立典型，示范引路"工作思路。全区共投入 6380 万元，新开通农村客运线路 12 条，对已通客车道路按照客运道路安全标准进行提质改造，并对部分通湾道路进行整修，完成农村客运连通循环路 259.4 公里、路基加宽培土 106.3 公里，改造危桥 72 座，新建错车台 307 个，增设候车亭 182 个、招呼站 101 个、乘车信息牌 15 个，安装防护栏 21 公里，设置警示标志 300 处，所有通客车公路均达标。新增中型客车 36 辆，统一"孝南农村客运"标识。按照路基 7 米、路面 5 米的标准，重点建设"新铺—龙店""三汊—西河""三汊—毛陈""白龙潭—南门桥""卧龙潭—南门桥"5 条区级综合示范线，营运里程 62.8 公里。全区开通客运线路 45 条，其中农村线路 34 条、公交线路 11 条，其中原开通的农村线路 22 条和公交线路 11 条为定线运行；新开通的农村线路 12 条为区域运行，采取区域循环、预约、赶集、包车等方式，方便广大农村群众安全、便捷、舒适出行。45 条班线的开通覆盖全区 479 个行政村，全区"村村通客车"率达 100%。5 月 12 日，孝感市"村村通客车"工作现场会在孝南区举行。

公路养护。全区管养公路里程 221.63 公里，其中省道 2 条 51.21 公里、县道 9 条 137.72 公里、乡道 4 条 32.7 公里，桥梁 42 座 1463.86 延米。另外，还负责通村公路 1486.96 公里日常养护。养护管理中心辖魏站、闵集、杨店、肖港 4 个公路管理站、1 个养护作业队及 3 个农村公路割草队，按照《孝南区农村公路建设和养护管理办法》实行目标化管理，继续推行目标管理责任制，与公路管理站签订管养合同，细化任务，量化目标。全区列养公路养护MQI值（公路状况指数）省道稳定在85以上，县乡道稳定在78以上。

路政管理。坚持路政巡查制度，开展桥涵普查工作，建立桥涵基础资料档案，为巡查工作提供详实的信息保障。路政管理工作规范涉路行政许可，开展公路"八无"和超限超载运输治理，重点对110省道、310省道公路两侧乱堆乱放、非交通标志牌、乱搭乱建等行为进行整治，全年处理路政案件16件，收回赔偿金8.75万元，处理率和结案率均为100%。印发《关于加强超限运输车辆行驶公路管理的通知》，发放路政法律法规手册、宣传单等资料1200余份，全年检测车辆16712台次，处罚超限车辆540台次，卸载砂、石料3200吨，超限运输率控制在4%以内，公路交通环境有了较大改善，路产路权得到有效保护。

综合运输。全区有营运车辆2808辆，其中客车174辆、2864座，货车2634台、13654吨，更新客车1辆、新增货车148辆。客车承运人责任险投保率100%。全年完成道路客运量184万人次，旅客周转量3212万人公里，货运量387万吨、货物周转量9961万吨公里。春运期间，全区投入运力5931台次，开行班次29357班，安全运送旅客48万人次。有维修企业48家，其中4S店16家、品牌18个，抓好维修服务质量信誉考核和市场清理整顿，取缔不合格维修点2个。完成客运燃油补贴申报和油补发放，发放燃油补贴324万元。2016年1月10日，完成肖港30台客运车辆公交化改造，开通孝感城区至肖港16路公交车。客运车辆依线运行率、进站率、挂牌率均达100%。

安全生产。开展运输企业安全生产标准化达标及质量信誉考核工作。对全区7家汽车客运站、5家客运企业、1家危险货物企业进行隐患大排查，累计排查隐患12次，查出隐患2起，已整改2起，整改率100%。打击"黑车"150辆次，查处违规经营车辆2260辆，查处违规教练车35辆次，取缔私设培训点26个；水上安全检查

40次，隐患整改30处，更新渡船8艘，对渡工警告教育40余次。"村村通客车"工程和平安法治校园建设共投入安保资金191万元，开展安全专项检查51次，整改隐患36处。全年开展交通运输安全大检查3次，下达整改通知书9份，全部整改到位，全系统无安全责任事故发生。投资170余万元，在校车和通村客运线路上安装示警桩2万根、标志牌270套，修复桥涵护栏102米，新建桥涵护栏110米，新建波形护栏200米，确保校车和通村公路通行安全。

文明创建。围绕全省第五轮"三万"活动主题，孝南区在西河镇长山村、五桂村等9个驻点村投入资金100余万元，帮助驻点村修桥2座、广场1处、硬化道路2公里、栽种苗木5800株。为乡镇街道进行硬化刷黑16公里，黄孝路刷白、划线24.3公里，107国道清扫保洁17.3公里，累计投入4137万元。孝南区交通运输系统有4个单位被命名为市级文明单位，其中局机关、区公路局、区运管所被命名为最佳市级文明单位，5个单位被命名为区级文明单位，全系统文明单位覆盖率达90%以上，区交通运输局被区委、区政府评为"最佳服务单位"。全年受理信访件29件，承办人大建议、政协提案22件，见面率、回复率、满意率均为100%。

（王晖）

【汉川市】 至2015年底，全市公路通车里程3717.69公里、路网密度224.22公里/百平方公里，其中高速公路31.65公里、一级公路23.53公里、二级公路218.50公里、三级公路345.66公里、四级公路3098.35公里。内河航道通航里程164.5公里（界河按二分之一算），其中汉江93.5公里，港口11个，生产性码头泊位20个，渡口97个。客运站12个，其中二级客运站1个、三级客运站1个、四级客运站4个、五级客运站6个。

基础建设。全年完成交通固定资产投资5.6亿元，比上年增长7.7%，"十二五"期完成交通建设投资19.5亿元。完成荷沙复线城区到分水段沥青路面铺设。汉蔡快线汉江特大桥河道内下构设计桩基全部出水，完成桩基194根、系梁6个、圆柱墩54个、盖梁27座，工程形象进度为27.04%。川刘路综合配套工程B标段绿化、人行道等全面完工并通过竣工验收，武荆高速汉川收费站出口段完成施工图设计。虾民线、复万线、殡仪馆路、茶回线改造相继完成。完成通村公路222.84公里，完成荷沙线、分当线大修24公里、中修3.5公里。完成省道分当线冯新二桥、宝丰桥危桥加固改造，完成汉云桥、七一桥改造。完成脉旺镇永红二桥、南河乡汪家台桥、开发区前进三桥、刁东农场

2015年6月16日，汉川市首条镇区公交——马口镇区10路公交开通运行

锦东桥、麻河乡包湖桥、里潭乡老官桥、韩集乡发富桥、新堰镇陈集三桥、华严农场四清路一桥、西江乡文卫桥、回龙镇九屋桥、回龙镇三元桥、回龙镇杨占桥、田中线三号涵、田中线四号涵 15 座农村危桥改造。新沟二线船闸改建工程明确由汉川市政府作为业主负责组织建设，于 12 月 30 日开工。城南客运站完成选址征地、场地平整和围墙施工。

综合运输。城区 196 处公交站点站牌全部按标准化、景点化更新改造，其中建设标准式站台 98 座、通透式站台 15 座、灯箱式站牌 83 座，配套完善公交线路图，对站牌进行美化、亮化。新建公交充电站，置换购进 60 台新型纯电动公交车。新增公交车辆 12 台，调整公交线路 3 条，新增公交线路 3 条，全市公交线路达到 10 条。

村村通客车。完成农村公路路肩培土、路基加宽 495 公里，改造危桥 83 座，新建错车台 863 个，增设候车亭、招呼站 123 个，树立交通信息牌 592 个，完成安保工程 490 公里，安装防护栏 6.1 公里，设置警示桩 2830 个、警示标志 560 处，新增运营客车 26 台，调整、延伸和新开客运线路 8 条，全市 589 个行政村通客车率达 100%。

交通监管。联合公安、教育、城管等部门开展全市道路交通秩序综合整治行动，对电瓶车非法营运、车辆超限超载运输、校车营运秩序、渣土车营运秩序等存在的突出问题进行治理。整治驾培市场，打击未经许可异地培训驾驶员行为，对辖区内各驾校进行质量信誉考核，下达整改通知书 15 份。开展"安全生产月""道路运输平安年""平安工地"创建活动，建立安全隐患台账登记制度，依托湖北省安全生产隐患排查"两化"平台系统，9 家交通运输企业开展安全隐患自查自纠，共登录整改一般安全隐患 233 个，检查 212 次，水陆交通安全态势持续平稳。公路路政清理非标志牌 51 块，制止违法增设平交道口 4 处，制止违章建筑 5 处，超限治理检测车辆 10257 余辆，查处违法超限运输车辆 359 余辆，卸载货物近 1000 吨。

文明创建。汉川市交通运输局被评为 2014-2015 年度省级文明单位、孝感市"三万"活动先进工作组、汉川市目标考核先进单位、项目建设先进单位。汉川市港航管理所马口站被评为 2015 年度全省港航六型文明示范窗口，汉川市道路运输管理所被评为 2015 年度全省运管物流局"三万"活动村村通先进单位、2015 年度全省运管物流局先进集体。　　　（来宾）

【应城市】　至 2015 年底，全市公路通车里程 1860 公里、路网密度 168 公里／百平方公里，其中高速公路 31 公里、一级公路 16.4 公里、二级公路 151.8 公里、三级公路 108 公里、四级公路 1552.8 公里。客运站 5 个，其中二级客运站 2 个、五级客运站 3 个，候车亭 135 个，招呼站 301 个。

基础建设。全年完成交通建设投资 2.83 亿元（不含高速公路），比上年增长 123%。武汉城市圈环线高速公路应城段全长 36.5 公里，完成红线范围内房屋及附作物拆迁，土地征用及补偿兑付工作基本完成，施工便道全部贯通，桥梁、管涵、桩基、路基土方在全面施工中。420 省道应城市伍山至两河改建工程已建成通车，全长 4.76 公里。老白线郎君段改建工程全长 3.6 公里，土方工程已完成工程量的 40%，配套桥梁已完成下部桩基施工。建成通村公路 60 公里。以公路"迎国检"为契机，完成大修计划 12.7 公里、中修计划 4 公里、安保工程 54.4 公里、烟应线二期工程 6.8 公里。公路干支线技术状况评定综合值（MQI）为 80.2，其中干线（MQI）为 91.9。347 国道应城绕城段全长 18 公里，总投资 5.58 亿元，16 项专题已全部批复，具备开工条件。262 省道应城市汤池镇至杨岭镇肖巷段改建工程，全长 11.63 公里，总投资 6517 万元，曹武至汤池街道段约 4 公里和杨岭街道至肖巷段约 2.8 公里已开工建设。应城市中心客运站，占地面积 83.26 亩，总投资 3400 万元（不含征地费用），于 12 月 28 日开工建设。

村村通客车。出台《应城市村村通客车工作实施方案》和《村村通客车以奖代补方案》，整合资金 8454.5 万元，新修公路 63.5 公里、改建扩建公路 24.5 公里，路肩培土 64 公里，修建错车台 332 个，修建候车亭 124 个，修建招呼站 180 个，设置警示桩 3089 个，安装防护栏 8 公里，安装警示标志 293 套，创建示范线路 24 条，全市 415 个行政村全部通客车。

公路养护。全年完成油路灌缝 86.5 公里、挖软基 5867 平方米、补油路坑槽 11463.4 平方米、铺砂石料 16285 平方米、清挖水沟 40 公里、整修路肩 95 公里、路基 2800 米，安装示警桩 210 根、百米桩 350 根，更换、修复波形护栏 1800 米。

行业监管。查处路损案件 15 起，收取路产损失赔（补）偿费 72930 元，行政处罚立案查处 27 件，处罚罚没款 19.85 万元，完成 1 项公路行政许可网上审批申报工作，收取占用利用费 85 万元，路政案件结案率为 100%。无路政执法错案和复议案件，无公路"三乱"现象发生。查处超限运输车辆 2.5 万辆，卸载货物 5 万余吨，自行切割加高墙板车辆 511 台。缴扣各类非法营运车辆 130 台。处理"黑教练车"10 台、驾校不规范教练车 6 台，处理违规教练员 4 名。

安全应急管理。开展"道路客运安全应急演练""水上交通安全进校园"等活动，不断强化安全生产"红线"和"底线"意识。开展"平安工地""平安站所""平安渡口"创建活动，完成田店弯道重点隐患整治，全部渡船均安装北斗船载监控系统，安全态势持续平稳，水上安全四项指数为零，未发生上报事故。应城市交通运输局连续 2 年被评为全省安全生产先进单位、被孝感市评为安全生产红旗单位。

廉政建设。制定《2015 年党风廉政建设和反腐败工作计划》，出台《市交通运输局党组及其成员党风廉政建设主体责任清单》，进一步把"主体责任"细化实化具体化，把责任分解落实到各股室各单位，一级抓一级，层层传导压力。持续开展"廉政阳光工程、廉政阳光审批、廉政阳光执法、廉政阳光服务"四大廉政工程，对交通项目，实行施工和廉政"双合同"管理，推进信息公开，确保资金安全、干部廉洁和工程优质。清理完成新一轮行政审批事项，列出权力清单189项，公开公示，依法许可。　（来宾）

【云梦县】　至2015年底，全县公路通车里程1850.28公里、路网密度306公里/百平方公里，其中高速公路14.7公里、一级公路21.63公里、二级公路81.99公里、三级公路138.27公里、四级公路1305.69公里、等外公路288公里。内河航道通航里程78.5公里，港口1个，生产性码头泊位2个，渡口15个。客运站10个，其中二级客运站1个、四级客运站1个、五级客运站8个，货运站1个。

基础建设。全年完成交通固定资产投资2.14亿元，比上年增长81%。316国道外迁工程南段13.84公里、北段城外段14.46公里全面建成通车，北段城区段4.84公里完成路基土方和桥涵构造物、路面基层建设。完成老316国道、汉宜线、云长线大中修工程。完成隔蒲潭大桥老桥改造主体工程，完成隔蒲雷公桥、倒店界操桥、清明河乡官渡桥等6座公路危桥改造。完成2014年县乡公路辛台线、清两线、隔黄线路面改造。建成通村公路60.3

公里。完成北外环益嘉森工产业园段0.9公里路基，行车道路面在施工中；完成东风油品段0.6公里路基；完成南外环延长线0.6公里小型构造物的施工；完成50%的皮草园三期路基工程施工。完成铁西停车场、城南停车场建设，延伸1、2、3路公交线路，开通4路公交线路。

公路养护。完成路面挖补12619.3平方米，其中处理软基3094.3平方米、硬基9525平方米。绿化植树23000多株，维修路缘石226.36立方米，清扫路面9526公里，路肩割草1234.13公里。国省道灌缝46010米，316国道路肩硬化638.73立方米。316国道十里铺更换水沟盖板137块，云长线K6+400处行车方向右侧铺设涵管22米，完成国省道沿线设施刷白，路树刷白9887株，316国道路肩边坡清理投入8万多元，修整路树5345株。农村公路养护中心签订农村公路养护管理协议13份，养护里程36.3公里，维修面积6000多平方米。

路政管理。全年上路巡查1300人次，清除路障340处，清除占道堆积物2500平方米，纠正各类交通违章159件，制止公路两侧建筑控制区内违建36起；查处路损赔（补）偿案件12起，追缴路产损失4.08万元，办理路政许可1起，收取补偿费11.70万元。路政案件查处率100%，结案率

100%，执法文书使用率100%，案卷合格率100%。行政许可实行网上办理，办接分离，路政综合管理信息系统运行良好。检测车辆8816辆，依法查处超限车辆351辆，卸载货物7429吨，收取罚款123万余元，超限率控制在4%以内，有效维护了辖区路段安全畅通。

运输管理。集中开展打击非法从事出租车营运专项行动，规范班线客运和出租客运经营行为，多次与公安、物价、城管等部门联合，累计查处违法违规营运行为500多起，其中打击"黑车"175辆次、麻木车167辆次，全县运输市场秩序进一步好转。努力推进村村通客车，全县所有自然村村村通客车率达到100%。坚持先上船再发证原则，严格执行船舶发证程序和船舶船员配备规定，做到船舶适航、船员适任，船舶安全运营。组织对企业船舶、渡口、渡船、餐饮船舶安全检查300人次以上。与县水利局水政大队开展联合执法，扣压乱采乱挖河沙船只6艘。

安全管理。完成全县15处渡口改造，均安装北斗定位系统，通过远程监控及严格落实六项制度，创造连续14年无水上安全事故纪录。全年排查隐患35处，整改率100%。加强渡口和农用自备船舶安全管理，县内运营的15处渡口渡运安全受控。推进企业安全生产标准化建设，1个客运企业、2个危险货物运输企业分别通过标准化考评验收。全年未发生一起生产安全责任事故。　（王金忠）

【安陆市】　至2015年底，全市公路通车里程2920公里、路网密度215.5公里/百平方公里，其中等级公路2472.88公里，即高速公路37.67公里、国道2条50.43公里、省道5条189.62公里、县乡道16条185.16公里、通村公路2010公里。内河航道通航里程47.5公里，生产性码头12个，渡口4个。客运站11个，其中二级客运站2个、三级客运站1个、五级客运站8个。

规划编制。编制完成《交通运

2015年11月27日，隔蒲潭大桥危桥改造顺利合龙

2015年1月15日，316国道改建工程安陆段建成

输"十三五"发展规划》《农村物流融合发展规划》《大别山振兴发展规划》《安陆市城乡客运发展规划》《安陆市农村客运发展规划》《安陆市"十三五"站场建设规划》《安陆市公交发展规划》。

基础建设。全年完成交通建设投资3.1亿元，占计划投资的115%。建成全市首条一级公路——316国道改建及连接线工程交工验收。完成钱冲旅游公路26.61公里路面改造、银杏谷道路6.5公里续建。完成周天线改建，按一级公路标准建设云安线2.4公里。完成烟店精品乡村旅游公路13.5公里。建设通村公路250公里。积极做好孝洪高速公路建设协调工作，完成永久性征地1747.7亩，向施工单位提供临时用地151亩，完成红线内坟墓、线杆等地面附着物迁移，拆迁房屋占拆迁量的99.5%。锐腾综合物流中心规划图设计通过审批，已完成一期200亩规划用地征地拆迁和场地平整，业主于10月份进场建设。

村村通客车。新建通村公路250余公里，拓宽路基455.95公里，培土路肩800余公里，增设错车台503个。建设候车棚386个、招呼牌287个、维修候车亭45个。完成安保工程34公里，安装波形护栏3200米、防撞礅(墙)149处、减速板3206米、警示桩585根、警示牌697套、桥梁护栏520

米。维修改造危桥30余座。安装车载动态监控149套。新开通运营线路9条，延伸线路21条，农村客运班线由原来的49条增加到79条，全市所有行政村通客车，农村交通环境得到全面改善。

运输管理。圆满完成春节及重大节日旅客运输，运送旅客586万人、旅客周转量15564万人公里。建立客运网上售票系统，新增客车2台、更新客车10台、新增货车115台。开展"优质服务提升月活动""情满旅途"、小红帽志愿服务、关爱留守儿童等活动，创建安陆至三里客运示范

线、红旗公交车，表彰星级出租车35台。开展运输市场整治，查扣黑车30台次、查处出租车违规行为240台次、违法转让出租车经营权13台、违规货车450余台次。新增新晟驾校，全市驾校达到5家。

公路养护。完成平洑线17.47公里、大天线15.17公里、316国道13公里、字三线11.3公里共56.94公里大修，国省干线好路率98%。加固改造北七里桥、云安线矮桥。整修路肩边坡28万延米、边沟26万延米，修建排水沟1500延米；栽植行道树1.8万余株、刷白5万余株、整枝4万余株，打造百里银杏走廊；挖补软坑槽5580立方米、补硬坑槽828立方米、灌缝2.3万延米；清除公路用地种植物520平方米，拆除非交通标志牌35块，清除非法占用公路路肩500平方米；创建国省干线示范路段72公里。完成大天线、安桃线安全防护工程，新建国省干线波形护栏420米、提升830米，增设各类标志牌120块，维修桥梁58座，修复水毁防护墙220立方米。

路政管理。提前介入建筑控制区埋管线5起，查处路损案件1起。制定《安陆市超限超载源头整治工作方案》，安装监控23个，限高架8座、限宽礅12个，公路治超视频监控平台与市治超办公室、110指挥中心联网。采取"固定站点检测把关、主要路段

2015年6月12日，南城渡改桥及连接线正式交付使用

流动稽查、关键路口源头管控、重点企业上门排查"的措施,对超限车辆实行动态监控、综合治理,查处超限车辆2160辆,卸货7587.74吨,割除改装墙板200余台,超限率控制在4%以下。

安全应急。开展"道路运输平安年""打非治违"活动,对客运站场、危货运输、校车、水上运输、工程建设等进行专项整治。开展公路桥涵、消防安全隐患大排查及危爆物品寄递物流清理整顿,安全检查30余次,排查安全隐患16处,全部整改到位。严格车辆安检制度,落实"三不进站、六不出站"规定,实行长途客运车辆凌晨2-5点落地休息制度。扣留非法、违法作业船舶4艘,拆解"三无"船舶动力机械6台,取缔"三无"船舶6艘,更新调配标准化渡船3艘,所有渡船装配北斗导航监控系统。建立道路运输车辆监控平台,长途客运车辆、12吨以上货运车辆全部安装监控设备。开展公路消防应急演练、公路塌方抢险保畅应急演练、水上渡船抛锚救援应急演练、客运站场防暴反恐演练、危险物品识别演练。

文明创建。开展文明单位创建,安陆市交通运输局成功申报机关档案一级达标。加强"服务窗口"建设,建立"文明服务明星"考核台账,开展"党员模范车""红旗车""红旗线"等优质服务评比。创建安桃线、烟应线2条孝感市级文明路。办理建议提案18件、信访38件,依法妥善解决合理诉求。开展精准扶贫,党员干部结对帮扶,帮扶资金4万余元。安陆市交通运输局荣获全省交通运输系统先进集体、全省交通运输安全应急管理先进集体、安陆市交通运输局、安陆市物流发展局、安陆市汽运总公司被评为孝感市文明单位,公路局城北管理站荣获"孝感工人先锋号","三万"工作队荣获安陆市"先进集体"。

(程作云)

【大悟县】 至2015年底,全县公路通车里程5690.35公里,其中高速公路57.5公里、一级公路22.5公里、二级公路255.556公里、三级公路265.649公里、四级公路2981.145公里、等外公路2108公里。客运站6个,其中二级客运站1个、五级客运站5个,货运站1个。

基础建设。全年完成交通固定资产投资10.11亿元,比上年增长120%。9月,346国道大悟段河口至城关一级公路开工建设,完成货币工程量2100万元。吕高线(吕王—高店)累计完成货币工程量1.18亿元,路基工程、桥涵工程基本完成,除1座电信塔未移走外,全线基本贯通。将军大道配套工程项目已完成人行道、非机道、给排水、电力照明等工程,绿化工程已完成95%。孝感北(大悟)客运总站在进行大厅内装修和停车场建设。8月,麻竹高速公路大悟段开工建设,完成货币工程量4.86亿元。悟峰山旅游公路项目启动征地和拆迁工作。完成通村通组通湾公路230公里,总投资5290万元。

村村通客车。制定《村村通客车实施方案》及《村村通客车培训资料》,确立"政府引导、公司经营、属地管理"的山区农村客运发展模式,发展通村客车采取"四方会审、联合审批"制度,即乡镇政府、公安交警、安监及交通4个部门联合审核,审定7家客运公司。建立"县管、乡包、村落实"的责任机制,乡镇政府履行安全监管和农村客运市场秩序维护主体责任,建立健全农村客运安全监管常态化机制。共完成路肩培土363.7公里,建设错车台621个,建成候车亭192个,其中港湾式候车亭10个、老式候车亭39个、新式候车亭143个,招呼站296个,建成安保工程620公里。新增农村客运班线51条,营运客车118台。行政村通客车率达到100%。

运输管理。编制城区公共交通发展规划。积极推广公交"一卡通",方便居民出行。4月28日,新开通第8路公交车。规范驾培维修市场,依法取缔位于城区、宣化、河口、吕王、黄站等乡镇5个未取得机动车驾驶员培训许可、不具备培训资格的"黑驾校",查扣"黑教练车"10辆。组织维修从业人员培训2批,提高机动车维修从业人员业务素质和专业技能。继续坚持"政府主导、交通主抓、公安主打、部门联动、综合治理"工作模式,坚持集中整治与日常管理相结合的原则,集中开展为期100天的城区客运市场专项整治行动。突出重点路段、重点区域整治。对整治活动中暂扣的非法营运车辆及证照,由公安、工商、物价、交通部门按照各自职责依法处理,实行一次查扣、多部门依法处罚,纪检监察部门对处罚过程进行全程监督。处罚结果全部上墙公示,接受全社会监督。全年查处各类非法营运车辆137台次。加大对城区"黑车"打击力度,查扣城区"黑车"251台。

公路管养。对公路及附属设施和路域环境进行综合整治,完成3条省道60多公里大中修,投资8000多万元与沿线环境整治同步实施,推进公路净化、美化、亮化、绿化,打造亮点、亮线工程。加强公路日常养护,对坑槽、网裂路面病害进行综合处理,清理边沟、路肩、边坡、桥涵中的垃圾、杂草,确保道路安全畅通。加大公路绿化力度,做到应植定植、应补定补。干线公路安装钢构公路安全施工作业标志牌10套60块;安装3条省道干线公路养护安全责任牌15块;完成黄土线1030米和宋长线200米公路安全防护工程;完成黄土线道口标桩更新、安置418根;维修、更换宋长线孙家河大桥桥栏杆板3块,总投资135万元。农村公路完成警示桩4266根,标志牌27块,三角标志牌单面488块,粉刷防撞墙200米,投资70多万元。

路政管理。着力治理路政管理难点,以栗林、大新、夏店等脏乱差路段为重点,组织多部门共同参与的联合整治。结合养护示范路建设,开展以治理违法搭建、违法采挖、违法堆放、违法占道经营"四违"为重点的路域环境整治。清除路障170处700余平方米,拆除非公路标志牌10块,制止路边违章建房8处,清理占道经营8处。坚持公路、公安联合执法机制,治理车辆超限超载,确保超限运输率控制在 3.5% 以内。坚持"卸载为主、处罚为辅"的治超理念，检测车辆 33729 台，查处超限车辆 1499 台、卸载转运 422 台、转运货物 2961.4 吨，收取公路赔（补）偿费 19.3 万元。　　（肖孝儒）

【孝昌县】　至 2015 年底，全县公路通车里程 3439.53 公里，其中高速公路 44.9 公里、一级公路 12.5 公里、二级公路 139.06 公里、三级公路 293.07 公里、四级公路 2950 公里。内河水域里程 15 公里、渡口 4 个、客渡船 4 艘。客运站 8 个，其中二级客运站 1 个、四级客运站 1 个、五级客运站 6 个，农村综合服务站 1 个、候车停 339 个。

基础建设。全年完成交通固定资产投资 1.51 亿元，占年度目标任务 1.5 亿元的 101%，同比增长 17%。完成 107 国道、大天线大修，曾白线、夏小线改造主体工程全部完工，花姚线、五季线、战备路煞尾工程如期完工。建成通村公路 162 公里，通村公路总里程达 2950 公里。大天线孝昌京广铁路涵洞改造工程、观音湖环湖公路、田堂村村级公路改造工程顺利开工。观音湖至双峰山旅游公路完项目招投标。107 国道外迁工程前期工作已经完成，在进行招投标。客运站建设接近尾声，新建候车亭 107 个（包括 6 个港湾式候车亭），招呼站 100 个，信息预约公示牌 40 个，更换候车棚维修广告 232 套，粘贴农村客运统一标识 270 套。

公路养护。以构建"安全、畅通、舒适、优美"的公路通行环境为目标，落实精细化养护，重点规范坑（槽）洞修补和路面灌缝、公路沿线设施及路肩边坡整治。全年挖补油面软坑槽 6212 平方米、硬坑槽 7132 平方米，补油 6155 平方米。乳化沥青和同步碎石封层 3112 平方米。完成国省道及县乡道路面缝养 48619 延米。绿化补植 54.23 公里、3.5 万株。调整、补设公路里程碑 105 块；整治过境路段增设及更换示警桩 516 根，百米桩 315 根，更换桥栏板 36 块。完成危险路段整治 7 处 5.8 公里。完成 107 国道京深线补油 1300 平方米。

运输管理。全县有客运企业 4 家，客运线路 149 条，客车 307 台、6910 座，其中孝昌县裕通汽车运输有限责任公司主要经营孝昌至东莞、天津、郑州、十堰、信阳、襄阳、随州、宜昌、汉口、武昌、青山、孝感、孝感北、安陆等客运班线，孝昌县顺捷出租车有限公司拥有客运出租车 150 辆，孝昌县畅达城市公交有限公司经营公交线路 4 条，拥有公交车辆 46 台。2015 年新增村村通客运班线 12 条，3 台约租车，6 台备用运力，实现全县 100% 行政村通客车。全县有货运公司 1 家，货运车辆 1909 台、4804.857 吨。有汽车维修企业 178 家，其中一类维修企业 1 家、二类维修企业 7 家、三类维修企业 170 家。有驾培学校 7 家、教练车 291 辆。全县取得道路运输从业人员资格证的有 4213 人，其中客运从业人员 414 人、货运从业人员 2810 人、出租车从业人员 798 人、其他从业人员 191 人。

路政管理。公路部门加大整治巡查力度，巡查覆盖率、查处率、结案率稳步提升。全年制止新违法建筑 3 处计 23.2 平方米，拆除非交通标志牌 234 块，清除占道堆积物 386 处 964 立方米，制止违法设置非标志牌 32 块，违法增设平面交叉道口 13 处，确保了公路安全畅通。全年查处路损案件 13 件，收取公路赔（补）偿费 108860 元，路损案件查处率 99%、结案率 100%、索赔率 99%。路政大队加大治超力度，严格按照"车辆没有改装、平箱盖帆布、车货总重不超过 55 吨"的标准，对擅自加墙板、没有盖帆布和超载超限运输车辆，一律查扣、一律卸载、一律切割墙板。同时，成立机动巡查专班，全天候在京珠连接线、王杨线上巡查，做到无盲区、全覆盖。共查处超限运输车辆 2287 台次，卸载货物 334 吨，切割擅自加高墙板 24 块，加盖帆布篷布车辆 1028 台，超限率控制在 3% 以内。8 月 7 日，孝感市货车超限超载专项整治现场推进会在孝昌召开。

文明创建。组织机关干部在城区公交车、出租车、乡镇班线车上张贴相关宣传标语 400 余张；成立交通运输志愿服务队，慰问困难党员群众、学生、老干部 50 多人次。积极参加"三万"、精准扶贫活动，全年投入资金 100 余万元，帮助季店乡雷河村修通通村公路。及时办理建议提案与来信来访，满意率达 100%。孝昌县交通系统有省级文明单位 2 个、市级文明单位 1 个、县级文明单位 3 个。

　　（来宾）

黄冈市交通运输

【概况】　至 2015 年底，全市公路通车里程 28715.49 公里、路网密度 164.60 公里／百平方公里，其中高速公路 656.99 公里、一级公路 520.29 公里、二级公路 2135.94 公里、三级公路 1802.24 公里、四级公路 22458.03 公里、等外公路 1142 公里。内河航道通航里程 441.4 公里，长江通航里程 200 公里，港口 6 个，生产用码头泊位 275 个。客运站 85 个，其中一级客运站 1 个、二级客运站 12 个、三级客运站 9 个、四级客运站 10 个、五级客运站 53 个，货运站 6 个。

"十二五"交通建设成就。"十二五"期，全市交通固定资产投资 430 亿元，是"十一五"244 亿元的 1.8 倍。全市形成以"二纵三横三联"为主骨架的高速公路网，以 7 条国道、36 条省道为主干，以县乡道为补充的公路运输网，全市实现县县通高速、县县通国道、镇镇通省道、村村通客

2015年1月1日，黄冈大道全线建成通车

车。建成高速公路 220 公里，高速公路里程达到 700 公里，跃居全省第一，是"十一五"末 480 公里的 1.5 倍；建成一二级公路 980 公里，是"十一五"的 1.8 倍；全市国省道由 1297 公里增加到 2996 公里，是"十一五"的 2.3 倍；道路旅客周转量 346.6 亿人公里、货物周转量 338.8 亿吨公里，分别是"十一五"的 1.6 倍、1.5 倍。黄冈长江大桥、武冈城际铁路、黄鄂高速公路、黄冈大道 4 大交通重点工程建成通车，总投资 105.6 亿元，黄冈与武汉时距缩短至半小时，开启黄冈武汉同城化时代，显著提升了黄冈的区位优势。建成大别山红色旅游公路，全长 462 公里，贯穿 7 个县市惠及 230 万群众。全面推进 10 条 396 公里支线工程，进一步提升并放大大别山红色旅游公路品牌效应。成功举办 2012 年全国农村公路建设与管理养护现场会，大别山红色旅游公路被交通运输部称赞为交通集中连片扶贫开发的典范。港航项目完成投资 32 亿元，是"十一五"的 10 倍。小池、武穴件杂货、楚江综合物流等一批现代化码头竣工，临港新城综合码头等项目顺利推进。黄州港区经国务院批准为一类水运口岸。全市港口年吞吐量达到 5100 万吨，提前一年实现比"十一五"末翻番的目标。陶店收费站、禹王收费站、小池收费站相继撤除。

基础设施。全年完成交通固定资产投资 100.81 亿元，占年度目标的 100.81%。其中公路完成投资 58 亿元、港航完成投资 9.59 亿元、站场完成投资 7800 万元、物流完成投资 3900 万元、重点工程完成投资 32.05 亿元，即黄冈大道 5000 万元、麻竹高速公路 4.29 亿元、麻阳高速公路 25.76 亿元、江北铁路 1.5 亿元。黄鄂高速公路团风段、麻武高速公路建成通车，麻竹高速公路主体工程完工，武汉新港江北铁路、沿江一级公路建设中。全市完成一级公路路基 78.6 公里、路面 100.8 公里，完成二级公路路基 104.8 公里、路面 498 公里，完成国省道大修 286.7 公里、县乡道改造 182.4 公里、通村公路 1578.3 公里、危桥改造 43 座。黄冈楚江综合码头、黄梅港小池滨江综合码头建设完成，武汉新港唐家渡港区临港新城综合码头、团风罗霍洲综合码头、蕲春港管窑港区管窑综合码头等项目加快推进。蕲河航道工程、晨鸣纸业专用码头等项目前期工作快速推进。罗田大别山客运站已竣工验收并投入试运营，武穴客运站主站楼完工，红安县客运站已完成室外装修，龙感湖客运站建成待验收；黄冈客运站改造项目收尾、麻城客运站改造项目建设中。新建农村五级客运站 16 个、一般式候车亭 830 个、港湾式候车亭 106 个。中部商贸物流产业园建设完成并投入运营，武汉新港楚江物流园、黄冈安必达冷链物流中心顺利推进，改造完成 5 个农村综合运输服务站。

综合运输。全市拥有载货汽车 28969 辆 146292 吨位，载客汽车 5856 辆 111683 客位，完成道路客运量 1.02 亿人、旅客周转量 51.67 亿人公里，完成货运量 7160 万吨、货物周转量 147.32 亿吨公里。拥有运输船舶 631 艘，运力达 90.1 万载重吨，完成水路货运量 3409 万吨、货物周转量 207.62 亿吨公里，港口吞吐量 5058.5 万吨。城区新增、改造公交线路 9 条，更新公交车 30 辆。开通黄冈首条跨县域公交线路——团风至黄州 106 路公交，最高票价由原来 8 元下调到 5 元。黄州区实现全区 116 个行政村客运公交化全覆盖，票价同比下降 30%。城区新

2015年12月，黄冈沿江一级公路建设完工

增100辆出租车。"12328"交通运输服务监督电话、"黄冈交通"官方微信开通，实时提供便民信息查询，24小时受理咨询和服务投诉。全市高速公路ETC专用通道实现全覆盖并与全国联网。全面完成红安县创建省级"村村通客车"示范点、黄州区创建市级全域农村客运公交化示范点、武穴市创建市级城乡客运一体化示范点。有8条公交线路对接城铁三站、5条公交线路途经城铁站，实现公交与城铁全面无缝对接。印发《关于进一步规范驾培管理工作有关事项的通知》，制定《驾培市场整改行动方案》，规范驾培管理。

村村通客车。全市完成路肩培土7388.3公里，新建错车台9147个，完成安保工程2024.3公里；维修、改造候车亭437个，新建候车亭801个、招呼站1102个，新增通客车行政村439个。至10月25日，全市未通客车的439个行政村全部开通客车，提前完成全市4314个行政村"村村通客车"目标。黄州区实现全域农村客运公交化。

行业监管。完成大修240公里，全市路况持续稳定，综合指数(MQI)89。完善各类标志30块、大型平交口渠化7处、农村公路交叉口改造234处、安设示警桩、道口桩1056根。建成国省干线综合停车休息区18个。105国道"畅安舒美"创建通过验收。超限治理常抓常新，长效机制不断巩固完善，非法超限超载运输率控制在4%；全市路政案件查处率98%、结案率95%、执法文书使用率100%，无行政复议及行政诉讼败诉案件。坚持"一案一评""一县一查"，以查促学，在全省执法卷评查中荣获第二名。通过抓管理，优服务，促征收，严格执行绿色通道和节假日免费政策，全市完成通行费征收2600万元。撤除国力公司陶店收费站后续债务化解、人员安置等关键问题取得重大进展。连续4年完成政府还贷二级公路债务化解收缴任务。及时组织、协调拨付全市公路系统建养资金12.06亿元，完成重点项目审计任务。

安全管理。突出挂牌督办安全隐患整治，消除市级挂牌督办的黄麻天然气与宋大线公路交叉隐患、浠水葛洲坝大道安全隐患。完成全市241座中桥以上桥梁信息公开牌和桥梁限载标志设置，落实"一桥一牌"；完成危桥改造45座。逐步建立安全工作责任体系，通过开展"交通平安年"、汽车客运站安全专项整治等专项活动，安全生产主体责任得到有效落实，道路运输安全生产综合治理能力和安全发展水平得到全面提升；全面完成危险货物运输市场清理整顿工作任务，全年无较大以上安全责任事故发生。对渡口渡船实行跟踪管理，定期检查，强化隐患通报制度，定隐患责任人、责任领导，整改时间，全年开展水上专项检查108次，通过手机平台，向渡口、渡船发布天气预警信息1300多条。

交通改革举措。8月6日，黄冈市铁路经济建设办公室在黄冈市交通运输局挂牌，全市铁路建设发展职能和组织机构正式成建制划转至交通部门。编制全市"十三五"综合交通运输发展规划，谋划交通千亿板块，实施快速铁路、高速公路、干线公路、通村公路、枢纽客运、现代物流及绿色水运"七大重点工程"。分别与安庆市、六安市、信阳市交通运输局签订《大别山革命老区交通运输发展合作协议》。在黄冈召开鄂豫皖大别山革命老区交通扶贫攻坚省际联系会，就共同规划建设一批省际通道项目、建立联动协调长效机制等达成共识，共同推进大别山区域交通运输发展。争取省交通运输厅编制《大别山革命老区振兴发展交通建设专项规划》，提前启动一批国省道项目前期工作，已完成麻竹高速公路延长线、蕲太高速西段、347国道沿江一级公路蕲州至陶店段工程可行性报告。

文明创建。2015年，黄冈市交通运输局继续保留"全国文明单位"荣誉称号、被评为2013-2014省级文明单位，荣获黄冈市直单位领导班子目标责任考核优胜单位，获党建工作、党风廉政建设责任制考核、"双百"

项目行动、安全生产、社会管理综合治理5个单项工作优胜单位。麻城市交通职工周全寿荣获"全国劳动模范"称号。

（周本和）

【黄州区】　至2015年底，全区公路通车里程1604.40公里、路网密度454.5公里/百万平方公里，其中高速公路20.76公里、一级公路102.04公里、二级公路93.33公里、三级公路409.31公里、四级公路958.56公里、等外公路20.40公里。内河航道通航里程22公里，港口20个，生产性码头泊位39个，渡口7个。客运站9个，其中一级客运站1个、二级客运站1个、三级客运站1个、五级客运站6个，货运站1个。

基础建设。全年完成交通固定资产投资3.88亿元，比上年增长116%。完成普通公路建设投资2.38亿元，完成一级公路路基路面7.2公里、二级公路路面22.77公里，完成县乡公路26.8公里、通村公路80.84公里、桥隧9座。水运建设投资1.5亿元，新增泊位14个。

综合运输。拥有客运车辆224辆、货运车辆6998辆，完成道路客运量360万人、旅客周转量2.16亿人公里，完成货运量600万吨、货物周转量3000万吨公里。拥有运输船舶302艘，完成水路客运量33万人次、旅客周转量165万人公里，货运量653万吨、货物周转量87.15亿吨公里，港口吞吐量670万吨。村村通客车实现公交全覆盖，通车率为100%，共建港湾式候车亭25个、不锈钢候车亭15个、招呼牌90个，维修候车亭19个，发放燃油补贴费252余万元。5月14日，黄州至团风公交线正式开通运营，该线路投入LNG公交车辆21台。

行业监管。率先创新市区一体、交警牵头、部门配合的联动治超新模式，超限控制率在5%以下，公路治超路域环境得到较大改观，完成禹王收费站拆除及人员转岗工作。联合市运政、客管等部门开展打击"黑车"非法营运专项行动，北斗卫星系统安装实现运输车辆动态监控。联合教育部门开展校车审批和行驶路线核查，保障学生安全出行。联合区安监局开展水陆安全检查整改行动，公路桥梁、"两客一危"、码头船舶、校车线路等重点部位隐患排查常抓不懈，圆满完成春节、"十一"等重点节点安全保畅任务。"十二五"以来船舶安全面达到100%、重点工程监督覆盖面达到100%、工程项目合格率达到100%。推进区船型标准化工作，对符合船舶生活污水防污改造要求的船舶组织申报，全年申报生活污水处理装置船舶35艘，申请国家补贴140万元。2015年通过"两化"平台注册规模以上企业18家，标准化排查423次，登记销号468个，继续保持行业零重大安全事故的平稳态势。联合市区海事部门、学校等举行黄冈市首次大规模水上联合应急演练。

路政管理。以"公路沿线城乡环境整治"和"文明样板路"建设为契机，全面加大路面巡查力度，打击公路打场晒粮、乱堆乱放、随意抛洒等违法行为。全年清除路障300余处，消除公路安全隐患42处，办理路损路赔、涉路许可案件26件，其中行政处罚案件3件、许可案件2件、赔（补）偿案件21件，办结率、满意率100%。区乡村公路管理段路政大队查处并责令迁移乡村路段中园陵路、王程线等路段违建通信杆线207根，拆除公路建筑控制区内违章建筑15处。

公路管养。全年完成国、省、县道路面清扫13.87万公里，整修路肩边坡196公里，修补刷新里程碑、百米桩479个，清除路肩杂草316公里，抢修破损路面11200平方米，清理边沟258公里，完成路面缝养23公里，行道树整枝39540棵。沿江公路破损严重路段进行小修保养多次，投入40万元实施安保工程。在大广北高速106国道出口处新建公路生态护坡景观1处，完成23公里江北一级公路及6.5公里南湖连接线隔离墩和警示桩重新刷漆工程，投入30余万元对江北一级公路及南湖连接线进行路域环境整治工作。完成提档升级农村公路248公里，完成农村生态文明示范公

路建设23.57公里，修复破损通村公路5760平方米，完善农村公路安保工程建设59公里，协调"退池还路"36亩、"田路分家"48公里。新植行道树1.15万株，新增绿化里程20.7公里。

安全应急管理。修订完善《雨雪冰冻天气公路安全保畅应急预案》《突发公共事件应急预案》《公路防汛防洪安全保畅应急预案》《黄州区普通公路桥梁突发事件应急预案》《道路危险货物运输事故应急预案》和《道路交通运输突发事件应急预案》，建立安全生产管理制度体系。全面落实"一岗双责"、"党政同责"责任制，明确安全生产主体责任。加强工程施工安全管理，工程项目工地建立安全组、配备专职人员，全过程负责施工安全以及交通维护工作，确保工程施工和交通行车安全。加强生产机械安全管理，做到操作前、操作中、操作后都要认真检查机械设备，确保施工机械正常、安全运转。

交通改革举措。贯彻落实行政审批改革部署，完成交通9大项40小项行政审批权限梳理和流程规范化，审批权限目录已经区编办和区法制办联合审核通过，在黄州区政务网上全面公示，开放交通行政审批网上平台，实现"审批范围全覆盖、审批过程全覆盖，可查询、可跟踪、可督办、可评价"的阳光审批格局。对公路养护

进行改革，实行"定路段、定人员、定标准、定责任"的四定办法，创新推出管养"临聘制"，按照3公里为1个责任路段，配备"路管家""路保姆"，将部分路段交由当地村民管养。深化绩效考核，推进管养升级，设立管养责任公示牌，明确管养内容和标准，接受社会监督。　　　　（余皖）

【团风县】　至2015年底，全县公路通车里程2391.41公里、路网密度287.1公里/百平方公里，其中高速公路75.87公里、一级公路36.07公里、二级公路124.98公里、三级公路88.85公里、四级公路1990.18公里、等外公路75.46公里。内河航道通航里程53公里，港口1个，生产性码头泊位2个，渡口12个。客运站9个，其中二级客运站1个、五级客运站8个，候车亭、招呼站230个。

基础建设。全年完成交通固定资产投资5.62亿元，比上年增长12.2%。全县开工建设的交通项目180个，涉及公、铁、水、站场等方面。241省道团风白鹤林至方家墩段改建工程（团风绕城公路）为一级公路，双向四车道，设计速度80公里/小时，路基宽度24.5米，总投资1.88亿元。大崎山旅游公路改建工程已完成通车。318国道方高坪至标云岗一级公路改扩建，已完成总工程量的30%。武汉

2015年8月20日，团风大琦山旅游公路改扩建工程主体工程基本完工

新港江北铁路项目启动征地拆迁工作，已经出水铁路桥墩 6 个。罗霍洲大桥建设完成货币工程量 4.6 亿元，完成项目总投资的 90%。漆宋公路魏家冲至磁子河段全面竣工并投入使用。完成农村公路建设 120 公里。

综合运输。拥有客运车辆 312 辆、货运车辆 1717 辆，全年完成道路客运量 664 万人、旅客周转量 2656 万人公里，货运量 84 万吨、货物周转量 10500 万吨公里。完成水路客运量 14.9 万人次、旅客周转量 1050 万人公里，货运量 20.13 万吨、货物周转量 18429.68 万吨公里，港口吞吐量 20.13 万吨。农村客运班线 64 条，其中，县城到乡镇客运班线 22 条 125 台车、镇到镇客运班线 11 条 31 台车、乡镇到村客运班线 31 条 65 台车，农村客运班车 221 辆 3175 座位，平均日发班车 780 个班（次），营运里程 1200 公里。乡镇（场）班车通车率 100%，290 个行政村通车率 100%。形成以城区为中心、乡镇为节点、覆盖乡村的三级农村道路客运网络。5 月 13 日，完成黄州至团风班线客车公交改造，实现团风与黄冈市区公交无缝对接。

行业监管。查处超限超载运输车辆 976 辆，卸载、转运黄沙、石子 11970 吨，拆除非公路标志牌 122 块、违法建筑摊点 200 平方米。开展违法加水点整治行动 2 次，拆除 106、318 国道干线公路违法加水点 7 处；开展过境路段整治行动 4 次，清理路阻路障 1120 立方米。受理公路赔（补）偿案件 32 起，收取公路赔（补）偿费 164615 元、特殊占利用公路费用 60800 元，路政案件查处率 100%、结案率 98%，行政许可和行政处罚正确率 100%。配合县政府、县防汛抗旱指挥部对巴河流域采砂船进行汛期前大整顿，对巴河境内铁砂船进行登记造册，将具有重大安全隐患的铁砂船采取强硬措施就地拆除，消除水上安全隐患。

公路养护。全年修补油路坑槽 2850 平方米，砂石料填补坑槽 42700 平方米，清理边沟 520 公里，理修路肩 28.5 万平方米，清扫路面 590 公里，补植行道树 33 公里，修剪树枝 56 公里。完成高分子密封胶缝养 92000 米、沥青路面贴缝带缝养 12000 米。投资近 180 万元，完善部分安防设施。对列养公路上所有的交岔道口，全部进行交通渠化，并设置道口警示标识。完成桥梁信息牌、桥名牌、桥梁限载（限重）标志设置，更换、设置公路交通（指路）标志 16 块。翻新省道大巴、黄标、方团线上的隔离护栏、警示桩。完成水毁抢修工程 21 处，投入资金 35 万余元。完成养护应急中心厂房建设和路面硬化，进入试运营阶段。

安全管理。开展春运及重大节假日前专项安全检查，落实月、季度安全检查，针对存在的安全隐患及时提出整改要求，并责令限期完成。对市县挂牌督办的漆宋线进行安全隐患整治，设置安全警示桩 8540 根，安全标志 150 块。举办 "5.12" 防灾减灾安全宣传日、"平安团风" 等宣传活动，制作展牌 19 块，散发公路安全宣传单，张贴安全宣传标语，广泛宣传公路法律法规，树立群众安全意识。加大重大安全隐患整治，完成全县大中型桥梁加固维修，改造农村道路危桥 5 座。对所有运输车辆安装 GPS 车务通，实行 24 小时监控监管，超限超载行为得到有效遏制。对船只、渡口实行专人管理，无一起安全责任事故发生。

（章威）

【红安县】　至 2015 年底，全县公路通车里程 2752.92 公里、路网密度 153.9 公里/百平方公里，其中高速公路 24.49 公里、一级公路 51.46 公里、二级公路 216.93 公里、三级公路 99.65 公里、四级公路 2213.30 公里、等外公路 147.09 公里。客运站 14 个，其中二级客运站 2 个、五级客运站 12 个，候车亭 319 个，招呼站 260 个。

基础建设。全年完成交通固定资产投资 13.1 亿元，比上年增长 33%，其中普通公路完成投资 8.1 亿元。完成麻竹高速公路红安段 37 公里主体工程并实施路面铺设；完成杏花至二程段一级公路 12.02 公里、两八公路 38.7 公里路面工程；完成高速公路红安连接线工程 10.7 公里；完成红熊公路 25.1 公里附属工程；完成省道阳福线南段 38.4 公里路面改善工程；完成 869.2 公里农村公路提档升级；完成通村公路 133.7 公里、年度安保工程和生态交通示范线建设；完成红安客运总站站前广场建设。完成八里客运站工程可行性和初步设计评审；启动上新集客运站建设，建设候车亭 73 个、招呼站 76 个。

公路管养。健全和完善县乡村道 "县道县管、乡道乡管、村道村管" 养护管理体系，明确县政府是农村公路建设、养护和管理的责任主体，确定全县农村公路所有路段养护管理责

2015 年 12 月底，红安旅游路支线檀树岗至两道桥公路主体工程基本完工

任领导和责任人，并签订管养协议。健全考核机制，将乡镇农村公路养护管理工作纳入全县"六考"综合实绩考核。加大农村工作养护管理投入，将农村公路养护资金纳入财政预算，并建立逐年增长机制。加大国省县道管养力度，结合全县环境整治活动，确保公路畅通。

综合运输。全县拥有客车1236辆、货车1119辆，完成道路客运量717万人、旅客周转量2.76亿人公里，完成货运量237万吨、货物周转量2.63亿吨公里。推广新能源应用，城区200台出租车全部更新为CNG新能源双动力车，更新城区公交LNG新能源车33台，更新56台乡镇LNG燃料公交车。有农村客运班线286条，其中县城到乡镇客运班线34条141台车、镇到镇客运班线17条31台车、乡镇到村客运班线235条378台车，平均日发班车1200个班(次)，营运里程约2100公里。乡镇(场)班车通车率100%、396个行政村通车率100%，形成以城区为中心、乡镇为节点、覆盖乡村的三级农村道路客运网络。

行业监管。加大治超打击力度，强化客货运输市场整治，打击非法运输经营行为，规范客运市场秩序。查处违章客车168台，其中班线违章客车12台、非法营运客车156台；查处违章货车216台，其中非法营运37台、上网及保存证件93台、强制卸载超载货车86台。配合县河道整治专班打击采砂非法经营点12个，处理并结案255起。清理公路障碍28处，制止违法建筑12处，拆除非公路标志26块，拆除大型龙门架5处。查处路政案件23起，其中赔(补)偿22起，行政处罚1起，占利用公路结案率100%。检测车辆22900余台，劝返车辆130余次，处罚车辆3500余台，卸载货物870余吨，超限率控制在4%以内，保证了公路路产设施完好和道路安全畅通。

安全管理。加大安全生产监管力度，加强运输行业管控预防，水陆安全生产指标均在控制线内，未发生重特大安全责任事故，交通运输行业安全生产形势总体稳定。全县23处渡口、

26条渡船全部安装北斗卫星安全监控系统，全天候实施渡运安全监管。制定农村营运客车GPS定位系统安装方案，准备对全县农村客车实行动态化管理。建设客运站GPS监控室，对所有省际、市际班线客车实行超载、超速及携带物品监控。

交通改革。红安县农村公路管理局、红安县交通质量检测站、红安县地方海事处、红安县城市客运管理办公室机构设置已批复，准备对红安县交管站、红安县乡村公路管理段等交通内部人员进行整合，重点加强农村公路管养。采取BT模式建设高速公路红安连接线建设，为突破交通建设资金"瓶颈"积累经验。

文明创建。全县交通系统创建市级文明单位2个、市级文明示范窗口1个，创建市级农村生态文明示范公路1条、农村公路安保工程精品线路1条，创建县级农村生态示范公路11条，里程达95公里。积极化解出租车、农村公交、水上运输、工程建设等方面的不稳定因素，处理接待群众来访42件，均已答复解决，未发生越级上访现象；处理来电涉访、涉诉150余次，均得到妥善处理。　　　(李兴名)

【麻城市】　　至2015年底，全市公路通车里程4361.17公里、路网密度121.2公里/百平方公里，其中高速公路145.29公里、一级公路3.2公里、二级公路360.28公里、三级公路251.55公里、四级公路3556.75公里、等外公路44.10公里。内河航道通航里程110公里，渡口6个。客运站19个，其中二级客运站2个、三级客运站1个、五级客运站16个，货运站1个。

基础建设。全年完成交通固定资产投资5.44亿元。普通公路建设投资5.04亿元，完成一级公路路基13.58公里、路面10公里，完成二级公路路面10公里，完成县乡公路11.26公里、完成通村公路150公里、桥梁12座。水运建设投资180万元，新增船舶13艘。完成站场建设投资额470万元。改造维修白果、龟山、顺河、乘马岗站房4个；改建黄土岗、闫河站房2个。

公路养护。修补沥青路面坑槽5360平方米、水泥路面灌缝36870米、沥青路面灌缝86123米，新划路面热熔标线漆89公里，新建预制板水沟15公里，清理水毁塌方3700立方米，新补植绿化树苗24360棵，新植林苗12000棵，启动危桥加固施工3座均完成，设置35座桥梁信息公示牌，干线公路优良路率达96.16%。长三线路肩全硬化。对全市所有行政村、通垸组公路进行调查摸底，对2435公里通垸组公路、1282公里危险路段、766座桥梁进行数据采集，建立项目库。探索农村公路管养模式，总结了管理规范、职责明晰、运转高效、机制灵活的农村公路管养经验，以城区、宋埠、白果、龟山、乘马岗5个站为试点，对所辖区域"村村通客车"示范线路进行养护，以点带面，逐步推动全市农村公路养护全覆盖。全年完成路肩培土67公里、边沟清理60公里、清除障碍50处、拆除侵占路权房屋12间、树刷白15000株。

综合运输。全市拥有客车561辆、货车1196辆，全年完成道路客运量408.1万人、旅客周转量19938.2万人公里，完成货运量413万吨、货物周转量1788万吨公里。拥有运输船舶30艘，完成水路客运量11万人次。对全市419台小微型客车和55台中型车进行公司化改造，由进城班线经营户联合组建12家客运公司，依法取得道路运输经营许可。营运客车持证率、挂牌率100%，延伸客运线路53条，涉及122个行政村，村村通客车率达100%。货车、维修业户持证率稳步提升，驾培行业规范服务，全市从业人员从业资格证质量信誉考核1524人次。

行业监管。制止各类路政违法行为1280起。超限站检测车辆4673台，其中超限车辆187台，卸载黄沙、碎石等货物2628吨，收到超限运输补偿费和罚款120余万元，案件查处率100%，结案率100%，罚没款上解率100%，文书使用率100%，案卷合格率100%，无路政执法错案、公路"三乱"和路政投诉、上诉行为发生，公路行

车环境得到较大改观。联合公安、交警、物价等部门对运输市场秩序进行综合整治，全年办理行政处罚案件 610 余起，未发生一起行政复议、行政诉讼案件。

科技与信息化。开展行政许可网上审批工作，全年受理各类道路运输申请 658 件，依法办结 631 件，换发客、货、维修道路运输证件 538 套。行业管理科技化、精细化，利用 BDS 监控平台的科技手段辅助管理，实现运政工作路面、平台一体化管理模式。麻城市营运车辆动态信息公共服务平台、客货车辆动态监控平台建设完成，危货车辆、教练车动态监控信号已与公共平台成功对接，安装车载终端 689部，利用道路运输车辆卫星定位系统对营运车辆进行有效监管。

安全管理。签订《2015 年安全生产目标管理责任书》，进一步明确任务，强化责任。悬挂安全生产宣传横幅、张贴标语、散发资料，举办安全教育培训，制作交通安全宣传展板，开展安全生产大检查，对全市渡口码头监管情况进行专项检查。对检查中发现的安全隐患当场下发文书，限期进行整改。为了确保水上交通安全，督促涉渡乡镇政府在学校放学的重点时段，由乡镇、学校抽调专人到渡口值班，保障渡运安全。

文明创建和廉政建设。出台《麻城市交通运输局关于改进工作作风"十个严禁"》等规定，全年处理违纪干部 11 人，通报批评 17 人，约谈教育22 人。开展"文明单位""文明窗口"创建活动，开展"最美的哥的姐"评选活动。　　　　　　　（李庆朝）

【罗田县】　至 2015 年底，全县公路通车里程 2962.04 公里、路网密度139.1 公里 / 百平方公里，其中高速公路 64.82 公里、二级公路 331.57 公里、三级公路 70.11 公里、四级公路2022.26 公里、等外公路 473.28 公里。客运站 9 个，其中二级客运站 1 个、三级客运站 3 个、四级客运站 2 个、五级客运站 3 个。

基础建设。全年完成交通固定资产投资 11.47 亿元，其中麻武高速公路完成建设投资 8.85 亿元、县内交通建设投资 2.62 亿元。麻武高速公路竣工通车，麻武高速公路河铺连接线路基桥涵工程完成工程量的 90%。县乡公路"两李"线两河口至覆船山段、蔡界线梅家冲至濛濛山段路面工程全面完工，千张公路完成路基工程 6.2 公里。完成通村公路路面硬化 136.08 公里，完成城区道路刷黑面积 12 万平方米，城区道路两侧标识标牌安装全部完工。完成丝绸大道路面工程 2.5 公里，栗乡大道全长 2 公里的全面完工。罗田县客运中心全面竣工并正式投入运营。

综合运输。全年完成道路客运量 1414 万人、旅客周转量 23.87 亿人公里，货运量 838 万吨、货物周转量7140 万吨公里。全县拥有出租车 150台、公交车 42 台。新增营运车辆 117台，新开通跨省、跨市线路各 1 条，新增农村客运班线 36 条。城区新开通公交线路 1 条，延伸原有线路 2 条，IC 卡、语音播报系统、GPS 监控系统均已安装，城区公交候车亭在建设中，市民出行更加便捷、舒适。

村村通客车。全县投入资金 2526万元，完成路肩培土 810.8 公里、路基扩宽 115.7 公里，完成弯道扩宽 719处，其中硬化 93 处、土质 626 处。新建错车台 2005 个，其中硬化错车台930 个、土质错车台 1075 个。危桥改

2015 年 12 月 23 日，罗田县大别山客运中心基本建成

造 32 座，改造安保设施 155 公里，新建候车亭 77 个，信息标志牌 50 个。全县所有行政村通客车率 100%。

公路养护。投入资金近 1 亿元，完成对全县破损路面的整修、危桥险段整治和公路水毁工程，完成 318 国道东段、麻新线、胜麻线大修工程58.75 公里，加固改造大中危桥 6 座、小桥 13 座。农村公路监管力度明显加大，完成农村公路安保工程建设313.86 公里，完成 1 条市级农村生态文明示范路和 11 条县级农村生态文明示范路创建工作。

行业监管。加大全县运输市场整治力度，客运市场秩序明显规范。开展对以 318 国道为重点的国省干线公路违法违规侵占路产路权行为的专项整治，继续实行与公安、交警等相关部门联合治超执法机制，超限率控制在 4% 以内。全年受理行政案件 1457件，结案率为 100%，无一例行政复议、行政诉讼案件发生。定期开展安全隐患排查专项整治活动，重点整治大别山红色旅游路薄刀峰段危险路段近 30公里。投资 80 余万元购置海事执法船1 艘，提升水上交通执法能力。

文明创建。罗田县交通运输局被评为"全省争先创优先进基层党组织""全市交通运输工作先进集体"，县公路局被评为"省级文明单位"和"全省公路系统先进集体"，县运管

局被评为"全市交通运输工作先进集体"和"市级文明单位"，县客运站被评为"市级文明单位"。县客管办、县汽运公司被评为"县级文明单位"。

（王瑛）

【英山县】 至2015年底，全县公路通车里程2408.38公里、路网密度166.2公里/百平方公里，其中高速公路26.09公里、一级公路5.39公里、二级公路191.61公里、三级公路86.59公里、四级公路2095.47公里、等外公路3.23公里。渡口1个。客运站7个，其中二级客运站1个、五级客运站6个。

基础建设。全年完成交通固定资产投资55335万元，比上年增长29.2%。完成一级公路路基路面9公里、二级公路路基路面10公里，完成县乡公路4.5公里、通村公路170公里、桥隧5座。工业新城大桥全长587米，7月建成通车，总投资4000万元。11月，完成省道中大线路面大修工程，总里程42.9公里，完成投资5575万元。完成省道小白线小岐岭至桃花冲林场大门段9.5公里建设，完成货币工程量800万元。完成天马寨旅游公路建设，项目全长4.3公里，完成货币工程量3000万元。完成茶韵大道建设任务，完成投资670万元。英山县公共应急中心动工建设，年度完成货币工程量850万元。完成物流建设投资50万元。

公路管养。国道和县道养护管理，完成县道路面坑槽修补3060平方米，清理公路边沟614公里，整修路肩448公里。日常性清扫国、省、县道2987公里，路肩机械割草149公里，修复小白线水毁驳岸5处700立方米，修复水毁填缺口2678立方米，完成路面新型设备新型材料沥青灌缝10354米。完成全县清除水毁坍塌方340余立方米。开展道路绿化，投入绿化资金约160万元，完成318国道、201省道以及小白线沿线行道树补植工作。完成国、省道沥青路面清灌缝、桥梁小型维修和标志牌修复及更换，完成国、省、县道水毁坍塌方和缺口清理修复；完成国、省道内业资料归档工作。农

村生态文明示范线创建59.3公里，完成安保工程53.5公里；对全县农村公路556.80公里安全防护状况进行排查。完成汪家河大桥、余河桥、杨柳暂祭河桥、石油转盘桥、百涧河桥改造加固。6月17日，道路遭遇暴雨侵袭，受损严重，公路养护部门对318国、红杨线、英檀线水毁中断交通路段进行抢通，及时对中大线K39+800处路基和小白线黄栗树桥桥基组织进行抛石护基，投入专业人员660人次，动用机械480台套，灌沙包10000余袋，设置安全防护彩带8000余米，设置安全警示标牌标记512块。

综合运输。全县拥有客运车辆562辆、货运车辆981辆，公交车45辆，出租车120辆。完成道路客运量1229万人、旅客周转量10.21亿人公里，完成货运量318万吨、货物周转量8.12亿吨公里。拥有运输船舶1艘，完成水路客运量3000人次。

村村通客车。完成路肩培土636公里，修筑错车台777个，修建候车亭54个，招呼站7个，实施安保工程376公里，改造危桥2座，全县行政村通车率达到100%。按照集约式经营、按照"不新增车辆、实行连片运营"方式，对不通客车的村确定运行车辆，公示联系方式，通村客车安装北斗卫星452辆。

运政管理。查获违反行业管理规定案件100余起，正式立案并予以行政处罚76起，处以警告或免于行政处罚32起。收到各类经营许可申请86件，予以许可71件，不予许可11件。取缔"吃空饷"车辆68辆。300余辆客运车辆完成"通村客运"标识张贴。新建候车亭120个。

路政管理。办理处罚案件9起，结案9起，收取公路路产损失赔（补）偿费38613元、罚款3000元，全部上解。组织专班强制拆除非法设置的龙门架13座、非路用标志242块，全年无行政案件上诉和败诉案件发生。超限治理检测车辆34375台，办理处罚案件112件、处理案件790件，其中超限车辆902台、卸载车辆892台、卸载货物6907吨，超限率控制在3%

以下。

安全管理。为了保障运输市场安全运行，召开安全动员会3次，客运、维修等行业安全例会6次，督促客运企业举办安全学习培训班2期，开展道路运输业安全生产大检查4次，不定期检查16次，下发整改通知12份。安顺路桥公司、裕通路桥公司、温泉公交公司企业安全生产标准化达标工作通过市考评组验收。交通运输系统2家道路施工企业、8家道路运输企业按要求完成"两化"平台基础工作，所有企业落实专人负责，均按时完成隐患排查和一般安全检查。

文明创建和廉政建设。2015年，英山县公路管理局获省级文明单位称号，县交通运输局、物流发展局、农村公路管理局获县级文明单位称号。

（马小双）

【浠水县】 至2015年底，全县公路通车里程3123.36公里、路网密度160.3公里/百平方公里，其中高速公路114.41公里、一级公路66.43公里、二级公路218.42公里、三级公路123.55公里、四级公路2356.17公里、等外级公路244.38公里。内河航道通航里程50公里，港口3处，码头44座，泊位46个，列管渡口28处。客运站7个，其中二级客运站1个、三级客运站1个、四级客运站2个、五级客运站3个，简易站1个，货运站1个。

基础建设。全年完成交通固定资产投资16.35亿元，比上年增长35%。其中普通公路建设投资5.35亿元，完成一级公路23.97公里、二级公路17公里、县乡道6公里、通村公路180公里、改造危桥4座；启动裴麻一级公路及团巴公路建设。

综合运输。全县拥有营运客车682辆，客运线路147条。其中，跨县以上班线24条、营运客车128台，县内班线123条、营运客车554台，按省技术标准实现村村通客车。全年客运量998万人次、旅客周转量41240万人公里。更新天然汽公交车23台、纯电动公交车7台、天然汽出租车15台。货车（含简易车）4391台，全年货

2015 年 12 月 19 日，黄冈市三角山旅游公路在建中

运量 534 万吨、货物周转量 53850 万吨公里。有出租汽车公司 2 家，出租汽车 299 台。有公汽公司 3 家，公交线路 9 条，公交车 100 台，公交运营里程 150 公里，停靠站点 167 个。有维修企业 78 家，其中一类维修企业 1 家、二类维修企业 19 家、三类维修企业 58 家。有驾培机构 3 家、机动车综合性能检测站 1 家。拥有各类船舶 657 艘、30 万载重吨，渡船 30 艘，全年客运量 15 万人次，货物吞吐量 990 万吨、货物周转量 17.92 亿吨公里。

公路养护。全年修补沥青路面 4788.7 平方米、沥青路面灌缝 37011 米，边坡修整 66.61 万平米，路肩平整 119 万平米，清理边沟 785 公里，清理涵洞 7712 次，新建涵洞 3 道。完成中大、丁麻等路面标线 3673 平方，修复水毁 45 处，完成中大线浠散段 7 公里绿化，完成洗马、关口、马垅、清泉 4 个养护站维修改造和 4 个连续式交通量观测站的设备安装。农村公路落实乡镇及行政村主体责任，实现有路必养。

行业监管。开展干线公路环境整治活动 3 次，清理公路堆放物 2090 处 7449 立方米，拆除公路非交通标志牌 521 块、违法建筑 11 处 165 平方米。办理行政处罚案件 675 件、公路赔（补）偿案件 66 件。建立政府主要领导主抓，公安、交通、采砂等部门主责，县治超大队主力的治超工作长效机制，坚持源头严管、路面严查、违法严处，查处超限运输车辆 1877 台、卸货 12000 吨，超限超载得到遏制；完成白水井超限站主体工程建设。依法实施交通行政许可，开展交通运输市场打非治违工作，查处各类违规车辆 132 台次、"黑车" 8 台、"摩的" 109 台次、违规驾培 4 起。

安全管理。落实安全生产管理"一岗双责"和企业主体责任，推行安全生产标准化，深入平安建活动，大力开展隐患排查，实行台账管理，重点督办、整改销号制度。所有船舶全部安装油水分离器，实现节能减排目标；船舶签证实行 IC 卡管理。所有客车和渡船全部安装 GPS 定位系统，实现动态监测。整改各类隐患 20 多处，开展消防安全培训和消防安全应急演练，乡镇渡口保持连续 34 年无事故。

文明创建。浠水县农村公路局获省级文明单位，县港航管理所、县运管所获市级最佳文明单位，县交通运输局、县物流发展局、城市交通客运管理所、县交通学校获市级文明单位，县公路局获县级文明单位。（王敬国）

2015 年 4 月 27 日，浠水县农村客运车整装待发

【蕲春县】　至 2015 年底，全县公路通车里程 3502.93 公里、路网密

度 146.1 公里 / 百平方公里，其中高速公路 59.2 公里、一级公路 43.03 公里、二级公路 220.81 公里、三级公路 378.82 公里、四级公路 2745.29 公里、等外公路 55.78 公里。内河航道通航里程 117.8 公里，港口码头泊位 57 个，生产性码头泊位 45 个，渡口 18 个。客运站 13 个，其中二级客运站 2 个、三级客运站 1 个、五级客运 10 个，候车亭 360 个。

基础建设。全年完成交通固定资产投资 12 亿元，比上年增长 133%。公路建设完成投资 11.16 亿元，麻武高速公路蕲春段及连接线、横岗山旅游公路、绕城一级公路河西段 11 公里及蕲河二桥全面建成通车，三角山旅游公路、沿江一级公路蕲州段在施工中。完成下蕲线蕲州段和蕲龙线路面大中修工程，完成西河驿大桥、二里湖桥、横茅公路路面改造、西岚公路三合铺段路面等改造工程，启动英檀线、大黄线、走竹线等升级改造和管窑物流综合码头疏港公路建设。全县完成一级公路 20 公里、二级公路 20.7 公里、国省道大修 13 公里、县乡道改造 16 公里、通村公路 172 公里、危桥改造 36 座。建设完成农村公路市级生态文明示范线 2 条 16.86 公里，完成路肩培土 1175 公里，新建错车台 1223 个，新增安保设施 567 公里，安装减速板减速带 1485 米、广角镜 512 个、警示标志牌 1434 余套、波形护栏 7371 米、防撞墩 22 个、水泥防撞墙 339.8 米、安全警示桩 10614 余根、钢管简易桥护栏 452.6 米、砖混简易桥护栏 505.4 米、震荡标线 127.5 平方米。全县港航建设完成投资 1800 万元。管窑物流综合码头和蕲河疏浚工程已全面启动建设。站场建设完成投资 530 万元。全县新发展农村客运线路 58 条、客运车辆 93 台，新增货运车辆 625 台，新批维修厂（店）33 家，新建农村客运候车亭 322 个、招呼站 208 个，狮子、横车、大同 3 个五级客运站竣工。鄂东国际物流园第一期工程开工建设，在进行桩基工程施工。改造完成檀林、向桥、蕲州 3 个农村综合服务站。

综合运输。全县拥有客运车辆

960 余辆、货运车辆 4960 余辆，公交车 7 条线路 61 辆，出租车 262 辆，全年完成道路客运量 960 万人次、旅客周转量 18250 万人公里，货运量 1050 余万吨、货物周转量 20032 万吨公里。全县 578 个行政村实现 100% 通客车。全县水路运输有机动船 47 艘、净载重吨 125066 吨、功率 287520 千瓦，驳船 2 艘 28 车位。全年完成水路客运量 49.06 万人、旅客周转量 584.29 万人公里，货运量 490.03 万吨、货物周转量 35.18 亿吨公里。

公路养护。完成全县公路安全防护工程和 122 座列养桥梁检查和登记建档工作，清理青两线、英檀线、红旅路和张茅线等路基塌方 90 余处 29810 立方米。修补干支线沥青路面坑槽 14550 平方米、基层坑槽 2582 平方米，用砂石料填补破碎水泥路面坑槽 37200 平方米，修补砂石路面坑槽 85000 平方米，清挖边沟 178 公里，整修标准路基 46 公里，干支线整修路肩 197300 平方米，清理涵洞 483 道。干线公路新植、补植行道树 8900 棵，下蕲线 10 处绿化景观带成为一道靓丽风景。投入资金 266 万元，完成农村公路危桥 29 座 539.3 延米改造加固工作。投入资金 450 万元，完成农村公路 124 条 558.8 公里安保建设，超额完成市下达的 186 公里建设任务。全面完成向桥大元线市级生态文明示范线及张榜孙九线市级安保工程示范线创建任务。

路政管理。坚持"政府主导、部门联动、源头监管、综合治理"原则，抽调专班成立蕲春县联合治超执法大队。全年检查检测车辆 8975 台次，查处超限车辆 1736 台次、卸载货物 3860 余吨、转运货物 1520 余吨，劝返超限运输车辆 268 台次，拆除（含切割）附加墙板 967 块，集中整治大型运输车辆 220 台次。通过强化重点领域和重点时段监管，全县超限超载运输行为得到好转

安全管理。注重预防体系建设，制订突发安全事件应对工作预案。严把运输市场准入关，严厉打击农村地区无牌无证车辆和"三无"船舶从事

客运等违法行为，全年组织安全生产大检查 6 次，拉练式检查 3 次，下达安全生产责令改正通知书 39 份，排除安全隐患 25 起。同时注重科技兴安，对全县 12 吨以上货车和"两客一危"车辆全部安装 GPS 监控设备，建立并启动动态监控平台，严格监管凌晨 2:00-5:00 时未停车休息的长途客车，加重处罚力度。实施水路运输经营者经营资质动态管理，加强蕲河沿线、三大库区渡口及赤龙湖、高潮水库水上娱乐项目安全检查，现场拆解非法渡口渡运竹排 2 块，保持水上交通安全"四项指数"为零的记录。（缪勇强）

【武穴市】　至 2015 年底，全市公路通车里程 2294.48 公里、路网密度 184.1 公里 / 百平方公里，其中高速公路 53.03 公里、一级公路 56.71 公里、二级公路 140.68 公里、三级公路 135.09 公里、四级公路 1838.23 公里、等外公路 70.74 公里。内河航道通航里程 129.1 公里，各类码头 68 座，泊位 109 个，渡口 18 处。客运站 12 个，其中二级客运站 2 个、三级客运站 1 个、五级客运站 9 个。

基础建设。全年完成交通固定资产投资 12.30 亿元，占年初计划的 120.01%。其中重点公路建设 6.87 亿元、普通公路建设 4.65 亿元、农村公路及村村通客车项目 6800 万元、站场建设 980 万元。麻武高速公路武穴段建成通车；沿江一级公路一期工程路基全线贯通、二期工程在进行路基、桥涵施工。完成火车站—官桥 10.5 公里、刘元—马口 6 公里、武新线张胜—刘寿 8.5 公里、梅川—四望 18.2 公里、郑席线大法寺—席盘石 9 公里、百米港东坝 1.89 公里、火车站工业园道路 1.8 公里、旅游路连接线 0.4 公里共计 56.29 公里路面大修及改造工程。全年建设通村公路 106.8 公里，危桥改造 33 座。站场建设投入 980 万元，已完成新客运站主站楼和站前广场，公交调度中心投入使用。港口码头建设投入 5040 万元，马口工业园综合码头 1 号、2 号散货泊位投入试运行，件杂货码头完成堆场建设。

2015 年 12 月 3 日，武穴市 308 个行政村全部实现"村村通客车"

公路养护。加大日常养护工作力度，普通公路养护投入资金 6000 余万元，修补路面 6600 余平方米，清挖边沟 60 公里，清除塌方 2300 立方米，疏通涵洞 249 道，新补植行道树 1.5 万株，干线公路路况路容路貌均得到较大改观。农村公路养护实施农村公路提档升级，完成农村公路路基扩宽（路肩培土）502 公里，新建错车台 157 个，完成安保工程 51.7 公里，改造危桥及涵洞 36 处，安装行政村通车主干道标志标牌 2850 套。创建市级农村公路示范线 5.7 公里，镇级示范线 55.9 公里。

综合运输。大力优化农村客运班线，投入 500 余万元，更新车辆 31 台，其中 6 台公交，建候车亭 45 个、招呼站 200 个，发展农村客运班线 41 条，新增通客车行政村 83 个。开通大法寺—石佛寺等农村客运班线，全市 308 个村全部实现"村村通客车"。在城区公交车上落实盲人免费乘车、70 岁老人半价优惠政策。全市拥有客车 514 辆、货车 2273 辆，全年完成公路客运量 1176 万人次、旅客周转量 97621.7 万人公里，货运量 573.8 万吨、货物周转量 59608.9 万吨公里。

行政执法。进一步加强治超源头治理，全年卸载 1600 余台次，处罚 490 辆，公路超载超限乱抛洒治理成效明显。重点开展非法改装车辆整治、驾培市场、汽车维修市场等一系列专项整治，对非法改装车、违规教练车进行查处。加强港口行政执法力度，全年稽查船舶 368 艘，制止港口非法建设行为 8 起，水运秩序进一步规范。严厉打击非法营运、违规载客行为，查处违规出租车 31 台、非法营运车 30 台，维护广大经营者和乘客的合法权益。

安全生产。开展安全生产月、道路运输安全专项整治，重点加强陆路运输、水运码头、危化品运输企业及危险路段检查力度，下达安全隐患整改通知书 177 份。在货运车辆安装 GPS 定位车载终端，实现长途客车、货车、危化品运输车辆卫星定位全覆盖，全力预防和减少事故。全市渡口连续 33 年保持水上安全无事故，船舶安全面 100%，交通运输安全形势持续稳定。

文明创建。开展"十佳文明驾驶员""星级文明出租车"等创建活动，举办系统"羽毛球、篮球"赛，丰富职工生活。大力培育交通先进典型，评选出第三届 10 名"十佳标兵"。武穴市交通运输局机关先后荣获黄冈市级文明单位、推进"三大行动"先进单位、项目建设先进单位等荣誉称号。

（郭宝洪）

【黄梅县】　至 2015 年底，全县公路通车里程 2958.76 公里、路网密度 184.3 公里 / 百平方公里，其中高速公路 63.44 公里、一级公路 147.92 公里、二级公路 206.88 公里、三级公路 137.01 公里、四级公路 2396.28 公里、等外公路 7.23 公里。内河航道通航里程 190 公里，境内长江黄金水道 58.6 公里，港口 5 座，渡口 35 个，泊位 30 个（其中 5000 吨级泊位 2 个）。客运站 11 个，其中二级客运站 2 个、三级客运站 1 个、五级客运站 8 个。

基础建设。全年完成交通建设投资 10.2 亿元。完成沿江一级公路主路面 50.6 公里，完成投资 4.6 亿元。完成 105 国道"畅安舒美"改造 47 公里，完成投资 1.3 亿元。完成北部山区旅游循环路网路基 38.9 公里，分别是老祖寺至江河路面 16.2 公里、五祖寺至张思忍 4.7 公里、江河至五祖 13 公里、老祖寺至挪步园 5 公里，完成路面 25 公里，完成投资 8500 万元。完成定慧大桥桥台、桥墩、梁板工程，完成投资 1100 万元。完成城五公路扩宽改造 6.83 公里，完成投资 4100 万元。县乡公路启动大龙线升级改造 8.91 公里，完成投资 700 万元。完成中黄公路路基路面工程，完成投资 270 万元。启动环太白湖公路硬化工程，完成投资 120 万元。完成连村通组公路 100 公里，总投资 3500 万元。完成小池综合码头建设，完成投资 5500 万元。农村客运村村通车，完成路基加宽 567.2 公里，修建错车台 73 个，安保工程 15 公里，绿化树木 110 公里，完成投资 1 亿元。完成农村安保、危桥改造、站场建设，完成投资 5000 万元。

综合运输。全县有营运车辆 3390 辆，其中客车 429 辆、出租车 235 台、城市公汽 69 台，客船 22 艘。加强驾培市场管理，加大城区客运市场管理力度，严厉打击违规经营行为，城区客运市场逐步规范。积极推进城乡客运一体化，新增农村客运班车 20 辆。圆满完成春运、清明、"五一"、国庆等节假日旅客运输任务。全年完成货物吞吐量 60 万吨。开展水上安全隐患排查行动，全年交通运输系统未发生一起重特大交通安全生产事故。

公路管养。加强国省干线公路管养工作，确保主干公路畅通。创新农村公路管养机制，制订农村公路维修方案，逐步实行农村公路维修自修模式，更好地发挥农村公路使用效率。县政府成立治超工作专班，查处超限超载违法行为396起，强制拆解黑车1辆，拆除擅自加高墙板货车46辆，卸载货物3060吨。　（黄金文）

【龙感湖区】 至2015年底，全区公路通车里程355.65公里、路网密度370.5公里/百平方公里，其中高速公路9.6公里、一级公路8.05公里、二级公路30.45公里、三级公路21.70公里、四级公路285.54公里、等外公路0.31公里。内河航道通航里程68公里（界河按二分之一算），港口2个，生产性码头泊位3个，渡口1个。客运站6个，其中三级客运站1个、四级客运站1个、五级客运站4个，货运站1个。

基础建设。全年完成交通固定资产投资2800余万元。完成农村公路新修路基18公里、路面33.5公里，农村公路绿化里程32公里，投入绿化资金190万元。二级公路龙费线塞湖办事处路段2.14公路建成通车，完成投资390万元建成龙王线。站场建设投资452.6万元，"村村通客车"完成投资22.6万元，龙感湖工业园四级客运站建设完成投资430万元，已全面竣工，10月投入试运营。新建港湾式候车亭2个，完成投资11.6万元；新建普通式候车亭10个，完成投资7万元；新建招呼站80个，完成投资4万元。"村村通客车"全区完成路基加

宽（路肩培土）101公里、建错车99台，建成乡镇客运站5个，维修、改造候车亭31个，行政村通客车覆盖率达100%。

公路养护。全区管养里程43.4公里，其中列养公路28.65公里。年末干支线好路率达88%，其中干线好路率达90%，养护质量综合值为86。列养公路平整路肩15000平方米，清除路肩杂草60000平方米，路面清灌缝3000米，修补路面坑槽2100平方米，整治路肩塌方310立方米，安装示警桩18根，路容路貌路况显著改观。健全农村公路管养机制，各办事处均签订养护合同，季节性、日常性养护逐步规范，春港办事处组织农村公路夏季作业演练。2015年龙感湖公路4-6月多次发生水毁，路基塌方近2100立方米，路面破损面积达2900平方米，直接损失近155万元，为保障公路正常通行投入人力190人次、机械45个台班，投放砂石料2300立方米，使用资金近35万元。

路政管理。全年检查超限超载车辆231台次，处罚违法超限超载车辆176台次，查处路政案件3起，拆除违法非标9块，清理打场晒粮等公路及用地范围内堆积物42处8400余平方米。路政案件查处率100%、结案率100%、文书使用率100%、案卷合格率96%以上。无行政复议被撤销案件，无行政诉讼败诉案件，无错案。公路两侧红线控制完好，国省干线两侧无新增违法建筑，通过整治，龙感湖辖区内集镇过境路段整洁、畅通。加大路政大队硬件设施建设，投入资金6.7万元，完成路政大队"四统一"

建设，真正做到标志标识统一、执法证件统一、执法服饰统一、执法场所外观统一。

运政管理。出动执法人员260多人次、执法车80多台次，查处道路客运违法违规经营行为6起、道路危险货物运输违法违规经营行为65起，严厉查处"6.28"涉危企业。查处道路非法营运车辆8辆、危险货物运输无证经营行为74辆、无证槽罐车非法运输1辆、非法营运车辆4辆。全区从业资格证、农用车营运证、载重汽车营运证两证审验率达95%，按照治超工作管理办法，依法取消2辆重型货车营运证和驾驶员从业资格证。继续抓好机动车维修企业安全管理工作，开展维修企业环境综合治理、机动车维修企业质量信誉考核工作，严格执行营运公交车、农村客运班线车、出租车二级维护制度，对营运客车进行类型划分评定。卓力驾校按照驾校新国标技术要求，完成新增场地面积建设工作，通过驾驶员培训资质认定，新增教练车20台。

安全管理。开展"安全生产月"活动和安全生产专项行动，全面落实安全生产责任制，组织开展安全隐患排查治理、渡口渡船更新改造，全区道路、水路客运、工程建设各领域安全态势平稳，各项安全指数均控制在年初下达的四项考核指标之内。

文明创建。组织开展文明单位、文明行业、文明示范窗口、文明样板路、文明示范线等一系列活动，树立良好的交通形象，龙感湖分局继续保持省级文明单位称号。　（熊国平）

咸宁市交通运输

【概况】 至2015年底，全市公路通车里程15993.03公里、路网密度159.6公里/百平方公里，其中高速公路457公里、一级公路279.6公里、二级公路1349.2公里、三级公路398.9公里、四级公路11881.3公里、等外

公路1627.03公里。内河航道通航里程411.6公里，港口4个，生产经营性码头泊位33个，渡口100个。客运站40个，其中一级客运站4个、二级客运站3个、四级客运站4个、五级客运站29个，农村客运候车亭750个、

招呼站755个。

基础建设。全年完成交通固定资产投资48亿元，与上年基本持平。完成普通公路建设投资21.3亿元，其中一级公路路基30.02公里、路面47.14公里，二级公路路基126.73公里、路

2015年10月20日，幕阜山生态旅游路大慈线

面230.41公里；完成县乡公路109.6公里，完成通村沥青路(水泥路)829.74公里，各项目标均超额完成任务。水运建设完成投资2.3亿元，其中嘉鱼临江山物流园区码头一期主体工程基本完成、二期工程前期工作快速推进，赤壁市陆水河航道整治工程完成前期工作，更新渡船13艘。客货运站场建设完成投资2490万元，其中崇阳县铜钟四级客运站主体工程已完成、通城县麦市客运站主站楼框架已完工，通山大畈三级客运站、嘉鱼二级客运站改扩建加快推进，赤壁市城南三级客运站所有前期工作已完成。

综合运输。完成1086台营运黄标车淘汰任务。新增纯电动公交车30台，气电混合公交车9台。全年完成道路客运量6755万人，旅客周转量398.33亿人公里、货运量4741万吨、货物周转量945.93亿吨公里，分别比上年增长10.1%、10.2%、10%、9.2%；完成水路客运量80万人次、旅客周转量800万人公里，货运量10.1万吨、货物周转量26.6万吨公里，分别比上年增长21.03%、6.43%、9.8%、8.84%。全市拥有邮政服务网点86个，乡镇覆盖率达到97%，快递企业78家，快递品牌22个，快递服务从业人员3500余人，寄投网点377个，实现所有县市区和农村乡镇全覆盖。崇阳天成物流园、通城综合物流园一期竣工，泉

都物流中心、赤壁市物流配送中心、咸安物流中心等项目加速推进，建设完成一批农村综合运输服务站。全年村村通客车投入资金22320万元，完成路肩培土2225公里，修建错车台2938个，安保工程460公里，危桥改造119座，公路绿化5000公里，新增通客车行政村138个，实现全市910个行政村通客车率100%。

行业监管。公路管养完成养护投资3.27亿元，实施大修133.61公里，超计划27公里；中修9.2公里，危桥改造10座，公路安全防护工程172.26

咸宁市打造"畅安舒美"路

公里。全市干线公路次、差路段基本消除，106国道、沿横线、横路线、白界线、崇赵线等大中修工程优质高效完工，路况检测PQI值91.4，创历史新高。全市公路绿化里程1265.05公里，投入资金3000万元。全年完成2个过境路段整治，整治新违章建筑41处、平交道口6处、乱堆乱放1198处、非公路标牌604块、不规范加水洗车点37处，刷写公路标语286幅。咸宁市政府牵头17个单位，组成路面治理、城区道路治理、矿山治理等7个专班联合治超，多次对非法改装加高车辆开展集中整治行动，非法改装加高车辆恢复率、覆盖率均达到95%以上。

安全管理。建立水陆综合交通运输应急救援预案体系，修订完善各级各项应急预案125个，组建市县两级公路保畅通、水陆交通保运输、保安全基层专业应急救援队伍25个、专兼职人员601人，全市交通运输行业纳入储备管理的应急运输车辆377台、船舶53艘、各类工程抢险救援设备40台套、救生器材2472件、消防器材408件、应急抢险物资8000余吨。全市二级以上客运站全部按规范配齐"三品"检测仪车辆安检场所，跨县以上营运车辆、危货运输车辆全部安装GPS监控设备，在全省率先实现乡镇客渡船GPS远程可视化管理。全市

水上运输连续 19 年安全渡运，市管交通工程建设项目和道路运输无较大安全生产责任事故发生。

文明创建和廉政建设。3月，组织参加"香城义工·红色情怀"党员志愿服务活动，42 名党员志愿者清理了青龙社区香料小区厂房、居民区 500 米道路两旁的垃圾，认领青龙社区居民 17 个"微心愿"和 13 户"一对一"结对困难帮扶；党员志愿服务队到结对帮扶的通山县燕厦乡甘港村植树 800 余棵，为甘港村 30 户困难农户送去价值 2 万元的农药、化肥、种子等春耕物资。全年收到市纪委转交派驻局纪检组信访件 5 件，自收信访件 1 件，协助市纪委调查整改案件 4 件，做到受理、核实、办结率 100%。（梁冕）

【咸安区】 至 2015 年底，全区公路通车里程 2912.54 公里、路网密度 193.91 公里/百平方公里，其中高速公路 180.54 公里、一级公路 105.27 公里、二级公路 237.51 公里、三级公路 37.23 公里、四级公路 2115.99 公里、等外公路 236 公里。渡口 3 个。客运站 7 个，其中一级客运站 1 个、二级客运站 1 个、五级客运站 5 个。

基础建设。全年完成交通固定资产投资 25015 万元，比上年增长 2%。全面建成咸潘一级公路咸安段，投资 1.03 亿元；完成村村通客车线路 428.6 公里达标改造，投资 2700 万元；完成向阳桥等 15 座危桥改造，投资 950 万元；完成沿横线 24.6 公里大修，投资 5157 万元；完成横路线 6 公里大修，投资 1200 万元；完成 107 国道 2 公里大修，投资 400 万元；对县乡道第二批项目马垅线、大甫线、永石线共 20.53 公里实施大修，投资 1381 万元；完成县乡公路太乙至大坪 5.2 公里建设，投资 416 万元；完成高孙线等 15 条 158 公里农村公路安保工程建设，投资 789 万元；修建农村公路 110 条 83.1 公里。

公路养护。公路养护投入资金 280 万元，重点修复 107 国道路肩带及排水沟。投资 40 余万元，在 107 国道汀泗路段建成公路观景平台、紧急停车带。全年平整路肩约 60 万平方米、硬化路肩 5000 平方米、修整边坡 24000 平方米、修复水沟墙 1500 立方米、修复护肩墙 14000 米，路基清障 13000 多立方米，增补示警桩、道口桩、百米桩 1800 多根，刷新 2500 根，增设各类标志牌 160 块，修复增设钢护栏 1800 多米，修复桥栏杆 60 米，完成路面标线约 22000 平方米。投入资金 91 万元，对 107 国道酱油厂桥、沿横线阳武干渠桥进行加固。投入资金 20 万元，对 107 国道西河大桥、第一立交桥、常横线彭家桥、咸通线白沙桥、嘉泉线汀泗铁路桥等 11 座桥梁进行局部维修。全年农村公路养护投入资金 312.3 万元，完成路面挖补 18610 平方米、中修 8.15 公里，铲除路肩边坡杂草 392 公里，清理塌方 38 处 2790 立方米，疏通涵洞 336 道，清运杂物 1006 立方米。

综合运输。全区拥有营运客车 349 辆，营运货车 6584 辆，客运线路 135 条，其中区内 84 条、长途 51 条。全年完成公路客运量 1006 万人、旅客周转量 5.06 亿人公里，均比上年减少 0.07%。完成货运量 381.8 万吨、货物周转量 3.25 亿吨公里，分别比上年增长 5%、11.8%。新建候车亭 20 个、改造候车亭 2 个、维修候车亭 58 个，招呼站标志牌 197 块。横沟桥、大幕乡物流综合服务站基本建成，已试运行。

路政管理。8 月份，开展"市区联动治理车辆非法改装及超限运输"专项行动，会同公安部门组成公路治超路面联合执法队伍，在全区设 3 个点、24 小时不间断地开展整治货运车辆非法改装行动，投入执法人员 4500 余人次，查处超限车辆 3600 余台，卸载砂石料等超限货物万余吨，过境车辆超限率控制在 4% 以下，全区 95% 以上货运车辆拆除非法加装的车厢墙板，超限运输现象得到有效遏制。彻底取缔马柏路 3 处非法洗车加水点，对王英水库引水工程、华润燃气、梓山湖生态新城等施工建设单位及时下达《责令改正通知书》13 份，确保公路路产、路权不受侵害。开展路域环境集中整治 22 次，拆除违法建筑 3 处 239 平方米，取缔洗车加水点 45 处，拆除非公路标志 413 块，制止乱开平交道口 1 起，规范竹木经营市场 19 处，清理乱堆乱放 284 处 6492 平方米，清理摆摊设点 15 处 170 平方米。查处公路赔（补）偿案件 9 起，办理路政许可事项 6 件，其中 3 件不予许可，办结率 100%。

安全管理。春运期间清理不合理客车 16 台，发放合格车辆"春运证"349 台。开展道路运输企业联合执法检查，会同区安监局对辖区内一类汽车维修企业 26 家、"两客一危"企业 7 家、大型货运物流公司 4 家进行全面检查，约谈了 1 家不合规的企业。加强道路运输企业安全培训，抓好运输企业安全生产"两化"管理工作。"两化"平台监管企业 52 家，坚持每天通过"交通两化 QQ 群"发布逾期、预警信息，提醒企业搞好自身安全隐患排查治理工作。10 月 15—24 日，对辖区内 429 座在役公路桥梁开展全面安全隐患检查，排查出国省道危桥 3 座、农村公路三类桥梁 75 座、四类桥梁 158 座、五类桥梁 55 座；在省道危桥设置警示标牌和限载标牌，对乡村道危桥以告知函的形式通知当地乡镇政府。

（吴建旺）

【嘉鱼县】 至 2015 年底，全县公路通车里程 2424.41 公里、路网密度 238.4 公里/百平方公里，其中一级公路 76.32 公里、二级公路 89.04 公里、三级公路 103.18 公里、四级公路 1510.99 公里、等外公路 644.88 公里。内河航道通航里程 109.6 公里，港口 13 个，生产性码头泊位 11 个，渡口 23 个。客运站 6 个，其中二级客运站 1 个、三级客运站 1 个、五级客运站 4 个。

基础建设。全年完成交通固定资产投资 25.3 亿元，其中武深高速公路嘉鱼至通城段 17.3 亿元、长江大桥 6.7 亿元，普通公路建设投资 1.3 亿元，比上年增长 33%。完成一级公路 8.02 公里，完成投资 5992 万元；完成二级公路 3.09 公里，完成投资 978 万元；完成县乡道改造 9.34 公里，完成投资

617万元；完成通村公路106.54公里，完成投资3646.17万元；完成渡改桥40延米，完成投资178万元；村村通客车完成投资1974.7万元。

公路管养。完成整修路肩边坡2310平方米，疏通边沟1178米，巡路保洁204.74公里，疏通涵洞2道。刷新桥栏、侧石1350.92平方米，喷涂标志杆、护栏柱226.54平方米，路林涂白92.45公里。完成嘉泉线挖补坑槽2002平方米、摊铺水稳162.64吨、沥青混凝土300吨；完成武赤线（含发展大道）挖补坑槽7586平方米、摊铺水稳1023.96吨、沥青混凝土1133吨。在武赤线、咸合线安装路口桩1000根、桥铭牌17套，武赤一级公路安装钢护栏2300米，并在畈湖桥更换80型伸缩缝10.7米、余码大桥更换160型伸缩缝10.7米、80型伸缩缝胶条20米。结合"绿满嘉鱼"活动，全力打造境内3条省道和重要进城通道及每条县道绿化新亮点。对武赤线、嘉陆线开展集中整治路容路貌专项整治活动，清理违章堆放38处200平方米，清理占道经营47处170平方米，拆除临时广告牌、店名牌7块，没收2块，办理路损案件5起。

综合运输。全年完成道路旅客周转量5.81亿人公里，货物周转量105.51亿吨公里，分别比上年增长8.1%、8.2%；水路旅客周转量800万人公里，货物周转量26.6万吨公里，分别比上年增长6.4%、9%。

安全应急管理。围绕安全重点工作，通过开展创建"平安大道"、隐患排查治理等系列活动，加强安全监管力度，全县交通运输行业没有发生一起重特大责任事故，事故指标严格控制在下达的指标内，安全态势平稳。　　　　　（王云）

【赤壁市】　至2015年底，全市公路通车里程2532.84公里、路网密度147公里/百平方公里，其中高速公路87.74公里、一级公路49.17公里、二级公路192.22公里、三级公路82.29公里、四级公路1776.93公里、等外公路344.49公里。内河航道通航里程

170公里（界河按二分之一算），港口1个，生产性码头泊位13个，渡口12个。客运站12个，其中一级客运站1个、三级客运站1个、四级客运站5个、五级客运站5个，货运站7个。

基础建设。全年完成交通固定资产投资12.11亿元，比上年增长22%。完成仙崇线7公里、崇赵线6公里大修，完成西杨线、蒲八线黄龙段、八新线路面维修，新建通村公路110公里。完成随羊线二级公路改造路基工程30公里，陆水二桥于10月23日建成通车，芳世湾大桥建成完工，107国道改扩建工程、马家湾桥梁重建工程在施工中。武深高速公路赤壁段30.74公里路基工程已完成，路面在施工中。公路应急中心全面竣工并投入运营，总投资3100余万元。投资500万元的联运停车场项目已完成填土70000立方米，停车场入口、出口等规划设计手续均已完成。康华物流园一期已完成1号仓库、城市配送中心、信息中心、停车场、货物堆场和道路刷黑工程，完成货币工程量4500万元，项目总投资1亿元。节堤航电枢纽工程完成投资1790万元；陆水河望山兴达码头在施工中；节堤至洪庙航道整治工程交工审计基本完成。完成2艘渡口船舶改造。

公路管养。完成边沟清理56.8公里、路肩修整560公里、修剪树枝796公里、沥青水泥路面灌缝35000米、划线补线24500平方米，107国道换板11000平方米。与全市16个乡镇（办、场）签订农村公路养护协议。补栽和刷新列养公路平交路口示警桩210根，修复损坏波形防撞栏300余米，完成路面坑槽修复2500平方米，更换全市公路盖板涵18处，修复水毁地质灾害路段4处。完善急弯、陡坡、临水、临崖路段警示标志，维修加固桥梁5座，增设标志32处，维修桥栏杆26处，清理十字路口影响行车视线树木6处。

综合运输。全市拥有营运客车609辆，其中农村客运车辆224辆、出租车321辆、中长途客车64辆；营运货车3500辆。全年完成旅客周转量115264万人公里、货物周转量172542

万吨公里。运政管理。加大道路运输市场秩序整治力度，重点打击各类道路旅客运输违法经营行为和整顿客运站周边交通秩序，查处未经车辆技术检测或年度车辆技术检测不合格的营运车辆从事道路运输行为80起，查处非营运车辆参与道路运输经营行为30起，查处不按规定线路、不按规定站点运营行为7起，查处无道路运输从业资格人员从事营业性道路运输行为10起。查处出租车各类违规行为80余起，受理投诉70余起，查处投诉率100%。

路政管理。开展超限超载专项治理活动，查处非法改装车辆510台，现场割除墙板2起。路政执法人员联合交警、城管等部门开展专项整治行动，检测超限运输车辆4300余台次，卸货10000余吨，控制违章建筑16处，拆除非公路标志牌100余块、公路隐患标志牌26块，拆除摊棚8个、堆积场5处，控制违章建筑13处，排除路上险情10处。办理路政案件300多件，查处率达到98%，超限率控制在5%以内，路产损失赔偿率90%以上。

安全管理。在全系统开展安全生产大检查、大整治行动，出动执法人员110人次，检查单位及场所40个、客运车辆174辆、货运车辆97台、危化品运输车辆9台、维修企业16家、驾校4所、旅游船舶65艘、渡船10艘、采砂船17艘、国省干道110公里、县乡道140公里、桥梁48座、建设工地6处，排查出安全隐患52处，现场整改30处，下达隐患整改通知书22份，已整改到位18处，剩余4处已责令相关单位按"五落实"要求限期整改到位。对桥涵、路基、排水设施、防护工程等重点部位及急弯陡坡、视距不良路段和事故多发路段进行排查。全市船舶安全面达到98%以上，每载货吨直接经济损失、死亡人数均在省控范围内。　　　　　（方楚良）

【通城县】　至2015年底，全县公路通车里程2270.84公里、路网密度200.58公里/百平方公里，其中高速公路41.72公里、一级公路12.20公

里、二级公路146.46公里、三级公路21.34公里、四级公路1925.82公里、等外公路123.30公里。库区渡口8个。客运站9个，其中一级客运站1个、在建三级客运站1个、四级客运站1个、五级客运站6个，候车亭167个、招呼站120个。

基础建设。全年完成交通固定资产投资7.2亿元（含高速公路），比上年下降18%。嘉通高速公路通城段建成通车，106国道通城县城区段改扩建工程完成柳峦大桥建设，幕阜山生态旅游公路通城段完成路基32公里、标准化路面建设25公里，完成106国道玉立至铁柱港段、353国道麦市至南岭段、大水线、庄湘线等县乡公路改造，完成银山大道刷黑改造，完成村村通客车建设，完成朗桥、太平桥、谌家桥、通城大桥、新塔大桥和石马桥等桥梁改造建设，建设农村公路100公里。

综合运输。全县拥有国有客运企业1家，乡镇民营客运企业7家，客运车辆（含出租车）327台，货运车辆1805台。全年完成公路客运量296万人次、旅客周转量10288万人公里，货运量228万吨、货物周转量18241万吨公里，分别比上年增长3%、2.5%、6%、4.5%；水路旅客周转量20.89万人公里，比上年增长5%。机动车维修企业111家，车辆综合性能检测站1家，车辆维修、检测年业务量达1.3万台次；驾培学校3所，培训机动车驾驶员6508人次、道路运输从业人员563人次。综合物流园1个，农副产品物流配送中心1个，农村物流综合服务中心2个。调整优化运输经营结构，化解客运经营矛盾，优先发展城市公共交通，实现乡镇联网售票。更新客货运力120辆，改造"三无"船舶5艘，所有运营船舶全部安装北斗GPS定位系统及AIS雷达系统，有效保障船舶航行安全。

行业监管。持续开展客运、驾培、维修市场秩序整治，交通运输市场稳定有序。集中开展货运超限超载联合整治行动，货运超限超载现象有效遏制。对列养公路、桥涵病害进行全面排查、日常养护，公路养护水平稳步提高，列养道路通行状况良好。整合物流资源，聚集物流企业，壮大物流产业规模，开展农村物流试点工作，完善城乡市场流通体系，物流产业发展明显加快。企业经营管理逐步完善，经营结构继续调整优化，经营矛盾逐步化解，经营效益保持稳步增长态势。

安全管理。全面推行"党政同责、一岗双责、齐抓共管"安全机制，深入推进"平安交通"创建，扎实开展重点领域专项治理，有序推进企业安全生产标准化建设，完善安全责任体系，提升安全应急保障能力，全县交通运输安全态势稳定，无交通安全责任事故发生。

文明创建。开展精神文明创建活动，培树行业先进典型，通城县交通运输局获县绩效目标管理优秀单位、宣传思想文化（精神文明建设）工作优秀单位、党建工作合格单位、县级文明单位、党风廉政建设合格单位、社会治安综合治理（平安建设）工作优胜单位、安全生产优秀单位等荣誉。

（杜耀武）

【崇阳县】 至2015年底，全县公路通车里程3074.90公里、路网密度156.24公里/百平方公里，其中高速公路91.8公里、一级公路30.47公里、二级公路319.67公里、三级公路92.77公里、四级公路2401.01公里、等外公路139.18公里。内河航道通航里程138.9公里（界河按二分之一算），港口3个，生产性码头泊位5个，渡口23个。客运站7个，其中二级客运站1个、四级客运站5个、五级客运站1个。

基础建设。全年完成交通固定资产投资14亿元，占年度计划的108%，比上年增长5%。大力实施"一园十一路"和"三大自身开发工程"等15大交通重点建设项目，武深高速公路崇阳境内主线工程25.8公里竣工通车；106国道石城至沙坪段、崇赵线、白界线等干线公路60公里大修全面竣工，路肩全面硬化；铜钟至小山界公路、天城至路口公路升级改造项目顺利推进；幕阜山生态旅游公路全线路基工程基本完工，界头塘至塘口段8公里新建路段和塘口至金塘段17公里利用路段建成通车，铜钟至小山界公路铜钟至大泉洞段沥青路面全部完工，盘山大桥桥面安装竣工，铜钟至高枧段全线贯通；丰日大道建成通车，天城至路口公路升级改造已完成约5公里。天成物流园一期全面投入运营，进驻商家200多户，上缴税金1500万元，二期工程征地顺利推进。驾校新校区考场和训练场投入运行。

综合运输。全年完成公路客运量775.13万人次、旅客周转量21156.37万人公里，分别比上年增长0.2%、1.2%，完成货运量2153.93万吨、货物周转量99578.59万吨公里，分别比上年增长5.3%、3.3%；完成水路客运量31.8万人次、旅客周转量318万人公里，分别比上年增长1.6%，完成货运量2.06万吨、货物周转量6.18万吨公里，分别比上年增长2%、1.98%。金塘镇、铜钟乡在全市率先建立农村物流综合服务中心。全县有31家物流企业、58个物流经营网点，覆盖全县12个乡镇，基本做到快件直达县城，最迟24小时内到村组到客户手中。投资420万元，对城区1路公交车辆全部更新；投资570万元，开通4条公交线路，新增车辆全部为清洁能源车辆。大力开展村村通客车工作，完成路肩加宽730公里，修建错车道540个，实施安保工程236处190公里，安装各类警示标志180块，修建或整修农村客运候车亭141个、招呼站182个，竖立信息牌180个，新增农村客运班线12条，约租开通15条，新增通客车村20个，全县186个行政村通客车率100%。

公路养护。全年投入公路养护资金9692万元，完成106国道石城至沙坪段、崇赵线、白界线、横路线等路面大修60公里，整改加固浮溪桥、清水桥、金沙桥、李家桥等国省县乡危桥12座。完成咸崇旅游公路、官石线、雨山村、松柏村等高危路段安保工程236处190公里。开展"绿满崇阳·美丽天城"植树活动，完成干线公路绿化里程 271 公里、农村公路绿化 732 公里，相继打造横路线、天城至青山、天城至铜钟 3 条通乡达市样板路。

路政管理。查处路产赔偿案件 3 起，制止在红线控制区内违章建筑 8 处 517 平方米，清理公路路障 953 立方米，取缔非交通标志 6 处，路政案件查处率 100%、结案率 100%，实现零安全事故和零"三乱"投诉。以"三禁三治"活动为契机，联合交警、工商、运管等部门对道路超限超载运输开展集中治理行动，全年出动执法人员 1200 余人次，检查车辆 3787 台次，查处违法违规车辆 471 台，查处超限超载车辆 96 台、卸货 2559 吨，拆除非法加高墙板车辆 236 台，道路超限超载运输行为得到有效遏制。

运政管理。继续加大客运市场规范整顿力度，与交警、城市执法局联合开展城区交通秩序整治，扣押闯禁区麻木 79 辆、违规载客"面的" 36 辆，处理乱停乱靠车辆 268 辆，劝导阻止出店经营违规行为 860 余次，老城区麻木载客得到根本改善。交通执法部门全年查处道路运输违法违规经营车辆 827 台次，查处非法载客"黑的" 528 台，逐步规范客运市场秩序。

安全管理。建立全员安全责任制，层层签订安全管理目标责任书 117 份，督促有船乡镇、村、船主签订三级责任状 91 份；注重全员安全教育，组织开展安全生产教育培训活动 9 次，举办安全培训班 2 期，培训人员 500 多人。强化"打非治违"专项行动，开展安全隐患排查 47 次，整改消除重大隐患 11 项、一般隐患 169 项，圆满完成"春节""国庆节"等重大节假日和重点时期安全运输保障工作，全县未发生重特大交通运输安全生产责任事故，道路运输未发生死亡事故，水路运输未发生水上交通事故，公路水运工程施工未发生重大伤亡事故。（程雄兵）

【通山县】 至 2015 年底，全县公路通车里程 2598.17 公里（未含高速公路）、路网密度 196.16 公里 / 百平方公里，其中高速公路 97 公里、二级公路 231.92 公里、三级公路 54.9 公里、四级公路 2079.35 公里、等外公路 232 公里。内河航道通航里程 89 公里（界河按二分之一算），渡口 29 个。客运站 9 个，其中一级客运站 1 个、在建三级客运站 1 个、五级客运站 7 个。

基础建设。全县完成交通固定资产投资 41044.48 万元。幕阜山旅游公路建设投资 15662.88 万元，主线通羊至厦铺段全长 12.2 公里，其中改造 9.7 公里、新建 2.5 公里，全线采用二级公路标准建设，2014 年 6 月动工建设，2015 年 7 月完工，2015 年完成货币工程量 4180 万元；主线慈口至大畈段全长 17.67 公里，其中改造 12.67 公里、新建 5 公里，全线采用二级公路标准建设，2014 年 6 月动工建设，主体工程于 2015 年 12 月完工，2015 年完成货币工程量 4208.48 万元；主线阳辛至慈口乡段全长 10.2 公里，全部为新建，全线采用二级公路标准建设，2014 年 9 月动工，路基基本完成，2015 年完成货币工程量 3094.4 万元；主线厦铺至界头塘段全长 17.89 公里，其中改造 9.593 公里、新建 8.3 公里，全线采用二级公路标准建设，2014 年 4 月 27 日动工，主体工程于 2015 年 12 月完工，2015 年完成货币工程量 4180 万元。板桥至富有公路（杭瑞高速公路隐水互通至九宫山快速通道）全长 25.08 公里，全线采用二级公路标准建设，2013 年 11 月正式开工，至 2015 年 12 月完成路基 11.3 公里，完成货币工程量 1950 万元。慈口白果树至黄沙大塘坳段全长 33.77 公里，其中改造 15.77 公里、新建 18 公里，全线采用二级公路标准建设，2014 年 10 月正式开工，至 2015 年 12 月，完成路基 18 公里、路面 5 公里，2015 年完成货币工程量 4209.6 万元。富水河南岸公路全长 41 公里，全线采用二级公路标准建设，2015 年完成货币工程量 1422 万元。富有至新庄县乡等级路全长 20 公里，全线采用三级公路标准建设，至 2015 年 12 月，完成路基 20 公里、路面 17 公里，2015 年完成货币工程量 2900 万元。完成农村公路 170 公里，货币工程量 5100 万元。"村村通客车"工程累计投入资金 9800 万元。

公路养护。完成填补坑槽 80000 平方米，清理边沟 3250 公里，油路补垱 1500 平方米，整修路肩 36 万平方米。更换国省干线百米桩 2000 根，补栽道口桩 450 根、里程碑 15 块、桥名牌 18 块、桥梁限载标志 45 块。整修水毁路基塌方 35 处 16070 立方米，清理水毁路面 95060 平方米，疏通涵洞

2015 年 7 月 2 日，106 国道通横段大修中

125 道。栽植樟树、道荫、栾树、意杨及红叶石楠等各类苗木 80000 余株，完成国省干线绿化树刷白。

综合运输。全年更新客车 31 台，其中出租客车 24 台，新增货车 56 辆。全年完成公路客运量 491 万人次、旅客周转量 25896 万人公里，比上年增长 3%，完成货运量 297 万吨、货物周转量 25222 万吨公里，比上年增长 7%。走访全县 12 个乡镇及林业、特产、畜牧、工商、商务、经信、农业、统计等相关职能部门，对物流企业基本信息和农副特产品种类、数量进行全面细致调查，共调查 17 家物流、快递企业，对企业车辆、经营线路、从业人员人数等信息进行登记。配合公安及烟草部门联合开展危爆物品寄递物流清理整顿和物流运输领域涉烟违法活动专项治理工作。

路政管理。公路、交警、运管等多个部门联合执法，查处超限运输车辆 3500 台、卸载货物 356 吨，自行切割加高栏板 134 块，缴扣各类非法营运车辆 80 余台。全年上路巡查 270 天、出动巡查车辆 550 台次、出动巡查人员 1050 人次。纠正各类路政违章事件 210 起，处理公路路产损赔案件 5 件，立案查处 5 起，结案 5 起，案件查处与结案率 100%，无行政败诉案件。

安全管理。大力推进渡运安全网格化管理，充分发挥渡口渡船电子远程监控系统作用，及时纠正各类违法航行行为，纠正船头站人 19 起、超载 15 起。同时，充分运用海事信息平台作用，及时向涉水乡镇政府和广大船员提供天气预报信息服务和下发安全航行指令，预防水路交通事故。积极进入涉水乡镇学校开展水上安全知识进校园活动，提高中小学生安全意识和自护自救能力。节假日期间，坚持领导带班和值班制度，确保信息畅通，保证遇险船舶和乘客能够得到及时救助。

(林晶)

随州市交通运输

【概况】 至 2015 年底，全市公路通车里程 9207.4 公里、公路密度 95.6 公里 / 百平方公里，其中高速公路 320.3 公里、一级公路 116.7 公里、二级公路 1044.2 公里、三级公路 191.1 公里、四级公路 7535.1 公里。内河航道通航总里程 150.5 公里，渡口 38 个。客运站 32 个，其中一级客运站 1 个、二级客运站 3 个、五级客运站 28 个。

基础建设。全年完成交通固定资产投资 15.6 亿元，占年度目标 14 亿元的 111.4%。2 月 10 日，麻竹高速公路随州西段建成通车；麻竹高速公路长岗和洪山连接线累计完成投资 1.65 亿元，占总投资的 82.5%，洪山连接线 10 月 1 日建成通车；麻竹高速公路浪河互通项目，路基工程已基本完成。东外环公路基本建成；编钟大道何店至浪河段施工图设计等前期工作全部完成，南外环一级公路项目工程可行性研究报告基本编制完成；市中心客运站项目已明确投资建设主体，项目总体规划和立项等手续基本到位，已实质性启动；安达公交停车场建成投入使用。完成二级公路路基 56.35 公里、路面 58.91 公里，完成县乡等级公路 120.6 公里、通村公路 450 公里，分别占年计划的 131%、112%、402% 和 112.5%。随州市综合物流园项目用地纳入城南新区总体规划，绘制了用地红线图，确定了投资主体，投资方湖北省交通投资有限公司商贸物流公司对项目进行了总体及功能规划和设计。

综合运输。全市完成公路客运量 3567 万人次、旅客周转量 18.71 亿人公里，完成货运量 6365 万吨、货物周转量 128.78 亿吨公里，与上年同期相比分别增长 5.03%、5.08%、4.46%、5%；完成水路客运量 17.7 万人次、旅客周转量 347 万人公里，与上年同期相比分别降低 29%、30%；完成货运量 54.2 万吨、货物周转量 8521 万吨公里，与上年同期相比分别增长 51%、53%。城区客运稳步发展，更新出租汽车 300 余台，更新新能源公交车 62 台、柴油空调车 20 台，淘汰公交"黄标车" 42 辆，调整延伸了 18、19、21 路公交线，市民出行更加便捷舒适。查处非法营运车辆 207 辆，查处各类

随州市首个采用 BT+EPC 模式建设的公路项目——十岗至厉山一级公路

346 国道随县安居段景美路畅

违规经营行为 160 余起，其中出租汽车异地经营行为 7 起，帮助乘客找回失物 80 起，价值 20 万余元。全市新增客运班线 14 条、货运业户 669 家、货车 833 台，新增（更新）客车 92 台、危险货物运输车辆 8 台，全市 4 家二级以上客运站实现联网售票。全市完成路基加宽 3851 公里，修建错车台 6874 个，建成安保工程 3851 公里，危桥改造 5836 米，新建招呼站、候车亭 1939 个，836 个行政村全部实现"村村通客车"。

公路养护。随州市各级公路部门早部署、早启动，高标准推进，圆满完成了各项目标任务。各县市区围绕"迎国检"，全年完成养护大修工程 195.03 公里，占年度计划 152.6 公里的 128%，国省干线公路路况达到历史最好水平，全市普通公路路面使用性能指数达到 87.5。日常养护机械化应用程度提高，全市 17 个公路管理站均配备小修保养设备、清灌缝和修补坑槽成套设备，实现路面清扫、灌缝、坑槽修补、绿化修剪等作业机械化。继续开展交通情况调查设备自动化更新工作，安装完成桥头、郝店、天河口、草店、十里河 5 个站点的自动化交通调查设备，全市自动化交通调查站点达到了 13 个。

路政管理。坚持一手抓路政管理，一手抓公路治超，法治路政、责任路政、文化路政、标准化路政等方面取得长足进步。依法治路取得新进展，法制建设扎实推进，清理部分涉路行政审批项目、完善路政执法案卷评查制度、制定涉路许可（审批）行为规范和工作流程；开展路政定期巡查和专项检查，确定巡查频率和量化指标，重新完善了《随州市公路路政管理办法》。强化执法监管，路政稽查大队加大明察暗访力度、完善稽查通报制度和限期整改制度；路政支队干部实行驻站包点，强化执法监察责任。开展超载超限专项治理，针对"治超难"，上半年重点开展区域联合治超和专项治超，组织二轮全市联合治超、异地治超，先后开展"广水河砂治超专项整治"、"随县石材治超专项整治"；探索治超工作新形式，以随县为试点建立"路警共建联合治超"新机制。建立保护公路责任体系，把公路可持续发展和安全发展纳入政府工作体系。下半年，争取政府出台《随州市超限超载治理工作实施意见》《关于进一步加强车辆超限运输治理工作的通告》，在全市首次确立各级政府在治超工作中的主体责任，从 8 月 10 起开始联合治超，从 9 部门抽调 120 名执法人员，在市区主要出口路设置 3 个非法改装车辆及超限超载检查点，按照"四班三运转"的模式，实行全天 24 小时不间断流动治超；联合治超期间，全市 3 个联合执法点检查车辆 7432 辆，查处超载车辆 386 台，卸货 3465.2 吨，对 204 辆非法改装车辆进行了切割整改，车辆的超限超载率由治理前的 8% 控制在 1% 以内。政府主导、部门联合、源头控制、综合治理的治超工作新机制逐步构建。

安全应急管理。开展公路安全隐患排查，排查各类公路安全隐患 52 处，在 20 处临水临崖地段安装防护钢栏 3774 米，改造危桥 10 座，处置桥梁突发险情 2 起；整治国省干线公路与学校交叉路段安全隐患 23 处，设置安全警告标志标牌 46 块。开展道路运输安全检查，对"两客一危"营运车辆在线情况进行不定期抽查，落实动态监管，防止出现超载、超速、疲劳驾驶等违法行为；督促企业严格落实"三不进站、六不出站"安全管理规定和长途客运车辆凌晨 2 点至 5 点停车休息等制度。开展渡口渡船安全专项检查，对库区 36 个渡口 100 余艘船舶逐个进行检查，对船舶技术状况、救生消防设备、船舶标识等进行痕迹化监管，确保水运安全，全市水运安全持续 20 年零事故。开展工程质量安全监督检查，严格执行工程质量安全监督制度，创新开展"五主二辅"等质量安全监管新模式，实现工程质量安全监督覆盖率 100%、质量鉴定合格率 100%，工程建设项目质量安全保持"零事故"。

文明创建。大力开展最美公路创建，建成"畅安舒美"样板路约 70 公里、3 条市级文明路和 217 公里养护示范路。开展"文明示范窗口"建设，霞家河和长岭公路管理站被评为省五星级文明站。大力开展典型培树和宣传，"公路孝女"王何林获交通运输系统"全国文明职工标兵""感动交通年度人物""湖北五一劳动奖章""五四青年奖章"，以及全省交通运输系统"十行百佳"标兵；全国公路行业第一部微电影《一路有你》在省交通运输厅举办的"中国梦、勤廉美、交通情"微电影大赛中荣获二等奖，并夺得最佳创意奖；纪录片《爱不孤独》得到人民网的大力推介；先后举办多期道德讲堂。

廉政建设。进一步巩固教育实践活动成果，持续推进整改落实与建章立制各项工作，针对整改落实情况开展整改自查和群众评议，达到了销号申报要求。定期开展专题学习，组织干部职工观看警示教育片5部，开展专题辅导党课2次，交流心得体会40余篇，征集廉政短信90余条，为每名领导班子成员、中层干部及工作人员分别制定个性化廉政责任清单，并签订责任书和承诺书。开展"不作为、慢作为"专项整治，不定期对各单位工作纪律、工作作风、服务态度、办事效率、清正廉洁等方面进行明察暗访，对发现的问题实行"一案双查"，既追究当事人的责任，也对负有领导责任的领导干部进行问责。 （关文）

【曾都区】 至2015年底，全区公路通车里程2101.51公里、路网密度159.7公里/百平方公里，其中高速公路58.4公里、一级公路13.92公里、二级公路142.84公里、三级公路95.19公里、四级公路1791.16公里。客运站5个，其中一级客运站1个、二级客运站2个、五级客运站2个。

基础建设。全年完成交通固定资产投资2.04亿元。完成212省道大修工程27公里、完成316国道路面中修4.3公里；修建标准路基27公里；淅孪公路淅河至大堰坡段公路改建工程以及淅河四方堰府河大桥建成通车，全长9.5公里；全长25.7公里的洛京线洛阳至揭家垅段公路改建工程路基已完成，完成桥梁11座340延米；淅孪二期大堰坡至金鸡岭段公路改建工程全长25公里，已完成路基工程21.9公里、路面工程14.9公里；麻竹高速公路长岗连接线第三标段路基工程全长8.4公里，已完成90%的工程量。

村村通客车。修建错车台320个、安保设施367.6公里，建成府河、洛阳2个五级客运站及候车亭89个、招呼站94个，实现全区村村通客车。为确保农村客运道路达标，对道路两侧按0.75米修建路肩，路基宽度至少达到5米，府河、洛阳、何店、万店、

南郊、北郊6镇完成路肩培土600公里，累计修建错车台957个。加大农村公路安保工程建设力度，投入500余万元，在危险路段设置标志牌1046套、钢护栏3115米、警示墩1392个、凹凸镜170个；投入420万元，对府河镇阁家河桥等6个危桥实施加固改造。在洛阳、何店、万店等镇新建候车亭11个、招呼站15个、维修点25个；淅河、何店、万店3个五级客运站在建中。示范线路建设按照试点示范、以点带面的原则，确定在府河至青筑城、城区至W成立、万店至新东、何店至黄畈4条农村客运线，推行农村客运公司化经营、车辆统一标识工作，打造农村客运品牌。

公路养护。完成212省道混凝土路灌缝工作，4月下旬正式启动大修工程。完成316国道、212省道油路灌缝15公里，补油路坑槽5600余平方米，灌养缝2.3万米；完成316国道、212省道、迎宾大道、炎帝大道道路标线92公里，完成路肩整修102公里，清理边沟120公里，完成公路行道树新补植110余公里。全年维修维护钢护栏11处1200米、新增标志标牌28套、清洗防护栏5.8公里、整治改造辖区过境路段15公里。完成了厥水二桥、212省道塔儿湾大桥、淅孪线肖家湾桥的维修加固及新建。

路政管理。全年查处赔（补）偿案件8起，处理8起。办结路政许可项目1起，清除路障26处930立方米，制止违法建房15处260余平方，清理大小非交通标志标牌10余处，其中强制拆除巨型广告牌底座1处。通过联合治超、源头治超等举措推进辖区治超活动，全年检查检测车辆1876台，卸载及转运货物2687吨。其中在为期3个月的"八部门"联合治超行动中，以212省道七里塔治超点为中心，同时在306省道、212省道、迎宾大道、炎帝大道设置流动治超点，联合其他部门执法人员对恶意超限运输石料、水泥、拌和料的车辆依法进行打击，共检测车辆310台（次）、查处超限车辆106台、卸载及转运货物1699吨，依法强制切割超限车辆墙板5台，自

行切割墙板超限车辆190台。

安全应急管理。2015年，曾都区交通部门围绕"安全第一，预防为主、综合治理"的方针，坚持不懈抓好公路质量、安全和应急管理工作，确保公路安全畅通。针对公路行业工作特点，进一步规范和完善安全生产技术规范标准，继续开展"平安工地"创建活动，进一步推进安全生产标准化建设。严格实行安全生产质量责任制，加大对工程建设施工、道路桥梁养护维修、超限运输治理现场安全监管力度。同时，定期组织开展安全生产大检查，对重点领域、重点部位全面督查，消除安全隐患，杜绝安全责任事故的发生。全年共组织6次安全隐患排查，切实做到整改措施、责任、整改目标、时限和预案"五到位"。落实新安全生产法，加大公路工程人员、安全管理人员培训力度，提高在职人员安全意识、安全管理素质和规避风险能力。5月份组织18名人员参加特种机械操作证培训并通过考核，6月初对28名安全员进行建安培训。

文明创建和廉政建设。严格落实党政同责和一岗双责，交通局机关及二级单位签订党风廉政建设目标责任书，严格落实党风廉政建设责任制，推进廉政风险防范管理，加大源头防控力度。培育和选树劳动模范，在行业内发挥引导示范作用，4月，曾都公路局路政大队大队长张健被授予"随州市劳动模范"称号。 （汪东）

【广水市】 至2015年底，全市公路通车里程4391公里、路网密度165.9公里/百平方公里，其中高速公路58公里、一级公路20公里、二级公路275公里、三级公路78公里、四级公路3160公里、等外公路800公里；公路桥梁217座6989延米。境内通航河流1条（府河），通航水库3座（徐家河、花山、许家冲），通航里程109公里。客运站10个，其中二级客运站1个、五级客运站9个，二级货运站1个。

基础建设。全年完成交通固定资产投资6亿元，比上年增长17%。启动三里河至李店公路、泉口至余店公

路、107 国道广水市境内改建、346 国道广水与大悟界至广水十里改建等工程建设。投资 1.25 亿元，建成十马线余店至马坪段 28 公里二级公路。全市 369 个行政村全部通水泥路和客运班车。

公路管养。完成宋长线大修 7 公里、完成 316 国道大中修 28.6 公里。完成平伏线混凝土路面挖补 2 万平方米，牛程线郝店街及关店街路面大修工程 2 公里、挖补 4000 平方米。，全年共完成路面灌缝 18 万余米，处理沥青路面基层 7600 平方米，处理面层 9350 平方米，整修路肩 125 公里，清理水沟 163 公里。

路政管理。共清理占道堆积物 336 处 1383.5 平方米，拆除非交通标志 170 块，清理摆摊设点 203 处 849 平方米，路政宣传 56 次，查处路损案件 15 件，收取公路赔偿费 241612 元，路域环境明显改善，路产权得到有效保护。超限治理检测车辆 33703 台次，处理超限车辆 1258 台次，卸载各类货物 1936.9 吨，收取公路补偿费 283290 元，超限率控制在 4% 以内。开展"全方位、全覆盖"隐患排查工作，建立安全隐患基础台账，对新增公路建养项目进行安全排查，对工程建设项目进行质量抽检，组织专业力量对公路桥梁、危险路段进行一次普查评定，补充完善危桥险段档案数据库。

科技与信息化。动态监控管理。截至 7 月，全市已完成"两客一危"运输车辆及重载货车（自重 12 吨以上）动态监控设备安装工作，并建立动态管理监控平台，通过登录系统查询数据，督促车辆在线和数据正常上传，规范经营行为促进企业监管和行业监管。交通环保。在国家已有的汽车"以旧换新"补贴政策中，积极争取加大对重型载货车、节能环保型营运客车及各型公交客车补贴力度，推动高耗油营运车辆提前退出运输市场。全年更新货车 30 台、更新客车 17 台、市内公交车辆 39 台，更新后的车辆全部使用 CNG 和 LNG 燃料。

安全应急管理。对运输企业和相关责任人在隐患排查检查中存在的问题，责令安全管理人员专人专职专岗落实到位、违规驾驶员离岗学习整改、重新调配驾驶员上岗；对检查出的超载超速车辆责令限期整改，整改期间暂缓办理营运证年审和线路许可证明换发；运管部门与公路路政大队检查站、交警大队联系，对于货运车辆的超速超载问题，形成运政和路政、交警齐抓共管，有效遏制货运车辆超载、超速问题。建立《广水市道路运输行业应急资源信息库》，完善应急保障预案、组建 4 支应急保障队伍，重新调派车辆和人员。坚持"高度重视、精心组织、加强协调"的原则，建立健全"分级负责、反应迅速、保障有力"的安全管理运行机制。　　（张圆）

【随县】　至 2015 年底，全县公路通车里程 4580.39 公里、路网密度 75 公里/百平方公里，其中高速公路 220 公里、一级公路 19.33 公里、二级公路 386.09 公里、三级公路 145.27 公里、四级公路 3800 公里、等外公路 9.7 公里。内河航道通航里程 35.7 公里，渡口 10 个。客运站 18 个，其中二级客运站 1 个、五级客运站（包括农村综合服务站）17 个。

基础建设。全年完成交通固定资产投资 9.5 亿元，比上年增长 6%。完成二级公路路基、路面工程 38.5 公里，其中合厉公路 18.7 公里、新唐公路 9.8 公里、麻竹高速洪山连接线 10 公里。完成国省干线大修工程 116.1 公里，其中随南线 45 公里、小应线 43 公里、牛程线 10.4 公里、寺沙线 9.7 公里、周新线 8 公里。完成农村公路水毁唐镇鲁城桥、环潭煤炭坡桥、殷店凤鸣桥、殷店两河口桥 4 座农村公路桥梁新建任务。

综合运输。全年完成道路客运量 567 万人次、旅客周转量 39463.7 万人公里、货运量 1876 万吨、货物周转量 422536 万吨公里，较上年分别增长 10.1%、10.4%、9.01%、13.1%。鼓励城市公交向县城周边延伸覆盖、农村客运线路和城市公交线路无缝对接，提高农村客运通达深度、广度和服务质量，提高农村客运通达率、2014 年 11 月 21 日，随县正式开通 1 路公交车，投入公交车 8 台，日发 56 个班次，全程 17.6 公里，每天共运行 985.6 公里。随州至随县安居公交车 20 台、至随县均川公交车 20 台、至随县（厉山）公交车 33 台。共建候车亭 262 处（包括港湾式候车亭 19 处）、招呼站 347 处。

公路管养护。2015 年，全县国省干线公路路面使用性能指数（PQI）达到 84.5，路况水平大幅提升。实现以机械作业为主的公路养护方式，全年完成路面微表处理 17.6 公里，完成路面病害处置 13575 平方米；巩固完善标准路基 150 公里，完成路面灌缝 74 公里，整修路肩 153 公里，清挖边沟 299160 米，新建公路边沟 1960 米。完成小应线碑基棚桥、八一河桥、魏家畈桥、马家塔中桥、牛程线淮南路小桥、殷店路口涵洞、新唐线街道涵洞等危桥加固工程项目。借助打造"百里画廊"之机，先后完成 316 国道、小应线、随南线等 255 公里的养护示范线建设；在随县公路小应线、随南线修建观景平台和便民停车场（加水点）9 个。

路政管理。取缔占道摊点 19 处，拆除非公路标志牌 15 块，清理公路乱堆及生活垃圾 354 立方米；清理取缔加水洗车点 6 家，拆除临时性乱搭乱建房屋 3 处 308 平方米；发放路政宣传资料 900 余份，刷新墙体标语 16 处，增写墙体标语 2 处，更换路政宣传牌版面 5 块，悬挂宣传横幅 2 幅。路政案件查处率 98%，结案率 95% 以上；治超联网信息覆盖率 100%。检测车辆 48600 余辆（次），查处超限超载车辆 1890 余辆，卸载转运货物 2000 余吨，超限运输率控制在 4% 以内。

安全管理。层层签订安全生产目标责任书，建全安全组织体系，提升平安创建能力，开展"平安工地"、平安路段创建活动。投入近 400 万元，对危险路段安装波形钢护栏 7770 米、交通标志标牌 323 套，埋设公里碑 82 块、百米桩 1850 根、示警桩 550 根。组织开展以"平安车""平安车站"为内容的"平安交通"建设，重点督促企业健全并落实动态监控管理制度，

240 国道随县段公路养护示范线

树立"隐患就是事故"安全危机意识。每月组织专班进行安全防护检查，对存在安全隐患下达整改通知单，进行全局通报，责令限期整改。

文明创建和廉政建设。随县公路管理局被省公路局评为"'十二五'全国干线公路养护管理迎检工作先进集体"。"公路孝女"王何林被交通运输部评为"文明职工标兵"、被省总工会、文明办、省交通运输厅授予"五一劳动奖章""十行百佳标兵"、被团省委授予首届"孝老爱亲好青年"、被随州市团委授予"青年道德标兵"。肖书忠被随州市委市政府授予"劳动模范"称号。制定《中共随县交通运输局党组及其成员党风廉政建设主体责任清单》《随县交通运输局机关科室及局属单位负责人主体责任清

单》，列出党组班子 29 项责任、相关科室及二级单位 42 项具体责任，建立"一谈一述一查一考"监督机制，开展"一对一"约谈 12 次，开展任前谈话、工作约谈、提醒谈话达 77 人次。在 8 个交通重点工程中开展"廉政阳光工程"创建活动，派驻纪检监察员，设立廉政建设责任公示牌。 （黄璐）

【大洪山风景名胜区】 至 2015 年底，大洪山风景名胜区有 333 省道 22 公里、国防战备公路(黄双路)9.2 公里、内循环二级旅游公路 41.23 公里、通村公路 89 公里、其他农村道路 49 公里；景区内有五级客运站 1 个。

基础建设。投资 140 万元，对南风垭至宝珠峰(金顶)公路 1.93 公里进行路基翻新、路面刷黑升级、新加装防撞护栏等项目建设，完成南风垭至灵官垭内循环旅游公路 18 公里刷黑。完成公路大修 4 公里。

行业管理。争取公路绿化补助资金 25 万元，完善省道及旅游公路行道树绿化。9 月 19 日，举办"恭迎本焕长老舍利、梵呗音乐会、禅宗研讨会"等系列活动，随州市交通运输局大洪山风景名胜区分局负责交通运输方案及现场调度，一方面落实停车场规划与平整，另一方面周密安排，结合客流量，采取道路安全检查和增加车辆供给等方法，确保活动顺利进行。对旅游公司反映"黑车"运送游客情况，大洪山分局及时向市、县运管局反映；11 月 28 日，大洪山分局牵头，组织市、县交通执法人员及景区管理局、公安分局、综合执法局等相关单位对辖区非法营运车辆进行稽查和整顿，实施现场警告 3 辆、依法按程序实施车辆暂扣 1 辆，确保了辖区正常营运及游客乘车安全。 （李汉国）

恩施土家族苗族自治州交通运输

【概况】 至 2015 年底，全州公路通车里程 19767.10 公里、路网密度 82.15 公里/百平方公里，其中高速公路 442 公里、一级公路 94.77 公里、二级公路 2220.62 公里、三级公路 730.68 公里、四级 16277.42 公里、等外公路

1.61 公里。通航河流 24 条、通航里程 590 公里，港口 2 个，生产性码头泊位 24 个，渡口 218 个。客运站 72 个，其中一级客运站 1 个、二级客运站 10 个、三级客运站 8 个、四级客运站 8 个、五级客运站 45 个，简易站 8 个，农村候车亭 2810 个。

基础建设。全年完成交通固定资产投资 96.9 亿元，占年度目标任务的 105.3%，比上年增长 5.3%。其中，高速公路投资 26.2 亿元、普通公路投资 65.2 亿元、港口航道投资 1 亿元、站场物流投资 4.5 亿元，"十二五"完成交通固定资产投资 410 亿元（不含铁路、民航），较"十一五"翻一番。全年完成一级公路路基 67.6 公里、路面 65.6 公里，完成二级公路路基 231 公里、路面 611 公里，已完成一二级公路建设投资 49.8 亿元，同比增长 154%。全州普通国省道二级公路占比达 68%，8 县市到州府均有国省道相连。串联 7 县市城区、38 个乡镇、辐射 240 万人口的 983 公里绿色生态旅游公路基本建成，州内 11 处 4A 级以上核心景区实现互联互通。

综合运输。全年道路客运量 3.52 亿人次、旅客周转量 216.20 亿人公里，货运量 4.03 亿吨、货物周转量 816.13 亿吨公里，分别比上年增长 7.12%、6.83%、3.93%、4.44%；水路运输客运量 48.86 万人、旅客周转量 4322.3 万人公里，客运量比上年下降 15.8%、旅客周转量比上年增长 19.4%；水路运输货运量 166.15 万吨、水路货物周转量 51076 万吨公里，分别比上年下降 9.2%、50%。营运客车 4963 辆，货车 18852 辆，旅游客车 288 辆，客运线路 1139 条，年均日发班次 10986 个，实施农村客运线路公交化改造 16 条。大力实施"村村通客车"工程，累计建成撤并村通畅工程 364.4 公里，完成路基加宽（路肩培土）4472.7 公里、增设错车道 13120 个、完善安保工程 5765.5 公里，2494 个行政村实现"村村通客车"。

行业管理。实施国省道大修 203.1 公里、中修 50 公里，超标完成国省道"迎国检"任务。加强路域环境专项整治，清理违章堆积物 1678 处 15715 平方米、违规摊点 439 处、拆除非交通标志牌 1600 余块。依法治超，争取州政府出台《全州车辆超限超载治理工作实施方案》，非法超限运输控制率 3.95%。全年暂扣非法营运车辆 1132 辆、船舶 36 艘，办理交通行政执法案件 1630 件，"黑车"冲击班线客运、"网络拼车""出租车罢运"等突出矛盾或问题得到有效化解和管控。加强执法队伍建设，对执法主体、执法人员资格进行登记清理，清理执法单位 5 个、执法人员 111 人，完成执法人员培训近 400 人次。推进行政审批制度改革，对 21 项州级交通运输行政审批事项保留 16 项、下放 5 项。

安全应急管理。全州共发生道路运输行车事故 5 起，死亡 6 人，同比分别下降 58.3%、53.8%。水上交通、交通建设工程领域事故发生率为"零"。落实安全责任制度，研究出台安全生产责任清单和落实"党政同责"责任清单，在全州交通运输系统实施安全生产责任清单管理，层层签订安全生产目标责任书，建立健全"上下联动、横向到边、纵向到底"的责任体系。完善基层基础建设，全州共申请老旧渡船更新资金 222 万余元，完成老旧渡船更新改造 122 艘、达标渡口 203 处。加快完善农村安保设施建设，累计已完善农村公路安保设施 5765.5 公里，农村公路危桥改造 101 座。推动企业安全标准化建设，全州交通运输企业共申请考评 132 家，已考评 110 家。累计培训从业人员网络远程继续教育 9542 人、从业资格培训共 5890 人，乡镇渡工安全知识培训 522 人。制作安全生产宣传展板 26 幅、设置宣传广告牌 120 块、张贴横幅标语 258 余幅、发放宣传资料 12800 份。推进安全生产隐患排查治理"标准化、数字化"体系建设，开展隐患排查治理攻坚行动，累计检查并督促企业自查整改隐患 3321 处，整改完成州安办挂牌督办的 6 处重大安全隐患，来凤县宏兴危险货物运输公司因安全隐患整改不到位被依法注销经营许可

证。加强行业应急队伍建设，组建公路抢险保畅应急分队、客运运力保障应急队、货运运力保障应急队、水上搜救应急队，强化应急物资设备储备保养。制定《恩施州水上搜救应急预案》和《恩施州公路交通突发事件应急预案》，与环保部门签订应急联动协议，组织应急演练。加强汛期应急保畅工作，累计投入挖掘机、装载机、工程车辆等抢险机械设备 2150 余台次，投入人工约 2890 余人次，投入抢险保通资金约 800 万元，完成应急保畅抢险任务 328 次，安全转运因强降雨造成恩施火车站行车中断的滞留旅客近 1000 名。

交通改革举措。创新农村客运安全监管体制机制，落实农村客运安全"县管、乡包、村落实"工作要求，将农村客运监管职能委托由乡镇政府实施，建立完善农村道路通行条件"四方会审"认定机制和农村客运车辆"六统一"管理机制，并分别在恩施市、利川市召开现场会学习推广。创新水上交通管理机制，成功举办首届鄂湘少数民族辖区水运发展与安全合作联席会议，湖北省恩施州来凤县、宣恩县与湖南省湘西州龙山县"2 省 3 县"港航海事机构打破行政区划界限，形成"规划对接、航道互治、港口互补、船检互认、航线互通、监管互助、信息共享"七个方面的合作框架，水上交通安全"宣恩经验"在全省推广。318 国道利川绕城一级公路项目筹融资率先试点 PPP 模式。

党风廉政建设。开展阳光工程、阳光审批、阳光服务和阳光执法"廉政阳光四大行动"。开展廉政风险排查，查找廉政风险点 136 个，建立防控措施 176 条，印发防控手册。建立党组管理干部廉政档案，定期更新，适时抽查。开展涉企收费、企业兼职、市场中介组织等监督检查，完成 2 个行业协会专项审计和 1 个企业改制注销。开展局直单位公务支出和公款消费专项督查，下发整改通知书 6 份并确保整改到位。组织明察暗访，对典型问题公开曝光，加大信访核查和纪律审查力度。

（罗贤菊）

【恩施市】 至2015年底，全市公路通车里程2696.16公里、路网密度67.88公里/百平方公里，其中高速公路124.5公里、一级公路45.55公里、二级公路389.78公里、三级公路138.10公里、四级公路1998.23公里。内河航道通航里程172公里，渡口25个。客运站12个，其中一级客运站1个、二级客运站2个、四级客运站2个、五级客运站7个，农村候车亭500个，货运站1个。

基础建设。全年完成交通固定资产投资8.11亿元。209国道恩施龙凤坝至谭家坝段改建工程第一期完成路基265米，完成龙洞河大桥梁场建设；232省道鸦鹊水至沙地改扩建工程完成投资4500万元，路基工程和路面基层全面完工；233省道分水岭至大龙潭改扩建工程一期工程分水岭至板桥集镇、嵩坝至穿洞子段全部完工并通过交工验收，二期工程大岩阡隧道及接线工程完成征地拆迁工作和临时工程；穿洞子至马鞍龙段将根据部省新确定的242国道方案建设；232省道三岔至石心河大桥改扩建工程第一期1.4公里新建路基工程完成90%。绿色生态旅游公路建设，完成原242国道石桥子至石乳关、现为365省道改扩建路基工程，启动路面工程建设；233省道浑水河至七里坪改扩建工程完成路基、路面工程，绿化工程施工单位已进场；242国道马鞍龙至卡门新改建工程开工建设；233省道虎岔口至七里坪、318国道龙凤坝至大龙潭、209国道奇阳坝至龙凤坝、233省道屯堡至马鞍龙4个配套完善工程已完工。普通公路建设：完成242国道穿洞子至沐抚集镇16.8公里，鸦鹊、白果集镇大修（刷黑）；完成大集至清坪县乡等级公路6.01公里主体工程建设；全年计划实施农村公路通畅工程227.1公里，已完成路基308.77公里、路面246公里，计划配套实施安保工程362公里，已完成实体波形钢护栏200公里。

综合运输。2015年，全市道路客运量769.88万人、旅客周转量9.16亿人公里，货运量698.05万吨、货物周转量11.15亿吨公里。开通松树坪国际汽车城至城区35路公交、城区至望城坡通村公交；投入1500万元采购30台新能源气电两用公交车，对城区主要公交站点进行港湾式改造。年度累计完成营运收入6800万元，比上年同期增加300万元，增长4.28%。规范驾培行业经营行为，查处违规教练车19台。以"公司主管、行业监管、社会监督"方式，提高城市公共客运车辆驾驶员综合素质，规范驾驶员经营行为。完成全市840辆出租车"六统一"（驾驶员服装、车型及外观设计、营运标识、车内座套、GPS监控、经营模式），聘请40名州市人大代表、政协委员、普通市民监督出租车驾驶员经营行为与服务质量，对1850名驾驶员进行法规礼仪培训。

村村通客车。全市新增村村通客车285辆2545座，完成连通循环路建设128公里，错车台建设184个，通客车行政村（居）208个，行政村通车率从66%提高至100%，基本形成以城区为中心、乡镇为节点、覆盖村组的三级客运网络。

行业监管。与公安、交警、城管等部门联合执法29次2500人次，严厉打击城市公共客运市场"黑车"，办理道路运输行政处罚一般程序案件713件，简易程序3件，暂扣车辆658辆次，罚款119万元。收缴拆除残疾人代步车空车牌等标识19套。责令清江河两岸沿线无证经营洗车摊点其停止经营。重点加强城区进出口、国省干线及重要旅游线路专项整治，严格控制红线，查处堆物占道、乱搭乱建及占道经营现象，制止新增违法建筑38处，清理堆物占道251处，拆除非公路标志牌283块，查处路损案件45起、结案45起，受理许可49件，收取路产损失赔（补）偿费、行政许可费80余万元。加大超限运输行为整治力度，共检测车辆101618辆，超限车辆11453辆，卸（转）载重量6865吨，收取路产损失赔（补）偿费220余万元。

物流产业发展。以白杨坪、三岔、沙地客运站为试点，加快农村综合服务站建设，形成以服务站为基地，商务、快递、邮政等部门网点纳入基地运营的农村物流体系。建立公共物流信息网，积极支持华硒物流园信息中心与物流企业信息互联互通。

安全管理。协调涉水部门联动，加强隐患排查整治，加强渡口渡船监管，确保水上运输连续29年无安全事故发生。签订"县、乡、村、船主"四级责任状24份，填发"湖北省渡口渡船安全检查记录"300余份，下发水上安全隐患整改通知4份；完成5艘老旧渡船改造，18艘机动渡船GPS（北斗）、AIS终端设备安装，全面强化渡船日常安全信息化监管工作。

（刘乾）

【利川市】 至2015年底，全市公路通车里程3985.77公里、路网密度86.59公里/百平方公里，其中高速公路84.5公里、一级公路14.09公里、二级公路283.11公里、三级公路77.84公里、四级公路3526.23公里。内河航道通航里程30公里，公共渡口26个、库区码头1个。客运站10个，其中二级客运站1个、四级客运站1个、五级客运站8个，农村候车亭282个。

基础建设。全年完成交通固定资产投资12.06亿元。完成普通公路建设741.6公里，配套完成农村公路安保工程1456公里，完成危桥改造10座、在建2座。

公路养护。全市列养公路干线里程624.5公里，有1条国道、3条省道共计256公里全部完成大中修。完成非列养农村公路养护3965.6公里，增设挡土墙120处9366立方米，清除塌方248处11194立方米，新建涵洞6道36延米，边坡排危3处，修复混凝土路面1181.8平方米、沥青路面39600平方米。

综合运输。利川火车站每天有54趟火车停靠，其中动车44趟，年进出利川火车站乘客达到154.67万人次，沪渝高速公路利川段日平均车流量达3万辆以上。全市有客运企业14家，包括出租车公司2家和公交公司

1家，营运客车884辆，其中班车客运448辆、旅游客车及预备运力57辆、城市公交79辆、出租车300辆。省际线路23条、市际线路2条、县际线路6条、农村客运线路125条，全年公路客运量552万人次、旅客周转量62823万人公里。有营运货车6329辆，全年货运量509.6万吨、货物周转量75851万吨公里。水上交通运输有郁江、清江等25个渡口，各类船舶41艘，更新标准渡船9艘，年渡运量10万人次。

路政管理。全年路政巡查300余人次，发放资料10000余份，清除路障100余处，纠正各类路政违章20件，路政案件的查处率、结案率均达100%。加强部门联合执法，全年治理超限运输车辆8853台次、卸载转运货物3375.72吨，收取公路赔补偿费80.67万元。

安全管理。认真贯彻落实"安全第一，预防为主，综合治理"方针，突出抓好道路运输安全管理工作，严格执行"三不进站、六不出站""安全例检"等规定，强化"三危品"查堵工作，加强源头监管，全年出动执法车辆900余次，执法3100余人次，查处各类车辆300余台次。突出抓好水上交通安全工作，加强重点时段对重点码头、渡口和船舶的现场监管和安全巡（航）查。加强安全隐患排查整治工作，对发现的安全隐患及时进行整改，全年出动检查人员1168人次，检查船舶400余次、480艘次，纠正违章32余艘次。

交通改革举措。拓宽投融资渠道，BT模式推进农村公路安保工程建设。按照"村村通客车"道路安全保障的要求，全市有235条1456公里农村公路需要完善安保设施。采取BT模式，通过招标确定由江苏承瀛电器集团有限公司承包安装，市政府按照第一年40%、第二年30%、第三年30%分期付款的方式实施，共融资1亿元实施安保工程，完成交工线路235条1456公里，工程合格率达100%。吸纳社会资金推进客运站场建设，采取企业投资为主，国家投入为补充的方

式，由企业投资1.5亿元建成二级客运站1个、三级客运站2个、乡镇五级客运站7个。建立融资平台，扩大市场融资份额。利川市交通发展有限公司组建以来，通过PPP模式，融资5亿元全面启动利鱼绕城线建设；通过政府委托，由交发公司向农发行贷款6.7亿元启动318绕城一级公路建设；由交发公司出资1000万，以10%的股份与武汉铁路投资公司、恩施州政府、恩施市政府组建股份公司，融资30亿元投入腾龙洞至大峡谷旅游观光铁路建设。加大地方财政投入，市财政每年安排项目前期工作经费1000万元以上，确保交通项目前期工作顺利开展。市政府通过财政捆绑部门涉农项目资金集中用于农村公路建设，每年列支公路建设资金5000万元用于重点项目配套，2015年省交通运输厅下达的债券资金5651万元全部投入交通项目建设，同时还从土地收益中挤出资金1亿元用于交通重点项目配套。采取部门帮扶、捆绑项目资金和群众"一事一议"筹资相结合的办法，筹集农村公路资金14200多万元，完成2100多公里通畅工程路基改造任务。建立"村村通"客运管理机制，新开通村村通客运线路71条，增加客运车辆318台，全市585个行政村通客车率100%。为确保"村村通客车"开得通、用得起、留得住，全市组建12个乡镇农村客运公司，组建乡镇农村道路运输管理中队，保障农村客运秩序稳定和道路运输安全。市政府出台奖励补助政策，评为五级客运站和三级客运站分别奖励50万元、100万元；市财政每年给予农村客运站6万元的经营补贴，每台车按4500元保险金保额50万元给予保险补助；每年给予每辆乡村客运车经营性补贴1万元。改革非列养农村公路管养模式，各乡镇对农村非列养公路实行公司化管养，结合"村村通客车"试行管养及物流配送由一个公司承担的"四位一体"模式。调整非列养农村公路养护管理标准，通村公路由每公里1000元增加到2000元；县乡公路、旅游公路每公里5000元。

投入资金2060万元完善硬路肩、标准水沟、种植行道树、设置养护公示牌、实施安保设施等配套工程，发动沿线群众采取"谁种植、谁管护、谁受益"办法，实施乡、村道路绿化工程500余公里。

西南片区交通扶贫建设。利川市西南片区4个乡镇集革命老区、少数民族地区、边远地区和贫穷地区于一体，有138个行政村、19.9万多人。利川市通过国家投、财政补、政策扶、社会捐、银行贷、群众出"六个一点"的方式，筹集建设资金15亿元，采取"分层实施、分段突破、穿插推进、全线贯通"的战术，建成二级、四级公路195.5公里，通畅工程560公里，安保工程路段471公里，改造危桥4座，更新标准号船舶9艘，标准化建设渡口15个。

党风廉政建设。交通廉政建设坚持"底线思维，管控风险；关口前移，防范为主"的原则，对工程施工人员进行工程开工前警示教育，严格实行公开招投标，对工程造价、设计变更、工程验收实行"三审制"；实行"双合同制管理"，把廉政建设渗透到工程招投标、设计变更、资金拨付、施工材料选购等重要环节。　　　（孙朝运）

【建始县】　至2015年底，全县公路通车里程2340.23公里、路网密度87.78公里/百平方公里，其中高速公路24公里、一级公路5.80公里、二级公路263.98公里、三级公路43.40公里、四级公路2003.05公里。航道通航里程主干流22.5公里、累计支流回水58公里，渡口27个。客运站11个，其中三级客运站3个、四级客运站3个、五级客运站5个，农村候车亭258个。

基础建设。全年完成交通固定资产投资6.032亿元，比上年增长47.05%。红景绿色生态旅游公路、景官公路和天云公路路基工程、茅细公路、高邓公路等项目全面完工，完成117公里旅游配套设施工程、三蟠公路路基工程及8公里路面工程，完成209国道龙坪乡绕镇公路50%路基工

程。建成农村公路通畅工程 30 公里、安保工程 278 公里，完成"村村通客车"线路 1290 公里农村公路基础设施完善工程。建成景阳五级客运站及官店、长梁 2 个农村综合运输服务站。

综合运输。全县有客运车辆 464 台，其中中高档客车 167 辆，占客运车辆总量的 36%。有客运班线 129 条，客运班线车辆全部安装车载卫星定位终端，其中农村客运班线 103 条、省际班线 11 条、市际班线 5 条、县际班线 10 条，客运线路年度审验率 100%。农村客运网络日趋形成，新开通乡村客运班线 81 条，全县 410 个行政村、社区居委会全部开通客运班线，新增村村通客车 108 辆 972 座，形成了以城区为中心、乡镇为节点、覆盖村组的三级客运网络。货运车辆 1541 台，牵引车 24 台，重、大型货车 674 台，12 吨以上重型货车已安装车载定位终端并进入全国货运公共服务平台车辆 334 台。全县营运车辆 2005 台，客运量 382.13 万人，旅客周转量 21864.02 万人公里，货运量 623 万吨、货物周转量 93176 万吨公里。

公路管养。坚持"见缝就灌、见坑就补"，将预防性养护和日常性养护相结合，加大国省干线公路病害处治力度，完成列养公路小修保养、路面坑槽修补、水毁抢险等年度养护目标，完成全县 1767 公里非列养农村公路养护，基本实现农村公路养护制度化、规范化、常态化。

行业监管。以治理班线客运、旅游客运、出租汽车客运、危货运输、维修驾培、农村客运市场等违法违规经营行为为重点，通过开展"打非治违"专项整治、火车站市场秩序整治、农村道路运输市场整治等行动，进一步规范运输市场经营秩序；加大科技执法力度，通过共享县综治"平安监控平台"资源，逐步在全县客货运集散地增设视频监控，搭建道路运输监控平台；积极参与水上综合执法工作，开展对清江流域建始段河道周边综合治理安全大检查活动，有力打击非法占用航道、非法捕鱼养鱼、跨河抬网、私拉乱接电线等违法行为；开展清理

无船名船号、无船舶证书、无船籍的船舶参与营运及未随船携带有效船舶船员证书、证件的工作。

安全管理。对全县列养公路进行安全隐患全面大排查，及时消除排查出的路基翻浆、路基沉陷、路基缺口、路面坑槽、路面破损、挡墙垮塌等安全隐患，设置安全警示标志标牌。层层道路运输安全签订责任状，建立健全安全监管责任体系，严格落实安全会议及例会制度。狠抓安全隐患排查整改"两化"建设，严格督促客运企业落实安全主体责任、加快安全责任体系建设，查出一般安全隐患 178 处，整改合格率 100%。建立安全承诺机制，推行行业安全诚信体系建设。扎实开展平安交通建设活动，强力推进安全标准化建设，狠抓从业人员安全教育，夯实安全生产基层基础建设工作。稳步推进渡口渡船现场监管网格化、运程监管可视化，27 艘渡船安装了 GPS 和 AIS 监控终端。在全县开展水上交通安全运输抽查活动，主要检查客渡船超载超员航行、大风大雾航行、货运船舶超载航行、渡口安全设施不完善、安全管理不严格、无船员证书驾船等行为。

文明创建和廉政建设。在公交行业开展"文明示范车""文明示范线""最美的哥的姐"创建活动，提升全县城市客运服务质量与水平。交通运输局党组坚持"党要管党、从严治党"，落实"两个责任"，严明政治纪律严守政治规矩；实施交通扶贫工作，干部职工进村入户，脱贫任务到人，为定点帮扶的杨扎营村建设 5.5 公里村级公路路基和 1 公里断头路，扶持发展猕猴桃和养殖业，支持水利等基础设施及村委会建设。　　（黄密）

【巴东县】　至 2015 年底，全县公路通车里程 3572.45 公里、路网密度 106.51 公里/百平方公里，其中高速公路 70.5 公里、二级公路 461.70 公里、三级公路 97.23 公里、四级路 2941.41 公里、等外公路 1.61 公里，全县行政村公路通达率 100%，农村公路通畅里程 2817 公里、通畅率 95.51%。内

河航道通航里程 184.5 公里（其中长江干流 39 公里、支流 57 公里，清江干流 26 公里、支流 62.5 公里），港口码头 27 个泊位，巴鹤省道南潭河、桃符口 2 个汽车渡口，人行渡口 30 个。客运站 10 个，其中二级客运站 1 个、三级客运站 2 个、四级客运站 1 个、五级客运站 6 个，简易站 1 个，农村候车亭 520 个，城市公交候车亭 70 个。

基础建设。全年完成交通固定资产投资 8 亿元，比上年下降 33.3%。巴野公路隧道全部贯通，总体形象进度 80%，完成投资 3 亿元；水布垭清江大桥主塔封顶，施工导索牵引过江，完成投资 1 亿元；巴东大道完成投资 1100 万元；鸭子嘴大桥、黑滩河、龙门头人行桥完成投资 1500 万元；完成金堂湾、松林湾、万户沱 3 座市政危桥改造，投资 2300 万元；农村公路危桥改造及通畅工程完成投资 9000 万元，农村公路安全设施完成投资 3600 万元，建立自然村公路数据库 3965 公里；348 国道巴东长江大桥至平阳坝、平阳坝至巴东垭段改建公路项目已在州公共资源交易中心开标；巴东县汽车客运站项目工程可行性研究通过评审；完成支流航道整治施工监理、趸船、航标、炸礁 4 个标段招投标工作，巴东港货运综合码头项目工程可行性研究待批复，《巴东港总体规划（修编）》定稿并由省环保厅组织召开技术审查会。

综合运输。全县有船舶运输公司 16 家，其中客运公司 7 家、货运公司 9 家。有道路运输业户 9 户、货运业户 1310 户；维修企业 175 家，其中一类 6 家、二类 21 家、三类 148 家。全县拥有营运车辆 2353 辆，其中客车 891 辆 9540 座、出租汽车 139 辆 695 座、货车 1323 辆 4659 吨；客运班线 178 条，其中省际班线 9 条、市际班线 19 条、县际班线 6 条、县内农村客运班线 144 条。汽车驾驶培训学校 2 家，教练车 172 辆，教练员 200 人。全县道路运输从业人员 7359 人。加快推进城乡道路客运一体化，提高公交行业文明优质服务水平，鼓励支持长途客运发展节点运输、接驳

运输。以巴东至溪丘湾、茶店子为农村客运公交化运营试点，开通与景区、火车站等旅客集散地对接直通车，逐步实现道路客运与其他运输方式之间无缝衔接。清理交通物流企业 27 家和寄递物流企业 33 家，培植 3A 级物流企业 3 家，金子山运输有限公司跻身全省重点物流企业。拥有船舶 77 艘，其中客运船舶 27 艘、货运船舶 50 艘，有农村客运渡船 23 艘。

行业监管。狠抓公路附属设施维修、路域环境及过境路段专项整治。全县干线公路路面使用性能指数 (PQI) 达到 85 以上，清理水沟 1203 公里，修补坑槽 3980 平方米，路面灌缝 108 公里，桥涵疏浚 896 座，补植绿化树 1.13 万株。全年检测车辆 14322 台次，卸载 1067 台 1150 吨，超限率控制在 4% 以内；开展国省干线专项整治，集中整治野三关、溪丘湾集镇过境路段，制止新增违法建筑 20 处，查处路损案件 25 起；拆除龙门架 25 座、T 型牌 3 个、大型立式广告牌 13 处、各类广告标牌 545 块、乱搭乱建棚屋 11 处，采取行政强制措施 9 起，强制拆除公路建筑控制区非法建筑物 2 处，清理占道堆物 156 处 1260 平方米。

安全管理。突出抓好水上交通安全、道路运输安全、重点工程施工安全及行业矛盾纠纷排查等工作，不断完善安全隐患排查治理、源头防范及应急处理等各项机制，对生产现场实行密集检查，对检查出来的问题及整改情况进行全系统通报，增强工作人员安全生产"红线"意识，确保全县交通安全生产态势持续平稳。

村村通客车。整合捆绑资金 1.4 亿元，维护改善农村公路 1451 公里，修建错车台 2202 个，设置道路安全标识标牌 1351 块，新改建候车亭 174 个，建成和维护农村简易客运站场 13 个，初步形成"县管、乡包、村落实"的工作模式。

文明创建和廉政建设。制定责任清单，层层落实主体责任；召开党风廉政建设工作会，举办廉政讲座，开展家庭助廉活动。办理建议提案 37 件，回复率、见面率、满意率均为

100%。县公路局妥善处置巴东县链子岩崩塌险情。县港航所高标准完成"三基三化"建设，工作环境大为改善，有效应对巴东黄蜡石至巫山大宁河口区域禁航情况。县农村公路管理局成功组建运行。巴东县被州人民政府通报表扬为全州交通运输发展目标考核先进县。

（章进步）

【宣恩县】　至 2015 年底，全县公路通车里程 1970 公里、路网密度 72.16 公里 / 百平方公里，其中高速公路 89.5 公里、一级公路 18.29 公里、二级公路 227.24 公里、三级公路 55.72 公里、四级公路 1579.25 公里。内河航道通航里程 120 余公里，乡镇达标渡口 26 个。客运站 7 个，其中二级客运站 1 个、三级客运站 1 个、五级客运站 5 个，简易站 2 个，农村候车亭 227 个。

基础建设。全年完成交通固定资产投资 5.7 亿元，比上年增长 21.5%。建成高速公路宣恩连接线，完成 209 国道分水岭至当阳坪至李家河关口段配套工程建设，基本完成 232 省道宣恩至万寨段、365 省道王家坞至长潭河段公路改造，高罗、沙道绕镇公路有序推进。完成特色旅游公路沙道沟桃子岔至两河口段、锣圈岩至洗草坝段路基工程建设。完成农村道路危桥改造 14 座、农村公路安保工程 140 公里，建成农村客运候车亭 50 个，完成连通循环路建设 150 公里，完成路基加宽 536.03 公里。

综合运输。全县有道路客运企业 6 家，营运客车 355 辆 5850 客座，有客运班线 149 条；有城市客运企业 2 家，营运车辆 81 辆 699 客座，全年完成客运量 615 万人次、旅客周转量 20296.77 万人公里。有汽车租赁企业 3 家，在营租赁车 11 辆。有营运货车 1389 辆 3220 吨位，全年完成货量 233 万吨、货物周转量 26596 万吨公里，分别比上年增长 5.43%、0.42%。有机动车维修企业 94 家，从业人员 540 人，全年产值 5000 余万元。有 A 级汽车综合性能检测站 1 家，从业人员 15 人，年检测车辆 4200 台次。汽

车驾驶员培训学校 2 所，教练车 73 台，教练员 90 名，实操场地 6 处 76000 平方米，全年培训学员 3200 余人。有道路运输从业人员资格培训点、继续教育培训点及考点各 1 处，年培训从业人员 180 人，继续教育培训 733 人。有物流运输企业 3 家、快递公司 8 家、物流代办点 11 处。有通航水域 6 个、渡口渡船 14 艘。

行业管理。以"迎国检"工作为契机，加大养护管理规范化建设，及时搞好公路水毁治理，完成农村公路重点养护 250 公里，在危险路段修建错车台 3091 个，完成钢护栏、防撞墙等安保工程 650 公里，设置安全警示、标志牌 1721 块，安装凹凸镜 580 块。依法惩处堆料占道和运输抛洒等行为，加强公路超限治理，从严查处超限超载行为，依法收取公路赔补偿费 22.5 万元。大力推进"绿满荆楚"活动，完成公路绿化 117 公里。排查治理公路安全隐患，增设公路安全警示、提示标志牌 2050 块，全县路域环境进一步改善。开展打非治违行动，出动执法人员 3300 人次、车辆 600 辆次，办理一般程序案件 113 件，查处非法营运车辆 108 辆，暂扣车辆 35 辆，处以罚款 11.5 万元。加大物流网络信息化建设，建立完善物流事故救援应急预案和物流信息平台，维护物流环境。

科技与信息化。强化行业科学技术推广应用，完善工程质量监控平台，切实加强施工现场网络化监管，充分运用科技手段搞好工程质量监管。全系统 4 个单位建立电子政务协同办公系统，3 个单位建立 OA 信息平台，2 个单位建成使用视频会议系统，投入 15 万元完善办公院落视频监控系统。全县客运企业和物流企业完成卫星定位动态监管建设，客运车辆和物流企业 GPS 定位监控设备使用率 100%，运输行业安全监管手段进一步加强。全面启动公路安全畅通与应急处置系统和科技治超信息管理系统，积极推进道路运输审批及涉路许可网络化运作和湖北省道路客运联网售票系统建设，为行政审批和行业管理提

供有力的科技保障。

安全管理。全面落实安全生产责任，建立横向到边、纵向到底的安全生产监管格局，强化安全生产主体责任和行业源头监管。排查治理安全隐患 167 项，已整改 167 项。开展安全生产知识宣讲进企业、进学校、进社区活动。开展安全生产检查 29 次，查处非法违法、违规违章行为 109 起，免费发放安全生产宣传资料 500 份、水上救生衣 50 件、救生圈 20 个。全年未发生重大安全生产责任事故。

廉政建设和文明创建。全面落实"两个责任""一岗双责"，层层压实党风廉政建设主体责任。开展"守纪律、讲规矩、树形象"主题教育活动，深化干部作风建设，严格"三公"经费管理，加大政务公开，认真办理回复群众来信来访。开展公交出租行业文明"双创"活动，引导出租、公交车驾驶员当好城市文明传播者，树立旅游县城"窗口"形象。开展"文明出租车""文明公交示范车""文明示范线路"创建活动，大力推广行业"名片"，积极传播交通好声音、新形象。宣恩县交通运输局被县委、县政府评为 2015 年度项目工作、"六城"同创及安全生产优胜单位。　　（胡敏）

【咸丰县】　至 2015 年底，全县公路通车里程 1967.78 公里、路网密度 78.08 公里 / 百平方公里，其中高速公路 47 公里、一级公路 8.55 公里、二级公路 159.18 公里、三级公路 256.63 公里、四级公路 1496.42 公里。内河航道通航里程 100 公里，港口码头 2 个，人行渡口 19 个。客运站 7 个，其中二级客运站 2 个、五级客运站 5 个，简易站 1 个，农村候车亭 452 个。

基础建设。全年完成交通固定资产投资 5.93 亿元，其中普通公路建设完成投资 4.5 亿元，建设完成公路 128 公里、桥梁龙嘴河大桥 0.11 公里。年度新增恩黔高速公路 16 公里。新开工建设坪坝营旅游二级客运站，新建农村候车亭 180 个。

综合运输。全年完成公路客运量 258 万人、旅客周转量 43760 万人公里，公路货运量 380 万吨、货物周转量 72510 万吨公里，分别比上年减少 1.9%、0.01%、2%、0.05%。水路运输、渡口运输 60000 人次，其他客运量 15000 人次，比上年减少 25%。全县道路客运企业 9 家，客运车辆 626 辆 10448 座位，其中道路客运企业 6 家，客运车辆 398 辆 8893 座位；旅游客运企业 1 家，客运车辆 8 辆 175 座位；出租客运企业 2 家，客运车辆 200 辆；公交企业 1 家，客运车辆 20 辆 380 座位；汽车租赁公司 2 家，租赁车辆 31 辆 155 座位。道路普通货运企业 17 家，各类货运车辆 2600 辆 2.23 万吨。汽车维修企业 25 家，其中一类维修企业 1 家、二类维修企业 19 家、三类维修企业 5 家。机动车驾驶培训机构 1 家，教练车 42 辆。全年新增农村客运车辆 141 辆，开通农村客运班线 86 条。

公路管养。以实施绿色生态旅游公路配套完善工程为重点，以开展"绿满荆楚"为契机，在全县干线公路开展"特色文化、绿色生态"建设、管理活动，全年补植公路绿化树 12800 棵，新增公路绿化树 30 公里，清理水沟 2200 公里，路面保洁 5996.35 公里，修复路肩墙 890 平方米，修复边沟 1950 米，修补沥青路面坑槽 2995 平方米，修补混凝土路面坑槽 190 平方米，沥青路面灌缝 160 公里，混凝土路面灌缝 5 公里，整治翻浆路基 890 平方米，疏通涵洞 420 道，整修涵洞 5 道，修复桥梁栏杆 20 米，修复钢护栏 1380 米，修复防撞墙 450 米，清除路基坍方 46855 立方米，修复挡土墙 1919 立方米，钢护栏刷漆 12000 米，钢护栏提升 200 米，维修增设警柱 500 个，维修标志 160 个，新建防撞墙 420 米，泥结碎石修补路面坑槽 11000 平方米。

行业监管。全年查处各类侵占公路案件 35 起，清理堆物占道 2150 平方米，拆除安全隐患龙门架 4 个，拆除破旧广告牌 38 个，实施行道树截杆排危 185 棵，责令砂石厂硬化平交道口 3 处 1660 米，弃土场安装钢护网 3 处 850 米。长湾治超检测站以站点"三基三化"建设为重点，全年检测

车辆 31240 余台次，查处各类超限车辆 1350 台次，收缴罚款和公路赔（补）偿费 25.50 余万元。建立健全"两级政府、四级管理、六级模式"的网格化质量监管体系，严格考核兑现，实行"五个一票否决"，质量安全监督覆盖率 100%。在运输市场开展"打非治违"专项整治活动，重点打击"黑车"和非法驾培，全县客运市场"黑车"猖獗现象得以遏制和较大改善。

安全管理。按照"全覆盖、零容忍、严执法、重实效"总要求，细化分解排查、整改工作。全年开展安全生产检查 180 次，整改安全隐患 37 起，下发隐患整改通知 33 份，督促整改率 100%。

文明创建。咸丰县交通运输局机关、公路局连续 5 届被评为省级文明单位及省级最佳文明单位，县道路运输管理所、物流发展局被评为州级文明单位，咸丰县交通运输系统连续 4 届被评为县级最佳文明系统。

（刘乙霖）

【来凤县】　至 2015 年底，全县公路通车里程 1140.15 公里、路网密度 84.84 公里 / 百平方公里，其中高速公路 2 公里、一级公路 2.48 公里、二级公路 146.44 公里、三级公路 5.72 公里、四级公路 983.51 公里。内河航道通航里程 85.9 公里，码头 2 个、渡口 35 个。客运站 5 个，其中二级客运站 2 个、五级客运站 3 个，简易客运站 2 个，农村候车亭 271 个。

基础建设。全年完成交通固定资产投资 4.71 亿元，占全年计划的 84.2%，比上年增长 26%。完成湘鄂情大桥及接线段路基路面 1 公里、龙凤科教示范园区段路基路面 1.2 公里；完成 209 国道来凤城区至关口段 9 公里、353 国道来凤老鸦关至城区段 33 公里配套完善工程，完成讨橙线二级公路 9 个标段路基工程量的 93%、路面工程量的 70%，完成三胡乡黄柏至黑山公路新改建路基、路面工程；完成绿水至旧司县乡道改造 14 公里、农村公路 50 公里四级公路路面硬化和观音大桥、社潭桥、社潭沟桥、板

桥河大桥、猫儿滩桥、老溪河桥、沙道湾大桥、上寨大桥危桥改造。来凤县客运站工程可行性研究、初步设计报告获批复，施工图设计已完成，征地拆迁进入扫尾阶段；龙凤物流园交通物流中心，项目工程可行性研究获批复，在开展征地拆迁及规划设计等前期工作；漫水乡综合运输服务站在落实规划选址，革勒车乡综合运输服务站改造在筹建中，大河镇综合运输服务站改造完工。

公路管养。完成来智线 K228~232 段 4 公里大修工程，实施安保工程建设 100 公里。列养公路规范化管理养护，拆除龙门架广告牌 32 个，拆除非公路标志 1749 块。在治理抛撒物专项行动中，检查运输车辆 4056 台，查处违规车辆 3760 台次。路政日常巡查制止新增违法建筑 14 处，清理占道堆物 115 处 460 平方米，查处路损案件 10 起，结案 10 起，结案率 100%，无行政复议。超限治理检查车辆 4188 辆，查处超限车辆 210 辆、卸载车辆 26 辆、卸载重量 102 吨，收取超限补偿费 4.4 万元，超限控制率 4%。非列养公路规范化管理养护，共上路巡查及抢险保通 156 天、685 人次，清除坍方 5896 立方米，路政处理 48 起。清扫路面 626 公里，清理边沟 650 公里，维护公路附属设施 214 处，新安装危险警示标志 98 处，疏通涵洞 35 道。

综合运输。全县有运输船泊 101 只、货运能力 5000 吨；有营运客车 530 辆、货车 1627 辆，危货运输企业 1 家、车辆 50 辆，车辆维修 26 家，驾培中心 2 家、车辆 97 辆。圆满完成 2015 年春运工作，投入运力 14412 车次，始发客运班次 36080 班次，完成旅客周转量 63.05 万人次，包车 419 车次，始发加班车 419 车次。加强客运市场管理，交通执法人员上路稽查 800 人次，查处违法行为 68 起，实现非税收入 30 余万元。强化客运安全管理，开展安全隐患排查 12 次，查出安全隐患 13 处，整改到位 13 处，未发生安全责任事故。

安全应急管理。加强交通工程建设安全，施工车辆证照齐全，作业人员持证上岗，强化爆破物资购买、运输、储存的监督管理，全年交通工程建设领域没有安全生产事故发生。强化水上交通运输安全管理，全县 5 个乡镇、22 个村委会（社区）、86 名水上交通从业人员层层签订安全责任书，确保县、乡、村、船主四级安全监管责任状签订率 100%。开展水上交通运输环境集中整治、水上交通安全大整治、水上旅游交通专项整治等活动，共检查 35 个渡口以及百福司旅游公司、仙佛寺景区，检查船舶 187 艘次，整治安全隐患 6 处。加强剧毒、易燃易爆品、烟花爆竹等危险货物运输监管，严查非客运车辆从事客运、跨线运输等违法违规行为，排查安全隐患 215 次，查出安全隐患并整改到位 68 处，全年道路运输无安全责任事故发生。全年营运车辆运输周转量单位能耗下降 2%，内河运输船舶主要污染物排放总量减少 2%。

党风廉政建设。积极开展"六城同创"工作，严格履行初信初访分解责任，积极化解涉法涉诉信访问题。接待群众来访 22 人次、处理网络问政 172 件，办理人大代表建议 16 件。举办"严明政治纪律、严守政治规矩"专题学习培训，开展党风廉政建设第十六个宣教月活动，加强机关效能建设，以作风纪律方面以加强考勤工作的管理为主题，强化服务意识教育。围绕依法行政，提高机关效能等专项工作开展督查，营造勤奋进取、廉洁高效、公正透明的政务环境。　（邓敏）

【鹤峰县】　至 2015 年底，全县公路通车里程 2094.56 公里、路网密度 87.39 公里/百平方公里，其中二级公路 289.19 公里、三级公路 56.06 公里、四级公路 1749.31 公里。内河航道通航里程 18 公里，渡口 17 个，趸船 1 艘。客运站 10 个，其中二级客运站 1 个、三级客运站 2 个、四级客运站 1 个、五级客运站 6 个、简易站 2 个，农村候车亭 300 个。

基础建设。全年完成交通固定资产投资 7.16 亿元（不含高速公路），比上年增长 47%。其中普通公路完成投资 4.11 亿元，省道走铁线改造升级项目已完成走铁线大典至铁炉集镇路面工程建设任务、完成升子至大典县乡二级路路基 10 公里、货币工程量 1.27 亿元。完成南渡江至碑垭段路基、除南渡江移民复建段外的路面工程，南渡江特大桥完成 15% 的工程量。完成省道南鹤线南渡江至南北镇段、省道巴鹤线老官桥至下坪段大修工程，完成投资 7599 万元。完成 351 国道绕城线云南庄至龚家坪段 6.5 公里路基、跳鱼坎大桥 30% 的工程量，完成投资 2.18 亿元。实现全县 217 个行政村"村村通客车"目标。实施农村公路通畅工程 170 公里、农村公路配套完善安保工程 160 公里、非列养农村公路 1800 公里，新修农村公路桥梁 3 座。县城二级客运站在建中，走马镇三级客运站建成并投入使用，太平、中营、燕子五级客运站在建中，新建候车亭 60 个，招呼站 150 个，维修候车亭 50 个。实施渡口改造升级和规范化建设 8 处，投资 4 万元，组建水上应急搜救和购置搜救设施；完成铁炉乡江垭库区趸船加固维修。

综合运输。全县拥有营运客车 393 辆 5930 客位，客运班线 120 条，其中省际 16 条、市际 9 条、县际 7 条、县内 88 条，出租车 50 辆，营运货车 1459 辆 4749 吨。开通农村客运班线 26 条，行政村通班车率 100%。全县有站场 3 家，汽车租赁公司 5 家，车辆维修业 5 户，普通货运企业 42 家，客运企业 2 家。

安全应急管理。以"六打六治"及"重点工程安全专项整治"为抓手，加强平安创建，全年未发生道路交通、水上交通、重点工程和危化品运输安全责任事故，实现安全生产"零事故、零死亡"的目标。

投融资。全年筹资 9821 万元，其中省道大修资金 55 公里 7700 万元、云长线补助资金 720 万元、"村村通客车"省州补助资金 1401 万元。尝试采用 PPP 模式建设交通融资平台，12 月与太平洋集团达成云长线建设投资协议。　（庞丽）

仙桃市交通运输

【概况】 至 2015 年底，全市公路通车里程 4586.19 公里、路网密度 181 公里/百平方公里。其中高速公路 150 公里、一级公路 94.78 公里、二级公路 345.68 公里、三级公路 8.89 公里、四级公路 2987.76 公里、等外公路 999.08 公里。航道通航里程 659.1 公里，港口泊位 39 个。一级客运站 1 个。

"十二五"交通建设成就。2015 年建成的武汉城市圈环线高速公路，与汉宜高速公路和随岳高速公路组成"一横两纵"高速公路骨架网，包括在建排湖互通出入口，全市共有高速公路互通出入口 8 处，基本实现全市各乡镇 15 分钟左右上高速公路；以仙桃城区为中心的周边乡镇全部通达一级公路；全市乡镇实现二级及以上公路通达；所有行政村公路通达率 100%。全市国道 2 条共 92 公里，比"十一五"期增加 16 公里；省道 10 条共 290 公里，比"十一五"期增加 167 公里。"十二五"期末全市公路通车总里程比"十一五"期末 4039 公里增加 568 公里，其中一级公路从 7 公里增加到 115 公里，路网结构更加优化。登记在营的水运企业 4 家，船舶运力 6.8 万吨，年港区吞吐量 385 万吨，较"十一五"期增长 18.5%。

"十三五"规划编制。委托华中科技大学城建学院编制完成仙桃市"十三五"交通规划初稿，规划一级公路项目 200 公里，分别为 318 国道胡场至毛嘴段 31 公里、皂毛线 15 公里、汉江二桥、仙桃南部快速通道 81 公里、107 省道仙桃至西流河段 21 公里、455 省道胡场至郭河段 16 公里，321 省道彭场至沙湖段 21 公里、321 省道汉仙线彭场至仙桃城区段改线工程 15 公里。二级公路主要规划项目 113 公里，分别为 213 省道毛嘴至谢场二级公路 13 公里、215 省道彭场至张沟二级公路 14 公里、排湖至沔城二级公路

20 公里、高速公路互通连接通道建设项目 35 公里、公铁对接快速通道建设项目 31 公里。"十三五"时期将续建南城新区一级客运站、汉宜高铁仙桃西站配套二级汽车客运站、沔东三级汽车客运站、仙桃市汽车客运总站改造工程，新建彭场、通海口、陈场、毛嘴、杨林尾 5 个乡镇汽车客运站，改造沙湖、长埫口、剅河、周邦、麻港、三伏潭 6 个乡镇汽车客运站。

前期工作。完成仙桃城区至西流河、汉江仙桃港鄢湾码头至 318 国道、彭场至张沟、西圻至何场等公路项目工程可行性批复。编制完成 268 省道毛嘴至谢场公路工程可行性报告。完成仙桃城区至西流河公路初步设计编制及评审。完成彭场至张沟公路设计招投标工作。完成汉江仙桃港鄢湾码头至 318 国道初步设计批复。完成 318 国道周帮至长埫口胡场改线段放线校桩，完成仙桃城区至西流河一级公路改沟设计、涵洞变更设计、施工图修编等。截至 2015 年底，全市"十二五"交通规划一、二级公路项目及拟实施"厅市共建"项目工程可行性和初步

设计均获得批复。

基础建设。全市完成交通基础设施建设投资 17.9 亿元，圆满完成年度目标任务。武汉城市圈环线高速公路仙桃段建成通车，全年完成环线高速公路仙桃段投资 11.16 亿元，开工以来累计完成投资 47.66 亿元。一级公路建设，完成 318 国道东段改扩建工程投资 6800 万元，完成武汉城市圈环线高速公路仙桃段长埫口出入口至 318 国道长埫口改线段 3 公里路面工程，完成 318 国道长埫口改线段 3 公里、敦厚街道 1 公里；完成仙西公路改扩建工程投资 3.8 亿元，占总投资 4.3 亿元的 88%。通港公路全段 3 公里建成通车，投资 1500 万元；西纯公路全段 4 公里建成通车，投资 2000 万元。新建彭张公路、新西公路，完成路基土方工程建设。完成 240 国道皂毛公路、随岳高速公路陈场出入口至赵西垸林场公路、老毛通公路西环线等大修工程 33 公里，完成投资 4900 万元。完成排湖旅游通道工程路基土方建设和全部设计。沪渝高速公路排湖互通建设工程完成挖沟放线、地上附着物清

武汉城市圈环线高速公路仙桃互通

查统计和招投标工作，施工单位已进场施工。启动318国道深江桥新建工程；袁泻线排湖大桥及接线工程开工建设。完成通顺河中桥及电排河大桥加宽改造工程，投资1500万元。汉江综合码头建设工程完成驻地用房建设、场地平整，建成水下桩基33根。南城新区一级客运站建设工程，完成征地工作、设计招投标、工可批复，初步设计上报待批。

公路养护。全市列养公路426.9公里，其中国省道201.2公里、县乡道225.7公里；列养桥梁63座6163.8延米，其中国道列养桥梁14座1395.4延米、省道列养桥梁24座3545.3延米、县道列养桥梁25座1223.1延米。全市完成养护工程货币工程量7930万元。公路大修投入资金3200万元，完成皂毛线路面大修33.5公里，超计划资金369%。公路中修完成货币工程量625万元，完成318国道沪聂线城区段水泥混凝土挖补7700平方米、三伏潭街道段水泥混凝土挖补2314平方米、县道白沙线杨林尾街道水泥混凝土挖补5100平方米、省道仙监线张沟街道水泥混凝土路面挖补2612平方米、省道汉仙线沥青表面处治11000平方米、省道天仙线、仙崇线清灌缝约20000米，确保道路安全畅通。危桥改造投入资金808.3万元。投入858万元完善沿线公路安全保障设施、公路路树更新补植。

路政管理。按照"政府主导、行业牵头、部门联动、社会参与、综合治理"原则，联合彭场、胡场、张沟等地乡镇政府开展公路集镇过境路段管理共建工作，制定管养联动制度，提高公路管理和养护效率。全年清除列养公路占道堆积物180余处，制止和拆除违法建筑物2处，清除非路用标志186块，公路通行环境保持良好状态。加强超限车辆整治，遏止超限运输反弹势头，全年检查车辆9700多台，查处超限超载车辆525台，收取罚款及公路赔(补)偿款80余万元。加强列养公路安保设施配套投入，对318国道、321省道汉仙线示警桩由原红白相间更新为黄黑相间；对省道汉

仙线标志、标牌进行更新，共更新标志牌52套。投入资金30万元，改造318国道沿线市公路管理局下属五号公路管理站现有站场，兴建临时停车便民服务设施，为过往车辆提供贴心服务。

运输管理。全市完成公路客运量1901万人次、旅客周转量77294万人公里，货物运输量1413万吨、货物周转量292210万吨公里。全年完成道路货物运输车辆办证316台、物流道路运输经营许可证18件、机动车维修经营许可证37件、机动车维修经营许可换证26件、驾驶员培训教练车办证12台。完成货运车辆道路运输证年审1532台、驾驶员培训教练车道路运输证年审324台、客运车辆道路运输证年审676台、出租车道路运输证年审426台、物流经营许可证年审换证22件、危险货物运输车辆道路运输证年审60台。完成客运、货运、出租车、危险品货物运输驾驶员、危险品货物运输押运员等从业资格证办证2066件。完成客运、货运、出租车驾驶员等从业资格证诚信考核，发放道路运输驾驶员继续教育培训通知单7856人次。完成道路运输驾驶员从业资格证换证585人次。2015年春运期间，全市共投入运力1136辆20556座，完成公路旅客运输154.6万人次；全市春运客运加班车和包车客运1908次，其中省际加班车62台次、市际加班车1106台次。在高考运输保障工作中，全市投放高考学生运输接送车16辆、中转运输车94辆；在中考运输保障工作中，投放中考学生运输接送车76辆、中转运输车18辆。

村村通客车。全年投资5439万元，推进全市"村村通客车"工程，加大资源整合力度，注重内部挖潜，仙桃市"村村通客车"营运单位在全省率先将422辆农村客车外观全部统一颜色和标识，延伸客运线路6条共18台车，调整客运线路22条共39台车，新增车辆20台，基本实现从仙桃城区到全市所有乡镇1小时通达。完善"村村通客车"路网结构，落实安保措施，改造客运站场，建设候车站棚，统一

颜色标识，其中联通断头路6.5公里、改造危桥7座、维修破损路面20公里、建错车平台1776个、建警示桩12372根、建警示标牌1680个、建减速板7217.5米。将沙湖汽车客运站升级改造为四级客运站，改址新建毛嘴汽车客运站，按三级客运站标准对位于西流河镇的仙桃沔东汽车客运站进行立项批复，仙桃西汽车客运站升级改造为枢纽站已立项批复。按照全市所有行政村建1个港湾式候车亭规划，新建候车棚120个、设置招呼站800个。整治仙桃城区及乡镇"黑车"窝点，对仙桃城区重点路段客运车辆不按核定站点上下乘客等违章行为进行查处，全年开展集中整治行动58次，共查扣"四小车辆"343辆，其中电动四轮车201辆、电动三轮车142辆，无证经营车辆68辆、无从业资格证驾驶客运车辆经营行为24起、不按核定线路运行或不按核定站点停靠车辆46辆。对被查扣"黑车"全部按照扣车15天再按章处罚的流程处理。规范出租车服务监督卡使用，更换统一颜色座套，督促从业人员提高服务水平，全年共查处不合格车辆80台次，其中内饰不卫生车辆30台、无灭火器车辆15台、车身乱贴广告车辆5台、无服务监督卡车辆10台、座套不清洁车辆20台，查处出租车违规经营行为89起，受理并查处出租车网络投诉178起。

安全管理。全市公路运输安全生产态势继续保持平稳，全年未发生一例安全生产事故。开展陆上交通运输"安全生产年""安全生产月""安全隐患专项排查""安全应急演练"等专项活动，落实安全生产责任，建立工作专班和工作制度，开展道路客运安全隐患排查和整治，全年开展安全生产大检查8次，检查客运企业14家、客运站3家、危险品货物运输企业3家，抽查各类车辆208台次，累计落实安全治理资金10万元。3月份，仙桃市汽车客运总站完成2014年AAA级服务信誉考核初评和资料申报工作，5月份通过省道路运输管理局复评。开展水上交通运输"安康杯""打非治违""平安渡口"创建、水上安

全知识进校园等专项活动，加大宣传力度，发放宣传资料6000多份，重点强化现场检查，加大隐患整改力度，辖区内未发生一起水上交通安全责任事故，四项指标全部为零，全市水上交通安全生产态势持续保持稳定。

文明创建。2月28日，全国精神文明建设工作表彰暨学雷锋志愿服务大会上，仙桃市交通运输局被授予"全国文明单位"。12月1日，仙桃市交通运输局、仙桃市公路管理局、仙桃市道路运输管理处被评为省级文明单位。市公路管理局毛嘴公路养护站刘彩军被授予"湖北省道德模范"光荣称号。为提升基层一线干部职工素质，仙桃市交通运输系统"大练兵、大转变、大提升"2期培训班在湖北交通职业技术学院举办；组织全市乡镇政府分管农村公路的班子成员开展为期2天的农村公路专业知识培训。

（周庆峰）

天门市交通运输

【概况】 至2015年底，全市公路通车里程4264.36公里、路网密度160.5公里/百平方公里，其中高速公路56公里、一级公路159.81公里、二级公路430.89公里、三级公路108.52公里、四级公路3350.85公里、等外级公路158.29公里。内河航道总里程339.4公里(界河按二分之一算)，港口9个，生产性码头泊位66个，渡口60个。客运站16个，其中二级客运站3个、三级客运站2个、五级客运站11个。

基础建设。全年完成交通固定资产投资55010.7万元，比上年减少15%。普通公路建设项目完成投资37316.7万元，完成一级公路路基29.21公里、路面30.57公里；完成二级公路路基30.66公里、路面33.35公里；完成干线公路危桥改造3座、国省干线大修51.73公里，完成农村公路248.59公里。水运建设完成投资6000万元，完成天门港工业园港区1号、2号泊位水工主体工程，新增泊位2个。完成天门南汽车客运站建设，已投入营运；完成城区14座公交候车亭建设；武汉玲莉天门物流园正式动工建设。完成养护应急中心建设。

综合运输。全年完成公路客运量2075.1万人次、旅客周转量94959.03万人公里，分别比上年同期增长7.57%、7.73%；货运量1662.26万吨、货物周转量34.09亿吨公里，分别比上年同期增长3.5%、5.0%。水路货运量149.2万吨、货物周转量10.57亿吨公里，分别比上年同期下降13.01%、14.72%。全市交通综合运输货物周转量45.61亿吨公里，比上年同期下降0.23%。2015年，全市共有客运企业14家，客运班线148条，营运车辆664台、13492客座。其中省际客运班线14条、车辆38台、1624客座，市际客运班线64条、车辆213台、5366客座，旅游客运车辆10台、418客座，市内客运班线32条、客运车辆245台、4324客座，农村客运班线38条、客运车辆158台、1760客座。建成九真、小板、彭市等多个综合运输服务站，已正式投入运营。完成天仙城际公交"公车公营"改造验收工作。投资105万元购置环保节能设备96台套，开展维修行业"绿色维修"创建达标活动，全面完成维修、检测企业质量信誉考核工作。开展维修市场清理整顿，全市116家机动车维修业户违规占道经营和伸店经营行为得到有效遏制。加强水路运输企业经营资质维持情况审查和经营行为管理，全市2家水路运输企业证照齐全，经营行为规范有序，申报船型标准化改造船舶18艘，其中拆解老旧船舶3艘、船舶污水处理装置改造15艘，已完成船舶污水处理装置改造10艘，其他5艘船舶在改造中。

村村通客车。维修、改造乡镇客运站3个，建成乡镇简易客运停车场1处，新建和维修客运候车棚165个、招呼站和乘车信息牌720个，统一车身标识426辆。全市新开通农村客运线路34条，新增客车45辆，新开通客运里程328.7公里，新增通客车行政村171个，行政村通客车率100%。全市基本形成以主城区为中心、乡镇为节点、覆盖全境、功能完备的客运站场布局。

路政管理。2015年，天门市交通

2015年12月30日，皂仙公路跨越汉北河控制性工程水陆李大桥建成通车

2015 年 5 月，天门村村通客车投入运营

运输局坚持"安全第一、预防为主、综合治理"的方针，深入开展"平安公路"专项治理活动。对分当线、大天线、九蒋线、奈黑线等线路更换安装波形钢护栏 56404 米，安装警告标志 340 块、指示标志 201 个，示警桩 1130 根，解决了公路两侧及单侧急弯、高填方段、临水段、村庄、学校、交叉路口等位置的安全隐患，有效保障了公路安全通畅。同时进一步加大了农村公路安保设施投入，累计完成农村公路安保工程 500 公里，安装标志牌 2000 块、警示桩 7000 根、减速带 6000 米。此外，根据《天门市农村公路养护管理实施办法》文件要求，按照"属地管理、业主委托、专业管养"的原则，确定责任主体，建立专项资金，明确养护管理范围及标准，基本做到了"有路必养、有路必管"。2015 年，全市路政管理工作成效显著，公路控制区内基本没有出现违章建设的情况。治超检测车辆 100480 辆次，查处 84732 辆次，卸转载货物 30225 吨，切割非法改拼装超高墙板货车 175 辆。全市道路客运稽查车辆 1033 辆次，检查车辆 11560 辆次，查扣各类违章违规经营车辆共计 1543 辆次，取缔乡镇非法售票站点 35 家；取缔非法培训点 30 家，拆除广告招牌 43 块，查扣违规教学车辆 15 辆；全市 12 所驾校 518 名教练员全部参加培训并通过相关考试。

科技与信息化工作。公路路政执法机构投资 25 万元更新皂市超限检测站和黄潭超限检测站电子监控设备，投资 4.7 万元购置执法记录仪 10 台、行车记录仪 13 台。道路运管机构投资近 60 万元对道路运输车辆动态监控平台进行升级改造，为全市省、市际客运班车安装北斗卫星终端；全市 12 吨以上货运车辆安装北斗卫星终端的工作在实施中；汉羽公司、金鑫石油公司、皂市华祥汽运公司分别安装三级平台视频监控，利用"网上稽查"监控平台对长途客运班线凌晨 2:00-5:00 时落地休息制度落实情况进行监控。全市 4 家出租车公司推广电招服务和预约服务等业务。汉羽公司实现重点乡镇网络售票服务。港航管理机构在 3 处重点渡口和 59 艘渡船上分别安装 GPS 和北斗卫星远程红外线视频监控设备，实行渡口、渡船全天候监控。

安全应急管理。全市水上船舶安全面达到 100%，道路运输安全隐患排查和整改率达到 100%，建设安全管理责任制落实率 100%，全年没有发生交通安全责任事故，交通工程建设安全实现零事故。深入开展交通运输行业安全隐患排查工作，检查运输船舶 165 艘、客渡船舶 62 艘，发现安全隐患 29 处，现场纠正违章 10 处、整改 19 处。组织道路运输行业检查 261 次，

其中对旅游、公交、出租及班线客运企业 61 家检查 10 次，排查出安全隐患 53 起，督促整改 53 起。组织交通建设领域执法检查 4 次，现场警告 4 次，责令改正、限期改正、停止违规行为 19 起，勒令停工标段 3 个。进一步规范水陆交通运输市场和交通工程建设领域秩序，确保交通运输安全生产。10 月 17 日，组织 22 名海事执法人员和 5 艘船艇在汉江兴隆水域参加全省水上安全联合应急演练，参与货船消防灭火、转移汽渡船遇险人员、污油泄露处置等科目的应急演练。同时加强应急队伍建设，根据行业特点，分别组建公路抢险保通应急队、道路运输疏运应急队和水上搜救队共 60 人的应急救援队伍，为应急抢险和事故救援提供有力保证。

文明创建。广泛开展创建文明行业、文明单位、文明路、文明班组、文明出租车以及"十行百佳"等活动，不断扩大群众性文明创建活动的覆盖面和影响力。天门市交通运输局在 2015 年度全市领导班子实绩考核中排名第 4，市交通运输系统被市委市政府评为"2013-2014 年度市级文明系统"，2015 年度全市党风廉政建设优秀单位、全市社会治安综合治理优秀单位、全市"五城同创"优秀单位、全市信访工作优秀单位；被市人大常委会评为"建议办理工作优秀单位"、被市政协评为"提案办理工作优秀单位"；市公路管理局被授予"2013-2014 年度省级文明单位"；市交通重点工程项目建设管理处被省交通运输厅授予"2015 年度全省交通运输系统先进集体"；市港航管理局被省交通运输厅评为"2015 湖北省水上安全联合应急演练先进集体"；市交通基本建设质量监督站被省交通运输厅授予"全省'十二五'公路水运工程质量安全工作先进单位"。2015 年，天门市交通运输系统（行业）获得省级表彰先进单位（集体）19 个、先进个人 13 人。

廉政建设。全系统层层签订党风廉政建设责任状，构建"党委主责、纪委专责、横向到边、纵向到底"的党风廉政建设责任体系。开展"每月

一主题"廉政教育活动,主要负责人和相关二级单位一把手先后16次作廉政主题报告,培训辅导829人次;在重要节假日期间向党员干部发送廉政短信264条和《致交通系统党员干部"贤内助"的一封廉政公开信》132封。强化重点环节监管,公开交通工程建设计划、资金、招投标、施工管理、质量监督、验收、决算和考评信息,做到工程建设与廉政建设任务同部署、责任同落实、合同同签订、考核同实施、奖惩同兑现;严格实行工程计划审批、招投标、物资采购、质量监管、资金拨付等关键环节双管双控、分权制衡;邀请市纪委、市检察院全程参与交通建设工程招投标工作,对交通重点工程建设项目实行派驻廉政监督员制度。加大执纪问责力度,全年共查处案件10起,行政警告处分10人,受到诫勉谈话2人,提醒谈话2人;受到全系统通报批评5人。　　　　(张文敏)

潜江市交通运输

【概况】　至2015年底,全市公路通车里程3071.93公里、路网密度153.29公里/百平方公里,其中高速公路63公里、一级公路85.67公里、二级公路315.46公里、三级公路69.44公里、四级公路2533.05公里、等外公路4.01公里。内河航道通航里程209.9公里,港口3个,生产码头泊位13个,渡口51个。客运站17个,其中一级客运站1个、二级客运站1个、三级客运站1个、四级客运站12个、五级客运站2个。

基础建设。全年完成交通固定资产投资22.37亿元,比上年增长344%。普通公路完成投资8.73亿元,其中,一级公路完成路基22.91公里、路面16.91公里,完成投资5.09亿元;二级公路完成25.5公里,完成投资9230万元;县乡公路完成16.1公里,完成投资2419.36万元;通村公路完成168.04公里,完成投资5860.5万元,其中"村村通客车"873万元;农村公路桥梁完成10座257.2延米,完成投资749万元;农村公路危桥改造完成16座,完成投资1886.6万元。高场三级客运站建设完工。

综合运输。全年公路运输营业收入增幅13.49%;水路运输完成港口吞吐量94万吨,营业收入增幅12.02%。春运期间,全市日均投入营运客车559辆(含旅游客车13辆),日发班次1702个,调用客车加班84趟次,包车244趟次,安全运送旅客140.05万人次,比上年增长2%。实行一镇一专线、13条线路覆盖全市24个区镇处的做法,有效解决夜班高铁乘客回家难题,做法被人民日报头版专题报道。在第六届中国湖北潜江龙虾节期间,调用运输保障人员113人,运输保障车辆30台,保障了1000多人员安全有序接送,潜江市交通部门被市委办、市政府办表彰为"服务工作先进单位"。华中(潜江)物流产业园、货运北站物流园、捷阳物流中心等项目纳入湖北省"十三五"公路货运枢纽规划建设项目库、2016-2018年省交通运输固定资产投资滚动计划和"厅市共建"项目库;鑫园物流配送中心建设项目获湖北省交通运输物流发展竞争性支持资金800万元;湖北捷阳物流园纳入全国交通运输行业2016-2018年重点联系物流园区。9月19日开通园林至总口13路公交车,12月15日开通园林至竹根滩11路公交车,圆满完成年度城乡公交改造任务。

公路管养。以"迎国检""绿满潜江"等活动为载体,大力加强公路养护,完成219省道大修工程5.38公里,修补油路坑槽6498.5平方米,完成县道广泽线沙岭桥加固改造工程,完成318国道安保波形钢护栏应急修复20米、路肩硬化1.2公里、护肩带维修1.5公里和公里碑移栽。高标准完成运拖公路总拖线绿化3公里、栽植绿化苗木1300株,完成投资120万元;投资28万元,完成318国道、219省道、247省道及部分县道空白路段绿化10公里。全年清理堆积物194处1224平方米,拆除非公路标志牌299块,拆除违法横跨公路悬挂的横幅标语114条,下达《责令改正交通违法行为通知书》204份,制止违法建筑2处,办理公路赔(补)偿案件14起。构建和巩固"政府主导、

2015年9月19日,潜江市首条城乡公交线路开通

部门联动、综合治理"治超长效机制，固定治超检测站检测车辆90650台次，其中超限车辆4058台次、卸载8012.8吨。治超工作经费纳入市财政预算，潜江市成为全省第一个将治超工作经费纳入财政预算的市州。全年出动执法人员8280人次，检查各类车辆9660台次，查处违章案件2246起，受理群众投诉案件401件。

绿色交通。楚捷公交公司投入2000万元，购置51辆燃气空调节能环保型公交车，市内营运的350辆出租车进行了油改气，全行业涌现出运管员邹蓉、出租车驾驶员范连光、客运从业人员陆新银等10名"王静式标兵"典型和江汉油田运输公司等节能减耗示范企业。

安全应急管理。推进交通运输企业安全生产标准化达标工作，全市参加安全生产标准化达标考评的道路运输企业68家。以危化品运输企业、客运企业为重点，认真开展运输行业安全隐患排查，逐一消除隐患。深刻汲取天津"8.12"危化品爆炸特别重大事故教训，联合安监、公安等部门对全市18家道路危化品运输企业、4家港口装卸企业、4家航运企业开展危险源摸底调查和安全专项整治行动。承办的"2015湖北省水上安全联合应急演练"活动被中国水运报整版报道。全年未发生一起安全生产责任事故、水上交通安全事故。

投融资。全年对上争取项目建设资金22668万元（不含高速公路建设项目），其中债券资金7074万元。潜江市政府与省交通运输厅签订打造江汉运河生态文化旅游带交通现代化示范城市共建协议，成为全省首个与省交通运输厅签订"十三五"共建协议的市州。组建潜江市楚道交通投资发展股份有限公司，公司正式运行以来，完成产值2.8亿元。行政执法、运管

等6项经费纳入市财政预算，新增各项经费总额388万元。

文明创建。潜江市交通服务公司服务大厅被评为全国巾帼文明岗，市公路管理局被评为省级文明单位，泽口港航海事处被评为全省交通运输系统创建人民满意基层执法站所优秀单位，市交通运输执法支队被评为2015年春运工作先进集体，市交通运输局、市农村公路养护中心被评为全省交通运输系统先进集体，广华治超检测站被团省委、省文明办联合授予湖北省青年文明号称号，市公路管理局养护技术能手董政家被省政府和市政府分别授予"湖北省首席技师""潜江市劳动模范"称号。湖北捷阳物流有限公司、潜江市佳捷物流有限公司被评为2015年度全国交通运输先进物流企业，刘世军、戴旭被评为"全国优秀物流管理者"。 （李凌云）

神农架林区交通运输

【概况】 至2015年底，全区公路通车里程1855公里、路网密度52.96公里/百平方公里，其中一级公路17公里、二级公路320公里、三四级公路1463公里，等级公路达1800公里，等级公路比重为97%；国道101公里、省道57公里、县道133公里、乡道392公里、专用公路28公里、村道1144公里。客运站16个，其中二级客运站1个、三级客运站2个、四级客运站4个、五级客运站9个、候车亭126个、招呼站36个、货运站1个。

基础建设。全年完成交通固定资产投资11.34亿元，占省目标任务7.81亿元的145.23%，比上年增长121.51%。其中，建成一级公路路基7公里、路面17公里，完成投资4.43亿元；建成二级公路路基28公里、路面73公里，完成投资4.64亿元；建成三、四级公路路基71公里、路面75公里，完成投资5314万元；建成农村公路桥梁17座280延米，完成投资1120万

元；建成通村沥青（水泥）路路基131公里、路面131公里，完成投资8355元；农村公路安保工程完成投资4500万元；站场建设完成投资3385万元。完成209国道杜川至阳日工程4标段

路基交工验收。

重点项目。林区政府与省交通投资集团有限公司签订投资协议，保康县至神农架林区的保神高速公路项目于12月25日奠基。阳日至松柏一级

神农架林区"畅安舒美"示范路

公路完成路基工程，加快实施路面、交安、绿化、四线下地等建设。杜川至阳日神农架段公路完成隧道建设。大界岭至下谷、大界岭至九湖、盘水至宋洛公路完成全部建设任务。农村公路计划116公里均已完成。"村村通客车"已完成357.55公里农村公路改造、安保设施建设及候车亭建设，总投资约4500万元。大九湖三级客运站完成综合楼主体工程，在进行内部装修。松柏物流中心拆迁工作接近尾声，设计方案已通过，在进行招标中。

公路养护。林区政府大力支持交通发展，按1500元/公里提高了农村公路养护配套资金比例，并建立80万元农村公路养护基金，主要用于各乡镇水毁受灾修复；在未纳入省公路养护规划前，按2万元/公里解决了机场公路、大九线公路、大下线公路养护资金。完成茨介坪公路应急中心建设，投资1500万元；完成阳日至关口大修，投资500余万元；完成阳日至鱼头河公路大修，投资400余万元。实施"绿满荆楚"行动，主要实施大九线、大下线、杜阳线、武神公路，完成投资2340万元；创建"畅安舒美"示范路，在全省"畅安舒美"示范路创建考核验收中获全省第一名。投资950万元，设置"楚风路韵""勿吻我""盐道新韵""绿缘"观景石；打造"香风谷""归瀑""寿"字景观；增设"燕天观景台"1处。完成209国道K1573+300处、K1586+600(大回头线)

处、燕天路段边坡上方等3处滑坡地质灾害治理。完成陈传香打豹景观停车场建设。全区67个行政村公路通畅率100%。

路政管理。新华治超站已完成征地拆迁，在建中。及时清除违章占道，拆除非法建筑标志及违章建筑，严厉查处超限运输行为，维护了路产路权，交通安全得到保障。与公路沿线各乡镇、村签订《公路共管协议》《爱路、护路公约》《集镇过境路段"门前八包"责任书》等协议54份。联合经信委、公安交警开展流动治超行动。路政案件查处率、结案率、索赔率均达到100%。

道路运输。全区道路运输经营企业592家、从业人员2068人，其中客运经营企业18家(公司化经营3家、个体经营15家)，货运经营企业574家；营运车辆802台，其中货运车辆643台、客运车辆159台。全区有客运班线42条、公交线路2条，其中省际客运班线2条、市际客运班线17条、区内客运班线23条。车辆维修企业47家，其中二类维修企业3家、三类维修企业44家。驾培机构1家，机动车综合性能检测站1个。结合神农架与周边地区客流和客运企业实际情况，先后增开九湖至宜昌、下谷至宜昌、下谷至沿渡河、巴东至大九湖等常规班线与旅游班线结合的客运线路。神农架顺驰汽车租赁公司行政许可手续办理完毕，待政府机关用车改革后试运行。

行业监管。完成"春运""十一"等节假日公路安全保畅工作。完成物流发展局与道路运输管理局机构合并后续工作。开展驾培行业突出问题专项整治，充分利用GPS抽查驾培经营行为。组织开展出租车雷锋示范岗创建活动。以"法律六进"活动为载体，通过设立宣传台、摆放展板、视频宣传车播放短片，开展道路运输法律法规宣传。联合消防队开展公交车防暴反恐应急演练。试行推广公交车刷卡系统。举办出租车驾驶员旅游服务培训班。加强运输市场监管力度，重点开展旅游客运市场整顿。对交通项目建设发现的质量问题及时下达整改通知书，督促整改，限时返工，追究责任，项目隐患排查及隐患落实整改率达到100%。对松阳线进行质保体系、工地试验室、浆砌挡土墙等检查，各分项分部质量合格率100%。

安全管理。开展"隐患排查治理""打非治违""道路交通平安年"活动，重点主抓旅游市场秩序、客运企业安全应急管理大检查工作。邀请交通部公路科学研究院对林区国省县乡道进行安全隐患调查统计，完成交通安全生命防护工程报告。组织新《安全生产法》培训。全面推动安全生产"两化"体系建设，对全区13家交通运输企业进行网络注册登记，实行网上监管。开展全区客货运服务(质量)信誉等级考核和汽车客运站安全专项整治行动，对运输企业、客运站点、维修厂家、施工项目进行安全检查，结合林区特点，重点检查施工建设采石场、工棚、炸材、防火安全，并对临水、临崖、高边坡、危岩体等危险路段进行排查，整改率100%。全年无一起安全责任事故发生。

党风廉政建设。狠抓基层党建工作，完成运管物流局支部、公路管理局支部改选。推进"严明政治纪律、严守政治规矩""三严三实"专题教育活动，组织开展领导干部专题调研、讲党课、集中学习教育10次，组织观看《无声的较量》《贪官心理档案》等警示教育片。全年未发生一起违纪违规案件。

（沈绍林）

神农架林区生态公路

交通运输发展战略研究及前期工作

【物流基地研究】 多式联运。9月6日，省交通运输厅在武汉召开多式联运培训会，邀请交通运输部规划院专家全面解读交通运输部多式联运发展政策，组织专家对各地申报项目进行"面对面"对接和指导；各地在对接基础上正式上报多式联运初步方案。省交通运输厅联合交通运输部规划院在武汉、宜昌、襄阳、黄石、鄂州等地开展调研，编制《湖北省多式联运发展规划》。开展多式联运调研，对省内公铁联运企业货运量、货场面积、联运情况等进行调研，收集相关数据。11月28日，召开多式联运示范工程项目审查会，邀请交通运输部多式联运专家、省内高校教授、省发展改革委、武汉铁路局等部门的专家，对各地申报的11个多式联运项目进行遴选，武汉市多式联运项目和黄石棋盘洲新港多式联运项目通过审查，成为申报项目。

农村物流。省交通运输厅印发《关于对十堰等市县农村交通物流试点方案的批复》，同意十堰市、荆门市、竹溪县、秭归县4市县农村交通物流试点实施方案，继鄂州、宜城试点之后，全省省级农村交通物流试点增加到6个。加大对各省级试点单位日常督促和信息收集，十堰亨运物流公司依托自身成熟完善的农村物流网络体系，与杭州快哥科技有限公司深度合作，在十堰市农村物流网点中推广使用"快货运"软件，将"互联网＋"思维融入试点工作中，创新性的依托移动互联技术发展农村物流；宜昌市华维物流公司已形成7条农村货运班线，整合150条通村客运线路覆盖全县，建成18个集商务、供销、邮政、快递功能的村级物流服务站；荆门市众诚物流公司在东宝区范围内全力新(改)建80个镇、村农村物流综合运输服务站点，逐步构建"市—县(区)—镇—村"四级物流服务网络体系，整合农村客运站点、农产品货运交易站场、商品配送中心、邮政服务网点和金融服务平台等服务功能；竹溪县顺通物流公司在新洲、关垭等12个乡镇建立农村交通物流综合服务站，将民营个体户

和农村致富能人加入农村物流服务体系。省交通运输厅联合省农业厅、省商务厅、省供销社、省邮政管理局下发湖北省《农村物流融合发展规划编制指南》，激励县级政府重视规划编制工作，明确将规划项目择优列入交通、商务、供销、邮政、农业等部门"十三五"规划项目库。

甩挂运输。省运管部门组织专家对十堰亨运集团有限责任公司、襄阳东风合运物流股份有限公司、武汉赤湾东方物流有限公司甩挂运输试点项目验收和资金申请进行审查，相关申请材料报交通运输部并获批复。通过验收申请的企业中，武汉赤湾东方物流有限公司开通线路3条，投入牵引车43辆、挂车140辆；十堰亨运集团有限责任公司开通线路3条，投入牵引车46辆、挂车117辆；襄阳东风合运物流股份有限公司开通线路4条，投入牵引车144辆、挂车274辆。积极争取交通运输部第一次主题性甩挂运输试点，开展第四批甩挂运输试点项目申报工作，多式联运主题性试点项目由武汉中运物流有限公司和湖北赤湾东方物流有限公司承担，企业联盟主题性试点项目由武汉大道物流有限公司和荆州鑫泰达物流有限公司承担，均通过交通运输部审查。

(彭刚)

【交通规划管理】 2015年，根据省委省政府统一部署，围绕长江经济带、"一带一路"、长江中游城市群等发展战略，全省交通系统创新发展思路、加强统筹协调，科学推进交通规划编制工作并取得明显成效。

1. "十三五"综合交通规划。按照"一总九专八课题"组织规划编制工作，截至2015年底，"一总"按综合交通、公路水路2个版本编制且基本完成，"九个专项规划"均已形成送审稿，"八个规划前期研究课题"全面完成。规划通过各层次规划咨询会议讨论，并就规划内容向省委省政府、省人大、省政协领导进行汇报。

2. 中长期交通发展规划。湖北省

国省道线位规划编制工作全面完成，湖北省国高网规模由3121公里增加至5015公里，普通国道规模由3616公里增加至9700公里，均跃居全国前10位。长江经济带湖北综合交通运输体系规划基本完成，湖北省长江中游城市群综合交通规划、湖北省内河航道网规划加快推进。

3. 交通专项规划。组织完成清江流域综合交通规划、大别山革命老区交通规划、湖北省货运枢纽(物流园区)布局规划，武汉港总体规划顺利获批，"两圈两带"交通规划后续工作全面完成。结合"十三五"综合交通规划编制工作，组织开展湖北省综合交通枢纽集疏运体系、湖北省旅游公路建设等专项规划研究工作。

4. 规划衔接工作。积极争取长江中游深水航道工程、三峡枢纽综合立体运输体系、一大批国家高速公路和普通国道项目、一批高等级航道、客货运枢纽和疏港公路项目纳入交通运输部"十三五"规划，大别山革命老区全境、神农架林区、阳新县已纳入交通运输部"十三五"扶贫规划范围。(徐文学)

【规划编制】 湖北省综合交通运输"十三五"发展规划。根据省"十三五"规划编制工作领导小组统一安排，省交通运输厅承担《湖北省综合交通运输"十三五"发展规划》编制工作，这是省交通运输厅首次编制全省综合交通五年发展规划。2014年10月底，成立规划编制小组，启动规划编制工作。规划编制小组借鉴省交通运输厅"九个专项规划、八个研究课题"研究成果，调研掌握全省交通发展现状与需求，搜集最新研究成果，于2015年2月完成规划大纲初稿，编制组根据国家和省经济发展战略、综合交通有关部门新研究成果、意见建议对大纲进行修改完善，邀请交通运输部规划研究院作为智力支持单位对规划进行全过程咨询。2015年12月，省交通运输厅邀请国家发改委、交通运输部、省政府及综合交通各部门专家对规划进行专题咨询。

湖北省公路水路交通运输"十三五"

发展规划。2014年10月，成立专项规划编制小组，启动规划编制工作。规划编制组多次到厅直业务局和市州交通运输部门调研，邀请交通运输部规划研究院专家指导规划大纲修改完善，2015年4月完成规划征求意见稿。2015年4月12日，省交通运输厅邀请国家和省级行业专家及厅直业务局领导对规划提出意见和建议；4月29日至30日，组织召开武汉城市圈、鄂西圈片区座谈会，了解各地"十三五"交通发展总体思路、发展需求及保障措施，听取各市州意见建议；7月3日，厅长办公会专题审议并原则通过规划送审稿。

编制2项扶贫专项规划。2015年7月，省发展改革委根据国家发展改革委印发的《大别山革命老区振兴发展规划》，要求省交通运输厅负责制定湖北交通行业专项规划。8月底，完成《湖北省大别山革命老区振兴发展交通专项规划》（初稿）；10月13日，省交通运输厅组织召开鄂豫皖大别山老区交通扶贫攻坚省际联系会，

鄂豫皖3省交通运输厅相关负责人就大别山老区省际交通规划及建设进行协调衔接，编制组对规划进行了修改完善。11月，厅规划研究室承担《湖北省"十三五"交通扶贫规划》编制工作，多方收集相关材料，开展规划编制工作。

（胡莎）

【专项研究】 2015年初，为科学编制省"十三五"交通规划，使其能够为社会经济发展更好地发挥支撑和先导作用，与湖北省"十三五"期交通运输需求相适应，探索开展湖北交通现代化指标体系研究。为解决长江中游航运瓶颈问题，省交通运输厅组织开展"荆汉新水道"相关调查和研究工作，厅规划研究室到长江勘测规划设计院、长江航务管理局规划中心、省港航管理局等单位进行调研，赴荆汉新水道初步规划线路进行实地查勘，结合"645工程"部分研究成果，完成关于长江"荆汉新水道"建设有关问题调研报告。按照交通运输部关于

"把调研工作贯穿于推动交通运输改革发展的全过程"要求和省交通运输厅安排，厅规划研究室开展"依托长江经济带发展 推动湖北交通发展"专题调研，调研小组到长江沿线和湖北省重要市州进行专题调研，10月份完成调研报告。为贯彻落实国务院《关于依托黄金水道推动长江经济带发展的指导意见》，切实发挥湖北水运优势，助推湖北成为长江经济带脊梁，与交通运输部规划研究院共同完成《长江经济带湖北省综合交通运输体系规划研究》（以下简称《规划研究》），11月份完成规划送审稿。该《规划研究》全面分析湖北综合交通运输体系发展现状、面临形势和湖北省长江中游区域条件，明确湖北综合交通定位，规划全省综合交通基础设施，规划综合运输服务系统、支持保障系统，提出2020年前湖北综合交通建设主要项目、时间进度安排及保障措施。

（胡莎）

交通建设前期工作

【重点工程前期工作】 2015年，全省交通系统深入贯彻"前期就是投资、前期就是发展"的理念，紧紧围绕规划目标，全力推进高速公路和长江大桥项目前期工作并取得明显成效，已开工高速公路项目前期工作全面完成，规划高速公路和长江大桥项目前期工作全面推进，一批高速公路和长江大桥项目新开工建设或已具备实施的前期工作条件。围绕"十二五"规划目标要求，确保不因前期工作滞后影响项目建设实施，全省已建在建高速公路里程6784公里，所有在建项目均已完成工程可行性研究和初步设计，所有项目均已实质性启动建设。从中长期规划项目中筛选一批高速公路项目提前启动前期工作，规划储备新建高速公路项目33个约1473公里，所有规划建设项目全部启动可行性研究及相关专题研究，一些项目已具备实

施的前期工作条件。青山、石首、嘉鱼3座长江大桥新开工建设，武穴、白洋、棋盘洲3座长江大桥项目获国家发展改革委批复核准，赤壁长江大桥通过国家评估审查，李埠长江大桥项目前期工作全面启动。加快推进鹤峰至来凤高速、保康县至神农架林区等高速公路前期工作进度。截至2015年底，枣潜高速钟祥至潜江段、鹤来高速等开工建设。

（徐文学）

【站场物流前期工作】 加快综合客运枢纽前期工作推进。道路客运站场规划、布局、设计主动与多种运输方式站场靠拢、衔接。在规划选址上，火车站建在哪里，客运站就配套选址在哪里；在布局设计上，通过共广场、专用换乘通道等，实现不同运输方式之间"零换乘"。与此同时，道路客运站开始加强与城市公交站场的规划

衔接和统一布局，南漳县、宜城市在新建客运站站前广场的前部或一边，规划建设公交枢纽站、出租车停靠场，长途客运与城市公共客运实现最短距离对接。

开展物流发展资金竞争性分配工作。按照省财政预算资金竞争性分配管理有关要求，省道路运输管理局研究制定全省交通运输物流发展资金竞争性分配实施方案，并及时向社会公开发布，同时加强政策宣传和培训，积极指导项目单位制定绩效目标、完善基础工作；严格按照"竞争性分配实施方案"规定的程序和要求，配合省财政厅和交通运输厅组织竞争性分配专家初审、竞争性分配专家审查，圆满实施全省2015年物流发展资金1亿元竞争性分配工作，激发了各地加快推进物流项目前期工作及建设进度的积极性。

争取政府支持，实行部门联动。为了形成推进站场建设合力，各地运管、物流部门积极与发展改革委、商务局、财政局、税务局、土地局、规划局、邮政局等部门进行联系和沟通，争取各政府部门在物流基础设施建设规划布局、扶持政策、融资、用地、税费优惠等方面给予共同支持，确保项目前期工作有序推进。　（蔡丽）

【港航工程前期工作】　加快推进港航工程前期工作，全年有 30 个项目前期工作取得较大进展。其中，长江三峡库区湖北省支流（沿渡河、小溪河）航道工程、黄石阳新富池综合码头、宜昌港兴山峡口旅游码头改扩建工程、武汉新港三江港区综合码头一期工程、丹江坝下丹江口港陈家港港区物流园码头工程、蕲春港管窑港区管窑作业区物流综合码头工程、襄阳港俞家湾格垒咀码头工程 7 个项目工程可行性研究获批复；武汉新港三江港区综合码头工程、黄州港唐家渡港区钟家湾综合码头工程、武汉新港祥宏作业区码头工程、恩施港水布垭实验码头、恩施港大清江综合码头工程、沙洋港江汉运河港区后港作业区综合码头工程、荆州港斗湖堤港区朱家湾综合码头二期工程、黄石阳新富池综合码头、宜昌港兴山峡口旅游码头改扩建工程、蕲春港管窑港区管窑作业区物流综合码头工程、长江三峡库区湖北省支流（沿渡河、小溪河）航道工程、潜江港泽口港区综合码头工程、襄阳港小河港区综合码头一期工程 13 个项目初步设计获批复；荆州港容城港区白螺作业区石化码头工程项目工程可行性研究已审查待批复；武汉新港唐家渡港区锦江综合码头、蕲春港八里作业区红灯建材综合码头改扩建工程 2 个项目已备案；雅口航运枢纽、荆州开发区工业综合码头、荆州煤炭铁水联运储配基地一期码头、浠水滨江新区物流综合码头、田镇港区马口建材码头、嘉鱼港区潘家湾作业区通用码头工程、巴东港货运综合码头工程 7 个项目专项工作取得进展。

水运规划编制。完成《湖北水运建设五年大会战行动方案》《"十三五"内河航运发展规划大纲（初稿）》并报送省交通运输厅；完成《湖北省长江、汉江干线岸线利用控制性规划》市州上报、省直部门征求意见、交通部门内部审查等工作，已报送省政府待批复；根据《航道法》要求，在《湖北省内河航运发展规划（2011—2030）》编制完成基础上，启动编制《湖北省内河航道发展规划》；完善《江汉平原骨干航道网研究报告》编制。在完善水运规划同时，按照"建设一批、储备一批、谋划一批"原则，加大"十三五"近期、中期、远期项目储备力度，整理完善了 2016 年年度计划项目库、2016—2018 三年滚动项目库、"十三五"规划项目库。　（孙巍）

交通基础设施建设

【全省交通基础设施建设】 2015年，全省交通固定资产投资年度确保目标为850亿元，其中高速公路430亿元、普通公路330亿元、港航建设60亿元、站场建设30亿元。在经济下行压力巨大的环境下，全省完成交通固定资产投资继续保持逆势上扬态势，累计完成投资再次突破千亿大关，截至2015年底共完成1108亿元，为年度目标的130%。其中，高速公路完成434.5亿元，为年度目标的101.1%；普通公路完成554.4亿元，为年度目标的173.3%；港航建设完成76.6亿元，为年度目标的127.6%；站场建设完成42.2亿元，为年度目标的140.2%。

2015年，全省新增公路里程16048公里，其中新增高速公路1108公里、一级公路1187公里、二级公路3522公里、四级公路11513公里，减少三级公路1278公里、等外公路705公里。截至2015年底，全省公路总里程252980公里，其中高速公路6204公里、一级公路5231公里、二级公路21554公里、三级公路10811公里、四级公路197134公里、等外公路120444公里，等级公路所占比重为95.24%，比上年提高了0.6个百分点，二级及以上公路所占比重为13.04%，比上年提高了1.87个百分点。全省公路沥青混凝土路面23641公里、水泥混凝土路面180827公里、简易铺装路面15486公里，公路路面铺装率为86.95%。全省公路按行政等级分（原行政等级），国道6916公里、省道13221公里、县道20159公里、乡道63872公里、村道148026公里、专用公路785公里。全省公路密度达到136.09公里/百平方公里，乡镇通畅率为100%，行政村通达率为100%、行政村通畅率为100%。

截至2015年底，全省内河航道总里程9065.89公里（不含界河里程），其中内河航道通航里程8637.95公里，与上年保持一致，其中41.6公里四级航道升为三级航道。按航道结构等级分，共有一级航道269公里、二级航道769公里、三级航道729.9公里、四级航道418.5公里、五级航道929.1公里、六级航道1810.93公里、七级航道1210.9公里、等外航道2500.7公里，等级航道所占比重为71%，三级及以上航道所占比重为20.5%。

1. 高速公路建设

2015年，全年高速公路建设完成固定资产投资434.5亿元，占年度确保目标的101.04%，同比减少13.71%。全省建设高速公路23条、建设规模1250公里，建成高速公路1108公里，高速公路里程达到6204公里，位居全国第四位。其中省交通投资有限公司投资建设项目15个888.2公里、社会投资建设项目8个361.6公里。1-12月份，已实质性启动、有实物工程量的建设项目累计完成投资占年度目标的比重如下：湖北省郧县（鄂豫省界）至十堰高速公路116.16%、麻城至竹溪高速公路宜城至保康段115.43%、武汉城市圈环线高速公路洪湖段104.63%、武汉城市圈环线高速公路仙桃段116.29%、麻城高速公路麻城至武穴段116.29%、武汉城市圈环线高速公路咸宁西段116.29%、宜昌至张家界高速公路当阳至枝江段116.28%、岳阳至宜昌高速公路宜昌段116.29%、宜昌至张家界高速公路宜都至五峰渔洋关段88.96%、潜江至石首高速公路潜江至江陵段116.29%、监利至江陵高速公路117.22%、利川至万州高速公路湖北段112.67%、银川至北海高速公路建始（陇里）至恩施（罗针田）段53.73%、襄阳绕城高速公路东南段112.73%、二广高速荆州东岳庙至卷桥段改建工程94.54%、武汉至深圳高速公路嘉鱼至通城段113.76%、武汉四环线高速公路吴家山至沌口段（西段）193.69%、麻城至竹溪高速公路麻城至红安段（黄冈段）52.43%、武汉至深圳高速公路武汉段110.97%、老河口至宜昌高速公路老河口至谷城段27.28%、硚口至孝感高速公路252.50%、洪湖至监利高速公路52.46%。

2. 普通公路建设

2015年，全省普通公路完成固定资产投资554.4亿元，完成普通一级公路建设1279公里、二级公路建设2919公里，分别占年度目标的128%、162%；完成农村公路16848公里，其中县乡公路改造1434公里、通村沥青（水泥）路15414公里，占年度目标的153%；完成农村公路桥梁246座16133延米，占年度目标的134%；完成公路大修工程2270公里、中修工程678公里。加快推动集中连片特困地区扶贫公路建设，大别山"红色旅游路"、秦巴山"环库生态路"、武陵山"清江画廊路"和幕阜山"休闲旅游路"4个集中连片特困地区特色扶贫路主线路段实现贯通，建设总长度3813公里，惠及29个贫困县、800万贫困人口。截至2015年底，全省公路总里程25.3万公里，位居全国第三，实现100%的县市通国道、99%的县市通一级及以上公路、100%的乡镇通省道、98%的乡镇通二级以上公路、100%的建制村通沥青（水泥）路。

3. 港航建设

2015年，全省港航建设完成投资76.56亿元，为年度目标的127.61%。在建的80多个水运工程项目快速推进：汉江碾盘山至兴隆段航道整治工程6个标段全面开工；荆州港木沉渊港区江陵跃进综合码头4个泊位水工基本完工；宜昌港茅坪作业区二期工程5个泊位水工基本完成；白洋作业区一期工程1号-2号泊位水工主体已完工，3号-6号泊位在进行桩基施工；荆门港沙洋港区中心码头工程6个泊位全部完工。年度目标中确保完工的10个项目均已完工或基本完工，黄梅小池、嘉鱼石矶头、黄石棋盘洲、阳逻三期起步工程、宜昌姚家港等项目建成投入试运营，新增港口能力1800万吨，集装箱通过能力74万标箱。截至2015年底，全省高等级航道1738公里，位居长江沿线第一；阳逻港集装箱吞吐量突破100万标箱，位居全国内河港口第一。

4. 站场建设

2015年，全省站场建设完成投资42.19亿元，为年度确保目标的140.62%。全省公路水路完成客运量8.85亿人、旅客周转量492.61亿公里，分别比上年增长0.20%、1.19%；货运量14.98亿吨、货物周转量4911.54亿吨公里，分别比上年增长2.53%、5.47%。其中，完成公路客运量8.80亿人、旅客周转量489.29亿人公里，分别比上年增长0.17%、1.12%；货运量11.58亿吨、货物周转量2380.62亿吨公里，货运量比上年下降0.41%、货物周转量比上年增长1.71%。完成水路客运量574万人、旅客周转量33215万人公里，货运量3.40亿吨、货物周转量2530.91亿吨公里，分别比上年增长4.83%、13.52%、14.01%、9.27%。

（徐伟）

【全省农村公路发展】 农村公路是覆盖范围最广、服务人口最多、公益性最强的交通运输基础设施，对改善农村群众的生活质量，促进农村经济发展和农业结构的改变，促进农村社会文明程度的提高，起着至关重要的作用。

1. "十二五"农村公路发展情况

湖北省农村公路发展经历了三个五年计划的重要发展阶段，"十五"起步阶段"让农民兄弟走上沥青水泥路"、"十一五"快速建设阶段基本形成农村路网骨架、"十二五"攻坚决胜阶段实现"行政村通畅"，特别是2015年又在全国率先实现"村村通客车"。全省农村公路与社会经济发展的关系实现由不适配向"基本缓解""总体适应"乃至"均衡发展"跨越。主要体现在以下五个方面：

（1）农村公路网络不断优化。全省以"通达、通畅"为重点，认真落实省委、省政府提出的"五年扶贫攻坚""100%行政村通畅"等重大部署，持续加大建设力度，农村公路得到快速发展，干支相连、镇直达、对接循环的区域公路网络基本形成。"十二五"期，全省累计完成农村公路73184公里，占规划目标的119%，农村公路建设任务超额完成，实现所有乡镇和行政村通沥青水泥路。截至2015年底，全省农村公路总里程23.2万公里，其中县道2万公里、乡道6.4万公里、村道14.8万公里，占全省公路通车总里程的91.7%，公路里程位居全国第四、中部第二。

（2）公路管养水平明显提升。省政府出台《湖北省农村公路管理养护体制改革实施方案》和《关于进一步加强农村公路养护管理工作的意见》，坚持"以县为主、分级负责，因地制宜、注重实效，全面管养、保障畅通"的基本原则，不断深化农村公路管养体制改革，逐步推动主体责任、机构人员、养护资金"三落实"，探索实践分段承包养护、委托承包养护等市场化、社会化养护作业模式，农村公路管养体系不断完善，形成了咸安区的专群结合管养模式、谷城县的协会管养模式、潜江市的合同管养模式等一批好经验、好做法，养护管理水平明显提升。全省已建成的120多条农村生态文明示范路和管养示范路，引领全省农村公路向"畅、安、舒、美"方向发展。

（3）服务保障能力逐步增强。全省努力提升公路品质，不断完善公路服务功能，保障群众安全快捷出行，服务地方经济发展。各级交通主管部门严格依法实施交通建设市场监管，落实农村公路建设工程"四制"要求和"黑名单"制度，加强农村公路质量监督。省在县市区100%检查验收、市州100%复核的基础上，每年按照不低于25%的比例对农村公路建设项目进行质量抽检，确保建设质量。全省制定实施安保工程"以奖代补"政策，大力开展农村公路安保工程、渡改桥、危桥改造等设施建设，先后启动农村公路安保工程大会战、农村公路安保工程和危桥改造三年攻坚战等活动，全力推进农村公路安保工程建设和危桥改造，"十二五"期全省共完成59055公里农村公路安保工程建设、改造农村公路危桥1369座，农村公路交通安全态势总体稳定。

（4）农村客运物流强力推进。按照省委省政府提出的2015年底实现全省行政村全部通客车的要求，全省迅速行动、群策群力、全力以赴，因地制宜发展农村客运，取得显著成效。12月15日，全省25989个行政村全部通客车，形成以班车客运为基础、区域经营和电话约租等其他方式为补充的农村客运经营模式，初步建成安全畅通的农村客运网络，基本满足农民群众出行需求。湖北省在全国率先实现"村村通客车"引起较大反响，人民日报头版头条进行报导，交通运输部杨传堂部长对湖北的经验和成绩给予充分肯定，老百姓交口称赞"出家门，上车门，进城门"。在推进"村村通客车"的同时，全省整体推进农村公路、运输站场和客运物流协同发展，依托乡镇五级客运站，建设农村客运物流综合运输服务站，鼓励农村客运经营者与邮政、供销、快递物流企业合作，利用通村客车开展邮政物品、小件包裹及部分生产资料配送等业务，推动建立和完善农村物流配送网络。

（5）扶贫攻坚交通先行。全省交通运输系统带着高度的政治责任感扶贫，带着对老区人民的深厚感情扶贫，打造大别山"老区牌"、丹江口"库区牌"和南水北调"移民牌"，规划和建设大别山"红色旅游路"、秦巴山"环库生态路"、武陵山"清江画廊路"和幕阜山"休闲旅游路"4条共3813公里特色扶贫路。依托片区扶贫开发、新农村建设帮扶、支持脱贫奔小康试点县、"616"定点帮扶、"1+1"对口帮扶等平台，一条条扶贫公路相继建成，不仅打通了脱贫致富的康庄大道，也拉近了党群干群距离，让民生工程升级成民心工程。

2. 2015年农村公路完成情况

2015年，全省农村公路向纵深推进，全省完成农村公路16848公里，占年度目标11000公里的153%，其中完成县乡公路改造1434公里、通村油路(水泥路)15414公里，实现100%的行政村通达通畅。全省交通运输系统紧紧围绕全省行政村"村村通客车"工作目标，结合"三万"活动的开展，多渠道整合资金，多途径争取政策，不断提高农村客运通达率和覆盖面。12月15日，全省纳入统计范畴的25989个行政村全部实现通客车。农村客运的迅猛发展，促进了休闲度假、农家乐一日游等乡村旅游，拓展了农民群众增收渠道。农村物流发展省级试点扎实推进，鄂州、宜城等地各项试点工作取得初步成效；市州试点全面开展，"一市一试点"工作全面启动；部门共建紧锣密鼓，省交通运输厅联合省农业厅、省商务厅、省供销合作总社和省邮政管理局印发《农村物流融合发展规划编制指南》，合力推动农村物流工作健康有序发展。

实现"村村通客车"主要做了以下工作：

（1）全力以赴，不断推进"村村通客车"工作。3月11日，全省"村村通客车"现场推进会在荆州江陵县召开，全省市州和县市区交通运输局局长对江陵县农村公路提档升级和客运发展成果进行现场观摩，对其政府主导、部门协作、全民参与的发展模式实地学习；3月18日，召开全省"村村通客车"工作视频培训会，全省市州和县市区交通运输部门、"三万"工作队队长、乡镇主要负责人近2000人同步收看收听视频现场会及培训课件，实现"村村通客车"工作人员培训和政策技术标准知晓全覆盖；4月3日，利用现代化互联网技术，召开到县一级的视频督办座谈会，详细了解各地工作进展情况，积极督办工作进度；5月8日，召开全省普通公路建养及"村村通客车"视频调度会，对全省农村公路建设、"村村通客车"工作进行再动员、再部署、再督办；7月22日，召开全省部分县市区村村通客车工作座谈会，分析研究前阶段村村通客车工作中存在的困难和问题，部署下阶段工作任务，积极推进全省村村通客车工作；10月16日，召开全省"村村通客车"工作督办会，确保年底实现全省"村村通客车"工作目标；11月10日，组织全省农村公路建养管运四个方面的培训，解读"四好农村路实施方案"及"村村通客车"验收标准，全省市州、县市120余名农村公路管理人员参加培训。

（2）试点先行，为探索农村客运"村村通"可复制、可推广的"湖北模式"，根据全省地理环境实际情况，分山区、平原、丘陵选定7个代表县市开展农村客运发展试点示范，并成立督办组，进驻各试点县市进行调研、督办、指导。通过先行先试，成功总结红安县班车＋包车＋约租车模式，老河口市全域镇村公交化模式，秭归县"政府引导、公司经营、属地管理"的区域经营模式，恩施市以镇为基础、以干带支、向村组延伸的模式等，为全省"村村通客车"转入全面决战阶段提供了有益借鉴。

（3）加强督办，提升农村交通发展质量效益。狠抓农村公路养护管理督办，深入市县督办各地贯彻《省人民政府办公厅关于进一步加强农村公路养护管理工作的意见》的落实情况，掌握了解各地建立农村公路长效管养体系的具体做法，推进农村公路长效管养体系的建立和完善，各地专职农村公路管理机构或部门比例逐步提升。狠抓村村通客车工作督办，先后下发《关于进一步加快推进"村村通客车"工作的通知》《关于成立村村通客车分片服务督导工作组的通知》《关于进驻部分县市督办村村通客车工作的通知》《关于开展"村村通客车"考核验收工作的通知》等文件，点对点开展技术指导和服务，加强检查督办和考核验收，稳步推进全省村村通客车工作。狠抓农村公路廉政建设督办，全面推广鄂州"八公开、五同步"经验，督促各地狠抓农村公路廉政建设，有效防范农村公路建设中的廉政风险。

（4）广泛发动，营造农村交通发展良好氛围。编印《农村客运简报》，在省交通运输厅网站开辟"村村通客车"专栏，及时报道各地"村村通客车"动态、亮点。4月中旬，新华社、《人民日报》、《经济日报》、中央人民广播电台、新华网等中央媒体以及《湖北日报》、湖北电视台、湖北广播电台、《农村新报》等省级主流媒体集中采访湖北省"村村通客车"工作情况，通过全方位展示、多角度剖析，深层次挖掘"村村通客车"的重大举措和发展思路，新华网刊发《村村通客车 湖北"一号工程"畅通城乡"最后一公里"》、湖北日报刊发《村村

通客车 首战开门红》与《村村通客车合力哪里来》、湖北电视台播出《湖北打破壁垒创新机制 "村村通"快速连通城乡》等一系列报道；7月30日，人民日报头版头条以《湖北，客车开进了村里》进行报导。12月22日，湖北省人民政府新闻办公室召开"村村通客车"新闻发布会，湖北省已全面实现村村通客车。

（5）深入调研，强化农村公路发展政策研究。为确保全省农村客运持续稳定运行，巩固"村村通客车"成果，对"村村通客车"进行深入调研，借鉴外省发展农村客运先进经验的基础上，起草《关于巩固"村村通客车"成果 建立农村客运发展长效机制的意见》，并上报省政府。为准确了解全省通自然村公路状况，把握农村公路发展方向，掌握深层次农村公路建设需求，组织开展全省自然村通畅状况专项调查工作。采用既有基础测绘数据在卫星影像图上采集相关信息与传统的GPS实地调查相结合的方式，对全省5户以上自然村公路通畅情况进行调查，建立全省自然村通畅公路项目库，为科学制定"十三五"农村公路发展规划打下坚实基础。（康新章）

【武汉长江中游航运中心】 2015年，省港航海事局围绕武汉长江中游航运中心"基础支撑体系、高端服务体系、关联产业体系"建设，实现航运中心建设力度加大、步伐加快、成色加强的良好态势。

1.打牢大底盘，航运中心基础支撑体系已具雏形

现代化港口建设加速成型。"十二五"全省完成水运固定资产投资340亿元，完工70个港口项目，净增港口货物、集装箱年通过能力8000万吨、250万标箱，分别达到3.2亿吨、433万标箱，分别位居中上游第二位、第一位。长江、汉江沿线每个县市至少有一个装卸效率较高的直立式码头建成或在建。阳逻港三作业区一期起步工程开港运营，阳逻港区年集装箱吞吐能力由120万标箱增长到280万标箱；2014年武汉港首次突破100万

标箱，实现"十二五"翻番，迈入世界内河集装箱港口"第一方阵"，2015年完成106万标箱，全面超越重庆港，内河第一大港地位进一步巩固。宜昌港、荆州港相继突破10万标箱。以武汉港为核心，以宜昌、荆州、黄石、襄阳为补充，以集装箱、商品汽车、大宗散货、件杂货运输为主体，具备装卸存储、中转换装、运输组织、临港开发等功能现代化港口群正加速成型。

深水航道彰显黄金效益。随着长江中游荆江航道整治、汉江兴隆至汉川航道整治、引江济汉通航等工程的完工，"十二五"全省共新增千吨级航道614.4公里，三级以上高等级航道总里程达到1738公里，占全省航道总里程的21%，居长江沿线第一位。长江干线荆江段280公里航道从2000吨级整体提升到3000吨级，枯水期航道水深从3米提升至3.5米；可满足万吨级船队和3000吨级货船双向通航，长江中游航运瓶颈初步打通；汉江碾盘山以下320公里航道等级全面提升到1000吨级；环绕江汉平原的"长江—汉江—江汉运河"810公里高等级航道圈全面形成。

航运组织结构不断优化。5年来共筹措中央和省补贴资金4.6亿元，吸引企业和社会投资30余亿元用于船舶更新换代。全省货船平均吨位达到1800吨，较"十一五"末增长38.5%；千吨级以上船舶达到572万载重吨，占总运力的75.3%，船舶大型化、专业化趋势显著；船型标准化率为70%；货船平均吨位、船型标准化率均居长江中上游第二。全省有经国家批准的船员培训机构4家、内河船员服务机构9家、发证机构16家；水运从业人员1.7万人，占中部6省的42.6%。中外运长航集团、华中航运集团、武汉港务集团等大型港航企业以及众多代理公司、船舶交易和船员服务机构均位于武汉市，业务范围覆盖长江沿线整个地区，部分服务范围延伸至国内外海运市场。全省水路货运量、货物周转量、港口吞吐量、集装箱吞吐量稳步上扬，2015年水路货运量3.2亿吨、货物周转量2447亿吨公里、港口吞吐量3.2亿吨、132万标箱，较"十一五"末增长146%、189%、59.7%、91.6%。水路货运周转量在综合运输体系中的比重，由"十二五"初的34%提高至41%。

多式联运体系初步形成。2014年启动武汉港至长江中上游地区集装箱铁水联运示范项目，实现武汉地区铁水联运零的突破，2015年铁水联运箱量增长迅猛，全年完成8800余标箱，"汉新欧"集装箱班列每月6列、300个标箱的西伯利亚优质木材运通过阳逻港，经铁水联运分拨到沿海港口，实现俄罗斯、新疆、陕西、甘肃等货物通过铁路与长江经济带对接；掣肘武汉铁水联运多年的江北铁路香炉山段、阳逻港临时配套铁路等项目在加速推进；以阳逻集装箱核心港为主体，将吴家山集装箱铁路中心站、滠口货场、襄阳北编组站连接起来，形成"一线串四珠"格局，实现武汉地区江海直达、中欧班列(武汉)、商贸物流三种集装箱运输方式的有效集并运转、互联互通，"铁、水、公"多式联运综合交通运输体系初步形成。与此同时，三峡载货汽车滚装运输运行稳定，宜昌紫云铁路进港建设步伐加快，荆州江陵、襄阳余家湖积极发展"北煤南运"铁水联运。

2. 提升竞争力，航运中心高端服务体系日趋完善

航运辐射范围进一步延伸。相继开通"江海直达"天天班、泸汉台、武汉—东盟四国、武汉—日韩一批品牌航线，拉近沿海和内陆的时空距离，武汉中西部"出海港"地位加快确立。货轮经长江可直达香港、台湾地区以及韩国、日本、越南、泰国等地，航线延伸和辐射区域居长江中上游首位，吸引重庆、四川、湖南、河南、陕西的集装箱转运业务，使武汉港中转箱比例保持在36%以上。助推了长江物流大通道建设，使武汉成为落实"一带一路"国家战略的重要节点。

水运开放口岸进一步扩大。抢抓国务院2015年度口岸开放审批的重要机遇，武汉新港范围内的5个水运口岸成功入围审批名单。湖北将形成7个一类水运口岸点、2个二类水运口岸点，总数占长江沿线口岸的30%。其中，阳逻港获批成为全国首批进境粮食指定口岸和中西部地区首个进境水果指定口岸。以武汉港为依托的湖北省电子口岸水运平台全面启动建设，长江中游首个航运电子数据交换中心(EDI)基本建成，公共物流信息平台基础数据库投入使用，初步实现电子口岸信息互联互通。在武汉东湖保税区获得国家批复并成功运营基础上，积极推动武汉新港空港综合保税区上报国务院。

武汉航交所重组运营。省、市两级合力推动武汉航交所重组工作，提出用5年时间建成服务体系、政策体系、航运产业要素交易体系完整而齐全的航运交易所。武汉航交所已与浦发、民生等多家商业银行达成战略合作协议，搭建起航运交易及金融结算平台，金融机构共同为航运交易及航运企业提供300亿元的资信担保，金融服务功能初步形成。充分吸收上海、重庆等外省市成功经验，积极推进港口企业与航运服务深入融合发展，筹划由武汉新港建设投资开发集团有限公司、华中港航物流集团有限公司等主导采用"互联网+"的理念推动传统航运业转型升级，更大程度地降低企业物流成本；组建挂牌长江航运仲裁机构，航交所功能初步构建。

3. 港产城联动，航运中心关联产业体系蓬勃兴起

港港联动全面启动。省委省政府高度重视港口整合，率先启动实施武汉、黄石、鄂州、黄冈和咸宁等鄂东南5市港口整合。由5市联合出资组建的武汉港航发展集团有限公司正式成立，预计3-5年内将形成运输能力、港口规模、港区物流后方产业园区布局统一规划、协同发展的"港口航母"。湖北省交通投资集团有限公司与宜昌、荆州政府对接，实施战略合作。全省初步实现武汉及以下由武汉港航发展集团为主导、武汉以上以湖北省交投集团为主导进行港口资源整合的格局。港港联动全面启动，将有力推进高度集约化、网络化、规模化航运建设及龙头企业发展，航运市场竞争力明显提高。

港产联动快速推进。"十二五"以来，湖北省以构建综合运输体系为前期，统筹发展规划，依托重点港区，发展港口物流和临港产业，形成港口开发、临港产业园和物流园发展的"一港双园"驱动模式，水运聚集功能不断拓展。深圳盐田港集团投资70亿元建设黄石棋盘洲新港、新港（物流）工业园区及集疏运通道。湖北省交通投资集团有限公司先期投资300亿元，大力发展松滋车阳河港区后方产业园与物流园。全省50多个与工业园区、物流园区配套的港口项目日渐成型，吸引一大批投资百亿元以上的重点项目临江而建。

港城联动快速发展。在"以港兴城"的推动下，沿江加速形成临港产业集聚区、区域商贸物流中心，港城联动效应进一步释放。依托武汉港汽车滚装港区和后方工业园区，以神龙、东风本田、东风乘用车、上海通用等整车生产企业为龙头，沿江汽车产业集聚区基本形成；依托武汉、鄂州及黄石市相关港区和后方工业园区，武钢江夏基地、武钢江北加工基地、武船阳逻基地、团风钢构基地、黄石特种钢制造基地等沿江钢铁产业基本形成；依托白浒山、林四房等化工港区，加快武汉化工新城建设，黄冈化工产业园承接武汉和沿海地区化工产业转移，沿江化工产业初步形成；依托武汉、鄂州、黄冈船舶产业集群及临港工业园区，壮大武船双柳等一批船舶工业园和配套产业园区，壮大发电和输变电、数控机床及数控成型设备、激光加工设备、冶金成套设备、环保设备、模具制造等产业规模，沿江装备制造产业初步形成；依托大型港区、阳逻港华中石材物流中心、蕲春陶瓷产业园，以及三江、唐家渡、赤壁、嘉鱼等港口产业园建材项目建设，建材产业集群基本形成。　　　（马日福）

【湖北省交通投资集团有限公司】

2015年，省交投集团公司紧紧围绕省委、省政府战略部署奋力冲刺、实现"十二五"圆满收官。全年实现融资441亿元，投资368亿元；营业收入131亿元，其中经营性收入56亿元；经营性子公司实现利润7.9亿元，同比增长9%。建成保康至宜昌高速公路襄阳段、湖北省郧县（鄂豫省界）至十堰高速公路、襄阳绕城高速公路东段、麻城至阳新高速公路麻城至武穴段、武汉城市圈环线高速公路仙桃段、武汉城市圈环线高速公路洪湖段等16个高速公路项目792公里；石首、嘉鱼、武穴、宜昌白洋、棋盘洲5座长江公路大桥获国家发展改革委核准；新开工建设武汉城市圈环线高速公路孝感南段、麻城至竹溪高速公路大悟段、沙市至公安高速公路、阳新至来凤高速公路鹤峰至来凤段、枣阳至潜江高速公路荆门至潜江段5个高速公路项目和石首、嘉鱼2座长江公路大桥。所属全资及控股、参股高速公路达4443公里，占全省高速公路通车总里程的78%，其中自管高速公路1541公里，运营管理服务区73对。

项目建设。大力开展"决战七九二，决胜十二五"劳动竞赛，倒排工期，层层动员，大干快上。按照"七个同步"的要求，统筹协调推进主体工程和附属工程、投资控制、质量进度和安全廉洁、项目建设和运营管理，做到投资结余、工期提前、质量提升、安全可控、管理规范。公司领导分片督导、包段蹲点，全体建设者日夜奋战、全力拼搏，"十二五"建设任务圆满完成，公司"十二五"累计建成高速公路1919公里，超额完成省政府下达的"建成1800公里"的目标任务。

融资情况。全力推动高速公路建设项目银团组建工作，积极与银行对接，所有在建项目全部签订银团合同；深挖资本市场潜力，用好用活各类金融工具。通过股权融资获得审批额度280亿元，2015年提款95亿元；成功发行永续中票10亿元，发行票面利率5.04%，为国内永续中票发行史上利率最低的一笔；加强资金集中管控，集团财务公司成功获得银监会批复，开展资金归集、自营贷款、委托贷款、开具保函、贴现商业票据等业务，与各大银行就贷款归集达成协议，资金归集率达70%；与央企对接，积极探索股权投融资新模式，五座长江大桥及其他项目通过BOT+EPC模式获得央企股权融资7.55亿元。公司"十二五"累计实现融资1909亿元，企业信用创AAA，被评为2014年度全国五家企业债优秀发行人之一。

运营管理。2015年是省交投集团公司大规模、自主运营管理高速公路的开局之年。公司实施集团管控模式，成立集团公司运营事业部和五个区域运营公司，建立完善收费、养护、安全、综合管理等制度，新开通路段运营平稳有序，实现通行费收入3.2亿元；以ETC全国联网为契机，成功实现车型分类及载货类汽车计重收费方式与部颁标准对接，对接后通行费收入增长4.5亿元；投入6500万元，对汉十孝感、安陆、京珠大悟、蔡甸等服务区进行整体改造，进一步提升服务功能和社会形象，受到社会一致好评。汉十孝感、天门、潜江服务区被评为2015年全国百佳示范服务区，公司50%以上服务区成为优秀服务区。

转型发展。引导鼓励经营性子公司开拓市场，高路、楚天、商贸物流公司三家子公司实现年净利润过亿元，楚天、科技公司等子公司净利润同比增长25%以上；做大做实非银行金融板块，以资本投资公司为主体，在医疗健康、生态农业及PE投资等领域选择和储备了一批前景广阔、附加值高的项目；发挥集团财务公司功能，成立半年即实现盈利3000万元；创新土地收储开发体制机制，累计获得省国土资源厅批准用地4899亩，可办理土地使用权证1542亩，恩施松树坪项目已正式动工；加快推动沥青基地、石化能源等经营转型项目，2015年供应沥青50万余吨，加工生产改性沥青15万吨，实现营业收入4.02亿元；前海公司供油保障与贸易开发双线并行，2015年完成12万吨沥青贸易，实现营收3.6亿元，油品及其他贸易营收近5000万元；与中石化合作，成功组建湖北交投石化能源公司。

"港产城"开发。抢抓国家战略机遇，开辟长江经济带开放开发新战场，打造"港、产、城"一体化的投资开发和盈利模式。在三江港区域投资开发公司的基础上，公司2015年先后与荆州、宜昌市政府签署合作协议，注册成立了湖北交投宜昌投资开发有限公司、湖北交投荆州投资开发股份有限公司，初步形成了以宜昌、荆州、鄂州为重要节点的沿江流域投资开发方向，总投资规模预计2000亿元。截至2015年底，三江港码头一期工程、临江大道市政道路等具体项目已实质性启动，完成投资12.6亿元；荆州松滋车阳港、宜昌太平溪港区项目已启动前期工作。

战略规划。紧扣全省"十三五"战略，编制省交投集团公司"十三五"战略规划报告，制定了"十三五"发展目标：力争实现融、投资双突破2000亿元；到2020年营业收入突破300亿元，力争达到500亿元；利润突破20亿元，力争达到30亿元，成为国内一流的综合交通基础设施投资运营商、产业资本投资经营商，进入中国企业500强行列。明确了"十三五"发展思路：贯彻落实创新、协调、绿色、开放、共享的发展要求，树立"大思维、大布局、大创业"理念，实施二元发展战略，既坚定不移地发挥投融资平台功能，投资建设重大交通基础设施项目，完成省委省政府交办的战略任务；又充分发挥市场主体作用，将长江经济带作为主战场，打造"港、产、城"一体化，向高利润、高壁垒、高成长性的战略性新兴产业转型发展，

实现平台功能和市场功能的有机融合，不断提升企业的综合竞争力。优化了"十三五"产业布局：一手抓平台功能发挥、一手抓市场主体地位确立，打造综合交通基础设施投资运营商和产业资本投资经营商"两商并举"，形成以综合交通板块为核心业务，以物流、地产、能源、科技板块为重点发展业务，以金融、健康、生态农业板块为战略培育业务的产业布局。

战略合作。2015年，与恩施、咸宁、宜昌、襄阳、荆州等市政府及中国铁建股份有限公司、中国交通建设股份有限公司、武昌船舶重工集团有限公司等大型央企签订战略合作协议，开展战略合作，初步建立起开发融合、优势互补、互利共赢的"朋友圈"发展联盟。

（吴伟）

省管交通建设项目

【宜昌至张家界高速公路项目群】
12月，宜昌至张家界高速公路（以下简称宜张高速）当阳至枝江段、宜都至五峰段、岳阳至宜昌高速公路（以下简称岳宜高速）宜昌段全面建成。宜张高速项目群由宜张高速、岳宜高速宜昌段组成。宜张高速分为当阳至枝江段、宜都至五峰段、五峰至鄂湘界段、白洋长江大桥4个项目立项。当阳至枝江段、宜都至五峰段、岳宜高速宜昌段全年完成投资45.81亿元，为年度确保目标43.12亿元的106%，累计完成投资109.24亿元，为总投资的94.80%。形象进度：路基土石方累计完成4291万立方米，占总工程量的100%；防护工程完成127.2公里，占总工程量的100%；涵洞、通道完成442道，占总工程量的100%；桥梁桩基完成4651根，占总工程量的100%；墩柱完成2974根，占总工程量的100%；梁板预制完成7715片，占总工程量的100%，安装完成7715片，占总工程量的100%。全线分项分部工程合格率100%，没有发生质量事故，无重大质量隐患，未发生重大安

全生产事故。

【潜江至石首高速公路潜江至江陵段】 12月，潜江至石首高速公路潜江至江陵段全面建成。该项目起于潜江市浩口镇汪湖村，止于江陵县普济镇谭湾村，全长42.28公里，批复概算42.25亿元。该项目由省政府批准，采用"融资＋工程自建＋农业综合开发"建设管理模式，于2013年11月开工建设。该项目全年完成投资17.3亿元，累计完成投资42.26亿元，年度及总体投资目标均已完成。

【麻城至竹溪高速公路襄阳西段
（宜城至保康）】 12月，麻城至竹溪高速公路襄阳西段（宜城至保康）全面建成。该项目路线全长113.75公里，总投资121.83亿元，工期42个月，2013年4月开工。全年完成产值44.29亿元，累计完成产值121.49亿元，占总投资的99.7%。形象进度：路基土石方完成101.1万立方米，累计完成2983.1万立方米，占总量的100%；防护工程完成138.92万平方

米，累计完成228.03万平方米，占总量的100%；排水工程完成54.96公里，累计完成248.90公里，占总量的100%；桥梁桩基完成19根，累计完成4738根，占总量的100%；墩柱完成123个，累计完成3560个，占总量的100%；梁板预制完成1956片，累计完成9612片，占总量的100%；梁板安装完成3034片，累计完成9612片，占总量的100%；现浇箱梁完成43孔，累计完成106孔，占总量的100%；隧道开挖完成11004.1米，累计完成68581.4米，占总量的99.7%；二次衬砌完成13954米，累计完成68406.4米，占总量的99.5%；隧道路面完成55251.4米，累计完成66898.4米，占总量97.5%。路面底基层度完成89.32万平方米，累计完成147.31万平方米，占总量的100%；下基层完成98.20万平方米，累计完成137.77万平方米，占总量的100%；上基层完成134.85万平方米，下面层完成118.50万平方米，均各占总量的100%；中面层完成255.12万平方米、上面层完成255.12万平方米，均各占总量的98%。交安

护栏立柱完成246.74公里、护栏面板完成246.74公里、隔离栅完成153.25公里，均各占总量的100%。标志基础完成481个，标志标牌完成1978个，各占总量的100%；标线完成147736平方米，占总量的94.5%。绿化工程开挖并铺设表土77145立方米、播种草种70018平方米、铺植草皮2754平方米、植乔和灌木完成116399株，各占总量的100%。房建基础完成93%，主体工程完成92.5%；装修工程完成92.5%；总图完成92.5%。机电工程设备购置完成100%，设备安装完成94%。

【麻城至竹溪高速公路黄冈段】项目路线全长43公里，起点连接武麻高速公路，终于红安县上新集镇北岗村，与麻竹高速大悟段相接。全线设服务区、停车区、监控管理中心、养护工区各1处，收费站2处，设宋埠枢纽、桃花、红安3处互通，共有路基挖方443万立方米、填方503万立方米，软基处理3.53公里，大桥11座2631.32米、中桥7座513.48米、小桥3座75.08米，分离式立交3座689.26米，管线交叉中桥1座66.08米，互通设匝道桥6座642.24米，主线设涵洞及通道173道，匝道内设涵洞及通道38道，天桥16座。该项目由黄冈市人民政府招商引资，并经湖北省人民政府批复采用BOT方式建设。批复概算21.76亿元，总工期42个月。2013年1月正式开工建设。

黄冈段高速公路全年完成投资4.29亿元，占年计划投资的35.84%，累计完成投资16.54亿元，占总投资的76%。其中一期土建工程累计完成产值11.06亿元，占合同金额的105.79%；二期路面工程完成1.43亿元，占合同金额的26.33%；三期房建工程完成1545万元，占合同金额的27.8%；三期绿化工程完成496万元，占合同金额的14.48%。形象进度：路基土石方累计完成977万立方米，完成总量的98.79%；防护工程累计完成105659立方米，完成总量的98.91%；涵洞、通道累计完成206道，完成总

量的100%；桥梁桩基、下部构造、预制梁板均完成总量的100%；安装完成98%。路面底基层累计完成679418平方米，完成总量的59.16%；下基层累计完成658171平方米，完成总量的58.61%；上基层累计完成603324平方米，完成总量的57.54%。房建工程中土建累计完成1628万元，完成总量的40.27%；安装工程累计完成292万元，完成总量的19.28%。绿化工程已招标进场。

【武汉城市圈环线高速公路仙洪段】武汉城市圈环线高速公路是湖北省"完善七通道、构筑三圈、打造六枢纽、建设一系统"高速公路网规划中"三圈"中的"8+1"城市综合交通体系圈，即省主骨架高速公路网"7纵5横3环"中的1环线。该项目由仙桃段和洪湖段两部分组成，采取统一管理、分期开工、分段建设方式。

仙桃段。12月，武汉城市圈环线高速公路仙桃段全面建成。该段全年完成投资11.15亿元，为年度目标的100%，累计完成投资47.66亿元，为总投资的100%。形象进度：路基土石方累计完成392万立方米，占全线工程量的100%；防护工程累计完成6328立方米，占全线工程量的100%；涵洞、通道累计完成103道，占全线工程量的100%；桥梁桩基累计完成5541根，占全线工程量的100%；墩柱累计完成4987根，占全线工程量的100%；梁板预制累计完成9245片，占全线工程量的100%；梁板安装累计完成9245片，占全线工程量的100%；路面基层累计完成88.2万平方米，路面面层累计完成271万平方米，各收费站、服务区房建工程全部完成，配套机电工程、交安工程、绿化工程全部完成。全线分项分部工程合格率100%，没有发生质量事故，无重大质量隐患，未发生重大安全生产事故。

洪湖段。全年完成投资12.62亿元，为年度确保目标12.51亿元的100.9%，累计完成投资33.32亿元，为总投资的96%。形象进度：路基土

石方累计完成46万立方米，占全线工程量的100%；涵洞、通道累计完成3道，占全线工程量的100%；桥梁桩基累计完成3348根，占全线工程量的100%；墩柱累计完成3234根，占全线工程量的100%；梁板预制累计完成5678片，占全线工程量的100%；梁板安装累计完成5678片，占全线工程量的100%；各收费站、服务区房建工程全部完成，配套机电工程、绿化工程全部完成。全线分项分部工程合格率100%，没有发生质量事故，无重大质量隐患，安全生产保持稳定的发展势头，未发生重大安全生产事故。

【武汉城市圈环线高速公路咸宁西段】12月，武汉城市圈环线高速公路咸宁西段全面建成。全年完成投资11.29亿元，为年度目标的100%，累计完成投资28.32亿元，为项目总投资的100%。形象进度。一期土建工程：路基土石方累计完成615.54万立方米，占总量的100%；生态防护完成358369平方米，占总量的100%；坎工防护完成69623立方米，占总量的100%；排水工程完成52公里，占总量的100%；桥梁桩基累计完成2191根，占总量的100%；桥梁墩柱累计完成1938根，占总量的100%；梁板预制完成3334片，占总量的100%；梁板架设3334片，占总量的100%；现浇箱梁完成129跨，占总量的100%，桥面系完成14884米，占总量的100%。二期路面工程：路面底基层累计完成579000平方米，占总量的100%，下基层、上基层各累计完成511000平方米，均占总量的100%；下面层累计完成358000平方米，占总量的100%，中面层、上面层各累计完成467000平方米，均占总量的100%。三期交安工程：隔离栅累计完成42公里，占总量的100%，护栏累计完成80公里，占总量的100%，标志标牌累计完成278个，占总量的100%。三期绿化工程：喷、播草种累计完成2052.40万平方米，占总量的100%，种植乔、灌木累计完成16291株，占总量的100%。三期房建工程：

基础工程、主体工程、装修与总图均累计完成100%。三期机电工程累计完成100%。全线分项分部工程合格率100%，没有发生质量事故，无重大质量隐患，未发生重大安全生产事故。

【武汉城市圈环线高速公路孝感南段】 孝感南段起于安陆市南城办事处闭刘村，设安陆南枢纽互通与福银高速公路交叉，经辛榨乡以东设辛榨互通连接烟应线，芦洪以西跨越内府河，在长堰堤设应城北互通连接烟应线，跨越富水河，在榨屋垸上跨长荆铁路、汉宜线，在口角湾设应城西互通连接107省道，经鲁班水库，跨越灭漠河、累新线，在陈河以南设应城南枢纽互通连接武荆高速公路，跨越五龙河，在新河口设互通连接311省道，在中洲农场以西设中洲互通连接中天公路，跨越南支河汉川西服务区，设福星互通连接规划的荷沙一级公路，设沉湖互通，至杨家台跨越汉江，止于汉江大桥与南岸引桥分界处，对接武汉城市圈环线高速公路仙桃段起点，路线全长96.20公里。2015年9月全线施工展开，工期36个月，批复概算80.68亿元。全线采用双向四车道高速公路标准，设计速度100公里/小时，路基宽度26米，平曲线最小半径700米，最大纵坡4%，桥涵设计汽车荷载等级采用公路–Ⅰ，其他技术指标均满足《公路工程技术标准》(JTG B01-2014)要求。

项目主要特点：本项目软基高架桥数量多且集中，桥梁工程全长33.77公里，主要位于北支河南侧，此外还有汉江特大桥、府河、汉北河大桥等特殊结构桥梁施工工期直接影响到整个项目的建设工期。协调工作量较大。本项目沿线大部分属江汉平原，素有人口密集，人均占用耕地少的特点。本项目沿线拆迁量大，建设用地与占用基本农田矛盾突出，地方协调工作量较大，也有一定难度。此外，本项目与2条高速公路、4条铁路、3条油气管线、数条500KV、220KV高压线交叉，并跨越汉江、汉北河等6条通航河流，后续与相关主管部门的协调

量较大。五、沿线筑路材料分布不均。本项目安陆境内砂石料、石灰、路基用土等筑路材料丰富，基本可以就近取用，材料单价相对便宜，对节约工程造价十分有利。本项目汉川境内基本上为平原区，地下水位较高，筑路材料如路基用土及水泥、石灰、石料、砂等相对匮乏。受限于不利的自然条件和严格的土地保护政策，筑路材料均考虑外地远运，材料单价较高，对工程造价影响较大。

孝感南段全年完成投资24.87亿元，为年度确保目标23.40亿元的106.3%，为总投资的31%。形象进度：路基土石方完成646万立方米，占总工程量的49%；涵洞、通道完成147道，占总工程量的33%；桥梁桩基完成4674根，占总工程量的86%；墩柱完成2162根，占总工程量的35%；梁板预制完成1641片，占总工程量的15%；梁板安装完成358片，占总工程量的4%。全线分项分部工程合格率100%，没有发生质量事故，无重大质量隐患，未发生重大安全生产事故。

【利川至万州高速公路湖北段】 利川至万州高速公路湖北段是国家高速公路网中沪渝高速和沪蓉高速的重要连接通道，是国家西部大开发战略交通规划53条重点经济区干线公路广元至利川公路的东南段。本项目的建设，对于完善区域综合运输网络，优化高速公路网结构，促进国家西部大开发战略的实施，加强鄂西与渝东北地区的联系，加快沿线丰富自然资源和旅游资源的开发利用，带动沿线经济发展，推进鄂西生态文化旅游圈建设等，都具有十分重要的意义。项目起于利川市凉雾乡旗杆村附近，经利川市凉雾乡、南坪乡和谋道镇，止于鄂渝2省市交界处的利川市谋道镇田家垭口，全长42.11公里，另设利川连接线3.23公里、南坪至谋道镇连接线6.83公里，工期48个月。全线采取双向四车道高速公路标准，设利川互通、凉雾互通、南坪互通3处互通式立交，主线收费站1处、匝道收费站2处、服务区1处、养护工区1处、

省际治超站1处、管理分中心1处。全线采用双向四车道高速公路标准建设，设计速度80公里/小时，路基宽度24.5米。桥涵设计汽车荷载等级采用公路–Ⅰ级，其他技术指标满足《公路工程技术标准》（JTG B01-2014）要求。

项目主要特点。沿线地势险峻，地形地质条件十分复杂。线路高差近500米，桥隧比例高达61%，其中隧道全长22.3公里。齐岳山至终点23.5公里，桥隧比例更高达93%。齐岳山隧道长3.38公里，需穿越地质构造复杂、岩溶形态多变、暗河发育的土木工程禁区，被视为世界级难题工程，质量安全管控难度极大。2013年5月16日开工。

2015年12月底，该项目路线起点至南坪前19公里建成通车，后23公里控制性工程齐岳山隧道、磁洞沟大桥顺利贯通。一期土建工程临时工程完成100%，路基工程完成99.5%，桥梁工程完成100%，涵洞、通道完成99%，隧道工程完成91%；二期路面工程完成80%；三期房建工程完成85%，交安工程完成85%，绿化工程完成65%，机电工程完成65%。全年完成建设投资176487万元、占计划的110%；累计完成投资435108万元、占批复概算总投资的83%。

【襄阳绕城高速公路东段】 12月，襄阳绕城高速公路东段全面建成。该项目路线全长16.33公里，项目总投资10.48亿元，工期42个月。全线采用双向四车道，设计速度100公里/小时，路基宽度26米。2013年6月开工。全年完成产值38111万元，累计完成产值103531.7万元，占总投资的98.8%。形象进度：路基土石方完成6.1万立方米，累计完成364.2万立方米，占总量的100%；防护工程完成21.94万平方米，累计完成27.39万平方米，占总量的100%；排水工程完成17.5公里，累计完成44公里，占总量的100%；圬工防护完成6429.8立方米，累计完成22589.8立方米，占总量的100%；涵洞通道完成2.5道，累计完

成82道，占总量的100%；桥梁下构全部完成；梁板预制全部完成，梁板安装完成88片，累计完成425片，占总量的100%；桥面铺装完成1754.6米，累计完成3638.6米，占总量的100%；现浇箱梁完成17孔，累计完成58孔，占总量的100%。跨汉丹铁路桥桩基完成38根，占总量38根的100%，完成承台4个、台身2个。路面底基层完成30.67万平方米，累计完成49.33万平方米，占总量的100%；下基层完成35.54万平方米，累计完成46.59万平方米，占总量的100%；上基层完成46.35万平方米，累计完成46.59万平方米，占总量的100%；下面层完成42.91万平方米，占总量的100%；中面层完成46.14万平方米，占总量的99.5%；上面层完成46.14万平方米，占总量的99.5%。交安护栏立柱完成82.04公里、护栏面板完成82.04公里、隔离栅完成39.04公里，均各占总量的100%。标志标牌基础完成197个、标志标牌面板完成203个、标线完成32678平方米，均各占总量的100%。绿化工程开挖并铺设表土15289立方米、播种草种6978平方米、铺植草皮24888平方、植乔、灌木完成19993株，均各占总量的100%。房建基础完成100%，主体工程完成100%；装修工程完成100%；总图完成100%。机电工程设备购置完成100%，设备安装完成50%。

【武汉四环线高速公路西四环线（吴家山至沌口段）】 西四环线高速公路全长22.25公里，路线总体走向由北向南延伸，起点位于107国道东西湖区，终点与汉洪高速公路交叉，与沌口长江公路大桥相接。项目采用BOT+EPC模式建设，总投资71.86亿元，建设工期48个月。2012年12月开工，2015年12月实现主线基本贯通，计划2016年12月底全线建成通车。

工程进度。全年实际完成投资18.7亿元，占年度投资计划15亿元的124.7%，累计完成投资68.5亿元，完成总投资的95.3%。形象进度：全线桩基累计完成6019根，占设计总量

的97%；承台完成1699个，占设计总量的97%；墩组完成1744组，占设计总量的94%；盖梁完成1175个，占设计总量的99%；箱梁预制6303片，占设计总量的91%；箱梁架设6022片，占设计总量的87%；现浇梁完成17.17万立方米，占设计总量的78%。12月30日，国内最长跨湖大桥、全长5.7公里的后官湖特大桥实现全桥贯通，二期路面工程施工单位已进场。项目无重大质量事故发生。

【武汉四环线高速公路南四环线（龚家铺至中州段）】 南四环线高速公路位于武汉绕城高速公路与三环线之间，是武汉市"环形+放射"道路骨架网络的有机组成部分。项目起于江夏区龚家铺，接四环线沌口长江公路大桥段，设龚家铺枢纽互通衔接青郑高速公路和107国道，沿星光大道南侧向东，最终设藏龙岛互通枢纽与绕城高速（沪渝高速）相接。本项目采用双向八车道高速公路标准建设，设计速度100公里/小时，整体式路基全幅宽度41.0米，平曲线最小半径1100米，最大纵坡2.6%，桥涵设计汽车荷载等级采用公路-I级，其他技术指标均满足《公路工程技术标准》(JTG B01-2014)要求。项目采用BOT+EPC模式建设，总工期36个月，批复概算44.72亿元。全线里程17.18公里，主要工程内容包括主线桥梁6座15.61公里，桥梁长度占路线长度的90.8%，有龚家铺、中洲、藏龙岛3处互通立交，停车服务区1处，收费管理站2处。2014年年底开工。

项目特点。全线岩溶地区溶洞发育较广，已完成详勘桩基中发现有溶洞的达1310根，个别钻孔累计揭露溶洞厚度达29.5米，施工困难大。施工沿线与铁路、高速公路、城市主干道交叉多，施工干扰及安全隐患大。本项目主线跨青郑高速公路、跨107国道、上跨京广铁路、下穿武咸城际铁路、藏龙岛枢纽互通跨沪渝高速公路都为全线主要控制节点，且与地方道路交叉众多，车流量大，交通繁忙，施工干扰大，对施工组织、安全保通和协

调工作带来较大难度。预制梁数量大，架梁线路上关键节点多，架梁工期影响因素多。全线预制箱梁5512榀，制梁、存梁工程量大，跨径种类多，混凝土需求量大。征地拆迁数量大、管线迁改涉及单位多难度大。项目拆迁量非常大，沿线电力、管线众多且十分复杂，特别是项目涉及企业（单位）征迁30多家，征迁协调数量大、难度高。

工程建设。南四环线全年完成实体工程施工产值3.9亿元、征迁协调工作完成投资约4亿元，全面完成武汉市政府下达的5亿元投资目标。形象进度：全线桩基4647根，已完成1819根，占总量的39.1%；承台1316个，已完成217个，占总量的16.5%；墩柱2894根，已完成488根，占总量的16.8%；盖梁985个，已完成56个，占总量的5.7%；现浇梁112联，已完成2联，占总量的1.78%；预制梁5512榀，已完成12榀，占总量的0.2%。全线分项工程合格率100%，没有发生质量事故，无重大质量隐患，未发生重大安全生产事故。

【硚口至孝感高速公路】 该项目分2期建设，第1期工程从硚口至京港澳高速公路，全长22.5公里，概算投资额37.71亿元；第2期工程从京珠高速公路至孝感孝南区，全长12.01公里，概算投资额12.93亿元。硚口至京港澳高速公路段全年完成投资9.52亿元，为年度目标的100%，累计完成投资21.73亿元，为1期工程总投资的12%。形象进度：路基土石方完成76.54万立方米，占总量的68%；涵洞、通道完成12道，占总量的46%；桥梁桩基完成桩基3571根、基础承台/系梁1489道，占总量的75%，下部构造完成墩柱2910根、墩台帽861个，占总量的69%；预制梁板完成2564片，安装完成2221片，占总量的43%；现浇箱梁完成12546米，占总量的92%；防撞护栏完成17229米，占总量的24%。全线分项分部工程合格率100%，没有发生质量事故，无重大质量隐患，未发生重大安全生

产事故。

【武汉至深圳高速公路武汉段】
项目全长 33 公里，概算总投资 54.14 亿元，总工期 42 个月。该项目全年完成投资 15.06 亿元，占年计划投资 13 亿元的 115.8%，累计完成投资 34.41 亿元，占概算总投资的 63.6%。形象进度：一期土建工程中，土建四标主体工程全部完工，二标、三标主体工程基本完工；主线已贯通 27 公里。累计完成路基土石方 393 万立方米，占总工程量的 80%；桥梁桩基 3614 根，占总工程量的 93%；系梁 1048 片，占总工程量的 83%；墩柱 2896 根，占总工程量的 84%；盖梁 944 片，占总工程量的 85%；T 梁预制 6060 片，占总工程量的 85%；T 梁架设 5581 片，占总工程量的 78%；桥面铺装 24933 立方米，占总工程量的 62%；护栏 41004 米，占总工程量的 57%；小型构造物 105 道，占总工程量的 83%。二期路面工程单位已经进场，在进行驻地和场站建设。

【武汉至深圳高速公路嘉鱼至通城段】
项目路线全长 90.98 公里，全线设桥梁 66 座 18723 米，其中特大桥 3 座 3986 米、大桥 46 座 13629 米、中桥 17 座 1108 米；设隧道 4 座 5595.7 米，其中长隧道 2 座 4371.7 米、中隧道 2 座 1224 米；设嘉鱼枢纽、嘉鱼南、舒桥、车埠、赤壁西枢纽、茶庵岭、崇阳西、通城西枢纽 8 处互通式立交，分离式立交 5 处，天桥 12 座，通道 116 道；设匝道收费站 5 处、服务区 2 处、停车区 2 处、管理分中心 1 处、养护工区 2 处。新建嘉鱼南连接线 4.48 公里、崇阳西连接线 12.7 公里。

2015 年，嘉鱼至通城段高速公路完成投资 30.7 亿元，为年度确保目标 22.65 亿元的 135.5%。累计完成投资 68.97 亿元，为总投资的 77%。形象进度：路基土石方累计完成 3355 万立方米，占总工程量的 99%；涵洞、通道完成 395 道，占总工程量的 97%；桥梁桩基完成 3912 根，占总工程量的 99%；墩柱完成 2665 根，占总工程量

的 99%；梁板预制完成 5473 片，占总工程量的 99%，安装完成 5227 片，占总工程量的 95%；隧道初期支护完成 11191 米，占总工程量的 100%；二衬完成 11191 米，占总工程量的 100%。全线分项分部工程合格率 100%，没有发生质量事故，无重大质量隐患，未发生重大安全生产事故。

【武汉至监利高速公路洪湖至监利段】
项目路线全长 94.86 公里，路基宽度 26 米，采用设计速度 100 公里/小时的四车道高速公路标准，批复概算 88.27 亿元。洪湖至监利段全年完成投资 14.8 亿元，占年计划投资 35 亿元的 42.3%，累计完成投资 57.7 亿元，占总投资的 65.4%。工程进度：建成拌和站 9 座并全部投产，建设预制场 17 座并全部投产，水稳站 2 座、4000 型沥青拌和楼 2 座；临时道路、临时电力线等全部完成。形象进度：路基工程中，场地清理、路基清淤全部完成；软基处理中，塑料排水板、水泥搅拌桩、垫层、土工格栅全部完成。路基填筑完成 46.71 公里，占总量的 95.8%；包边土和封层土完成 150 万立方米，占总量的 63%；路基交工验收 7.5 公里，占总量的 16.5%；桥涵桩基完成 10179 根，占总量的 99%；承台完成 806 个，占总量的 86.5%；系梁完成 2955 个，占总量的 92.6%；墩柱完成 7482 根，占总量的 91.8%；盖梁完成 3531 个，占总量的 82.7%；梁板预制完成 7399 片，占总量的 39.5%，安装完成 6390 片，占总量的 33.6%；涵洞通道 85 道，占总量的 81%；完成水稳层备料 95 万吨、沥青面层备料 25 万吨，占总量的 36%；完成底基层单幅单层 7.3 公里、基层单幅单层 6.8 公里，占总量的 7.3%。

【银川至北海高速公路建始（陇里）至恩施（罗针田）段】
银川至北海高速公路建始(陇里)至恩施(罗针田)段是一条纵贯南北、通江达海的高速公路通道，对强化恩施作为武陵山区域中心城市的辐射带动作用和交通枢纽地位，促进武陵山少数民族

经济社会发展试验区协调发展具有十分重要的意义。项目全长 74.53 公里，其中主线 70.93 公里、支线 3.6 公里。全线设陇里、建始、柏杨坪枢纽、徐家垭枢纽、柏杨坪、龙凤坝、虎岔口、松树坪 8 处互通式立交，匝道收费 6 处、服务区 2 处、停车区 1 处、养护区 1 处、管理监控分中心 1 处、交警营房 1 处、桥梁 71 座 22039.3 米、隧道 2 座 3001 米。另建建始连接线 6.99 公里、龙凤坝互通连接线 1.75 公里、松树坪互通连接线 1.21 公里。全线采用双向四车道高速公路标准建设，设计速度 80 公里/小时，路基宽度 24.5 米。桥涵设计汽车荷载等级采用公路－I 级，其他技术指标满足《公路工程技术标准》（JTG B01—2014）要求。2013 年 6 月 1 日，松树坪至罗针田段 7.41 公里开工，2015 年 7 月建成通车。

【棋盘洲长江公路大桥连接线阳新至大冶段】
项目起于阳新县太子湖镇洪桥村附近，对接棋盘洲长江公路大桥阳新岸接线，路线向西经阳新县大王镇和大冶市的大箕铺、金湖街，跨武九田路、106 国道、315 省道、武九铁路大冶附属线等，止于大冶市金湖街宋家附近，与武汉城市圈环线高速公路黄石市大冶段对接，并与大广高速公路交叉。全线拟设桥梁 22 座 3990.28 米，其中特大桥 1 座 1006 米、大桥 12 座 2364.8 米、中桥 9 座 619.48 米；设大冶枢纽、阳新北、大冶东 3 处互通式立交，设匝道收费站 2 处、服务区 1 处。

连接线阳新至大冶段全年完成投资 71265 万元，为年度目标的 104.8%。累计完成投资 79065 万元，为总投资的 39.18%。形象进度：一期土建工程全线驻地建设和标准化工地建设全部完成。全线路基土石方累计完成 263.76 万立方米，占总量的 46%；水泥搅拌桩累计完成 6 万米，占总量的 50%；排水工程完成 18 公里，占总量的 31%；桥梁桩基础累计完成 622 根，占总量的 68%；墩柱累计完成 262 根，占总量的 46%；梁板预制累计完成 209 片，占总量的 17%；

梁板安装累计完成 40 片，占总量的 3%；通道涵洞累计完成 35 道，占总量的 43%；隧道洞身开挖初支累计完成 4395 米，占总量的 85%，二次衬砌累计完成 3499 米，占总量的 68%。全线分项分部工程合格率 100%，没有发生质量事故，无重大质量隐患，未发生重大安全生产事故。

【监利至江陵高速公路（江北高速公路）】

江北高速公路起于监利县分盐镇胡家村，止于江陵县熊河镇跃进村，全长 69.13 公里，批复概算 75.27 亿元，采用公开招投标建设管理模式，2014 年 6 月开工建设。该项目全年完成投资 29.1 亿元，占年度计划 25.26 亿元的 115.2%，累计完成投资 50.25 亿元，占总投资 75.27 亿元的 67%。形象进度：一期土建工程基本完成，二期路面工程基层完成 40%，三期房建工程基础全部完成，机电工程管线预埋完成 70%。

【沙市至公安高速公路观音垱至杨家厂段】

12 月 25 日，沙市至公安高速公路观音垱至杨家厂段开工建设。该项目位于湖北省中南部江汉平原区内，路线走廊总体呈南北向，北起沙市区观音垱镇接沪渝高速汉宜段，和荆岳铁路共用公安长江大桥，止于公安县杨家场镇公安南通道。项目建成后对于缓解荆州长江大桥和荆州城区通行压力，综合利用长江桥位资源，完善江汉平原与洞庭湖平原的公路交通网络，提高荆江分洪区应急转移能力等都具有重要意义。路线全长 35.77 公里（不含公安长江公铁两用特大桥合建段），批复概算 38.18 亿元，采用 BOT+EPC 建设管理模式，批复建设工期 36 个月。全年完成投资 5.76 亿元，占年计划的 115%，占总投资的 15%。形象进度：各项目部标准化驻地建设完成，"三场一站"等大型临建设施基本建成，公安、江陵红线内用地完成交付，征迁工作全面展开，沿主线便道基本贯通，已开始进行控制性工程桥梁桩基、软土地基处理施工。

【枣阳至潜江高速公路钟祥至潜江段】

项目起于钟祥市罗汉寺，向北与枣潜高速荆门北段对接，上跨沪蓉高速公路设钟祥枢纽互通，经旧口、柴湖、马良、高阳、官垱、李市、积玉口，止于潜江市浩口镇汪家湖，设潜江西枢纽互通与沪渝高速公路相连，对接潜江至石首高速公路潜江至江陵段，是省政府批复的《湖北省省道网规划纲要 (2011–2030 年)》"九纵五横三环"中的第五条纵（枣潜高速）的重要组成部分。项目建成后，进一步丰富区域路网结构，强化高速干线公路网的高效衔接，提高交通出行效率，极大地改善钟祥市和沙洋县片区的交通环境，有利于促进和带动地方经济和旅游产业发展。路线全长 81.34 公里，批复概算 64.49 亿元，批复建设工期 36 个月，采用 BOT+EPC 建设管理模式。

钟祥至潜江段高速公路全年完成投资 1.85 亿元，占年计划 1.6 亿元的 115.6%，占总投资的 2.9%。形象进度：施工单位驻地建设基本完成，部分"三场一站"已开工建设，先期完成施工便道 34.30 公里，控制性工程田关河大桥、汉江特大桥施工钢便桥已经完成，钻孔平台已完成。

【老河口至宜昌高速公路老河口至谷城段】

老河口至宜昌高速公路老河口至谷城段是湖北省主骨架公路网规划"六纵五横一环"中"第五纵线"（豫鄂省界—老河口—谷城—保康—宜昌—宜都）的起始段，是国家高速公路 7918 规划网中西部地区连接甘、陕，跨豫、鄂、湘向西南延伸的南北纵向快捷大通道的重要组成部分，也是鄂西生态文化旅游圈交通规划"六大综合运输通道（三纵三横）"中的重要组成部分。本项目的建设，对于完善国家高速公路网和湖北省骨架公路网布局，构建鄂西生态文化旅游圈，实施国家"一带一路"战略、促进中部地区崛起战略和西部大开发战略，加强中西部地区物资和文化交流，开发鄂豫陕渝毗邻地区旅游资源，加快沿线地区经济社会发展，都具有十分重要的意义。2015 年 9 月 8 日，襄阳市人民政府与湖北老谷高速开发有限公司正式签订《BOT 项目特许权协议》。

本项目起于老河口市袁冲乡纪洪岗东侧（鄂豫省界），与河南省内邓高速公路连接线对接。路线向南经老河口纪洪岗、孙家凹、洪山嘴后，跨越汉江，走谷城冷集镇、王家湾、刘家营、倒座。止于谷竹高速公路与汉十高速公路交叉处的谷城西枢纽互通，与谷竹高速公路谷城至保康段对接。路线全长 39.31 公里，全线设置特大桥 1 座 4188 米、大桥 13 座 3038 米、中小桥 3 座 198 米，桥梁占路线长度的 18.66%；设老河口互通、冷集互通、谷城西枢纽互通 3 处互通式立交，分离式立交 3 处，天桥 20 座，通道 65 道，主线收费站 1 处，匝道收费站 2 处，省界治超站 1 处、服务区 1 处、养护工区 1 处、监控管理分中心 1 处。全线采用双向四车道高速公路标准建设，设计速度 100 公里/小时、路基宽度 26 米，桥涵设计汽车荷载等级为公路–I级，设计洪水频率为特大桥 1/300、其他 1/100，地震动丰值加速度 0.05g。批复概算 28.70 亿元，总工期 42 个月。

【宜都至来凤高速公路鹤峰（容美）至宣恩（当阳坪）段】

12 月 18 日，该项目控制性工程开工。宜都至来凤高速公路鹤峰（容美）至宣恩（当阳坪）段是湖北省省道网规划纲要 (2011–2030 年)"九纵五横三环"全省高速公路网中的"横五线"阳新至咸丰高速公路的重要组成部分，是实现湖北省县县通高速目标的控制性工程，建成后将极大改善鄂西南地区落后交通状况，对加强武陵山少数民族地区经济协作，推动鄂西生态、文化、旅游产业发展都十分重要的意义，有利于促进县市各种类型资源共享和优势互补，更好落实精准扶贫国策，带动鄂西生态文化旅游圈"一江两山"等核心景区发展，为发展民族地方经济培育新的经济增长点，推进武陵山区实验区建设。路线起于鹤峰县容美艾蒿坪，止于宣恩县沙道沟当阳坪，全长 55.35 公里，核准工期 48 个月。全线采用双向四车道高速公路标准建设，设计速度80公里/小时，路基宽度24.5米。桥涵设计汽车荷载等级采用公路－I级，其他技术指标满足《公路工程技术标准》要求。设鹤峰西、沙道沟、当阳坪枢纽互通3处互通式立交，匝道收费站2处、服务区2处、养护工区2处、隧道管理所1处、管理分中心1处；桥梁49座15768米、隧道16座18087.5米。另建沙道沟连接线1.15公里。

项目主要特点。项目地处鄂西南低—中低山区，区内峰峦叠嶂，峰丛林立，山高谷深。地形起伏大，部分路段在山脊布线，需跨越深切沟谷，施工难度大。项目区地形中高两端低，路线大致沿东向西展布，从起点太平镇龙潭坪870米爬升至马家塘1230米，然后降至沙道沟镇当阳坪600米，路线高差大、长大纵坡路段多。项目路线起伏大，施工便道修建难度大，水泥、钢筋等建筑材料资源需求量大，既有利用道路标准低、数量少、运距远，施工材料组织困难。路线经过区域多为灰岩区，地下暗河、岩溶洼地、岩溶塌陷等不良地质发育；岩屋坪段为泥质砂岩，岩体强度低、极其破碎，边坡开挖及强降雨易诱发滑坡等地质灾害，施工安全风险高，管理难度大。项目区内资源富集，被誉为"天然植物园""种子基因库""华中药库"，矿产资源和水资源丰富，旅游资源独特。路线在国家文物保护单位"情田洞"附近，穿越七姊妹山国家自然保护区试验区，工程建设区域资源保护、生态环境维护任务重。截至2015年12月底，完成清表20238平方米、清淤换填10953立方米，利用土方25883立方米，完成建设投资5000万元。

【沌口长江公路大桥】

沌口长江公路大桥连接武汉市四环线西、南段，是四环线跨越长江的关键控制性工程之一，是连接武汉经济技术开发区、洪山区及江夏区的重要过江通道。沌口长江公路大桥位于白沙洲大桥与军山大桥之间，距白沙洲大桥和军山大桥均约8公里。该大桥由中国交建全资子公司中交投资有限公司、中交第二航务工程局有限公司、中交第二公路勘察设计研究院有限公司以BOT+EPC模式投资建设。项目全长8.60公里，含跨江大桥主体工程3.22公里及接线工程5.38公里，其中长江主桥1510米，主跨为760米钢箱梁斜拉桥，钻石型主塔高233.7米。计划2017年底建成通车。

沌口长江公路大桥全年完成投资12.55亿元，占年计划的100%，累计完成投资23.06亿元，占总投资的44.1%。形象进度：完成主桥1号墩墩身浇筑，主桥2号墩桩基，主桥3号墩、4号墩下塔柱浇筑，主桥5号墩、6号墩墩身浇筑。江北引桥完成沌口岸引桥墩身，引桥左幅移动模架现浇箱梁完成1跨，沌口滩区引桥少支架搭设并预压完成1跨；江南引桥完成南岸滩区引桥承台、墩身，完成跨武金堤右幅悬浇箱梁6节，完成先生湾高架桥桩基累计浇筑、承台81个、成墩81个、帽梁16个，完成跨青菱河高架桩基、承台14个、成墩9个，完成石咀互通高架桩基53根、承台4个、成墩2个、帽梁2个，完成青菱湖大桥桩基75根、承台15个、成墩7个、帽梁2个、桥台2个，完成预制T梁120榀。

【石首长江公路大桥】

12月18日，石首长江公路大桥正式开工。该项目建设对于优化全省高速公路网和过江通道布局，实施"两圈一带"战略，推进荆州"壮腰工程"，促进两湖平原经济协作与交流，带动石首、江陵等节点城市及长江两岸经济社会发展，完善荆州组合港的集疏运体系，提高长江中游地区防洪减灾能力等都具有十分重要的意义。项目起点顺接潜石高速江陵段江陵县普济镇，终点对接江南高速石首市高基庙镇，于石首市大垸镇北碾村跨越长江，全长39.7公里，其中长江大桥10.5公里、北岸接线17.8公里、南岸接线11.4公里。全线采用设计速度100公里/小时的高速公路标准建设，大垸互通至石首东互通12.2公里采用六车道标准、其他路段采用四车道标准。大桥主桥为(75+75+75)+820+(300+100)米的单侧混合梁斜拉桥。批复总概算75.21亿元，批复建设总工期48个月。

工程进度。完成拨付房屋及地面附着物补偿款90%。已签订房屋拆迁协议126户，占拆迁房屋总数的84%，拆除108户，占拆迁房屋总数的72%，其中江北58户全部拆除。站场建设已经完成，施工单位驻地、拌和场、钢筋加工场和梁板预制场"三场一地"标准化建设基本建成。10月31日，1标首片试验箱梁顺利浇筑。全线施工便道、便桥及钢制栈桥基本贯通；各项试验段全面展开。

【青山长江公路大桥】

12月，青山长江公路大桥开工建设。本项目与四环线其他路段一起形成武汉市新的公路货运快速通道，把三环线从"客货混杂"的重负中释放出来，并解决现有及已明确规划的过江通道对新城组群辐射不够的问题，满足新城组群的过江需求，对完善武汉市"环线＋射线"路网布局，增强城市过江通道能力储备，发挥路网整体功能，缓解绕城高速与三环线的交通压力具有重要意义。青山长江公路大桥起于长江南岸（化工区）的乙烯快速路以南，对接四环线东段，起点桩号K1+086，止于长江北岸（黄陂区）的汉施公路111省道以北，对接四环线北段，终点桩号K8+634。路线全长7.55公里，其中长江大桥（主桥、滩桥、跨堤孔桥）4.37公里、南岸引桥1.64公里、北岸引桥1.54公里。主航道桥为938米主跨双塔钢箱及钢箱结合梁斜拉桥。全桥拟设大桥监控管理分中心1处、养护区1处。采用设计速度100公里/小时、双向八车道的高速公路标准建设，桥梁标准横断面宽度41米（不含布索区）；全桥桥涵设计的汽车荷载等级采用公路－I级，局部验算荷载采用城－A级；抗震设防标准按两阶段两水准设防；其他技术标准按《公路工程技术标准》(JTG B01—2014)执行。批复概算总投资56.03亿元，建设工期48个月。该大桥由中铁大桥勘测设计院集团有限公司、湖北省交通规划设计院设计，建设单位为武汉青山长江大桥建设有限公司，施工单位是中铁大桥局集团有限公司，监理单位是中国船级社实业公司。至 12 月 25 日，大桥累计完成投资 4.04 亿元，占总投资的 7.2%。形象进度：完成施工驻地、钢筋加工厂、拌和站、工地试验室及施工便道建设，完成南汉、北汉栈桥建设。控制性工程南汉主航道桥，主要进行南、北主塔墩桩基施工，19 号主墩（南塔）完成钻孔桩 9 根，20 号主墩（北塔）完成钻孔桩 1 根，占设计数量的 8%。

（苏德俊）

【汉江航道整治】 汉江航道整治工程全长 573.7 公里，总投资 20.27 亿元，其中兴隆至汉川段 189.7 公里按 1000 吨级航道标准建设，投资 9.26 亿元，2014 年 9 月主体工程全部通过交工验收，工程进入试运行阶段，完善工程 TJ-13 和 TJ-14 合同段计划在 2016 年 3 月开工建设；丹江口至兴隆段南水北调局部航道整治工程全长 384 公里，按 500 吨级航道标准建设，投资 3.2 亿元，于 2014 年 7 月全部通过交工验收，工程进入试运行阶段，完善工程 A、B、C 标于 2014 年 11 月开工建设，2015 年 5 月底基本完工；碾盘山至兴隆段航道整治工程全长 110 公里，投资 7.81 亿元，截至 2015 年 12 月底完成总体形象进度的 75%，汉江碾盘山以下河段基本达到 1000 吨级船舶通航标准。至 2015 年 12 月底，累计完成投资 18.16 亿元，其中兴隆至汉川段 9.26 亿元、丹江口至兴隆段 3.2 亿元、碾盘山至兴隆段 5.7 亿元，分别占各自投资的 100%、100% 和 73%；2015 年完成投资 4.37 亿元，其中兴隆至汉川段 0.22 亿元、丹江口至兴隆段 0.15 亿元、碾盘山至兴隆段 4 亿元，分别占年度投资目标的 100%、100% 和 100.06%。已完成分部、分项工程的质量合格率达 100%，没有发生质量事故，无重大质量隐患，未发生安全生产事故。

（省港航管理局）

各市州交通建设重点项目

武汉市

【中法友谊大桥】 11 月 9 日，武汉中法友谊大桥正式通车。该桥建成通车，在蔡甸、东西湖之间增加了一条新动脉，将充分发挥中法武汉生态示范城的辐射和带动作用，有效连通武汉临空港经济技术开发区、武汉经济技术开发区两大国家级开发区。武汉中法友谊大桥桥址位于京珠线与四环线之间，距京珠汉江桥下游 4.2 公里、距四环线汉江桥上游 2 公里。起于蔡甸区知音大道和十永线交叉点处，止于东西湖区十六支沟处 107 国道，总里程 7.02 公里，其中主桥 430 米、引桥 1356 米，全线采用双向六车道一级公路标准建设，设计速度 80 公里/小时，概算总投资 8.29 亿元。由武汉市蔡甸区、东西湖共同建设，其中蔡甸区建设总里程 4.39 公里（含主桥）、东西湖区建设总里程 2.63 公里。

（刘元林）

黄石市

【黄石铁山至武汉（光谷）一级公路黄石段】 本项目起于铁山区木栏村，经大冶市还地桥镇、东风农场，止于鄂州市长港镇六十村，全长 20.4 公里（铁山段 2.3 公里、大冶段 18.1 公里）。公路按双向四车道一级公路标准设计，项目总投资 47359 万元。2013 年 4 月 25 日开工，2015 年底基本完工。

【棋盘洲港区工程】 设计吞吐能力 690 万吨/年，建设规模为 9 个泊位，使用长江岸线 1081 米，占用土地面积 950.56 亩，项目投资总概算 5.24 亿元。2013 年 4 月水工建筑物全部完成。一期后方陆域工程于 2015 年 2 月正式开工，9 月 29 日开港运营。

【黄石至阳新一级公路】 项目起于在建的黄石市月亮山隧道南出口，止于阳新县五里湖村，最终与杭瑞高速公路阳新连接线相接，全长 47.6 公里。黄石至阳新一级公路控制性工程大冶湖特大桥和筠山隧道分别于 3 月和 5 月开工，截至 2015 年底累计完成投资 5.05 亿元。

十堰市

【丹江口市东环路】 项目全长 20 公里，总投资 8.6 亿元。全线按城市主干道二级、公路一级标准建设，路基宽度按 35 米控制，路面 20 米，双向四车道，设计速度 80 公里/小时。通过东环路建设，围绕新火车站，沟通坝上丹江口综合港、坝下物流港、连接丹江口新大桥、丹江口二桥，连通水都工业园、东环工业园、金家湾工业园和新火车站物流园，形成沿线"一站两港两桥四园"的城市发展新格局，是拓展城市空间、拉开城市框架、促进跨越式发展的一项战略性工程。本项目采取 BT 方式建设，由中国太平洋建设集团承建，建设周期为 2 年，已试通车。

【土关垭至武当山一级公路】 项目起于土关垭镇与襄阳市交界处界牌垭，经土关垭集镇、浪河镇、丁家营镇进入武当山境内。道路全长 32 公里，其中丹江口市境内 25.5 公里、武当山境内 6.5 公里。设计路基宽 25 米、路面宽 20 米、双向 4 道，设计速度 60 公里/小时，按一级公路标准建设。将新建桥梁 23 座、隧道 2 座，工程总投资 9.02 亿元，建设工期 2 年。

【房县至军店一级公路】 项目起

于房县城关镇八里村，止于军店镇军马铺，全长 19 公里。其中一期工程为北门河至军店段，于 2013 年建成通车；二期工程为八里村至北门河段，项目总投资 4.6 亿元。该项目建成后将十房高速、谷竹高速和 209 国道、305 省道连接成网，形成绕城公路，对加快竹房城镇带建设具有重要意义。

【竹山县城至潘口水电站一级公路】 项目起于竹山城关镇莲花村堵河二桥，止于潘口水电站坝址，全长 15 公里，路基宽 20 米，路面宽 18 米，总投资 3 亿元，是集交通、防洪、观光于一体的综合公路交通工程；潘口一号、二号大桥属于潘口一级公路控制性工程，潘口一号大桥全长 317 米、投资 3100 万元，潘口二号大桥全长 357 米、投资 3600 万元，桥面宽 20 米、四车道。6 月 4 日，竹山县城至潘口水电站坝址一级公路全线建成通车。

【郧白公路改扩建】 郧白公路是郧阳区与陕西、河南连接的最便捷通道，也是贯通郧阳区城关镇、谭家湾镇、大柳乡、南化塘镇 4 个乡镇的重要道路。该项目的建设对优化郧阳区公路布局、加快区域经济合作、推动区域经济发展具有重要作用。郧白公路全长 60 公里，路基宽 8.5 米，采用二级公路标准建设，总投资 5.25 亿元，工期 30 个月。2014 年 11 月 18 日正式开工建设，累计完成投资 1.6 亿元。

【刘洞镇至谭山镇公路】 该工程是 280 省道中的一段，起于刘洞镇，经孙家铺、孝义沟、孙家湾，止于谭山镇塘城，接 209 国道，全长 13.84 公里，路基宽 10 米，采用二级公路标准建设，设计速度 60 公里/小时，其中大桥 5 座 640 米、中桥 5 座 380 米，建设工期 24 个月，估算总投资 10957.72 万元。2014 年 11 月 4 日开工建设，累计完成投资 0.25 亿元。

【柳陂镇至五峰乡公路】 项目全长 42.7 公里，起于柳陂镇白鹤观，止于五峰乡集镇，是郧阳区环库公路建

设的一部分。该工程预算总投资 5.6 亿元，采用二级公路标准建设，柳陂至辽瓦路基宽 11 米、设计速度 60 公里/小时，辽瓦至五峰路基宽 9.5 米、设计速度 40 公里/小时。柳五公路是南水北调中线工程库周交通建设和十堰生态滨江新区建设的重大项目。2013 年 10 月开工建设，已完成投资 3 亿元。

【丹江口市环库公路东环段和江南段一期】 环库公路东环段全长 20 公里，总投资 8.6 亿元，起于水都大道安乐河路口，经许家畈、造纸厂和丹江口新大桥、雨润集团、净乐宫、松涛山庄，止于丹江口二桥；全线按城市主干道二级、公路一级标准设计，双向八车道，设计速度 80 公里/小时。环库公路江南段一期，起于旅游港、止于阳西沟大桥，全长 11.95 公里，按照山区二级公路标准、路面宽 12 米建设，工程总投资 1.71 亿元。

【郧西土门至天丰一级公路】 该工程全长 17.71 公里，按一级公路标准设计，路基宽 20 米，双向四车道，设计速度 60 公里/小时，新建大桥 3 座 484 米、中桥 4 座 252 米、涵洞 47 道。概算投资 29813 万元，申请部省补助资金 7084.4 万元。2013 年 9 月开工，已完成路基路面 11 公里。

【十堰市张湾区至竹山县公路】 该项目是省政府批准的新增 281 省道的一部分，起于十堰市张湾区西城开发区，起点与 316 国道相交，经西沟、白石、岳竹关、板桥、坪沟、姚坪、土地岭、楼台、花楼、青龙寨等主要控制点，止于竹山县城区霍河口，与 305 省道相接，全长 96.6 公里。根据路线走向分为张湾区、房县、竹山县 3 段，其中张湾区段 30.9 公里、房县段 43.6 公里、竹山段 22.1 公里。全线按设计速度 40 公里/小时的双车道二级公路标准建设，路基宽 8.5 米，概算总投资 8.46 亿元，其中部省补助 3.76 亿元、地方政府自筹 4.7 亿元。十竹公路路基工程接近尾声，路面完

成 31 公里，累计完成投资 6.1 亿元。

【丹江口汉江公路大桥】 该项目位于丹江口大桥下游，南接丹沈路，北接沿江大道（孟土路），是东环路的重要组成部分。该桥全长 929 米，采用双向四车道一级公路标准，桥面宽度 24.5 米，投资总估算 4.4 亿元，计划 2016 年建成通车。项目采用 BT 模式，丹江口市负责项目征地、拆迁、委托勘测、图纸设计和监理，承建方依法负责工程施工及投、融资，项目完工后由丹江口市分期回购。该项目的规划建设，对优化丹江口市路网结构，推动经济发展具有重大意义。

【十堰长岭客运站暨公交换乘中心】 该项目位于郧阳区长岭汉江大道东侧、金龙路南侧。按年均日旅客发送量 15126 人次、一级客运站标准建设。建筑面积 7786.91 平方米，总投资 4980.94 万元。项目规划建设公交换乘中心、一级长途客运站为一体的客运换乘枢纽站项目，主要承担省际、城际、城乡、旅游等公路旅客运输服务，将融客运站与公交枢纽站、出租客运以及社会车辆停车场于一体，统一规划、统一设计，实现无缝衔接。

【许家棚物流园】 该项目位于十堰市茅箭区鸳鸯乡，总投资 2.8 亿元，总面积 13.85 万平方米，建筑面积 8.2 万平方米。园区依照功能划分为物流加工区、仓储配送区、物流服务区及管理商务区。该项目在园区服务综合货运枢纽基础上，投资新建占地面积 2100 平方米区域的快件分拣中心，并提供 2800 平方米的仓储区及相关配套设施，同时组建专业化分拣及配送队伍，建立区域专线联盟，开通 5 县 2 市客货双运班车，小件及限时产品通过客运车辆行李舱带货送达，整车及大件物资通过物流货运班车送达，带动了区域内城市配送、商贸流通和农村物流发展，形成以十堰市许家棚物流园为中心，以交邮共建、农村物流服务为核心的物流服务体系，打造综合物流配送网。

【郧西县高速客运站】 该项目位于福银高速郧西出入口西北1公里处，是湖北省"十二五"交通运输枢纽重点建设项目，也是鄂西北最大的高速客运站项目，按二级客运站标准建设，占地面积52余亩，总投资2691多万元。建成后，日均客流量最高可达7000多人次，为国家实施西部开发战略起到承东启西作用。

【汉江白河至丹江口段航道整治工程】 该项目位于十堰辖区汉江段，起自丹江大坝，止于陕西白河县与郧西交接处，全长209公里，其中，丹江口至孤山185公里航道，按内河Ⅳ(3)级航道标准建设；孤山至白河24公里航道，按内河Ⅵ(2)级航道标准建设。概算总投资2.28亿元，航道整治22个滩群及配套设施和航道站房建设，主要建设内容为：筑坝101座、疏浚工程33处、炸礁36处、切滩12处、清障5处、护岸1处、布设航标290座；航道管理站2处及配备航标艇1艘、钢质趸船1艘；建设郧县港牛头岭岭货运码头500吨级泊位2个。至2015年底，该项目主体工程基本完工并完成交工验收。

襄阳市

【316国道襄阳城区段改建】 项目起于襄州区双沟镇水家湾，经龚嘴村、张店、李家垭、姜沟村，止于老河口市仙人渡镇王家楼附近，与316国道相接，路线全长62.96公里。建设标准为双向四车道一级公路，设计速度80公里/小时，路基宽24.5米，概算总投资13.45亿元，其中地方自筹7095万元。2012年12月28日开工，2013年12月完成一期工程25.17公里；2014年进入二期工程施工，二期工程37.79公里，其中老河口境内9.63公里由老河口市政府组织实施。至2015年底，累计完成投资96951万元，建成路基58公里、路面37公里。其中2015年完成投资5773万元，建成路基2公里、路面2公里，由于工程施工中发现凤凰咀文物，工程进度受到影响。

【207国道襄阳市北段改建】 项目起于泰山庙北侧鄂豫省界处，经泰山庙、黄集、邓湖、车李家，止于316国道卞营，接207国道襄阳城区段改建工程，路线全长35.57公里，其中改建18.31公里、新建17.26公里，概算总投资58910万元，其中地方自筹3820万元。至2015年底，累计完成投资5.37亿元，建成路基32公里、路面22公里。

【303省道襄谷线谷城城区段改建】 项目起于省道襄谷线胡家湾，沿襄谷线改建至恒纪湾后与老路分离，于桐树村附近跨南河，经北辰大道后折向西北，下穿福银高速公路，跨北河，止于福银高速公路谷城连接线与316国道交叉处，全长12.16公里，估算总投资30191.52万元。2012年12月开工，2015年全面完工。

【303省道贾洲至谷城格垒嘴段改建】 项目起于襄城区贾洲，与襄谷线轴承厂至贾洲改建段终点相接，止于谷城县南郊格垒嘴，接襄谷线谷城城区改建段起点，途经卧龙镇、谭庄、袁巷、茨河、魏湾、南川、庙滩镇。项目全长51.91公里，采用四车道一级公路标准建设，概算投资7.89亿元。2013年开工建设一期工程贾洲至茨河段，2014年开工建设二期工程茨河至格垒嘴段，2015年建成路基1公里、路面12.57公里，投资7680万元，累计建成路基46公里、路面39.57公里，投资59144万元。

【316国道谷城三岔路至水星台段改建】 项目起于谷城三岔路，接汉江河谷大桥及连接线工程终点，经莫家河，止于水星台，与县道谷水路相交，全长10.38公里。全线采用设计速度80公里/小时，路基宽度24.5米，双向四车道一级公路标准建设，概算投资14130万元。2013年开工建设，2015年建成路面2公里，投资1700万元，累计建成路基9.5公里、路面8.67公里、投资15180万元。

【302省道老河口雷祖殿至丹江口五龙山段改建】 项目起于老河口市北郊雷祖殿，经洪山嘴、江山，在窑窝寺附近穿汉丹铁路，止于老河口与丹江口交界的五龙山，全长约20.75公里。全线采用设计速度80公里/小时、路基宽度24.5米、双向四车道一级公路标准建设，概算投资36526万元。2014年开工建设，2015年建成路基1.5公里、路面1公里，投资3650万元，累计建成路基16.5公里、路面8公里、投资17850万元。

【谷城县城至水星台公路】 项目起于谷城城关龙家湾谷水路与303省道襄谷线(银城大道)交叉口，经过山镇，止于水星台，与316国道平交，全长10.91公里。全线采用设计速度60公里/小时、路基宽23米、双向四车道一级公路标准建设，概算投资9266万元。2014年开工建设，2015年完成投资2600万元，累计建成路基10.1公里、路面8公里、投资9400万元。

【谷城火车站至城市矿产工业园连接线】 项目起于白龙岗，接316国道，向南于红石亮村东侧跨北河后，在望城岗村南侧转向南，止于谷城火车站货场东门，接谷水路，全长3.24公里。按四车道一级公路标准建设，设计速度80公里/小时，路基宽24.5米，沥青混凝土路面，概算投资9375万元。2014年开工，2015年建成路面1.5公里，累计完成路基3.24公里、路面1.5公里，投资7200万元。

【宜远线宜城城区至火车站连接线】 项目全长11.58公里，总投资31380万元，工程于2014年开工建设，当年建成路基12公里、路面6公里，投资9950万元。2015年建成路面3公里，投资11800万元，累计完成路基12公里、路面9公里，投资21750

万元。 （崔卫东）

【谷城至赵湾二级路改扩建工程】 项目起于谷城城区 303 省道交叉处，止于赵湾乡政府，全长 64.29 公里，总投资 7.48 亿元，设计标准为二级公路，通过改造将由县道升级为省道。其中，谷城县城至盛康段，设计速度 60 公里/小时，路基宽 10 米，路面宽 7 米，沥青混凝土路面；盛康至赵湾段，设计速度 40 公里/小时，路基宽 8.5 米，路面宽 7 米，水泥混凝土路面。2013 年 3 月 11 日开工，2015 年完成小沟以上段 32.29 公里。该项目是连接谷城与西南山区的重要干线公路，对改善谷西南山区广大群众出行环境、优化谷西南山区经济发展、推进山区精准扶贫、促进群众致富奔小康具有十分重要的意义。 （赵年雷）

【南漳小漳河至巡检二级公路改建】 项目起于 251 省道南荆线与南漳巡检镇小漳河村交叉处，经原 025 县道小（漳河）百（福头）路至巡检镇，全长 12.88 公里，总投资 5340 万元，通过改造将县道升级为省道。项目设计标准为二级公路，路基宽 8.5 米，路面宽 7 米，沥青路面，设计速度 60 公里/小时。2014 年 12 月开工，2015 年 4 月完成路基工程，12 月底全部竣工。该项目是连接南漳与西南山区的重要干线公路，建成后对改善山区群众出行条件、优化经济发展环境、推进山区精准扶贫、促进群众致富奔小康具有十分重要的意义。

【南漳李庙至董家湾二级公路改建】 项目起于南漳县李庙镇，经原 029 县道董（家湾）李（庙）路至董家湾村接 305 省道襄关线，全长 12.25 公里，总投资 5420 万元，通过改造将县道升级为省道。项目设计标准为二级公路，路基宽 8.5 米，路面宽 7 米，沥青路面，设计速度 60 公里/小时。10 月开工，12 月底完成全部路基工程。该项目是连接南漳与西北山区的重要干线公路，建成后对改善山区群众出

行条件、优化经济发展环境、推进山区精准扶贫、促进群众致富奔小康具有十分重要的意义。

【麻安高速南漳北互通金漳大道连接线】 项目起于南漳金漳大道与绕城公路 (305 省道南漳城区段改线) 交叉处，向前延伸至麻安高速南漳城区北互通出口，为麻安高速与南漳城区连接线。项目全长 0.8 公里，总投资 4200 万元，设计标准城市主干道，设计速度 80 公里/小时，路基宽 80 米，双向八车道，沥青路面。2014 年 11 月 24 日开工，2015 年 12 月 31 日竣工。该项目建成通车，标志着南漳县与麻安高速公路顺利对接，结束了南漳县不通高速公路的历史。 （何靖）

【老河口光化汉江大桥大修】 该大桥全长 1999.98 米，宽 12 米，1980 年建成通车，是 1 座特大型公路桥，也是连接鄂、豫、川、陕的重要交通通道。该桥由于修建年代久远，服役时间较长，近年来桥面系病害严重，被列入 2014 年改造计划，2015 年 4 月初开始实施维修加固，对桥面铺装、维修更换伸缩缝、更换桥梁护栏、人行道板和挑梁等，投资 625.6 万元，由老河市公路建设有限公司承建，8 月底竣工通车。 （刘源）

【襄阳北物流园】 位于襄阳市襄州区，奔驰大道与福银高速公路襄阳北出口交汇处，福银高速公路以南、217 省道以西。该项目规划面积 30 平方公里，总投资 69 亿元，包括仓储、物流、加工、配送、车源、交易、信息、展示、应急、配套等物流服务，功能定位为公路货运枢纽型综合物流园区。2012 来 4 月 8 日开工建设，园区主要由物流信息中心、襄阳光彩物流园 (襄阳汽车产业物流园)、东风合运物流、乾通物流配送中心、本昌建材物流中心组成。襄阳物流信息中心总建筑面积 25356 平方米，概算总投资 3 亿元，2013 年 6 月投入试营业。为进一步优化信息中心功能，2015 年 5 月，广东林安物流集团与襄阳光彩物流基地正

式签订合同，对物流信息中心软件、硬件进行升级，并于 2015 年 10 月投入运营。襄阳光彩物流园 (襄阳汽车产业物流园) 综合服务中心、停车场、仓储中心 (一期) 建成投入使用，在进行停车场扩容、零担专线和仓储中心 (二期) 建设。物流信息中心、东风合运物流公司、本昌建材物流中心已投入使用；襄阳乾通物流中心主体工程已完工。

【襄阳西综合物流园】 位于襄荆高速公路襄阳西出口，东起襄荆高速、西至牛首变电站、南至 316 国道、北至 316 国道以北。规划总用地面积约 10.12 平方公里，其中物流园区约 6.49 平方公里，发展预留地和非建设用地约 3.85 平方公里。建筑面积 120 万平方米，总投资 100 亿元。该项目主要服务于全市"两迁两改"，整合主城区火车站周边 8 大专业市场物流企业，提供运输、仓储、包装、加工、配送和信息服务。功能定位为以小商品交易、物流为主，以纺织、航空产品、零担等物流为辅，集物流企业总部、物流培训、物流研发、配套加工为一体的综合服务型大型物流园区。园区已集聚商贸物流企业 18 家，其中中豪国际商贸城、竹叶山农产品交易中心、新合作食品商贸物流城、侨丰机电物流园、中南前锦家居物流园、富川珠宝玉石文化产业园、金福利摩电交易中心、鄂西北花卉物流配送中心八大市场主体全部开工建设。国药控股药品仓储配送中心已经建成投入使用。好邻居超市仓储物流配送中心、襄阳工贸仓储物流配送中心、育新商贸物流配送中心启动建设。天济医药物流配送中心、广天食品物流配送中心、小白象仓储物流配送中心、思念冷链物流配送中心等项目在开展前期工作。 （陈长金）

【老河口市高速客运站】 位于老河口市赞阳办事处杨寨村，316 国道以西，规划设计四环路以南。建设规模为一级客运站，集候客、公交中转、停车、维修、检测于一体，设计日发

送能力300班次、年发送旅客252万人。高速客运站将同城市公交、出租、长途客运班线、农村公交形成零换乘服务。由湖北银环建设工程有限公司承建，建设工期32个月，估算总投资1.78亿元，其中省补资金585万元、地方自筹17215万元。截至2015年底，累计完成投资8916万元，主站楼主体工程全面完工，在进行室内外装修。

【保康县高速旅游汽车客运站】位于保康县城关镇黄土岭村一组，西邻熊绎大道及高速公路保康收费站，占地面积41.05亩，建设规模为二级客运站，设计年均日旅客发送量6999人次。工程建成后对于优化保康县公路客运站场布局和改善站场设施条件，满足旅客安全、舒适、便捷的出行需要，推进秦巴山区集中连片扶贫开发进程，促进地方经济社会发展及旅游开发等，都将发挥积极促进作用。项目估算投资4960.02万元，其中部补资金400万，省补资金400万元，地方自筹4160.02万元。截至2015年底，共完成投资4000万元，候车大厅主体工程及装修、站前广场及停车场建设工程已完工，二期附属工程建设在规划设计中。

【马桥汽车客运站】位于保康县马桥镇张湾村，东临环城路，西临尧治河路，占地面积15亩，建设规模为三级客运站，设计年均日旅客发送量2500人次。由湖北楚城置业有限公司承建，建设工期12个月，估算总投资1644.1万元，其中省补资金400万元、地方自筹1244.1万元。截至2015年底，共完成投资800万元，候车大厅一层已完工，后期工程在建中。 （骨磊）

宜昌市

【三峡机场路综合改造全面完工】9月28日，三峡机场路全面建成并正式通车。三峡机场路综合改造项目由两部分组成，第一部分为道路及绿化工程，第二部分为汉宜高速公路猇亭收费站和三峡机场候机楼站前广场改造工程。三峡机场路全长3558米，按城市主干道标准设计，设计速度60公里/小时，行车道宽28米，双向八车道，沥青混凝土路面结构，地下管网系统包括供电、通信、雨水、污水、天然气和供水等设施。道路两侧根据地形地貌设置不同宽度，总面积约21万平方米的绿化带。汉宜高速公路猇亭收费站改造工程，包括将原有两进三出收费站棚扩建为四进五出（含ETC），同时拓宽收费广场；三峡机场候机楼广场改造面积约6万平方米，包括停车场、景观绿化及环形道路。2013年10月开工建设，项目概算总投资3.91亿元。

【古夫至昭君桥高速接线工程建成通车】8月9日，国内首条水上生态环保公路——古夫至昭君桥高速接线工程建成通车。它是古夫县城最主要的出口通道，主要解决古夫新县城与宜巴高速的快速连接，是兴山县交通出行和经济发展的重要干线。全长10.9公里，总投资4.4亿元，建设工期36个月。按二级公路标准建设，设计速度60公里/小时，路基宽度12米，荷载等级为公路-I级，全线特大桥2座。项目设计秉承对环境最小的破坏和最大的保护，采用桥梁方案通过古洞口二级电站水库和三峡大坝回水区域。最大限度的保护环境，是一条真正意义上的水上生态环保公路。 （张琬灵）

【216省道宜都绕城一级公路新建】宜都绕城一级公路新建项目起于宜都市陆城，接白洋汽渡长江南岸渡口，经驿马冲、车家店、宜都工业园、跨渔洋河，止于五眼泉镇凤凰冲，接陆城至渔洋关一级路。路线全长13.65公里，全线采用设计行车速度60公里/小时、路基宽度23米的双向四车道一级公路标准建设。全线设桥梁3座，涵洞36道，分离式立交2处，平面交叉9处。概算总投资2.29亿元。累计完成完成投资1.64亿元，完成路基12公里、沥青混凝土路面8公里、涵洞30道、桥梁2座。 （邹庆平）

【当阳四桥建成通车】9月，当阳四桥建成通车。该桥位于当阳一桥上游1.8公里，大桥南岸与关陵路、环城西路T字路口相接，北岸与锦屏大道相接。桥长346.04米，宽19米，桥头两岸接线0.92公里，总投资4000万元，上级补助资金519万元，剩余部分由市政府自筹。通过BT模式组织建设，计划工期18个月。该项目由四川省泸州建筑公司承建，宜昌虹源公路工程监理公司监理。2013年10月开工，2014年12月完成主体工程。 （卢学德）

【当阳至枝江一级公路改建完工】当枝一级公路改建工程是湖北省公路网"十二五"规划和"鄂西生态文化旅游圈"交通建设规划的重点项目，项目起于当阳市远当一级公路子龙渠化路口，经玉阳、沪蓉高速金桥互通、窑湾、半月、问安、仙女、沪渝高速枝江互通，止于枝江市马家店接318国道。全长55.41公里，其中当阳段33.47公里、枝江段21.94公里，桥梁6座348延米，涵洞159道，分离式立体交叉3处，平面交叉64处。全线按设计速度80公里/小时的双向四车道一级公路标准建设，沥青混凝土路面，路基宽21.5米，行车道宽15米，桥涵与路基同宽，汽车荷载等级为公路-I级，建设工期36个月，项目总投资8.65亿元。项目采用设站收费方式偿还贷款本息。2011年7月开工建设，2015年全线路基路面工程完工。

【陆城至渔洋关一级公路延伸段建成完工】5月，陆城至渔洋关一级公路延伸段建成完工。该项目起于岩湾，对接陆城至渔洋关一级公路，经王家冲、凉水井、苟家坳、汉阳河，止于松林坪朱家码头，接省道鸦来线，全长5.66公里，设计车速60公里/小时，部分路段采用路基宽度22.5米的双向四车道一级公路标准、部分路段为二级公路标准建设。2013年5月开工建设，建设单位为五峰土家族自治县洋虎投资开发有限责任公司。

【枝江市刘巷至金星二级公路改建】 10月，刘巷至金星二级公路改建完工通车。该路起于百里洲镇刘巷村北河大堤长江宝筏寺汽渡，止于原金星大队处南河大桥北岸桥头，全长14.67公里，其中新线段3.29公里，路基宽10米，路面宽7米，老线段11.38公里，路基宽8.5米，路面宽7米，全线设中桥1座48.04米、小桥2座33.1米、涵洞14道247.67米，总投资6024.23万元。2013年4月开工建设，设计单位为宜昌交通规划勘察设计研究院，监理单位为宜昌市虹源公路工程咨询监理有限责任公司，施工单位为枝江路桥工程有限责任公司。

【秭归县归三线香溪汽渡至卡子湾桥二级公路改建】 香溪汽渡至卡子湾桥公路是秭归县北岸东南至西北的重要通道，该路起于长江北岸香溪大桥与省道峡堡线相接处，止于卡子湾大桥东岸桥头，全长13.97公里，大桥4座、中桥5座、小桥3座，公路等级二级，设计速度40公里/小时，路基宽8.5。项目采用与社会资本合作的方式（PPP）进行建设，合作方为湖北省清江路桥建设有限责任公司，监理单位为湖北华中公路工程监理咨询有限公司，设计单位为宜昌交通规划勘察设计研究院。2014年底开工建设，计划2016年10月完工。

【兴山县高桥至秭归县水田坝二级公路】 该通道将成为一条兴山县和秭归县之间的快速通道，完善城市圈内部城市之间的紧密联系，增加鄂西生态文化旅游圈内城市的连接。该线路起于兴山县高桥乡，接国道209线，止于卡子湾大桥西岸桥头，经凉台河大桥、王家湾电站、袁水河大桥、水田坝、水田坝桥、卡子湾桥西岸，全长37.63公里。该项目采用与社会资本合作的方式（PPP）进行建设，合作方为河南乾坤路桥工程有限公司，监理单位为长江工程监理咨询有限公司

（湖北），设计单位为湖北中广公路勘察设计有限公司。2014年底开工建设，计划2016年10月完工。（杨广福）

【宜昌港主城港区云池作业区二期工程】 新建3000吨级多用途泊位2个、3000吨级件杂泊位2个，年吞吐量277.2万吨，其中件杂193.2万吨、集装箱8.4万TEU，总投资39132万元。2015年完成投资10000万元，累计完成投资37590万元，2个多功能泊位全面完工，经交工验收后投入试运行，2个件杂泊位征地拆迁工程已完成，水下主体工程已开工建设，占总投资的96.06%。

【宜昌港秭归港区茅坪作业区二期工程】 新建3000吨泊位5个，其中货车滚装泊位1个、商品车滚装泊位1个、件杂泊位3个，年吞吐量154万吨，总投资80807万元。2015年完成投资13100万元，累计完成投资77350万元。已完成件杂泊位桩基工程及梁板预制工程及挡土墙工程、引桥部分的挡土墙及梁板预制工程，滚装泊位完成水工平台的抛石回填及陆域土方开挖及浆砌块石护坡工程，占总投资的79.5%。 （陈运珍）

【宜昌港主城港区白洋作业区一期工程】 新建3000吨泊位6个，其中散货、多用途、件杂泊位各2个，年吞吐量373.2万吨，总投资81887万元。2015年完成投资27500万元，累计完成投资77200万元。1—2号泊位码头平台全部完成，护轮坎施工全部完成，轨道安装全部完成，1号引桥和2号引桥全部完成，堆场已完成90%的工程量。3—6号泊位完成195根钢管桩嵌岩和混凝土浇筑，占总投资的94.28%。

【宜昌港主城港区白洋作业区二期工程】 新建3000吨级泊位5个，其中散货泊位4个、件杂泊位1个，年吞吐量400万吨，总投资30000万元。2015年完成投资4100万元，累计完成投资7600万元，占总投资的

25.33%。已完成工程可行性报告和初步设计编制工作，在开展征地拆迁工作。

【宜昌港长江三峡枢纽旅客翻坝转运中心码头】 太平溪作业区改扩建2个旅游客运泊位，运送旅客能力69万人次/年；茅坪作业区新建3个、改扩建4个旅游客运泊位，运送旅客能力203万人次/年，客运滚装能力1.8万辆/年，总投资49595万元。2015年完成投资17931万元，累计完成投资24231万元，占总投资的48.86%。茅坪作业区新建的5号、6号、7号泊位水工工程基本完成，在进行趸船建造工程。 （王枫霖）

【宜昌三峡（秭归）茅坪翻坝物流产业园】 宜昌三峡（秭归）茅坪翻坝物流产业园位于三峡大坝上游南岸、秭归县茅坪镇银杏沱村，东临三峡大坝，南接三峡翻坝高速公路秭归港出口，西为规划中的江南翻坝铁路站场，北临长江黄金水道，总投资300亿元。三峡翻坝物流产业园于2010年9月21日动工，累计完成投资15.5亿元。2015年物流基础设施建设完成投资3080万元，物流项目场平工程、招投标工作及地面建设基本完成，主站楼及仓储设施在开展地基处理。项目建成后，主要服务三峡库区和西部地区，以滚装车中转、成品车仓储配送、农副产品加工配送、建材矿材储存、石油储备、港口物流为重点，采用"铁、公、水"联运方式，形成翻坝中转现代物流中心。每年可实现货运吞吐量1亿吨，年旅客吞吐能力达到203万人次，客运滚装车辆年吞吐能力达到1.8万辆。

【白洋（云池）物流园】 白洋（云池）物流园为宜昌三峡枢纽港核心港区——白洋港口新区的重点配套物流园，位于宜昌国家高新技术产业开发区白洋工业园内，紧临白洋港大型综合码头、紫云铁路沙湾编组站、新改建的318国道和白洋长江公路大桥。园区占地1000余亩，总投资15亿元，

物流项目投资 6.9 亿元。2015 年完成投资 1.13 亿元，累计完成投资 2.08 亿元。项目场平基本完成，信息中心大楼及仓储设施在开展地基处理。该项目重点建设港口物流中心、出口加工贸易中心、化工物流中心、装备制造物流中心、新材料物流中心、钢铁物流中心、汽车贸易物流中心、物流信息中心。全方位服务于宜昌国家高新技术产业开发区，为长江北岸翻坝运输和下游航运货物提供翻坝转运物流组织服务，提供"铁、公、水、空"联运方式，推进长江经济带开放开发。

（李晓琼）

荆州市

【318 国道荆州段改扩建工程正式开工建设】

10 月 8 日，318 国道荆州段改扩建工程开工动员会在沙市区关沮镇关沮村长湖南岸举行，该工程正式开工建设。318 国道荆州段改扩建工程是湖北省交通重点项目之一，是承东启西、沟通襄荆、连接武汉城市圈和鄂西生态文化旅游圈的枢纽工程。起于原 318 国道观音垱镇枪杆村，途经锣场、关沮、纪南、八岭山，止于太湖农场砖瓦厂接原 318 国道，全长 52.19 公里，有特大桥 2 座、大桥 2 座、中桥 8 座、小桥 5 座，路基宽度为新建段 24.5 米、扩建段 18 米。全线采用双向四车道一级公路标准建设，设计车速为 80 公里 / 小时，总投资 14 亿元，建设工期 34 个月。项目采用分段施工进行，长湖特大桥、紫竹林特大桥、引江济汉大桥等控制性大桥工程先行开工。项目完工后，将有效改善区域路网布局，拉大城区框架，提升城市品位，塑造城区形象，对缓解荆州中心城区交通压力、加快纪南文旅区建设、拓展城市发展空间意义重大。

（王昌福）

【351 国道松滋段拓宽改造工程开工建设】

11 月 18 日，351 国道松滋段拓宽改造工程正式开工建设。351

国道是新增的东西走向国家交通主干线，东起浙江台州市，西止于四川小金县，在湖北横贯阳新、嘉鱼、洪湖、监利、江陵、公安、松滋、五峰、鹤峰、宣恩等县市。该国道填补了松滋无国道的历史空白，为提高道路技术标准，松滋境内不达标的 16.2 公里按设计行车速度 80 公里 / 小时、桥涵荷载公路一级标准改建，建设总投资约 3.87 亿元，建设工期 2 年。

（朱卫华）

【江汉运河堤顶道路提档升级工程完工】

江汉运河堤顶道路全长 67.23 公里，其中荆州境内长 27.05 公里，起于荆江大堤荆州区李埠镇龙洲垸，止于汉江大堤至荆门沙洋拾回桥段。经荆州市荆州区发展和改革委员会批准，该道路提档升级项目由荆州区交通运输局组织实施，建设资金由湖北省交通运输厅定额补助 50%、湖北省南水北调管理局定额补助投资 50%。设计堤顶道路路基 8.5 米、路面宽 7 米，设计行车 60 公里 / 小时，双向两车道，水泥混凝土路面。其中 A 合同段施工单位为河南省中原水利水电工程集团有限公司、B 合同段施工单位为葛洲坝集团第五工程有限公司、监理单位为武汉华立建设监理有限公司，2 月该工程完成项目招标，并进场施工，至年底已完工。该工程全线竣工通车后，串联起引江济汉沿线的 10 多个乡镇。

【长江荆江航道整治工程完工】

12 月 24 日，长江中游荆江河段航道整治工程提前 3 个月全面完工，进入为期 1 年的试运行。荆江航道枯水期最小维护水深提高至 3.5 米以上，可满足万吨级船队和 3000 吨级货船双向通航，长江中游航运"瓶颈"初步打通。荆江航道整治工程是国家内河水运"十二五"重点建设项目，起于昌门溪，止于熊家洲，全长 280.5 公里，总投资约 43.3 亿元。该工程由长江航道局组织实施，2013 年 9 月开工，累计投入 14 艘大型沉排船、500 多艘工程船舶参与施工，建设护滩工程 34 道、堤坝工程 6 道、填槽护底 3 道、守护

高滩岸线近 40 公里、护岸加固 20.58 公里。荆江航道整治工程试运行将显著提升长江中游乃至长江干线航道整体通过能力，推动中西部沿江腹地经济快速增长，实现东、中、西部区域协调发展，促进长江经济带战略深入实施。

（王昌福）

【省道沙渔公路弥市大桥正式通车】

7 月 20 日，省道沙渔公路弥市大桥正式通车。新建的弥市大桥位于省道沙渔公路荆州区弥市段，新桥位于老桥下游 1.8 米处，设计桥宽 9.5 米，其中行车道宽 7 米、两侧人行道各 1.25 米，桥长 501.08 米，设计速度 20 公里 / 小时，荷载 55 吨。弥市大桥作为 322 省道上重要进出通道，日承载通行车辆 10000 多辆，关乎荆州区、松滋、公安及辐射周边区域群众日常出行。

（郑娅莉）

【江陵县六合桥改造工程完工通车】

5 月 31 日，江陵县六合桥危桥改造工程全面完工。该大桥修砌年代久远且设计荷载偏低，加上交通量急剧增多，该桥结构强度、刚度和稳定性已不能满足交通安全通行要求。为了及时消除安全隐患、确保道路安全畅通，江陵县公路局筹资 90 万元对该桥进行拆除重建。新建桥梁上构采用 2×10 米普通钢筋混凝土空心板，下构采用桩柱式桥墩，桩接盖梁桥台，钻孔灌注桩基础；桥梁全宽 10 米，行车道宽 9 米，两侧设置防撞墙。

（代龙梅）

【省道沙渔公路松滋刘家场至羊雀山大修工程完工】

11 月 8 日，省道沙渔公路松滋刘家场至羊雀山大修工程全面完工。该大修工程全长 23 公里，桩号为 K87+000 ～ K110+000，设计标准为山岭重丘二级公路，路基宽 9 米。其中开挖路段采用 18 厘米水泥稳定砂砾底基层 +17 厘米水泥稳定碎石基层 + 沥青表处封层；一般路段采用 18 厘米水泥稳定碎石基层 + 沥青表处封层。面层一律为 26 厘米厚水泥混凝土结构，设计荷载为等级公路 – Ⅱ

级，由松滋公路局言程公路养护建设有限公司承担大修施工任务。该路八宝大路口至松滋城东工业园段长7.478公里，桩号为 K39+156 ～ K46+634，设计标准为平原微丘区二级公路，路基宽12米。该路段实施路基补强后采用水泥混凝土路面设计，标准为18厘米厚5%水泥稳定碎石基层+沥青表处封层+26厘米厚水泥混凝土面层。

【省道雅澧公路松滋冯家窑至澧松桥大修工程完工】 10月15日，省道雅澧公路松滋冯家窑至澧松桥大修工程全面完工。该工程全长15.6公里，桩号为 K56+800 ～ K72+400，设计标准为山岭重丘区二级公路，路基宽9米，设计荷载为等级公路–Ⅱ级，行车速度60公里/小时。施工单位为松滋公路局言程公路养护建设有限公司。该公路甘沟河至刘家场段全长3.93公里，桩号为 K43+430 ～ K47+362，设计标准为山岭重丘区二级公路，路基宽9米，荷载为等级公路–Ⅱ级，行车时速60公里/小时。该路段基层设计为18厘米水泥稳定碎石+沥青表处封层，面层为沥青混凝土结构。松滋公路局言程养护建设有限公司承担施工任务。

【省道红东公路松滋陈店至车阳河大修工程完工】 10月26日，省道红东公路松滋陈店至车阳河大修工程全面完工。该工程全长8公里，桩号为 K42+000 ～ K50+000，设计标准为平原微丘区二级公路，路基宽12米，设计荷载为等级公路–Ⅱ级，行车速度60公里/小时。施工中采取对病害路基补强，铺设18厘米厚5%水泥稳定碎石+沥青表处封层，面层为26厘米厚水泥混凝土结构。施工单位为湖北高成公路工程有限公司承担施工任务。

（张伟 李宝婵）

【石首长江公路大桥开工建设】 5月20日，石首长江公路大桥 SS–3 标南岸滩桥第一根试桩 T15 号墩左后桩（试桩编号 SSSZ–05）正式开钻，5月23日浇筑完毕，标志着石首长江大桥正式进入施工阶段。石首长江大桥起自荆州市江陵县普济镇西，接潜江至石首高速公路，经横沟市镇，在北碾子村附近跨越长江，至石首市高基庙镇西与江南高速公路连接，线路全长39.72公里，概算总投资75.23亿元，工期48个月。全线采用高速公路标准建设，设计速度100公里/小时，从大垸互通式立交至石首东互通式立交（含长江大桥）采用双向六车道标准，其余路段采用双向四车道标准。项目设大垸、石首东、高基庙3处互通式立交，设服务区1处、停车区1处、大桥监控所1处和匝道收费站2处。其中石首长江大桥全长2670米，主桥斜拉桥长1450米，桥型布置为 (75+75+80) 米 +820 米 +(300+100) 米双塔单侧混合梁斜拉桥，采用 BOT+EPC 建设模式，由湖北交投石首长江公路大桥建设指挥部建设。 （王军强）

【嘉鱼长江公路大桥开工建设】 12月25日，嘉鱼长江公路大桥29号墩 B0 号桩基正式开钻，12月27日混凝土浇筑完成，标志着嘉鱼长江公路大桥南岸桩基工程正式进入施工阶段。嘉鱼长江公路大桥起于洪湖市燕窝镇团结村，接武汉城市圈环线高速公路洪湖段和咸宁西段。全长4.66公里，其中跨长江主桥1650米，为双塔双索面混合梁斜拉桥，主跨920米。全线采用双向六车道高速公路标准建设，设计速度100公里/小时，桥梁宽度33.5米。总概算31.44亿元，总工期48个月，采用 BOT+EPC 建设模式，由湖北交投嘉鱼长江公路大桥建设指挥部建设。 （张俊）

【监利县赵枫桥重建工程完工】 9月，监利县赵枫桥重建工程完工。该桥位于朱河镇赵祠村，横跨抗旱河，是赵祠村主要的出行通道，老桥修建于1978年，后经鉴定为五类危桥，必须拆除重建。经招投标，赵枫桥重建中标价141.3万元，由湖南省衡南县水电建筑工程有限公司施工，湖北华捷工程咨询监理有限公司监理，6月动工。重建桥长38.04米，全宽8米，

行车道宽7米，两侧设置防撞墙，桥梁上部结构采用 2×16 米预应力钢筋混凝土空心板，下部结构采用桩柱式桥墩、桩基接盖梁式桥台，钻孔灌注桩基础。

【监利县新汴河桥渡改桥改造完工】 3月，监利县新汴河桥渡改桥改造完工。该桥位于监利县汴河镇中心城区，是汴河镇中心城区主要通道。经招投标，新汴河桥中标价138万元，由广西新里路桥工程有限责任公司施工，湖北潜江江河工程监理有限责任公司监理，2014年11月动工。新建桥长44米，全宽12米，行车道宽10米，两侧设置防撞墙，桥梁上部结构采用20米预应力钢筋混凝土空心板，下部结构采用桩柱式桥墩、桩基接盖梁式桥台，钻孔灌注桩基础。

【监利县东港一桥渡改桥改造完工】 5月，监利县东港一桥渡改桥改造完工。该桥是监利县荒湖农场至黄歇口镇乡村公路上的1座拱桥，老桥全长37.5米，桥面全宽4.8米，由于修建年代已久，且设计荷载偏低，多处出现病害，不能满足车辆通行，严重制约了地方经济发展和老百姓出行。经招投标，由湖南和庆源建设工程有限公司施工，湖北华捷工程监理咨询有限公司监理。1月开工，新建桥长31米，上部结构采用5米实心板8米空心板 +5米实心板，下部结构采用实体桥墩和薄壁桥台，扩大基础，全宽7米，行车道宽6米，两侧设置防撞墙。 （胡刚）

【监利县汪桥镇严北桥危桥改造完工】 12月，监利县汪桥镇严北桥危桥改造完工。该桥是354省道周马线上的1座桥梁，桥梁中心桩号 K21+145，桥梁长26.04米，汽车荷载等级为公路–Ⅰ级。严北桥属危桥改造项目，设计桥长26.04米，全宽10米，行车道宽9米，上部结构1×20米预应力混凝土空心板，下部结构桩接盖梁桥台，钻孔灌注桩基础。经招投标，由南昌市建筑工程集团有限公司施工，

合同价 114 万元, 工期 3 个月。

（徐建忠）

【329 省道监利县军民桥至杨波坦段改建工程完工】 12 月, 329 省道监利县军民桥至杨波坦段改建工程完工。该段路全长 14.21 公里, 其中老路加宽改建 8.6 公里、新路 5.61 公里, 设计水泥混凝土路面宽度 8.5 米, 路基宽度 10 米, 全线有中小桥梁 11 座、箱涵 2 道、圆管涵 28 道。起于军民桥, 与汉沙线平交, 止于杨波坦, 接 329 省道石首段, 为新增省道, 是监利县连接洪湖和石首的东西向通道, 也是大垸管理区通往县城的唯一出口通道。

（刘君立）

【湖北四联建材工贸公司生产作业码头建成】 12 月, 湖北四联建材工贸公司生产作业码头建成投入使用。该项目位于监利县内荆河左岸周老嘴白杨村, 工程水工部分建成 300 吨级（兼顾 500 吨级）散货泊位 1 座, 年设计吞吐能力 30 万吨, 陆域部分建设混凝土搅拌站 1 座, 并建设相应的堆场、道路、辅助生产建筑, 配备相应的装卸、运输机械设备和供水、供电等配套设施。工程投入 1800 万元。该工程是监利县内河港口第 1 座稍具规模的建设项目, 对当地的经济发展起到推动作用。

（陈辉新）

【洪湖市通港大道开工建设】 5 月, 洪湖市通港大道开工建设。通港大道起于洪湖市石码头临港工业园长江大堤, 经中洲村、王洲村、周坊村、铁桥村, 与绕城一级公路平交, 全长 2.72 公里, 预算总投资 5000 万元, 计划工期 11 个月。该项目按双向四车道城市道路标准建设, 路基宽 30 米, 全路段有箱涵 3 座、盖板涵 2 座、圆管涵 8 道。该项目由洪湖市顺安路桥工程有限责任公司施工, 截至 2015 年底, 累计完成清表、污水管 2791 米、路基开挖 2055 米、王洲水泥路面 1154 米、箱涵 2 道、青沙吹填 620 米, 完成货币工程量 1000 万元。该项目建成后, 对加速推进洪湖市城区"西改东扩北延"发展战略、加快城乡一体化发展进程, 完善临港工业园配套基础设施建设, 提升洪湖临港工业园产业承接能力, 具有重要的意义。

（张俊）

【沙市热电煤码头工程通过竣工验收】 8 月 7 日, 荆州港木沉渊港区湖北沙隆达股份有限公司热电煤码头工程顺利通过荆州市港航管理局竣工验收委员会验收, 投入使用。沙市热电煤码头工程新建 2000 吨级煤炭泊位 1 个, 结构形式为浮码头。码头前方布置钢质趸船, 船岸由钢引桥连接、转运承台与 1 号转运站由钢引桥连接, 装卸工艺水平运输由普通皮带机和管带输送机组成, 设计年通过能力 70 万吨, 使用岸线长度 110 米, 总投资 4000 万元。2011 年 11 月 2 日开工建设, 2012 年 5 月 19 日完工, 经过 3 年试运行, 达到设计要求。

【沙市煤炭储配中心码头工程通过竣工验收】 12 月 19 日, 国电沙市煤炭储配中心码头改扩建工程通过省港航管理局竣工验收委员会验收。国电沙市煤炭储配中心码头改扩建工程建设规模为新建 3000 吨级（水工结构按 5000 吨级设计）泊位 2 个、变电所平台 1 座, 设计年吞吐量 310 万吨, 使用岸线长度 220 米, 同步建设相应的堆场、道路、料库等生产、辅助生产建筑, 配备相应的装卸、运输机械设备。2012 年 1 月 30 日开工建设, 2013 年 12 月 27 日完工, 总投资 31868.56 万元。经过试运行和环保等专题验收合格, 工程竣工后, 堆场静态储煤 60 至 100 万吨, 年周转量 400 至 500 万吨。

（王晶）

荆门市

【荆门城区绕城公路西外环】 西外环即 207 国道荆门市子陵至砖桥段一级公路子陵至团林段, 起于子陵安栈口, 西经葛洲坝水泥厂, 在青山进入碑凹山隧道绕过荆门城区, 向南依次与 347 国道、荆漳公路、焦柳铁路、348 国道交叉, 在袁集上跨荆宜高速公路, 止于团林接 207 国道。全长 34.38 公里, 分 2 个标段 10 个工区建设。其中, 荆门市城市建设投资公司合同段 11.63 公里、4 个工区, 荆门市交通建设投资有限公司合同段 22.75 公里、6 个工区。截至 2015 年底, 市城市建设投资公司合同段完成路基 10 公里、级配碎石底基层 9 公里、水稳下基层 9 公里、水稳基层 8 公里、涵洞工程 25 道、路缘石 3 公里、管涵工程 300 米、桩基 200 根、墩柱 70 根、承台 9 个、梁板 1 片, 建安费累计完成货币工程量 1.1 亿元; 市交通建设投资有限公司合同段完成挖方 209 万立方米、填方 90 万立方米、涵洞工程 42 道、桩基 236 根、墩柱 136 根, 碑凹山隧道左右线掘进共计 4120 米, 累计完成货币工程量 3.36 亿元。

【荆门城区绕城公路东外环改扩建】 东外环由 347 国道荆门市东桥至子陵段改扩建工程牌楼至子陵段、荆门市牌楼至团林段一级公路 2 个项目组成, 东外环线路从子陵安栈口出发, 经牌楼东侧接 347 国道, 往南跨武荆高速, 经麻城镇后路线拐向西南上跨襄荆高速, 止于团林镇南, 与西外环对接。全长 42.5 公里, 其中牌楼至团林段 33.45 公里, 分 8 个工区建设, 347 国道牌楼至子陵段 9.05 公里, 分 2 个工区建设。6 月, 荆门市牌楼至团林段开工建设, 完成挖方 152 万立方米、填方 127 万立方米、涵洞工程 116 道、桩基完成 210 根、墩柱完成 25 根, 完成货币工程量 1.1 亿元。12 月, 牌楼至子陵段开工建设, 完成路基挖方 20 万立方米、填方 15 万立方米、涵洞工程 6 道, 完成货币工程量 900 万元。

【荆门至漳河一级公路（漳河防洪快车道）】 荆门至漳河一级公路（漳河防洪快车道）西段东起漳河大道城建段终点岩子河以西 400 米, 止于漳河副坝渠首闸, 全长 6534.5 米, 其中周河大桥 145.2 米。路线技术等级为一级公路, 设计行车速度 80 公里/

小时，全线路基宽度分别为 32.5 米、24.5 米，双向四车道，中央分隔带分别为 10 米、2 米。2011 年 11 月动工，2015 年 9 月完工。

【荆门市钟祥港石牌综合码头】

新建 1000 吨级泊位 4 个，其中件杂货、散货泊位各 2 个，年设计吞吐量 210 万吨，其中散货吞吐量 146 万吨、件杂货吞吐量 64 万吨，预算总投资 3.2 亿元。2014 年 10 月 16 日，水工部分正式启动，2015 年 12 月底，水工部分基本完工，在进行平台施工刹尾工程，全年完成投资 12750 万元。建设单位为太平洋建设集团。

【荆门市沙洋港中心港区一期综合码头】

新建 1000 吨级泊位 6 个，其中散货泊位 4 个、件杂货泊位 2 个，年设计吞吐量 512.6 万吨，其中散货吞吐量 460 万吨、件杂货吞吐量 52.6 万吨。预算总投资 4.5 亿元。2013 年 10 月 14 日，水工部分正式开工。2015 年完成投资 8400 万元，水工建筑物主体工程已完成，在进行陆域轨道梁、翻堤道路和防洪补救工程施工。建设单位为中交第二航务工程局有限公司。

【沙洋港江汉运河港区后港综合码头】

位于江汉运河后港回旋水域，新建 1000 吨级泊位 2 个，年设计吞吐量 126 万吨，其中散货吞吐量 96 万吨、件杂货吞吐量 30 万吨，预算总投资 5000 万元。该项目工程可行性研究、初步设计以及通航安全、岸线许可均已批复，在进行"三通一平"工作，全年完成投资 2050 万元。项目业主为沙洋新港港口物流有限公司。

（汪微波）

鄂州市

【鄂州主城区客运枢纽站】

该项目纳入省交通运输厅"十二五"规划，总用地面积 75520 平方米，规划净用地面积 68522 平方米，估算总投资 3.25 亿元。建设鄂州汽车枢纽站及辅助用房、综合楼、小件快递服务用房、配套服务用房等。总建筑面积 32717 平方米，其中地上建筑面积 23978 平方米，分别是汽车枢纽站面积 11407 平方米、汽车枢纽站辅助用房面积 1800 平方米、综合楼面积 9751 平方米、小件快递服务用房面积 810 平方米、配套服务用房面积 210 平方米；地下建筑面积 8739 平方米，分别是汽车枢纽站地下面积 7953 平方米、综合楼地下面积 786 平方米。汽车枢纽站停车位 162 个、发车位 26 个、公交车停车位 16 个、地下社会停车场停车位 181 个。12 月 18 日，项目一期工程开工。

【葛华新城客运站】

葛华新城客运站选址在原华容客运站，按二级客运站标准建设，该项目纳入省交通运输厅"十二五"交通规划，占地面积 44.6 亩，其中新增用地 30 亩，建设内容包括车站用房 2000 平方米、其他生产辅助用房 500 平方米、站前广场 2100 平方米、停车场 12000 平方米等，到站旅客下客区 400 平方米，并配套建设道路、绿化、给排水、消防系统等设施。估算总投资 2168 万元。项目选址、规划设计、环评、土地预审、土地调规、勘测定界等前期工作均已完成，已完成投资 70 万元。

【武汉新港三江港区一期工程】

该项目分别由中国金属再生资源（控股）有限公司和中国建筑股份有限公司投资建设，计划在三江港区建设 5000 吨级梁板直立式码头泊位 8 个，其中件杂泊位 7 个、多用途泊位 1 个，年设计吞吐量为 605 万吨，含集装箱 9.5 万 TEU，使用岸线 1000 米，总投资约 12.75 亿元。该项目码头水工部分在建中。

【湖北星丰金属资源有限公司废金属加工项目码头】

中国再生资源有限公司（项目业主）投资 58239.79 万元，拟占用岸线 588 米建设 3000 吨级（兼顾 5000 吨级）件杂货直立式泊位 5 个，年设计吞吐量 265 万吨。已完成 2 个泊位引桥平台面层建设合同的 85%。

【葛店至杨叶一级公路】

又称吴楚大道，是鄂州市综改示范重点项目，横贯鄂州市东西，是鄂州市东西中轴线。该项目分东、中、西 3 段，建设规模 49.8 公里（不含中段已建成的 11.9 公里），其中西段 25.3 公里，含三江港支线约 4.7 公里；东段 24.5 公里。全线采用设计速度 80 公里/小时、路基宽度 32 米的双向六车道一级公路标准建设。2015 年，西段完成路基 3 公里、路面 17 公里，完成投资 50875 万元，累计完成路基 25.18 公里、路面 17 公里、完成投资 56780 万元；东段完成路面 3 公里，完成投资 3000 万元，累计完成路基 24.5 公里、路面 22.5 公里、完成投资 53500 万元。

【鄂黄大桥南岸接线改扩建】

该项目为"十二五"交通规划建设项目，项目总里程 9.14 公里，估算总投资 20849.14 万元。起于鄂黄长江大桥南岸，止于鄂州江碧路平交口。全线采用设计速度 80 公里/小时、路基宽度 32 米的双向六车道一级公路标准建设。车辆荷载公路–Ⅰ级。实施鄂黄长江公路大桥南岸接线改扩建，将进一步改善鄂州市城市出口路通行条件，快速融入高速公路网，加快鄂州与武汉城市圈交通对接，提升鄂州城市交通整体形象，服务沿线群众高效便捷出行。全年完成投资 13000 万元。

【106 国道鄂州城区至分水岭段改建】

该项目起于 106 国道武黄公路鄂州互通连接线，止于鄂州至黄石交界处的分水岭。路线全长 14.23 公里，估算总投资 21117.63 万元。全线采用设计速度 60 公里/小时、路基宽度 20 米的双向四车道一级公路标准建设。全年完成路基 9 公里、路面 4.5 公里，完成投资 13055 万元。

【铁山至东沟一级公路】

该项目起于黄石大冶市东风农场与鄂州鄂城

区长港镇交界处，止于鄂州东沟镇六十村，全长 3.45 公里，设置大桥 1 座 156.16 米。项目按双向四车道一级公路标准建设，路面结构为沥青混凝土，路基宽 24.5 米，行车道宽 15 米，设计速度 80 公里/小时。项目概算总金额 18951 万元，计划建设工期 24 个月。该项目是鄂州市普通公路建设首次采用 PPP 合作模式，建成后将成为大梁子湖生态旅游区重要的交通运输及出行大动脉，有利于武汉、鄂州、黄石区域经济发展，同时进一步完善鄂州市干线路网布局，优化区域路网功能。全年完成路基 1.55 公里、路面 1 公里，完成投资 5252 万元。

【316 国道鄂州市杨家巷至凉亭段路面改造】 该项目起于 316 国道与华蒲线平交处 K1040+549.5 处，止于华容街凉亭华容被服厂 K1042+287.085 处，全长 1.74 公里，按一级公路标准建设，设计行车速度 60 公里/小时，路面宽度 21 米、14 米。估算总金额 1498.77 万元，计划建设工期 8 个月。9 月 5 日完工通车。

【省道铁贺线紫坛至谢埠段路面改造】 该项目起于鄂州市梁子湖区太和镇紫坛村街道起点铁贺线 K31+309.978 处，止于太和镇谢埠村街道 K37+104.302 处，全长 5.79 公里，设计行车速度 60 公里/小时，设计标准为公路二级，路面宽度 9 米、12 米、14 米，路面面层为沥青混凝土。预算总金额 3218.27 万元，计划建设工期 8 个月。6 月 9 日正式动工，至年底完成工程总量的 85%。

【花马湖电排站桥桥面维修】 花马湖电排站桥位于省道阳枫线鄂州市花马湖电排站堤顶，其主要功能是通过该桥承受堤顶汽车荷载。老桥桥长 78.2 米，桥梁宽 11 米，上构为 14 孔 -5.5 米简支 T 梁，桩柱式墩台，桩径 0.9 米，汽车荷载等级为汽 -20，挂 -100。本次改造维持原桥梁长度及全宽不变，上构为 14 孔 -5.5 米预制钢筋混凝土简支实心板，先简支后连续，7 跨一联，

全桥共两联；下构在利用原老桥墩台的基础上将墩台帽梁加高 0.866 米，汽车荷载等级为公路 -Ⅱ。预算总金额 223.44 万元，计划建设工期 6 个月。4 月 22 日动工，7 月 21 日完工。

【湖北大通互联物流股份有限公司甩挂运输试点】 该项目是国家发展改革委 2012 年第八批资源节约和环境保护项目，项目选址新庙镇茅草村，配合五丈港二期工程形成水陆联运物流园，项目总投资 1.25 亿元，其中购买车辆装备 3000 万、建设甩挂运输站场 6000 万、改造升级信息系统 700 万、其他装备投入 1800 万），资金来源：国家财政补助 1000 万元，该资金已拨入试点企业，企业自筹 1.05 亿元。甩挂试点线路 3 条：鄂州—南昌—新余—巢湖—合肥—黄州—鄂州；鄂州—长沙—广州；鄂州—武汉—黄石—黄州—鄂州。截至 2015 年底，完成投资 100 万。

孝感市

【孝汉应快速通道】 ①孝感至应城一级公路应城绕城段全长约 18 公里，项目工可外审修编今年 5 月份已完成。关于专题：林业、防洪、铁路、法人组建方案、地方配套资金承诺函、社会稳定风险评估、项目节能减排、地质灾害风险评估、通航、水保、矿产资源压覆等 11 项专题已取得相应批复。②孝感至汉川一级公路全长约 31 公里，工可外审修编基本完成，正开展相关专题。该项目孝南翟家湾至老 316 复线段正在施工中，已展开 1.5 公里路基段面，完成路基工程约 1 公里，雨污管道约 4 公里，小桥已完成，大桥基础及下部构造已基本完成。

【临空区物流（陈天）大道】 项目起点为孝南区境内毛陈镇焦湖村的 316 国道与 107 国道共线段，终点为天河机场至阳逻港区一级公路起点处，全长 18.88 公里，估算总投资 9.2 亿元。临空经济区 7.8 公里已开工建设，路

基基本完成，沥青路面摊铺施工中，排水工程、管廊工程已完工；凤凰港桥梁 128 片箱梁预制及安装全部完成，桥面铺装已完成 50%。

黄冈市

【罗霍洲大桥】 武汉新港团风港区集疏运通道罗霍洲大桥是武汉新港建设的重要组成部分，大桥与江北一级公路相连接，往北连接大广、武英高速公路，往南连接鄂黄高速公路，是解决团风港区的集疏运通道。该项目的建设对改善团风港区陆路交通条件、提升团风港区水运优势、打造便捷畅通水陆联运的物资运输通道、促进团风县经济社会的发展具有十分重要的意义。项目起于江北一级公路与临江二路交汇处，跨团风大道、长江大堤，止于罗霍洲接码头钢引桥，全长 5.2 公里，其中桥长 4.5 公里，接线长 0.7 公里，该桥设匝道桥 2 座、人行坡道桥 4 座。全线采用设计速度 80 公里/小时、路基宽度 24.5 米的双向四车道一级公路标准（桥梁与路基同宽）。概算总投资 5.96 亿元，建设工期 24 个月。建设单位为团风县人民政府，勘测设计单位为中铁大桥勘测设计院集团有限公司，监理单位为武汉飞虹建设监理有限公司，施工单位为新疆北新路桥集团股份有限公司。截至 2015 年底，全桥下部构造全部完成，包括桩基、承台、桩系梁、墩柱、中系梁、帽梁等；跨团风大道桥、跨长江大堤桥、变宽段现浇连续梁全部完成；A、B 匝道桥、4 座人行坡道桥全部完成；预制箱梁 888 片全部安装完成；通航孔主桥右幅已经合拢，左幅共 21 节段，已完成 16 节段。

【武汉新港江北铁路】 是京广、京九的货运联接线，西起京广线滠口站，东至京九线黄州站，全长 80 公里。武汉新港江北铁路二期工程林四房至黄州段 43 公里，总投资 19 亿元，黄冈境内 20.68 公里，投资 9.97 亿元，

是国务院 2014 年重点督办开工建设的 64 个铁路项目之一。项目建成后，将串联起京广线、武汉新港、阳逻港、京九线，充分发挥水铁联运的优势。11 月 11 日，武汉新港江北铁路二期工程林四房至黄州段正式复工，至 12 月底已完成投资 1.5 亿元。完成建设用地勘界，已签订征地协议，启动 5 个控制性工程点施工。

【麻城市汽车客运总站改造】　位于麻城市将军路 1 号、106 国道旁，按客运二级车站进行改造升级，包括扩建候车大厅、扩建停车场、改造站前广场，对车站主站房进行立面装修，出站口原旧房处新建三层司乘人员休息室、进站口新建三层验证人员驻站室，添设安检监控设备、完善服务设施等系列工程，预计总投资 922.8 万元。2015 年完成新增 3700 平方米停车场硬化、综合楼基础工程。该项目改造完工后，日发送旅客量由 7000 人次提高到 9600 人次，日发车辆班次由 160 班次提高到 601 班次，将极大提高城市交通资源利用率，缓解城市交通拥堵，方便市民出行。

【罗田县大别山客运中心】　位于武英高速公路罗田出口处，占地总面积 42800 平方米，建筑面积 3 万余平方米，概算投资 6000 万元，按照国家二级汽车客运站标准设计建造，可容纳 300 多辆长、短途客车，满足日发送旅客流量 10000 人次，年发送旅客流量 292 万人次。2012 年 3 月底开工，2015 年 12 月建成。

【黄冈沿江一级公路】　黄冈市沿江一级公路是 347 国道的组成部分，也是湖北省东西向主干线公路和武汉与湖北东部沿江城市联系的重要通道。项目起于黄梅县刘佐乡，途经黄冈沿江团风、黄州、浠水、蕲春、武穴、黄梅 6 县市，西接武汉阳逻，路线全长 213.9 公里，其中蕲州至刘佐段 106.09 公里，概算投资 21.79 亿元；陶店至蕲州段 79.27 公里分 2 段实施，其中，巴河至蕲州段 63.18 公里，投

资 22.12 亿元；巴河至陶店段 16.09 公里(含东站连接线 1.25 公里)，投资 6.04 亿元；团风徐家家楼至陶店段 28.54 公里，估算投资 8.6 亿元。

蕲州至刘佐段。项目起于黄黄高速蕲州互通附近，经蕲州镇、田家镇、武穴镇、龙坪镇、蔡山镇、新开镇、分路镇、小池镇，止于黄梅县刘佐乡，与安徽省规划的北沿江路相接，路线全长约 106.09 公里，其中新建 76.4 公里、改建 29.69 公里。设计行车速度 80 公里/小时，建设标准为双向四车道一级公路，路基宽度 24.5 米，桥梁 235342 座延米，其中大桥 5 座、中桥 21 座、小桥 16 座、涵洞 343 道。项目概算投资 21.79 亿元，其中蕲春段 12.35 公里、概算投资 2.7 亿元，武穴段 43.11 公里、概算投资 9.49 亿元，黄梅段 50.63 公里、概算投资 9.6 亿元。截至 2015 年底，蕲春段完成路基土石方挖方 55 万立方米，完成量为 76%，完成填方 80 万立方米，完成量为 81%；已成型路基 8 公里，完成圆管涵 17 道、盖板涵 9 道；桥梁下构完成桩基 4 根，上构空心板完成 30 片，累计完成货币工程量 7800 万元，占总投资的 33%。武穴段于 2013 年 12 月正式动工，已完成 3.9 公里城区利用路段建设，一期工程 25.53 公里完成路基 17.5 公里，桥梁灌注桩 122 根，涵洞 51 道，挖方 133 万立方米、填方 99.5 万立方米，粉喷桩 46.1 万延米；二期工程 13.87 公里征地拆迁工作基本完成，施工单位已进场施工；累计完成货币工程量 4.82 亿元。黄梅段路基、桥梁工程、路面基层和路面下油层全部完成，路面上油层已完成 35.2 公里，排水沟完成 10.2 公里，累计完成总投资的 94%。

巴河至蕲州段。起于巴河镇七里铺村，穿巴河镇，南绕望天湖、连二湖，穿兰溪镇，跨浠水河，穿散花镇，绕赤西湖湖，穿管窑镇，跨蕲河，止于蕲州镇城区以北，与 205 省道相交，与蕲州至刘佐一级公路对接。路线全长 63.18 公里，其中浠水境路线 42.9 公里、蕲春境路线 20.28 公里。设计行车速度 80 公里/小时，建设标准为

双向四车道一级公路，路基宽度 24.5 米，全线设置桥梁 27 座 5588 米、涵洞 163 道。项目估算投资 22.12 亿元，其中浠水段 13.64 亿元、蕲春段 8.48 亿元。至 2015 年底，设计单位已完成工程可行性修编、各项专题编制工作全面展开。

巴河至陶店段。起于浠水县巴河，与 409 省道(葛洲坝大道)相接并对接 347 国道巴河至蕲州公路，经巴河、孙镇、黄冈东站、106 国道，止于黄州区陶店，与江北一级公路相接。建设里程 16.09 公里，设计行车速度 80 公里/小时，建设标准为双向四车道一级公路，路基宽度 25 米，全线设置桥梁 5 座 1879 米、涵洞 39 道、互通立交 2 处、分离立交 1 处、平面交叉 8 处。项目估算投资 6.04 亿元。至 2015 年底，该项目与黄州至黄梅铁路交叉问题已协调解决，地灾、压矿、通航等专题报告已获批复，水土保持方案已评审待批、环评报告已评审、土地预审等相关专题同步推进。

随州市

【十岗至厉山一级公路】　起于市开发区淅河十岗，接 316 国道 K1262+534.164 处，下穿汉丹铁路及复线，止于随县凹子湾，接 316 国道 K1306+801.023 处，全长 43.79 公里，全线设桥梁 19 座，其中大中桥 14 座 1318.44 米、小桥 5 座 106.12 米、涵洞 159 道，分离式立体交叉 5 处，天桥 4 处，平面交叉 35 处。按双向四车道一级公路修建，设计速度 80 公里/小时，路基宽 24.5 米，沥青混凝土路面。项目预算投资 8.2 亿元，施工工期 30 个月。项目采取 BT 模式建设，由湖北省交通投资有限公司投资建设，建设单位为随州市公路管理处，监理单位为湖北中交公路桥梁监理咨询有限公司，施工单位为湖北省长江路桥公司。至 2015 年底基本建成。

【麻城至竹溪高速公路随州西段长岗、洪山连接线】　长岗连接线起

于包家湾，与长岗互通收费站相接，路线经中湾、何家楼子、上刘家湾、竹林湾、王家畈，跨麻鸭河，经白果树湾，止于吴家湾，连接线全长 15.93 公里，工期 14 个月。洪山连接线主要是对 216 省道局部路段线型改造、路面加铺及安交设施升级改造，起于洪山镇，沿 216 省道经李家湾、陈家湾，止于新阳店 216 省道与 333 省道交汇处，连接线全长 6.43 公里，工期 8 个月。总投资 2 亿元，2014 年 10 月开工建设。至 2015 年底，完成投资 14740 万元，占总投资的 74%；完成路基土石方 253 万立方米，占计划的 95%；完成基层 11.1 万平方米，占计划的 28%；完成路面涵洞 40 道，占计划的 91%；完成挡土墙 7.21 万立方米，占计划的 90.4%，洪山连接线已建成。

恩施土家族苗族自治州

【恩施州绿色生态旅游公路】恩施州绿色生态旅游公路全长 983 公里，由"一主六支"组成，起于巴东，止于鹤峰，将恩施州 8 县市和巴东神农溪、建始野三河、清江画廊、恩施梭布垭、土司城、大峡谷、利川腾龙洞、佛宝山、咸丰坪坝营等 15 处核心景区有效串联，其中新改建 252 公里，其余为配套完善工程，总投资 35 亿元，惠及沿线 38 个乡镇、240 余万人口。至 2015 年底，配套完善工程全部建成，除 242 国道石桥子至石乳关新改建、马鞍龙至团堡和 233 省道大岩阡隧道新建工程等 7 个项目加快建设外，其余项目均已完工，恩施州千公里绿色生态旅游公路基本建成。

【286 省道凉雾至文斗段】11 月，286 省道凉雾至文斗段建成通车。该项目全长 74.5 公里，起于利川市凉雾乡，接省道利鱼线，经忠路镇，止于利川市文斗乡，批复概算投资 45298 万元。该项目的建成，使利川市忠路镇和文斗乡实现通省道二级公路目标，提升了 2 乡镇交通运输条件，同时，

该项目也是利川市西南方向进入重庆市的重要通道，对区域经济社会发展具有十分重要的意义。

【339 省道景阳至官店段】11 月，339 省道景阳至官店段建成通车。该项目全长 34.46 公里，起于建始县景阳镇，止于建始县官店镇，批复概算投资 37643 万元。该项目的建成，使建始县官店镇实现通省道二级公路的目标，提升了该镇交通运输条件，同时，该项目也是恩施州"四县五乡镇"高山片区出行的重要通道，对片区经济社会发展具有十分重要的意义。

【461 省道大路坡至清太坪段】1 月，461 省道大路坡至清太坪段建成通车。该项目全长 18.83 公里，起于省道巴鹤公路大路坡，止于巴东县清太坪镇，批复概算投资 12700 万元。项目的建成，使巴东县清太坪镇成为巴东县最后一个通国省道二级公路的乡镇，提升了该镇交通运输条件。

【232 省道县城至万寨段】12 月，232 省道县城至万寨段建成通车。该项目全长 31.51 公里，起于宣恩县城，止于宣恩县万寨乡，批复概算投资 25210 万元。该项目的建成，使宣恩县万寨乡实现通省道二级公路目标，提升了该乡交通运输条件。

【463 省道大河边至尖山段】11 月，463 省道大河边至尖山段建成通车。该项目全长 9.17 公里，起于咸丰县大河边，接省道利智线，止于咸丰县唐崖镇，批复概算投资 10123 万元。该项目的建成，使咸丰县唐崖镇实现通省道二级公路目标，提升了该乡交通运输条件。同时，唐崖镇是土司世界文化遗产所在地，该公路的建设，对促进土司文化发展和相关旅游产业发展具有极为重要的意义。

【464 省道杨坪至铁炉段】10 月，464 省道杨坪至铁炉段建成通车。该项目全长 25.14 公里，起于鹤峰县杨坪，接省道南鹤公路，止于鹤峰县铁炉乡，

批复概算投资 29418 万元。该项目的建成，使鹤峰县铁炉乡实现通省道二级公路目标，提升了该乡交通运输条件。

天门市

【省道皂毛公路竟陵至岳口段改建】项目起于天门市竟陵办事处傅家湾，接皂毛公路北段，经新堰口，止于岳口大桥北岸，全长 30.1 公里，全线按设计速度 80 公里 / 小时、路基宽度 24.5 米的双向四车道一级公路标准建设，项目总投资 5.48 亿元。2012 年开工，2015 年 11 月建成通车。项目建成通车提升了天门市南北主通道的通行服务能力，消除了城区交通瓶颈，同时该线路成为北接京山县、应城市，南接仙桃市的重要城际通道。

【竟陵至多宝公路改建】项目起于天门市竟陵办事处 (与皂毛公路平交处)，经黄潭镇区、渔薪镇区，止于多宝镇 (与汉宜公路平交处)，全长 56 公里，全线设大桥 1 座、中桥 4 座、小桥 2 座、涵洞 111 道、分离式交叉 2 处、平面交叉 21 处。全线按设计速度 80 公里 / 小时、路基宽度 21.5 米的双向四车道一级公路标准建设，项目总投资 8.71 亿元，计划 2017 年完工。该项目建成通车能有效改善道路通行能力，进一步推动沿线乡镇城镇化建设，实现天门市东西大通道全线提档升级，缓解道路通行压力，拓展城市向西发展空间，促进普通国道客货输运能力提升。2015 年开工建设，已完成路基路面 5.7 公里，完成投资 3900 万元。

【311 省道天门市香马冲至周家湾段改建】项目起于天门市与应城市交界处的香马冲，经舒家岭、江家湾附近跨越皂市河、天门火车站，下穿天门至仙桃支线货运铁路，至杨家场后接回老汉宜公路，止于天门市与京山县交界处的周家湾，另设武荆高速连接线 2.86 公里，全线长 20 公里。

全线设桥梁 3 座，其中特大桥 1 座 708 米、中桥 2 座 92 米、涵洞 47 道、平面交叉口 11 处、分离式交叉 2 处。全线按设计速度 80 公里 / 小时、路基宽度 21.5 米的双向四车道一级公路标准建设，项目总投资 4.08 亿元。该项目建成通车能有效改善汉宜公路道路通行能力，连通沿线乡镇与城区交通，消除公路穿行镇区带来的交通安全隐患，为龙尾山工业园区、长寿林场风景区、团山风景区的发展助力。2014 年开工，计划 2017 年完工。

潜江市

【247 省道潜江汉江大桥】 该项目起于天门张港镇但铺村，止于潜江市竹根滩镇康岭村，全长 6.68 公里，其中天门岸接线 2.87 公里、汉江大桥 2.27 公里、潜江岸接线 1.54 公里，桥型为矮塔斜拉桥，桥梁标准宽 24.5 米，跨河部分桥梁断面宽 31.5 米。估算投资 64067 万元，其中天门岸接线 6648 万元、江汉大桥 53483 万元、潜江岸接线 3936 万元。已启动接线段路基土方工程。

【318 国道一级公路改造】 318 国道深江站至徐魏台、周矶至丫角一级公路改造工程项目全长 34.09 公里，其中改线新建 3.55 公里，概算投资约 6.27 亿元。至 2015 年底，已完成深江站至徐魏台段 7.31 公里道路工程施工、监理招标工作，在进行城投公司至城东河段 3.32 公里水系连通工程施工招标，同时启动沿线征地拆迁工作。

【潜江港泽口港区综合码头】 潜江港泽口港区综合码头建设项目是全省"十二五"港口建设重点项目之一，该项目新建 1000 吨级泊位 4 个，其中杂货泊位 1 个、通用泊位 1 个、散货泊位 2 个，年设计通行能力 290 万吨，其中杂货泊位通行能力 34 万吨、散货泊位通行能力 256 万吨。同步建设相应的生产、辅助生产建筑，配备相应的装卸、运输机械设备和供水、供电设备。概算投资约 4.03 亿元，需征用土地 272.25 亩。至 2015 年底，施工单位和监理单位已进场，完成项目驻地建设及设计技术交底，在进行征地拆迁工作。

（李凌云）

农村公路建设

【武汉市】 印发《武汉市农村交通服务示范工程实施指导意见》，启动农村交通综合服务示范工程建设。全市农村公路基础设施建设完成投资 4.62 亿元，完成"村村通客车"目标任务，建成通湾公路 808.57 公里，完成投资 17844.2 万元；新建农村公路桥梁 17 座 829.64 延米，完成投资 3174 万元；完成黄陂梳研桥、大黄湾桥、龙须河桥，新洲范家湾桥 4 座农村公路危桥改造任务，孙咀桥、篾扎湖桥在建中。

【黄石市】 全年完成农村公路建设 592.03 公里，完成投资 33501 万元。其中，完成大冶市还地桥至黄敬池段公路、大冶市茗山乡彭杨线、黄石市 112 省道至凤鸣口山、黄石市锁前线花湖街办至花湖农场段、阳新县兴国至排市沿河北岸公路、阳新县富水北岸、黄石市熊郭公路金虹公路改造、大冶市刘仁八镇刘仁八至大石洪公路、黄石市开发区徐斌至曾家湾公路、黄石市开发区屋李村至李姓村公路、大冶市保长线、大冶市上汪线共 44.53 公里县乡公路改造，完成通村公路 547.5 公里。

【十堰市】 全年完成农村公路建设投资 8.3 亿元，其中完成县乡道改造 131 公里，完成投资 2.2 亿元；完成通村水泥路建设 2108 公里，完成投资 6.1 亿元。至 2015 年底，全市累计完成县乡道改造 682 公里，占"十二五"规划 652 公里的 105%；通村公路 6183 公里，占"十二五"规划 5803 公里的 107%。全市农村公路在册里程 22766 公里，其中县道 1746 公里、乡道 4763 公里、专用道 126 公里、村道 16131 公里。

【襄阳市】 全年建设通村公路 1174 公里、县通乡公路改造 95.1 公里、新建农村公路桥梁 22 座 1296 延米、改造农村公路危桥 31 座 3591 延米、建设农村公路安保工程 1746 公里。全市狠抓农村公路项目建设管理，全面提升工程质量，由所辖地村民委员会将需要建设的农村公路项目，向县（市）区公路管理机构进行申报审批。经审核批准后，村民委员会方可作为建设主体对该村道路建设项目进行招标。完善施工、监理等各项手续，农村管理部门对所辖在建工程进行跟踪检查监督，对检查中发现不按规范施工或有质量问题的，除要求立即整改外，还在县（市）区进行通报。南漳县提高新修道路验收标准，要求每公里必须设置 3 处错车台，规格为 20 米长、1.5 米宽，每 4~5 米切缝，其深度必须达 5 厘米以上，两侧培植不小于 50 厘米路肩，并做压实处理；枣阳市要求新建通村公路必须做到路基宽度不低于 5 米，且碾平和压实，高低误差不超过 2 厘米，施工路面必须达到 4 米宽、20 厘米厚。

（刘臻）

【宜昌市】 2015 年，全市农村公路里程 27354.5 公里，乡镇和建制村通公路率、通硬化路率、通客车率均达到100%。全市1500个行政村全部通水泥路（油路），基本解决农民"出行难、农产品销售难"的问题。全市通村公路连通工程建设目标任务为970公里，实际完成1621.1公里，完成年度目标任务的167%。农村公路危桥改造任务23座，实际完成27座1414延米，完成年度目标任务的117%。全市安排农村公路安保工程计划1534公里，全部完成。全市加宽农村公路路基路面3065公里、修建错车台9951个、完善2764公里安保设施，新建候车站亭1156个，新增259个行政村通客车，全市所有行政村全部通客车。

（李璨 袁伟）

【荆州市】 全年建设农村公路1875公里，改造农村公路危桥82座。在农村公路建设中，荆州市交通运输局以"村村通客车"工作为目标要求各县市区交通运输局、市公路局、编制各地农村公路建设养护与发展规划。全市公路部门在农村路建设和养护过程中发挥专业优势，提供技术指导和服务保障，对全市农村公路建设进行检查、指导，提高农村公路建设养护水平，全市完成农村公路建设任务超过年度计划94%。江陵县根据农村生产、生活、生态客观条件和需求特点，筹资8500余万元从路基、路面、安保、错车道、桥涵、绿化等方面对全县1586公里农村公路进行提档升级，解决乡级公路、村级公路存在的公路标准低、安全隐患多、"通而不畅"等问题。荆州区在农村公路建设中，严格按照工程质量标准、操作规范、施工技术要求施工，严禁偷工减料，并安排村委会派驻村公路协会成员每天实行旁站监督，确保工程质量。2015年，荆州区保质保量完成14.3公里枣林至董场农村公路、川店镇双台村通村公路和弥市镇普兴通村公路。沙市区习家口至杨场公路观音垱至南港桥段改建工程完工，全线采用平原微丘三级公路标准建设，水泥混凝土路面，宽度6至7米。松滋市在农村公路建设中投资9173万元，打通断头路19.1公里，

整治路肩527公里，修建错车台440个，配套安保设施364.9公里，维修路面86公里，改造危桥31座，投入农路日常养护2035公里，绿化527公里。公安县在农村公路建设中，全年投入资金4500万元，新建通村公路165公里，加宽路基427公里，修建错车台308个，新增安保工程防撞墙1029米，标志牌298套，减速板932.5米，示警桩1817根，同时投资1200万元改造农村公路危桥改造30座。石首市完成新狮线县乡道建设13.6公里、月马线建设7公里、小河至神皇洲6.5公里，完成通村公路建设90公里，改造农村公路危桥18座。监利县在农村公路建设方面争取上级投资1900万元、县财政补助3000万元，按照"路站运一体化"服务理念，完成36公里县乡公路建设和210公里通村公路建设，完成农村公路24座879延米危桥改造，完成农村公路错车平台4024个、路肩培土2016公里、安保工程152公里、修建断头路90公里。洪湖市完成长河至黄家口公路改建，路线全长12.19公里，路基宽10米，路面宽8.5米，水泥混凝土路面，由洪湖市交通运输局为项目业主，确保农村公路建设速度与质量，切实改善农村公路通行条件。

（王昌福）

【鄂州市】 加快实施通村公路提档升级，确保通村公路达标、畅通、安全，为鄂州市在全省率先实现"村村通客车"奠定坚实基础。全年完成升等级公路14.36公里、完成进等级公路5.17公里。新建青天湖大桥、螺丝港桥、薛家沟桥、五四湖特大桥、三淡桥和畈上但桥6座桥梁，新建农村公路130.88公里，修复破损路面10.72万平方米；完成混凝土路面加宽22574.72平方米、路基加宽24450.95立方米；修复级配碎石路面10657.31立方米；完成危桥改造5座；新建错车台390个；安装波形护栏8061.8公里，防护墩810个，警示桩2253个；标识标牌1934块，减速板4554.5米，广角镜44个，挡土墙4018.13立方米。

【黄冈市】 全年建成通村公路

2265公里，超额完成年度目标任务。"十二五"期，省交通运输厅下达农村公路安保工程计划5077公里，黄冈市完成7696公里，完成投资30662万元，主要完成防护栏637152米、防撞墙102040米、示警墩99087个、示警桩388559根、警示标志32426套、广角镜10452个，其他安保设施86105米。其中，2015年全市完成农村公路安保工程2526公里，完成投资9583万元，主要完成防护栏139628米、防撞墙38457米、示警墩19974个、示警桩106932根、警示标志10762套、广角镜3330个等。2013年以来，省交通运输厅下达农村公路危桥改造计划80座，至2015年底，已建成47座、在建11座、未开工22座。在建设农村公路的同时，积极推进农村公路生态文明示范线建设，由乡镇政府自筹资金，在全市每个乡镇建设1条生态文明示范线路。全市135条生态文明示范线基本建设完成。通过破损路面修复、路肩培土、植树绿化等工作，所有示范线路均达到验收标准。2013年以来，全市共建成符合验收标准的示范公路超过400条。黄州区交通运输局积极创新，大胆探索，出台《黄州区"美丽乡村·四好农村公路示范县"创建工作规划》，率先在全市开展"四好农村路"示范创建工作。 （周顺）

【咸宁市】 全年新建农村公路946公里，完成投资51705万元；完成农村公路安保工程建设874公里，完成投资14458万元；完成农村公路危桥改造30座，完成投资3752万元。

（姜兰兰）

【随州市】 全年完成通村公路建设450公里，完成农村公路安保工程373公里，均占年计划的100%。随州市政府与各区（市、县）政府签订通村公路建设养护发展目标责任书，分解下达年度目标任务。针对全市农村公路建设工程质量薄弱环节，市交通运输局会同市质监站对各县市区在建农村公路项目进行巡查和不定期抽查，对各种施工原材料也进行相应抽

检，发现质量问题当场要求施工单位进行整改，出现较大质量问题或是整改不及时，发送《停工通知书》。停工期间，督促建设单位、施工单位采取措施按要求加以整改。开展农村公路建设培训，根据通村公路开工情况，适时开展施工组织、质量监理等方面的培训班，为农村公路建设、管理输送一批专业人员。引导开展农村公路安保工程建设。由于特殊的地理环境和复杂的地质条件，全市农村公路大量存在高填深挖、弯急、坡陡、视距不良等危险路段，全市农村公路交通安全事故时有发生。为充分发挥农村公路作用，建立健全农村公路安保工程工作管理目标责任体系，形成农村公路安保工程建设以县市区为主、乡镇具体组织实施、交通部门指导监督、相关部门配合的层次分明、责任明确、

分工明晰的责任格局。坚持"安全、有效、经济、实用"原则，根据农村公路路况和路侧危险程度，灵活采取墙式护栏、波形护栏、示警桩、示警墩、标志、标线等被动防护与主动引导相结合的综合办法，实施农村公路安保工程。

【恩施土家族苗族自治州】 2015年，全州克服地理条件复杂、基础设施薄弱、建设资金紧张等困难，累计建成撤并村通畅工程364.4公里，完成路基加宽（路肩培土）4472.7公里、增设错车道13120个、完善安保工程5765.5公里。全州新增通客车行政村1072个，2494个行政村与全省同步实现"村村通客车"，农村群众"出行难、出行贵、出行不安全"问题有效缓解。12月6日，《湖北日报》头版以"恩

施州村村通客车带动精准扶贫打通回家最后一公里"进行专题报道。

【天门市】 全年完成通乡公路路基17.9公里、路面13.9公里，完成投资1898万元；完成通村公路234.69公里，完成投资7140.7万元；完成农村公路配套建设，完成危桥改造6座221延米，完成投资688万元，完成农村公路危桥改造1座38延米，完成投资89万元。

【潜江市】 至2015年底，全市完成县乡公路建设16.1公里，完成投资2419.36万元；完成通村公路建设168.04公里，完成投资5860.5万元，其中村村通客车873万元；完成农村公路桥梁10座257.2延米，完成投资749万元；完成农村公路危桥改造16座，完成投资1886.6万元。（李凌云）

旅游公路建设

【黄石市】 黄石大冶市红三军团建军旧址出口公路改造工程施工图设计已批复，路线全长21公里，预算总投资11117万元；阳新县湘鄂赣革命旧址群出口公路施工图设计已批复，路线全长5.5公里，预算总投资6652万元。至2015年底，黄石市大冶市红三军团建军旧址出口公路完成路基7.3公里、路面7公里，完成投资1854.77万元；阳新县湘鄂赣革命旧址群出口公路完成投资1000万元。

【襄阳市】 南漳城关至薛坪冷坡垭段改扩建。该项目是南漳县城通往薛坪、板桥和保康县龙坪镇的跨县山区公路，也是南漳连接香水河风景区的旅游通道。因公路等级低，外地大型旅游车辆进出香水河风景区十分不便，省交通运输厅年初下达该路县道升省道建设计划。项目全长32公里，总投资1.28亿元，4月开工建设，12月17日竣工通车。改建后的公路设计标准为二级公路，路基宽度由原来的6米

提升至8.5米，路面由原来的5米提升至7米。

襄阳鹿门寺旅游公路大修。该项目是襄阳市重点旅游公路之一，也是鹿门寺国家森林公园唯一出口公路，因公路等级低，大型车辆碾压，部分路段损毁严重，进出景区十分不便。项目起点为东津镇杨岗村，终点为鹿门寺牌坊，全长8.81公里，按三级公路标准设计，路基宽度8.5米、路面宽度6米，工程总投资586万元。工程由襄阳汇通路桥有限公司承建，5月8日动工建设，7月31日竣工通车。 （何靖 王志功）

【荆州市】 荆当一级旅游公路。荆当一级旅游公路由主线和2条支线组成，主线起于荆州区纪南城南侧安家岔，与207国道平交，途经纪南镇、八岭山镇、马山镇、川店镇，止于川店镇三界村，与311省道平交，路线全长41.38公里。支线1起于八岭山镇，经新场村，止于沪渝高速八岭山互通

北侧，路线全长4.1公里；支线2起于川店镇西侧，向西沿用271省道走廊带经张场，止于楚王车马阵遗址入口，路线全长5.54公里。主线采用双向四车道一级公路标准建设，路基宽度24.5米，设计行车速度80公里/小时；支线采用双向两车道二级公路标准建设，路基宽度12米、设计行车速度80公里/小时，估算总投资9.8亿元。该公路主线工程即荆州纪南城至楚王车马阵建设工程已完成征地拆迁工作，施工、监理单位全部进场，2015年完成投资8000万元。本项目建成后，将形成荆州主城区景区与古墓遗址景区内联外通的快速通道，充分开发与利用荆州区及周边地区旅游等资源，带动区域旅游、经济、社会发展，推动鄂西生态文化旅游圈的发展。

江汉运河堤顶道路全长67.23公里，其中荆州境内27.05公里，起于荆江大堤荆州区李埠镇龙洲垸，止于汉江大堤至荆门沙洋拾回桥段。该堤顶路原来只作为防汛和工程管理通

道，不作为社会交通通道。省南水北调工程领导小组办公室和省交通运输厅决定，对引江济汉工程渠顶道路进行提档升级，满足社会交通要求。项目的实施，支持了江汉运河生态文化旅游、新型城镇带建设，促进沿渠社会经济发展，充分发挥引江济汉工程的综合效益。采用双向两车道二级公路标准建设，堤顶路基宽8.5米、路面宽7米，设计行车速度60公里/小时，水泥混凝土路面。其中A合同段施工单位为河南省中原水利水电工程集团有限公司，B合同段施工单位为葛洲坝集团第五工程有限公司，监理单位为武汉华立建设监理有限公司。2月完成项目招标并进场施工，12月底完工，完成投资4900万元。

（王昌福）

【荆门市】　265省道钟祥客店至京山排落河段公路改建工程。客排线起于钟祥市客店镇姜家畈，经双墩村、双坪村、新场村、杨集镇、三口堰村等，止于京山排落河，全长26.8公里，按二级公路标准建设，设计速度40公里/小时，路基宽度8.5-10米，其中杨集至排落河段12.5公里，路基宽度10米、路面宽度8.5米，预算投资17963.35万元。2014年6月开工，至2015年12月底，完成排落河至杨集段12公里路面工程，完成客店至杨集段12公里路基土石方、11.5公里的垫层和所有桥涵工程。

【咸宁市】　幕阜山生态旅游公路咸宁段。由"一主一支（九宫山支线）"构成，连接通山、崇阳、通城3个县12个乡镇，是片区居民出行的主要通道，规划总里程229.91公里，其中主线165.51公里、支线64.4公里，总投资14.53亿元。至2015年底，全线完成路基156.01公里、路面126.61公里，分别占计划的94.3%和70.37%。其中通山县完成路基95.11公里、路面86.11公里；崇阳县完成路基29.9公里、路面15.5公里；通城县完成路基31公里、路面25公里。

（姜兰兰）

【恩施土家族苗族自治州】　恩施绿色生态旅游公路983公里，由"一主六支"构成，总投资约40亿元，连接恩施州8县市和巴东神农溪、建始野三河、石门古风、清江画廊、恩施梭布垭石林、土司城、大峡谷、利川腾龙洞、佛宝山、咸丰坪坝营10处核心景区，惠及沿线38个乡镇240万人民群众。全州983公里绿色生态旅游公路重新划分为配套完善和新改建2大类。配套完善项目706公里，分为利用路段、已完成路面改善和新改建项目，重点对原有路段进行提档升级、消除事故黑点、新增绿色生态旅游要素设施；新改建252公里，为在建或未开工新改建项目；暂缓建设25公里，因沪渝高速公路团堡增设互通困难，沪渝高速公路团堡互通段10公里暂缓建设，以318国道团堡至利川城区段替代。至2015年底，配套完善项目706公里全部完成；新改建项目252公里中，除大岩阡隧道、跳鱼坎大桥等大型桥隧外，其余基本建成。

交通建设和质量管理

【交通基本建设管理】　2015年，按照稳增长、促发展的总体要求，积极推进交通重点工程项目前期工作，完成以石首、青山、嘉鱼长江公路大桥等为代表的33个项目初步设计审批，完成香溪长江公路大桥、石首长江公路大桥、武汉城市圈环线高速公路孝感南段等28个项目施工图设计审批。全省在建高速公路项目28个、项目总里程1472公里，计划2016年底高速公路建成总里程达6200公里，建成一级公路1054公里、二级公路2371公里。举办标准规范宣贯、技术交流会议2次，开展公路建设市场专项督查5组次，组织交通建设管理考察调研1次，进行施工、监理、设计单位年度信用评价考核和湖北省公路水路建设市场信用信息服务系统建设，完善湖北交通重点工程管理信息系统，推动电子招投标试点和评标专家在线培训工作，开展全省公路重点工程质量通病治理，形成2015年度全省质量综合督查通报和全省质量状况分析报告，强化交竣工验收过程管理，完成监理、检测和养护资质复审、变更、审批工作，加大农民工工作行业管理和督查指导力度，完成多元投融资模式下交通建设管理研究、大跨度预应力混凝土连续箱梁桥损伤研究、生态环保旅游高速建设成套技术研究课题。

推进建设管理模式创新。随着国家体制改革的深入推进，交通基础设施建设筹融资方式、建设管理模式不断变革，在传统的BT、BOT等建设管理模式基础上，BOT+EPC、PPP模式，将政府与社会资本融合发展，保证公共利益最大化，形成多方共赢发展新的制度体系。为此，一方面在有利于推动交通基础设施建设的前提下，积极支持项目融资，开拓融资渠道，顺利推动香溪长江公路大桥PPP建设模式。另一方面，针对BOT+EPC、PPP等新模式，积极履行交通主管部门职责，在公共服务价格和质量安全等方面给予重点监管，研究制定新的监管模式、监管重点和措施，特别是对社会资本投资的项目，制定相应的监管方案，明确监管单位、人员、职责和监管措施，提高监管的针对性。

推进工程质量监管。大力推行施工员带班制、首件工程合格制和黑名单制，加强质量考核，推广施工标准化，加强标准化工作考核，进一步提升质量安全意识。开展全省公路重点工程质量通病治理活动，省交通运输厅工程质量监督局印发《湖北省公路重点工程质量通病治理活动方案》，对全省高速公路建设项目在管理、工艺、实体工程等方面存在的多发质量问题进行归类梳理，提出通病质量的主要措施和要求，质量通病得到有效遏制。加强交安设施交工检测，交安设施质量得到明显提升。强化质量督查，组织全省公路、水运建设市场全面自查和重点抽查，组织1次原材料专场督查，对16个重点项目开展1次桥隧施工工艺专项督查和2次巡视督查，下发督查通报4份，对检查过程中发现的较大质量问题的整改情况进行跟踪复查，完成2015年度全省质量综合督查通报和全省质量状况分析报告，完成2015年报交通运输部的公路重点工程质量数据统计及分析。4-5月，交通运输部组织对湖北省水运工程质量安全综合督查和隧道质量安全专项督查，从督查反馈表明全省质量安全形势总体稳定。

（苏德俊）

【交通基础设施建设市场管理】

推进市场监管体系建设。加强源头监管和过程控制，从长效管理和规范管理着眼，着力加强管理制度建设和技术标准配套的基础工作。印发《湖北省公路建设市场秩序专项整治行动工作方案》《湖北省公路建设市场督查工作手册》《关于进一步明确既有高速公路改扩建工程项目建设管理的通知》等规范性文件，有效指导全省公路水运建设。创新督查方式，按照交通运输部公路建设市场督查规则，采用项目建设单位全面自查和监管部门重点抽查相结合的方式，明确项目建设单位和施工企业责任，强化合同履约，强化工程突出问题治理。9-10月，组织3个督查组对全省25个在建高速公路进行督促检查，并下发督查整改通知。加大招投标活动监管力度，加大公示范围，加强投诉查处力度，违法违规行为呈下降趋势。全年

正式受理招投标投诉3起，同比下降70%；有效线索查处2起，同比下降65%。

推进诚信体系建设。完善制度建设，印发《湖北省公路设计企业信用评价细则》和《湖北省水运工程设计和施工企业信用评价实施细则》。推动信用信息平台建设，运用大数据等现代信息技术是促进政府职能转变、简政放权、放管结合、优化服务的有效手段。加快信用信息化工程建设，推动信息开放共享，推动一站式服务，依法及时网上公开行政许可、处罚等信息，建设信用信息共享交换平台，推动信用信息一站式查询，建立守信联合激励、失信联合惩戒机制。按照质量监督、普通公路、高速公路、水运工程等专业，对各功能模块进行需求分析和审查，8月份水运工程等子模块系统逐步上线试运行。拓展政务信息公开，在工程建设领域守信激励和失信惩戒建设试点工作基础上，拓展公开范围，将项目建设过程中的招投标、征地拆迁、施工管理、设计变更、资金使用"五项关键环节"信息公开拓展为项目审批、招标投标、征地拆迁、工程管理、质量安全监督等"九公开"。开展信用评价考核，开展对施工企业、监理企业和监理人员信用评价。33个高速公路项目、107家施工企业参与高速公路施工企业信用评价，其中AA级19家，占参评总数的18%；A级78家，占参评总数的74%；B级1家，占参评总数的1%；C级5家，占参评总数的5%。全省有49家监理企业、104个工程项目、136个监理合同段参与监理评价，其中，A级38家、B级11家、C级1家（其中1家企业有2项资质参与评价），参与评价的871名监理工程师中有275人信用扣分。建立健全奖惩机制，按照《湖北省高速公路施工招标信用奖惩暂行规定》，中铁十六局集团第二工程有限公司等10家连续2年评为AA级的施工企业在招投标环节受到奖励，河南高速发展路桥工程有限公司等5家评为C级的施工企业受到惩罚，市场主体诚信意识得到加强。

推进基本建设程序管理等工作。进一步规范施工许可审核程序，在省交通运输厅网站行政审批专栏建立送审材料清单，编制行政许可标准化手册，一次性告知申请人，简化程序，提高效率。加强对硚孝高速公路等项目施工许可工作的督办，及时处理武嘉高速公路施工许可申请滞后的违规问题。完成城市圈环线高速洪湖段等3个高速公路项目施工许可和碾盘山汉江整治工程开工报告许可。强化交通竣工验收管理，进一步明确交通安全设施专项验收各项要求，及时完成武汉至英山高速公路竣工验收，协助交通运输部完成荆岳长江公路大桥竣工验收。会同厅工程质量监督局、省公路管理局及时完成监理、检测和养护资质复审、变更、审批等工作，严格市场准入管理。加大农民工工作管理力度，联合省人力资源和社会保障厅在咸宁西高速公路等项目开展农民工工资保障试点工作，全面落实农民工工资支付保障制度，积极推行银行卡直接支付和按月及时支付，在农民工工资保障方面进行积极有效的探索。同时，印发《关于开展农民工工资支付情况排查的通知》，继续开展湖北交通建设产业工人"强素质、建和谐、促发展"活动，开展"冲刺杯"工程技术大比武等活动，努力提升一线工人操作技能，激发广大交通产业工人学技术、练本领、比技能的热情。

（苏德俊）

【交通建设造价管理】

造价管理。全年完成74个交通基本建设项目的造价文件审查，其中初步设计概算项目46个、工程可行性研究项目26个、施工图设计项目2个，上报审核金额863.3亿元，核定金额818.9亿元，核调44.9亿元。核调金额占上报金额的5.2%。修订造价文件审查管理办法，对造价文件审查程序、资料及要求、审查内容、审查周期等做了明确规定。每季度发布《造价审查简报》，对每季度公路工程项目造价文件审查资料质量情况进行评分，并就项目审查基本情况、设计单位审查资料得分及排

名情况、存在的共性问题进行汇总通报。出版 6 期《湖北交通造价信息》，按月及时发布交通建设主要建筑材料价格信息，为全省造价文件的编制提供及时、准确的参考数据。研究开发公路工程材料价格信息平台，制定全省统一的公路工程材料编码，实现公路工程材料价格动态管理和信息共享，提升了全省交通造价管理程序化、标准化和信息化水平。

定额管理。按照省交通运输厅《关于开展公路工程定额基础资料调查收集的通知》要求，在全省范围内开展常态化的公路工程定额基础资料调查收集工作，制定定额即时发布制度，加快省内补充定额发布速度。全年发布《纤维混凝土悬浇预应力箱梁连续钢构上部构造及拌和、运输预算参考定额》《边坡锚杆预算补充定额》2 个专项参考定额。按照交通运输部路网中心工作安排，对 2015 年《公路工程概算定额》（征求意见稿）、《公路工程预算定额》（征求意见稿）及《编制办法》（征求意见稿）进行测试，并编写测算报告；在全省范围内开展 2012 年《公路工程估算指标》调研工作，编制完成湖北省调研报告并上报交通运输部路网中心；组织全省各市州公路养护管理单位开展《公路工程养护预算编制导则》（征求意见稿）调研及征求意见工作，编制完成调研报告并上报交通运输部路网中心；开展《湖北省高速公路隧道养护工程预算定额》基础资料收集及定额编制工作。

造价人员资质管理。完成 2015 年公路工程造价人员过渡考试组织工作，湖北省通过甲级考试 39 人、通过乙级考试 2 人。全省共有甲级公路工程造价工程师 617 人、乙级造价工程师 441 人。按照交通运输部办公厅关于开展公路工程造价人员继续教育工作的通知要求，委托湖北交通职业技术学院举办 3 期省内选修课继续教育学习，全省有 550 余人参加学习并通过考核。按照交通运输部职业资格中心要求在全省开展公路工程造价人员信息采集工作，将 2011 年之前考证通过人员纳入全国交通造价人员管理系统。

组织全省公路、水运造价人员开展初始注册工作，全省 500 余人完成公路、水运造价人员初始注册。
（周振）

【交通工程质量监督】 编制出版湖北省地方标准《湖北省公路重点工程质量监督工作标准化指南》《填（吹）砂路基施工技术规范》(DB42/T 1037-2015)，发布《湖北省公路重点工程项目工程材料监督抽查管理办法》《湖北省公路重点工程交通安全设施专项检测工作实施细则》《湖北省公路水运工程质量举报调查实施细则》《湖北省公路重点工程竣（交）工验收质量检测工作管理办法》，组织编写《湖北省公路农村公路质量监督工作标准化指南》，起草《湖北省水运重点工程质量监督工作标准化指南》和《湖北省水运工程交竣工验收质量检测实施手册》。

高速公路监督。直接监督公路重点项目 29 个，全年对在建项目施工单位、监理单位，分别就质量保证体系、合同履约情况、工程实体质量、外观质量、施工工艺、内业资料、标准化建设等方面进行全方位监督。先后对在建高速公路项目进行 1 次质量保证体系检查、1 次桥隧专项督查、1 次路面专项督查、3 次原材料抽查、2 次质量综合督查。同时对路基、路面、桥梁、隧道、交安等实体工程中涉及的 74 项指标和钢筋、水泥、沥青、集料、钢绞线、支座、锚具、夹片等原材料进行抽查和检测，共抽查 617600 组（点），总合格率为 91.5%。其中，路基工程合格率 96.8%、路面工程合格率 96.8%、桥梁工程合格率 86.2%、隧道工程合格率 93.8%、交安合格率 94.9%、原材料合格率 96.1%。全年下发督查通报 12 份，其中对通车项目缺陷责任期督查回访通报 1 份、质量保证体系通报 1 份、原材料质量通报 3 份、桥隧专项检查通报 1 份、路面专项督查通报 1 份、质量综合督查通报 2 份、巡视检查通报 3 份。下发督查意见 24 份，质量抽查意见通知书 4 份，发布质量督查通报 2 份，未发生质量责任事故。

水运工程监督。全年组织 2 次质量综合督查和 6 次专项检查，下发质量督查通报 4 份、质量抽查意见通知书 5 份。强化交竣工质量检测检验检查工作，完成武汉新港阳逻三期、黄梅小池码头项目共计 8 个合同段交工验收。全省在建水运工程实体质量整体水平保持较高稳定水平，全年质监机构和监理单位共抽检质量数据 189821 点（组），总体合格率 95.6%，同比上升 1 个百分点，其中质监机构抽检总体合格率 92.9%，同比上升 0.2 个百分点。

普通公路监督。直接监督汉川、丹江口、钟祥 3 个汉江公路大桥，组织 2 次质量综合督查和 7 次质量专项检查。组织全省市州质监机构分上半年和下半年开展 2 次全省普通公路工程质量安全异地联合交叉检查。各级交通质监机构开展各类巡视督查、专项督查、综合督查累计 300 余次，共抽检质量数据 198992 点（组），总体合格率 95.18%，同比上升 1.02 个百分点，全省在建普通公路工程实体质量继续保持较高水平。

工程安全监督。全年组织安全综合督查 4 次、安全专项督查 6 次、安全生产条件 2 次、整改复查和"回头看" 3 次，检查建设项目 31 个、建设单位 16 家、监理单位 38 家、施工单位 80 家，下达整改通知书 56 份，发出督查通报 12 份，提出整改建议 1100 余条，做到项目监督检查覆盖率 100%、问题整改回复率 100%。进一步推进交通工程建设企业标准化考评达标工作，全年组织对 6 家二级达标企业进行抽查复核、对 3 家申请二级达标企业进行考评。

监理检测管理。全省公路、水运监理市场有从业企业 52 家，持监理工程师资格证书人员近 2500 人，比上年减少 1 家公路工程乙级监理企业。交通试验检测市场有等级检测机构 93 家，持检测工程师证人员近 1300 人，持检测员证人员 3500 余人，比上年减少 1 家公路工程综合乙级、1 家公路工程综合丙级检测机构。

监理行业管理。开展重点工程监

理岗前考核工作，全年完成沌口长江公路大桥、南四环高速公路、孝仙洪高速公路3个重点工程项目监理人员岗前考核工作，共有77名监理工程师、93名监理员通过考核，并登记注册在对应工作岗位上。开展不定时的现场监理项目信用专项督查，对监理工作失信行为现场发现、现场记录。全年对洪监高速、武嘉高速、硚孝高速、西四环高速、老谷高速、南四环高速、孝仙洪高速和建恩高速等重点工程项目监理驻地办进行信用专项督查。在丰富监理信用评价基础数据的同时，对河南中通、广东翔飞等企业驻地办重点督查，体现差别化监督管理。组织2015年度监理信用评价，涉及监理企业50家、工程项目103个、监理合同段133个、监理工程师1000余人。

试验检测行业管理。全省2家甲级及桥隧专项检测机构被抽中参加中国交通建设监理协会试验检测工作委员会组织的2015年部分公路水运工程试验检测机构锚具静载锚固性能比对试验，省交通运输厅质量监督局完成相关组织配合工作，并组织湖北省2015年度试验检测机构比对试验，全省92家具有等级证书的检测机构参加。组织2015年度试验检测信用评价，涉及等级检测机构93家、工地试验室及现场服务项目200多个、检测人员逾4000人。

（胡永石）

【厅重点办工作】 2015年，厅重点办紧紧围绕"十二五"高速公路建设目标任务，抓管理、抓督办、抓协调，出实招、办实事、求实效，强力促进高速公路建设目标任务的完成。统筹推进全省高速公路项目均衡发展。在系统梳理"十二五"全省高速公路目标任务的基础上，2014年12月促成省政府召开全省高速公路建设推进会，详细分解2015年计划建成高速公路目标任务，明确市州政府、省交通投资有限公司的责任。调整高速公路督办专班人员，充实力量，确定省交通投资有限公司项目每月巡视、社会投资项目重点督办、严重滞后项目驻点督办的工作方式。通过向省政府金融办和督查室汇报、给市州党委政府主要领导写报告、给投资人后方公司总部去函等高层沟通对接方式，解决社会投资项目融资难、建设目标滞后、地方协调不力、项目建设信心决心不足等制约项目推进的核心问题，统筹全省项目均衡发展。

全力以赴督办高速公路建设目标任务。为抓好收官之年高速公路建设目标任务的落实，重点办保证每月20天以上的时间在工地一线进行现场督办，实时掌握项目建设一线进展情况，及时协调影响推进的问题。重点对洪监、老谷、硚孝高速公路等进展滞后、推进困难的项目实施督办，并安排专人专班常驻洪监、老谷高速现场督办，同协调同管理，逐个标段排、逐个节点抠、逐个环节督、逐道工序查，督促项目业主落实考核奖惩制度，确保项目按照节点目标逐项完成。通过给投资人和施工单位后方主管部门去函、约谈投资人和施工单位法人代表、厅领导现场督办、召开专题协调会议等系列措施，推动重大决策、重要时间节点的落实，确保项目按照节点目标逐项完成。

尽心竭力协调高速公路项目建设存在的问题。为确保高速公路建设正常推进，重点办主动服务，真心实意帮助各项目解决实际困难和问题，为项目推进扫清障碍、赢得时间。协调省政府金融办和相关金融机构，建立高速公路项目与金融机构联席协商会议机制，为高速公路项目融资争取宽松政策，协调银行贷款审查审批过程中遇到的问题，解决社会投资项目融资难的问题。协调铁路电力管理部门，与武汉铁路局、省电力公司建立沟通联系机制，定期协调高速公路跨铁路、电力相关问题，解决铁路、电力交叉制约问题。协调地方政府，与地方协调机构和交通部门密切联系，向项目沿线党委政府主要领导反映施工中的环境问题，实时跟踪督办个别作业点钉子户房屋拆迁、解决建设环境保障问题。协调行业管理部门，争取涉及行业的行政审批事项高效办理，涉及行业管理事宜及时解决，为项目建设提供直通车式的优质服务。

高效快捷通报高速公路项目建设动态。建立完善并严格执行检查通报机制，强化主要问题整改、重要时间节点落实、目标责任完成情况的考核通报，保证项目建设动态、需解决的主要问题等信息及时高效地沟通。采取紧急事项和特殊项目随时专报、严重滞后项目旬报、全省高速公路项目月报、每季度全省通报的督办通报机制，及时向省政府、厅领导、市州政府领导报告项目推进情况，严重滞后的老谷、洪监等项目的旬报定期发至襄阳、荆州市委市政府及项目沿线县委县政府主要领导，极大地促进项目地方征地拆迁、环境协调、融资困难等问题的解决。以"冲刺杯"劳动竞赛为抓手，督促各高速公路项目结合实际情况开展"大干五十天、确保开门红""大战二季度、冲刺十二五""顶烈日、战酷暑、大干六十天、喜迎国庆节"等系列竞赛活动，锁定竞赛目标，强化组织领导，细化实施方案，强化过程检查，完善考核奖惩，掀起建设热潮，形成创先争优的竞赛局面。

（左小明）

交通基础设施养护和管理

【高速公路养护】 2015年，全省高速公路养护管理工作紧紧围绕"迎国检"这条主线，努力在制度健全、养护管理规范化、路况提升方面下功夫，实现高速公路养护管理工作科学发展、安全发展、可持续发展。

养护行业规范管理。出台《省高速公路管理局关于进一步明确高速公路改扩建和养护大修工程建设管理的通知》《湖北省高速公路养护机械化推广指导意见》和《湖北省高速公路养护大中修工程管理办法》，进一步补充和完善全省高速公路养护管理制度。《湖北省高速公路养护工程施工企业信用评价实施细则》《湖北省高速公路养护市场信用信息管理办法》《湖北省高速公路养护施工招标文件范本》《湖北省高速公路机电维护招标文件范本》在拟定中，进一步加强对养护市场行为和养护工程招投标的管理和监督，促进养护市场健康发展。严格按要求做好改扩建工程和养护大修工程初步设计、施工图设计审查以及招投标备案工作，确保工程建设符合建设管理程序、标准和要求，确保养护市场招投标公开、公正、公平。配合交通运输部完成鄂西四渡河大桥的检测工作。

"迎国检"圆满完成。重要任务。年初，省高管局召开年度养护工作暨迎国检动员会，部署年度迎检任务及养护工作。印发《湖北省高速公路迎接2015年全国干线公路养护管理检查工作方案》，明确养护管理任务和迎国检目标、标准、措施。根据时间、任务节点安排，省高管局组织高速公路路况检测和2次交叉模拟检查，多次召开迎国检现场会，对内业资料管理、路况水平、路容路貌、标准化养护站、标准化示范路段和窗口站所规范化管理等进行展示、检查、督促和通报，对迎国检不积极、组织不力的单位进行约谈，推进迎国检工作的落实。全省4006公里高速公路参加检查。

养护新技术的研究和应用。一是加强新技术的研究。随着全省长江大桥建设步伐加快，长江大桥养护管理得到各级领导高度重视。年初，省高管局组织召开钢箱梁长江大桥路面养护管理工作座谈会，对钢箱梁路面养护管理技术进行深入探讨和交流，为统筹做好长江大桥养护管理工作打下良好基础。二是着力推广新技术的运用。突出推广沥青路面就地热再生技术的应用，对随岳高速等5条高速公路热再生项目进行统一招标，对热再生施工组织进行布置，部分路段管理公司按照路面材料循环利用要求开展就地热再生技术应用，热再生技术不仅加强了路面材料循环利用率，还有效地节约了工程成本，提高了养护效率。开发了养护管理移动采集系统，养护管理系统操作使用更为便捷。组织养护管理系统培训，对系统移动数据采集方法等进行讲解，使系统操作人员熟悉和掌握使用方法，为系统使用创造良好条件，提高全省信息化养护管理水平。

标志标牌专项整治。继续狠抓标志标牌整改工作，全省投入资金3000余万元，整改标志3000多块。省高管局印发《关于规范设置全省高速公路限速标志的通知》，对全线限速标志进行分车型限速和统一标准图，督促高速公路管理单位按要求实施；召开由管理单位、相邻路段、交警、路政和设计部门参加的协调会，对全省存在问题的10多处枢纽互通标志进行集中整治；在服务区和省交通运输厅、省高管局网站开展交通标志问卷调查，了解司乘人员对标志认知程度，用于指导下一步标志标牌设置工作；5月份，邀请省内10多家媒体实地考察湖北省高速公路标志标牌，并对路网高速公路命名、编号以及标志标牌设置情况进行广泛宣传，取得了较好效果。

（李虎子）

【普通公路养护】 2015年，全省国省干线公路路面使用性能指数(PQI)为88.3。先后下发《"十二五"国检普通干线公路管理规范化检查职责分工》《全省公路系统"十二五"国检临检工作方案》《关于进一步加强管理规范化检查资料整理工作的通知》等文件，编印全省干线公路图，制定省级规范化管理检查自评表，编制迎国检应知应会养护手册。突出"2012—2014年交通运输部挂牌督办路段、国道路况次差路段"两个重点，抓好路况提升。全省完成大中修工程2900公里，占年计划的98.4%。注重日常养护管理规范化，先后出台普通干线公路季节性小修保养管理指导意见、挂牌养护公示制度、桥隧养护管理办法等一系列制度陆续出台，全面加强公路养护巡查力度，提高路面病害及时处置率和养护工程质量。进一步强化日常养护和小修保养检查考核工作，市州每季度对辖区县级公路管理机构、县级公路管理机构每月对养护管理站(中心)进行一次巡检，并进行通报。全省计划内养护作业规范化设施全部配备到位，推动了公路养护作业现场规范化管理。为保证国省干线桥梁运营安全，组织专业检测机构对全省1923座国省干线桥梁进行定期检查，委托湖北省楚晟科路桥技术开发有限公司对全省干线公路14095公里路况检测路面破损率和路面平整度。强化公路水毁防治，全省全年公路水毁造成直接经济损失11.11亿元，其中干线公路2.87亿元、农村公路8.24亿元，中断交通651处220条。面对水毁灾情，公路部门及时派员到现场指导抢险保通工作，干线公路水毁路段基本都能较快恢复正常通行。

出台《湖北省畅安舒美示范公路创建方案》，组织开展105国道、209国道939公里示范公路创建活动，已完成升级改造89.4公里、大中修及预防性养护292公里，打通了十堰、宜昌、恩施、林区等交通瓶颈路段，105国道、209国道优良路率分别达到98.5%、95.5%。通过事故黑点综合治理、交叉口渠化改造、更新完善标志标线及防护设施，实施危桥改造、地灾治理、隧道照明等工程，公路安全保障能力和抗灾防灾能力全面提升。治理穿越村镇路段160公里，清除非法公路标志1060块，绿化补植200.4公里。不断提升服务水平，增设停车港湾116处、观景台30处、服务区12处，构建起以综合服务区为骨架、以便民服务点为填充、以沿线既有设施为点缀的便民服务体系，为过往人员提供停车、加水、维修、卫生等服务。按照"以路为载，传承文化"要求，坚持把公路作为生态景观建设和传播公路文化载体，林区沿线设置"楚风路韵""畅安舒美""勿吻我""盐道新韵""绿缘"5处观景石；打造"香风谷""燕天观景台""寿"字景观、"归瀑"等9处公路景观。其他市州对照创建标准，结合辖区国省干线公路实际，均创建了不少于30公里"畅安舒美"示范路段。据统计，全省共创建"畅安舒美"示范路段2112公里，共建成服务区18个、便民服务点248个、观景台99个、停车休息区353个，其他便民设施263个。　　　　（杨志刚）

【航道养护】　　2015年，全省通航里程8638公里，其中长江航道1038公里、其他支流航道7600公里；其中Ⅲ级航道730公里、Ⅳ级航道418公里、Ⅴ级航道929公里。全省列养航道里程2543公里，其中一类维护里程573公里、二类维护里程510公里、三类维护里程950公里。汉江沿线各航道段坚持按考核管理规定落实巡航要求，及时调标改槽，航标设置实现"一标见一标、一灯见一灯"，一类和二类航标配布设标密度均不低于1.8座/公里，标位正常率、灯光保证率等重要指标均达到养护目标要求，即航标维护正常率一类维护航道不小于99%、二类维护航道不小于95%、三类维护航道不小于90%、灯光保证率不低于99%。同时积极做好辖区内浅滩航道与整治建筑物的探测预报和信息发布，特别是对于辖区内浅滩碍航影响船舶

通行的，各航道段及时开展应急维护保通工作，基本保障枯水期汉江航道畅通安全。

强化临、跨、拦河建筑物通航条件审核，保护航道资源。依照《航道法》对于涉航工程航道通航条件影响评价制度要求，制定出台湖北省临、跨、拦河建筑物航道通航条件影响评价审核管理办法，进一步规范项目审核范围及审核权限，对于不满足国家规范和航道规划的事项一律不予受理，充分发挥事前审核作用；联合市州港航管理部门严格履行"事前介入，事中事后监管"原则，对通航河流上临、跨、拦河建筑物工程的实施加强检查监管，切实保护航道资源不受破坏。

积极探索通航建筑物统一调度管理，保障汉江航道高效运行。在成功协调兴隆枢纽与崔家营枢纽船闸检修、保养时间统一管理的基础上，联合十堰市港航局多次就丹江口水利枢纽升船机的运行问题进行沟通协调，积极打通影响汉江中下游畅通的最大瓶颈，保证丹江口枢纽通航设施正常运行。为切实发挥航道养护在航运发展中的重要作用，省港航管理局指导天门航道段创建汉江省级文明样板航道，成为单位内强管理、外树形象的重要抓手，其文化品牌创建成效显著。（马静）

【渡口管理】　　2015年，结合渡口安全管理工作特点，深入开展"全方位、全覆盖"的安全隐患大排查专项工作，对全省公路渡口安全隐患进行排查，组织专班到三义寺渡口现场督办检查。完成三义寺码头人车分流改造工程和渡口船型方案咨询了解，掌握大量渡船相关情况，争取省交通运输厅尽快制定

出台标准船型。11月4日，省公路管理局在宜昌白洋渡口所组织实施"2015年湖北省专业公路渡口突发事件应急抢险演练"活动，进一步提高渡口职工应对突发事件的应急处置能力。

针对（通行费、过渡费"两费"下放和渡口取消收费新形式，研究制定新的管理措施，进一步加强费收规范管理，确保费收下放而管理水平不下滑。积极与省财政厅、省交通运输厅、相关市州政府加强沟通与协调，出台相关文件。黄冈、荆州、宜昌、恩施财政部门对收费站、渡口近几年收支情况进行摸底调查，进行核定，通行费、过渡费收支预算全部纳入当地财政部门预算管理。10月1日起渡口取消收费后，渡口渡运车流量急剧加大，环境整治压力进一步增加。为了进一步优化渡运秩序和征管环境，确保安全渡运，省公路管理局及时调整制定渡口人员工作岗位，制定新的工作规范和工作程序，争取地方政府、公安、路政等多方支持，加强渡运车辆疏导和渡运秩序管控，确保渡运安全和秩序正常稳定。制定突发事件应急预案，加强与路政、交警、公安等部门协调、沟通，确保在道口通行受阻等突发情况下，多部门联合指挥和疏导交通。联合公安交警部门加大对人情车、特权车的整治力度，重点打击冲岗、逃费和恶意堵道等行为，收费环境明显好转，费收额明显提高。收费站、渡口所在显要位置宣传费收相关政策和公告渡船渡运安全管理规定，设置必要的标志标识，争取司乘人员的理解和支持，营造良好的收费环境和渡运氛围。全省公路收费站、渡口安全形势良好。　　　　　　　（汪波）

市州公路养护及改革

【武汉市】　　编印《武汉市公路预防性养护手册》，加大预防性养护力度．推行全面养护、精细化养护，坚持路面裂缝逢缝必灌，坑槽处置不过夜，设施修复不过周，实现路况良好、设施

完整、路域环境美观。全市列养公路里程1725.89公里。全年修补路面坑槽58076平方米、清灌缝683735米。实行路段养护责任制，推行"定额管理、计量支付"管理方式。组织开展预防

性养护专题研究，实施沥青路面碎石微表处、金刚砂封层、超薄磨耗层等预防性养护技术，实现由被动养护向主动养护的转变。严格落实桥梁养护管理"十项制度"，开展经常性检查、

定期检查和特殊检查，桥梁状况信息和检查情况全部实行"入库"管理，全市国省干线131座桥梁全部设立桥梁信息牌。

【十堰市】 2015年，全市投资2.5亿元，用于"国检"路段养护大中修工程、GBM配套工程和209国道"畅安舒美"示范路创建工程。全年完成普通公路国省干线路面大中修844.96公里，完成省公路管理局安排的养护大修项目113公里、中修项目150.98公里。境内15座国省干线四类危桥整治工作得到落实；改善十两路、305省道房县至竹山段、鲍竹路、316国道鲍峡至十堰城区段等公路36座隧道安全通行环境；莲花寺桥在维修中；郧阳汉江公路大桥争取维修资金5000万元，在计划维修施工；草店2号桥危桥改造项目已进入施工阶段。新增各类交通标志160块，更换新型示警桩6000根，部分路段实施振荡标线。规划公路养护站54个，已建成8个。郧阳区谭山站、白桑站在扩建中；房县两河口站、柳树垭站建设已完成；丹江浪河站和大坪站维修改造推进中。

科技养护。委托交通运输部公路科学研究院开展普通干、支列养公路安全生命防护工程公路风险评估，已完成国省干线1595.46公里、县乡道支线1522公里风险评估数据采集，形成书面评估报告。邀请交通运输部公路养护技术专家，对209国道"畅安舒美"示范路创建工作进行现场调研指导，推广应用"同步碎石封层"和"微表处技术"等成熟养护技术，引进实施橡胶沥青应力吸收层、大粒径沥青碎石基层、橡胶沥青同步碎石封层技术，路况质量明显改善。推广使用贴缝胶等新产品，提高路面使用性能。采取以奖代补的形式将209国道部分隧道照明逐步更换为LED智能系统，大幅节约运营成本和降低碳排放。在消除路面病害的基础上，根据不同路段和病害特点，采用稀浆封层、微表处和橡胶粉同步碎石封层，部分路段根据排水情况设置盲沟，以利于排除路面渗透水分，减少水损害。其中橡胶粉同步碎石封层和盲沟设置在十堰路面养护中初次使用。

示范路创建。十堰境内209国道创建"畅安舒美"示范路277.5公里，沿线14个景观点基本建成，其中房县5个、城区3个、郧阳区6个，体现了房陵文化、汉水文化、郧阳文化等地域人文特色；对重点路口进行交通渠化，完善标志标线设置，对沿线6处大型平交道口进行交通渠化整治，建设野人谷、两河口、五条岭、白桑4个公路服务区，设置6块电子信息显示屏，建设港湾式停车带35处，建设大型景观点18处，提供路况信息咨询、修车工具、饮水、休息等便民服务。全线安装152块文化碑（牌），宣传十堰地方及公路文化；以打造生态绿色长廊为目标，实施公路绿化工程，开展秋季绿化补苗活动，在公路沿线补栽绿植，完成苗木栽植15万余株，完成投资900余万元。

养护应急中心建设。十堰城区养护应急中心已启动扩建，茅坪生活区、八亩地生产区建设已完成，西沟储备仓库已完成，其他配套设施在施工中；竹山潘口应急中心已经完成场地平整。路网监测与应急处置体系竣工投入使用，总投资近200万元。已投入使用外场设施包括治超监测体系8个站点52个摄像头、重点桥隧12个摄像头、公共服务信息发布屏4个、应急指挥车8台，初步实现对辖区内干线公路"可视、可测、可控"。

【襄阳市】 坚持规范施工、标准化作业抓日常养护，保障路面整洁无病害、路基坚实无塌陷、边沟涵洞无堵塞、边坡挡墙无垮塌、沿线设施无损毁；把握时机，科学精准采用铣刨加铺、碎石封层、微表处、热再生等措施实施预防性养护，做到病害早发现、早处置，保持路面性能，延长公路使用寿命。按照病害处置最彻底、技术最实用、工程最环保、行车干扰最少、投资最节省的原则，逐段比选、优化方案抓养护大中修，实现投资效益和路况水平同步提升。围绕"生命安全工程"，落实桥梁养护工程师、桥梁

管理十项制度，确保列养桥隧始终处于良好状态；大力实施安保工程，在平面交叉道口统一安装示警桩、标志牌，增设路口减速带、渠化标线、渠化岛、加宽路口，有效改善安全行车环境。全年共修补坑槽4.7万平方米，新增防护栏1.5万米，补栽公里碑171块、百米桩1542根，新增或更新标志牌518块，补划标线20.5公里。完成国省干线道路绿化补植近3.3万株。完成大中修工程路基177.7公里、路面176.63公里。

继续实施"日常保养与维修分离、人工费与维修费分离，标段承包与专业化相结合、计量支付与三级考核相结合"为主体的"两分离、两结合"养管机制改革。建立"市局统筹管理季度考核、县局分解指标月度考核、管理站路段承包责任到人、养护中心合同管理计量支付"多级联动养护管理体系，将养护管理站由单一的生产单位转变为综合管理单位，日常管理下沉一级。推行路政中队与养护管理站合署办公、联合巡查的一体化管理模式；完善养护管理制度和日常考评体系，强化日常养护标准化管理。

（崔卫东）

【宜昌市】 2015年，全市公路路面使用性能指数(PQI)值87.48。全年完成国省干线公路大修计划347.34公里，其中大修257.74公里、中修89.60公里。完成联丰桥、周府口桥、冯家湾桥、吴家堤小桥4座危桥改造，周付桥危桥改造施工中。完成沪聂线、保兴线、两江线、五牛线、小长线、陆渔线、望聂线、安董线安保工程8条144.07公里。

全市投入资金4323万元，完成清理边沟6991公里，清除路测长草杂物6518公里，清洗道路钢护栏707公里，清洗标志牌873块；落实公路养护管段责任制，制作管段责任牌362块；完成防撞墙改色82.2公里，示警墩及示警桩改色或更换8114个，维修更换钢护栏227处146公里，设置道口桩4361根，修补路面坑槽17.28万平方米，钢护栏端头粘贴黑黄相间的反光膜8375处；完成路树刷白222775棵、行道树补栽

45353 棵，更新（更换）里程碑与百米桩 4863 个；投入抢险机械 1036 台班，人工 4913 工日，消耗应急储备物资融雪剂 223.9 吨，其他抢险物质 105 万元；全年在养护站或道路上安装 LED 显示屏 24 块，改造、对外开放厕所 30 处、设置便民服务点 47 个。

全市完成道路清灌缝 82173 延米，采用贴缝带贴缝 11022 延米，稀浆封层路面 49.1 公里，宜远线 K106+900-K112+300 段对水泥混凝土脱空板路面进行钻孔压浆处治，修复路面 19100 平方米。开展预防性养护技术后评价，远安县公路管理局委托宜昌市虹源检测有限公司对荷当线一级公路 17.6 公里稀浆封层在使用一年后的性能进行检测，综合沥青路面外观检测、平整度、车辙、弯沉检测结果，评定路面使用性能指数（PQI）等级为优。

全市各管养单位按照"迎国检"的要求，组织专班，按照养护规范化检查要求完善各类资料的整理归档工作。完成榔坪、红花套、石林、九畹溪、北风坳 5 个养护站改造，全面建成远安应急中心，基本建成五峰、宜都、当阳、兴山、秭归 5 个应急中心。建成兴山南阳、五峰宝塔坡 2 个机械化养护站，每个站投入 65 万元共购置养护机械设备 18 台。购置路面铣刨机、沥青同步碎石封层车 2 台大型养护设备。10 月，209 国道兴山段 65.45 公里建成"鄂西生态文化旅游圈"畅安舒美示范路，并通过验收。

推广应用养护新技术。鸦来线左家桥至界牌树段 43.2 公里路面大修中面层采用橡胶沥青混凝土技术；王渔线王子石至潘家塘段 12.5 公里路面大修中下面层采用热再生沥青混凝土技术；荷当线棚镇至凤山段 16 公里路面大修中基层采用厂拌冷再生技术；209 国道三堆河至白沙河段 22.5 公里、红东线宜昌大桥至孙家溪桥段 3 公里采用稀浆封层预防性养护技术；209 国道三堆河至白沙河段采用贴缝带处治路面裂缝、虎周线采用贴缝带处治路面裂缝 3 公里。

（张琬灵　王振宇）

【荆州市】　2015 年，荆州市公路养护以提升路况为重点，完成公路大中修工程 211.83 公里、安保工程投资 1739 万元，均为年计划的 100%。全市实施沥青同步封层 15.35 万平方米，修补沥青路面坑槽 9.29 万平方米，挖补水泥路面破碎板 3.82 平方米，灌缝 15.1 万延米。全市公路养护针对冬春养护等季节性特点，补植广玉兰、香樟等路树 138 公里 15 万余株。变被动应付养护为主动预防养护，确保公路养护率 100%、病害处治率 100%。省道沙渔公路弥市大桥危桥改造正式通车；207 国道公安境内 3 座大桥改造完成货币工程量 1.57 亿元。在 207 国道大修施工中，推广应用"新型抗弯拉水泥混凝土路面"和"水稳填充大粒径碎石基层"2 项新技术，被省公路管理局确定为全省公路科技推广应用项目。确定 207 国道公安段创建省级"畅安舒美示范路"，各县市区按不少于 20 公里标准创建市级示范路。"湖北省普通公路建设与养护投资政策研究"和"荆州市普通公路养护市场化管理研究"2 个课题通过省交通运输厅的鉴定验收。　　　（郑娅莉）

【荆门市】　2015 年，全市公路路面使用性能指数（PQI）值 89.5，比上年提高 3.1 个百分点。按照全国普通干线公路养护与管理规范化大检查标准，提前安排，实施推进，全面完成养护任务。全市列养公路完成大修 182.14 公里、中修 42 公里；投资 1347 万元，完成危桥改造 7 座 230.68 延米；安全生命防护工程完成投资 952 万元，水毁应急抢险保通及修复工程完成投资 100 万元。日常养护常态化，预防性养护精准化，抢抓春季、秋季养护，加强安全隐患排查、病害修补，全年挖补坑槽 6.2 万平方米、路面保洁 145.7 万平方米、清灌缝 50.2 万延米、清理边沟 1202.5 公里、疏通涵洞 160 道，基本完成行道树修剪等工作。

【鄂州市】　2015 年，完成国省干线公路大修 29.1 公里、中修 38.9 公里。年度大中修项目基本完工，316 国道葛店经济开发区段、316 国道杨巷至凉亭段、花马湖电排站桥、汽李线长岭街、106 国道武黄高速跨线桥接线和阳枫线茅草桥至杨团线段改造工程均完工，省道铁贺线紫坛村至谢埠村路面改造完成总工程量的 85%，省道汽李线沼山太白桥段路面大修完成货币工程量 71 万元。加强预防性养护，积极推广碎石化工艺、车辙铣刨、预防性养护、微表处等"四新"技术，推进机械化养护和养护管理信息化进程，干线公路路况总体保持平稳。全年清理边沟 73 公里，修整路肩 92 公里，修补坑槽 4 万平方米，灌养缝 6.8 万延米；投资 150 万元，完成公路绿化 95 公里，补植行道树 6000 余株。对照"迎国检"路况检查内容、标准及干线公路路面检测评价结果，重点加强省道阳枫线、106 国道、省道汽李线、316 国道等城市出口路路面保洁和保畅力度。制订蒲团应急救援中心建设方案，蒲团应急中心已启动围墙、场地平整等附属设施设计工作；完成石山养护队场地建设钢架结构设计，完成碧石公路站环境美化工作。大力推进公路养护管理信息化进程，全市干线公路网格化管理方案制定中，路口公路站安装了连续式车辆观测仪。

【黄冈市】　全市国省干线公路路面使用性能指数（PQI）值 90.2。全年完成大修工程 259.24 公里（包括 105 国道畅安舒美示范工程 45.5 公里）、中修工程 20.37 公里。国省干线完成修补路面病害 58135 平方米、清灌缝 213307 米、清理公路边沟 3619 公里、涵洞清理 5688 处、边坡修整 42328 平方米、路肩平整 574582 平方米。完成投资 4559 万元，在列养路段新增波形钢护栏 178255 米、连续式防撞墙 350 米、示警桩 12637 根，更换或新增指路标志 51 块、警示标志 1396 块、广角镜 155 个、振荡标线 10390 平方米，标线补划 9381 平方米。投入资金 2128.8 万元，完成国省干线、县乡道绿化补植 131232 株、新植 198070 株。继续推行机械化养护作业，通过政府招标程序，投入 239.1 万元购置 1 台铣刨机和 1 台沥青碎石同步封层车，投入 245 万元购置 1 台扫地车、1 台小型装载机和 22 台自卸车。

养护（应急）中心建设。麻城市生产区 2000 型沥青拌和站已安装，办公楼和宿舍楼主体工程已完工；罗田县生产区 2000 型沥青拌和设备已安装，办公楼在建中；红安县养护应急中心办公楼已建成，养护人员已进驻；团风县办公楼主体工程已完成，沥青拌和设备安装完毕；蕲春县完成场地平整，沥青拌和楼和水稳拌和站安装完成；武穴市利用两路养护管理站和石佛寺油池进行改扩建；英山县已落实土地征用，完成场地硬化。 （夏彬）

【咸宁市】 全市干线公路路面使用性能指数（PQI）值 91.4。全年完成养护综合投资 3.27 亿元。坚持全面养护，做到养路与养桥并重、沥青路面与水泥路面养护并行、路基路面养护与附属设施养护同步。制定《咸宁市普通干线公路挂牌养护制度》，增设责任牌 56 块，公示养护单位、路段、责任人及监督举报电话；建立日常养护检查考核制度，将考核标准纳入养护生产合同，实行合同管理、绩效管理、痕迹管理、闭合管理。全年修补坑槽 19183 平方米，灌缝 285.6 公里，处治翻浆 4.7 万平方米，修整路肩 690 公里，水泥路面换板 1000 平方米，清理水沟 580 公里，疏通管涵 273 道，清理桥梁泄水孔 1783 个，清理路肩堆积物 2926 立方米，投资 2500 万元，新植树木 18 万棵，补植 12.2 万棵。按照"关口处设点、好路边布景、美景旁建台、窄弯处筑港、危险处立牌"的思路，在干线公路增设便民服务区 2 个、便民服务点 14 个，观景平台和停车港湾 8 个，大型指路标牌 36 块，桥梁限载牌 70 块。

优化大中修管理模式，大中修工程实行统一项目管理、统一施工组织、统一质量监管、统一资金拨付，在计划执行、施工图设计、设计审查、招投标、工程质量监督、工程审计、交（竣）工验收、工程决算等方面规范推进；坚持"资源节约、低碳环保"技术理念，引进并运用水泥混凝土碎石化再生、橡胶沥青同步碎石封层等新技术，采用沥青下面层结构。实施大修 133.61 公里，超计划 27 公里，中修 9.2 公里，危桥改造 10 座，公路安全生命防护工程 172.26 公里。全市 106 国道、沿横线、横路线、白界线、崇赵线等大中修工程优质高效完工。加强桥梁巡查频次，及时处置病危桥梁，对全市 220 座干线公路桥梁进行全面隐患排查，下发整改通报 6 份，责令各单位以最短时间、最大限度消除病危桥梁。加强危桥改造力度，危桥项目已按年计划和施工方案全面完工。

加强养护应急中心建设，投资近 1.2 亿元，建成赤壁、崇阳、咸安 3 个养护应急中心。公路部门自筹资金建成道班 1 个，新建公路管理站 1 个，养护路政联合管理站 1 个，完善公路管理站 3 个。提升机械化养护水平，投资 420 万元购置同步碎石封层车 1 台，小型铣刨机 1 台，道桥多功能养护机 2 台，交通量观测仪 4 台，轴载观测仪器 3 台。咸安区投入 180 万元添置路面清扫车、洒水车、中型挖掘机等机械设备，解决了管理养路段路面保洁和路肩养护难题。 （周福全）

【随州市】 全市公路路面使用性能指数（PQI）值 87.5。全年完成养护大修工程 195.03 公里，占年计划 152.6 公里的 128%，公路路况质量大幅提升。随县公路局在小应线、随南线开展养护示范公路建设，按照统筹规划、合理配置的原则，充分利用公路两侧废弃荒地，自筹资金 100 多万元，在随南公路建停车休息区 2 处、路边景观台 1 处，在小应线建停车休息区 2 处、路边景观台 1 处。全市 17 个公路管理站均配备小修保养设备，清灌缝和修补坑槽成套设备，实现路面清扫、灌缝、坑槽修补、绿化修剪等机械化作业，日常养护机械化应用程度提高。继续更新交通情况调查自动化设备，不断提高全市交通调查自动化率，全年完成桥头、郝店、天河口、草店、十里河 5 个站点交通情况调查自动化设备安装，全市已有 13 个自动化交通情况调查站点。10 月 13-15 日，全省交通运输行业"冲刺杯"职业技能大赛公路养护决赛中，随州市公路系统代表队获团体第六名。

【天门市】 2015 年，全市完成列养里程 458.4 公里，强化省道 242.78 公里日常小修保养，一级公路 121.17 公里实现高标准养护，二级公路 274.87 公里实行标准化养护，同时兼顾三、四级公路列养工作。完成 163 座桥梁（其中大型桥梁 12 座）日常养护与管理；完成 4 个间隙式交通量观测站的维护保养。完成路面大修 15.5 公里、中修 30 公里，危桥改造 2 座。完成汉宜线、分当线、天仙路城区段、荷沙线团结段、大天线、牛张线、潜杨线等大修工程。修补坑槽 28400 平方米、修复水泥路面破板 16998 平方米、路面清灌缝 54200 米、清理塌方 84.2 平方米、整修路肩 183320 平方米、清理和修复边沟 2134 米、新植、补植行道树 57400 株、刷白行道树 83000 株。新增护栏 3200 米，修复护栏 4540 米，补栽百米桩 91 根，公里碑 18 块，新增标牌 35 块，更新标牌 55 块，补划标线 155250 平方米。 （张文敏）

【潜江市】 潜江市安保工程概算投资 342 万元，设置波型钢护栏 10700 米、示警桩 6250 根、指路标志 55 套、警示标志（广角镜）340 套、减速标线 24000 平方米，已全部完工；潜江市省道荆新线荆腰河中桥、六合渠中桥 2 座危桥改造，概算投资 288 万元，已全部完工。投资 30.86 万元，购置手扶式单钢轮压路机、动力钻、滚动拌料机、打草机设备。完成 219 省道大修工程 5.38 公里，修补油路坑槽 6498.5 平方米，完成县道广泽线沙岭桥加固改造工程，完成 318 国道安保波形钢护栏应急修复 20 米、路肩硬化 1.2 公里、护肩带维修 1.5 公里和公里碑移栽。高标准完成运拖公路总拖线绿化 3 公里，栽植绿化苗木 1300 株，完成投资 120 万元；投资 28 万元，完成 318 国道、219 省道、247 省道及部分县道空白路段绿化 10 公里。12 月，省公路管理局委托湖北省公路工程咨询监理中心，对潜江市国省道桥梁进行定期检查，检测特大桥1座、大桥3座、中桥12座、小桥16座，最终技术等级评定为一类桥梁3座、二类桥梁21座、三类桥梁6座、四类桥梁2座。7月，潜江市公路管理局委托湖北省公路水运工程测试中心，对省道荆新线总干渠大桥、县道周普线熊口桥进行特殊检查，技术等级评定均为四类桥梁。

（李凌云）

厅直养护经营管理单位

【京珠高速公路管理处】 京珠高速公路管理处管理湖北京港澳高速公路339.36公里，其中大悟县九里关—蔡甸区全力村222.73公里、军山长江大桥4.88公里、江夏区郑店—赤壁市土城111.75公里。"十二五"期征收通行费108.1亿元，比"十一五"增长9.2%；严格执行"绿色通道"等惠民政策，累计让利社会15.12亿元；查处逃费车辆39.02万辆，补缴通行费5181.11万元。京珠高速公路管理处鄂北管理所在全国第五届治理偷逃费经验交流会上做典型交流发言。

费收管理。2015年征收通行费26.23亿元，日均717.8万元，完成调增后年计划的104.8%，比上年增长14.26%。严格执行重大节假日小型客车免费、"绿色通道"等惠民政策，不断优化操作流程，加强政策宣讲，完善应急预案，确保收费道口安全保畅。湖北京港澳高速绿色通道减免27657.09万元、减免车次61.43万辆。坚持"信息互通、优势互补、经验共享"原则，收费所、路政队、养护站和服务区内部间协同联动，与地方政府、公安、交警等部门共建联动，鄂豫湘"三省六站"省际联动，总结出"五看一查"等稽查经验，建立鄂北打逃示范基地。完成咸宁北、金口、蔡甸收费广场改扩建工程，建成54条ETC车道，全路段ETC车道覆盖率100%。采取复式查亭、便携收费等多种收费方式并用，有效缓解道口通行压力，总结出主线站"按量放行、分道管控、客货分流、复式提效"的梯级保畅模式，确保客车优先、货车快速、绿通专道，道口通行效率进一步提升。

养护管理。坚持"管养分离"原则，全面实施社会化监理，按照工程特点分项打包，委托资质单位进行专业设计和审核，形成社会化养护新格局。推行"443"，养护施工做到"四个保证"（保证40公里以内只有1个大中修作业面、保证车辆高峰期不施工、保证恶劣气候条件下不施工、保证非机械作业方式不施工）、工程质量保证"四率"（工程质量合格率达100%、优良率达95%、路面病害及时处治率达100%、交安设施完好率达100%）、绿化环保实现"三达标"（全线绿化覆盖面积和绿化质量达标、全线噪音污染处治达标、全线的公路排水设施达标）目标管理，构建"九个标准化"（项目部标准化、工地试验室标准化、拌和场标准化、设备配置标准化、施工工艺标准化、安全管制标准化、内业资料标准化、现场管理标准化、竣工验收标准化）管养体系，同步推进项目部、驻地办标准化建设。坚持"远景规划、计划控制、合理运用"资金使用原则，分期完成沥青路面中修、鄂南超限站建设、蔡甸互通改造、军山桥钢桥面铺装等多个大型专项改造工程。坚持科技攻关，引进超薄磨耗层、桥梁同步顶升、热再生、冷再生、橡胶沥青等"四新"技术，研发、运用处于国内领先水平的军山大桥健康监测系统；修订《监理实施细则》等工作规范，形成一套高效的养护工艺和技术方案。

路政管理。实施评估制度、联席会议制度，推进路警共建制度体系更加完善；逐步减少路警联合执法盲区，联勤联动优势效应在交通事故处置、路政案件追查、清障施救监管、施工安全管理等方面更加凸显。积极完善安全应急预案体系，不断加强应急队伍建设、平台建设和物资储备，初步构建以地方政府为主导、以路警联合执法为基础，集消防、公安、安监、医疗于一体的高速公路应急管理防控

2015年11月8日，京珠高速公路路政员勘验事故现场

体系；加大与湘豫两省交流合作，建立联合保畅省际交流平台。加强依法治路宣传阵地建设，加大清障施救服务监管，严格落实考核考评制度和电话回访制度，推行"首问负责制""一站式审批""就近办案制"等工作机制，构建办事效率高、机动性强的公众服务体系。

服务区管理。完成孝感、咸安、蔡甸、江夏、大悟、赤壁等服务区扩建改造，提升公共服务能力；加大环境治理力度，引进生态型、机械型污水处理系统，绿色服务区建设取得新进展。立足司乘多元化需求，引入特色经营模式，培育"小圆满"中式快餐品牌、"京通精修"本土汽修品牌；打造便民超市，大众商品实行全城共价；赤壁服务区"三国文化"、咸宁服务区"温泉文化"、孝感服务区"孝文化"、大悟服务区"红色文化"成为地方政府招商引资亮点。充分发挥"监管、服务、协调、引导"职能，建立两级监管模式，形成以《湖北京珠高速公路服务区监督管理办法》为核心的制度体系；以创建星级示范服务区为载体，进一步提升管理质量和服务水平。孝感、咸宁服务区被评为全省高速系统"五星级服务区"，全线服务区顾客满意率达98%。

信息管理。有效构建电子政务处理平台，OA系统升级优化形成常态，高效集合公文、收费、人事、财务、资产等模块于一体，实现信息共享、协同办公；完成视频会议系统改造，畅通远程沟通渠道；建立以管理处门户网站为核心、基层子网站为支撑的信息发布平台。有效构建公众出行服务平台，借助互联网、社会媒体以及可变情报板、电子显示屏、车道广播等，及时向社会发布路况、气候、分流信息；在沿线服务区、路政执法室安装触摸查询系统，为公众提供道路通行视频信息；在收费站、路政执法室运用POS机刷卡缴费，拓展司乘缴费途径。

文明创建。"微笑京珠·情满荆楚"文化品牌实现由手势服务到微笑服务，由试点先行到标准建立，由收费岗位到全岗覆盖，培育了"我微笑，你微笑"

的核心价值观，编制VI视觉识别系统和MI理念识别系统，成功打造孝感、武汉西、凤凰山、咸宁北4个示范窗口，形成"四区四点一带"的引领效应。加强职工教育培训，大力开展技能比武，开设"京珠课堂""京珠微党课"等学习教育平台；"杨丽工作室"成为广大职工提高素质、优化服务、创新技能的特殊平台。　　（詹枫）

【汉十高速公路管理处】 汉十高速公路管理处主要负责G70(福州—银川)高速公路孝感至十堰段的收费、路政、养护及其他综合性运营管理工作，另受委托管理武汉至荆门(简称武荆)、荆门至宜昌(简称荆宜)、荆州至东岳庙(简称荆东)、武汉至孝感(简称汉孝)高速公路，路政派驻管理襄阳至魏集(简称樊魏)、谷城至竹溪(简称谷竹)、十堰至房县(简称十房)、麻城至竹溪(简称麻竹)、郧阳区至十堰(简称郧十)、宜昌至保康(简称宜保)高速公路，管理总里程1545.63公里，包括"十二五"期新增里程635.30公里。其中主线管理孝感至襄阳段246.06公里、襄阳至十堰段158.22公里、十堰至漫川关段106.94公里、国家高速联络线G7011十天高速湖北段(十白高速)58.30公里共569.52公里，委托管理武荆高速183.21公里、荆宜高速95公里、荆东高速58.40公里、汉孝高速38.50公里共375.11公里，路政派

驻管理樊魏高速24公里、谷竹高速219公里、十房高速64公里、麻竹高速115公里、郧十高速66公里、宜保高速113公里共601公里。

收费管理。"十二五"期，完成清分计提后通行费收入66.95亿元，征费总额以每年12%的速度递增，堵漏增收达2202.31万元。车道误操作率同比降低0.81%。"绿色通道"、小型客车节假日免费通行等惠民政策惠及车辆1054.59万辆次，让利于民7.8亿元。2015年，汉十高速公路主线完成清分计提后收入15.2亿元，完成年度目标的101.34%，同比增长0.63%；出入口通行车辆3721.64万辆，日均10.20万辆。武荆、荆宜、汉孝高速分别完成年度收费计划的101.32%、101.14%、104.10%。启动收费专项稽查活动，建立三级稽查模式及目标考核机制，采取分区域下达稽查控制指标，并纳入正向绩效，进一步加大逃费车辆打击力度，共查获逃费车6.68万辆，追缴金额288.04万元。编印《ETC全国联网接入培训手册》，更换全线对外公示栏内容，印发50000多份ETC政策宣传手册，顺利完成ETC全国联网工作。完成8个站所标准化升级改造，安陆、十堰东被评为全省标准化示范站。汇编《收费知识题库》，建立收费岗位准入机制，并以此为基础研发业务软件平台。推广"饶丹工作法"，成功举办第二届"最佳温馨

2015年12月24日，汉十路政支队率先在省内实现无人机路域管理

魅力使者"评选活动。开展"收费技能联赛""收费业务培训师""体能达标"等活动，挖掘业务尖兵 12 名，选拔温馨服务培训师 12 名。首创内训师、集训营、收费铁人竞赛等培训机制。管理处收费员在全省收费技能比武中创造 4 个省级记录、获 7 个全省单项第一，管理处稽查管理经验在第六届全国打逃工作会上交流。

路政管理。路政破案率、结案率、索赔率分别为 100%、97.99%、97.24%，案件卷宗规范化水平达到100%，交通行政执法"四制"(责任制、公示制、督察制、错案和执法过错责任追究制)落实率 100%，无行政复议、行政诉讼败诉，无公路"三乱"，超限运输率始终控制在 5‰ 以内。深入推进"警路共建"，成功搭建省际联动、路网联动、区域联动机制。圆满完成重大节日保畅工作、恶劣天气安全管控工作，及时准确上报安全生产应急数据，成功处置"6.22""12.30"特大道路突发事件，未发生一起安全责任事故和车辆人员大面积滞留现象。累计发放各类法制宣传手册 30000 余份，悬挂各类宣传横幅 110 条，发布各类路政执法宣传信息 200 余篇，普法宣传涉及 10000 余人次，普法活动参与率 100%。依托"智慧汉十"管理体系，建设汉十支队路域管理信息平台，将路域基础性数据云端化、路政管理信息智能化与路网联动信息化

相结合，数据库采集建(构)筑物信息1600 余条，实现管理实时化、信息化、智能化。12 月 24 日，无人机路域巡查系统投入使用。依法向谷竹、郧十、十房、麻竹等新开通高速公路派驻路政管理机构，麻竹大队标准化创建顺利启动。

养护管理。道路技术状况指数（MQI）达到 92.75，各分项指标均在90 以上。全年养护合同完成投资 9706万元，其中维修保养工程 2536 万元、养护专项工程 7170 万元，工程合格率100%，优良率 95% 以上。主要工程量：路基工程完成浆砌片石 855 立方米，混凝土 586 立方米，路基钻孔压浆 9725吨；路面工程完成坑槽修补 161 立方米，裂缝修补 236610 米，路面铣刨摊铺 29808 立方米；桥梁工程完成伸缩缝 381 米，桥梁裂缝处理 4008 米，梁板顶升 1124 片，支座更换 4721 立方分米；交安设施完成钢板修复 3812 米，隔离栅 414 米，标志牌 721 平方米，标线 51697 平方米，防眩板修复 1692 块。研发、应用预防性养护新材料、新工艺，加大路面循环材料再利用项目应用。借助"智慧汉十"智能管理平台，建成与计划安排对接的养护移动巡查系统，完善技术方案与养护管理系统对接的养护技术处置系统。成功运用 6 项养护"四新"技术、8 项科研成果，《复合式路面应力吸收层研究》成为全省"国检"加分项目。根据高速公路平整度、

路面破损及车辙三大核心指标，完成裂缝修补，支座、伸缩缝维修更换预防性养护工程比例达 6.1%。

经营管理。全年累计对服务区开展行业监管巡查 380 余次，开展专项督导、驻点督导 17 次，开具整改通知书 11 份，主线服务区整改率达到 100%、委管服务区整改率达到98.7%，监管服务区实现服务"零"投诉、安全"零"事故。站所场院绿化维护专项工程累计完成货币工程量 168.75万元，涉及沿线站所单位 19 个，恢复荒地绿化 6000 余平方米，累计种植各类苗木 (乔木、灌木、绿篱等)2200 余株。站所场院绿化维护项目库累计受理报送项目 86 项，涉及沿线站所 30 个，工程量预算达到 937 万元。全面清查管理处所属租赁房屋，涉及租赁面积5343 平方米，完成房屋资产评估、商业调查、租赁招投标等工作，累计创造经济效益 150 余万元。全省高速公路服务区"标准化建设"及"星级评定"工作中，汉十主线和委管路段服务区暗访检查成绩全部达到 800 分以上。在汉十高速公路武汉至漫川关沿线新增公益宣传牌 2 处，全年累计制作宣传版面 1000 余平方米，孝感服务区在全国服务区服务质量等级评定活动中被评为全国百佳示范服务区。

机电管理。在路政二大队和十漫段启动智慧汉十基础数据采集工作。完成汉十路政巡查 APP 研发调试及基础数据录入，初步实现路政、养护巡查信息自动关联。完成新 OA 系统版面改版和资产系统初步升级。顺利实现ETC 全国联网，对新建的 36 条 ETC 车道进行全面测试。完成十漫段隧道安全系统改造，完成漫川关扩建工作。在全国养护大检查机电版块中，顺利完成迎检工作。完成网络安全整治工作，应急指挥系统与省级平台对接，站口分级管控及信息诱导机制在全省推广。隧道综合管理系统实现消防、机电、视频及结构监测远程控制，已申报交通运输部科技进步一等奖。土关垭、安居综合管理移动 APP 上线运行。成功应用费亭智能集中管控系统。

综合管理。完成干部档案审核、

2015 年 7 月 28 日，汉十高速公路鄂西北收费站改扩建完工

实名制信息统计、机关工资体系测算等配套改革工作。完成基层生产生活保障工程56处。研发房屋附属设施管理系统。预算绩效管理获得省财政厅优等评定。档案管理通过AAA级复查评审。建立干部管理"选拔多级制、培养帮扶制、任用宽带制、监督常态制、储备层级制"。获国家级表彰9人、获省部级表彰11人。出台安全生产标准化实施细则，启动4个安全生产标准化试点。

党建与文明创建。提炼"七联聚力、五效合一"党建工作法，打造"学习型、服务型、创新型、和谐型、廉洁型"党组织。"红旗""连心"党总支等党建品牌激发基层党建活力。建立廉政风险防控体系，出台《党风廉政建设风险防控手册》及流程图，明确"两个责任"清单；开展机关"廉政书屋"建设，进一步拓展机关廉政文化和教育阵地；举办廉政文化作品评比、廉政文化作品展和廉政短信创作大赛。"善为·治道"文化品牌走向全国，"温馨大讲堂"等青年读书活动有力提升队伍学习力。志愿服务活动帮扶贫困学生537人，"爱心支教"累计授课5700多小时。管理处获得"全国文明单位""全国五一劳动奖状"荣誉，并被确定为"省直机关基层党建工作示范单位"、全省"廉政交通主题教育活动"先进单位，先后涌现出"路政哥"陈红涛、6年零误操作收费员饶丹、"中国最美路姐"杨程等优秀职工群体。　　　　　　　　（杨晨）

【鄂西高速公路管理处】　鄂西高速公路管理处成立于2009年9月23日，主要负责沪渝高速公路鄂段（宜昌至利川段）、三峡翻坝高速公路、沪蓉高速公路宜巴段（宜昌至巴东段）收费、路政、养护、服务区监管等运营管理，同时路政派驻管理6条高速公路，管理总里程929.04公里，包括"十二五"期间新增管理里程402公里。其中，鄂段高速公路319.54公里、三峡翻坝高速公路56.78公里、宜巴高速公路172.71公里共549.03公里，这3条高速公路平均桥隧比为

2015年9月13日，对沪渝高速恩施段实施微表处预防性养护

58.52%；路政派驻管理保康至宜昌高速公路142.88公里、宣恩至咸丰（鄂渝界）段高速公路71.54公里、恩施至来凤高速公路85.14公里、建始至恩施高速公路罗针田至松树坪段7.41公里、利川至重庆万州高速公路湖北段14.43公里、宜昌至张家界高速公路58.61公里共380.01公里。

收费管理。全年完成通行费窗口收入22.32亿元，创历年通行费收入新高，通行免费车辆197.77万辆，占出口总车流量的13.48%，免费金额占窗口总收入的6.89%。坚持以服务保畅为目标，与路政、交警等部门联勤联动，开展节假日特色服务和志愿者服务活动。坚持微笑服务、手势服务，管理处稽查大队变流动稽查为流动保畅。新建ETC车道45条，全线ETC车道站所覆盖率100%，6月管理处顺利实现ETC全国联网接入工作，鄂西各路段ETC车道正式全国联网。开展收费业务技能竞赛，组建管理处"内训师"宣讲团，开展ETC业务、"二代卡"、稽查技巧、团队协助沟通、服务礼仪等大型培训，参训人数达530人次，合格率100%。发挥"苏涵工作室"标杆作用，对职工普遍反映的难点、收费业务中存在的困惑等进行集中研究，按照"涵式工作法"的思路各个击破。管理处总结提炼绿通车承诺书法、稽查卷宗管理法、"大件车"数据筛查法等经验成果，

与区域兄弟单位交流推广，改进稽查工作流程。通过集中整治、阶段布控等专项活动，查处逃费车辆57601辆，挽回通行费损失421万元。公路管理里程增加72%的情况下，事故发生率降低10个百分点，全年无重大安全责任事故、无行政复议、无行政诉讼案件发生。

路政管理。全年发生各类路产损坏案件555起，收取路产赔（补）偿费408.16万元；累计查处超限运输车辆546辆，结案率、索赔率分别为97.44%、99.41%。重点摸排春运、汛期、节假日期间道路通行情况，特别是针对长下坡、重点桥隧和事故易发、多发路段等安全防控重点隐患整治，累计进行安全隐患排查871次，排查隐患3848处，销号治理3599处。开展法律法规宣传160次，进村入户1098次，签订安全协议书2464份，发放法律法规、安全宣传资料近3万份。持续加大红线控制区治理力度，违章建筑清理成效明显，路政部门联合地方政府等部门，拆除违建400平方米、违法建（构）筑物3处。组织执法培训活动6次，一线执法人员人均参加培训1.21次，覆盖率100%，执法人员能力素质全方面提升。积极组织各大队安装移动POS机，为路政人员配备路政执法终端，使用智能手机等电子设备下载影音宣传材料，向高速沿线居民直观宣传，提高路政执法效率。

2015 年 1 月 6 日，沪渝高速长阳段路政人员做好雨雪天气交通安全保障

养护管理。 公路技术状况指数 (MQI) 达到 95.7，各分项指标达到 80 以上。全年完成养护货币工作量 20996.27 万元，其中土建养护工作量 16571.14 万元、机电维护工作量 3359.13 万元、隧道消防维护工作量 1066 万元，工程合格率 100%，优良率达 95% 以上，机电故障维修率 100%，机电设备、隧道消防设施完好率 98%。积极开展集中养护施工，全面跟进专项工程实施进度，完成贺家坪互通主线桥盖梁维修、路面中修、金龙隧道路面起拱病害处治，以及四渡河大桥、桥南互通匝道病害处治等专项工程，采用路面抛丸打毛技术对抗滑性能不足路段进行处治，成功引进微表处先进技术，处治沪渝高速鄂西段 24.95 公里抗滑性能不足路段。完成 7 条连接线移交工作。在全国率先采用爬索机器人、无人机等先进手段，对四渡河大桥、清江大桥等特种桥梁进行检测，提升了桥梁检测水平。

"迎国检"工作。 管理处顺利完成 320 公里路况检查，并在交通运输部 2015 年重点桥梁监测抽检和巡查工作中取得良好成绩，检查组对四渡河特大桥养护管理给予充分肯定。年初，管理处成立"迎国检"领导小组，落实责任、督办到位，部门之间协调顺畅、执行有力；各单位负责人带头展开自查，在模拟迎检工作中详细部署，受检站所队精神风貌良好。外业上，组织施工单位进行全线边沟清理疏通，对交通标志标牌等进行清洗，对缺损桥梁伸缩缝橡胶条进行更换，对桥梁、路基、隧道病害等进行全面处治；内业上，建立养护内业资料综合台账，统一养护、费收、路政、服务区等各类内业资料 1700 本。

应急保畅。 面对全年近 5 个月的冰雪恶劣天气，管理处在全线设立 14 个应急点，建立应急队伍近 200 人，深化区域、路地、路警、省际联勤联动，实行路、警、养三方全天不间断错时巡查，强化应急预案启动和落实，加强重点路段管控和雪情处置，针对路段地质、海拔、流量特点，有针对性地采取应急措施，提高恶劣天气应对效率。全年使用各类融雪剂 1422 吨，出动撒布机及人工撒盐车 311 台班，水车 206 台班，其他工程车 164 台班，投入人力 1187 工日，成功应对多轮冰雪灾害天气的袭击。在汛期，全线处置险情灾情 17 处，未因降雨造成的滑坡、塌方、水沟冲毁等影响道路安全，保障了道路安全畅通。

综合管理。 全年在鄂西网站发表稿件 3433 篇、在市州级主要媒体发表稿件 704 篇、厅局级网站 600 篇、省部级网站 95 篇。提高资金使用效率，管理处部门预算年执行率达 97.9%。全年完成站所房屋屋面、楼面、墙面、收费大棚顶面等维修 46.4 万平方米，新增固定资产 1255 台 (套)，总金额 325.8 万元。通过两级监管和联勤共管等方式，对服务区进行日常督导和监管巡查，与省交通投资集团有限公司服务区经营公司建立工作联系制度，开展"九比九看，创星创优"竞赛活动，恩施服务区连续五年、高家堰服务区连续四年被省高管局评定为五星级服务区。

党风廉政建设。 2015 年，管理处被省交通运输厅、省发展改革委确定为"湖北省第四批低碳交通推广基地"，顺利通过湖北省档案工作规范管理 AAA 级评审。白羊塘管理所荣获"2013-2014 年度湖北省 (杰出) 青年文明号"称号，第二养护站梁亚雄获全省交通运输行业"十行百佳"标兵称号，宜昌北管理所苏涵获第二季全国"最美青工"称号，恩施西管理所"土家幺妹班"获评第二届"最美中国路姐团队"。组织召开专题民主生活会、专题交流学习等活动 10 余次、专题党课 30 余次、专题调研 60 余次，撰写心得体会 80 余篇。完成"苏涵工作室"创建，推广"涵式工作法"，在全处掀起学先进、找差距、促发展的学习热潮。组织观看警示教育片 700 余人次，参观革命教育基地 200 余人次。创建网上"勤廉示范工作室"，举办廉政主题知识竞赛，征集廉政短信和廉政格言 30 余条，召开各级廉政主题教育 20 余次。组织费收"抓促创"竞赛、"冲刺杯"养护竞赛和路政技能比武等活动。开展"2015·关爱职工行动"，举办 2015 年职工技能竞赛暨第三届职工运动会、第六届女儿会及第三届职工微电影创作大赛等系列活动，向鄂西希望小学、雾渡河小学、敬老院等定点帮扶 30 余次。　　　(王勇)

【随岳高速公路管理处】 随岳高速公路管理处主要负责 G4W2 随岳高速公路北段、中段、荆岳长江大桥的

随岳高速公路路畅景美

收费、路政、养护及其他综合性运营管理，路政派驻管理 G4W2 随岳高速公路南段、G55 二广高速公路襄阳至荆州段（简称襄荆段）、S88 岳阳至宜昌高速公路（简称岳宜高速）、S53 唐石高速公路潜江至江陵段，管理总里程 718.14 公里，包括"十二五"期间新增管理里程 382.73 公里。其中主线管理 G4W2 随岳高速北段、中段、荆岳长江大桥 236.94 公里，路政派驻管理 S49 随岳高速南段 98.06 公里、襄荆段 185.42 公里、岳宜高速 156.77 公里、S53 唐石高速潜江至江陵段 40.95 公里共 481.20 公里。

运营管理。2015 年，完成通行费窗口收入（清分前）12.02 亿元，日均 329.45 万元，同比上升 3.69%。全年通行"绿色通道"车辆 64.17 万辆，免征通行费 50974.18 万元，服务重大节假日小型客车 46.11 万辆，免征通行费约 3152 万元。完成全线标准化收费站达标工程，受邀在全国高速公路年会上作专题讲座。进一步明确各级稽查组织职责、工作内容和稽查频率，形成一月一重点、一季一专项的稽查格局。积极与省界高速路段建立绿通数据交换机制，联合开展片区联网收费稽查专项活动，取得明显实效。春运期间，荆岳长江大桥科学应对车流"井喷"，得到社会各界高度评价。

路政管理。建立湖北省首个高速路警联合执法服务站，具备路警执法、事故预防、执法监督、安全宣传、便民服务等功能。持续开展"全员大培训""春季大练兵""大队长讲坛"等活动，构建支队季度培训、大队月度培训、个人日常学习的三级培训体系。全年处理超限运输车辆违法上路行驶 500 余起，发送协查通报 200 余份；随岳、襄荆、江南路段累计处置路赔案件 675 起，收取路产赔偿费 642.0802 万元，破案率、结案率、索赔率分别达到 98%、95%、94%，超限率控制在 4% 以内，无行政复议和行政诉讼败诉，无公路"三乱"发生。

随岳路政在省高管局组织的执法技能竞赛中获演讲比赛一等奖、摄影作品比赛二等奖、三等奖。

养护管理。对照"国检"要求，开展土路肩和钢护栏调直调顺等专项整治活动，完成荆岳桥站所绿化及绿化补植补栽工作，突出中修专项工程实施。顺利完成 318 国道连接线和京山连接线移交，建成京山至天门标准化示范路段 76 公里。全面启动三年养护规划设计工作，初步形成养护项目筹备一批、计划一批、评审一批、实施一批的滚动发展良性机制。全线公路技术状况指标 MQI > 95，工程质量合格率 100%，全年无重大质量安全责任事故，无违法违纪现象发生。首次引进沥青热再生施工，成功承办 2015 年全省高速公路系统"迎国检"现场会。随岳高速代表队在全省高速公路系统"冲刺杯"养护工技能竞赛中获第二名。

信息化建设。新安装宋河至三里岗路段 1.25 公里 AGS 雾区引导装置，完善钱场枢纽互通激光交调设施，升级外场主线摄像机，主线摄像机总数达到 100 台；持续升级"随岳通"应急指挥管理软件系统，接入门户网站查看新闻、通知公告内容以及路政养护巡查数据录入等功能，不断丰富功能模块。创建阳光客服工作室，新增"阳光微信""随岳简图""在线客服""我要查找"等新功能，参加全

随岳高速率先实行警路共建联合执法模式

国公路交通"微信巡展"，"春运客服""随手拍随岳"以及"东方之星救援系列专题"等主题在社会上带来较高的关注度与影响力，开启ETC微信"摇一摇"智能预约服务，利用微信新媒体技术进一步满足ETC客户办理需求。全年处理各类应急事件619起，修复收费、监控、通信、照明等各类系统故障1791起，受理对外咨询电话1155起，发布微图文138期。

综合管理。成立13个重点工作专班，明确62项目标任务，提前部署预算分解、计划申报、项目评审、工程招标等计划，积极组织ISO9001贯标制度宣贯实施。推进财务预算、核算、决算标准化体系建设，认真甄选政府采购代理单位，建立内部评审专家库，全面组织资产清查，积极申报资产报废，完成管理处机关工资分配制度改革，进一步优化人事管理系统，基础数据库全面建立。努力抓好对外宣传工作，春运、东船事件期间，《湖北日报》、《湖北卫视》、927交通广播电台、《中国交通报》等10多家省内外主流媒体、网站先后对相关工作进行实地采访和现场报道，营造了良好的社会舆论氛围。

党群建设。全面修订"阳光随岳"文化品牌理念、行为、形象3本手册，管理处被评为2015年全国交通运输系统文化建设优秀单位。整理6大类12本创建资料，组织自查自纠，建立长效机制，管理处顺利通过省级文明单位复核验收。启动"建成支点当主力、走在前列立新功"系列劳动竞赛，开展"全民阅读、书香随岳"读书活动。开展"三严三实"专题教育，层层签订党风廉政建设目标责任书，建立干部廉政档案。组织"守纪律、讲规矩"专题约谈，开展办公电脑"四清"活动，组织专项经济审计，圆满完成驻厅纪检组纪律审查工作。组织"十佳阳光标兵"巡回演讲暨"奋斗青春最美丽"分享会，余春林被省交通运输厅授予"十行百佳"先进个人，随县管理所党总支连续两届被省交通运输厅评为"红旗党支部"，范磊被省直机关工委评为优秀共产党员，荆岳长江大桥

2015年7月22日，黄黄高速公路机械化作业迎"国检"

所被授予全国交通系统先进集体，京山所职工书屋通过厅级示范职工书屋验收。

（丁慧）

【黄黄高速公路管理处】 黄黄高速公路管理处主要负责G42沪蓉高速公路麻城至红安段、G42S沪鄂高速公路新洲至英山段(简称武英高速)、江西九江长江公路大桥(简称九江二桥)北接线的收费、路政、养护及其他综合性营运管理工作，另受委托管理G50沪渝、G70福银高速公路共用线黄石至黄梅段(简称黄黄高速)、鄂东长江公路大桥北接线，路政派驻管理G45大广高速麻城至浠水段(简称大广北高速)、S29麻阳高速麻城至武穴段(简称麻武穴高速)、G4213麻竹高速麻城至红安段、黄冈长江大桥北接线、九江二桥湖北段，管理总里程747公里，包括"十二五"新增里程318公里。其中直接管理G42沪蓉高速麻城至红安段101公里、武英高速131公里、九江二桥北接线8公里共240公里，委托管理黄黄高速142公里、鄂东长江大桥北接线9公里共151公里，路政派驻管理大广北高速147公里、黄冈长江大桥北接线13公里、九江二桥湖北段8公里、麻武穴高速140公里、G4213麻竹高速麻城至红安段48公里共356公里。

运营管理。管理处提前15天完成全年费收任务，所辖路段全年通行征

费车2822.22万辆，实际征收通行费清分前19.4亿元、清分后12.81亿元，完成计划任务12.20亿元的105%。"春节""清明""五一""十一"期间，小客车免费通行车辆142.41万辆、免费7148.99万元；堵漏增收940万元，同比增长31%。路政结案691起，路产赔付520万元，侵权案件处置率100%、路产完好率100%。界子墩治超站检测货车3.1万台，卸载43台，行政处罚28起，超限率下降为0.64%。全省首个区域联动治超示范区在界子墩治超站挂牌成立。

"国检"对标。紧扣《"十二五"高速公路养护管理检查工作方案》，全面对标、贯标高速公路养护管理7大项、29中项、89小项部颁标准，整理各类档案资料约1700卷5800册。黄黄高速陈家墩大桥、黄小线路面、界子墩上跨危桥、黄梅所收费站、龙感湖收费广场、麻武高速隧道消防、路面"白加黑"，武英高速软基路段及桥头跳车处理、九江二桥北引道费亭改造等一批老大难问题得到根治，成功创建2对全国优秀服务区、1对省级五星级服务区、2对四星级服务区。路况综合指数95、分项指数94，位列全省32家管养单位、51条检测路段综合排名第3位。

站容路貌。完成麻武高速天景山隧道、武英高速运湾和枫树岭隧道照

明及行车引导标志 LED 改造，年均节约电费近 100 万元。辖区路段所有站所实现 ETC 车道全覆盖，黄黄高速完成计重双称台及高清车牌识别系统改造。除永佳河收费管理所外，全面完成全线其他收费站所自来水饮水改造、部分通车时间较长站所房屋渗水漏水维修和排污排水改造，完成杨柳、黄梅南等站所大修及鄂皖省界主线站"三通一平"建设。建成养护标准化示范路段 40 公里，占管辖路段的 11%；建成标准站所 14 个，占站（队、所）的 35%。

管段延伸。全力以赴抓开通、保畅通，为辖区麻武（穴）高速、麻竹高速黄冈段、武英高速鄂皖省界段建设提供"绿通车""保姆式""管家式"服务，运营 6 年的武英高速鄂皖省界"断头路"如期贯通，省界鄂皖站、鄂东站改扩建工程正式立项，麻武（穴）高速公路路政派驻工作全面到位。管段新通车里程 152 公里，建成里程 49 公里，辖区高速总里程达 747 公里，由"丰"字形拓展为"进"字形。

安全应急保畅。印发《贯彻落实"党政同责、一岗双责"安全生产责任制实施办法》，组建安委会，配备专（兼）职安全员，落实安全生产例会制度，新编安全生产标准化制度体系和新员工安全生产手册，首次举办覆盖全处的大规模消防安全培训。17 名员工获得"红十字救护员"资格证。

为一线费亭、岗亭配置防暴、取证装备，部分站所庭院增加了监控设备，主动争取纳入地方综合治理管理体系。主导召开省际协调会 4 次，鄂赣皖豫 4 省 18 家单位共同制定高速公路黄梅区域、麻城区域、英山区域应急联动机制，签署联动保畅公约。每季度联合开展一次费亭防暴、路损追逃、隧道危化、道路拥堵等不同场景应急演练，探索建立道路交通事故快速处置机制和非现场处理模式。积极应对九江一桥封闭施工 4 年带来的挑战，多方筹措资金增设标志标牌和安全防护设施，定点改造升级黄梅南收费系统，确保黄梅南站在日均车流量突破 3 万辆、日最高车流量突破 6.5 万辆的情况下，实现平时不见堵、高峰不见峰。管理处全年无安全责任事故。

科技创新。持续改进运营管理方式方法，开发应用机电设备管理、财务报账管理和智慧路政管理信息系统，实现机电故障远程会诊，机电设备巡检耗时由一周锐减至不到一天；路政巡查、事故现场勘查耗时降低 50% 以上；九江二桥年卡车辆单车稽核时间缩短 2/3；财务报账实现即时通；固定资产管理系统与省财政厅无缝对接。路面就地热再生循环利用，雾封层、沥青再生等新材料新工艺大面积推广应用，沥青路面半刚性基层预防性补强关键技术研究通过省交通运输厅科

学技术成果鉴定。

综合管理。大力推进许可事项异地申请、网上办理、就近取证，全年受理办结行政许可服务事项 43 件，平均用时为法定时限的 1/4。全年受理公众投诉 44 起，比上年下降 5.4%，无一起有理投诉。全面实行干部经济责任审计和重点项目跟踪审计，审核项目 37 项，审减金额 353.6 万元。鄂东高速路网与区域经济社会发展影响评价通过省交通运输厅验收，高速公路治超站运行与管理研究获全省高路系统一等奖。建成蕲春管理所、界子墩管理所和红安管理所 3 个标准化职工书屋；建成麻武路段首个"职工服务站"，打造集生活服务、困难帮扶、心理疏导、文化熏陶、综合服务"五位一体"的综合性服务平台，全年扶助困难员工 73 人。先后对 42 个站所办公设备、厨房设施、家具电器等进行维护维修。组织各类集中培训 51 次、2100 余人次。108 名职工通过年度职业技能鉴定。参加各类竞技比赛 185 人次，比上年增长 12%。其中，路政支队在全省高速公路路政执法技能竞赛中获团体第二名，王伟民在全省高速公路养护工技能竞赛中获个人第三名。

党风廉政建设。全面落实党风廉政建设"两个责任"，管理处设置了专职纪检监察员，明确党政 15 个责任主体 79 条责任清单。加大监督执纪力度，实行作风建设季度通报，开展作风稽查 4 次、明察暗访 10 余次、专项检查 3 次，与 60 余名党员干部和重点岗位工作人员进行诫勉谈话。红安党支部"三评一赞"工作法成为典型代表，红安党支部党建专题片在省直机关党建推进会上交流展播。全省交通运输系统"七一"表彰暨"红旗党支部"创建现场会在红安所召开。

文明创建。全年创建档案管理 3A 单位、综合治理先进单位、党建先进单位、省级文明单位、党建红旗单位、低碳示范推广基地、安全生产先进单位等 7 个省级荣誉；全国春运先进集体、全国青年文明号、部级文明单位、文化建设示范单位、"模范班组"等 5 个部级荣誉。创建了全国交通系统劳动模范"贾丽芬创新工作室"、"尹

2015 年 2 月 15 日，省直机关工委副书记于春利检查指导红安党支部创建工作

2015年12月31日，杭瑞高速公路湖北段全线贯通

少荣勤廉示范工作室"，尹少荣"三严三实—阳光养护"、贾丽芬"有创新带头人、有创新团队、有创新平台、有创新成果"的"四创"标准等一批优秀工作法在全线推广，发挥了先进典型的示范引领作用。　　（吴辉）

【武黄高速公路管理处】　武黄高速公路管理处主要负责杭瑞高速公路湖北段200公里收费、路政、养护及其他综合性营运管理工作，受委托对武汉至黄石高速公路70.3公里实行全面管理、对鄂东长江公路大桥15.15公里实行收费及路政派驻管理、对大广南高速公路湖北段107公里及汉鄂高速公路(武汉左岭至鄂州花湖)54.65公里实行路政派驻和部分收费管理，管理总里程447.1公里。

收费管理。全年征收通行费3.32亿元，完成征收任务3.1亿元的107%；杭瑞高速公路征收通行费1.48亿元，完成征收任务1.45亿元的102%，稽查堵漏增收85.6万元。持续推进标准化收费站建设，硬件上，开发"收费管理系统操作平台"系统，增设道路监控系统，安装电子服务承诺牌，对沿线站所收费、监控、机电、安防系统进行改造升级；软件上，对收费服务管控、内业管控、过程管控等六大类管理制度进行全面梳理，建立标准化示范站所内业资料样本。12

月31日鄂湘所成功开通运营，打通鄂湘交界最后一公里；重建汀祖收费站，有效解决地势低洼易积水、站口通行能力不足问题；2016年1月1日新鄂州收费站通车运营，站口通行环境明显改善。推行区域、路段、总支、站所四级稽查模式，维护良好征费秩序。全处收费岗位600余名职工分批次开展业务理论测试和实战操作考核竞赛，80%职工取得优良成绩。开展内训师评选活动，25名骨干精英入选管理处内训师讲师团，3名职工入选全省高速公路"内训师"宣讲团。总结提炼出收费操作速度快、站口服务便捷快、全员应急时效快、收费站口无忧畅行"三快一畅"窗口服务法，服务质量稳步提升。

路政管理。全年查处案件567起，结案560起，收回路产损失341万元，破案率、结案率、索赔率达到100%、99%和100%，无行政败诉及行政复议案件。加强执法队伍建设，持续推进路政三年轮训计划，8名路政大队长进行轮岗交流；建立学、考、评培训考核机制，在全省高速公路路政执法技能比武中获得3个单项第一和团体总分亚军。强化执法监管，健全执法全过程记录制度和路政执法人员评议考核机制，实行路政员持证上岗、挂牌服务，主动接受社会监督。探索完善区域安全应急联动处置机制，出台路警联合巡查管理制度，实践恶劣天气、车流高峰滞留车辆路警双向带队通行法，成功应对国庆武黄高速单日11.3万辆车流高峰。11月份联合经营单位、交警、清障施救等单位，开展鄂东长江公路大桥花湖枢纽互通联合应急演练，进一步提升大桥枢纽应急处置能力。联合黄石、鄂州、咸宁及江西省地方运政、路政探索建立联动治超机制；加大桥涵控制区管控力度，与地方职能部门联合执法12次，分批次清理堆积物870余处，喷刷安全警示标440余处；探索路政养护联合巡查新模式，开展施工安全检查100余

许湘秦工作室活动阵地

次，整改隐患 433 项，整改率 98%；开展清障施救专项整治行动，与鄂州市物价局建立协同办案制度，杜绝乱收费现象；深入开展"法律六进"，走访厂矿、企业 130 余处，走访农户 1600 余家，编印宣传资料 22 万份，法制宣传效果良好。

养护管理。完成货币工作量 4782 万元，其中武黄段完成 1637 万元、杭瑞段完成 3145 万元，养护计划执行率达到 99%。以国检为契机，对各类养护管理制度、办法进行梳理，完善养护管理制度体系，促进内业管理不断规范。进一步完善养护施工单位项目部、驻地办标准化实施方案及各级制度体系，做到养护标准、施工工艺、评价体系统一，实现计划、质量、计量、验收、支付等各环节全方位管理。组织杭瑞水毁修复工程，更换桥梁支座 721 个，处置砂性土路基 2200 余米，沥青铣刨处治病害路面 15.7 公里，清理标志标牌 267 块，修补完善隔离网 25.2 公里。开展桥涵隧道隐患专项整治，建立病害桥梁隧道档案，对上官隧道、鸡口山隧道进行渗水处置，对柯家墩大桥进行全面维修加固，完成武黄高速 K810 上跨天桥两次撞损应急抢修，工程合格率达到 100%。继续加强养护标准化建设，进一步完善养护站基础设施，督促杭瑞兴达项目部加大投资，达到标准化项目部建设标准，再次打造杭瑞 20 公里标准示范路段，杭瑞标准化路段达到 20%。修订完善《养护施工指南》《复合式路面及旧桥加固技术》等理论读本，开展沥青路面、桥梁养护施工专题培训，在全省高速公路"冲刺杯"养护技能竞赛决赛中，2 名职工综合成绩排名第一和第四，管理处获优秀组织奖。

文明建设。签订党风廉政建设目标责任状，组织专题学习 4 次、勤廉谈话 200 余人次，完善中层干部"廉政档案"，编发廉政短信 3700 余次，为基层添置廉政书籍 2000 余册，制定重点岗位腐败风险防控表 48 张、风险点 30 个。编制出台武黄品牌文化手册，为基层职工书屋再添 24 万元图书，开办"青年讲坛""读书沙龙"等活动

80 余次、青年歌手大赛、青年联谊会、演讲比赛等一系列文体活动凝聚队伍，鼓舞人心。巩固扩大"许湘秦工作室"效应，"许湘秦工作室"被评为"全国五一巾帼标兵岗"、省交通运输厅示范性职工（劳模）创新工作室，武东管理所收费二班被评为全国公路交通系统"模范班组"，鄂东南管理所获"全省示范职工服务中心"荣誉称号。

（杜卫东）

【崔家营航电枢纽管理处】 枢纽运营情况。船闸全年通航船舶 2775 艘、过闸吨位 70 多万吨，累计通航船舶 2.97 万艘、过闸总吨位 560 万吨，安全过闸率 100%。电站发电 4.8 亿度，取得含税发电收入 1.8 亿元，上缴税收 3500 万元。枢纽整体安全运行突破 2481 天，全年未发生重大及以上安全生产事故和人身伤亡事故，安全措施落实率 100%。

安全管理。管理处推行基层班组时巡、安全专员日巡、职能部门周巡、主要领导月巡、安全专班季巡的安全隐患排查制度，先后进行安全生产大检查 4 次、安全专项检查 3 次，排查整改各类安全隐患 47 项，及时完成厂房油库、船闸电梯等多项重点部位安全整改工作。结合"安全生产月"活动，组织 18 名生产一线人员参加新员工岗前安全培训、特种作业和消防安全应急救援培训，举办防汛应急演练、火

灾应急演练、电梯困人救援等专题演练活动，电站全年累计完成月度事故预想 50 次，季度反事故演习 5 次；加大对施工单位安全管控、教育培训和施工现场巡视力度，全年开出各类安全罚单 15 份，安全生产考核落到实处。

生产管理。针对 2015 年汛期特点，制定《关于机组运行负荷、开机台数及上游水位控制的管理规定》，全面提高机组发电效率和水能利用率，推进检修标准化建设，编写设备检修作业指导书 10 本，制定三级检修质量验收制，顺利完成汛期清污工作，清除水草 10000 余吨、发电 915 万余度，间接挽回经济损失 270 余万元。完成 4 台机组 C 修、1 台机组 B 修工作。开展《崔家营水库调度综合管理体系研究》《汉江航电枢纽开发模式研究》科研项目研究，修订设备系统定维项目 30 个，建立管理台账 28 个、设备台账 84 个，完成 6 项设备改造工作。稳步推进信息化建设，顺利完成中心机房建设、综合布线、一卡通等 3 个集成项目、生产管理系统。

综合管理。经省交通运输厅批复同意，进一步优化管理处组织机构设置，新增设人事劳动科和监控调度中心，合并安全科和生产技术科，服务中心更名为资产运营中心，重新制定部门职责及职责说明书，各部门干部进行轮岗交流。制定《预算绩效管理实施办法》，

2015 年 6 月 5 日，召开崔家营航电枢纽船闸通航服务座谈会

规范项目流程管理，严把审批、实施、安全、质量、进度、验收等重要环节，确保各施工项目有序进行，全年组织公开招标6次，竞争性谈判44次，询价采购15次，协议采购10次，签订经济合同(协议)150份。参加政府采购、事业单位人事管理、大坝安全监测、励磁系统培训等培训30次、约50人次。加强闲置土地利用率，在枢纽左岸建成自动控温、控湿、控光钢架大棚10座，种植面积3500平方米。

文化创建。为全面建成"安全、畅通、高效、和谐"现代化通航体系，管理处联合襄阳市地方海事局开展"走进船员面对面"走访交流活动。建立专用信息群，及时准确向船员发布待闸、水位、天气等信息，全面实行船闸智能调度自动语音、广播播报等服务。持续开展"魅力文化"拓展工作，制作完成船闸通航、电站运行、检修维护、后勤服务文化行为手册，建成新航电工作室，开辟职工科技创新、业务交流平台。借助"互联网+"新思维，开通魅力崔家营微信公众号，启动"青年书香号"创建活动，并在崔家营网站开辟"电子职工书屋"试用版。

党风廉政建设。举办"严守纪律规矩、推进依法行政"专题党课，开展"红旗党支部、党员示范岗"创建活动，唱响"桥、家、声"特色支部创建品牌，向干部职工发放书籍100余本，汇编读书心得36篇。发挥团委纽带作用，开展"与信仰对话·迎五四""环保骑行"等颇具青年特色主题活动。加强廉政监督，增补纪检委员，制定监督职责；完成勤廉工作室建设，开展专项约谈和家庭助廉活动，完成廉政谈话21人次，发送干部家属廉政公开信31封。　　（薛若忱）

【江汉运河航道管理处】 2015年，江汉运河航道全线通航船舶1925艘次、船舶总吨位93.86万吨、货物57.97万吨。月均通航船舶160.4艘次、船舶总吨位7.82万吨、货物4.83万吨，月均通航量分别比上年增长108.3%、158.1%、187.5%。通航以来，全线安全运行15个月，累计通航船舶2156艘次、船舶总吨位102.96万吨、货物63.02万吨。通航设施完好率100%，船闸通航无安全重特大责任事故，全线无重大船舶污染责任事故，无违法违纪案件发生，发展呈现良好态势。

主要做了以下工作：

依法履职，航道管理规范有效。结合实际，制定机关管理、航道管理、运行管理等八个方面规章制度31件，确保管理工作运行规范，保证航道管理、通航运行有章可循。走村入户，在沿线密集开展《航道法》宣贯，促进沿线群众遵法守法、爱护航道。常态化开展全线航道巡检，根据水情变化，及时调整、增设航道标志标牌，护航船舶通行。针对影响船舶通行问题，及时与地方、海事部门沟通，第一时间整改，确保船舶安全、顺利通航。积极负责辖区跨河建筑物通航安全论证、岸线合理性论证及工程可行性研究审查，全面实施许可项目全程跟踪，主动上门服务，完成行政许可2件。

预防为主，安全监管全面覆盖。严格落实安全生产检查制度，每月开展安全专项检查、每季度开展技术专项检查，将检查发现的安全隐患列表登记，建立台账，明确整改责任人，限期整改。定期开展船闸主体结构沉降位移观测、水工建筑物稳定性观测，加强观测数据整理、分析，掌握船闸变形量，保障船闸安全运行。全面开展船闸机电设备"体检"，自主开展船闸保养、维护，及时修复潜在的、突发的机电故障和问题，确保船闸运行正常。加强船闸质保期中与省引江济汉通航工程建设指挥部的衔接，解决相关缺陷，确保设备设施运行安全。针对水情、汛情特点，周密安排防汛工作，全面落实各项预防措施，实行24小时值班制度，确保防汛安全。

全面推介，运河美誉广泛传播。广泛开展江汉运河通航推介，加强与沿线港航海事部门、涉航企业横向交流，发送宣传资料2000余份，多种形式向货主、船主和社会各界推介江汉运河。结合江汉运河辐射区域政策、环境、社会、经济、交通等方面的发展，完成《江汉运河辐射区域运量需求与效益研究》科研课题，扩大江汉运河社会影响力和知名度。联合省港航管理局召开全省水运"十二五"建设成果推介会，邀请央企、省内外航运企业、港航管理单位、媒体考察江汉运河，向航运界、新闻界宣传推介江汉运河建设成果、通航效益作用。在湖北日报、湖北交通报刊发《畅通江汉，造福荆楚》专版，全面展现江汉运河通航的效益作用。通航量稳步提升，呈现"外省船舶增多、日通航船舶增多、船队货物量增多"的新特点。

加强党建，以打造高素质干部职工队伍为目标，深入开展创建红旗党

船舶满闸通过江汉运河

支部、党员示范岗、省级文明单位活动，促进航道文化建设提档升级。加强资金监管、检查，规范行为，严格程序，确保资金运行安全。开展清网行动和漂浮物打捞，推进江汉运河快捷通道建设、碧波航道建设，打造江汉运河和谐、文明、安全、优质、高效、清廉品牌，"畅通江汉，造福荆楚"效应进一步显现。2015年，江汉运河航道管理处被评为"省级文明单位""武汉地区事业单位社会管理综合治理优秀单位""水上地区企事业单位社会管理综合治理优胜单位"。　（魏丹）

【联网收费中心】　2015年，联网收费中心归集通行费收入168.03亿元，银行上门收款总体理顺，清分结算准确性和及时性有效提高。集中汇缴（执收）政府还贷高速公路通行费83.39亿元（其中省交通运输厅和省交通投资集团有限公司所属76.83亿元、湖北联合交通投资开发有限公司6.56亿元）、有关专项计提14.66亿元、联网维管费4600.93万元，共计98.51亿元。全年核对全省路网通行费收入324120笔，完成通行费收益对账明细表624张，按时清分、划拨各联网路段单位通行费收益4368笔，清分准确率和及时率均为100%。上缴有关专项计提及维管费864笔。全年抽查车辆41.16万台次、录像537.96小时。路网下发黑名单836起、系统金额48.35万元，处理567起、追缴27.07万元。

加强IC卡管理。出台《湖北省高速公路联网收费IC卡管理办法（试行）》，科学设置IC卡区域调卡点，规范IC卡购置、发行、调配流程。全年累计采购新卡90万张、发行89.1万张，为路段调配73.1万张。加强银行履约管理，银行上门收款服务对象覆盖51个联网路段301个收费站点，收款银行遍及全省14个行政区域63个地市县，月均沉淀资金超过7亿元，资金安全保障持续增强。

ETC联网运行。6月30日，湖北省并入全国ETC联网。全省建成ETC车道571条，覆盖率超过95%，合作银行"一站式"客服网点1774个，用户达到105.96万户。ETC争议处理及时准确，处理ETC车辆争议交易76342笔、涉及金额683.8万元。争取省物价局、省财政厅和省交通运输厅政策支持，ETC九五折优惠政策再延长2年。ETC客户发行系统成功对接全省机动车车辆信息系统。车道圈存技术领跑全国同行，跨行转账充值业务全线铺开，用户充值便捷高效。与省农业银行联合推出通衢信用卡，电子收费优惠折上折。不断拓展ETC应用领域，黄石长江大桥、鄂黄长江公路大桥、机场一通道共建成8条ETC车道，搭建了武汉路桥ETC与高速公路ETC融合测试环境。

联网技术保障。全年处理通信系统主干网业务故障20余次、主干网光缆抢修及通信设备巡检保养30余次、软件维护升级近600次、收费数据应急100余站次，开展机房巡检、维修、故障处理40余次。中心机房设备完好率100%，故障修复及时率100%。主动服务新开路段联网运行，完成嘉通、武汉城市圈环线、利万、保宜等多条高速公路通信接入方案审查协调，解答大广南、襄随、襄荆、嘉通等部分路段多义路径难题。完成谷竹、郧十、十房、岳宜、宜巴、恩来、恩黔、团风、麻竹、利万、麻武穴、保宜等近20条高速公路或主线收费站并网检测和费率下发。改造联网收费通信系统，新增S385传输系统，更换联网收费核心路由器，升级联网收费清分结算系统，建成收费数据无线传输系统。与湖北交通职业技术学院共建联网收费综合检测实验室，探索"产学研"新型合作模式。筑牢联网安全保障，建成联网收费数据安全接入系统，统一第三方接入平台，收费网安全运行系数成几何上升。开展全路网杀毒软件升级专项活动，完成1700个客户端升级调试。

公众出行服务。全年受理公众来电36万余件，其中重大节假日9万件，日均993件，单日最高话务量4000余件。通过微信、短信平台、微博、电台、门户网站多向发布高路出行信息近100万条，比上年增长548%。春运期间通过联通网络基站，车流高峰时段向用户推送信息25万余条。拓宽公众出行服务渠道，改版"湖北高速ETC"微信，粉丝超过17万户。推出微信多客服系统，出行咨询从电话线向网线延伸。"湖北高速ETC"APP系统上线运行，出行服务由事前向事中转变。启动"湖北高速联网管理"微信企业号开发，积极探索对外服务和对内管理统一途径。完成呼叫中心话务系统高可靠性改造，新增座席10个，增设来电转接、工单限时办理、三方通话、催办、回访等5大功能。启用呼叫中心远程座席15个，将救援咨询服务由中心延伸到路段，服务精准性和时效性明显提升。　（李雪弢）

2015年4月22日，湖北省高速公路全国ETC联网第一阶段实车测试工作全部完成

综合交通和水陆运输

【综合交通】 至2015年底，全省综合交通网总里程约27.2万公里（不含民航航线、城市内道路），综合交通网密度为146.3公里/百平方公里。其中，铁路营业里程4060公里（客运专线1033公里）、公路通车总里程25.3万公里（高速公路6204公里）、内河通航里程8638公里（高等级航道1738公里）、油气管道里程6740公里。全省内河港口吞吐能力3.1亿吨，集装箱吞吐能力433万标箱，民航机场旅客吞吐量突破2000万人次。

铁路。"四纵三横"铁路网全面形成，高铁、动车覆盖除荆门、神农架以外的所有地市，以武汉为中心的快速铁路骨干网初步形成。

公路。"七纵五横三环"高速公路骨架网基本形成，高速公路总里程居全国第四，国道覆盖所有县市，国省道覆盖所有建制乡镇，98%的建制乡镇通二级及以上公路，100%的行政村通沥青水泥路。

水运。长江中游航道整治规划目标提前实现，高等级航道里程居长江沿线第一；建成了武汉阳逻等一批规模化、专业化港区，武汉港成为全国第一个突破百万标箱的内河港口。

民航。武汉天河机场三期工程加快推进，湖北顺丰国际核心枢纽前期工作全力开展，新建成神农架、武当山2个运输机场和随州、仙桃2个通用机场，"一主五支四通用"机场发展格局基本形成。

邮政和管道。干支管道及联络线建设加快推进，管道网络进一步完善。邮政普遍服务水平大幅提升，100%的建制村通邮，邮件时限准时率居全国第二；快递实现爆发式增长，业务量和业务收入均居中部第二。

综合交通枢纽。全省7个国家公路运输枢纽城市均建有或在建综合客运枢纽，所有市州在建或建有货运枢纽（物流枢纽），各交通方式衔接明显加强。

综合运输服务。多式联运发展取得突破，"汉新欧"班列实现常态化运营，形成了武汉至洋山、"沪汉台"等品牌航线。城乡客运一体化加快推进，率先在中部地区实现村村通客车。 （徐文学）

【全省道路水路运输】 长途客运接驳运输。至2015年底，全省共有接驳运输车辆89台、接驳试点班线45条。湖北鄂东长途客运接驳联盟、湖北长途客运接驳运输鄂西联盟、湖北长途客运接驳中部联盟相继成立，根据接驳点、线路、车辆准备工作完成情况，鄂西联盟成员单位141辆车和中部联盟成员单位100辆车已完成接驳联盟信息上报程序。

道路客运联网售票。至2015年底，全省114家客运站实行联网售票，随州市、宜昌市、荆州市、神农架林区、恩施州、鄂州市、潜江市三级以上汽车客运站联网售票系统应用实施率达100%，襄阳、十堰、咸宁、荆门市三级以上汽车客运站联网售票系统应用实施率达80%以上。联网售票系统官网访问量176万人次，网站购票3269人次，网站交易资金20余万元；通过系统售票数1753万人次，系统交易金额6亿余元；系统纳入客运车辆12512辆、客运线路2400条、数据交换总量7612万次。与省邮政公司签署邮政网点代售客票合作协议，武汉、宜昌、荆州、襄阳、汉川等5个市县835个邮政网点开展客票代售业务。为加快推进全省道路客运联网售票系统建设，省交通运输厅制定《湖北省道路客运联网售票票证管理暂行办法》，进一步规范全省道路客运联网售票管理。

公交优先。按照创建工作方案制定的目标和步骤，第一批省级公交示范城市创建工作有序推进，城市人民政府高度重视，加大了财政投入力度，加快了公交建设速度。继2014年确定的第一批7个省级公交示范创建城市，黄石市、随州市、潜江市、老河口市通过竞争性评选成为第二批省级公交示范创建城市。积极推进公交一卡通互联互通，武汉通发卡量达到1800万张，实现武汉、孝感、仙桃、大冶、汉川、鄂州葛店等城市"一卡"连通，公共交通带领武汉城市圈步入"同城生活"时代。2015年年底，武汉市公交在全省首次实现换乘优惠，引导群众公交出行。武汉、宜昌、十堰等城市推出乘客出行服务手机客户端（APP），提供车辆动态信息查询和出行路线规划，打造"掌上公交"。民生公交贴心惠民。宜昌市在全省率先开通BRT，14条线路贯穿三大主城区；武汉开通60余条微循环线路，惠及城乡群众近100万人，开通13条定制公交线路，市民率先享受私人订制。孝感完成50%公交车辆、公交线路的公营改造。赤壁市投资1500余万元，购置25台新能源公交车，在全省县级城市中率先发展新能源纯电动公交车。

出租汽车行业。推进出租汽车公司化经营，新增出租汽车全部实行公司化经营，全省公司化经营车辆比例达到65%。大力改善出租汽车经营环境。在全省建立出租汽车行业风险评估制度，明确规定新增运力、新一轮经营权出让、运价调整一律都要举行听证会；着力打击非法营运，规范经营秩序。加强信息技术在行业管理中的应用，武汉、十堰、鄂州、黄冈市相继开发建立出租汽车管理信息系统。武汉推出"无偿、严管、增车、调价"等一系列综合改革措施，出台"底线管理、违禁则废"的劣质服务行为处罚规定，免去了经营权有偿出让金，切实为驾驶员减负；襄阳总结推广"襄阳模式"，使襄阳公车公营新模式在社会和行业引起强烈反响。

港口与航运。武汉新港三江港区综合码头工程等项目顺利启动，黄梅小池、嘉鱼石矶头、黄石棋盘洲、阳逻三期等项目投入试运营，新增港口能力1800万吨，集装箱通过能力74万标箱。积极推进港口企业与航运服务深入融合发展，筹划建设由武汉新港投集团、华中港航物流集团等为主导的华中航运服务中心。10月15日，武汉航交所实现重组开业，与多家商业银行达成战略合作协议。不断培育品牌航线，举办"武汉—宁波周"活动，签署江海直达战略合作协议，搭建对外经贸合作交流新桥梁。多式联运模式稳步推进，"汉新欧"集装箱班列实现常态化运营，每月6列、300

个标箱的西伯利亚优质木材运到武汉通过阳逻港，经铁水联运分拨到沿海港口；掣肘武汉铁水联运的江北铁路香炉山段、阳逻港临时配套铁路等项目加速推进；宜昌紫云铁路进港建设步伐加快，荆州江陵、襄阳余家湖积极发展"北煤南运"铁水联运。（彭刚）

【节假日运输】 春运40天。2015年2月4日至3月15日，全省铁、水、公、空累计发送旅客1.06亿人次，同比增长1.7%。其中，道路发送旅客8331.84万人次，同比上升0.54%；铁路发送旅客2078.98万人次，同比上升8.4%；水路发送旅客26.61万人次，同比下降54.5%；民航发送旅客144万人次，同比上升6.3%。春运期间，全省安全形势总体平稳，没有出现旅客滞留、积压和公路大面积拥堵现象，没有发生重大服务质量投诉事件。武汉铁路共开行始发临客2477列；全省道路运输累计投入运力约175万台；全省水路投入客运船舶6655艘、客位数近56万个；民航方面，全省共发送航班11114架次。春节期间全省高速公路出口交通流量累计达612.57万辆，同比增长33.76%，其中7座以下小型客车实行免费通行，免费车流量581.14万辆，同比增长35.78%。

"十一"黄金周。10月1日至7日，全省公路、水路运行平稳有序。全省道路、水路运送旅客1513.73万人次，同比下降0.7%。其中，道路运输1487.93万人次，日均投入运力约4.23万台，较上年同比下降0.07%；水路运输25.8万人次，同比下降27.2%，日均投入客船283艘。全省高速公路通行车辆690.06万辆，其中7座以下小型客车免费通行590.72万辆，较上年同比分别增长16.14%和19.28%。

（彭刚）

【交通运输节能减排】 成功申报绿色装备、绿色公路项目。交通运输部公示确认湖北省绿色交通装备（天然气车）项目获得360万元，共有11家企业新购540台天然气车，替代标油1.44万吨，节能减排效益明显。编制完成《湖北省利万高速公路创建绿色公路示范项目实施方案》。按照立足实际、突出特色、系统设计、科技支撑、经济可行的原则，利万高速公路工程绿色公路试点项目拟定实施20项具体技术措施，总投资为2.2亿元，其中产生节能量可具体测量的技术措施10项，其他绿色措施9项。交通运输部公示确认该绿色公路项目将列入2016年部支持项目。

编制完成《湖北省绿色交通"十三五"规划》。该《规划》总结了湖北省绿色交通"十二五"发展经验，针对发展存在的问题，分析了"十三五"绿色交通发展的形势，提出发展绿色交通总体要求、主要任务、重点工程和保障措施，对"十三五"湖北省绿色交通建设具有指导作用。

合理分配节能减排专项资金，发挥节能减排示范企业引领作用。省交通运输厅和省发展改革委本着节能减排效益明显、优中选优等原则，研究确定全省第四批低碳交通推广基地3家，即鄂西高速公路管理处、黄黄高速公路管理处、武汉途迅物流有限公司，交通节能减排示范企业4家，即武汉市硚口区超越名车维修中心、恩施新长城汽车贸易集团有限公司、赤壁市信达汽车配件有限公司、松滋市新天地汽车科技开发有限公司。截至2015年底，省交通运输厅和省发展改革委累计确定了8家低碳交通推广基地和20家交通运输节能减排示范企业。同时，制定《湖北省2015年度交通节能减排资金分配方案》，按照公平竞争的原则，将1000万元节能减排专项资金合理分配到节能减排示范企业和示范项目，充分发挥交通运输节能减排示范企业和项目的引领作用。

（彭刚）

【全省道路运输业发展】 2015年，全省道路运输行业紧扣促进道路运输转型发展主线，突出服务民生、规范管理和转型发展，大力推进城乡客运一体化，着力提高管理服务水平，为"建成支点、走在前列"提供坚实的道路运输服务保障。

圆满完成"村村通客车"目标。"村村通客车"工作是2015年全省交通、运管系统核心工作，也是第五轮"三万"活动主题。从年初开始，全省各级运管机构成立工作专班，密切围绕目标任务，通过召开动员会、推进会、培训会等，制定实施方案，编制农村客运发展专项规划，统一农村客运车辆标识，建立农村客运发展专项资金，安装使用车辆动态监控系统，完善农村客运持续经营监督考核和激励机制等系列举措，大力推进"村村通客车"工作，大幅提升农村客运通达率和覆盖面。截至年底，全省17个地市州，纳入村村通客车统计范畴的100个县市区、25989个行政村实现100%通客车。

研究制定城乡道路客运一体化发展水平评价规则。按照交通运输部要求，组织全省各地运管部门按照客观公正、统一协调、突出重点、综合评价的原则，通过自我评价、实地核查、实地抽查、结果公示等环节，完成2014年全省城乡客运一体化评价工作。

迅速推进联网售票工作。组织各市州运管机构对全省汽车客运站、道路客运线路命名及客运站班次编号等进行清理和规范，统一接入"湖北省道路客运联网售票系统"。截止11月中旬，全省有114家客运站实现联网售票。此外，小件快运、票证管理、决策分析等子系统完成开发并投入试运行，加强与银联、支付宝等支付平台协商与合作，与省邮政公司签署邮政网点代售客票合作协议，协调省国税局统一全省道路客运联网售票票证管理政策，加强与江西、湖南等省运管部门的沟通，推动三省汽车客运站联网售票平台互联互通。

进一步规范农村客运燃油补助工作。根据要求，在各地运管机构全面清查本地2013年、2014年农村客运燃油补助申报、审核、发放等工作环节的基础上，组成督查组对全省9个重点市州进行抽查。委托第三方对全省2014年度燃油补助工作进行审计。

稳步推进长途客运接驳运输工作。

下发长途客运接驳运输联盟工作方案，明确联盟内部各单位职责，明确试点班线发展原则。以省内3家客运企业为核心成立3家长途客运接驳运输联盟，各联盟严格条件，审核接纳加盟企业或线路，并按照程序进行上报。组织市州运管机构对全省800公里以上的长途道路客运线路及车辆逐条逐车进行安全风险评估。

加大行政审批制度改革力度。规范行政审批行为，公示审批事项，实行"阳光审批"。进一步完善网上审批系统，简化手续、提高效率、优化服务，实现客运班线许可变更网上审批和运输证照就近打印。根据国务院"先照后证"审批事项改革文件，及时调整审批流程，为客货运输企业提供便利快捷的服务。

探索行业转型升级。指导各地开展城际公交客运、城际约租客运、旅游直通车、客运公交化改造，鼓励多元化运输组织模式，将满足群众需求的新运输产品与结构调整紧密结合。加快客运企业整合和同质化线路优化进程，在道路客运市场逐年萎缩的大环境下，引导规模小、实力弱的客运企业通过整合、联营等方式淘汰过剩运能，优化运力结构，促进企业规范、有序发展。

完成节假日及汛期运输组织保障工作。2015年，全省运管机构按照"以客为主、安全第一、服务至上、保障有力"要求，加强旅客流量流向分析，合理安排调度运力，加强对旅客出行趋势、出行方式的研判，确保运力准备充足，旅客出行畅通高效。充分发挥信息平台、网络、气象台的服务功能，及时发布车、船、航班信息，为公众提供出行信息服务。紧紧围绕"情满旅途"活动，拓展服务内涵，提升服务水平。全年节假日运输组织中没有出现旅客滞留现象，没有发生重大服务质量投诉事件。针对梅雨季节较往年多20%、防汛抗灾形势比较紧张的局面，各级运管机构成立工作专班，加强组织调度，抽调应急运力，圆满完成防汛物资运输和人员疏散工作。

（张改欣）

【班线运输】 2015年，道路旅客运输以"民生为本、转型为基、改革为要、服务至上、文化引领"的基本思路，圆满完成各项目标任务。

稳步推进长途客运接驳运输。按照交通部、公安部接驳工作要求，制定《关于＜湖北省推进长途客运接驳运输联盟建设工作方案＞的通知》(鄂运物运〔2015〕81号)，明确联盟内部各单位职责，提出试点班线"成熟一条、实施一条"的原则。在交通运输部认可的黄冈市东方运输集团有限公司、湖北宜昌交运集团股份有限公司、湖北公路客运(集团)有限公司3个长途客运接驳运输试点企业基础上，成立湖北鄂东长途客运接驳运输联盟、湖北长途客运接驳运输鄂西联盟、湖北长途客运接驳中部联盟。截至2015年底，已完成接驳运输车辆333辆。

积极推进客运班线发展。发布2015年道路客运班线发展计划107条，其中省际71条、市际36条。通过对客运班线经营权综合评审，许可新增客运班线24条。

促进行业转型升级。鼓励多元化运输组织模式，指导支持各地开展城际公交客运、城际约租客运、旅游直通车、客运公交化改造，发挥道路运输比较优势和"兜底"作用，在发展中做足短途、力保中途、长途有进有退，将满足群众需求的新运输产品与结构调整紧密结合。黄冈市按照政府主导、企业主体、部门协作、适当补贴的原则，全面完成团风至黄州客运线公交化改造工作。2015年，黄冈市东方运输集团、洪湖市永通运输公司2家客运企业取得城际约租客运试点企业资格，扩大了城际约租客运服务覆盖面。

整合客运线路适应市场变化。在道路客运市场逐年萎缩的大环境下，武汉市引导规模小、实力弱的客运企业逐步整合，企业间优势互补、规模化经营。长通一分和长通港口2家班线客运公司完成合并重组，省客金地、长通金路、长通南星、宏干线等公司之间的整合工作推进中。武麻、武鄂及汉南跨市线路相关企业通过整合、联营等方式淘汰过剩运能，逐步实现

线路规模化统一经营，进一步提高线路管理水平，优化运力结构，促进该线路规范化、有序化发展。 （刘璟）

【旅游客运】 2015年，全省旅游客运管理着力提高运输服务质量，提供安全、舒适的乘车环境。全省更新旅游客车426辆，大大增加全省道路旅游客运供给能力。

合理规划发展旅游客运。"五一""十一"黄金周和春节假日，黄金周期间客流量比日常平均增长30%-40%，在部分重点旅游景点和交通枢纽，客流量甚至超过春运期间客流量。"一江两山"旅游品牌的推广带动全省旅游客运的发展。各级运管部门深入到企业和各旅游景点调查了解旅客的流向、流量，合理规划旅游客运线路。

规范旅游客运市场管理。各级运管部门以提高旅游客运服务质量为出发点，加大对客运站和旅游景点的监管和路检路查力度，确保旅游客运车辆持证运行，杜绝旅游景点接纳无证无牌客车进入景区，旅游客运服务质量明显提高。根据全省旅游客运市场情况做好新增旅游运力投放工作，对新增的运力一律录入道路包车客运标志牌管理信息系统，实行网上办理业务。

发挥旅游客运运力应急储备作用。全省将旅游客运车辆纳入应急储备运力范围。各级运管部门在黄金周和春节假日旅客疏运高峰期，调用旅游客运车辆参与客运加班、包车运输，增强了应急运输运力供给，缓解了旅客疏运高峰期运力紧张的状况。在清明、"五一""十一"、高考、暑期等节假日及特殊时段，各地提前做好预案，主动对接高铁、民航等运输方式及学校、旅行社等机构，组织运力，做好旅客疏运。

（林志荣）

【城市公交运营】 通过优化公交线路、开通微循环公交、发展通村公交、实施公交换乘优惠、试点定制公交等举措，让人民群众愿意乘公交。荆州市调整优化公交线路20余条，方便了新建居民小区、城市新区居民出

行；武汉新增微循环线路20条，3年累计开通60余条，惠及近百万社区居民；十堰公交集团开通23条通村公交线路，城市公交成为农民进城新选择。全省首条BRT投入运营，实行同向免费换乘，提高了公交车运营速度，降价了市民出行成本；武汉开通13条定制公交线路，优质高端的公交服务受到市民欢迎。

加速发展绿色公交。电动公交车快速发展是2015年公交行业运力结构调整的主要方向。武汉市新增纯电动车辆1000台；襄阳市累计发展新能源车443台，新能源车的比率超过40%，节约运营成本1000万元；十堰市投资5000万元，新购40台纯电动公交车投入营运；荆州市新购置50台纯电动公交车；潜江市采用PPP模式，在城乡客运一体化线路中拟投入300台新能源车；赤壁市投资1500余万元，购置25台新能源公交车，在全省县级城市中率先发展新能源纯电动公交车。新能源公交车的快速发展，优化了运力结构，提高了节能减排水平。

智慧公交提档升级。宜昌、十堰、襄阳、黄石、荆州等城市先后推出乘客出行服务手机客户端（APP），提供车辆动态信息查询和出行路线规划，打造基于移动互联网的"掌上公交"。十堰、宜昌市大力推进移动互联网络进车厢，基本实现公车线路、车辆无线网络全覆盖。基于"互联网+"的武汉定制公交线路不断拓展，客流量稳步上升。

促进公交卡互联互通，召开武汉城市圈公交一卡通互联互通推进会，提出"政府引导、市场为主、统筹协调、稳步推进"的工作思路。武汉通发卡量达到1800万张，实现武汉、孝感、仙桃、大冶、汉川、鄂州葛店等城市"一卡"连通。十堰市实施"智慧公交升级行动"，投资1000余万元组建车城一卡通科技有限公司，发行新的"车城通"卡，延伸服务至银行结算、超市购物、餐饮娱乐等领域，并与全国50个城市实现公交卡互联互通，公交IC卡使用率达到70%以上。

推进经营模式改革。指导各地推行《城市公共交通线路运营合同》，强化对公交企业运营管理；孝感加大公交企业公车公营改革力度，完成了50%公交车辆公车公营改造。开展公交车成品油价格补贴政策调整的调查研究，完成《关于城市公交行业油补政策调整情况的报告》，并及时与省财政部门沟通交流。

推动公交示范城市建设。督导检查第一批省级公交示范城市、组织评选第二批省级公交示范城市。召开全省公交示范城市推进会，全省有国家公交都市创建城市1个、省级公交示范创建城市11个。襄阳公交公司1路线被授予全国青年文明号，"三零司机"张兵获得"感动交通十大人物"，3名公交驾驶员被评为全国劳动模范，6家公交企业获湖北"五一"劳动奖状，襄阳公交公司总经理水波被评为湖北省劳动模范。

（徐晓婷）

【城市轨道交通运营】 12月28日，武汉轨道交通（地铁）3号线一期工程开通试运营，全程地下线路30.06公里，由沌阳大道至宏图大道，车站24座，在三金潭设车辆段1座、在升官路设车场1座，是首条穿越汉江的轨道交通线路，采用6节编组的B型列车。武汉轨道交通（地铁）3号线与轨道交通1号线、2号线一期和4号线分别在宗关站、范湖站和王家湾站换乘，形成武汉"地铁第一环"，实现武汉地铁从"连通三镇"到"环通三镇"的新跨越。至2015年底，武汉市开通运营轨道交通1号、2号、3号、4号线路总长125.44公里，总运营里程1401.97万列公里，运送乘车5.65亿人次，日均客运量154.82万人次，日最高客运量181.12万人次。轨道交通列车运行图兑现率和列车准点率均达到99.9%以上，通风空调、进出站闸机、电梯及自动饮水机等设施设备的可靠度、完好率均达到99.85%以上，有效乘客投诉回复率100%。全年未发生重大安全事故及安全责任事故。

安全管理。《武汉市轨道交通运营安全管理办法》经武汉市人民政府第124次常务会议审议通过，6月10日正式施行。修订《武汉市轨道交通车站服务设施设置规定》《武汉市轨道交通运营服务标志设置规定》《武汉市轨道交通车站、车辆广告设置管理规定》《武汉市轨道交通车站商业网点设置管理规定》等规范性文件。定期开展轨道交通运营质量、运营安全日常检查和专项检查，坚持每周对轨道交通行车组织、客运组织、设施设备、标志标识等检查不少于1次。拟定年度专项检查方案，先后开展轨道交通屏蔽门系统、安全管理制度及安全培训、标志、标识及广告、商铺设置、通风空调系统、电扶梯、供电和通信信号系统、安检、执法和投诉处理、消防及火灾报警系统等10项专项检查，对检查发现的问题督促整改，促进运营企业完善内部管理，满足社会出行需求。继续实行运营管理联席会议制度。2015年首次将市公安局轨道交通管理分局纳入联席会议机制内，实行监管方、警方和运营方三方沟通。轨道交通运营管理联席会议就落实《武汉市轨道交通安全检查管理规范（试行）》、确定安全检查重点车站、建立轨道交通安全保护区管理工作机制、建立轨道交通突发事件信息报送工作机制等议题进行研究，并形成决议。

（刘元林）

【客运出租车运输】 推动出租汽车行业改革。武汉市推出"无偿、严管、增车、调价"等一系列综合改革措施，出台"底线管理、违禁则废"管理规定，优化了发展环境；襄阳出租车经营模式在湖北麻城、江西赣州等地复制，示范效应开始显现。武汉市华昌出租汽车公司获"全国五一劳动奖状"，宜昌盛龙公司刚毅车队、恩施明德公司白虎图腾示范车队获"全国工人先锋号"荣誉称号。

提升出租汽车行业服务品质。组织开展质量信誉考核与出租车行业创"文明优质企业"、创"文明出租车"活动。全年共评选63家AAA级企业。各地将质量信誉考核结果运用到实际管理工作中，武汉市将服务质量信誉考核结果作为公司新增经营权的重要指标；恩施市在质量信誉考核评分中，增加州市人大代表、政协委员、相关部门和广大市民代表对出租汽车企业测评意见，并将考核结果作为出租车经营权指标分配、调整的重要依据。新修订的《湖北省出租汽车客运行业"双创"活动实施办法》将百佳出租车精简到 40 台，增加了文明车队（班组）奖项，并按新标准评选出 2014 年度"双创"先进集体和先进个人。

引导出租汽车行业健康发展。积极应对网络约租车新业态对传统出租车带来的市场冲击，高度关注出租车行业的稳定，指导武汉市妥善处置 3 次出租车行业不稳定事件。先后完成《互联网时代的出租车行业管理探讨》论文、关于网络预约车（专车）发展情况报告等，提出应对专车发展的工作思路。

（徐晓婷）

【城乡客运一体化】 2015 年，全省城乡客运一体化工作按照交通运输部要求，进一步优化城乡客运服务网络，提高基本公共服务均等化水平，满足人民群众对普惠优质的出行服务需求。

推进城乡道路客运一体化发展水平评价工作。省道路运输管理局召开全省城乡客运一体化验收标准研讨会，安排部署评价工作，制定下发评价规则，组织各地运管机构按照客观公正、统一协调、突出重点、综合评价的原则，通过自我评价、实地核查、现场抽查、结果公示等环节，圆满完成全省城乡客运一体化评价工作。

积极推行公交化改造。实行农村客运班线公交化改造、城市公交车辆向下延伸、城市公交与农村客运融合发展等多元模式，采取公交公司收购、同线整合、兼并重组等多种方式，形成以县市城区为中心、乡镇为节点，连接城镇、辐射乡村的城乡客运网络，既保证行业稳定发展，又推动城乡运输一体化和公共服务均等化发展。潜江、襄阳襄州区等地通过整体收购完成农村客运班线公交化改造，鄂州、老河口等地形成城市公交与短途客运公交化融合共赢的局面，黄陂区实现

城际公交与城乡公交网无缝对接。

（刘蔚）

【农村客运】 省委省政府将"村村通客车"确定为 2015 年"一号工程"，省道路运输管理局派驻试点示范工作督办组，进驻红安县、恩施市、宜都市、仙桃市、江陵县、老河口市等县市调研、督办、指导，总结出宜都市突出制定县市级财政支持政策，建立农村客运班线安全通行条件联合审查机制等工作模式，为全省村村通工作全面推进探索出可推广、可复制的经验。实行通村销号制度，局领导包片负责，陆续派出 7 个工作组驻点督导推进村村通工作，按照"政府牵头、乡镇为主、部门协作、社会联动、齐抓共管、综合治理"的原则，实行"县管、乡包、村落实"的政策，建立四方会审制度，加强安全监管。加大对农村客运站场、运营等方面的投入，为推进村村通客车提供资金保障，督促各县市建立农村客运发展专项资金。

全面实现"村村通客车"目标。全省 17 个市州、100 个县市区、25989 个行政村全部实现"村村通客车"。自开展村村通客车工作以来，全省行政村通客车覆盖率逐步扩大，新增通客车行政村 4630 个，由 2014 年底的 82% 上升到 2015 年底的 100%；新增客运车辆 1673 辆，新增农村客运班线 438 条，客车安装使用车辆动态监控系统 14253 辆。

农村客运方式多元发展。2015 年底，全省通客车行政村 25989 个，其中城市公交方式运行的有 2170 个，占 8.35%；客运班线公交化方式运行的有 2669 个，占 10.27%；客运班车方式运行的有 18475 个，占 71.09%；区域方式运行的有 1944 个，占 7.48%；采用赶集班、学生班、电话约租等其他方式运行的有 731 个，占 2.81%。

农村基础设施明显改善。自开展村村通客车工作以来，全省新增通村公路 1.6 万公里、加宽改造通村公路 4.7 万公里，修建错车台 9.5 万个，修建和改造农村公路病危桥梁 1500 余座，增设安保工程 1.6 万公里，新建与整

修农村候车棚、招呼站，新增乡镇客运站 141 个、候车亭 7032 个、招呼站 12824 个。

（陈旭）

【全省交通物流行业管理及发展】 加快省级农村物流试点示范工作。根据省交通运输厅下发的《关于对十堰等市县农村交通物流试点方案的批复》，对各省级试点单位加强日常督促和信息收集。十堰亨运物流公司试点严格对照试点方案节点、任务、目标，实行挂图作战，依托自身成熟而完善的农村物流网络体系，与杭州快驰科技有限公司深度合作，在全市农村物流网点中推广使用"快货运"软件，将"互联网＋"思维融入试点工作中，创新性的依托移动互联技术发展农村物流。宜昌市华维物流公司试点已形成 7 条农村货运班线，整合 150 条通村客运线路覆盖秭归全县，建成 18 个集商务、供销、邮政、快递功能的村级物流服务站，农村物流体系逐渐形成。荆门市众诚物流公司试点在东宝区范围内新（改）建 80 个镇、村农村物流综合运输服务站点，逐步构建"市—县（区）—镇—村"四级物流服务网络体系，并整合农村客运站点、农产品货运交易场站、商品配送中心、邮政服务网点和金融服务平台等服务功能。竹溪县顺通物流公司试点已在新洲、关垭等 12 个乡镇建立起农村交通物流综合服务站，并将民营个体户和农村致富能人加入农村物流服务体系。

加强县级农村物流规划编制督办。6 月 15 日，省交通运输厅、省农业厅、省商务厅、省供销合作总社和省邮政管理局联合印发湖北省《农村物流融合发展规划编制指南》。全省已有 36 个县市完成县级农村物流融合发展规划编制，其中 7 个市县的规划已经通过专家评审；有 28 个县市在进行规划编制中。宜昌和咸宁所有的县市规划编制工作全面铺开，宜昌长阳、秭归等县成立工作专班，并已落实规划编制经费；咸宁赤壁市政府已批复同意成立专班，由物流局牵头进行赤壁市农村物流融合发展规划编制工作，编

制费用据实列入财政预算；随州广水市、孝感云梦物流局已启动《农村物流融合发展规划》编制工作。

引导县市区自主开展农村物流试点。继续开展全省农村物流"一市一试点"工作，已有13个市州成立领导小组，鄂州、宜城、孝昌、五峰等地由当地分管交通的市（县）政府领导担任组长，并充分利用邮政、供销、商务部门资源，为各地农村物流试点工作顺利开展提供组织保障。

推进多式联运发展。为了全面了解和掌握各地多式联运企业运营情况，做好"十三五"交通物流发展规划编制工作，省物流发展局对省内公铁联运企业货运量、货场面积、联运情况等进行调研，收集相关数据。共收到襄阳、恩施、十堰、荆门、随州、天门、咸宁、黄石、黄冈、孝感、宜昌11个单位的调研报告。调研反映出各种运输方式衔接有待优化、市场混乱，缺乏正确引导和相关扶持政策，铁路货运网点受体制限制，市场竞争意识不强；基础设施建设不足，公铁联运发展受阻；多式联运协调不够，不同运输方式缺乏有效对接；网络设施不完善，信息化水平低，专业型技术人才缺乏。据此，提出构建公铁联运基础设施网络、在综合运输体系大框架下制定全省公铁联运网络规划、加快铁路市场化进程、提高铁路运行效率等相关建议。

开展甩挂运输试点工作。按照交通运输部文件要求，组织专家对湖北省十堰亨运集团有限责任公司、襄阳东风合运物流股份有限公司、武汉赤湾东方物流有限公司3个甩挂运输试点项目验收和资金申请进行审查，并上报交通运输部。3个项目基本完成《实施方案》设定的各项指标，优化了甩挂运输组织、提高了运输效率、具有较好的节能减排效果。交通运输部第一次启动主题性甩挂运输试点申报工作，湖北省多式联运主题性试点项目由武汉中运物流有限公司和湖北赤湾东方物流有限公司承担，企业联盟主题性试点项目由武汉大道物流有限公司和荆州鑫泰达物流有限公司承担，

多式联运和企业联盟2个主题性试点项目均通过交通运输部审查。

物流市场主体培育成果。支持华中大道快运联盟、华中甩挂运输联盟做大做实做强，鼓励联盟企业间加强合作与整合。深入两个联盟成员企业进行调研，通过分析联盟成员间的业务合作特点，推进华中甩挂运输联盟中心站场（以湖北赤湾东方物流公司为业主）建设工作，该项目已在鄂州开工建设。华中大道快运联盟部分成员联合出资租赁联盟物流站场，有效服务联盟发展。加强武汉大道物流公司先锋物流5.0信息系统宣传推介，联盟成员十堰恒通、亨运大道等企业均在使用大道物流信息平台。襄阳市物流局推动120余家物流企业成立襄阳市芮邦物流联盟，力争通过"五统一"打造物流品牌。荆州运管物流局搭建银企合作平台，帮助物流企业做大做强。鼓励创新型物流企业利用互联网技术，推动城市配送转型发展。以武汉市杭州快驰科技有限公司为代表的移动互联网科技企业，通过信息服务平台实现车辆和货源实时对接，推动城市配送智能化、规模化、集约化发展。十堰亨运集团物流有限运输公司等企业通过与武汉东湖学院合作交流，加强城市配送理论与技术研究及人才培养，推动城市配送转型发展。（许磊）

【驾驶员培训行业管理】　2015年，按照《省交通运输厅关于进一步深化驾培和维修检测行业管理改革工作的若干意见》要求，各市州运管部门将驾驶员培训机构行政许可职责向县市运管部门归位，移交相关资料，积极推进驾培行业管理改革。按照《机动车驾驶员培训机构资格条件》(GB/T 30340–2013)、《机动车驾驶员培训教练场技术要求》(GB/T 30341–2013)，各地对驾校资质重新进行核定验收，对达不到国家标准的驾校予以限期整改或停业处理。全省被责令限期整改的驾校25家、被降低等级的驾校7家、未达标又不采取措施整改已被注销经营许可的驾校2家。

探索驾培教练员从业资格考试新

模式。依据《省交通运输厅关于进一步深化驾培和维修检测行业管理改革工作的若干意见》，将教练员从业资格考试权下放，实现报名、培训、考试、投诉处理均由市州道路运输管理处负责，省道路运输管理局派员巡考；改革考试方式，在无纸化理论考试基础上，改革示范驾驶和示范教学考试方式，示范驾驶采用公安驾考电子化考场、示范教学采用音视频监考。考试评判采取以电子化为主、人工辅助的评判方式，全程考试视频与录音均随时可查，增强考试工作的透明度。全省参加教练员资格考试10671人，通过资格考试4860人，平均通过率为45.54%。

开展机动车驾驶员培训行业突出问题专项治理工作，严厉查处教练员"吃拿卡要"行为和计时培训弄虚作假等问题，着力规范驾校经营行为。全年查处违法培训点139处、非法培训教练车777台、处理违规教练员19人，暂扣5家驾校道路运输经营许可证，并责令其暂停招收新学员。

（胡礼苗）

【道路从业人员培训】　2015年，全省道路运输驾驶员从业资格培训机构57家、从业资格考点48家，培训道路运输从业人员约6.7万人，经考试合格取得从业资格证件58014人，证件到期换证192010人。

进一步推进简政放权、放管结合。按照因事制宜、方便基层、服务行业的思路，将由省道路运输管理局负责的经营性道路旅客运输驾驶员、货物运输驾驶员、出租汽车驾驶员和道路危险货物运输（包含放射性物品道路运输）4类从业人员资格考试考核员的培训、考试和日常管理工作，下放给市州运管部门负责。

强化从业资格管理工作。全面推进"廉政阳光运输"建设，着力解决从业资格管理工作中存在的申请人资料弄虚作假、不按大纲实施培训、考试评分不规范等突出问题。制定下发《关于进一步规范道路运输从业资格管理工作的通知》，对申请人资料审查、

教学培训、组织实施考试、成绩公示、证件制发、档案管理等工作进行细化并提出具体要求，形成闭环管理。

规范从业资格证件管理。严格按照《交通运输部办公厅关于进一步规范道路运输从业人员管理和服务有关事项的通知》要求，进一步规范道路运输驾驶员诚信考核、继续教育、证件管理等工作，明确从业资格证因超过有效期180日而被注销，但在有效期2年内（含2年）人员证件注销后恢复办法，有效解决了当前从业资格管理工作中不方便、不科学、不合理等突出问题。从执行情况看，襄阳、随州、黄冈等地已有200余人按规定恢复了从业资格证件。

推广远程网络继续教育。在总结宜昌、恩施等地开展远程网络继续教育试点经验基础上，全省推广使用道路运输驾驶员继续教育网络平台开展远程继续教育。恩施、荆州、咸宁、随州、黄冈、孝感、襄阳7个市州全部启用交通运输部职业资格中心的道路运输驾驶员继续教育网络平台开展远程继续教育，网络培训人数达65454人，有效提高了道路运输驾驶员继续教育质量，缓解了道路运输驾驶员工学矛盾。 　　　　（付璐）

【机动车维修和检测】 为进一步推动汽车维修业转型升级、健康可持续发展，交通运输部组织修订了国家标准《汽车维修业开业条件》（GB/T 16739-2014）。各市州运管部门以宣贯《汽车维修开业条件》为契机，对辖区维修企业经营资质进行全面清理。其中荆门市检查维修企业578家，下达整改通知书172份，对376家无证经营维修业户下发《交通违法行为通知书》《责令停止经营通知书》；武汉市结合年审工作制定维修企业资质清理方案，共查处无证经营户267户，下达违法行为通知书66份。

开展绿色汽修创建达标。大力推进"绿色维修企业"创建达标，通过企业自评、县所初评、市州复评，全省40余家试点企业达到验收标准。在总结试点经验基础上，扩大创建工作

范围，引导企业按照考评标准要求，完善制度，加大节能环保设备及资金投入，企业共投入资金2650余万元，新增或改造设备1310台套（其中对200余间烤漆房进行环保及油电改造）。一、二类维修企业创建率达到48%。在创建达标工作中，重点培育示范企业30家。

推进机动车维修企业管理服务系统试点。根据省交通运输厅《促进湖北省机动车维修行业健康发展工作方案》，在全省一、二类机动车维修企业推广安装"湖北省机维修企业管理服务系统"，积极应用互联网+，建立手机微信服务平台，提供公共服务，包含企业诚信查询、车辆维修记录（即车辆电子病历）、车辆检测信息查询、电子合格证查询等服务；企业通过微信平台，为车主提供使用手机就能查看维修过程的监控服务；完善社会监督体系，实现服务质量网上评价，提高企业诚信评价公信度，形成车主、维修企业及行业管理部门三位一体的信息互动与交流，实现行业管理及监管创新、服务创新、诚信评价创新。

加强检测行业日常监管。运用《湖北省机动车维修检测行业管理及营运车辆技术管理信息系统》，开展检测站检测数据分析，通过"上传率、峰值检测量、复检率、检测数据离散度"等指标，对全省综检站每季度数据上传情况进行例行通报，及时发现检测站存在的问题，有针对性地对检测站实施重点跟踪、重点检查、重点管理。各市州运管部门按照《湖北省汽车综合性能检测站监督检查工作规定》，加强对综检站经营管理行为的监管，县级运管部门采取双月检查制。通过检查，全省综检站均安装使用视频监控系统，对进站检测车辆进行图像抓拍、储存。各地运管部门提高检查频率，及时报送双月检查报表，有效杜绝了出具虚假检测报告单等现象，促进了综检站车辆档案的管理。 　（陈葵）

【水路运输管理】 2015年，全省水运实现逆势增长，运输管理工作突出结构调整、市场培育，取得良好成效。

水运生产指标持续增长，运输结构进一步优化。全年完成水路货运量3.28亿吨、货物周转量2446亿吨公里，同比分别增长10.1%、5.6%。全省船舶总运力770万载重吨。运输企业数量及规模逐步增加，全省10万载重吨以上船舶运力规模企业8家，万吨以上船舶运力企业数量较"十一五"末增长85%，占全省总运力的3/4以上。水路运输组织进一步优化，三峡库区滚装运输创造巨大社会效益，武汉至洋山"江海直达"、泸汉台集装箱快班、21世纪海上丝绸之路武汉至东盟四国等航线运行良好。

推措施强服务，水路运政管理水平进一步提升。研究下放省际普通货物船舶经营许可权限，起草《湖北省小型客船运输经营资质管理暂行办法》。严格企业年度资质核查，截至2015年6月，全省共有水路运输企业421家（比上年度减少3家）。进一步加强水运市场调研分析，委托第三方机构开展湖北省水运市场监测指数研究，形成季度经营情况分析报告。

推进水运物流发展，武汉航运中心建设进一步加快。组织召开全省港口转型升级发展推进会和水运物流发展座谈会。引导新思路，推进港航企业积极向高端物流供应商转型，向高端服务平台供应商转型，向新型运输方式转型，向信息化转型，向绿色航运转型，加快全省水运物流多式联运发展步伐。开展三峡翻坝转运体系研究，委托武汉理工大学研究提出长江三峡枢纽区域运能提升有效途径以及具体推进方案，已完成初稿。积极谋划发展江海联运品牌航线，推动湖北省主要港口与江浙沿海港口江海联运快速发展，推动武汉长江中游航运中心与宁波—舟山江海联运服务中心、南京长江航运物流中心互动合作。大力提升湖北航运服务功能，与华中港航物流集团进行全面对接，加快华中航运服务中心建设。积极协调武汉光谷联合产权交易所、长航凤凰股份有限公司、湖北宇丰码头发展有限公司3家单位组建武汉船舶交易中心。

　　　　　　　　　　　　（李碧）

【长江航运管理】 2015年，湖北省完成水路货运量3.39亿吨、港口货物吞吐量3.29亿吨、集装箱吞吐量132.2万TEU，均保持较快的增长速度。

1. 抓规划建设，筑牢湖北航运发展基础。2014年4月，省委书记李鸿忠、省长王国生在视察荆州航道整治工程时，站在落实国家长江经济带发展战略、推动沿江经济社会发展的高度，针对长江中游"中梗阻"问题，提出推进"武汉至安庆6米、武汉至宜昌4.5米长江深水航道整治工程"(简称"645工程")战略目标。2015年，长江航务管理局(以下简称长航局)全力组织开展"645工程"专题研究，组建由国内一流科研院所组成的内河航道整治科研团队，进行技术可行性研究；积极争取研究资金，落实8800万元经费，用于开展"长江干线宜昌至安庆段航道整治模型试验"前瞻性研究；同时在征求国家有关部委、长江中游四省的意见基础上，完成4个专题和40个子题研究成果报告，研究成果先后通过交通运输部和国家发展改革委审查，并配合国家发展改革委形成工作专报上报国务院，于2015年12月底获国务院领导同意。

近年来，长航局充分利用航道整治成果、充分利用自然水深，加强航道维护管理，多次分时、分段提高了中游河段航道维护尺度，将宜昌下临江坪至城陵矶段枯水期航道维护水深从过去2.9米提高至3.5米试运行，正式提高武汉至安庆枯水期维护尺度，水深从4.0米提高到4.5米，并提高了中游河段航道维护宽度和航道弯曲半径，同时采用海轮推荐航线形式，进一步满足大型船舶通航需要。安庆至武汉河段全年6.0米时间达到50%、武汉至城陵矶河段4.5米维护时间达到58%、城陵矶至宜昌河段4.5米维护时间达到33%。同时，充分利用信息化等先进技术手段，大力推进数字航道、智能航道建设，2015年1月1日正式推广应用长江电子航道图，实现全年6.0米水深到武汉、4.5米水深到城陵矶，4.5米水深也有近半年时间到宜昌(航宽相对维护尺度标准缩窄)，

长江中游水运潜能得到进一步释放，为长江湖北段黄金水道建设提供更好的发展基础。

2. 抓通航服务，促进湖北航运快速发展。有效应对中游汛期大洪水、水位偏低、三峡水库水位调节影响，干线航道维护水深保证率达到100%。2015年三峡船闸完成货运量1.2亿吨，超出设计通过能力20%；葛洲坝船闸完成货运量1.2亿吨，再创历史新高。三峡通航实施恶劣天气"能通则通、分段控制"应急通航新理念、上下行待闸船舶流"软调节"新办法、通航信息GPS和三峡通航手机APP应用等新途径，全面试行三峡船闸过闸船舶吃水控制标准从3.9-4.2米提高到4.3米新方式，结合常年开通"水上绿色通道"优先保障湖北省重点物资、沪汉台集装箱班轮等举措，助推湖北省重点物资快捷过闸，提高了湖北省过闸货运量。积极支持湖北省过江通道建设，近年来完成武汉鹦鹉洲长江大桥、杨泗港长江大桥等17座桥梁(隧道)通航论证审查工作。

3. 抓结构调整，着力提升湖北航运发展质量与水平。调整结构、提升质量，实现长江航运转型发展，是提升长江港航企业效益的重要依托，也是长江航运有效服务湖北长江经济带建设的重要载体。长航局积极引导和支持湖北航运企业从船型标准化、运力市场调控、信息服务等方面实现转型升级，提升质量和水平。继续实施和推进港航企业转型升级工作措施，根据企业服务需求和工作建议，研究制定2016年促进港航企业转型升级工作措施；注重加强市场分析研判和生产信息发布，及时发布年度长江航运发展报告、长江航运发展态势分析、长江航运景气指数和运价指数等行业信息，为湖北港航企业生产、经营、决策提供行业引导和决策依据。组织开展政风行风走访和涉企收费检查，为湖北港航企业发展营造良好的市场环境，严格清理和规范行政事业性收费及相关服务性收费，维护并提升湖北港航企业合法权益和经济效益。长航局会同湖北省港航管理局(以下简

称省港航局)推进船型标准化、优化运力结构，引导湖北省水运企业，充分利用国家财政补贴资金，淘汰老旧落后运力，提高船舶标准化、专业化水平，截至2015年12月，实际拆解完工船舶399艘、33.82万总吨。会同省港航局继续实施液货危险品船运输市场调控，改善市场供求关系，开展长江省际液货危险品运输企业清理和评估，提升湖北水运市场发展质量。

4. 抓安全监管，为湖北经济社会稳定发展提供安全保障。加快安全基础设施建设，推进电子巡航全覆盖，形成全方位覆盖、全天候运行、全过程监管的长江水上现代化安全监管体系。加强安全培训，推进长江港航企业安全生产标准化建设，强化对"四客一危"等重点船舶、"六区一渡"等重点水域安全监管。进一步完善长江干线危险品船舶动态跟踪系统，对一类危险品船舶实施全过程动态跟踪及重点航段现场维护。全年跟踪维护危化品船舶20.3万艘次，对载运16种一类有毒有害危险货物的船舶，实施全程动态跟踪及重点水域现场维护8500余艘次；开展船舶远程视频安全监控系统安装宣传，部分船舶主动安装了设备。继续推进长江干线和乡镇渡口渡船改造步伐，提高渡口渡船安全水平。加强长江干线治安防控体系建设，合理布局监管救助基地，建立三峡等重点区域反恐特勤队伍，提高预防预控和应急救助能力。通过一系列有效举措，夯实长江航运湖北段安全工作基础，确保长江水资源和人民生命财产安全。

5. 抓机制建设，营造良好发展环境。长航局积极参加湖北省"2+9"合力共建长江黄金水道座谈会。建立长航局、省交通运输厅与沿江9市州政府日常联系制度，定期汇总并通报具体事项进展情况，共同提出一系列推进湖北长江黄金水道建设务实举措，有力推动湖北水运发展。 (徐丹)

【港口管理】 2015年，全省港口生产持续增长，全省完成港口货物吞吐量3.29亿吨，其中完成集装箱吞

吐量132.15万标箱，同比分别增长13.74%、5.17%。

港口管理工作突出建标准促规范，进一步夯实港口危险货物安全监管基础。制定《湖北省港口危险货物安全监管工作制度》，对2014年港口危险货物安全整治专项行动隐患整改情况进行跟踪督办。要求相关市州对照问题和隐患清单，认真清理，逐项说明管理部门自身问题和企业隐患整改情况。

开展2015年港口危险货物安全整治专项行动。吸取天津滨海新区危险品爆炸事故教训，借鉴2014年全省港口危险货物安全整治专项行动经验，聘请社会力量开展专家会诊，突出制度建设、档案建设、安全设施检查为重点，形成成果。6月底，下发《关于印发2015年全省港口危险货物安全整治专项行动方案的通知》，开展"专家会诊"行动，抽查出各类隐患和问题342个，其中重大安全隐患11个，全省通报要求整改。

组织开展港口危险货物安全监管现场培训，全省各级港口危险货物管理人员60多人参加，提高监管人员管理水平。学习借鉴江苏省港口危险货物安全监管信息化工作经验，改进全省港口危险货物监管手段。开展港口企业安全生产标准化建设，抽查考评机构工作开展情况，上报省交通运输厅申请二级达标的港口企业5家，已通过审核公告发证。全年上报省交通运输厅申请二级达标的港口企业5批、47家，其中港口危险货物企业34家（全部为换证）、客运及滚装企业5家（全部为初次考评）、普货企业8家（初次考评6家、2家换证）。　　　（李碧）

【全省港口转型升级多式联运推进】 华中航运集团有限公司、锦海捷亚国际货运有限公司等一批传统航运企业向现代物流供应商、高端航运服务商转型。集装箱、汽车滚装、高端旅游、大宗散货四大专业运输稳健发展。泸汉台快班、东盟四国航线、日韩快班等一批近洋品牌航线影响力日益提升。江海联运、铁水联运不断壮大，为煤炭、原油、木材等大宗物

资提供便捷的运输通道。三峡载货汽车滚装运输实现"水陆直达"，新辟宜昌至重庆忠县航线、白酒槽罐车及川江客滚运输业务，滚装运输量达到每年34万辆。旅游客运深挖潜力，宜昌打造"两坝一峡""高峡平湖""清江画廊"旅游品牌，武汉开辟汉江景点游、桥梁观赏游等短途旅游客运，十堰武当山太极湖、郧阳岛旅游客运逐步兴起。

湖北省召开港口转型升级发展推进会，明确港口转型升级八项重点，为其进一步推进"一港双园"发展、实现"以港兴城、以港兴园"目标指明具体方向。省内大型港口企业根据自身发展特点进行有益探索，收获了不同的成效和经验。武汉港务集团有限公司（以下简称武港集团）全力发展集装箱运输和汽车滚装运输，并以这2个优势产业为重点，成功引进成都一汽捷达和大众新品牌，汽车滚装量快速增长；同时开发装卸车服务项目，将大量在市区干道上装卸的商品车引入公司规范管理，成为利润的增长源。2014年，武港集团商品车运输量达到27.4万辆次，比2013年增长6.07%；2015年1月至8月商品车运输量达到25万辆次，比2014年同期增长42.2%。宜昌港务集团有限责任公司提出"生产围绕商务转、商务围绕市场转、全员围绕效益转"，实现港口与工业园区联动、物流园和其他运输方式联动、港口和海关特殊监管区联动；建设了港务钢铁物流园、进港铁路线和铁路货运站，使园区具备铁、公、水联运功能。荆州港务集团公司为客户打造"一条龙、无缝隙、门对门"的全程式供应链物流服务；其新建港区全部采用LED灯，老港区均进行岸电改造，减少作业过程中的无功能耗；准确定位集装箱位置，减少翻箱、倒箱率，达到降低能耗效果。黄石港务集团有限公司大力推进生产标准化建设，整合内部物流资源、对外劳务业务机构、辅业有效资产，全面承接湖北新冶钢进出口货物的港口装卸业务，培植港口新的经济增长点。投资5亿余元的黄石新港一期工程开

港营运，成为辐射鄂东、赣北、皖西的区域性物流中心。巴东长江港口发展有限公司重新包装巴东的水上门户，打造临港经济产业链。武穴市海铭星（集团）有限责任公司大力拓展桥梁制造业务，使集团船舶建造业每年都有新突破、新业绩。　　（覃本煊）

【船舶检验】 2015年，全省完成审图386套；建造检验1020艘、113.9万总吨、33.8万千瓦、载重吨201.8万吨；营运检验7285艘次、506万总吨；产品检验6601台（套）。全省检验登记船舶8762艘、449.3万总吨、163.2万千瓦。

加强船舶检验质量管理。6-9月，经过各单位自查，省船舶检验局开展综合质量检查，组织机构资质"迎检"；9月，交通运输部海事局资质检查组对省船舶检验局及武汉、鄂州、荆州、宜昌等4家分支机构实施资质不定期检查，开出5项一般不符合。推进落实船检管理新机制，坚持定期召开（季度）船检质量例会，及时研究、分析、推进重点工作。5月，召开全省船检质量管理座谈会；6月，进行部分市州县（市）船检站检验发证管理情况专题调研，组织开展审图机构和验船师审图资质申报。制定验船师建造检验记录制度，编制《湖北省验船师建造检验记录》及记录填写指南，印制1500册发放各市州船检部门执行。通过使用检验记录，使验船师建造检验有据可查、可追溯，适应建造检验质量责任终身制和防控风险需要。继续加强网上监控，利用船检发证系统VIMS5.03从省到市分级实施网上监控。省船舶检验局实施船检登记号授号、船检发证系统网上监控、吨位丈量管理系统三者联动审核，有效加强对各市州检验发证过程的监督指导，促进法规规范修改通报及时启用，提高检验数据完整性、准确性。全年审核授予船检登记号973艘。坚持做好在建船舶月度报表和半年船籍报表。积极沟通协调外省船检部门，妥善解决"鄂黄冈货0218""鄂海鹰13""富发668"等10多艘船舶船检登记号重号

等问题，保护了船东合法利益。

推进质量体系运行。年初，制定下发全省 2015 年质量体系运行工作要点，结合湖北省船检管理新制度，着手进行质量体系文件修改。8 月，按照质量体系内审方式，组织开展全省船检质量综合检查，共抽查船舶建造检验技术档案 32 艘，垂直检查 2 艘，跨省转籍船舶(转出、转入)档案 32 艘。计算校核 40 艘敏感船舶吨位。发现各类质量缺陷 105 项。12 月，组织开展 2015 年度全省船检工作质量综合考核，召开考核专题总结会并下发考核情况通报。组织完成全国船检质量体系相关作业文件目录和验船师现场检验须知编写任务。

严格船舶检验管理。强化客(渡)船检验管理，开展 2015 年春节前客渡船专项检查，确保投入春运船舶具备适航技术条件。组织宜昌、恩施州开展三峡库区 114 艘客(渡)船技术状况及法规追溯可行性分析，相关报告已提交长航局。制定客(渡)船安全性能专项核查方案，7 月份组织专班对宜昌、恩施重点客船核查情况进行督查，8 月份下发专项核查阶段情况通报，9–12 月分 5 批次、10 名验船师参加长航局组织的川江客船安全专项检查，11 月接受部海事局第 2 检查小组对湖北省长江干线客船和危化品专项检查，

并根据检查组意见进行整改跟踪。全省基本完成客渡船安全性能专项核查工作，共核查 3096 艘，整改问题船舶 496 艘，责令停航 231 艘，强制报废 53 艘，重新倾斜试验 144 艘，查找、发现、消除一批客(渡)船的质量隐患。省船舶检验局组织全省内河自卸砂船检验质量专项复核，抽调部分市州骨干验船师分成 3 个小组进行专项督查。荆州市船检局通过走访海事、运政、船舶公司，摸清辖区内自卸砂船具体情况，强化水位报警器安装、装载手册配备、违规加高货围板割除等工作重点，结合营运检验完成 102 艘船舶专项复核，整改存在的问题，在证书中记载围货板高度。

加强船检队伍建设。组织人员参加交通运输部海事局船检业务培训 3 批次。举办船舶新法规和软件(完整稳性、破舱稳性)培训 20 人、船检档案员培训 32 人，培训采取理论结合实际的方式，收到较好效果。8 月，省船舶检验局与鄂州市光大造船公司签订共建"湖北省船检局验船师实训基地"框架协议，第一期实训班 10 名学员经过 3 个月培训，取得了较好效果，为下一步办好验船师实训班奠定了基础。黄冈、荆州等市船检局建立"月度学习例会"制度，通过制订学习培训计划、以老带新等方式，开展业务

知识和检验技能交流，探讨检验工作问题。

持续改进工作作风。编辑印制《湖北省船检管理文件汇编》200 册下发全省。全省船检系统按照"服务船检"理念，主动从"管理服务"向"服务管理"转变。发挥专业技术优势，积极向船厂和船东提供技术指导，推行检验证书到期船舶提醒和电话预约报检、上门送检等。武汉市船检所定期召开船厂、船东、监理、设计单位协调联席会，及时通报检验问题，宣传新法规和检验政策，得到服务对象好评；黄石市船检处优化工作流程，提供一站式审批服务，营造勤廉高效、服务优良的政务环境，被评为全省港航海事系统"六型文明示范窗口"；鄂州市船检所坚持既检又帮，组织船厂之间交流传授管理经验，并主动提供技术咨询。

按照交通运输部海事局和武汉规范研究所要求，开展内河航区划分专项研究，组织编写湖北省内河重点水域航区划分研究报告，初步提出 61 处支流、湖泊和水库航区等重点水域航区划分意见。做好"长江标准船型管理系统"启用及现有船舶标准化工作认定，初步完成船舶技术数据导入工作。完成全省第 3 批 10 客位和 20 客位客渡船标准船型技术审核。(郭兴)

安全应急管理

【全省水陆交通安全】 2015年，全省交通运输安全应急管理工作紧扣"平安交通"发展规划目标，全面排查整治安全隐患，严厉打击非法违规生产经营行为，持续夯实安全生产基层基础工作，不断提高行业整体应急处置能力水平，安全形势持续稳定好转。全年发生水上运输船舶事故1.7起、死亡1人，各项指标严格控制在年度责任目标范围内；全年道路运输行业发生行车事故32起、死亡66人、受伤93人，分别比上年下降5.9%、3%、45%；全省公路水运重点工程建设领域未发生人员死亡安全事故，为"十二五"全省交通运输发展圆满收官筑牢安全保障。

强化责任落实，安全生产责任体系进一步健全。年初召开年度安全应急工作会，总结部署2015年工作计划任务，与厅直5个业务局、8个管理处和17个市州交通运输局（委）分别签订安全应急工作目标责任书，年底严格考核兑现，有效促进了安全责任的落实。起草《湖北省交通运输安全生产"一岗双责"暂行办法》和《厅安委会成员单位安全生产工作职责》，努力构建"上下联动、横向到边、纵向到底"的领导、部门、岗位三级安全管理责任体系。按照"四不两直"的要求，在春运、"五一""十一"等重要时段，组织多个暗查组，对全省重点客运站点、轨道交通、渡口码头、高速公路站点等进行暗查暗访，确保安全隐患消除。

强化红线意识，安全生产监管力度进一步加强。联合省公安交通管理局、省安全生产监督管理局召开"道路运输平安年"动员部署会，结合实际进一步细化实施方案，明确责任分工，强化道路运输安全监管，重点解决道路客运、危险货物运输安全管理工作中存在的突出问题，夯实和筑牢道路运输安全基础。持续开展汽车客运站及周边秩序稽查检查行动，省、市、县三级联动，采取定点稽查、重点地区稽查检查与巡查督查相结合的方式，重点整治汽车客运站"三不进站、六不出站"、安全例检及设施设备配备、汽车客运站安全等，共抽查9000余台客运车辆和3家客运站，发现违规经营车辆800余台，约谈3家运输企业和6家客运站负责人。印发《关于开展交通运输安全生产大检查、"严打严治"和专项整治行动的通知》，开展内河水上交通安全大检查、港口危化品安全大检查和道路运输危化品大检查等行动，聘请相关专家参与，对重点企业、港口码头进行全体"会诊"和"体检"，深入排查安全隐患和漏洞，限期责令整改。年初开展公路水运重点工程项目节后复工前安全专项督查，印发《全省公路水运工程落实施工方案专项行动方案》，对23个公路重点工程项目、汉江航道整治等4个水运重点工程项目进行督查，下发安全隐患整改通知书56份、通报9份、提出

整改意见1100条，确保工程建设安全。推选襄阳市交通运输局为全国"平安交通"创建示范单位，每季度组织相关人员深入现场检查指导。结合实际，组织开展"平安水域""平安班线""平安高速"等具特色的平安交通示范创建活动。

强化预防预控，隐患排查治理力度进一步加大。启动为期两年半的交通运输安全生产隐患排查治理攻坚行动，重点对道路客运、旅游客运、农村客运、危化品运输、渡口渡船、危化品港口码头、公路桥梁隧道及交通工程建设等领域的安全隐患排查治理。对全省54座市、县、乡级客运站存在的109个问题和隐患进行通报，责令限期整改完善；建立《全省港口危货安全隐患整改进度专报》，对全省343处安全隐患整改进展情况进行旬通报；对江北高速、宜张高速、硚孝高速、丹江口汉江大桥、钟祥汉江二桥、老谷高速6个公路重点工程项目开展施工安全专项督查。对咸宁、黄石2座国道桥梁垮塌问题进行调查，并下发关于公路桥梁安全督查通知，对襄阳、宜昌、十堰等地公路桥梁安全进行督查。省政府挂牌督办的2处公路重大隐患和汉江潜江泽口段航道安全隐患，已完成整改销号。

强化科技兴安，安全应急信息化建设进一步加快。加快推进全省公路水路安全畅通与应急处置信息系统建设，完成省交通运输厅数据中心建设，

2015年10月17日，全省水上安全联合应急演练在汉江潜江兴隆水域举行

同步开展相关子项目建设。进一步完善重要国省道监测预警系统建设，加强基层公路部门信息化装备配置，逐步构建全省统一的远程监控监测平台；加快推进"两客一危"运输车辆动态监控平台升级改造，完善汽车客运站安全管理信息系统并推广应用，启动普通货运远程动态监控平台建设；加快推进全省内河渡口、渡船、旅游客船远程动态监控系统建设，完善省、市、县三级渡船北斗监控系统平台，新装1450套渡船北斗监控设备，基本实现全省渡船动态监控全覆盖；加强高速公路桥梁、隧道及重要路段监测预警系统建设，进一步完善高速公路路网整体运行监测、信息发布等平台建设，开发应用高速公路路政安全应急综合管理信息平台。

强化生命至上，应急救援处置能力进一步提升。整合完善全省交通运输应急资源库，扩展丰富应急专家库，新编制《湖北省公路桥梁隧道突发事件应急预案》《湖北省水上应急搜救处置程序》等10多项专项预案。加强应急救援体系建设，成立高速公路应急处置中心，加快公路应急养护中心及区域性应急物资储备库建设，加强应急机械和物资储备，做好应急救援处置准备。组织开展"2015全省水上交通安全联合应急演练""2015公路钢桥架设应急演练"等大型综合应急演练活动，全省交通系统组织开展公路桥梁隧道、客运站站场消防反恐、水上应急搜救等相关应急演练，极大提升了应急救援处置能力。严格落实重要时段领导带班和24小时值班制度，确保信息畅通，及时发布预报预警信息。成功处置"2.19"冰雪灾害致省内高速公路车辆拥堵、汛期多地山区公路水毁塌方抢通等突发事件，第一时间集结人员、设备赶赴"东方之星"客轮翻沉事件现场，昼夜开展救援处置和服务工作，受到交通运输部、省委省政府赞誉和表扬。

强化基层基础，安全应急保障体系进一步完善。全年完成危桥改造546座、整治危险路段18144公里，对全省5284座在役公路桥梁进行安全排查，建立桥梁技术状况信息库，完成国省道A、B类隧道安全隐患排查治理专项行动后续工作。加强应急搜救装备建设，增配港航海事趸船12艘、海巡艇8艘，维修海巡艇22艘。以新《安全生产法》宣贯为重点，以"安全生产月"活动为重要载体，组织开展"厅(局)长与企业负责人谈心对话""驾驶人员岗前宣誓"及安全应急大型咨询宣传等活动；针对关键岗位和关键人员，组织开展安全应急宣传、教育和培训；通过各类展板、横幅、电子显示牌及微博、微信、安全应急简报等，加强安全应急知识宣传教育，深化安全生产文化体系建设。持续推进企业安全生产达标考评工作，全省"两客一危"企业全部完成安全标准化创建与达标，加快推进交通运输工程建设、城市客运、普通货运和汽车维修企业达标考评工作。制定出台安全生产暗查暗访、公路内业资料管理规范、水上交通安全监管责任分片包干、道路运输重点岗位"不适岗"等规章制度，制定普通公路、运管、港航、高速公路和工程建设五大系统安全隐患排查治理标准，安全应急管理制度体系进一步完善。

（章治国）

【工程安全监督】 全年组织安全综合督查4次、安全专项督查6次、安全生产条件2次、整改复查和"回头看"3次，共检查建设项目31个、建设单位16家、监理单位38家、施工单位80家，下达整改通知书56份，发出督查通报12份，提出整改建议1100余条，项目监督检查覆盖率100%、问题整改回复率100%。进一步推进交通工程建设企业标准化考评达标工作，全年对6家二级达标企业进行抽查复核、对3家申请二级达标企业进行考评。

（胡永石）

【农村安保工程】 为保证普通公路桥梁运营安全，组织专业检测机构对全省1923座公路桥梁进行定期检查。委托湖北省楚晟科路桥技术开发有限公司对全省干线公路路况进行路面破损率和路面平整度检测，检测总里程14095公里。

2015年，争取交通运输部危桥改造资金34300万元，计划改造危桥290座21661延米；争取安保工程资金29000万元，计划实施安保工程8338公里。同时，争取省资金1.4亿元，下达危桥改造计划124座。以全省第五轮"三万"主题活动"村村通客车"为契机，加快推进农村公路危桥改造进程。全省实施农村公路桥梁修缮改造1598座，完成农村公路路基路面加宽及路肩培土4.7万公里、修建错车台9.5万个，完成农村公路安保工程建设17934公里，全省农村公路桥梁安全营运状况有效改善，通客车的农村公路路况提档升级、全面改善。

（吕厚权 杨志刚）

【道路运输安全监督】 2015年，全省发生交通行车事故32起、死亡66人、受伤93人，比上年分别下降6%、3%、45%。首次落实道路运输安全畅通应急处置系统工程项目3073.8万元和安全督查以奖代补资金1900万元，为进一步改善安全监管条件奠定基础。

抓责任落实，不断优化行业监管工作机制。召开全省道路运输安全监督工作会议，研究部署2015年全省道路运输安全监督工作。制定下发《全省"道路运输平安年"工作方案》，明确全省安全监管工作目标、工作任务、工作思路，指导各地道路运输安全工作。省道路运输管理局与17个市州运管、客管、公交管理部门签订安全管理目标责任书，各地也将安全任务目标层层分解落实到基层，搭建"横向到边、纵向到底"的责任链条，形成一级抓一级、层层抓落实的工作格局。全省大部分市州管理部门成立专门的安全机构，配备安全管理人员，明确管理职责，基本做到责任到岗、责任到人。按照2015年度安全生产监督检查工作计划，通过层层落实安全生产督查，促使全省道路运输企业进一步落实安全生产主体责任，各级道路运输管理部门进一步落实安全监管职责。结合安全检查、"村村通"督导等工作，派出20多个检查组赴各地进行检查督导并暗访 10 次，组织开展网上稽查，下发安全督查情况 28 期、安全督查通报 7 期，促进了各项工作的落实。

抓关键环节，不断推动企业主体责任落实。6 月 15 日，在汉口金家墩客运站开展"安全宣誓"活动，组织武汉 100 名客运驾驶员在汉口金家墩客运站进行安全行车宣誓，引导驾驶员做到"五不两确保"。配合省交通运输厅组织开展"厅(局)长与道路运输企业负责人谈心对话会"，就如何进一步做好道路运输安全生产工作进行交流谈心，共商运输安全大计。同时，先后举办《新安全生产法》、安全生产标准化考评员培训班、运政稽查培训班，培训管理机构安全稽查人员、考评员 900 余人，不断提高全省道路运输管理人员及企业相关人员安全意识和工作技能，促进了各项安全监管制度的落实。在 2014 年汽车客运站安全专项整治基础上，继续开展汽车客运站安全专项整治活动。重点整治进站秩序、车辆安全例检、站场管理、出场检查、班车和驾驶员管理，着力规范客运站经营行为，严厉查处黑车、黑站、乱班乱线、乱停乱靠、站外喊客揽客、转圈兜客、不进站经营等违法违规行为，进一步强化事前责任落实，提升全省汽车客运站服务质量和安全管理水平，打造道路运输行业文明服务窗口。6 月，采取省、市、县三级联动，定点稽查、重点地区稽查检查与巡查督查相结合的方式，在全省范围内对汽车客运站及周边秩序稽查检查，进一步规范汽车客运站经营秩序。

8 月 14 日，省道路运输管理局紧急下发《关于开展全省道路危险货物运输安全专项整治工作的通知》，要求各级运管部门立即开展危险货物运输安全专项督查和安全专项整治行动，并联合省公安交通管理局在全省范围内开展营运客车、危险货物运输车安全联合整治行动。由局领导带队的 4 个工作组，分别赴武汉、鄂州、黄石、咸宁、仙桃等地重点检查危货道路运输企业安全生产。据不完全统计，全省各级运管部门共派出 167 个工作组、出动执法人员 1440 人次、检查企业 1429 家，发现安全隐患 771 处，整改 650 处。深刻吸取孝感"6.7"事故教训，按照"一个隐患不漏、一个隐患不留"的要求，全省道路运输行业深入开展安全生产隐患大排查活动，从责任落实、制度执行、营运驾驶员资格和车辆安全性能、运行管理、动态监管等方面，对企业、站场、线路、车辆、人员在道路运输生产中的薄弱环节和安全隐患逐一进行地毯式排查，对违规行为予以严厉处罚，对安全隐患突出的客运企业，立即责令限期整改。全省出动稽查人员 30257 人次，检查经营业户 3651 家，查处违规车辆 4630 台，查处违法违规人员 1217 人，实施经济处罚 577 万元，关闭企业 2 家，整改安全隐患 1431 处。在纪念抗日战争 70 周年阅兵庆典、第十二届东盟博览会、第四届中东欧经贸论坛等重点敏感期间，全省运管系统严格落实安全防控措施，实行进入敏感地区车辆信息报告制度，对班车和旅游包车实行实名购票和登记，严格控制包车客运车辆审批，严格落实乘客行包必检措施，加强"三品"检查，及时消除安全隐患，未发生任何异常情况，确保敏感时段道路运输稳定安全运行。在全省道路运输行业开展"安全生产标准化建设提升工程三年行动"，对已达标企业加强动态管理，道路运输企业逐步建立健全自我约束、自我完善、持续改进的安全生产管理良性机制。全省"两客一危"企业全部完成标准化安全生产达标考评工作；维修、普通货物道路运输企业已完成达标考评试点、推进、培训工作，考评工作全面展开，申报达标考评的维修企业 852 家，其中申报二级考评 32 家。

(田红林)

【海事监督】 2015 年，全省港航海事系统牢固树立"首位"意识，以服务水运先行发展和人民群众安全便捷出行为中心，深化推进"平安水域"创建活动，大力践行安全发展战略，强化责任担当，推进监管创新，保障辖区水上交通安全态势持续稳定。全省辖区运输船舶发生 1.7 起水上交通事故，死亡 1 人，各项指标均控制在考核范围之内。

安全监管连片成网，安全屏障日益稳固。逐级制定《水上交通安全监管责任分片包干制度》，领导带头，划分责任，通过包片、包线、包渡的网格化管理形式，将监管责任落实到省、市、县、站每一名海事执法人员。海事系统全方位构筑安全生产责任网络，层层签订目标责任书，每半年进行一次渡口渡船安全监管目标考核。全省 102 个县市区、554 个乡镇县一乡一村一船主"四级"责任状签订率 100%，2000 余处渡口渡船安全网格化监管覆盖率 100%。对发生事故的襄阳、孝感、荆州等地实行安全约谈问责。不断完善信息化监管网络，运用"互联网＋"模式，完成 60 余个县级巡航救助站点建设，开发完成全省渡船北斗监控系统平台，新装 1450 套渡船北斗监控设备，累计对 143 处重点渡口、重点码头、2290 艘渡船实现 CCTV、北斗 (GPS) 监控，基本实现全省渡船动态监控全覆盖。继续加强一线装备建设，投入资金 3550 万元，增配港航海事趸船 12 艘、海巡艇 8 艘、维修海巡艇 22 艘。

"平安渡口"建设成效突出，安全堡垒愈加坚固。大力推进渡船标准化建设，累计比选确定 18 种渡船船型，新建标准化渡船 146 艘，累计报废更新老旧渡船 2064 艘，约占全国渡船更新改造数量的一半，全省渡船平均船龄降低到 6 年以内，75% 的渡船为 2009 年以后新建的钢质渡船。积极探索推进渡运安全长效管理机制，利川、宣恩等地"公益渡口、财政补贴、乘客保险、政府买单"的经验做法在全省推广。明确专人，加强监控值班，充分发挥网格化监管和信息系统"千里眼"监控作用，全方位加强渡口渡船实时动态监管，及时防止渡运违规违法运输行为。逐条核对、补录、修改渡口渡船信息，全面推进运行全国渡口渡船管理信息系统。

重点部位严防死守，安全防线更

加牢固。严把管理"准入关"，加强船员、船舶、船公司管理。继续推进企业安全生产标准化，累计完成8家航运企业达标。全面建立实施船员质量管理体系，将全省船员注册、培训、考试、发证、服务、适任能力跟踪等纳入体系化管理，建设4个船员计算机终端考试考场和3个船舶操纵模拟器考场，实现船员培训、考试、管理向体系化、规范化运行。深刻吸取"6.1"东方之星客轮翻沉事件等教训，坚持问题向导，开展客船、危险品船、"打非治违"等专项整治活动，省、市共成立62个督查组加强对客渡船、旅游客船、砂石运输船、危险品运输船的集中整治，有效排查治理隐患近1000处，汉江黄家场河滩段非法采砂重大隐患整改销号。建立健全隐患排查治理长效机制，大力推进隐患排查治理"两化"建设，建立港口危货企业和水上旅游客运企业安全生产隐患排查标准。十堰、黄石等地争取地方政府支持，组织160余名乡镇长参加水上交通安全管理知识培训；开展水上安全知识进校园活动20余场次，培训临水学校师生6000余名，赠送《水上交通安全教育读本》4000册。

应急救援有力有序，应而不乱能力不断巩固。东方之星客轮沉船事件发生后，省、市、县上下游协作联动，紧急有序调动海事、企业、社会各方力量，奋战7天7夜全力以赴接力救援。杨传堂部长以"政治坚定、敢于担当"给予高度评价，并专程到省港航海事局慰问。以与浙江海事局"结对共建"为契机，举办54名海事人员参加助理海事调查官培训。在汉江潜江兴隆水域承办2015湖北省水上安全联合应急演练，武汉、宜昌、孝感等地举行覆盖汉江、清江、香溪河的水上联合演练。鄂湘赣3省建立长江中游城市群水运合作机制，把加强信息共享、应急联动列为合作的重要内容；与青海、西藏、新疆签订水上交通安全合作共建备忘录，将平安共建作为重要内容；推动建立《湖北省水上搜救应急处置程序》，细化各类应急资源信息，提高应急预案的科学性、针对性和可操作性。

（董少青）

【港口危险货物安全监管】　全省共有港口危险货物企业129家、泊位164个，由港政部门监管储存设施有128个。码头装卸及仓储作业涉及危险货物货种30余种，除液化石油气、汽油、柴油等易燃易爆物外，还有苯类、醛类、农药等毒性货种，以及酸类、碱类等腐蚀性货种，都分布在作为长江流域主要饮用水源的长江、汉江两江四岸。

2015年，港口危险货物安全监管工作主要围绕制度建设、争取机构经费、信息化建设等方面开展。《湖北省港口危险货物安全监管工作制度(试行)》试行1年后，召开专题研讨会进行修订，正式印发《湖北省港口危险货物安全监管工作制度》，进一步规范、指导全省港口危险货物安全监管工作。争取省交通运输厅协调相关部门，解决省港航管理局港口危险货物安全监管无专门的内设机构、无专职的监管人员、无专项的监管经费、无专业的监管装备"四无"问题，在局内专设港口安全管理处，设立港口危险货物安全监管专项资金。"8.12"天津滨海新区危险品爆炸事故发生以后，省交通运输厅召开紧急专题会议，要求迅速开展港口危险品隐患排查。省港航管理局迅速行动，将计划9月份开展的"专家会诊"行动提前，下发《关于开展2015年全省港口危险货物安全整治"专家会诊"行动的通知》，全面开展全省港口危险货物安全隐患排查治理。此次会诊查出各类安全隐患343个，其中重大安全隐患9个、停业整改11家。建设监管信息系统，赴外省调研港口危险货物安全监管先进经验，着重学习安全监管信息化做法，工程建设主要包括省市两级系统部署、智能化的数据库存储、优化的网络结构、方便快捷的移动终端平台，已在实施开发中。港口企业安全生产标准化建设中，申请安全生产标准化二级达标的港口企业5批46家，其中港口危险货物企业33家、客运及滚装企业5家(全部为初次考评)、普货企业8家(6家初次考评、2家换证)，这46家港口企业通过考评已达标44家，其中港口危险货物企业31家、客运及滚装企业5家、普货企业8家。全省各级港口危险货物管理人员全部参加"港口危险货物安全管理培训"，以理论和现场培训方式提高监管人员管理水平。

（覃本煊）

【全省交通应急管理】　2015年，省交通运输厅以"平安交通"建设为主线，以落实"一岗双责"安全管理责任为重点，着力推进应急救援处置规范化、信息化、制度化建设，组织开展应急资源普查、应急数据库建设、应急预案体系修订及应急值守制度建设、应急联动演练，强化重点时段应急值守工作落实，广泛开展应急知识技能教育培训和宣传工作，提升全省交通运输行业应急救援处置整体能力水平，有效防范和处置各类交通运输突发事件。全年未发生一起重大及以上交通运输安全生产事故。

强化责任落实，着力推进应急管理责任体系建设。全省交通运输系统逐步建立"统一领导、综合协调、分类管理、分级负责、属地管理"应急管理体制，严格按照"党政同责、一岗双责、齐抓共管"要求，进一步明确各单位各部门主要领导的安全和应急工作第一责任、分管领导的安全工作直接责任、其他领导承担分管工作范围内的责任，建立健全"上下联动、横向到边、纵向到底"的领导、部门、岗位三级安全管理责任体系，逐步形成全员抓安全、抓应急的工作格局。将应急管理工作纳入目标管理考核内容，全省各级交通运输系统自上而下层层签订安全应急管理目标责任书，层层落实应急管理工作责任，形成主要领导亲自抓，分管领导具体抓，全面落实应急管理工作体制，真正做到一级抓一级、一级对一级负责、层层抓落实的良好氛围。

强化"一案三制"，着力推进应急体制机制建设。进一步整合完善全省交通运输应急资源库，扩展丰富应急专家库、预案库和专家库，组织专家重新修订和完善应急预案库中一些不具备操作性和适用性的条款，初步审议《湖北省交通运输厅应急处置总体预案》。省公路局编制《湖北省普通公路突发公共事件应急预案》《湖北省普通公路桥梁突发事件应急预案》《湖北省普通公路隧道突发事件应急预案》，健全完善了省市县三级公路应急预案体系，分类制定专项处置预案和重大桥梁、隧道等现场预案，基本实现应急预案全覆盖。省港航局《湖北省水上搜救应急处置程序》细化各类应急资源信息，保障预案有序、有效实施，提高应急预案的科学性、针对性和可操作性。鄂西、随岳、汉十高速公路管理处重新修订了所辖区域高速公路突发事件应急预案、专项应急预案和现场处置方案。黄黄高速公路管理处联合高路交警部门制定《鄂东区域高速公路道路拥堵应急处置预案》。进一步加强应急救援体系建设，全省已建成44个公路养护应急中心、加快完成30个公路养护应急中心建设，实现全省县（市、区）全覆盖。省级公路交通应急中心通过交通运输部检查验收，已投入运营管理。十堰、黄冈"区域性应急物资储备仓库"建设在有序开展，省级公路钢桥已入库存放。省高速公路管理局成立湖北省高速公路应急处置服务中心，建立了安全应急处置机制，完善高速公路应急指挥调度机制和应急处置预案。全年开展各类应急演练60多次、投入人力近3500人次、投入使用车辆500多台次、船舶150多艘次、装备近500件。省交通运输厅联合潜江市政府举办"2015全省水上安全应急联合演练"，省公路局联合孝感市政府开展"公路钢桥架设应急演练"。

强化科技支撑，加快推进应急管理信息化建设。全力推进全省公路水路安全畅通与应急处置系统建设，加快硬件设施的采购招标、数据中心建设、应用软件研发等相关工作。加快整合运政港政、船舶检验、船舶登记、船员管理等信息系统与搜救应急系统，累计对840艘渡船安装GPS(北斗)，

覆盖33%的渡船；布设移动视频监控点32个，固定视频监控点143个，覆盖60余处客流量大的渡口、库湖区旅游码头、危化品码头；进一步完善水上交通安全CCTV视频监控系统、北斗(GPS)船舶监控系统建设，全省重点水域、重点港区、重点渡口、重点船舶实现监管全覆盖。加快道路运输"两客一危"及普通货运车辆动态管理信息系统升级改造，开展汽车客运站安全管理信息系统试点建设并逐步推广应用。着力推进全省高速公路和重要国省干线公路监测预警系统建设，逐步实现全路段监控、全天候监测、突发事件及时预警防范信息化、智能化管理体系。

强化教育培训，着力推进应急文化体系建设。强化安全生产教育培训，全省交通运输系统开设各类安全应急教育培训班535期、培训40000多人次。省交通运输厅组织举办安全管理和反恐防范培训班；省运管局举办3期客运站安全管理及行包检测仪培训班，对全省运管部门分管领导、科长、客运站负责人和安全应急管理人员600余人进行培训，举办由"两客一危"企业主要负责人参加的全省道路运输安全知识竞赛；省港航局组织近700名一、二类船员参加无纸化考试，现场取消5名舞弊考生单科成绩。全省交通系统通过宣传栏、广播电视、悬挂安全条幅、散发宣传资料、举办典型案例图片展览和安全咨询日等形式向群众宣传安全知识和突发事件处置办法，提高全民安全防范意识和应急处置能力。

强化应急值守，着力推进重点时段应急防范处置工作。年初，建立省交通运输厅应急值班中心，抽调3名人员实行24小时应急值班，加强安全应急监督，畅通应急信息报送，10月对部分信息迟报、漏报单位进行通报整改。省公路、运管、港航及高速公路等部门相继成立应急值班机构，严格执行领导带班和24小时应急值班制度。加强对重点时段、重要领域应急监测预警，重点加强对春运、两会、清明、五一、端午、汛期等重要时段

重要路段、重点水域和重点车船的监测预警，联合交管、气象、旅游等部门信息联动，做好防范和处置工作。先后成功处置了春运期间"2.19"冰雪灾害致高速公路车辆拥堵、汛期公路水毁塌方抢通、"6.1"东方之星客轮沉船应急救援和善后等重大突发应急事件。

（章治国）

【普通公路应急管理】 坚持开展应急演练。组织开展"湖北省普通公路反恐应急演练""交通战备钢桥架设应急演练""公路专业渡口突发事件应急抢险演练"，通过开展培训演练和技能比武等活动，队伍素质不断提高，实战化能力明显增强，在应对雨雪冰冻灾害、公路水毁保通中发挥了重要作用。

狠抓应急队伍建设。加强"平战结合"管理，督促各级公路部门完成本级应急管理人员技能培训和应急演练，实现时间、内容、人员、效果"四落实"，将培训演练纳入年度目标考核，提高各级公路部门对应急队伍建设重要性的认识。全省已组建应急队伍98支、人员6000余人，初步形成省市县三级应急救援队伍相结合的保障体系。充分发挥应急抢险突击队主力军作用，圆满完成"6.1"东方之星沉船事故救援道路应急抢通、交通战备应急保障及多次恶劣天气公路保通保畅工作任务。

做好预警信息发布。通过OA办公自动化系统、QQ群、手机短信等方式，及时发布气象灾害预警信号，提前做好防灾救灾准备，确保预警预控防范工作落到实处。全年省级公路信息平台发布冰雪及汛期洪水暴雨预警通告8个。严格落实领导干部到岗带班、关键岗位24小时值班制度和事故信息报告制度，及时上报重大灾情、交通阻断情况及其他突发事件信息。加强重要节点安全应急值班岗位督办，及时做好节日期间信息统计上报工作。

加快应急中心建设。44个公路养护应急中心全部建成，较好地应对春运、冰雪灾害及汛期水毁灾害，同时加快完成30个公路养护应急中心建

设,实现全省县(市、区)全覆盖。建成并投入使用1个省级公路交通应急物资储备中心,为全省公路突发事件应急处置和应急演练培训奠定坚实的物资和场地保障基础。十堰、黄冈"区域性应急物资储备仓库"建设在有序开展中。 (郭岐山)

【高速公路应急管理】 2015年,全省高速公路部门牢固树立"以人为本、安全发展"理念,不断强化"红线"意识和"底线"思维,以贯彻新《安全生产法》为契机,以"平安交通"建设为主线,进一步健全安全生产责任体系,强化安全隐患排查治理,不断提高全省高速公路安全应急处置能力和公共服务能力。在春节、"两会""清明""五一""十一"等重点时段和重大节假日期间,全省高速公路安全形势持续稳定,没有发生一起安全生产责任事故。

进一步完善安全生产责任体系。按照"党政同责,一岗双责,齐抓共管"和"管行业必须管安全、管业务必须管安全、管生产经营必须管安全"的要求,印发《关于调整高速公路管理局安全委员会及其办公室成员的通知》,进一步明确局安委会及其成员单位职责;印发《2015年湖北高速公路安全应急工作要点》,明确安全应急管理工作重点、目标和任务;对照安全生产法律法规,梳理高速公路企事业单位应该履行的法定职责,并以文件形式告知高速公路经营管理单位依法履行安全生产责任。各高速公路管理处均对本级安委会成员进行调整和充实、细化工作职责、层层签订安全生产目标责任书,制定《安全生产工作责任目标考核评分细则》,并加强督促检查,促使各路段经营单位进一步落实安全生产主体责任和监管职责,形成"横向到边、纵向到底"的安全生产管理责任网络。

进一步加强安全应急管理机制建设。积极争取省交通运输厅、省编办支持,成立了湖北省高速公路应急处置服务中心,确定人员编制和工作职责。为有效应对高速公路安全应急面临的新形势,省高管局成立工作专班,研究高速公路行业应急机制建设,完善高速公路应急指挥调度机制和应急处置预案。为适应高速公路安全应急管理新常态,鄂西、随岳、汉十高速公路管理处重新修订了所辖区域高速公路突发事件应急预案、专项应急预案和现场处置方案;黄黄高速公路管理处结合鄂东区域高速公路整体特点,联合高路交警部门制定下发《鄂东区域高速公路道路拥堵应急处置预案》。

进一步打牢安全应急管理基础。注重运用现代科技手段提高安全应急工作效率,打牢安全应急管理基础。省高管局投资2000多万元,成功开发高速公路路政安全应急综合管理信息平台,该信息平台集路政执法、路政巡查、安全监管于一体,形象直观,便于操作,较好地适应集中管理、精细化管理趋势,软件开发成功后,总队有计划地组织路政人员培训使用,为各基层路政管理机构安装移动POS机、为路政人员配备路政执法终端。新设备的投入使用,进一步提高路政执法效率,创建了安全便捷的执法环境。各高速公路管理处因地制宜,结合实际以信息化的"智慧"手段促进安全应急救援体系升级。随岳管理处自主研发"随岳通"应急指挥调度软件平台,细化应急处置预案等模块,通过网络4G技术,实现手持终端和电脑端同步,以"事件时间轴"为顺序清晰记录事件处置情况,全面满足日常值守、应急事件处置、应急资源保障、预案流程定义、现场监控视频查看、信息采集与情报板交通诱导信息发布、空间电子地图展示等业务管理需求,解决了"看不到、听不清、讲不明、做不好"的应急现场信息传递瓶颈,实现"现场与后台、管理与服务、指令与行动"三同步。

进一步提升安全应急处置能力。春运期间,省高管局围绕"情满旅途畅行荆楚"春运主题,加强组织领导、信息服务和应急联动,加强省际协调沟通,及时采取削峰调峰措施,艰苦奋战近90小时,成功疏散京珠高速1.7万余台滞留车辆,随岳高速成功协助京珠高速分流1300余台北上车辆,黄黄管理处深入河南境内开展扫雪除冰工作,及时恢复北上道路畅通。春运期间,全省高速路段共出动路政执法人员18179人次、巡查车辆8720辆次、处理拥堵路段194处、增设应急标志1621个,保障了高速公路路网安全畅通。重大节假日车辆免费通行期间,在车流量比上年同期持续上升的情况下,全省高速公路路网运营首次实现无长时间滞留、无长时间拥堵、无重大安全责任事故的"三无"目标。在"6.1"东方之星沉船事故发生后,随岳高速公路管理处、随岳南高速公路有限公司立即启动应急预案,按照"急事特办、救援优先"的原则,设置"应急救援专用通道"开展救援保障工作。省高管局从京珠、汉十、武黄、绕城高速公路紧急调派12名路政人员增援随岳高速,确保随岳高速全线畅通、井然有序。鄂西高速路政支队成功处置峡口隧道车辆自燃事故,及时排除险情,防止了一起重大安全事故发生,保障了事故车辆货物、过往司乘人员、特长隧道设施安全。

强力整治道路交通安全隐患。研究制定《湖北省高速公路运营安全生产隐患排查标准》。结合迎接全国干线公路养护大检查准备工作,组织开展全省高速公路上跨桥非公路标志标牌专项安全检查,清理、排查和整治53个路段643处非公路标志标牌,对检查发现的199处安全隐患进行督促整改。制定《高速公路桥梁隧道安全隐患排查清理方案》《全面开展安全生产大检查强化打非治危工作方案》,重点对全省高速公路桥梁隧道、公共场所进行安全大检查,各管理处对所管辖路段、场所分别进行拉网式排查,保证高速公路运营安全;各经营管理单位筹措资金,对排查出的安全隐患及时进行整改。省高管局重点协调督办黄鄂高速、武英高速隐患治理,检查了12家经营管理单位约3000公里高速公路防汛抢险保障工作,并对发现的问题进行通报,要求各单位进一步完善应急预案、强化措施落实,保

障防汛工作落到实处。 （李虎子）

【道路运输应急管理】 2015年，按照统一领导、分级负责、条块结合、属地为主的原则，全省道路运输行业初步构建省、市、县三级应急组织体系，负责应急指挥与协调、应急日常管理、现场指挥等工作，为有序开展道路运输应急保障工作奠定基础。省道路运输管理局重新调整省道路运输应急保障领导小组，成立宣传报道组、后勤保障组、通信保障组、车辆技术保障组，明确职责和任务。应急工作领导小组实行统一领导、综合管理、分工负责，真正建立"日常有管理、遇事有组织、处置有队伍"的工作机制。

按照信息畅通、反应迅速、能力充沛、保障有力的应急运输保障体系建设要求，制定《湖北省道路运输应急保障预案》，补充和完善《道路运输事故应急救援预案》《自然灾害突发事件道路运输应急保障预案》《突发公共卫生事件道路运输应急处置预案》等专项预案，形成覆盖行业、权责明确、相互支援，相互协作的应急救援网络。各地根据道路运输应急保障特殊性和不同种类突发事件编制应急运输预案，涉及重大疫情突发、汛期、春运等重要时期的道路运输应急保障，要求所有客运企业、危货运输企业和客货运站必须做到预案编制到位、预案演练到位，加强应急能力建设，做到应急管理值班人员到位、应急车辆到位、车辆技术状况到位、责任制度到位、组织人员到位、应急预案执行到位、后勤保障到位"七到位"，以切实提高运输企业防灾、抗灾、救灾能力，为提高道路运输应急突发事件处置能力奠定制度基础。

各级道路运输应急管理机构在实际工作中不断强化应急运行机制建设，加强道路运输与相关部门协调联动，积极推进资源整合和信息共享。加强涉及突发事件危险源排查，着力推进突发事件预测预警、信息报告、应急响应、应急处置及调查评估等机制建设，依据应急保障特点建立24小时值班制度、工作例行报告制度，强化突发事件信息报送和预警工作，确保重大突发事件及时准确上报和妥善处置。

为确保应急运力储备，各级运管机构在本辖区内建立应急运力储备，做到领导责任、车属单位、车牌号码、驾驶人员、带队人员、集结地点"六落实"，并结合交通战备管理体系组建应急运输保障车队，落实应急运力，依托客运站、货运站、物流园区等场站建立应急运输集结点。建立省级道路运输应急保障运力，有客车500辆、货车500辆。应急运输保障车辆技术等级要求达到二级以上技术标准，应急运输车辆所属单位负责保证应急运输储备车辆处于良好的技术状况，并确保应急运力能随时调用。

按照"专兼结合、平急结合"的原则组建一支常态与非常态相结合的应急队伍，由36名道路运输应急突击员队组成，编成3个突击分队，在省运管局应急办公室领导下开展工作。全省道路运输管理部门依托成建制的专业运输企业，以地市、县为单位初步组建各级道路运输应急保障队伍，注重充分整合现有各种力量、吸纳一些专业人员和有救援经验的人员参加。

全省客运、危货、公交等领域开展各种形式的应急演练，提高综合实战能力和应急反应能力，市县运管部门指导道路运输企业立足实际、突出重点，完善应急预案，着力提高预案实用性和可操作性。道路客运方面，组织开展旅客疏散、防恐、车辆故障及爆燃应急救援演练，演练涉及车辆调度、维修、消防以及驾驶员自身防护等项目；道路货运方面，组织开展危险品运输行业消防、反恐防暴及罐车气体泄漏应急抢险救援，通过模拟真实场景，开展生产、消防、抢险、人员疏散、事故污染区安全警戒、喷水稀释、安全监护、污染区洗涤等应急处置工作；各汽车客运站积极协调公安、消防部门，组织开展以防恐防暴、火灾抢险为主题的应急演练。省运管局与咸宁市运管处联合开展防汛应急抢险车辆集结演练、荆州市运管局组织开展突发事件紧急疏散和公交车消防应急演练、石首市运管所开展夏季消防安全隐患排查、荆门京山县运管所组织开展安全应急演练活动、孝感市运管处组织大型危运应急抢险演练活动等。通过将应急演练活动与安全知识教育、应急救援培训有机结合，应急救援知识广泛普及、行业应急救援能力显著提升。 （黄继兵）

交通财务费收和筹融资

【交通财务】 预算管理方面，一是加强预算编制。强化预算编制主体责任，省厅及各二级单位均成立了预算编制领导小组和工作专班，形成分工明确、协调有力、沟通顺畅、上下联动的预算工作机制。省厅先后组织召开了预算编制动员大会、新预算法宣贯培训会、预算编制业务培训会，并印发了预算编制工作实施方案，明确了三年支出规划和预算编制具体要求。在2016年预算编制过程中，坚持从紧从严，项目支出控制数按照"先做减法、再做加法、统筹平衡"的原则下达；对确需新增的项目，按一事一议的方式严格实行"准入制"；压缩一般性支出，2016年安排的"三公"经费、会议费同比下降14%，差旅费、培训费同比下降25%；规范资金分配，优化支出结构，统筹调剂6000余万元安排用于汉江雅口项目。二是加强预算执行。定期通报2015年执行情况，分管厅领导亲自召开"一对一"预算执行调度会，预算执行进度比去年同期明显加快。认真做好年中预算调整，协调省财政厅，审批有关单位政府采购预算、医药费、公车改革补贴等调整事项，调整预算3批，涉及金额4.17亿元，每批调整预算财政厅流程需至少9人签字，签字后还需5道环节财政最终调整完成。三是加强绩效管理。下发了2015年厅部门预算绩效管理工作方案，采取"事前申报绩效目标和指标、事中开展绩效日常监督、事后进行绩效评价、财政部门选择性组织重点评审"的方式，建立了贯穿项目支出"事前、事中、事后"全过程的绩效管理模式。绩效项目50个，每个项目均编报了绩效文本。初步建立了公路局、港航局等8家单位预算项目指标体系。探索开展绩效跟踪试点，对运管局联网售票系统、京珠管理处营运管理支出开展绩效跟踪试点工作。继续加大绩效评价力度，部分重点项目由厅委托第三方开展了独立评价，并形成绩效评价报告。在省财政厅开展的绩效自评报告评比中，我厅联网管理中心绩效自评报告被评为优秀。四是加强制度建设。出台《省交通运输厅部门预算管理工作考核办法（试行）》，强化厅直各单位预算主体责任、依法理财理念，突出预算刚性约束，进一步提升我厅预算管理整体水平。作为省直部门第一家，受省人大预工委、省财政厅好评。

资产管理方面，一是做好《条例》的宣贯工作。2015年4月，《湖北省行政事业单位国有资产管理条例》施行，省厅开展了学习与宣贯工作，组织参加省财政厅《条例》培训班，第一时间将《条例》下发至厅机关各处室、厅直各单位，积极推动资产管理工作规范化、制度化。二是做好政府采购管理工作。2015年，政府采购审批权限由省财政厅下放至一级预算单位，厅直各单位政府采购事项无需经过省财政厅审批。我厅较好完成政府采购审批工作，做到"应编尽编、应采尽采、不编不采"，同时结合行业特点，制定了厅政府采购管理办法，规范了行业采购行为，提高了采购效率。2015年，政府采购审批事项共计1945笔，金额合计29亿元。三是做好国有资产处置工作。认真履行国有资产监督管理职责，加强资产管理与预算编制、政府采购、国库支付工作的结合，规范资产处置程序，完成了港航局青山房地产资产处置等报批工作。上报省财政厅审批或厅自行批复处置固定资产共计1958万元。2015年，我厅获省直部门资产管理工作先进单位称号。

（黄河清）

【全省交通费收】 2015年，以强力推进高速公路ETC建设为突破点、全面推进标准化运营管理体系为着力点，将系统费收"双争双创"竞赛活动与全国干线公路养护大检查紧密结合，进一步克难攻坚抓建设、精细管理抓标准、服务民生抓落实，圆满完成全年收费管理工作各项既定目标。全年高速公路征收通行费169.37亿元（含计提收入14.66亿元），完成年初目标155亿元的109.27%，超额完成调整目标165亿元的2.65%，比上年增长15.14%。通行各类车辆2.12亿辆次，其中通行收费车1.77亿辆次；通行"绿色通道"车辆544.9万辆，免费金额21.04亿元；4个重大节假日免费通行7座以下小型客车1611万辆次，免费金额约8.86亿元。6月28日，省交通运输厅、物价局联合出台《高速公路车辆通行费车型分类及载货类汽车计重收费方式与交通运输部有关规定对接的通知》正式实施；6月30日，省内ETC与全国ETC正式启动联网，各类设备运行正常，数据传输无误，特重大设备事故、数据传输、安全事故为零，系统整体运行稳定，圆满实现设备数据对接。

普通公路费收方面，紧扣"保安全、抓管理、优服务、维稳定"主线，狠抓规范管理和文明服务。全年完成普通公路通行费收入15697万元。按照省财政厅、省物价局、省地方税务局《关于取消和暂停征收部分涉企行政事业性收费和政府性基金项目的通知》（鄂财综发〔2015〕39号）要求，从2015年10月1日起，取消车辆过渡费、船舶过闸费、货物港务费3项行政事业性收费项目，专业公路渡口1-9月完成车辆过渡费收入1764万元。进一步规范征管行为，严格执行"应征不漏、应免不征"收费政策，整顿收费秩序，认真落实《湖北省收费还贷公路通行费征管规范》。完善征费站点建设，加强协调督办，开展文明礼仪服务专题培训，不断提高职工文明服务意识和水平，窗口形象不断加强。

水路规费征收方面，按照省财政厅、省物价局、省地方税务局《关于取消和暂停征收部分涉企行政事业性收费和政府性基金项目的通知》要求，从2015年10月1日起，取消船舶过闸费、车辆过渡费、货物港务费3项行政事业性收费项目，暂停征收船舶港务费、船舶登记费、船舶及船用产品设施检验费、特种船舶和水上水下工程护航费4项行政事业性收费项目。1-9月完成水路规费收入23241.99万元，为年度计划的114%。深入开展涉企行政事业性收费专项治理工作，以查基层单位、查薄弱环节、查突出问题为基础，对涉企收费现状进行摸底调查，促进依法和谐收费。全年开展涉企收费清理整顿工作5次，确保国家和省惠民惠企政策不打折扣落实到位，有效保证费收大局平稳有序。

（黄河清）

【全省高速公路通行费】 通行费保持持续增长态势。全省高速公路、长江大桥共通行各类车辆2.12亿辆次，征收通行费169.37亿元（含计提收入14.66亿元），完成年初目标155亿元的109.27%，超额完成调整目标165亿元的2.65%，与上年同期相比增长15.14%。路网免费期间实现无长时间滞留、无长时间拥堵、无重大安全责任事故"三无"目标。有效组织一年2次联网稽查活动，共出动稽查人员200余人次、出动车辆40余台，检查重点车辆5万余辆，查处区域稽查管理中不规范行为24处，提出整改性意见16个；筛查数据1000万余条，查处各类违规逃费车2.06万辆，补缴通行费132.26万元，整体活动成效显著。 （李虎子）

【全省普通公路费收】 2015年，渡口管理所累计开行航班6.7万次、渡运车辆108.99万辆次，收费站累计通行车辆1172.6万辆次。全年完成普通公路通行费收入15697万元，占全年征收目标的110.54%；专业公路渡口从10月1日起取消收取车辆过渡费，1-9月份累计完成过渡费收入1764万元，占全年征收目标的80.25%，超时间进度5.25%。2015年，荆门东桥至子陵段一级公路翰林寺收费站已经省政府批准设立，宜昌当枝一级路金沙站启动收费试运行上报省政府待批；黄冈陶店收费站、孝感107东余店收费站撤站工作顺利完成，人员安置工作在稳步推进。

按省政府、省财政厅要求，从2015年元月1日起，通行费、过渡费收支预算实行属地管理；从10月1日起渡口取消收取车辆过渡费，两项政策均平稳落实执行。通过开展文明礼仪服务专题培训，提高职工文明服务意识和水平，提升窗口形象。黄冈南湖收费站、宜昌三江收费站被评为省级"文明示范窗口"。 （汪波）

【水路交通规费征稽】 按照省财政厅、省物价局、省地方税务局《关于取消和暂停征收部分涉企行政事业性收费和政府性基金项目的通知》要求，从2015年10月1日起，取消船舶过闸费、车辆过渡费、货物港务费3项行政事业性收费项目，暂停征收船舶港务费、船舶登记费、船舶及船用产品设施检验费、特种船舶和水上水下工程护航费4项行政事业性收费项目。1-9月完成水路规费收入23241.99万元，为年度计划的114%，同比增长12%。

目标管理。年初根据水运经济形势，综合考虑全省船舶运力、港口吞吐量等水运生产主要指标基础上和船舶港口实际情况，结合"十二五"前四年征收完成情况，合理测算年度规费征收目标，细化费种目标。宜昌、荆州、黄石、孝感、天门、恩施、咸宁等地结合实际，实行目标任务层层分解、级级下达、责任到人，层层签订费收目标责任状、一级抓一级。

激励约束。完善激励约束机制，建立健全港航专项资金安排与水运目标挂钩机制，将"超收返还"比例由80%进一步提高到90%，促进征收目标任务完成。对未完成年度征收目标任务的单位实行"一票否决"，对在审计检查、稽查巡查中发现问题整改态度不认真、措施不到位的单位，研究相应惩罚措施，堵塞规费征收漏洞，挖掘费收潜力。

现场管理。通过严格执行船舶到港申报、船舶装卸作业申报、港口现场巡回检查等制度，时时掌握港口装卸作业和船舶动态情况，不断加强规费征收现场管理。武汉运用"船舶黑名单"功能，建立基层、部门、市州多级联动机制，对偷逃规费船舶加大追缴力度，截至9月累计处理"黑名单"逃费船舶8艘次，整治期间费收同比增长14.2%，少征漏征规费船舶同比减少47.1%。

稽查管理。开展长江小池检查站驻点稽查4次、稽查船舶294艘，补征规费近7万元。健全完善稽查信息月报和情况通报制度，下发稽查通报3期，实现"以点带面、倒逼源头"的效果，提高规费实征率。

依法执收。开展涉企行政事业性收费专项治理工作，采取自上而下、条块结合、各司其职、各负其责的方式，以查基层单位、查薄弱环节、查突出问题为基础，对涉企收费现状进行摸底调查，促进依法和谐收费。全年开展涉企收费清理整顿工作5次，确保国家和省惠民惠企政策落实到位。

费源开拓。主动深入一线码头、货运企业、基层所站，研究港口吞吐量、船舶拥有量与水路规费征收的关系和变化趋势，掌握本辖区码头分布、主要货种、费源结构和规费征管现状，系统分析费收增减变化情况，挖掘费收潜力。

票证管理。强化票据管控，实行"限量领用、以旧换新、票款同步、月度审验、年终清算"办法，定期清理核销票据；强化账户管控，通过网银系统加大规费解缴专户管理，确保国家规费及时足额解缴；强化资金管控，继续执行"日进账、周上解、月结算、季通报"制度，加大资金上缴力度。 （朱晓晨）

【交通建设筹融资】 2015年，省交通运输厅积极争取交通运输部和省财政厅支持，筹措资金277亿元，其中中央补助125亿元、成品油资金73亿元、高速公路通行费调标收入14亿元、省级财政一般预算3亿元、地方政府债券40亿元、专项建设债券22亿元。申请延续湖北省高速公路调标收入用于农村公路发展的政策，省政府在审批中。落实交通专项资金"四个不变"政策，将成品油基数和增量资金全额用于交通发展。落实省政府明确的"安排120亿元地方政府债券资金，用于全省普通公路建设"政策，全年40亿元债券安排到位。推进与政策性金融机构合作，省交通运输厅与中国进出口银行湖北省分行签订战略合作协议；多次与中国农业发展银行、国家开发银行召开座谈会，寻求新的合作模式。以崔家营航电枢纽发电收入为还款来源，向国家开发银行贷款5.3亿元用于引江济汉通航工程建设。大力开展PPP试点工作，湖北省纳入交通运输部试点范围的武深高速公路嘉鱼北段和赤壁长江公路大桥项目、省级试点香溪长江公路大桥项目均进展顺利，香溪长江公路大桥项目已开工建设，交通运输部试点2个项目进入招标程序，推进进度在全国11个试点项目中位居前列。开展全省交通运输筹融资调研，完成《关于"十三五"湖北交通运输筹融资的研究报告》《财税体制改革对交通发展影响》等多个调研报告。　　　　　　（黄河清）

【交通内部审计】　省交通运输厅审计办坚持抓建设与抓监督相结合、查问题与建防线相结合、出成果与用成果相结合，认真履行内部审计职责，积极拓展审计领域，强化对业务活动全覆盖、全过程、全方位监控；突出监督重点，促进依法行政，推进廉政建设，推动履职尽责；创新方式方法，提高内审工作能力和水平，增强系统监督、免疫功能。

强化审计监督，推进交通运输审计全覆盖。扎实推进领导干部经济责任审计全覆盖，加强对干部权力运行的监督。贯彻落实《党政领导干部和国有企业领导人员经济责任审计规定》及实施细则和《湖北省领导干部经济责任问责暂行办法》《湖北省交通运输厅厅直单位党政主要领导干部经济责任审计实施办法》的规定，完成省交通运输厅后勤服务中心、黄黄高速公路管理处、汉十高速公路管理处主要负责人的离任审计，以及京珠高速公路管理处、随岳高速公路管理处等6家任期已满2年、预算资金规模大、近3年未实施经济责任审计的厅直单位主要负责人的任中审计。加强预算执行和财务收支审计，配合协调省审计厅完成2014年度厅机关及厅直单位部门预算和其他财政财务收支情况审计工作，对于省审计厅未审计的其他厅直单位采取委托审计、交叉审计等方式开展审计，实现年度预算执行情况和财务收支全覆盖。加强重点建设项目(资金)审计，按照交通运输部《交通建设项目审计实施办法》《交通建设资金监督管理办法》等规定，完成石首长江公路大桥和嘉鱼长江公路大桥等交通重点建设项目开工前审计。

开展专项审计和调查，提升审计效能。按照《关于做好公务支出和公款消费跟踪审计工作的通知》要求，对厅直单位公务支出和公款消费开展跟踪审计，加强公务支出和公款消费的日常监督。开展内部食堂和培训中心专项整治，根据省纪委统一部署和厅《内部食堂和培训中心违规公款消费问题专项整治工作实施方案》，按照自查自纠、监督检查、整改落实各阶段工作任务要求，通过采取自查自纠、重点抽查、第三方核查等方式，对2014年10月1日以来厅直单位内部食堂和培训中心违规公款消费问题进行全面细致深入检查。按照交通运输部统一部署，组织开展全省公路安保工程资金审计调查，审计调查报告已按要求上报部财务审计司，配合部财审司选择在湖北省黄冈麻城市做好重点审计工作。加强高速公路机电和养护项目监督管理，建立健全内部控制制度和廉政风险防控机制，按驻厅纪检组要求，启动武黄高速公路管理处机电和养护项目管理专项审计试点工作。加强中央补助资金监督管理，组织省运管局对麻城市城乡道路客运油价补助资金进行专项审计试点。

推进审计工作规范化，构建行业内部审计管理体系。高度重视审计决定(意见)的落实和审计成果的运用，建立整改销号制。督促落实省审计厅对省交通运输厅2014年度部门预算执行情况审计意见的整改，确保审计查出的问题能够有效整改。对跟踪审计和专项整治中发现的问题采取整改销号制，要求被检查单位在收到整改通知书后限期整改，并将整改情况(包括确定的整改措施、整改时限、整改责任人、整改落实的相关凭证资料和文件等)报单位主要领导审定后报厅。整改到位的予以销号，整改不到位的督促整改直至销号。建立健全审计制度，修订出台《湖北省交通运输厅厅直单位党政主要领导干部经济责任审计实施办法》，研究制定《经济责任审计报告模版》，草拟《湖北省交通运输厅厅直单位内部审计业务工作流程》及审计工作模板在征求意见中。

建立完善审计档案工作，指导和督促各单位审计机构或内审人员在审计项目实施结束后，及时收集审计档案材料，按照立卷原则和方法进行归类整理、编目装订、组合成卷和定期归档。

加强审计队伍建设，提升审计执行力。厅直单位普遍加强本单位内部审计工作，重视机构建设和内审人员配备。京珠、随岳高速公路管理处等单位及时跟进，选配专人负责审计工作，汉十高速公路、鄂西高速公路、黄黄高速公路、崔家营航电枢纽管理处等单位选择社会中介机构对本单位近两年财务收支情况进行专项审计或检查，湖北交通职业技术学院完成所属顺达公路工程监理公司原任总经理离任经济责任审计工作，厅直各单位对内部审计工作的重视程度、审计效果均有显著提高。有计划、分层次、多形式开展审计业务培训，组织厅直单位宣讲经济责任审计实施办法。组织市州交通运输局和厅直单位内审人员参加业务培训32人次，通过以审代训，储备审计力量，不断提高交通运输内部审计人员业务能力和综合素质。加强工作调研，畅通信息传递和交流，完善交通系统审计工作统计报送制度。赴宜昌、襄阳调研行业内审工作，赴省交投公司高速公路建设指挥部、省汉江整治、引江济汉指挥部调研和指导内审工作。

整合审计资源，深化与国家审计机关合作共建、联体防控工作机制。配合审计署武汉特派办开展稳增长促改革调结构惠民生政策落实情况跟踪审计。通过与省审计厅共建平台，拟定审计共建协议，促进交通运输依法行政、推进廉洁建设、推动履职尽责，提高交通运输治理能力。充分发挥社会中介机构作用，委托中介机构开展重点建设项目开工前审计、厅直单位主要领导干部经济责任审计，以及高速公路机电和养护项目管理专项审计等，提高委托审计质量，有效利用外部审计成果，提高内部审计效率和效果。全年参与对厅直单位专项调查1次、核实信访情况3次，参加对厅直单位巡查1次。　　（胡敏）

交通法治

【交通法治建设】 2015 年，全省交通运输系统准确把握"四个全面"战略布局要求，坚持"创新、协调、绿色、开放、共享"发展理念，以依法行政为主题，以法治交通建设为主线，突出完备的法律规范体系、高效的法治实施体系、严密的法治监督体系、有力的法治保障体系"四个体系"建设，努力建成交通运输法治政府部门，为湖北交通运输改革发展提供法治引领和保障。

健全机制，创新方法。牢牢抓住领导干部这个"关键少数"，充分发挥领导干部以身作则、以上率下的"关键作用"，根据厅领导职责分工安排，及时调整由厅主要领导任组长的法治交通建设暨依法治交工作领导小组及办公室成员。制定实施《关于加快推进交通运输法治政府部门建设的实施意见》《推进全省交通运输法治建设行业试点的实施方案》等文件，印发2015 年全省交通运输系统法制工作要点，将法治建设纳入各部门年度目标管理责任体系，层层压实依法行政主体责任。探索法治交通建设与交通业务工作"同步研究部署、同步督办落实、同步检查验收、同步考核奖惩"的"四同"工作机制，建立领导干部法制讲座制度、科学民主决策制度、党组中心组学法制度、机关公务员普法考试和厅领导挂处（室）督导学法用法制度等长效机制。健全领导干部法治考核制度，将厅机关依法行政工作纳入法治考核重点内容，与厅机关年度目标责任制考核同步开展。

深入研究，扎实推进。厅党组和厅长办公会多次研究讨论依法行政和执法改革工作，审议法治建设实施意见，研究部署法治单位创建、法规制度建设、行政审批制度改革、法治建设试点等依法行政工作中的重大问题，对推进法治交通建设指导思想、主要任务、工作措施及实施步骤提出明确要求，促进依法行政各项工作的落实。厅领导坚持常年不间断带队赴各市州交通运输局、各高速公路管理机构开展执法调研，听取基层意见、解决矛盾问题、推进改革深入。

重点投入，加强保障。在人员配备、经费保障、绩效考核、表彰奖励等方面对法制机构履职尽责给予全力保障，将普法、立法、执法监督、队伍建设等专项经费均列入财政预算。建立省交通运输厅法律顾问制度，聘请法律顾问全程参与重大行政决策、规范性文件备案审查、行政复议、行政诉讼等工作。全年投入 182 万元专项经费，用于交通执法综合管理信息系统（一期）建设。

省交通运输厅、省高速公路管理局、宜昌市交通运输局被交通运输部评为全国交通运输系统"六五"普法先进集体。省交通运输厅被省政府法制办、省普法办评为 2015 年全省政府法制信息宣传工作先进单位、全省2015 年度法治通讯工作先进单位。省交通运输厅连续 6 年保持行政复议处理决定零复查、行政（民事）诉讼全胜纪录，法治政府部门建设成效居省直部门前列。 （鲁军）

【交通行政立法】 完善综合交通法规体系。大力推进《湖北省公路路政管理条例（修订）》立法进程，组织开展省内外调研、专题研讨和立法论证工作，顺利通过省人大常委会组织的立法计划建议项目"公推公选"和评估答辩等程序性筛选。争取省政府出台《湖北省高速公路服务区管理办法》《湖北省民用机场地区管理办法》，启动《湖北省高速公路联网收费管理办法》《湖北省出租汽车管理办法（修订）》等立法前期工作。全省先后出台14 部交通地方性法规、18 部交通政府规章，数量位居全国前列，初步建立起具有湖北特色的交通运输法规体系，实现由传统公路水路领域立法向民航、邮政等综合交通运输立法的转变，由传统的规划、建设、管理为主向规划、建设、管理、公共服务、安全环保、保障措施"六位一体"的转变。

开展规范性文件审查。11月，省交通运输厅印发《湖北省交通运输规范性文件管理办法》，由厅政策法规处牵头，对厅机关和厅直各单位报送的 5 份规范性文件（草案）进行合法性审查和制度廉洁性评估，对送审的

《湖北省道路客运联网售票票证管理暂行办法》等规范性文件（草案）中存在责任不清、超越管理权限、存在廉政风险的问题采取"一票否决"，退回重新修改。组织 9 个考核督导组，对各市州交通运输局 2014-2015 年度规范性文件清理工作进行交叉检查，对规范性文件管理工作中存在的问题进行督查整改。 （鲁军）

【交通行政执法】 推进综合执法体制改革。1 月 15 日，交通运输部综合执法改革座谈会在湖北武汉召开。省交通运输厅党组专门开会研究推进综合执法改革问题，明确"整合力量、理顺关系、规范队伍、提高效率"的基本思路，提出"三综合、一整合、两保障"的工作目标，启动"交通运输综合行政执法改革研究"工作。坚持顶层设计与基层创新相结合，立足实际，稳妥推进综合执法改革试点，在山区、丘陵、平原地区选取十堰、当阳、潜江、鄂州等地开展试点，引导和鼓励各地交通运输主管部门、高速公路管理机构实践探索"一地一运管""一城一队伍""路运融合"等综合执法模式，不断完善"路警共建"机制。同时，率先在全国取消和暂停征收水路交通规费，整合水上交通行政执法职能，通过内部转岗、择优录取，组建全省水路交通综合行政执法机构。

加强执法规范化建设。对全省 21 个基层试点站所"三基三化"建设进行验收，京珠高速路政支队、武汉市公路运输管理处 2 家单位被列为部省试点示范单位。加快行政执法形象"四统一"建设，即统一执法标志、统一执法证件、统一工作服装、统一执法场所外观，全省交通运输系统"四统一"建设基本完成。推广应用《全国交通运输公路行政执法风险防控手册》，实行"廉政阳光执法""廉政阳光审批"制度，完善执法规范、程序严密、运行公开、制约有效的行政权力运行机制。7-10 月，组织2015 年全省交通运输执法评议考核暨"六五"普法总结验收，以法治政府部门建设、执法队伍建设、"三基三

化"建设、简政放权和行政审批制度为重点，对厅直业务局、市县两级交通运输主管部门、交通运输基层执法站所进行考核排名，向交通运输部推荐和表彰一批全省执法评议考核优秀单位、优秀个人和全省"六五"普法先进集体、先进个人，对发现的问题进行通报，对情节严重的单位和个人，依法依规给予相应处理。

加快执法信息化建设。依托交通运输行政执法人员和执法证件管理系统，实现全省交通运输执法人员、证件联网管理。积极推进综合管理信息系统建设成果试点应用，加快路政、运政、水上执法软件开发，深化远程监管系统、智能巡查系统、水上搜救应急管理系统、网上电子监察系统的信息化建设。探索高速公路智能化管理新模式，率先在全省实现无人机路域管理，提升路政巡逻、现场勘查、前期预警、路域综治等环节管理效能，开启高速公路智能化管理新篇章。积极适应"互联网+"时代，整合三维管理和数据维护系统，运用3D可视化交通模拟技术，实现交通运输网络智能化管理。

推进"两单"编制工作。6月，成立权力清单及责任清单清理工作专班，全面启动"两单"编制工作。9月，完成新一轮行政职权清理，编制权力清单和责任清单并上报省审改办，在省级"两单"工作基础上，统一市级交通运输"两单"通用目录，有力地推进清单式管理模式向市县纵深。经过清理，全厅共保留行政职权100项，其中行政许可13大项、38个子项，比上轮清理减少行政职权77项，减幅为44%，《湖北日报》等新闻媒体对此进行了集中报道。　　　　（鲁军）

【执法队伍建设】　推进执法队伍职业化建设。落实交通运输部《交通运输行政执法证件管理规定》《关于加强交通运输行政执法队伍建设的指导意见》，实行交通运输行政执法人员考试准入和资格逐级审核制度。11月，省高速公路管理局首次面向社会公开招考129名路政执法人员。为提

升执法人员政策理论水平和业务技能，组织开展高速公路路政执法技能竞赛活动，不断强化队伍素质。省公路管理局、省港航管理局对新招录、转岗的交通运输执法人员进行任前培训和岗位教育。全省交通运输行政执法队伍建设迈向制度化、专业化轨道。

继续开展"送法进机关"活动。3月，首次组织全省县市区交通运输局长培训班，6名厅领导分别就法治思维、依法行政和科学管理作辅导报告。11月27日，举办《学习贯彻四中全会精神，加快建设法治湖北与法治政府》等法律知识讲座，12月，组织交通系统干部职工参加2015年全省领导干部、公务员无纸化学法用法考试，参考人数及考试成绩均创历史新高。

继续组织"送法进基层"活动。贯彻实施《全省交通运输行政执法人员三年轮训工作方案》，调整充实全省交通法治巡回宣讲团，通过集中备课、"菜单式"教学，开展"送法进基层"专题培训21场，参训人数近4500人次，不断引导基层执法队伍强化依法行政理念，推动形成办事依法、遇事找法、解决问题用法、化解矛盾靠法的良好法治环境。　　　　　　　　（鲁军）

【普法依法治理】　开展"法律六进"活动。省交通运输印发《关于"学习宪法、尊法守法"暨深化"法律六进"、建设法治社会主题活动方案》，以推动"法律六进"为重点，利用"五月法制宣传月""7.11"航海日、"12.4"法制宣传日等普法时机，在交通运输全行业中宣传宪法和交通法律法规，深入交通企业、客运站场渡口、高速公路服务区等场所发放法制宣传册、服务手册，现场为群众宣法解惑。全省交通运输系统先后印制发放服务手册、宣传卡、年历等资料5万份，组织开展大型专项普法宣传活动20余次、出动宣传人员1.5万人次。

搭好"法制文化"平台。拓展普法宣传渠道，通过与电视台、广播电台、报刊、门户网站等专业媒体合作，开设路况整点播报、普法专栏等栏目，制作反映全省公路、运管、港航海事

等执法门类的专题宣传片和微电影，在微信、微博、优酷等网络平台滚动播放。组织厅直各单位开展法律法规知识竞赛、演讲征文比赛和技能比武，广泛开展书画摄影作品和法制好新闻评选活动，有效促进法治工作经验的总结、交流和宣传。

巩固法治创建活动基础。11月，省法治湖北建设领导小组和交通运输部分别检查验收省交通运输厅"六五"普法工作，通过听取汇报、观看专题片和宣传展板、查看台账资料、现场质询、实地查看、抽查执法文书进行评议打分。　　　　　　　（鲁军）

【厅行政审批工作】　2015年，省交通运输厅按照"外树形象、内强管理、深化改革、依法审批"的工作思路，全面推进简政放权、放管结合、优化服务的各项工作，努力构建"法治、阳光、廉洁"的交通审批。全年办理省级行政许可10925件，接受咨询3000余件，获得群众赠送的多面锦旗和表扬信。

适应互联网+时代，大力推进湖北交通三级一网审批。3月12日，全省省市县三级审批平台全覆盖开通测试。3月19日，举办三级联网审批操作培训，参训人员600多人。8月，完成网上平台（二期）招投标。10月20日，厅审批办与省港航局、高管局、运管局负责人到交通运输部相关司局衔接6大部级平台与湖北审批平台对接，在全国率先启动省部平台对接工作；11月，进行平台预验收。举办公路、高速公路一网全覆盖技术培训和审批业务培训，参训人员300多人。11月26日，省交通运输厅在省直单位网上审批工作经验交流会上做交流发言。为推进网上审批工作，积极开展电子章制作，对襄阳市审批局网上审批人员进行网上操作培训，对宜昌、十堰等市测试运行情况进行调研。配合全省投资联审平台建设工作，将省交通运输厅通航论证事项纳入联审平台，收集省、市、县交通系统联合审批事项相关资料，在减少互为前置、简化申报材料、优化审批流程、规范中介

服务等方面进一步创新，实行信息共享，相关环节整合推进，为企业提供优质、便捷、高效的服务。

开展权力清单和责任清单制定，推动精简交通建设前期审批权。6月至9月，厅审批办牵头开展权力清单和责任清单制定工作，提出实施方案，成立工作专班，全方位多层次推进该项工作。9月，全面完成新一轮行政职权清理，编制权力清单和责任清单并上报省审改办。全厅共保留行政职权99项，其中行政许可12大项、38个子项。与上轮清理相比，共减少行政职权78项，减幅为44%。12月，按照省政务管理办要求，厅审批办组织相关单位对全厅36项省级政务服务事项进行清理并上报。积极推动减少交通建设前期工作审批环节、事项，研究前期审批权力减少和下放工作，形成初步思路。做好行政审批事项"接、放、管"和"调、控、改"工作。2015年承接交通运输部"水运工程监理甲级企业资质认定"等2大项、2子项，下放"内河船员一类适任证书核发"等2大项、3子项至市州，接收省安监局"新建、改建、扩建港口危险货物建设项目作业安全条件审查"。研讨省港航局《关于水路运输及辅助业管理规定有关审批权限与职责的报告》、省运管局《关于进一步深化驾培和维修检测行业管理改革工作的若干意见》，推动各行业制定操作性强的监管措施，通过出台行业管理意见、企业信用等级评定、畅通群众投诉举报渠道等方式，形成行业自律、企业自治、社会监督的格局。加大清理规范行政审批前置服务和中介服务力度，组织业务局（处）开展行政审批中介服务清理，对厅的"技术评价报告"等11个中介服务项目进行清理规范，配合省审改办做好前置服务及中介服务目录清单工作，配合省物价局公布《湖北省省级涉企行政审批前置服务收费清单》。

提升管理水平，加强厅政务大厅、行业审批部门和重点审批业务管理。维护"窗口"形象，严格内部管理，形成以制度管人、以监督促服务的格局。结合政务大厅工作实际，加强制度建设，以制度促规范，以规范促服务。在原有9项制度基础上，新制定13项管理制度，并将22项制度编印成册。5月份制定《关于审批办职责分工及工作要求的规定》，明确每个岗位合理分工，落实AB角，严格考勤，严格着装管理，严格接待服务工作。组织开展全省交通行政审批"服务明星"和"明星窗口"竞赛活动，提高全省交通运输窗口工作人员业务素养和服务水平，实现交通运输行政审批规范化、业务办理标准化、审批全程公开化、审批服务人性化。评选出服务明星36名、明星窗口31个。大力推进行政审批标准化，完成42项省级交通运输行政审批"审查工作细则"及"服务指南"初稿编制。

重点研究审批业务难点问题，以规范促高效审批，与省高速公路管理局研究超限运输管理工作，严格管理非法改装车辆，停止对其超限运输审批许可。规范涉路施工安全评估报告工作，要求实行第三方评估。优化服务，对集中多次超限运输车辆，改革单次发证的做法，实行3个月一次许可，减少企业负担，提高审批效率，受到企业和社会好评。　　　　　（徐香）

【高速公路路政管理】　2015年，各路政管理机构以"迎国检"为契机，深入推进路政执法规范化建设，着力提升信息化管理水平，着力推进超限运输治理，着力加强清障施救服务监督，切实加强法制宣传与应急宣传、强化行业安全管理，扎实开展路政执法技能竞赛，精心组织"路政宣传月""安全生产月"活动，各项工作取得新进展，有力推动全省高速公路路政管理工作科学发展。全年发生路产损失案件6167起，结案6081起，收回路产损失赔（补）偿费6618万元，结案率98.7%、索赔率98.3%、路产设施完好率100%。无重大安全责任事故，无行政复议及行政诉讼败诉案件，无公路"三乱"现象。

制度规范体系不断健全，完成公路行政权力与责任清单清理、法定途径分类处理信访诉求清单清理，按要求对社会进行公布。制定路产损失赔（补）偿费收支、罚没收入管理办法及实施细则，拟定路产损失赔偿费收费主体调整方案，进一步规范路产损失赔（补）偿费管理。研究探索考核评议信息化方式方法，将执法质量、数量纳入路政执法业务平台功能范畴，初步设计开发完成执法巡查、信息管理、案件办理、值班考勤等方面监督考核流程。圆满完成交通运输部及省交通运输厅组织的年度执法考核评议，执法文化、队伍建设、警路共建、应急管理等工作得到检查组肯定。

进一步规范行政许可审批与实施监管，实现与省交通运输厅行政许可审批平台对接，制定行政许可首问负责制度，按规定加强行政许可事项实施过程监督，全年办理行政许可事项2564件，无一起投诉举报。结合"迎国检"开展路域环境整治，通过诉讼途径，成功处理24起久拖不结路产损失赔偿案件；启动违法广告牌申请法院强制执行程序，清理整顿违法设置的非公路标志标牌；试点启动行政处罚措施，加大重点桥下空间清理整顿力度。组织为期1个月的清障施救服务专项整治活动，加大清障施救服务信息化监管力度，妥善处理6起清障施救服务投诉及1起涉及清障施救信访事项，依法清退1家清障施救服务单位。初步形成路政管理机构综合考察、高速公路经营管理单位推荐上报、局长办公会研究决定清障施救服务单位的确定形式，及时向13条新开通路段设置清障施救服务站点。

坚持推进执法人员规范管理，首次完成路政执法人员社会公开招聘，完成2次行政执法主体和执法人员清理统计工作。研究部署新开通路段路政管理机构派驻工作，及时向13条新开通路段派驻8个路政大队、1个路政中队。坚持强化执法业务培训考试，制定全省高速公路路政执法技能竞赛活动方案及实施细则，500多名路政执法人员参加8个大项、14个分项竞赛，京珠路政支队获团体第一名。组织约150名路政干部参加轮训与考试，组织约 220 名管理员参加业务测试。

根据交通运输部"十二五"全国干线公路养护管理检查方案,组织开展路政"迎国检"自查,全面完善各项内业资料。4 月,黄黄高速公路界子墩超限检测站投入试运行,建成后的界子墩治超站拥有一流的硬件设施和先进的信息化执法平台,辐射范围涵盖湖北、安徽、江西毗邻区域,可实现对超限车辆的源头发现、全程监控、精准拦截和依法处置。6 月 18 日,全省联动治超工作现场会在界子墩治超站召开。依据省政府 2014 年 62 号会议纪要精神,加强与高速公路业主沟通协调,保宜高速公路襄阳段路政执法场所与高速公路同步建成,武汉市四环线高速公路路政大队执法场所与高速公路同步建设。圆满完成 37 个执法服务点建设招标并抓紧组织施工。2013 年至 2015 年开通的高速公路路政执法车辆配备纳入财政预算。

长远谋划信息化管理思路,顺利完成路政执法业务平台设计与开发工作,系统已试运行,组织系统平台手机客户端操作培训。交通运输部有关司局及外省同行专程到省高速公路管理局考察路政信息化管理。完成 73 个基层路政大队 POS 机安装与应用培训,刷卡缴纳路产损失赔(补)偿费给当事人带来极大便利。

有序推进法制宣传阵地建设,编制《湖北省高速公路公益宣传规范操作手册》,完成公益宣传广告牌招标工作。全方位开展首次"路政宣传月"活动,发放宣传资料 22.5 万份、制作宣传展板 199 块、开设讲座及施工安全管理培训 38 次、提供法律咨询服务 45 场。拍摄"六五"普法宣传片,精心准备相关资料,圆满完成"六五"普法检查验收。组织开展法制宣传通讯员培训。全年编发《湖北高速路政》5 期、《路政工作简报》12 期,通过网络、报纸等媒介刊发宣传稿件约 4600 篇,湖北高速路政执法形象得到进一步提升。　　　　(李虎子)

【普通公路路政管理】 路产监管。印发《全省公路路政与养护联合巡查

协作制度(试行)》,全面施行路政、养护"两位一体"工作模式,降低路政巡查成本,提高公路管理效能。开展全省涉路重点工程在建项目调研,拍摄完成《支持重点工程建设、关注普通公路发展》专题片,各市州加强国省干线公路路损追偿协调,咸宁、襄阳、黄冈等地公路路损赔偿费收取基本到位,挽回了路产损失。全年查处路政案件 7385 起,收取路损赔补偿费 2471.9 万元。

路政许可。按照"简政放权、优质服务"要求,认真梳理公路行政许可权力清单,下放林木采伐许可权限至市州,省级路政许可事项全部实现网上办理、按时办结。全年办理国省干线涉路施工行政许可 156 件、超限运输许可 5907 件、护路林砍伐 1.8 万立方米,群众满意率 100%。加强公路行政审批事项监督检查,印发《关于进一步规范全省国省干线公路非公路标志牌管理的通知》,摸底清查全省公路非公路标志牌设置情况,对违规、超期设置的标志牌进行全面清理整顿。印发《省公路局清理省级公路行政审批事项工作方案》,对 2012 年 1 月 1 日以来的 964 件普通国省道公路涉路施工行政许可事项进行统一清理,排查安全隐患,确保公路行政审批合法、规范。

治超管理。深入推进江汉平原及周边、鄂东南、鄂西三大片区区域治超及百日治超等专项活动,细化完善协作机制,市州、县区、站站之间跨区域联合治超进一步深化拓展。加大路面治超管控力度,采取流动与固定相结合的方式,全年查处非法超限运输车辆 44.2 万余台次,转运卸货 128 万余吨,收取赔(补)偿费 5089.19 万元、行政处罚金额 6742.17 万元。加大路域环境整治力度,对重难点管控路段上报省政府挂牌督办、落实销号,地方政府爱路护路意识明显增强,协调公安、城建、土管、各乡镇、村组等部门全力参与"路地共管"建筑控制区管理模式逐渐成形。全年集中开展大规模专项整治行动 150 余次,对40 个国省干线公路集镇过境路段进行环境整治,拆除违章建筑 2216 处

38789.3 平方米,拆除违法非公路标志 31031 块,清理公路及用地范围内堆积物 35112 处 393843 平方米,清理占道经营 9396 处 55690 平方米,刷新及覆盖公路法律法规宣传标语 700 余条。

基础管理。加大路政执法队伍教育培训力度,全年举办骨干培训班 2 期,培训 300 余人次,采购配发书籍教材 7 类、155 套、1085 册。各市州相继开展办班培训、以会代训、以工促训等形式多样的教育培训活动,基本完成年度全员培训目标。组织开展湖北省首个 5 月"路政宣传月"活动,利用短信、电视、报纸、广播、微博等媒体宣传公路法律法规,投入宣传经费 190 余万元,在公路沿线设立、喷刷固定标语 300 余处、悬挂宣传标语 2000 余条、出动宣传车 900 多台次、发放宣传材料和普法手册 60 余万份,在各级新闻媒体播发信息 300 余篇,通过移动运营商发送手机短信 1000 万余条次,提高社会公众对路政工作关注度和知晓率。加强执纪问责督查和投诉举报受理处理,定期不定期组织开展督导检查,明察暗访 4 次,及时查处并纠正违规违纪执法行为,点名通报批评违规单位 2 次;办理人大代表建议提案 5 件和群众投诉 23 件。

　　　　(郭岐山)

【道路运政执法监督】 规范执法行为、制约行政权力,印发《关于规范行政行为、制约行政权力有问题的通知》,就反映问题较多的行政许可、行政执法等方面提出 5 项行政权力制约措施,对运管机构行政滥作为亮"红灯",特别是对驾培机构超权限行政许可、动态监督系统违规安装等提出具体整改意见。认真组织对李宗席行政诉讼案件的应诉工作,组成专班,制定应诉方案,收集相关证据,起草答辩状、证据目录等应诉材料,12 月此案以原告撤诉终结案件。10 月,省道路运输管理局组成调查小组,赴孝感调查核实孝感市运输管理处滥执法案件,提出撤销案件、退还罚款、将案件移交公安部门处理的意见。

推进廉政阳光执法建设。按照《全

省交通运输系统"廉政阳光执法"建设工作实施方案》的要求,对现行法律、法规和规章需要公示的内容进行收集整理,将执法依据、执法主体、执法程序、执法决定、执法裁量、执法结果全程公开。在广泛征求各级运管机构意见基础上,形成《湖北省道路运输行政执法公示》,并于11月下发。继续开展三年轮训工作,着力提升全省运政执法人员素质。按照《关于印发湖北省道路运政执法人员三年轮训工作方案的通知》要求,至11月底,第二批轮训教材1495套发放到位,各地均完成年度培训运政执法人员30%的目标。

(莫传琴)

交通科技与培训教育

【科技项目研究与管理】 2015年，以提高自主创新能力为重点，加大工作力度，改进工作作风，提高工作标准，抓好工作落实，按计划推进各项工作。

1.扎实推进科技项目的实施。组织填报2015年交通科技项目任务书38个。

组织完成《公路工程试验检测依据及检测设备技术要求的研究报告》等48个科研项目的验收鉴定，其中14项达到国际先进水平。3月，印发

《关于征集2016年湖北省交通运输厅科技项目需求的通知》，向全省交通运输系统、各重点工程建设单位、交通运输行业重点实验室和高等院校公开征集2016年湖北省交通运输厅科技项目需求，截至4月30日共征集项目推荐书97份。5月30日，根据推荐书推荐意见结合全年工作重点，制定省交通运输厅2016年度湖北省交通运输科技项目申报指南。7月9日，印发《关于发布2016年度湖北省交通运

输科技项目申报指南及组织项目申报的通知》，进行网上申报，截止8月1日共受理申报科技项目81项，其中应用基础研究23项、交通运输建设研究17项、软科学研究18项、信息化技术研究14项、交通标准化建设研究7项、成果推广2项。根据评审结果推荐，有应用基础研究6项、交通运输建设研究10项、软科学研究5项、信息化技术研究4项、交通标准化建设研究2项，共27项予以立项。

序号	项目名称	承担单位
一、应用基础研究		
1	复杂缆索承重桥梁施工及成桥索力优化	武汉市东西湖区交通运输局，华中科技大学
2	基于校企共建的职业院校文化与软实力建设研究	湖北交通职业技术学院，湖北工业大学
3	灾害天气下高速公路动态风险评估与控制研究	武汉市交通科学研究所，河海大学，武汉市桥梁维修管理处
4	预应力孔道循环压浆工艺与质量评价方法研究	宜昌市城市桥梁建设投资有限公司
5	基于"北斗系统"的大跨径连续梁桥形变实时监测系统研究	湖北省交通运输厅高速公路管理局，湖北省京珠高速公路管理处，湖北省安全环境技术科学研究院有限公司，武汉光谷北斗控股集团有限公司
6	带拉索的中小桥梁张拉施工一次完成的施工技术研究	武汉市东西湖区交通运输局，中建三局第一建设工程有限责任公司
二、交通运输建设研究		
1	异化水沙条件下汉江中下游枢纽间不衔接段航道整治关键技术研究	湖北省汉江碾盘山至兴隆段航道整治工程建设指挥部
2	汉江中下游航道应急抢通船舶关键技术研究	湖北省汉江碾盘山至兴隆段航道整治工程建设指挥部
3	湖北公路柔性基层的应用研究	湖北省交通厅公路管理局，武汉理工大学
4	大型机械立体停车客运站消防安全问题研究	湖北省交通运输厅道路运输管理局，湖北公路客运（集团）有限公司
5	典型工业垃圾在重载路面基层中的应用研究	宜昌富强工程有限责任公司
6	易密实沥青混凝土桥面铺装在旧桥维修加固中的应用研究及长期作用效应分析	宜昌市交通规划勘察设计研究院，宜昌市公路管理局，宜昌市交通运输局，三峡大学，宜都市公路管理局
7	互联网＋公路水运工程施工安全隐患清单管理关键技术研究	交通运输部科学研究院
8	重载交通钢箱梁与桥面铺装相互作用机理及病害对策研究	湖北省交通投资集团有限公司，东南大学，湖北石首长江公路大桥有限公司，湖北公路智能养护科技股份有限公司
9	高速公路网通行多路径分析系统研究	湖北交投科技发展有限公司
10	基于大数据的高速公路智能养护系统研究	湖北省交通投资集团有限公司，湖北交投科技发展有限公司，湖北公路智能养护科技股份有限公司
三、软科学研究		
1	湖北省高速公路路网应急联动管理研究	湖北省交通运输厅高速公路管理局
2	城市轨道交通配送可行性及运营方案研究	武汉现代物流研究院有限公司，武汉理工大学，武汉市轨道交通运营管理办公室
3	"十三五"期交通运输引领新型城镇化发展思路及对策研究	湖北省交通运输厅研究室，武汉理工大学，湖北省交通运输厅规划室
4	湖北省绿色航运指标体系研究	湖北省交通运输厅港航管理局
5	湖北天河机场临空经济区物流产业发展研究	武汉现代物流研究院有限公司

序号	项目名称	承担单位
四、信息化技术研究		
1	"互联网+"高速公路客户服务话务平台研究	湖北省高速公路联网收费中心，广州优路加信息科技有限公司
2	基于云计算的高速公路大数据智能交互数据中心的研究	湖北省高速公路联网收费中心，湖北省交通科学研究所
3	公路水运工程"平安工地"考核评价系统研究与开发	湖北省交通运输厅工程质量监督局
4	基于互联网的ETC储值卡充值圈存系统的研究	湖北省高速公路联网收费中心，广州华工信息软件有限公司
五、交通标准化建设研究		
1	湖北省普通公路养护工程设计标准化研究	湖北省交通运输厅公路管理局
2	湖北省公路超限运输审批与管理标准化研究与应用	湖北交通职业技术学院，湖北省交通运输厅行政审批办公室

2. 全面规范科技项目管理工作。举办湖北省交通运输厅科技项目管理系统培训班。开展省交通运输厅科技项目中期执行情况检查，按照《湖北省交通运输厅科技项目管理办法》要求，近三年的科技项目均正常开展，大部分项目已完成鉴定验收，其余项目计划2016年上半年完成鉴定验收。

3. 组织完成2015年度湖北省科学技术奖推荐工作。按照《关于组织推荐2015年度湖北省科学技术奖的通知》要求，组织相关单位进行申报，截至4月30日共收到申报材料4个，其中申报科技进步奖4个。经审查并通过专家评审，《剑麻纤维增强沥青混凝土路用性能试验研究》等2个项目符合申报条件，推荐申报湖北省科技进步奖。

4. 组织完成2015年标准化工作。组织完成湖北省地方（交通）标准的编制、评审和上报工作，按照湖北省质量技术监督局《关于申报2015年度湖北省地方标准立项计划的通知》要求，对主管范围内的地方标准进行审核，经组织专家评估、遴选，申报《路面碾压混凝土施工技术规程》标准项目。

（高瞻）

【标准化工作】 "十二五"期间，按照"完善制度、典型引路、重点突破、全面推进、整体提升"工作思路，通过在"点"上示范、在"群"上推进、在"面"上铺开，施工标准化由试点示范向全面推进。新开工高速公路项目全部开展施工标准化活动，各项目驻地建设、施工工艺和现场管理全部达到标准化要求，工程实体关键指标全部达到规范要求。标准化制度体系进一步完善，项目管理进一步规范，施工工法更加先进，施工工艺更加精细，施工行为更加文明。

编制出版《湖北省公路重点工程质量监督工作标准化指南》《填（吹）砂路基施工技术规范》(DB42/T 1037–2015)，印发《湖北省公路重点工程项目工程材料监督抽查管理办法》《湖北省公路重点工程交通安全设施专项检测工作实施细则》《湖北省公路水运工程质量举报调查实施细则》《湖北省公路重点工程竣（交）工验收质量检测工作管理办法》，组织编写《湖北省公路农村公路质量监督工作标准化指南》《湖北省水运重点工程质量监督工作标准化指南》和《湖北省水运工程交竣工验收质量检测实施手册》《公路工程安全事故隐患清单管理办法》。

探索建立完善的建设标准化制度和标准体系，确保参建单位在建设标准化活动中有章可循、有据可依。出台《湖北省高速公路项目建设单位考核办法》《湖北省高速公路建设标准化工地建设考核办法》，编制《湖北省高速公路建设标准化指南》(11分册)，形成涵盖高速公路建设全过程的勘察设计标准化、工地建设标准化、工地试验室建设及管理标准化、施工工艺及管理标准化、安全生产及管理标准化、建设管理标准化、档案管理标准化，建立完善的标准体系。工

工法标准化是建设标准化的核心，在推进过程中，以问题为导向，针对7大类87项工程质量通病和管理薄弱环节，总结省内外行之有效的成熟工艺、先进装备和制度措施，形成标准化的工艺工法和质量控制要点，工程质量安全水平明显提升。以管理信息化推进建设标准化，建立湖北省重点工程建设管理综合系统平台，与建设单位工程管理信息平台实现互通互联，实时掌控项目建设动态。以开展全员大培训推进建设标准化。

组织建设标准化宣贯培训7358人次，覆盖所有拟建和在建高速公路建设、施工、监理单位主要技术和管理人员，让参建者了解制度、掌握标准，促进建设标准化各项措施的落实。组织一线产业工人技术大比武、监理一线产业工人技能鉴定机制，极大地激发农民工积极进取、钻研技术、创先争优、岗位成才的热情，促进由"农民工"向"产业工人"的转变。

（胡永石）

【交通环境保护】 2015年，围绕交通转型发展，构建绿色交通生态优先发展，将生态环保工作贯穿到交通发展全方面、全过程、全领域。主要做了以下工作：

绿色交通基础设施建设卓有成效。全省公路路网加快完善，"七纵五横三环"高速公路网基本形成，100%的县市通国道、100%的乡镇通国省道、100%的建制村通沥青（水泥）路。倾力打造大别山红色旅游路、秦巴山环

库生态路、武陵山清江画廊路、幕阜山香泉特色路4条最美扶贫路，惠及29个贫困县、800万贫困人口。港航建设加速推进，汉江兴隆以下提升为千吨级航道，江汉运河全面贯通，"长江—汉江—江汉运河"810公里高等级航道圈全面形成，水运作为低碳环保运输方式在综合运输中占比逐年提高，达到42.88%。综合枢纽建设加大力度，初步形成综合客货运枢纽网络骨架体系。

绿色交通综合服务能力显著提升。交通运力结构明显改善，营运车辆逐步向专业化、标准化、清洁化方向发展，清洁能源和新能源公交车达到9000余台。内河船舶大型化、标准化进程明显加快，净增船舶运力100万载重吨，达到780万载重吨，单船平均载重从1240吨提升到1750吨。城市公共交通服务水平明显提高，国家"公交都市"和11个省级公交示范城市创建工作稳步推进。79个市县开通城市公交线路，全省开通微循环公交线路近100条，公共交通成为群众出行的首选。积极推进客运"零换乘"和货运"无缝衔接"，通过整合既有各种交通路网设施，形成连通内外、覆盖城乡的一体化交通路网，方便旅客便捷出行，促进城乡和区域经济交流。

绿色交通规划顶层设计实现突破。按照"一总九专八课题"组织规划编制工作，重点突出生态环保，建设绿色交通。首次编制完成湖北省绿色交通"十三五"规划，提出逐步建成以低消耗、低排放、低污染、高效能、高效率、高效益为主要特征的绿色交通系统，重点以加快推进绿色循环低碳交通基础设施体系建设等六个体系建设等为主要任务，实施八大重点工程。组织开展湖北省公路、水路交通运输环境监测网总体规划研究及编制工作。在全国率先启动并编制完成《湖北省长江、汉江(干流)岸线利用控制性规划》，待省政府批复。

绿色交通水生态保护井然有序。加快推进汉江四级枢纽前期工作。大力推动岸线集约利用，牵头实行严格的岸线管理制度，严控港口规模，对

投入、产出"双指标"控制，联合涉水职能部门严格核查规划符合性并审批前期工作。推动生态航道建设和管理，在汉江雅口航运枢纽设计中首次采用生态鱼道，崔家营航运枢纽鱼道、增殖放流站等设施正常运转，并在全省汉江流域制定汉江梯级枢纽联合生态调度试行方案，以保护鱼类资源和生物多样性。汉江航道整治建设时期，大比例运用雷诺护垫等生态护岸技术，为鱼类等水生动物和两栖类动物提供觅食、栖息和避难场所，推广应用太阳能一体化航标灯，开展环保疏浚技术、环保节能型船舶研究和推广应用。合理开发航道通航潜力，利用电子航道图等现代科学技术使航行船舶科学配载，合理选择航线，减少单位货运量燃料消耗、管理消耗。

大力推动绿色港口建设。推广实施"油改电"，鼓励集装箱码头全部使用电能或者清洁能源，同步建设船舶岸电系统。从2015年底开始，在省政府统一部署和指挥下，对全省码头开展专项治理工作，逐步改善散、小、乱、脏等码头设施，提高码头环境质量。大力推动船型标准化工作，截至2015年底，已拆解改造老旧船舶1000余艘，为100多艘船舶加装生活污水处理装置，长江首艘LNG动力示范船"海川3号"建成下水，有效减少油耗、降低排放。

绿色交通大气污防水平明显提高。全面推进"车船路港"千家企业低碳交通运输专项行动，4批8家低碳交通推广基地、20家节能减排示范企业带动作用明显。制定《湖北省2015年度交通节能减排资金具体分配方案》，专门安排1000万元交通节能减排资金，对全省低碳交通推广基地、节能减排示范企业、交通运输部或者湖北省节能减排示范项目、全省参加"车船路港"低碳交通运输千家企业等52家交通企事业单位进行补助，充分发挥交通节能减排资金引领和示范作用。在城市公交领域、道路运输装备领域、港口和航运、公路基础设施建设与运营等领域推广新能源、清洁能源应用，取得较好的效果。严格落实道路运输

车辆燃料消耗量限值标准和准入制度，对总质量超过3500千克的新增客货运输车辆，开展燃油消耗量核查工作，从源头上限制高耗能车辆进入道路运输市场。严格按规定开展《道路运输证经营许可证》年审工作，一律按燃油消耗值核查公告等国家规定严格检查，2015年全省核查车辆4万余台。对2005年以前注册登记的道路运输车辆进行统计分类，建立明细台账，完成全省淘汰营运黄标车工作。实施湖北省交通环境监测网络建设与完善工程、汉十高速公路武当山服务区水资源循环利用试点工程等，有效保护丹江口水库水质，提高全省交通环境监测综合能力。

（徐伟）

【交通信息化】 11月23日，印发《湖北省交通运输厅智慧交通建设指导意见》，对2015–2017年全省智慧交通建设从总体要求、重点任务、保障措施三个方面提出指导意见。组织编制《湖北省交通运输信息化"十三五"发展规划》初稿，在行业内多次征集意见和进行修订。

"十二五"信息化重大工程建设项目加速推进。全国高速公路信息通信系统联网工程(湖北段)正常运行，湖北段所有站点设备安装调试符合要求，联网运行正常。省交通运输厅视频会议系统顺利迁移上网，运行情况良好，依托该网络实现厅机关与厅直业务局高速联通。"湖北省公路水路安全畅通与应急处置系统"完成全部10个标段的招投标，10家中标单位按合同组织施工。系统工程设计、软件开发概要设计以及核心网络改造、机房配套工程通过专家验收，外场设备完成采购并开始安装。"湖北省公路水路建设与运输市场信用信息服务系统"中，建设市场已完成水运建设、普通公路建设、高速公路建设、监理及试验检测、高速公路养护等子系统软件开发，进行了初验，系统在试运行中；运输市场已完成道路运政系统完善和IC卡道路运输证件、从业人员资格电子证件管理系统的开发，其他IC卡应用和相关业务系统在开发完善

中。"湖北省交通运输统计分析监测和投资计划管理信息系统"硬件设备已部署完成，系统软件已完成采购安装、测试工作。投资计划管理系统（含农村公路部分）、统计报表软件系统基本完成开发，统计报表软件系统在3个地级市进行试运行。"湖北省道路客运联网售票系统"建设取得阶段性成果。截至2015年底，实现130家客运站联网售票，其中一级客运站26家、二级客运站75家、三级及三级以下客运站29家，实现网站及手机APP平台售票。全省联网售票系统纳入客运车辆14512辆、客运线路2800条、数据交换总量9637万次、累积基础数据30650多万条。

电子政务建设水平不断提升。圆满完成第一次全国政府网站普查工作，对厅直单位网站建设整改工作进行核查，6月、7月分别印发《关于进一步做好网站普查工作的通知》《关于进一步做好厅及厅直业务局网站普查工作的通知》，对网站普查工作提出进一步要求。省交通运输厅政府门户网站和省公路管理局、省道路运输管理（物流发展）局、省港航管理（地方海事）局门户网站在普查中被确定为达标网站。2015年，厅政府门户网站主动公开交通运输信息23602条，其中要闻快报、行业聚焦、厅直动态、市州扫描、政务公开、招投标信息、部门子站、专题专栏等发布信息6125条，全国交通信息联播1240条、交通运输部子站发布信息17477条。组织开展在线访谈6期、网上调查4期、民意征集7期，处理各类网上诉求信件371件，在线沟通167人次。厅政府门户网站在省直政府部门网站绩效评估中连续4年被评为第一名，厅网站建设经验在全省政府网站工作交流会上做交流发言；在2015年上半年交通运输部政府网站共建工作绩效考评中综合得分第一名。组织完成省交通运输厅政府网站移动门户APP建设项目建设，实现湖北省交通运输厅政府网站手机版应用。

为进一步加强全省交通运输系统网站建设管理，实现"以评促建、以评促管"的目的，按照交通运输部和

省政府开展网站绩效评估要求，3月下发《关于印发〈湖北省交通运输系统网站绩效评估办法〉的通知》，自2015年起对全省市州交通运输系统网站和子站进行绩效评估。完善湖北交通运输网上审批服务平台（二期）建设，进一步提高行政审批服务能力，在一期建设基础上，完成宜昌夷陵区试点工作。组织工作专班对相关部分进行软件开发、功能拓展、集成服务和市州县推广应用等工作。

10月9日，湖北省交通运输厅数据中心正式挂牌运行。"湖北省公路水路安全畅通与应急处置系统""湖北省交通运输统计分析监测和投资计划管理信息系统""湖北省公路水路建设与运输市场信用信息服务系统""湖北省高速公路不停车联网收费系统""湖北省道路客运联网售票系统""湖北省交通运输行政审批服务平台"等均部署在厅数据中心。依据交通运输部和湖北省标准，推动北斗卫星导航应用，制定覆盖全省的管理监控平台和个性化定制船载智能终端解决方案，为全省2580艘渡客渡船安装北斗（GPS）定位终端，覆盖全省97%以上的渡船，实现内河重点渡口、重点渡船和重要航道"全天候、远程化、数字化、实时化"的省、市、县、站所四级安全监管。作为打造湖北省重点高等级航数字化应用系统的组织部分，完成汉江段数字航运图建设与基础数字应用系统的开发。

组织开展网络安全检查，及时掌握网络安全防护状况，在全省交通运输系统组织开展重点网站和重要信息系统安全检查，并向省信息安全等级保护协调小组和交通运输部报送安全检查报告。开展湖北省交通运输厅信息安全等级保护项目（一期）建设，安排预算249万元，通过政府采购确定太极计算机股份有限公司为中标供应商，项目建设基本完成，2015年12月组织竣工验收。11月，举办全省交通运输行业网络信息安全与信息化建设培训班，全省交通运输系统负责网络安全和信息化建设、网站建设管理者和技术人员90余人参加培训。　　（周建勋）

【厅直职工教育与培训】 4月7日，下发《关于印发2015年度湖北省交通运输厅举办培训班计划的通知》，对培训班的组织、管理及各单位结合本单位业务需要自办的培训班一并提出明确要求，年度安排厅机关及厅直单位培训班73个，其中厅机关举办培训班28个、培训6160人。组织交通运输部及行业内机构业务培训班参训工作，要求相关单位按业务需求组织人员参加培训，全年参加交通运输部及行业内机构组织的培训班24期、培训148人。做好西部地区扶助政策落实，继续把享受西部地区扶助政策的恩施州作为西部培训重点加以扶持，全年补助恩施州交通运输局专项经费10万元用于干部培训，并对他们执行交通运输部下达西部地区干部培训计划进行督促。

根据国家对职业教育培训新要求，成立专班，编制完成《湖北省公路水路交通运输教育培训"十三五"发展规划》（征求意见稿）。组织开展第18届推广普通话宣传周活动，全省交通运输系统围绕"依法推广普通话，提升国家软实力"宣传主题，结合工作实际，采取张贴宣传画、推广规范文明用语、组织主题演讲、进行站前、路段广告牌、道路指示牌清查等形式开展推普周主题活动，行业人员增强了规范使用语言、文字的意识和能力，提升了服务质量。　　（周建勋）

【湖北交通职业技术学院】 2015年，学院全面部署《高等职业教育创新发展行动计划（2015–2018年）》《职业院校管理水平提升行动计划（2015–2018年）》，围绕"十二五"发展规划目标任务，以改革创新精神为统领，全力抓好新校区建设和品牌院校建设，全面提升教育质量和办学效益。全年招收高职生4644人，全日制在校生规模达13260人，首次突破13000人。其中，高职生12859人、中职生401人。依托大学生创业特区，积极开拓就业市场，年终就业率达98.85%，位居全省前列。

新校区建设。新校区建设项目多

方筹措资金，精心组织施工建设，完成一组团、二组团用地范围内全部房屋及三组团部分房屋拆除工作。成功办理新校区一期、二期共257亩土地的《土地证》，为新校区建设用地取得法律凭证；及时办理一组团施工许可手续，于9月10日开工建设。

师资队伍建设。学院有正式在编教职工474人、自主招聘工作人员59人，正式在编员工中专任教师251名。职工中具有本科以上学历399人（其中博士研究生4人、硕士研究生96人、党校研究生1人），副高级以上职称122人（其中正高级10人），双师素质教师比例超过85%。学院实施师资队伍建设"六大工程"，实施"师德师风建设工程"，1名教师被评为湖北省师德先进个人，2名教师被评为学院第二届师德标兵；实施"名师培养工程"，2名教授被评为三级教授，1名教师被评为全国交通运输职业教育教学名师，1名教师被评为交通青年科技英才；实施"中青年骨干教师培养工程"，完成学院第三届专业带头人（负责人）、骨干教师遴选工作，开展青年教师导师选派工作，1名教师被评为教育部青年骨干教师国内访学学者；实施"双师素质教师培养工程"，完成学院双师素质教师认定工作，出台青年教师社会实践锻炼办法；实施"兼职教师队伍建设工程"，修订完善并施行学院院外兼课教师管理暂行办法和联系管理办法；实施"双师结构教学团队建设工程"，探索提出职业院校"双师型"教师分级认定标准。

专业设置调整。学院围绕7大交通特色专业群，开设高职专业47个，其中新增专业5个，分别是工程测量技术、城市轨道交通工程技术、移动通信技术、空中乘务、船舶电子电气技术专业。设有技校专业4个，分别是道路与桥梁工程施工、土木工程检测、公路养护与管理、汽车运用与维修。

专业建设规划。主动适应大交通运输发展和区域产业结构升级需要，组织修订2014-2020年专业建设规划。智能交通技术运用被立项为2015年建设的湖北省高等职业教育品牌专业，

物流管理被立项为2015年建设的湖北省高等职业教育特色专业。继续推进"高等职业学校提升专业服务产业发展能力项目"中物流管理、高等级公路维护与管理、轮机工程技术（直招士官方向）3个专业的建设；湖北省战略性新兴（支柱）产业人才培养计划项目中道路桥梁工程技术（桥梁工程技术）、汽车运用技术（新能源汽车）、物流管理（快递物流）3个专业的建设。

中高职院校衔接。组织开展与中职学校合作的"3+2"五年制分阶段培养工作。分别联合武汉铁路桥梁学校等4所中职学校开展"3+2"五年制分段联合办学，涉及8个专业：武汉铁路桥梁学校道路桥梁工程技术专业、土木工程检测技术专业，武汉市供销商业学校物流管理专业，东风汽车公司汽车工业学校汽车技术服务与营销专业、汽车运用技术专业、汽车整形技术专业、智能交通技术运用专业，新疆博州中等职业技术学校汽车技术服务与营销专业。

校企合作。服务综合交通运输体系，强化行业合作，成功召开湖北交通职教集团2015年年会暨校企合作论坛，新增理事单位21家，总数达122家，集团案例入选全国职业教育集团化办学优秀成果展。学校与中国邮政速递物流股份有限公司湖北省分公司签订战略合作协议，共建邮政速递物流人才培养基地，此次合作被湖北日报、荆楚网报道，被当作全省"双万"活动试点在全省推广。服务中国制造2025国家战略，与武汉奋进智能机器有限公司、湖北省机械工程学会共建机电一体化技术专业（工业机器人及自动化技术方向）。先后与省公路管理局、省道路运输管理（物流发展）局签订战略合作协议；与地铁集团开展专业对接，招收92名新生进入地铁订单班。制定完善专业校企合作评价细则、校企合作绩效考核办法等3项制度，不断健全制度框架体系。持续开展企业行活动，新签各类校企合作协议22份、新建实习基地36个，再获"中国T-TEP项目优秀学校"奖、2015年宝马合作院校5项大奖。

对外交流。与台湾建国科技大学、东南科技大学签订友好院校协议，就台湾交换生和教师交流项目开展合作；筹建"湖北省海峡两岸职业教育交流基地"，推动海峡两岸职业教育合作与交流；与加拿大魁北克教育局、新西兰怀卡托理工学院洽谈合作事项；与壳牌中国有限公司、PSA总部2个国际企业达成专业合作和师资培养意向。

学风建设。以开展"2015学风建设年"为抓手，通过加强宣传动员、专题教育、制度建设、师德教风建设、学生常规管理、素质拓展活动等工作，鼓励学生主动参与学风建设活动。举办"点燃读书激情，共创书香校园"为主题的图书展及阅读推广活动，培养读书兴趣，营造"乐学、思学、勤学、会学"的校园文化氛围。坚持打造品牌活动和品牌社团，不断提升大学生科技文化艺术节水平。组织"挑战杯"辩论赛、"交院杯"篮球赛等具青年特色的赛事近130项，参与人数7000人次。举办"交院之星"刚毅式魅力学子评选活动和以纪念抗日战争胜利70周年为主题的第十五届大学生科技文化艺术节开幕式，组织千人齐诵中华经典，弘扬先进文化，展示育人成果。学生在各类文化技能大赛中获省级以上奖项10余项。

社会服务。援疆代建项目继续打造湖北代建品牌，做好收尾工作，土建、房建工程已经完成；继续对口支援博州中职学校。学院以创建全国总工会职工教育培训优秀示范点为动力，不断深化行业培训品牌建设。竭力打造"三中心"服务平台，拓宽教育培训服务面。湖北交通教育培训中心（龙泉山庄）顺利完成产权交接、资产变更、机构建设，实现平稳过渡。湖北交通职业技术学院成培中心（继续教育学院）在成人学历教育、培训服务、技能鉴定等方面，对外加强沟通、对内协调一致，有效保障学历教育、培训和鉴定等工作持续稳定发展。驾培中心在场地改造、内务管理、业务拓展上取得实效，投入300余万元，对主训练场按照新国标进行改造升级。西

区管理部积极开拓船员培训市场，通过走出去、请进来等方式，全年完成各类船员培训53期、培训人数3522人次。顺达公司通过推进企业现代经营管理制度改革，创新工作机制，改进工作方法，拓深工作领域，承接监理项目，完成合同产值2300万元；楚雄公司搭建"双师素质"建设平台，为30余名教师和130名学生提供实践机会，承接勘测设计业务项目，完成产值200余万元。

依法治校。按照《国务院关于加快发展现代职业教育的决定》要求，全面把握现代高等职业教育发展新特点、新趋势，分析国家和交通运输行业发展对学院的新要求，科学编制学院"十三五"事业发展规划。开展安全防范教育，实行学生安全网格化管理，建立校园秩序稳定工作机制；高度重视顶岗实习学生安全管理工作，把顶岗实习安全管理作为学期教学检查的重要环节；强化食品安全监控和卫生防疫举措，全年无重大食品质量、卫生防疫和设备安全责任事故发生。2015年，学院再次被评为省级文明单位、湖北省征兵工作先进单位，被批准为湖北省信息化改革试点院校，通过档案工作规范管理AAA级复核，被评为武汉市综合治理先进单位。

党风廉政建设。学院层层签订廉政建设责任书，组织中心组学习10次、组织教职工观看廉政专题片5次。实施科学、全面、有效的审计监督，扎实推进腐败风险防控体系建设，制定新校区建设指挥部廉政风险防控标准化运行网络图、建立廉政风险防控手册、签署廉政承诺书，完善新校区建设指挥部廉政建设制度与规定，严格财经纪律，加强审计监督，坚持建设项目和建设资金全过程跟踪审计。加大案件查处力度，全年接收和处理群众举报7件。　　　　　（夏勇子）

【襄阳市交通职业中等专业学校】

2015年，学校按照"稳中求进、有所作为"的工作思路，以道路从业人员资格证培训为主体，拓展培训业务范围，创新发展思路，提高培训质量，增强服务意识，改善办学条件，挖掘培训潜力，扎实推进各项工作又好又快向前发展。全年培训合格道路运输从业人员8149人、从业人员继续教育2873人、学历教育在册人数160人，交通运输企业安全生产标准化达标考评11家。

加强制度建设，强化绩效考核，不断提高学校管理水平和工作效率。以岗位责任制为中心，以规章制度为保证，进一步强化目标责任考核，构建职责明确、纪律严格、办事有章、运转有序的管理体系。根据业务发展和管理需要，按照"实事求是、科学合理、程序规范、民主集中相统一"和"因事设岗、双向选择"的原则，实行全员竞岗竞聘，通过调整优化，基本建立起运行高效、有序的管理组织机构。根据学校整体工作目标，完善岗位职责和工作流程，实现岗位工作内容无缺位、岗位对接无缝隙。进一步完善《目标考核办法》和《奖励性绩效工资分配方案》，细化岗位目标考核细则，成立考核组织机构，通过自评、科室考核、考核小组审核、领导审批等程序，将工作业绩与绩效挂钩，使考核奖励制度落到实处。

进一步改善办学条件，提高综合竞争能力。及时把握培训市场主体发展方向，加大投入，对学校培训教学设施和校园环境进行改造，切实提升学校综合竞争能力。结合驾校达标，重新规划场地，驾校训练场按照新国标进行改造，完善相关配套设施，优化基本建设功能布局。建立高标准的电脑教学教室和考场，根据新的从业人员考试大纲要求，更新、升级电脑配置，组织人力开发教学、培训软件，安装全方位监控系统，拥有1间能同时容纳200人的电脑教室和170人的考场，能满足从业人员培训、考试需要。

拓展其他培训项目。继续稳定从业人员资格证培训，以服务和质量取胜，进一步提高教职员工服务意识，优化办事流程，实行招生、培训、约考、办证手续一条龙，为培训学员提供全方位服务。以提高培训教学质量为目的，进一步加强对教学组织和教学过程的管理，健全教学人员质量考核体系，针对新从业人员培训大纲的内容和要求，加强教学培训辅导，强化培训学员考勤和学时管理，保证培训效果和质量。主动适应从业人员资格证继续教育培训新模式，加大宣传力度，细化、优化培训流程，理顺与行业主管部门关系，增设报名服务窗口，在较短时间适应继续教育培训考核模式的转变，全年培训合格2873人，取得良好的社会效益和经济效益。以市场需求为方向，积极探索成人函授教育新模式，采取集中面授和网络学习相结合，解决了武汉理工大学函授学员工学矛盾突出的问题；针对性开设定向函授，与襄阳市公交总公司合作，特设公交管理大专班，学校本（专）科函授生稳定在160人左右。依托行业管理部门，大力开展系统内外短期培训，承担机关事业单位驾驶员、维修工考工晋级，共培训考试121人；承担襄阳、十堰片区机动车教练员培训考试。开展交通运输企业安全生产标准化达标考评工作，进一步完善考评机构和考评员管理制度，被省交通运输厅增补为城市公交企业安全生产标准化达标考评机构。年初按照襄阳市交通运输局和市运管局的安排，到各县市区开展企业安全生产标准化工作推进会，与30余家交通运输企业签订达标考评协议。完成了全市11家企业安全生产标准化考评工作。

加强领导班子和职工队伍建设，提升职工队伍整体素质和单位文明形象。党支部分工明确，落实述责、述廉和领导干部报告个人重大事项等制度，定期召开支部会议和民主生活会，健全"三重一大"决策监督机制。深入开展"忠诚、责任、干净"主题活动、"两严"专题教育等，进一步提高教职员工思想觉悟水平，提升党风廉政建设工作水平，促进学校向前发展。按照"重在建设、贵在坚持、注重实效"的原则，全面动员、人人参与、精心组织，开展文明单位创建和道德讲堂活动。全年开展道德讲堂12次、志愿服务6次。组织职工学习培训业务知识和业务流程，提高职工履行岗位职责能力，全年开展业务培训考核4次。

（杨德玉）

【荆州港航职工中等专业学校】

2015年，学校加强教学管理、安全管理、党建工作以及后勤保障工作，举办各类培训班38期、培训人数1400余人。其中船员适任证书培训班2期、培训船员450余人，基本安全知识培训班18期、培训船员720人次，客船船员培训班8期、培训船员200余人次，油船船员培训班6期、培训船员36人次，包装危险品培训班3期、培训20余人次，散装化学品培训班1期、培训23人次。

学员管理。严格管理是搞好船员培训工作的必要保证，学校在出勤率、课堂纪律、实习情况方面严格要求，树立良好的班风、学风、校纪校规，保证教学工作顺利进行。学校设置指纹考勤系统，对每个学员从开学到培训结束，进行全程上课考勤，保证课堂教学及晚自习出勤率，从而保障了教学质量。培训期间请公安机关民警给学员上法制教育课，培训结束后评选优秀学员。

教学管理。学校在教学管理上，做到教学规范化、系统化，为船员掌握知识，学到本领打下基础。在平时的教学过程中，抓好备、教、辅、改教学环节的管理。以《船员考试大纲》为依据，结合船员实际情况，在课堂教学中，采用通俗易懂的教学方法，激发船员学习热情，使船员既增长知识，又提高实际操作能力。抓教学环节是提高教学质量基础，除了注重平时教学外，还针对原有的旧题库，结合新教材，进行大范围更新，把历年来笔试题及电脑考试范围内的题融进题库，学员们在上课之余做不同类型的题，既巩固了所学知识、又熟悉了不同题型。

教学质量。为提高教学和培训质量，学校根据《中华人民共和国船员教育和培训质量管理规则》和《中华人民共和国船员培训管理规则》要求，完善船员培训质量体系，对涉及教学质量教务科、办公室及质量体系管理办公室，采取以查阅资料、现场询问、实地查看等方式进行，严格按照质量体系审核流程进行内部审核，确保公开、公平、公正的原则，各审核小组互相交叉审核，即参加审核的人员不审核本部门工作，审核完成后对不符合项进行限期整改，质管办对全年质量体系审核工作形成一个评审报告，对质量体系的运行进行有效的监督。质量体系在学校能够有效、适宜的运行，为全面提升船员管理和服务水平奠定了基础。7—8月，学校组织教师分赴武汉和广东两地参加海事局举办的师资培训学习，并组织教师编制修订各类专业电子教案，利用多媒体等教学形式，提高培训质量，确保教学水平。

（黄俊）

【黄冈交通学校】

2015年，黄冈交通学校坚持以服务交通为核心，以强化服务为主线，以提高效能为目的，积极开展教学培训等工作。

招生工作。学校划分麻城、浠水、团风、蕲春4个片区负责招生，后期根据上级部门指示和实际情况，除保留航运专业招生外，停止其他类普通中专招生宣传。全年招收大中专新生155人，安置毕业生135人，其中中国十五冶25人、长江沿线水运企业52人、其他企业58人，毕业生就业专业对口率98%。

职业培训。全年组织全日制船舶驾驶、轮机管理专业中专生参加海事局适任证书理论考试和实操考试有161人，通过考试132人，通过率达到82%；完成29期各类船员培训，培训种类包括基本安全、适任证书(一、二、三类)、再有效、单独延伸航线、特殊(危操、油操、客船、小型船、渡工)培训等，累计培训各类船员1066人；12月，经长江海事局考核评定，被授予全辖区"A级船员培训机构"；举办出租车从业人员培训班2期、培训人员130余人；通过武汉理工大网络学院黄冈学习中心年检工作，完成2013年春、秋两季武汉理工大网络教育成人本专科生的毕业证办理工作。同时，组织开展并完成2015年春、秋季招生及录取工作，共计招生37人。学校经市道路运输管理局评估验收，取得全市"机动车检测维修人员从业资格培训机构(考点)"资质，开展相关培训组织工作。

项目申报。着眼学校长远发展，积极探索产教融合、校企合作、工学结合的职业教育模式，组织编制申报"十三五"湖北省职业教育产教融合工程规划建设黄冈交通学校《内河航运类实训基地》《汽车技术服务实训基地》2个项目。

学校管理。规范财务报销制度，加强财务监督管理。严格履行现金、支票、借出和报销手续，压缩开支。规范考勤管理制度和办法，通过安装脸谱指纹识别机进行集中考勤签到，抓考勤纪律。规范行政后勤工作管理办法，严格学校发文(用章)、用车、接待、采购等报告、审批程序，实行层层把关、层层审核。规范教学常规工作检查与评估，保证教学过程每个环节正常运行。开展校园排查专项活动，及时排查和消除各类安全隐患，做好学生学籍、资助管理及日常事务性工作。

【恩施州交通高级技工学校】

学校是一所立足交通、面向社会、以中职技工教育为主体、兼具多种职业培训职能的国家公立学校。学校学历教育以培养中高级技能人才为主，与湖北交通职业技术学院、湖北工业职业技术学院签订"校校合作"框架协议，畅通了在校生就读高等职业教育的直通车；与湖北工业大学、湖北交通职业技术学院等高等院校合作，开展成人专(本)科教育。形成技工教育涵盖初中高级工、预备技师的技能人才培养体系，学历教育涵盖中高职、专本科的办学层次。

办学规模。在职教职工145人，其中高级职称12人，硕士7名，本科及以上学历37人。全日制在校生1500余人。常设专业有汽车维修、公路施工与养护、电子技术应用、土木工程、计算机应用技术等。至2015年底，学校建成汽车维修实习实训中心和计算机管理中心2大中心、公路施工与养护专业实习实训基地和高技能人才培训基地2大基地教学设施及学生食堂、学生公寓等辅助设施。增设恩施州交通高级技校教育服务中心、恩施州凯立机动车驾驶员培训有限责任公司、恩施州机动车驾驶员培训中心3家校办企业。

教学改革。创新德育教育评价机制，出台《恩施州交通高级技工学校学生德育考核实施细则》。推进"理实一体化"教学改革，完善教师"备、教、辅、改、考"五大环节督导、评价，不断提高教学质量。2015年，学校汽车维修专业被湖北省人力资源和社会保障厅列为湖北省紧缺技能人才工种目录，成功申报省级精品课程。

2011年至今学校连续5年承办并囊括全州中职学校汽车维修专业技能大赛一、二、三等奖；连续5年在湖北省中等职业学校技能大赛"汽车维修技能大赛"中获汽车维修基本技能个人赛二等奖、三等奖。2015年学校代表恩施州技工学校参加全省首届技工院校技能大赛并获"车身修理"三等奖，获奖选手入选湖北省集训队。

就业服务。坚持市场导向，校企无缝对接。面向市场抓就业，践行订单式培训，主动接轨企业，实现学生高质量实习就业。学校先后与中铁五局、恩运集团等80多家企业签订校企合作协议，涵盖学校所有专业，学生实习就业率继续保持100%。

职业培训。依托行业办学优势，大力开展职业培训，具有8项培训资质或培训基地，即二级资质的机动车驾驶员培训学校，营运驾驶员从业资格证培训，省安监局核准的安全生产培训三级资质，省煤监局核准的煤矿安全培训三级资质，湖北省技能培训定点机构，恩施州机关事业单位技能人才培训基地，恩施州退役士兵职业技能培训基地，湖北省高技能人才培训基地。年均培训近万人次。开设有国家职业技能鉴定所，面向学生和社会进行汽车维修专业等8个工种初、中、高级技能鉴定，年均鉴定500人次，完成全州机关事业单位工人技术等级培训300人。　　　　（薛静兰）

交通综合管理

【机构编制】 2015年，经省编办批复同意，成立湖北省高速公路应急处置服务中心，主要职责是为省交通运输厅、省高速公路管理局应急安全工作提供服务保障；湖北省交通运输厅世界银行贷款项目办公室（省交通运输厅援外办公室）加挂湖北省交通运输厅职业资格中心牌子，主要职责是承担交通运输行业职业资格、职业技能鉴定、世行、外事外经等有关工作；湖北省交通运输厅宣传中心（中国交通报湖北站）不再加挂中国交通报湖北站牌子，主要职责是承担省交通运输厅新闻宣传、新闻发布工作；协助做好交通新闻舆情监控和舆情处置；编辑出版《湖北交通运输年鉴》；组织开展交通运输史志资料的收集整理、开发利用工作。

省交通运输厅机关、厅工程质量监督局、江汉运河航道管理处增加职数，调整湖北交通职业技术学院、厅工程质量监督局、省高速公路联网收费中心、江汉运河航道管理处有关编制。指导厅宣传中心、省交通重点建设领导小组办公室、厅规划研究室、省交通基本建设造价管理站、厅世界银行贷款项目办公室、省高速公路联网收费中心、江汉运河航道管理处7个单位做好编制簿建立工作。提出省交通运输厅机关后勤服务中心人员实名制意见。成立湖北省汉江雅口航运枢纽工程建设指挥部，批复黄黄高速公路管理处杨柳管理所等有关机构定员。

（叶春松）

【人事劳动管理】 1月23日，召开省交通运输厅直属事业单位分类改革推进大会，下发实施方案。厅人事劳动处在抓厅直单位分类改革岗位聘任、绩效工资实施相关工作时，联合省高速公路管理局突出抓好高速公路系统分类改革工作。按照事业单位管理规定和要求，完成各高速公路管理处员工内部实名制工作，制定《湖北省交通运输厅高速公路管理处机关工资分配制度改革实施办法（试行）》及相关配套政策，并在管理处机关推行。

配合完成中编办关于交通系统承担行政职能事业单位改革调研。按照交通运输部统一部署，组织开展全省地方交通运输行业所属单位基本情况摸底调查。参与综合交通体制改革，向省编办报送省交通运输厅有关职责和意见调整的建议。加强公路、运管物流、港航海事等行业和高速公路管理体制有关研究。出台《关于进一步明确省高速公路管理局有关管理权责的意见（试行）》，加强行业管理、理顺事权关系、提升管理效能。荆州运管物流体制、宜昌大物流体制取得新突破。成立湖北交通运输云数据管理中心，加强行业信息数据资源的整合、共享和利用。拟订《"十三五"交通人才发展规划》。启动厅直事业单位岗位设置聘任工作。组织开展全省港航、路桥专业副高及省直初、中级职称水平能力测试相关工作。下发《关于正高级专业技术职务聘任有关事宜的通知》。

（叶春松）

【干部工作】 2015年，坚持"好干部"五条标准，坚持正确用人导向，促进干部清廉为官、事业有为，干部选拔任用工作不断取得新进展新成效。省交通运输厅领导班子2014年年度考核结果获"优秀等次"。全年配合省委组织部提拔厅级干部7名（正厅级1名、副厅级6名）、处级干部1名、交流省管处级干部1名、完成10名厅级后备干部考核工作。1名副厅级领导干部挂职担任省信访督查专员（工作半年）。提拔处级干部26名，其中正处级5名、副处级21名，重用副处级干部5名，交流处级干部22名，其中正处级12名、副处级10名。调动免职2名。选派1名干部援疆、3名干部参加新农村建设工作队并顺利轮换，2名援藏技术干部顺利轮换，1名处级干部到市州挂职并担任市州交通局负责人，3名干部到市州任科技副职，1名处级干部到市区挂职、1名科级干部到乡镇挂职。首次向武汉市委组织部选派2名优秀处级干部挂职锻炼，挂职期满后，1名干部被武汉市选中并按照有关规定办理调动手续。1名厅机关年轻干部调到省编办工作，推荐1名处级干部和2名科级干部参加省委巡视等工作。妥善安置军转干部2名，强化业务部门力量。率先出台《关于贯彻"三严三实"加强干部选拔任用工作的意见》。按照省委组织部"扎实推进干部人事制度综合改革试点"的要求，确定在省公路管理局开展干部人事制度改革试点，实行轮岗竞岗选岗，增强干部队伍特别是年轻干部的活力。

推进专项整治，营造风清气正环境。及时完成干部选拔任用倒查工作，全厅开展上年度干部选拔任用自查自纠工作，对提拔任用干部任职条件、任用程序等进行全面自查，分析存在的问题。在自查自纠的同时完善责任追究机制，加强对提任干部的后续监管，杜绝干部选拔任用后思想滑坡、放任自流和违规违纪行为。开展干部档案审核工作。根据中央组织部全国干部人事档案专项审核会议精神和省委组织部全省干部人事档案专项审核工作实施方案相关要求，全厅共审核干部档案1224册，将审核出的问题逐一进行登记、认定，确保干部档案资料的规范性、真实性、完整性，为规范干部监督管理和干部选拔任用打下良好基础。严格执行干部任前抽查核实制度。组织开展对拟提拔考察对象个人有关事项重点抽查核实工作，全年重点抽查核实33人、随机抽查核实26人。通过对个人报告事项进行核查，详细掌握干部的情况，有针对性的进行监督，有效防止"带病提拔"。圆满完成因私出国（境）证件清理。根据干部管理权限，对照备案范围，组织信息采集，重新登记造册，做到应备尽备，全厅备案689人，登记备案率100%。结合武汉市出入境管理局反馈的各级干部持证信息，收集清理因私出国（境）证件524本，其中因私护照249本、港澳通行证185本、往来台湾通行证90本，均由各级组织人事部门统一保管。

（李晶）

【干部培训】 按照"讲政治、重公道、业务精、作风好"要求，围绕交通发展，全力实施组织人事干部能力提升计划，加强工作规范、业务能力和作风建设。依托省交通运输厅党校主阵地，借助省委党校培训、"湖北干部讲堂"培训、省直干部在线学习，及邀请专家学者来厅授课，搭建完善厅理论中心组学习、"科技大讲堂"、干部教育培训信息化三大平台，不断加强厅机关及厅直单位干部教育培训。2015年，首次组织举办全省县市区交通运输局局长培训班、"严明政治纪律和政治规矩"集中教育培训班、厅直事业单位人事劳动工作培训班。1名厅级干部入选全省干部教育培训兼职教师库，1名副厅级领导干部2次在省委组织部组织的"长江经济带"系列研讨会上授课，分别选派3名厅级、37名处级、52名科级干部参加各级党校学习培训。 （李晶）

【援藏】 2015年，省交通运输厅对西藏山南地区乃东县亚堆乡亚桑村农村客运站项目援助160万元，解决了海拔4330米的亚桑村和亚桑寺的农牧民、僧侣的出行问题。"十二五"期间，省交通运输厅对山南援助资金累计1040万元，涉及交通基础设施建设、职工周转房安居工程、"刚毅式"标准道班房建设工程、一线养护工人饮水工程、道班工人医务室、读书室"双室"建设工程、"助学兴交"基金、检测中心标准化实验室达标工程等方面，援藏资金一分不少，援建项目一个都不留尾巴。

2015年，省交通运输厅共派出1名党政领导干部、4名专业技术干部赴西藏工作，其中技术干部分别是工程建设人员1名、交通路政执法人员1名、交通物流管理人员1名、综合运输管理人员1名。接待山南交通系统学习考察16人次，举办交通安全应急管理培训1期8人。省交通运输厅援藏技术人员针对山南交通技术基础工作的薄弱点，科学制订相关技术标准，结合实际应用于项目，提高了山南交通建设技术水平。 （鲁撰）

【援疆】 2015年，省交通运输厅援疆项目资金200万元，其中农五师交

通运输局100万元、博州交通运输局100万元。"十二五"期间，省交通运输厅对口援疆专项资金840万元。应农五师邀请，省交通运输厅拟定工作方案，成立领导小组和工作专班，援助农五师编制完成《新疆生产建设兵团第五师(双河市)物流业2015-2020年发展规划》，充分发挥湖北交通专业技术人才优势，把湖北的先进理念和专业技术嫁接到当地。按照省委组织部部署，选派1名专业技术干部担任农五师塞里木运输有限责任公司副总经理。

按照湖北省委关于与受援地少数民族党员干部群众"双结双促"的安排，省交通运输厅由厅主要领导带头、厅领导所在机关党支部协助的方式开展"一对一帮扶送温暖"活动。经新疆第五师党委推荐，厅长尤习贵、副厅长程武、石先平分别与回族安长发、维吾尔族阿扎提、克孜、库尔地娜等4户家庭结对。2015年春节前夕(腊月二十九日)，厅长尤习贵通过视频连线兵团五师的3户结对对象，向他们致以节日问候，并委派援疆干部登门拜访，送去慰问金和肉类、油、米、面等日用生活品。12月10日至12日，尤习贵带领厅办公室、人事处、宣传中心、交职院等负责人亲赴新疆，考察博州、农五师交通部门，看望慰问湖北交通援疆干部、看望慰问结对户安长发等，与结对户阿扎提视频对话、并送上慰问金。 （鲁撰）

【挂职调研】 为进一步完善干部挂职、锤炼机制，注重利用援藏、援疆、新农村建设、市州挂职及艰苦边远岗位磨炼干部，先后选派1名干部援疆、3名干部参加新农村建设工作队并顺利轮换，2名援藏技术干部顺利轮换，1名处级干部到市州挂职并担任市州交通局负责人，2名干部到市县任科技副职，1名处级干部到市州开发区挂职、1名科级干部到乡镇挂职。首次向武汉市委组织部选派2名优秀处级干部挂职锻炼，其中1名干部被武汉市引进留用。 （李晶）

【新农村建设】 2015年元旦期

间，厅长尤习贵带领厅直单位部分主要负责人走访慰问厅驻点村清明村老党员、老干部、贫困户、留守家庭。2月10日，省交通运输厅在洪湖市召开省直单位荆州片区新农村建设工作会，传达贯彻省委有关会议精神，安排布置片区工作任务。6月，按照省委办公厅、省政府办公厅通知要求，做好厅驻农村工作队选派工作，选派游峰、袁辛轶、谢向错3人为厅驻农村工作队队员，游峰任工作队长。6月26日，工作队进驻清明村，开展新农村建设工作。

9月，省委、省政府决定将新农村建设工作队调整为驻农村工作队(扶贫工作队)。9月24日，洪湖市政府召开全市扶贫攻坚大会，确定将万全镇黄丝村作为省交通运输厅驻农村工作队(扶贫工作队)驻点村。工作队随即进驻并对黄丝村基本情况展开调研。10月16日，省交通运输厅在洪湖市召开省驻村工作队荆州片区会，传达省委省政府关于全力推进精准扶贫精准脱贫的决定精神，荆州片区13个省驻村工作队队长参会。10月21日，省交通运输厅党组书记、厅长尤习贵，副厅长程武，副巡视员刘立生带领相关处室负责人、厅直单位负责人到驻点村黄丝村调研指导，参加黄丝公路桥危桥改造开工仪式，分别走访慰问6家贫困户。

省交通运输厅驻村工作队克服困难、筹措资金，为驻点村实施帮扶计划，先后为洪湖市万全镇清明村争取农村公路建设补助资金500万元，厅直4个业务局筹资50万元，改扩建的五合垸公路桥于5月15日通车，建成清明村文化广场、洪排河沿河公路、水蛭养殖示范基地等。实现黄丝村组级公路全部硬化，修建碎石生产路14.2公里，新建公路桥1座，新安装路灯120盏，修建垃圾室30个，垃圾填埋场1座，疏通河道2公里，有力促进了清明村、黄丝村精准扶贫、新农村建设和"三万"活动的深入开展。

（鲁撰）

【交通职业资格】 2015年8月，

省编办正式批复省交通运输厅世界银行贷款项目办公室(以下简称厅世行办)加挂职业资格中心牌子,赋予办职称、工人技术等级考试等相关职能,进一步增强厅世行办工作职能,为下一步规范全省交通职业资格工作奠定坚实基础。11月2—4日,交通运输部职业资格中心首次交通运输职业资格工作专门机构负责人座谈会在武汉召开,厅世行办在会上作了交流发言。2015年,厅世行办组织编写的湖北交通职业资格培训系列丛书之《三级机动车驾驶教练员培训教材》和《四级机动车驾驶教练员培训教材》正式出版发行,填补了国内三、四级机动车驾驶教练员培训教材空白,为全省提高机动车驾驶教练员技能水平、进一步加强交通职业培训教育发挥重要作用。

组织开展2015年事业单位工勤人员技术等级考核、湖北考区2015年二级机动车驾驶教练员职业资格考试、第七届全国交通运输行业汽车维修车身涂装(水性漆)竞赛、2015年机动车检测维修专业技术人员职业水平理论考试等工作。积极与交通运输部职业资格中心联系,对已经开展交通运输行业14项职业资格考试考评的政策依据、资格类型、证书作用、承办单位、开展方式等情况进行梳理,为下一步结合湖北省交通实际,在全厅范围内开展职业资格工作提供参考和依据。

(向元)

【人员招聘】 经省人力资源和社会保障厅批准,12月13日,面向社会公开招聘129名高速公路路政执法人员笔试考试顺利进行。结合省高速公路联网收费中心人员实际,严格按照有关政策,先后通过组织调动、专项招聘、公开招聘等三种形式,平稳完成联网收费中心48名工作人员选配工作,其中组织调动23名、专项招聘13名、公开招聘12名。按照2015年省直事业单位公开招聘规定程序,湖北交通职业技术学院、省交通基本建设造价管理站、厅规划研究室、省高速公路联网收费中心4个厅直事业单位公开招考工作如期完成,共聘用人员34人,其中湖北交通职业技术学院19人、省交通基本建设造价管理站2人、厅规划研究室1人、省高速公路联网收费中心12人。 (叶春松)

【工资】 2015年,根据省政府有关事业单位绩效工资改革精神,指导完成省交通运输厅各高速公路管理处机关的绩效工资改革。按省办发〔2015〕3号文件规定,兑现省交通运输厅机关及厅直单位离退休人员自2014年10月以来的离退休费调增和补发。按照省纪委部署的专项整治要求,对厅机关和厅直单位违规发放津补贴或福利问题进行专项整治与规范。

(方敏)

【职称】 9月12日,组织进行路桥港航专业高、中、初级专业技术职务水平能力测试。副高级职称报名人员465人,实际参加考试人员419人,经开卷笔试,通过221人,测试通过率52%;中初级职称报名148人,经闭卷笔试,共通过64人,测试通过率43%。根据省职改办的部署和安排,组织开展全省路桥港航高级职称申报和评审工作,共受理申报材料215份,经专家评审会议审议通过167人,通过率78%。组织开展全省路桥港航专业中(初)级职称申报和评审工作,参加评审65人,经专家量化考核打分通过50人,通过率77%。全年厅直单位取得正高职高级工程师任职资格3人、高级工程师任职资格15人、高级会计师任职资格2人、高级经济师任职资格1人,高等学校教授任职资格2人、副教授任职资格6人。 (向元)

【外事】 2015年,参加交通运输部、省政府有关部门组织的境外交流、培训共计6人次。全年对拟采用世行贷款的汉江雅口枢纽项目进行跟踪准备。3月7日,受埃塞俄比亚交通部和世界银行邀请,省交通运输厅派员赴埃塞俄比亚参加为期6天的中埃南南合作——高速公路的发展与管理经验交流会,双方就高速公路规划、设计、融资和管理等方面的问题进行深入交流。11月12日,英国驻武汉领事馆商务领事毕思德先生到省交通运输厅,双方就湖北交通在对外合作及项目规划方面的情况进行交流。11月19日,世界银行全球交通运输与信息执行总裁Jose Luis Irigoyen先生率领的世行代表团到省交通运输厅,厅长尤习贵会见代表团一行。Irigoyen先生听取湖北省7个世行贷款或拟申请贷款的交通项目情况报告,对湖北交通世行贷款项目所取得的成果给予高度肯定。11月21日,世行代表团一行考察宜昌至巴东高速公路及路段监控分中心,代表团对宜昌至巴东高速公路营运管理状况、特别对鄂西山区高速公路事故救援及应急管理工作给予肯定。12月1日,美国驻广州总领馆商务领事谷茉莉女士一行到省交通运输厅,双方就湖北的交通投资、技术以及人才等方面进行深入交流。 (向元)

【目标管理】 2015年,省交通运输厅与省委、省政府签订责任状中的各项目标任务均圆满完成,部分指标超额完成,充分发挥了交通运输部门"建成支点、走在前列"的先行引领作用。

重要职能目标圆满完成。全年完成交通固定资产投资1108亿元,为年度目标850亿元的130%,跃居全国第四。高速公路建设:全省建成高速公路1108公里,年度建成高速公路里程创历史新高。全省高速公路总里程达到6204公里,由2014年全国第7位上升至第4位,实现了省委书记李鸿忠提出的"湖北高速公路建设在全国的位次只能进不能退、保持算一般"的目标要求。普通公路建设:全年完成一级公路1279公里、二级公路2919公里、农村公路16848公里,分别占年度目标的128%、162%、153%。4条片区特色公路累计贯通3412公里,占总里程(3813公里)的90%,其中片区特色路主线基本建成,主线累计贯通2621公里,占主线总里程(2793公里)的94%。港航水运建设:武汉新港阳逻集装箱港区三作业区开港,已建成4个集装箱泊位。2015年7月16日,汉江雅口航运枢纽工程建设指挥部成立;7月30日,指挥部正式挂牌进驻现场;12月27日,工程主体大坝施工作业区的左岸进场道路开工。汉江兴隆至碾盘山段航道整治工程顺利推进,全年完成投资4亿元,累计完成投资5.7亿元,形象进度达到75%。站场物流建设:以武汉、宜昌、荆州、黄石、襄阳五大主要港口为核心、以多式联运为基础的综合交通枢纽体系加快建设。江北铁路一期、花山大道、江北快速路等集疏运通道建成投入运营,武汉港阳逻港区、鄂州港三江港区、黄石港棋盘洲港区、荆州盐卡港区、宜昌云池港区均加快推进疏港铁路同步建设。注重开展港产联动,大力发展港口后方产业园和物流园建设,武汉新港楚江物流园、黄石棋盘洲物流园区开工建设,黄石棋盘洲物流园区一期工程(黄石棋盘洲保税物流中心)投入使用;三峡茅坪物流中心、白洋物流园开工建设;与襄阳小河港配套的宜城物流园已完成土建工程。完成交通运输物流企业培育指导意见,推进鄂州大通、荆门宏业等7个甩挂项目加快试点工作进程。利用网格化管理平台,完成《农村物流发展规划编制》,与邮政部门开展交邮共建工作,加快农村物流融合发展步伐。"村村通客车":多方筹集资金90.5亿元,新建农村公路1.6万公里,加宽改造通村公路4.7万公里、修建错车台9.5万个;修缮改造桥梁1598座;新增乡镇客运站141个、候车亭7032个、招呼站12824个,实现全省25989个行政村全部通客车目标。高速公路ETC建设:高速公路主线收费站ETC覆盖率达到100%,6月30日实现全国联网。截至2015年12月31日,ETC用户达到106万户。

目标管理工作的特色和亮点。厅党组始终把目标管理工作摆在重要位置,列入党组重要议事日程,形成党组统一领导,"一把手"亲自抓,分管领导具体抓,各单位、各部门负责人分工负责、齐抓共管、严格监督的领导体制。厅机关与39个处室和厅直单位签订目标责任书,明确责任目标、责任领导、责任处室(单位)、责任人和完成时限,目标管理领导有方、措施有力、工作有效。印发了《关于进一步加强督查工作的通知》,举办政务督查培训班,突出督查重点,强化督查实效,推动2015年和"十二五"交通运输目标任务的完成。按照"以旬保月、以月保季、以季保年"的思路,每项重点工作明确1名厅领导牵头负责,1个责任单位(部门)牵头落实。厅领导践行"交通一线工作法",落实分片包干责任制,带队深入一线,协调解决交通运输发展中的困难和问题,确保交通运输事业持续快速健康发展。结合行业实际,进行系统梳理,年初印发《2015年工作要点和重点工作专班责任分解》,明确48项工作要点和16项重点任务,建立高速公路督办专班、普通公路督办专班等16个重点工作专班。如高速公路督办专班采取"省交投项目每月巡视、社会投资项目重点督办、严重滞后项目驻点督办"的方式,每月保证20天以上的时间在工地一线进行现场督办,实时掌握项目建设进展情况,及时协调影响项目推进的问题,全力以赴督办高速公路建设任务。创新工作方式,改变当面催、电话催、短信催等传统督查方式,将网络督查放在日常运行更加突出的位置。在厅OA办公自动化系统中,设置"政务督查"模块和"重要工作专报"子模块,组织厅直单位和厅机关处室网上督查培训,实现网上交办和催办。每季度通报16个重点工作专班各项任务进展情况,每季度通报厅长办公会决定事项和各单位、各部门重点任务落实情况,印发通报和专报43期、会议纪要28期。(范建)

【社会管理及综合治理】 2015年,省交通运输厅深入开展加强干部职工法治思维和廉政教育活动,坚持系统治理、依法治理、综合治理、源头治理,有效防范化解影响社会安定问题,确保全省交通运输系统和谐稳定发展。主要做法是:

领导责任制和目标管理责任制落实严格。坚持把综治工作(平安建设)摆上重要议事日程,及时调整工作领导小组及成员,定期研究部署综治工作(平安建设)。15次将平安建设工作列入厅长办公会议题,研究工作措施、明确工作责任、强化工作要求。与39个机关处室、直属单位负责人签订《2015年度综治信访工作目标管理责任书》。通过全面实行目标管理责任制,把综治工作和安全工作责任落实到每个部门和具体人,形成"一把手"亲自抓、分管领导具体抓、各单位各部门负责人分工负责、每名同志有目标责任的管理机制。

"平安交通"创建工作"系统抓、抓系统"成效明显。印发《湖北省交通运输系统"平安交通"创建活动实施方案》,平安创建工作覆盖全省交通运输系统,并明确5年的"平安交通"创建目标。将年度3个综治职能工作项目任务主体责任分解到厅直业务局,通过"系统抓、抓系统",推动整个交通系统综治工作齐抓共管。公路水路安全联防工作每年得到交通运输部肯定,年初在全省综治工作全会上代表省直单位作经验交流发言。

维护社会稳定积极有效。针对全省实施的城乡客运一体化、村村通客车、客运线路调整、客货运输集约化经营、出租车(网络约租车)行业管理等方面涉及群众切身利益、容易引起社会矛盾和群体性事件的问题,积极推进重大决策社会稳定风险评估工作落实,完善矛盾纠纷排查调处工作机制,积极预防和化解矛盾纠纷。大力推进"阳光信访""法治信访""责任信访"。研究制定《交通运输领域主要信访投诉请求法定办理途径及相关法律依据》《关于进一步加强和改进交通运输系统信访工作的意见》。全年办理信访事项458件,件件有着落、事事有回音,信访量同比下降近47%。

注重交通法治建设。不断健全普法依法治理工作组织机构,明确依法治理工作职责。每年定期开展全省交通运输系统执法评议考核,将考核常态化。不断完善法规规章,加强规范性文件的审查、评估、出台和管理，初步形成较为完备的法律法规体系。全年举办全省交通运输系统法制领导干部培训班及基层执法骨干培训班6场、全省交通法治巡回宣讲团"送法进基层"培训15场，受训人数近5000人次，增强了全体干部职工学法、遵法、守法和用法意识。积极探索综合执法体制改革，加强重点领域专项治理力度，深入推进路警共建。

全面加强党风廉政建设。厅党组始终把"党要管党、从严治党"作为交通运输改革发展的生命线，"两个责任"一起担、一起抓，多措并举履职尽责，努力抓好领导班子和干部队伍建设，形成了风清气正的交通政治生态。全面推进审批、服务、执法、工程4个"廉政阳光交通"建设。深入学习贯彻落实《条例》《准则》，党风廉政建设工作走在省直部门前列，在省委落实党风廉政建设主体责任推进会上作交流发言。

加强对综治联系点综治工作的协调与指导。将开展综治联系点工作作为本单位联系服务基层群众的一项重要举措，制订联系点郧西县综治工作三年规划，确定了综治示范点、示范村。加大对综治示范点、综治示范村交通安全整治、综治项目资金投入，支持综治示范点公路安全隐患整治资金710万元，力争3年内帮助综治示范点、示范村分别打造成"全市平安和谐民族乡""全县法治示范村"。协调郧西县政府，划拨50万元资金支持县政法委(综治办)开展综治工作。

（李永胜）

【信访】 2015年，省交通运输厅健全完善信访工作制度，规范信访事项受理办理程序，积极推行逐级走访、法定途径优先、阳光信访，认真化解各类矛盾纠纷，切实维护群众合法权益，有效保障行业和谐稳定。全年办理信访事项458件，其中，省长信箱31件、国家信访局转办4件、交通运输部转办1件、省信访局转办1件、厅长信箱及公众诉求等339件，来访65件，其他17件，与上年(771件)相比，

下降41%。主要做法：

加强组织领导，认真落实信访工作领导责任制。面对新的信访形势，厅党组坚持把信访工作纳入重要议事日程，认真履行部门职责，做到领导重视到位、安排部署到位、督促落实到位、检查考核到位。根据人员变化，调整厅信访工作领导小组及成员，制订《2015年全省交通运输信访工作要点》《湖北交通运输领域主要事项法定办理途径及相关法律依据》《关于进一步加强交通运输系统信访事项办理工作的实施意见》。与39个厅直单位、机关处室签订目标管理责任书，落实信访工作责任。明确各单位、各部门主要领导是信访工作第一责任人，分管信访工作的领导负直接责任，形成一级抓一级、层层抓落实的信访工作责任体系。

坚持法治思维，着力构建依法有序的信访工作秩序。按照"防范为先、化解为主、基础为要、民生为本"的原则，引导信访人员树立法治思维化解社会矛盾纠纷，着力构建依法有序的信访工作秩序，把信访问题化解在基层。同时进一步落实依法逐级走访制度，对来访的群众，在接访中始终做到热情接待，规范受理办理工作程序，加强督查督办，引导信访人依法逐级走访。重视初信初访办理工作，落实信访事项责任单位承办责任和工作人员首办责任，有效防止信访人因初次诉求没能得到及时有效办理而造成重信重访或越级上访。积极推行"阳光信访"，将省交通运输厅网站上厅长信箱、公众交流、咨询投诉等栏目主动并入"阳光信访信息系统"，实现信访事项办理在"阳光"运行。

归纳整合，形成常见问题信息资源库。在日常工作中，经常有些公众会就同一类或同一个问题进行咨询，为了让公众更快、更便捷获取其所需查询的信息，对一定时期内公众问得最多、最具有共性的信件进行归纳整合，形成常见问题信息资源库，并在网站"政民互动"栏目设置"常见问题解答"栏，公众可以直接对其咨询问题进行搜索查询。

（李永胜）

【档案管理】 2015年，档案工作以升级达标、争优创先为动力，以科学化、规范化建设为重点，对照湖北省档案工作目标管理认证标准，对厅直部分事业单位档案规范管理晋升、复查进行考评，均顺利通过。

认真学习宣传贯彻《档案法》和《湖北省档案管理条例》，组织厅机关及厅直单位参加档案法律法规知识竞赛活动，强化档案管理意识。进一步强化档案安全管理，健全完善档案安全管理制度，加强制度执行情况的考核，构筑人防、物防、技防相结合的档案安全体系，确保档案库房、档案实体、档案信息和档案网络安全；加强安全保密专项检查，进一步完善安全防护措施和应急预案，确保档案实体和信息安全。进一步加强档案资源信息开发利用，充分利用档案信息化建设成果，推进信息共享，提高档案服务能力和水平；做好涉及敏感档案资料的管控，严格审批制度，发挥档案部门为维护交通发展的稳定作用；充分发挥档案的凭证作用，为交通建设服好务。引导档案干部加强政治理论、专业知识、法律知识以及专业技能学习，组织参加档案专业业务培训、档案干部上岗培训2次，全面提高干部业务素质和工作能力。做好建设项目档案管理，全面服务交通建设发展，省交通运输厅对码头、船闸、高速公路项目档案业务进行跟踪监督与指导，使档案工作在工程建设中发挥应有的价值和作用。

（戚媛）

【省人大建议、政协提案办理】 2015年，共收到全国人大建议2件、省人大建议133件、政协提案52件。省交通运输厅坚持"让代表委员满意，就是让人民群众满意"的原则，把建议提案办理和交通重点工作结合起来，促进交通运输事业不断发展。建议提案办理工作主要做法：

加强组织领导。省交通运输厅建立"主要领导亲自抓、分管领导具体抓"的工作体制，把建议提案办理工作纳入处室目标考核内容，每年主要领导

召开厅长办公会、分管领导召开建议提案交办会，对建议提案办理工作提出明确要求，进行专题部署。厅主要领导每年逐一阅示建议提案、听取建议提案办理汇报、查看建议提案答复意见，并对重点建议提案亲自进行批示和督办。在分管领导具体指导下，厅办公室负责定期督办，并设立专人负责建议提案办理的日常工作，形成"办公室统筹协调、各处室分工负责"的工作格局。

完善制度机制。完善办理责任机制。由厅办公室牵头，根据建议提案内容，结合业务分工，把建议提案逐一落实到分管处室或厅直单位，明确责任和时限，各处室和单位根据工作职责，在规定的时限内按要求认真办理。在具体办理过程中，制订建议提案办理分工表，把人大建议、政协提案主要内容、人大代表和政协委员姓名、联系电话和责任处室、协办处室（或单位）、答复意见初稿完成时限及见面答复安排等事宜详细列出，做到建议提案办理精细化、规范化。完善办理流程。为进一步推动和改进办理工作，印发《湖北省交通运输厅办理人大建议、政协提案办理工作的通知》，进一步明确和细化建议提案分类登记、领导阅示、分工、办理、督办、面复、修改、领导签发、寄送代表委员、反馈、总结、归档等一系列工作程序，确保办理过程中每个环节有章可循。

提高工作实效。各级交通运输部门始终坚持"建议提案促进工作、建议提案创新工作"的原则，采取上门走访、召开座谈会和邀请视察等形式，及时沟通征求意见、答复和信息反馈工作，讲清政策、讲明原因、讲透过程。7月23日省人大常委会办公厅组织36位省人大代表到红安实地视察红安产业园到阳逻港的快速通道、农村公路升级改造和建养管情况及村村通客运、大别山红色旅游公路情况，代表们对省交通运输厅高度重视代表建议办理工作、坚持实地调研、注重办理实效、坚持举一反三、注重加强沟通等做法，给予较高评价。厅办公室组织人员通过信函、电话直接将办

理情况与代表委员沟通，力求准确理解代表、委员建议、提案的本意，力求取得代表委员的支持和理解。建议、提案件形成正式答复意见后，由厅领导带队分11个组赴市州与代表、委员见面，通报交通改革发展和建设情况，介绍建议提案办理情况，听取代表委员提出的建议意见。由交通主办的123件建议提案全部答复完毕，并同步完成网上答复工作。　　（咸媛）

【研究室工作】 厅研究室（厅改革办）始终坚持围绕中心，服务大局，主动谋划，超前服务，用实际行动确保政令畅通，决策落实。坚持想问题、办事情、当参谋、提建议，从大局着想、从需要出发，不断增强工作主动性、创新性、实效性，高效促进上级部门和省交通运输厅各项决策部署的落实。

注重研究中央和省委重大决策部署，准确把握经济社会发展形势，把研究工作定位在研究政策、服务决策、参谋对策上，广调研、多思谋、献良策。着力抓好重大题材策划，围绕工作重点、领导关注的焦点和群众反映的热点进行研究，注重挖掘交通建设发展中的新思路、新做法，完成2015年省重大调研课题基金项目《抢抓长江经济带战略机遇　构建综合立体交通体系研究》，撰写《共建中三角 打造第四极 当好先行官》和《高位谋划 统筹协调 稳步推进综合交通运输改革》，以及《决胜村村通客车"最后一公里"》。落实《政府工作报告》重点工作责任分工以及厅工作要点和重点工作专班责任分解。

围绕发展大局，紧贴交通中心工作，高质量起草领导文稿。起草领导在交通运输部会议、省"两会"、"三抓一促"会议等省级会议以及在厅直各单位工作会议上的重要讲话稿67篇。完成2016年度工作报告，全面总结了"十二五"全省交通运输发展取得的重大成就、分析"十三五"全省交通运输发展面临的形势、提出"十三五"总体思路、目标和任务。撰写全省交通经济形势分析会、全国ETC联网工作调度视频会、交通运输

部贯彻落实"四个全面"战略布局当好发展先行官动员部署会、"十二五"全国干线公路养护管理检查电视电话布置会、智慧湖北建设电视电话会、"村村通客车"交流会、交通运输大数据应用推进会、2015年全省公路水路建设项目集中开工视频会议等讲话材料。配合修改、审核领导参与重要活动讲话稿20余篇。

积极推动全省综合交通运输体制机制改革。争取省全面深化改革领导小组将推进省级综合交通运输体制机制改革列为2015年14个重大改革项目之一、省委常委会工作要点。厅改革领导小组全年召开5次专题会议，专门研究综合交通运输改革体制机制工作，并印发5期会议纪要。此项改革工作基本结项。

做好大交通、大路网、黄金水道、村村通、深化改革等重点领域宣传，重视网络、手机等新兴媒体，重视与交通运输部、省政府门户网站等媒体的合作，发挥厅网站主阵地作用，及时发布正面、权威信息，编发《舆情专报》《交通研究参考》《改革简报》等各类简讯专报100期，为交流经验、成果转化搭建重要平台。　（徐海洋）

【机关后勤服务】 服务保障工作。坚持服务为先，全力保运转、强安全、管秩序、优环境、促节约、办实事、做好事。完成各类水电设备设施维修保养，完成台北路、航空路宿舍区水、电移交社会管理以及取暖锅炉"油改气"调研工作。组织开展"节能有道、节俭有德"节能宣传周活动，宣传节能常识、增配公共自行车、倡导"低碳体验日"，进一步增强机关干部职工节能意识。科学合理调度用车，全程监管车辆使用、维修保养等相关环节，保障厅机关公务用车需求及重大型会议活动用车，实现"管理规范、服务优质、安全行驶、节能降耗"车辆管理目标。截至12月中旬，车队安全行驶55.65万公里，月最高行驶6.57万公里，单车月最高行驶9000公里，无重大责任事故发生。加强日常安全巡查，做到厅机关大楼区域安全无"死

角"，全面清理、登记厅机关大楼区域消防、用电设施设备，明确责任主体，举办安全消防知识讲座2次。增加安保设施，增设高清摄像头11个，协助接待上访58次、人数162人次。完成厅机关重大活动及会议保卫及车辆疏导工作，厅机关大院区域全年未发生一起违法犯罪事件。完善《食堂采购管理办法》《食堂仓库管理办法》，建立食堂食材采购公示制度和食堂重点岗位轮岗制，严格落实成本核算制，优化职工供餐模式。强化财务支出管理，规范资金使用，加强资金监管。严格落实合同会签制度，在保安服务、电梯维保、车辆维保、办公用品采购上严格执行采购流程。所有专项维修工程严格执行由5人技术评定小组对项目实施前的立项、基层班组人员核定工程量、全面了解市场行情，指定专人对工程量计算是否正确、单价是否合理、费用计取是否准确进行审核，通过竞争性谈判选定施工队伍，确保每个工程项目科学、合理、公正、透明。

重点专项工作。顺利完成机关公车改革工作任务。按照省车改办、省机关事务管理局统一部署，省交通运输厅成立车改工作专班，后勤中心作为具体承办单位，配合做好厅机关及省公路管理局、省道路运输管理局（物流发展局）、省港航管理局（地方海事局）、省高速公路管理局、厅工程质量监督局（以下简称厅直5个业务局）公务车辆信息申报、处置和保留工作，完成厅机关公务交通补贴发放前期工作。同时，顺利完成厅机关司勤人员调整工作，确保队伍稳定；结合工作实际，制订《厅机关公务车使用管理暂行办法》，保障厅机关公务出行不受影响。此次车改，省交通运输厅共上报处置45台公务车（含厅直5个业务局），厅机关保留12台公务车、驾驶员减为12名。厅机关集资建房和房改房、旧房换旧房等工作，按照条件成熟一批办理一批的工作思路，仔细核算、耐心沟通，确保每笔资金无差错，顺利通过省直机关房改办资金中心审核，圆满完成房改房和旧房换旧房收

缴房款或退还预交房款余额、房产证的办理及集资建房退还旧房款工作。11月份完成省交通科技产业园主办公楼、地勘楼、办公楼（咨询开发楼）资产过户手续。顺利完成厅机关大楼卫生间改造、南侧办公室玻璃窗更换工作。

党风廉政建设。修订完善《"三会一课"制度》《中心组学习会制度》《民主生活会制度》《党支部议事规则》《"三重一大"事项集体决策实施细则（试行）》。以"一个党员一面旗，后勤服务我先行"为主题，以比学用结合、看综合素质提升，比规范建设、看规定动作的落实，比示范带动、看服务质量优化"三比三看"为着力点开展"红旗党小组""党员示范岗"创建和考评工作。与汉十高速公路管理处随州党总支以"支部手牵手，党员心连心"为主题结对共建。厅机关后勤服务中心被评为厅直系统"红旗党支部"。

（吴昊）

【湖北省综合交通运输研究会】
2015年6月，召开湖北省综合交通运输研究会（以下简称研究会）研究会第一届第二次理事会，会议选举确定徐佑林为新会长。加强财务收支和日常经费管理，结合实际情况，制定《湖北省综合交通运输研究会经费管理办法》，进一步规范研究会规章制度。及时更新《社会团体法人登记证》《税务登记证》等证照信息。按照省财政厅政府采购文件要求，经过竞争性谈判，研究会取得《湖北省交通运输厅高速公路项目前期工作技术咨询服务》、《湖北省公路水路交通运输"十三五"发展规划》理论支撑子课题、《湖北省综合交通运输"十三五"发展规划》理论支撑子课题3个政府采购项目，截至12月30日，3个项目均与委托方签订正式合同，课题研究工作在有序开展中；继续推进《湖北省绿色航运指标体系研究》《综合运输体系下道路运输发展趋势及对策研究》2个课题工作。

研究会以规范行为、优化结构、创新理念、提升服务为目标，积极参与行业内的交流活动，参与全省交通

工作会等重大会议和相关专业会，主动学习、了解交通发展最新方针、政策，掌握第一手信息。大力开展研究会内部各会员单位间的交流活动，针对交通行业时政热点问题，举办会员单位相关专业人员座谈会，吸纳公路、铁路、港口、民航、邮政等多领域、深层次的高级技术人员和行政人员相互学习、相互探讨，共谋发展。

（谭静）

【湖北省公路学会】 2015年6月，召开湖北省公路学会第八次会员代表大会第二次全体会议，重新修订的《湖北省公路学会章程》和《湖北省公路学会会费管理办法》通过大会审议，《湖北省公路学会会费管理办法》报省科协审批备案、省民政厅核准，学会发布。修订《公路工程技术咨询服务管理办法》《公路工程档案技术咨询服务管理办法》，制定《公路工程设计咨询审查服务管理办法》《机动车综合性能检测实验室资质认定技术咨询服务管理办法》《科技咨询业务辅助性服务工作补贴办法》。增强学会发展能力，根据工作需要变更了理事长，增补常务副理事长1人、常务理事28人、理事21人，新增单位会员3个、个人会员27人。

加强学术建设，服务交通科技创新。4月在潜江市举办"武汉城市圈片区筑、养护机械技术研讨及现场演示会"；5月在宜昌市举办鄂西南片区《公路工程技术标准》（JTG B01-2014）宣贯及沥青路面养护新技术专家讲座，与桥隧专委会组织"港珠澳大桥珠海连接线建造技术学术交流与考察"活动，学习考察港珠澳大桥珠海连接线建造技术中隧道和桥梁全新的设计思路、施工工艺、管理模式等科技成果；6月与交通工程专委会组织"雅安至西昌高速公路考察和技术交流"活动，学习考察雅西高速工程中国内首创、采用"钢管叠合柱"和"C80号混凝土自密实浇筑工艺"等建造的世界同类型最高桥墩的腊八斤连续刚构特大桥及最大埋深1650米的泥巴山大相岭隧道，以及在峡谷连续爬升450米的铁寨子双螺旋小半径隧道，世界第一

2015 年 7 月 20 日，全国隧道及地下工程不良地质超前预报与突水突泥灾害防治学术会议

座全钢管混凝土桁架梁桥——干海子特大桥；7 月在神农架林区举办鄂西北片区公路建设、养护新技术专家讲座；10 月汽车运输专委会在深圳举办"互联网＋公交都市发展新常态"论坛，探讨新常态下国家公交都市建设路径、低碳公交与脚印城市、公交都市信息智能化与市场开发等先进理念和专题；11 月在鄂州市举办武汉城市圈片区公路沥青、路基和桥梁设计、养护(施工)新技术专家讲座，与环境保护与安全专业委员会在兴山县进行湖北省生态环保公路——兴山水上公路和神宜公路现场考察和技术交流。

跨界高端学术交流提高公路行业学术质量和水平。4 月组织全省公路系统 60 多人参加中国公路学会在上海举办"第七届中国公路科技创新高层论坛"，学会 5 篇论文入选《"第七届中国公路科技创新高层论坛"论文集》，被评为"第七届中国公路科技创新高层论坛优秀组织奖"。7 月和中国岩石力学与工程学会地下工程分会在恩施主办"全国隧道及地下工程不良地质超前预报与突水突泥灾害防治学术会议"，中国工程院院士钱七虎、郑颖人、顾金才出席会议并作学术报告；会议还安排国家 973 项目"深长隧道突水突泥重大灾害致灾机理及预测预警与控制理论"专题研讨会，组织实地考察湖北利万高速公路齐岳山隧道重大突水灾害防治情况。12 月与筑路机械专委会和中国工程机械工业协会路面与压实分会主办"路面机械成套化与应急养护研讨会"，举办"国内外筑养路机械设备发展趋势及对策研究""工业 4.0""互联网＋"专题讲座。

技术咨询和课题研究有新成效。继续做好学会开展的重点工程项目技术咨询和部分工程档案技术服务，到现场并完成的高速公路技术咨询项目有利万高速公路隧道涌水治理、建恩高速公路沥青路面施工技术、保宜高速公路隧道施工技术和大型滑坡体处治、仙洪高速公路工程软基施工沉降及稳定动态监测，提出改进建议，写出咨询报告。新承接省公路局委托的"327 省道曾都区洛阳至揭家垅段改建工程"初步设计审查，完成通城、武汉好江南机动车检测公司的技术咨询服务。8 个档案项目，已制定了工程档案收集整理立卷归档实施细则，完成了专业培训，派出了 6 名专职工程档案技术人员长驻指挥部，学会工程档案技术服务专班定期深入各项目施工、监理单位，进行调研指导和协调服务，文件资料的收集整理工作有序推进。课题研究方面，编制完成《湖北省乡村公路中小型营运客通用要求》地方标准，完成《湖北省交通运输"十三五"发展规划战略研究》咨询评审工作；基本完成"湖北省'十三五'农村公路发展战略研究"；完成《湖北省"十三五"农村公路发展规划》竞争性谈判并启动规划编制工作；已

完成"生态旅游公路建设配套技术研究"工作大纲编制和资料收集工作。

全面启动科普活动，扩大交通行业社会影响。4 月启动全省公路科普教育基地认定工作，对本行业科普教育资源进行调查摸底，开展公路科普教育基地建设试点，要求每 2 年开展一次全省公路科普教育基地认定工作，形成全省公路学会统筹规划、分级建设、定期认定、提档升级的常态化工作机制。作为试点，7 月份省公路学会分别对中铁大桥局集团有限公司"武汉桥文化博物馆"、湖北交通职业技术学院"科普教育基地"进行现场考核，认定为首批省公路学会科普教育基地，向中国公路学会推荐作为全国公路科普教育基地，中铁大桥局集团有限公司"武汉桥文化博物馆"被认定为首批中国公路科普教育基地。9 月，组织参加 2015 年湖北省全国科普日活动启动式，学会推出以"建设绿色交通，共享美好生活"为主题的公路交通专题展，用 200 多幅照片、翔实的数据和简略的文字，展示"十二五"期全省公路科技创新、服务民生、绿色环保、科学发展的成果和前景，活动现场发放公路科普资料 2000 多份。

科技奖励和人才举荐有新成绩。修改完善"湖北省公路学会科学技术奖"评审办法，严格申报条件、程序和评审、公示制度，全年受理省公路学会科技奖 8 项，评出 7 项推荐参加中国公路学会科技奖的评审。学会向中国公路学会推荐的优秀科技人才中，武大卓越科技有限责任公司张德津、湖北省交通规划设计院张铭入选第八届中国公路百名优秀工程师；湖北省交通规划设计院常英获"第十届中国公路青年科技奖"(全国 10 人)。省公路学会毋润生被中国公路学会评为"科技创新和学会工作'双优'贡献突出先进个人"。学会向省科协推荐省公路学会徐健、省交通投资公司张世飙和省交通规划设计院王国斌(全省 50 名)均被评为"湖北省科协'科技创新源泉工程'创新创业人才"。根据省科协要求，学会成立推选院士候选人专家委员会、材料审核小组和

工作领导小组，制订"2015年湖北省公路学会推选中国工程院院士候选人工作方案"，并召开学会常务理事会（通讯）会议，审议通过推选工作机构名单和实施方案，安排布置2015年湖北省公路学会推选中国工程院院士候选人工作。　　　　　　（杨运娥）

【湖北省运输与物流协会】 2015年，湖北省运输与物流协会坚持"为会员服务、为行业服务、为政府服务"的宗旨，以建立"全国道路运输行业一流协会"为发展目标，以"进一步树立协会形象、进一步夯实协会基础、进一步加强制度管理、进一步发挥分会作用"为工作指南，推动各项工作健康发展。

基础管理。8月，协会第四届理事会四次会议顺利召开，会议表决通过会长、副会长变更等议案，决议通过由协会委托海峡联合保险经纪（北京）有限责任公司承担2015年12月至2018年11月湖北省道路运输承运人责任保险招投标工作。修订完善《劳动纪律管理办法》，印发《关于进一步加强财务管理严肃财经纪律的通知》，在原《绩效考核管理办法》的基础上制定《绩效考核补充办法》。年初，完成协会、湖北诚信道路运输服务有限公司、畅达培训中心2014年度财务审计工作；6月，完成协会、

湖北诚信道路运输服务有限公司网上年审申报工作；8月，配合国家审计署、省工商局完成对湖北诚信道路运输有限公司财务情况、运营情况清查工作，进一步规范相关单位运作行为。

同行交流与分支机构建设。为加强同行协会交流，3月24日，协会组织召开全国部分省市道路运输协会工作座谈会，来自全国15个省市协会会长、秘书长共20余人参加会议，会上各省市就如何应对协会与行政机关脱钩改革新形势、顺势而上推动协会创新发展进行深入探讨。汽车维修分会根据交通运输部职业资格中心文件精神，协助省交通运输厅职业资格中心举办第七届全国交通运输行业职业技能大赛。8月，组织各市州汽车维修企业参与中国汽车维修行业协会举办的行业诚信企业申报，全省26家企业获得表彰。出租车与汽车租赁分会协助中道协出租汽车与汽车租赁分会召开2015年第一次理事长办公会，针对时事热点2次组织召开汽车租赁分会座谈会，对公务用车改革给租赁行业带来的发展机遇进行讨论。

行业服务。加大对全省新一轮道路运输承运人责任险工作力度，制订《湖北省道路运输承运人责任险招投标委托书》，并取得部分运输企业代表授权，在法律上完善招投标程序。起草湖北省道路运输承运人责任险《招

标文件》，广泛征求意见并多次组织保险专家进行修改。引用保险经纪公司运作机制，择优选择海峡联合保险经纪（北京）有限责任公司为合作伙伴。11月中旬，新一轮湖北省道路运输承运人责任保险招投标会议顺利召开，最终确定9家预中标保险公司，并就保险合作方案达成一致签订合作协议。12月4日，召开全省17个市州道路运输协会、运管处相关负责人座谈会，动员组织当地运输企业落实本次承运人责任险相关工作。

职业技能培训和鉴定。做好3-4级机动车驾驶教练员培训前期工作。圆满完成2014年二手车鉴定师、人力资源师、心理咨询师、物流师、企业培训师、理财规划师等技能鉴定相关证件办理和发放工作。组织开展1期职业技能日常鉴定，41名学员参与鉴定并全部通过考核。开展驾驶员培训正版教材征订与发行工作，全年完成征订量35万册；完成与省道路运输管理局主办《湖北道路运输》全年4期的编辑及发行工作；完成《湖北省交通运输发展研究成果汇编》(2013-2015年)出版工作。

职业教育。加大职业教育工作力度，完成物流与采购2个专业4次报考工作，全年专业课2653课次。完成资格证书、毕业证书以及2个专业考试准考证及考试通知单发放工作。做好自考本科毕业资格认定及课程免考审核工作，与省考试院、省自考办进行信息对接，物流与采购2个专业共275人完成毕业申请。加强CPLM/CPS证书申请与考前纪律管理，全年递交CPLM证书申请资料并符合要求的学员280人、岗位能力证书30人、CPS资格证书73人。受中国汽车维修行业协会委托，组织湖北交通职业技术学院老师和学生深入到社区、4S店、装饰美容店面访车主，完成45个品牌、260款车型、450个样本调访任务。

政府服务。根据省运管局要求开展交通运输企业安全生产标准化试点企业考评工作，对恩施新长城汽车销售服务有限公司进行试点考评。做好企业现场考评工作，完成黄石、荆州、

2015年8月8日，湖北省运输与物流协会第四届四次会员代表大会在武汉召开

恩施等地出租车企业、汽车客运站、货运站和维修企业共50多家现场考评。完成2015年省交通运输厅、省运管物流局委托的考评员、自评员培训工作。组织全省道路运输(普货、维修企业)考评员培训290人。组织黄石、黄冈、鄂州市道路运输(普货、维修企业)自评员培训215人。完成2014年省直机关事业单位工人技术等级考核合格人员证书办理及发放等工作。做好2015年报名汇总及交通行业6个工种培训、实操考试等组织工作,其中参加操作培训班及操作考试约400人,参加考核221人。完成《湖北省长途客运接驳运输联盟研究》《大部制改革背景下完善湖北综合交通运输管理体制研究》《湖北省"十三五"公路水路交通基础设施建养投资政策研究》3个课题,完成《湖北省货运枢纽(物流园区)布局规划研究》《湖北省汽车客运站标准化建设研究》2个课题结题工作。

（彭凤）

【湖北省交通建设监理协会】 10月20日,按照省委组织部、省民政厅《湖北省关于规范退(离)休领导干部在社会团体兼任职务的规定》(鄂组通〔2014〕73号)要求,省交通建设监理协会召开理事会,经协会办公会研究推荐,聘任湖北省交通规划设计院院长、湖北省公路水运工程咨询监理公司(副会长单位、企业性质)法人詹建辉担任会长,并按要求对协会2012-2015年财务收支情况进行审计。为促使协会能够更好地为会员单位服务,全年编制会刊2期发送到各会员单位。组织多次调研活动,共走访20家会员单位。同时对汉阳市政、恩施合力、宣恩路桥、利川路桥等会员单位进行湖北省交通运输企业安全生产标准化达标考评工作,在安全生产标准化咨询与考评中,协会工作人员积极学习,热情服务,较好地完成此次考评工作。

（姜红莲）

【湖北省交通会计学会】 2015年,湖北省交通会计学会坚持服务宗旨,开展学术研究和交流活动,组织会计人员继续教育和业务培训,为交通财会事业以及全省交通运输事业发展做出积极贡献,取得可喜的成绩,荣获2015年度全省学会工作先进单位。主要做了以下工作。

财会学术交流。4月,湖北省交通会计学会召开七届五次理事会议,会议总结学会2014年工作,研究部署2015年工作任务,表彰学会活动先进集体和先进个人、组稿先进集体和撰稿先进个人。由省交通会计学会组织、宜昌市交通运输局和荆州市交通运输局承办,分别举办片区学术交流会,2个片区学术交流会收到财会学术论文241篇,内容包括交通基础设施建设筹融资、财政预算的绩效管理、行政事业单位内部控制和内部审计等方面,经各理事单位自荐、学会组织评审,共评出优秀论文34篇,其中有15篇优秀论文在大会交流。向省会计学会推荐交通运输系统优秀财会论文,经省会计学会会计科研成果评审委员会专家评审,省港航海事局《关于开展"十三五"航道筹融资的探讨》获优秀论文一等奖,黄冈市交通运输局《对新形势下交通建设投融资工作的浅析》、黄梅县交通运输局《浅谈对基层交通部门基本经费保障情况的几点认识》、荆州市交通运输局《关于普通公路建设养护资金筹措的探讨》获优秀论文三等奖。

继续教育学习。举办交通行业会计人员继续教育培训班5期,其中行政事业类培训班3期、企业类培训班2期,参加培训人员773人。培训实施前,广泛征求会计人员的意见和建议,结合交通实际,制定交通行业会计人员继续教育培训方案,经省财政厅会计处备案同意组织实施。对《湖北交通财会》版面作进一步改进,年初下达"2015年《湖北交通财会》征稿指南",提出全年征稿10大要点;在杂志彩页刊登反映全省交通新面貌,特别是高速公路、桥梁、港口、客运站点建设风貌,以及学会开展学术交流等图片;继续开展评选撰稿积极分子和组稿先进集体活动,提高投稿质量。全年出版《湖北交通财会》杂志

4期。加强通讯员队伍的建设,完善通讯员QQ群,在黄冈市举办了通讯信息联络员培训班。厅直单位会计人员会计从业资格证的新证换证工作全部完成。学会为会员单位代订《交通财会》《财会通讯》等刊物,其中《交通财会》254份、《财会通讯》254份。

（韩晓真）

【湖北省城市公共交通协会】 2015年,协会坚持以服务政府、服务会员,规范行业行为作为主要工作任务,在加强行业管理、推动公交发展新常态等方面发挥桥梁和纽带作用,服务能力增强、服务功能拓宽,由小变大、由弱变强,协会建设再上新台阶,成为省民政厅授予的3A协会,取得可喜的成绩。主要做了以下工作:

以服务为宗旨,强化行业管理。4月,协会配合省运管局制定《湖北省公共交通客运标志(公共汽电车)标准》(初稿)。对交通运输部《城市公共交通"十三五"发展纲要(征求意见稿)》《城市公共汽电车突发事件应急预案编制规范》《新能源城市公交车推广考核办法》(初稿)等提出修改意见,为公交法规的制定建言献策。开展"除陋习、达标准、创品牌"活动,在会刊和网站上开辟专栏,报道各地活动开展、陋习查找和整改工作情况,与省运管局联合编印《"除陋习、达标准、创品牌"资料汇编》,下发到会员单位,帮助其对照标准找差距,收到较好效果。

以示范促引领,推动行业发展。利用《湖北城市公交》和《湖北公交动态》宣传全省公交示范城市好经验和好做法,先后推介武汉公交"适应新常态、拓展新市场",襄阳公交"先行先试、主动作为、在新能源车推广应用中彰显二个效益"、宜昌公交"紧扣公交示范城市创建目标创新发展"等单位的经验,从不同侧面介绍公交企业在创建公交都市和省公交示范城市工作中的主要做法,展现公交行业以示范促引领、抓创建促发展的最新成果,促进公交优先发展。全年编辑《湖北城市公交》4期、《湖北公交动态》12期,免费赠送会员单位。新增彩页"公

交风范"栏目，充分发挥优秀品牌在城市公交发展中示范引领作用。

以活动为载体，发挥桥梁纽带作用。开展年轻干部挂职锻炼交流活动，在省内公交开展干部挂职交流的基础上，开拓进取，4月中旬组织公交干部赴南京、常州、济南、青岛公交企业挂职交流，武汉、宜昌、襄阳、荆州、黄石等9个公交企业选派21名干部参加交流活动。开展省文明示范线结对共建活动，全省选出武汉、襄阳、宜昌等8个城市公交企业的10条省级文明示范线路与南京、常州、济南、青岛公交企业的10条省级文明示范线结对开展共建活动。结对文明示范线由企业负责人带队，相互组织干管、驾乘人员、优秀员工代表120多人次进行互访交流。通过结对共建，加强与外省企业间的相互学习交流，取长补短，不断提升文明示范线服务水平。5月8日，协会在鄂州市召开第十八次信息联络会议，对公交行业优秀通讯员进行表彰，为进一步加强信息交流，提高会刊和动态信息采集和办刊质量，推进信息联络工作向前发展。

8月14日，召开协会第六届第四次理事会议，会议审议通过《协会2015年上半年的工作总结及下半年的工作要点》《关于协会吸收新会员的报告》《章程》(修改稿)、《协会会费标准及经费管理办法》(修改稿)。11月26日，协会在黄石市召开协会第七次会员大会，会议审议并表决通过《省公交协会第六届理事会工作报告》《省公交协会第六届理事会财务工作报告》《协会换届选举办法》《湖北省城市公共交通协会章程》和《湖北省城市公共交通协会会费标准及经费管理办法》，会议选举产生新一届理事会、监事会和新一届理事会、监事会负责人，明确新一届理事会工作目标和落实措施，为下一步协会工作和公交行业发展奠定坚实基础。

全面推进交通运输企业安全生产标准化建设工作。协会先后对广水公交、咸宁源通出租公司和荆州公交出租公司、潜江楚捷公汽、襄阳修理厂、黄石修理厂和黄冈华兴公交等11个单位进行安全生产标准化达标考评，全面推进交通运输企业安全生产标准化建设工作，为强化行业安全标准化管理起到积极推动作用。

以调查研究为抓手，加强行业政策研究。3月中旬，通过走访、网络、电话等方式调研公交行业发展中存在的问题，撰写《关于对公交发展中存在问题的调查》文章并上报交通运输部运输司。5月中旬，按照中国道协城市客运分会对公交新能源车有关情况调查要求，协会对武汉公交、襄阳公交和仙桃公交就新能源公交车推广应用情况进行调查，分析新能源车使用过程中存在的问题，提出相关建议，并上报中国城市客运分会。（孙新荣）

【湖北省交通造价研究会】 1月，协助省交通基本建设造价管理站对全省材料价格信息平台试运行做好相应的准备工作。4月，召开湖北省交通造价研究会第一届第三次理事会，会议审议通过《湖北省交通造价优秀成果评审办法》《湖北省交通造价研究会造价咨询专家库管理办法》及张道德等66名会员单位人员为专家库专家。5-6月对恩施、襄阳、荆州、神农架等地区进行交通工程造价调研。7月，向全省交通领域工程造价人员发出"关于填报湖北省交通工程造价十三五发展规划问卷调查"，共发出调查表500余份，收回450余份。8月，组织开展交通造价优秀成果论文评选活动，评出优秀成果一等奖2个、二等奖4个、三等奖5个，优秀成果论文二等奖5个、三等奖14个。按襄阳市交通局要求，对宜城市、枣阳市等12条一级公路改扩建项目提供工程概算、初步设计造价咨询服务。9月，"湖北省交通造价研究网站"正式启用，设立省工程造价政策法规、学术交流、服务咨询、研究动态、会员园地、材料价格信息发布等功能。12月，协助省交通运输厅对"公路工程材料价格动态管理机制研究与信息平台"项目验收，"公路工程材料价格信息平台"启动。 （王萍）

【湖北省交通历史文化学会】 2015年，学会进一步加大湖北交通历史文化宣传力度，积极引导、鼓励各单位交通一线工作者及热爱交通历史文化的离退休人员踊跃投稿，全年征集交通稿件500余篇、图片100余幅，比上年增加30%，全年出版发行杂志3期、采纳作品100余件。作品表现形式多样、展现文化内涵丰富多彩，涉及交通行业内容全面，充分展现了湖北交通历史文化魅力。

开展合作研究，扩大发展领域，挖掘专题文化。学会编辑完成《湖北交通文化》，并已出版发行，该书较为全面地总结了湖北交通的建设发展，展现湖北交通特有的文化魅力。学会与省交通行业相关单位共同开展交通连片扶贫总结研究工作，共同编辑湖北交通历史文化丛书之《情系扶贫——湖北省四大山区交通连片扶贫开发新探索》，通过搜集史料、现场访谈等方式获得第一手资料，形成24万字书稿，该书是湖北省交通系统"十二五"期连片扶贫工作的总结和思考，阐述了连片扶贫工作在湖北交通的实践和社会经济影响。作为学术性社会团体，学会积极寻找文化亮点，洞察具有进一步总结研究意义的项目，积极向有关单位建言献策，主要开展湖北交通优秀企业《上市之路》项目编辑工作，总结和宣传湖北交通企业的上市发展之路，该书已形成初稿，约30万字。全年重点开展《中国高速公路建设实录》(湖北分册)编辑工作，该书是全国高速公路建设系列丛书，是交通运输部展示高速公路建设的活宝典，具有重大的史料价值和研究价值。学会与省交通运输厅建设处、省高管局等单位合作，承接该项目研究，组建工作专班，确保能够保质保量完成任务。工作专班对全省高速公路逐条进行调查，统计需录入实录的项目，拟定实录编写大纲、须知，编写示例范本供各单位参考；专班已经收集完成2014年湖北省国家高速公路(G编号)通车里程数的各项信息数据，并于2015年底全部录入《全国高速公路建设项目信息管理系统》。收集全省所有峡谷桥的资料上报交通运输部编撰室。

2015 年，黄冈市交通运输局与交通历史文化学会合作，委托由学会具体负责编纂一部反映黄冈交通运输发展历史的志书，全书追溯到交通运输的发端，计划 100 万字。该项目是交通历史文化学会第一个投标项目，代表着学会正式走向市场规范化管理。协助省交通运输厅完成湖北省国防动员委员会所需《军事志》之武汉地区公路建设及高速公路通联等资料，因提供资料用时短、质量好，得到武汉警备区高度肯定。

不断加强学会内部管理，促进学会规范化、长远发展。进一步规范学会日常管理，基本健全各项规章制度，并严格执行制度较为，为将来学会社团评级打下良好基础。学会厉行节约、严格控制各项开支，确保杂志编辑、日常管理和项目开展的资金需求，有效保障正常业务的开展。根据主管部门的部署和要求，学会先后开展"湖北省稳增长等政策落实情况跟踪"统计检查、"湖北省行业协会商会与行政机关脱钩情况检查"、"省政府清查涉企收费问题整改" 3 次专项监督检查工作，对检查出的问题及时进行整改，学会各项工作开展较为规范。按照省民政厅通知要求，学会认真、准确填报 2015 年相关年检数据，完成学会社会团体年检工作。按税务机关要求，对学会发票系统、税务申报系统进行升级，全部实行网上办税。及时完成 2014 年度企业所得税汇算清缴工作，努力争取税费优惠政策享受减免近 4 万元，全年税务管理工作合法、规范。学会已完成 2015 年企业所得税汇算清缴和税费年度清缴工作。按照学会财务收支监督要求，委托专业审计中介机构对 2015 年财务年度收支进行审计。审计表明学会日常及财务管理较为规范，财务收支合理合规，财经纪律执行情况良好。　　　（王汉荣）

党群工作和精神文明建设

【党建和行业精神文明建设】 进一步创新理论学习方式。通过发放辅导读本，组织专题培训，开展学习研讨等形式，深入学习贯彻习近平总书记系列重要讲话和党的十八届四中、五中全会精神，加强推进交通改革发展等专题学习；开通湖北交通党建微信，利用处级干部在线学习、交通讲堂、"全民阅读、书香交通"读书活动等平台，加强理论武装、锤炼党性修养；七一前夕，湖北电视台《党组书记抓党建》栏目专访尤习贵厅长专题节目播出，对交通党建抓学习、抓作风、抓党建的经验、做法和成效进行了肯定；7月7日，省厅在全省党风廉政建设落实主体责任推进会议上就党组落实主体责任进行经验交流。全年组织厅党组中心组学习10次。

全面加强支部建设。严格落实党建工作主体责任，适应党建工作新常态，落实管党治党新要求，进一步深化"红旗党支部""党员示范岗"创建活动；召开两次创建红旗党支部推进会，掀起红旗党支部创建活动热潮，把党建责任切实压实到支部；按照"支部建在处室、处长担任书记"的要求，厅机关党支部调整为8个，牵头处室负责人担任支部书记，选强配齐五人支委；通过升级完善党员活动室，开通湖北交通党建微信平台，改版升级

"红旗党支部"季刊，夯实党建阵地，拓展党建空间；严格党费收缴、使用和管理；指导机关支部建立支部档案、完善台账资料；统一支部学习记录本，推进支部规范化建设；组织开展支部书记培训班，培训机关和基层的支部书记如何抓好支部建设；将支部书记岗位作为培养干部的摇篮，5名机关支部书记得到提拔或交流到重要岗位，基层多名支部书记走上中层领导岗位；书记抓党建的意识不断增强，党员身份意识不断增强，支部争创"红旗党支部"的主动性和积极性空前高涨，一批优秀党组织和个人获得省直机关工委表彰；支部严格落实"三会一课"制度，厅领导班子成员坚持每月带头以普通党员身份参加支部学习活动，厅机关总支每季度组织考核评比；机关和基层深化结对共建，互学互联、互促共进，成长出一批特色红旗党支部，培育出一批可学、可用、可推广的"支部工作法"；交通运输部党建调研组赴红安考察，多家省直单位、中央在汉单位到枣阳、红安等基层支部学习取经；机关党委创新总结提炼的"先行工作法"，受到了省直工委领导的高度肯定。

扎实推进"三严三实"专题教育。全体党员干部坚持"思想武装、问题导向、严字当头、以上率下"的原则，

严格落实"五专一改"的规定动作，带头学习、带头实践、带头讲政治，用"三严三实"的戒尺规范自己的言行，边学边查边改，立行立改，进一步严纪律、强约束，营造风清气正、团结拼搏、廉洁实干的良好政治生态。厅党组班子成员带头讲党课，带头深入基层开展专题调研，强化问题导向，为基层解难事、办实事，在调研中改进作风、推动发展。尤习贵厅长在全省"三严三实"专题教育推进会上作了交流发言。

大力培育湖北交通运输行业核心价值体系。编辑出版了反映交通运输行业文化成就的《湖北交通文化手册》，继续深入开展"十行百佳"标兵评选活动，成功举办"十行百佳"风采展和行业歌曲展演；组织了"冲刺杯（邮政电商杯）"全省综合交通运输职工乒乓球比赛，参加省直机关第四届职工运动会取得多项骄人成绩；深入开展"文化下基层"活动，围绕重点工程建设攻坚保目标，把交通文化送到基层、送到建设工地，为交通建设激发热力；张兵、王静、陈红涛等先进典型走向全国，交通服务为民、奉献社会的行业精神有力彰显；在"东方之星"应急救援工作中，广大交通干部职工冲锋前线、日夜奋战，出色完成了抢通保畅、水面搜救、车辆调度等各项急难险重的任务，被杨传堂部长赞誉为"政治坚定、敢于担当"的"交通铁军"。

加强文明创建工作动态管理。坚持"重在建设、重在过程、重在实效"的原则，广泛开展创建文明行业、文明单位、文明路、文明航道、文明示范线、文明出租车、文明班组等活动；组织文明单位、文明路、文明示范窗口考核、验收，全省交通运输系统建成国家级文明单位12个、省部级文明单位145个、全国青年文明号22个、省部级青年文明号198个；厅机关连续四届被评为全省党建工作先进单位、连续四届荣获全国文明单位；省厅分别在全省深化精神文明创建工作会和全国交通运输行业宣传思想工作会议上交流湖北交通运输行业精神文明建

2015年6月30日，省交通运输厅纪念建党94周年表彰大会暨创建"红旗党支部"现场会在红安召开，黄黄管理处红安所获"青年文明号"称号

设的成果和经验。　　　(覃万兵)

【十行百佳】　2015年，为弘扬行业新风正气，凝聚发展正能量，大力宣传全省交通运输行业各条战线干部职工先进事迹，湖北省总工会、省文明办、省交通运输厅面向全省铁路、民航、邮政、公路、运管物流、港航海事、高速公路、城市公交、出租车、轨道交通等大交通十个行业广泛开展"十行百佳"标兵评选活动。"十行百佳"是湖北省十大文明创建品牌之一，旨在培树根植交通沃土、争创一流业绩的行业先进典型，展示交通人敬业、进取、拼搏的先进事迹，树立交通行业奉献社会、服务人民的良好形象，发挥典型人物的示范引领作用，号召全省交通行业学习先进、尊重先进、崇尚先进、赶超先进，提升行业文明程度，提高职工文明素质，弘扬行业新风正气，凝聚发展正能量。通过群众评选、基层推荐、专家评审，全省交通运输行业共产生100位"十行百佳"标兵。　　(覃万兵)

【三万活动】　按照省委农办要求，结合洪湖市农村工作实际，省交通运输厅选择万全镇清明村、南昌村、老沟村、塔路村为"三万"活动驻点村，从厅直单位挑选6名优秀干部组成工作队，驻村开展"三万"活动。1月29日，厅"三万"工作组进驻洪湖市万全镇清明村，扎实开展以"夯实三农基础，改善农村民生，实现客运到村，建设美丽乡村"为主题的"三万"活动。驻点的4个村子共有村民小组28个、住户2214户9752人，党员145人，贫困户129户。工作组主要做了以下工作：

领导重视，统筹协调指导工作。省交通运输厅党组高度重视新一轮"三万"活动，成立以厅主要领导为组长、分管领导为副组长、厅直单位4个业务局、厅机关相关处室主要负责人为成员的省交通运输厅"三万"活动工作领导小组，具体负责"三万"活动的指导、协调工作。2月3日，省交通运输厅第五轮"三万"活动在洪湖市万全镇五合垸公路桥施工现场启动。厅领导尤习贵、刘汉诚、马立军、程武、高进华，省公路局局长熊友山及洪湖市相关领导参加启动仪式，仪式结束后，厅领导和洪湖市领导在五合垸公路开展植树活动，并带队走访慰问困难农户。2月10日，省交通运输厅作为片长单位在洪湖主持召开省直单位荆州片区"三万"工作会议，布置片区工作任务。3月，工作组完成《洪湖市万全镇"村村通客车"农村公路改善工程施工图设计》。

2015年2月3日，省交通运输厅第五轮"三万"活动在洪湖市万全镇五合垸公路桥施工现场启动

走村入户，广泛宣传惠民政策。按照省委要求，工作组组员专心学习"三农"知识，熟悉了解相关政策，尽量为群众释疑解惑、排忧解难。印发1200多份"致广大农民朋友的一封信"，广泛张贴，使"三万"工作主题和主要任务基本做到家喻户晓。1月29日召开镇及四村联席会议、30—31日分别召开四个村的干部群众座谈会。开展入户调查，到120多家宣传党的各项政策，书面调查返乡农民工300人，撰写调查报告12篇。工作组与万全镇政府联合撰写调研文章《万全镇"村村通客车"的实践与思考》。

突出主题，高标准实现"村村通客车"。2015年第五轮"三万"工作的主题是"村村通客车"，工作组按照省交通运输厅党组提出"作表率、当标杆"的要求，实现驻点村"村村通客车"。建成清花公路11.6公里，路基7米，路面6米；加宽路基7公里，4个村子通客车线路和清明村所有公路路基均超过5.5米；修建错车台5个，全部按长25米、宽3米的标准进行硬化；维修水泥破板7处700平方米、加宽路面700米1400平方米；安装标志牌44块、减速带21道114米、示警桩358根、利用电杆贴反光膜450根、刷安保油漆800平方米；4个村子通车公路的4座桥，其中五合垸危桥拆除于5月13日建成，完成南昌桥和老沟桥维修；建成4个候车亭。协助洪湖市建立农村客运发展专项资金，落实资金来源，制定并落实客运补助分配政策。

心系百姓，扎实为民办实事。2014年11月8日，清明村党员群众活动中心开工建设，投资70万元，于2015年5月14日建成投入使用。同时完成4个村子网格化资料更新工作。2015年投入资金19.5万元，植树8137棵，结合实施公路沿线环境整治，建成景观路6条约15公里，建成生态片区4个，实现路景相融。集中整治5条公路沿线和清明村党员活动中心周边环境，整治面积3.6万平方米，清理公路两侧种植物3.9万平方米，实现公路两侧行道树内无种植物。清理引水沟渠9公里，清理河流3公里。协助村委分组召开"环境卫生整治"座谈会，宣传卫生防病、环保家园等知识，提高村民对环境整治工作意义的认识。加强环卫设施建设，在原有基础上，新增垃圾池（箱）35个、移动式垃圾箱175个。加强日常卫生保洁工作，制定卫生保洁工作长效管理制度，落实专人，专项资金，实行定时清运。建立沛园种养殖合作社、童俊蛋鸭养殖社，养殖蛋鸭、引进永祥米厂增加本村村民50多人就业。协助万全镇政府完成4个村子自来水改造。2015年春节前，厅长尤习贵带队前往驻点村慰问老党员、贫困户20家，发放慰问费2万元；改造危房5户，投入资金2万元；为清明村便民服务捐5台计算机、2台打印机及其他电子产品价值3万元。　　　　　（江飞）

【纪检监察】　2015年，省纪委派驻省交通运输厅纪检组、监察室坚持全面从严治党，把纪律和规矩挺在前面，充分发挥"派"的权威和"驻"的优势，集中力量抓主办、摆正位置抓协办、及时跟进抓督办，有针对性地开展专项审查、重点巡查和日常检查工作，把监督触角进一步延伸到基层，监督效果进一步显现，为全面深化全省交通运输改革发展提供坚强的纪律保障。

推进"两个责任"落地。及时向驻在部门传达中纪委、省纪委和驻部纪检组相关会议精神和工作要求，组织学习各类会议、通报16次。纪检组长在全省县市区交通运输局局长落实主体责任培训班上做专题辅导报告。督促11位厅领导分别与21家厅直单位、18个机关处室50余位主要负责人就"两个责任"落实情况进行约谈。组织起草《关于建立完善党风廉政建设主体责任和监督责任体系的意见》，明确党组班子、主要负责人和班子成员的18项主体责任，纪检监察部门的7项监督责任，以及人事、财务、法规等职能部门的69项具体责任，列出责任清单，细化责任追究办法。

完善纪检监察工作机制。按照纪检监察体制改革要求，选配厅机关纪委书记，由驻厅纪检组会同厅人事劳动处遴选2名厅直单位纪委书记并交流任职。督促厅直单位按级别配备和调整专职纪检监察员4名，增设纪委委员、兼职纪检监察员，聘请廉情监测员。出台厅直单位纪委书记报告班子成员廉政情况制度和"三重一大"集体决策事项专题报告制度，要求厅直单位纪委书记定期对领导班子成员异动情况、"一岗双责"履行情况、廉洁自律等相关情况以及对领导班子落实"三重一大"集体决策事项情况

形成书面文字进行报告，重大事项随时报告。对拟提拔和试用期满按期转正的56名处、科级干部全部进行廉政考核，更新处级干部廉政档案。

创新纪律审查方式。整合厅直单位纪检监察工作力量，组成4个纪律审查协作组，不定期开展专项纪律审查。全年对6个高速公路管理处机电养护项目进行专项纪律审查，发现主体责任落实不够到位、项目管理不够规范、监督措施不够严密、执行标准不够平衡4大类15个方面问题，向厅党组提交《关于对高速公路机电和养护项目管理中存在的突出问题进行专项整改的建议书》。截至11月底，各单位整改事项基本完成。

聚焦问题推进重点巡查。按照重点巡查全覆盖的工作计划，3-5月，由驻厅纪检组组长带队对省高管局、厅质监局进行重点巡查，发现在党风廉政建设、落实中央八项规定精神等方面存在16个问题，并提出整改意见，对其中较为严重的问题进行初步调查核实，给予1名处级干部行政警告处分。同时，对2014年巡查过的单位进行"回头看"，对因问题整改不到位的1名责任人给予组织处理。按照省纪委统一部署，组织开展厅直系统"四项专项整治"工作，督促厅机关牵头部门制定"四项专项整治"方案，21家厅直单位也相应制定方案、开展自查。对发现的食堂公款消费审批程序不规范、出入库手续不完备等方面的10多个问题责令整改；抽查7家厅直单位违规发放津补贴或福利问题，对1家违规单位负责同志进行政纪处分，对主要负责人进行诫勉谈话，并责令相关人员退还款项；组织第三方机构对厅直单位开展财务票据重点督查，纠正问题，跟踪督办；开展多次明察暗访，厅直单位党员干部带彩娱乐问题得到有效遏制。

持续纠正"四风"问题。在每个重大节假日前夕，向厅直系统领导干部发送廉政短信，发布廉洁过节通知，与厅直机关党办等处室联合厅直单位开展各类明察暗访7次。加强对办公用房、公务接待等规定执行情况的监

2015年5月5日，省交通运输厅召开纪律审查协作组第一次会议，正式启动纪律审查协作组的工作

督检查，开展办公用房清理"回头看"工作，督促5家单位整改办公室超标问题；严格落实党员干部婚丧喜庆事宜监督检查办法，积极督促推进公车改革，机关车改全部到位。分批对厅直单位开展公务支出跟踪审计和领导干部任期内经济责任审计，已完成跟踪审计8家、经济责任审计5家。对审计发现的1家单位未按批复工资结构列支领导干部工资的问题，责令退款，并给予通报批评。

快办快结信访举报。对于收到的重要信访举报，厅党组书记亲自批示、亲自督办，全年签阅信访举报18件次，并督促调查核实到位。纪检组对相关信访问题坚持每件必阅、每件必签，采取直办、转办等方式，按照五种分类要求，推行快查快结、及时反馈，做到件件有结果、事事有回音。全年收到相关信访举报112件，较上年增加124%，已办结100件，其中立案1件、谈话函询12件、暂存4件、了结83件，其余在办理中。

强化案件检查工作。做到有案必查、违纪必究，对5起涉嫌违纪的问题进行调查核实，办结4件，对1名处级干部予以免职，给予2名处级干部行政处分，1名科级干部行政记过处分，查处结果均在一定范围内进行通报。对省纪委交办核查的1家厅直单位涉及多人的违纪案件，迅速组织力量，联合审计等相关部门配合开展调查取证工作，基本办理完毕。

打造过硬纪检队伍。2015年初，驻厅监察室荣获全省交通运输先进集体，1名纪检监察干部荣获全省纪检监察政务信息先进个人。驻厅纪检组坚持每半个月召开1次驻厅纪检组工作学习会，加强对纪检监察干部监督管理，严防"灯下黑"。首次组织厅直单位纪委书记述职述廉，现场测评，对工作落实不力的2名纪检干部进行约谈。全年组织21名纪检监察干部参加中纪委培训班、120多人次参加各类培训。　　　　　　（邱欣年）

【交通运输工会】　　开展"建成支点当主力、走在前列立新功"系列劳动竞赛。围绕"十二五"交通建设目标，开展"冲刺杯"劳动竞赛；围绕国省干线"迎国检"，开展"养护杯"劳动竞赛；围绕行政村通客车，开展"村村通"劳动竞赛；围绕激发职工创新创造，开展职工（劳模）创新工作室建设；围绕交通"窗口"建设，开展服务提升劳动竞赛；围绕发展低碳交通，开展"我为节能减排做贡献"劳动竞赛；围绕夯实发展基础，开展班组（科室）劳动竞赛。同时协同组织"安康杯"等专题性、阶段性劳动竞赛。省交通运输厅被评为全省"安康杯"竞赛组织工作优秀单位。与省总工会、省人社厅联合举办"2015年中国技能大赛——湖北省交通运输行业'冲刺杯'职业技能大赛"和全国选拔赛，全省交通行业6个工种进入决赛和选拔赛范围。配合重点工作，开展"村村通客车"驾驶员和公路养护挖补坑槽、高速公路养护等技能竞赛。全省共有上万名交通职工参加技能比赛，有240余人进入决赛。省交通运输厅获2015年中国技能大赛第七届全国交通运输行业城市公交驾驶员职业技能竞赛最佳组织奖、5个单位获评"冲刺杯"职业技能大赛优秀承办单位、16个单位获优秀组织奖。

制定印发《省交通运输厅关于深入开展职工（劳模）创新工作室创建活动的实施意见》，推动创建并考核命名厅级职工（劳模）创新工作室12个，基层工作室申报成功专利成果4项，在全行业命名3个厅级示范性工作室。首次采取以奖代补方式，给予创建工作表彰鼓励。"宋俊明劳模创新工作室""罗春凤劳模工作室"被省总工会命名为"湖北省示范性职工（劳模）创新工作室"，"王静工作室""许湘秦工作室"被省总命名为"湖北省职工（劳模）创新工作室"，"印象武东工作室"荣获湖北省总工会"湖北五一巾帼奖"。挖掘和推树一大批全国和省部级劳动模范及先进典型，省交通运输厅首次与省总工会联合表彰全省综合交通运输行业"十行百佳"标兵，并授予前10名标兵"湖北五一劳动奖章"。陈红涛被中宣部、中华全国总工会授予"十大最美职工"称号。2015年，省交通运输系统当选全国劳模和先进工作者6人、当选湖北省劳模和先进工作者13人；有1个单位获全国五一劳动奖状、2个集体获全国工人先锋号；有2个单位获湖北五一劳动奖状、15人获湖北省五一劳动奖章。另有20余个单位和40余名干部职工荣获全国交通系统模范班组和五一巾帼标兵等省、部多种专项表彰。

扎实推进"创建学习型组织、争做知识型职工"活动和"463"班组建设计划，举办全省交通运输系统优秀班组长能力提升培训班；指导基层工会开展"职工学堂"50余期；深入推进职工书屋创建工作，考核评选并命名厅级职工书屋示范点9个，配送了图书。截至2015年底，厅直累计投入200万元，新增职工书屋22个，新增图书2万余册，各类期刊1500余种。推进民主管理，省交通运输厅厅直单位职代会建制率100%，全省交通系统政务、厂务、事务公开率不断提高，程序更加规范。开展"送农民工平安返乡""情满旅途""送清凉、送安全、送法规"等活动，开展关爱农民工"十送"集中行动，全面启动工会会员服务卡发放工作。各高速公路管理处针对行业特点，推出10余家具备"职工农场""减压室""探亲房""母婴室"等交通特色服务功能的综合服务站。

推进基层建设落实年活动，调整充实产业工会工作委员会组成人员，超过200人的厅直单位全部配备专职工会主席并作为党委委员进班子。各基层单位工会会员实名制档案管理系统完备率达到90%以上，大力推进"数字工会"管理模式，建立工会主席热线电话、产业工会工作群、微信群、工会电子档案管理系统等网络平台，在厅直各单位设立工会微信信息员。武黄高速公路管理处创建"六型工会"的实践资料被录入全国海员建设总工会《基层工会工作典型案例汇编》。省交通运输工会首次在全省大交通领域成功举办"冲刺杯（邮政电商杯）"全省综合交通运输职工乒乓球大赛，并获省总工会"健康女性·幸福生活"全省女职工健身舞大赛银奖、省直机关工委第四届职工运动会健身舞比赛冠军、乒乓球男子团体冠军、羽毛球团体亚军。 （江飞）

【离退休干部工作】 坚持通报和学习制度。坚持每周组织离休及退休厅级干部阅文，每月10日组织厅机关离退休干部学习通报会，向老同志通报交通行业改革发展的进展情况，传达学习相关文件精神。坚持每年两次组织由厅领导亲自向离退休老同志们通报全省交通运输的工作情况。邀请省委党校教授作辅导报告。组织厅机关老干部老党员到武昌农民运动讲习所、毛泽东故居和中共五大会议旧址参观学习；组织老同志到郊外和世博园踏青；定期为老干部举办健康知识讲座；举办老干部纪念抗战胜利70周年摄影书画展、歌曲演唱会等系列活动，参加"省直机关离退休干部纪念抗战胜利70周年合唱比赛"并获梅花金奖。

抓好服务用真心。元旦、春节期间，由厅领导分别带队走访慰问老干部、老红军、红军遗属，集中看望老领导、离休干部及红军遗属，上门慰问住院老干部、生活困难人员等。坚持做好离退休人员医疗保健服务工作，依托厅机关2个老干活动中心，组织省新华医院完善社区医疗上门服务工作，坚持每周有全科医生上门坐诊，确保老同志看病取药足不出户。同时，加强了与协和、同济、新华医院的沟通，对生病住院需要提供帮助的老干部，积极帮助联系医院落实病床、办理入院出院手续，对特殊病情老干部坚持做好交通服务保障；定期与人事、财务等部门沟通联系，确保上级优老政策及时传达落实。对离休干部"两费"落实情况全程跟踪及时掌握，确保离休干部离休费按时足额发放，医药费按规定实报实销。全年老干处走访厅直和厅机关离休老干部、老领导、遗属、生活困难和住院老人120多人次。受理厅机关、港航局、运管局等离退休老同志来电来访20余人次，坚持热情

接待、认真倾听、真诚交流、耐心解释，及时向相关单位或部门反映情况、化解矛盾，消除不稳定因素。

积极发挥老干部余热。按照积极开展省级示范活动中心创建工作要求，厅机关、省公路局分别完成"省级示范老干活动中心"创建工作，对整个厅直单位老干部活动室建设起到引领示范作用，省运管局、港航局、汉十管理处等单位积极开展创建活动，形成"领导重视、工作扎实、设施齐全、活动丰富、管理到位"的良好局面。厅机关分别在台北二路和建设大道活动中心建成2个党支部工作室，完善离退休党支部阵地建设。为推动"红旗党支部"创建活动深入开展，举办离退休干部党支部书记培训班，厅机关、厅直各单位离退休干部党支部书记和老干部工作人员参加培训。按照省直关工委统一安排，厅关工委赴郧西县开展"帮扶助学，关爱贫困学生"活动，为安家乡中学和土门镇中学捐赠30台电脑，厅6位老干部结对帮扶6名失足。 （胡志辉）

【交通青年工作】 组织交通青年学习张兵、陈红涛先进事迹，深化志愿服务，弘扬和践行社会主义核心价值观。举办纪念五四运动96周年表彰大会暨"全民阅读、书香交通"座谈会，会议表彰了以黄黄红安所、襄阳公交总公司1路获得2013-2014年度全国青年文明号为代表的一批厅直单位及青年个人；来自京珠、汉十、武黄高速公路管理处及厅办公室、宣传中心的5名青年代表作读书体会交流。

针对青年工作的新特点、新要求，进一步优化"青春交通"网站，开通"湖北青春交通"微信平台，设置微闻快讯、微动青春等多个栏目，引领青年、服务发展。举办2015年厅直团干部培训班，进一步提高团干部党性修养、理论水平和实践能力。厅直各单位团委（支部）书记、基层团干、优秀青年代表约50人参加培训。培训班邀请湖北省党史研究室原编审、党史专家方城，湖北青年网络文明志愿行动代言人、武汉工程大学副教授张志，"中国青

年五四奖章"获得者、武汉理工大学团委书记郎坤分别就"历史的选择——中国共产党在中国领导地位和核心作用的形成与坚持"、"互联网＋共青团"新思维的探索、志愿服务工作研究等专题授课，对共青团工作中"强化青年思想引领、加强网络阵地建设、推进志愿服务"等重点工作、难点问题进行深刻剖析、深入解读。

广泛开展读书活动，搭建交流平台，参加省读书演讲比赛喜获佳绩。坚持每月举办一期交通读书会，定期发布书讯，嘉宾现场交流，为广大交通读书爱好者提供"以书会友"的交流平台。邀请监利县人民政府副县长李秉植和监利县女子读书会会员以"阅读·悦读"为主题进行交流。京珠高速公路管理处在全线开展"书香京珠、放飞梦想"活动，大力营造"读书好、读好书、好读书"的浓厚学习氛围；汉十高速公路管理处开展"墨香致远、千里飘扬"主题座谈会。各厅直单位更加关心青年个人生活，建立"相约交通"QQ群，开展女儿会、鹊桥会等联谊交友活动，体现组织温暖。

以争创青年文明号为载体，推动青年集体在日常工作中争创一流，参加全省青年文明号优质服务竞赛和摄影、微视频大赛硕果累累。在全国"岗位建功、创一流文明点亮中国梦"青年文明号二十周年交流展示活动中，湖北省交通青年代表全国交通运输行业向全社会庄严承诺。省交通运输厅荣获"全国突出贡献青年文明号活动组织单位"，团省委、省文明办、省青年文明号组委会联合授予京珠高速公路管理处鄂南所"湖北最美青年文明号"光荣称号，鄂西高速公路管理处宜都管理所职工苏涵荣获"全国最美青工"称号。

广泛开展志愿服务活动，取得良好社会反响。汉十高速公路管理处与洪湖市万家镇清明村"希望家园"开展结对帮扶，清明村"希望家园"是团省委、省广电局、省交通运输厅团委、洪湖市以及省厅驻洪湖市新农村建设工作队联合开展的公益工程，省交通运输厅组建专门的志愿者支教队

伍，与厅驻洪湖市新农村建设工作队定期开展假期关爱活动，与部分同学结成长期帮扶对子，为孩子们提供课业辅导、安全教育、声乐美术、心理咨询以及课外活动等，努力为孩子们营造健康积极的成长环境，让留守的孩子们能够感受到家的温暖和亲人的陪伴。京珠高速公路管理处"京珠雷锋号"志愿服务队与省交通运输厅志愿服务基地——大悟县玄坛小学结对帮扶，定期开展支教活动；鄂西高速公路管理处团委持续对鄂西希望小学开展系列帮扶助教活动，联合湖北交通职业技术学院团委在鄂西希望小学开展"青春正能量，爱心来支教"为主题的志愿服务活动；省公路管理局青年志愿者服务队走进武汉市第一聋哑学校，为孩子们送上图书、文体用品、新春大礼包等慰问品，并在学校老师帮助下和孩子们开展形式多样的交流活动。　　　　（覃万兵）

【交通宣传报道】　2015年，编辑出版《湖北交通报》50期，扩增4次版面，16个专刊，编发新闻稿件及照片3400多篇（幅），出版《湖北交通》4期，刊登行业论文、调研报告、照片240多篇（幅）。编辑《湖北交通新闻集》32万多字，宣传中心人员在《中国交通报》发稿200多篇、组织专刊宣传10多个整版，登载一版头条深度报道7篇，组织通讯员在《中国交通报》发稿50余篇。组织人民日报、经济日报、湖北日报、湖北电视台等省级以上社会新闻单位对交通运输工作开展集中采访报道，发稿1000余篇，配合报社开展宣传报道行业知识培训4次、参训人员200余人次。据不完全统计，各地通讯员在当地社会媒体上发稿1000余篇。主要做法是：

1. 构建交通新闻宣传大格局。厅宣传中心积极主动适应新媒体发展趋势，坚持走全媒体发展之路，突破原有单一的报纸宣传形式，逐步形成《中国交通报》《湖北交通新闻》两报、《湖北交通》一杂志、湖北省交通运输厅网站一网络、湖北交通新闻微信等多形式的全媒体宣传格局，满足全系统内多元化的宣传需要。与人民日报、新华社、经济日报等中央媒体，中国交通报、中国水运报、中国公路杂志等行业媒体，湖北日报、湖北电视台、湖北电台、农村新报、楚天都市报、92.7交通广播、省政府门户网站等众多新闻媒体建立良好的合作关系，通过上门汇报、定期沟通、信息通报、报送稿件、邀请采访和组织集体采访等多种形式，提高媒体报道交通的频率，拓宽交通宣传的深度。2015年，人民日报登稿4篇，经济日报刊发整版村村通客车新闻调查，湖北日报每周交通新闻不断线，每月推出一个交通行业版，全年推出7个专版，湖北电视台平均每周至少1篇交通新闻。

2. 围绕交通中心工作大宣传。紧紧围绕省政府"十件实事"的农村公路建设，列入"一号工程"的湖北"村村通"客车，扶贫公路建设，农村安保工程建设和危桥改造，农村物流等进行重点集中宣传。结合省委、省政府提出的"一号工程"，实现全省100%行政村通客车。自2014年10月我省启动村村通客车工程后，相继在省政府门户网、荆楚网、湖北交通报、厅门户网设立村村通客车专栏。利用中国交通报，及时报道村村通客车的启动、推进情况，刊发7篇系列报道，推出专版报道。与湖北日报、湖北电视台等媒体沟通协调，加大村村通客车工作的报道。4月中旬，组织新华社、人民日报、中央电台、经济日报等中央媒体和省内主要媒体赴襄阳、宜昌5县市区进行集中采访。人民日报在一版刊发头条《湖北：客车开进了村里》《湖北秭归"农村货运班线"联姻城乡 好货轻松出深山》2篇文章，刊发《湖北村村通客车》等消息3篇。

4月下旬中共中央政治局常委、国务院副总理张高丽在湖北调研推进长江经济带建设工作后，厅宣传中心组织省内主流媒体和新华社、中央电视台、经济日报等中央媒体记者看现场、吃盒饭、爬塔吊、上坝顶、登船闸、访船员，着重对江汉河道建设、长江中游航运中心建设、三峡通航瓶颈问题、荆江航道整治工程进行现场采访，共同探索铁水公空等多式联运的发展，在中央媒体上既宣传湖北长江经济带建设、依托港口兴起的"一港双园"模式等成功经验，又客观分析长江黄金水道"645工程"建设的必要性、三峡通航面临的巨大压力等，为省委、省政府领导和有关部门决策服务。

在深化改革报道中，抓住厅行政审批制度改革这一亮点，采写《一场深刻的自我革命——省交通厅行政审批制度改革观察》，从所有信息网上公开，让每一个环节都置于阳光之下，减少行政审批事项，解决百姓办事难，杜绝"体外循环"等方面，全面报道省交通运输厅行政审批制度改革。文章分别刊登在《湖北日报》《中国交通报》一版头条，并获第二十九届（2014年度）中国产经新闻奖二等奖，获中国交通报刊协会第五届全国交通运输优秀新闻作品一等奖。为推进ETC全国联网收费工作，配合高速公路联网中心多次组织省内媒体集中采访。配合汉十、随岳高速公路管理处对汉十文化、汉十管理创新和随岳警路共建，组织媒体进行集中采访，取得良好的宣传效果。

突出交通服务经济社会发展。面对车流量大、恶劣天气频发、突发事件防不胜防等实际情况，实行厅宣传中心与省高管局合作，派人到高速公路监控大厅值守，给各大新闻媒体供稿。同时，组织湖北日报、湖北电视台等省内主流媒体记者到全省省际大站、流量集中的站所现场采访交通收费员、路政员、养护人员、服务区工作人员以及过往司乘人员等，既宣传春运和重大节假日期间交通运输面临的巨大压力与采取的各项措施，又宣传节假日期间交通职工的无私奉献与艰辛付出，同时也为群众出行提供信息帮助。全年，多次组织记者到4大连片贫困地区采访。

3. 形成应对突发事件大阵势。6月1日深夜，"东方之星"游轮遇暴雨在长江湖北监利大马洲水道段倾覆沉船。厅宣传中心第一时间赶赴监利事发现场参与救援，采写《艰险时刻勇担当——湖北省交通运输系统应对

"东船翻沉事件"纪实》《顶风冒雨抢筑一条生命通道》《湖北交通运输部门全力打通生命通道》《湖北悉心服务"东方之星"轮遇难者家属返程》等稿件，并在新华社、人民日报、中央电视台、中国交通报、湖北日报等中央、省市媒体发稿20余篇。在湖北日报、中国交通报分别刊发专版1个，全面报道此次沉船事件中涌现出来的典型人物和先进事迹。除了进行救援报道外，还协助各报社的记者和社会媒体，为他们服好务。6月2日凌晨，与随岳高速公路管理处联系为湖北电视台车辆开辟绿色通道、第一时间赶赴现场赢得时间；在沉船前线指挥部，为保证记者安全和方便，与省港航局联系监利海巡艇，让记者在海巡艇上近距离拍摄；在沉船现场，联系海巡艇运送记者20余人，为记者现场报道提供后勤保障；协助完成人民日报、中央电视台采访和拍摄要求，确保此次救援报道顺利完成。

4. 加强网络舆情监测大引导。厅宣传中心扩大舆情监控范围，增强舆情监测敏感性和时效性，加强舆情监测分析和研判，把握引导方向和重点，开展先导性和前瞻性宣传，切实提高舆论引导的及时性、权威性和公信力、影响力。密切关注收费公路、桥梁隐患整治和道路运输安全排查工作，以及出租车管理、交通执法等热点焦点问题，加强重点监测，预判舆情走势，为及时正确引导舆论提供决策依据。高度重视网络等新兴媒体的研究和应用，充分发挥各级交通运输门户网站主阵地作用，加强和改进网络新闻发布工作，缓解新兴媒体带来的舆论压力。积极稳妥地探索新兴媒体在新闻宣传工作中的应用，鼓励、引导有条件的交通运输单位率先应用微博、手机报等加强新闻宣传工作，大胆尝试，稳步推进。另外，加强对交通网络新闻的研判，做好网络舆情分析，做到社会化媒体敏感信息及时发现、及时上报。2015年，湖北省交通运输厅宣传中心被中国交通报社评为优秀单位。

（高斌）

调查研究

关于加快推进我省综合交通运输管理体制改革的调研报告

湖北省交通运输厅　尤习贵

按照湖北省全面深化改革领导小组统一部署，为加快构建我省综合交通运输体系，全力推进"打牢发展大底盘，建设祖国立交桥"战略实施，更好地发挥湖北得中独厚的区位优势和综合交通优势，为"建成支点，走在前列"做好交通运输基础支撑和先行保障，联合调研组坚持问题导向，围绕省级综合交通运输管理体制机制改革问题，深入基层、结合实际开展调查研究，力求全面掌握交通运输管理体制改革现状、需求和面临的主要问题，并以综合交通运输体系的概念入手，在对比国内外综合交通运输管理体制机制的演变历史与现状进行了较为详细的梳理和总结的基础上，从制度、机制、政策等三个层面提出深化综合交通管理体制机制改革的总体构想，提出省级综合交通运输管理体制改革的目标任务、实施路径和主要措施，为全面深化交通运输改革、发展"五个交通"、建设"五个湖北"打下坚实基础。

一、推进省级综合交通运输管理体制改革的背景及意义

当前，湖北交通运输行业进入新阶段，经济社会发展对各种运输方式之间无缝对接、一体化运输和可持续运输的要求越来越强烈，对交通运输管理体制机制改革和创新提出了严峻挑战，亟待通过全面深化改革破除体制藩篱，厘清职能、理顺关系，构建与"祖国立交桥"地位相适应的综合交通运输管理体系。

（一）我省综合交通运输发展现状

近年来，在省委省政府的正确领导下，湖北公路、水路、铁路、民航等交通运输方式发展迅猛，综合交通运输能力不断提高，综合交通体制机制改革不断深化，为湖北经济社会的发展提供了坚实保障。

1.综合运输网络不断完善，运输供给能力逐步增强。"十二五"前三年全省综合交通共完成投资2976亿元，一批重点项目逐步落地并发挥效益，全省综合交通网络覆盖范围逐步扩大，全省初步形成了以综合交通枢纽为节点，快速铁路、高速公路和国省干线公路为骨架，覆盖全省主要城市，畅通长江中游城市群，通达京津冀、长三角、珠三角、成渝、北部湾等经济区的综合运输网络，"发展大底盘""祖国立交桥"的轮廓已日渐清晰，交通基础设施建设对经济社会发展的支撑和保障更加有力，2013年，全省综合交通完成旅客周转量1761.3亿人公里，比2010年增长40%；完成货物周转量4883亿吨公里，比2010年增长45%，运输服务水平进一步提高，交通运输发展呈现较好发展态势。

一是铁路建设力度加大。蒙西至华中地区铁路煤运通道湖北段、黔张常铁路、郑万铁路、武汉至十堰城际铁路建设前期工作加速启动，武九客专、江汉平原货运支线铁路及武汉新港江北铁路建设加快，武汉至石家庄、武汉至宜昌、利川至重庆铁路和武汉至咸宁、黄冈城际铁路建成，前三年新增铁路549公里，铁路营运总里程达到3868公里，"六纵四横"铁路主骨架初步形成，实现了路网规模、设备质量及枢纽功能的提升。目前，高铁和动车组开行覆盖了湖北除极少数地区以外的所有地市，形成了至长三角、珠三角的4小时快速客运交通圈，以及覆盖省内300公里范围和至长沙、南昌、合肥等中部省会城市2小时快速客运交通圈。

二是公路发展态势强劲。"十二五"前三年完成投资2080亿元，占规划目标67%，超过"十一五"的总和。累计完成投资额度位居全国第三位，中部第一。建成宜巴、十白等9条高速公路，全省高速公路通车总里程达到4333公里，"七纵五横三环"高速公路主骨架主体部分基本形成。目前在建高速公路达37条2278公里，今年计划建成748公里，2015年将建成总规划6500公里高速公路网。累计完成普通公路建设投资740亿元，占规划目标的87%。建成普通公路46197公里，占规划目标的78%。截至2013年底，全省公路通车总里程达21.5万公里，已实现100%的县市通县省干线，95%的县级以上城市通一级以上公路，全省除14个乡镇外基本实现建制乡镇通二级以上公路，除恩施州外100%的建制村通达沥青水泥路，通行条件进一步改善，农村交通建设的面貌焕然一新。

三是水运投资位居前列。湖北水运建设投资连续两年位居全国第二位，引江济汉通航工程全面完成，汉江航道整治工程取得阶段性成果，兴隆以下达到千吨级标准，环绕江汉平原的长江、汉江、江汉运河810公里高等级航道圈基本形成，全省内河航道通航总里程达到7353公里，其中高等级航道里程达到1738.4公里。港口开发、临港物流园和产业园发展无缝衔接、互推互促，"一港双园"模式的50多个项目日渐成型，港口吞吐能力2.8亿吨（比"十一五"期提高150%）、集装箱吞吐能力163万标箱，长江、汉江每延米岸线投资强度、港口吞吐能力比"十一五"期提高38%、150%。

四是民航建设成效显著。建成武汉天河机场国际航站楼、神农架机场，改扩建恩施机场，全面启动建设武汉天河机场三期及配套交通中心工程、襄阳机场扩建工程，武汉天河机场新开通国际国内航线13条、国际国内通航点达到90个，基本形成了"一主（武汉天河机场）多辅（宜昌、襄樊、恩施、神农架机场）"的民用机场布局和较

为完善的航线网络。

2.综合运输节点建设不断优化,枢纽衔接功能不断完善。"十二五"期,按照"一元多层"战略布局的内在要求,我们注重保障区域之间运输过程的连续性,遵循客运零换乘、货运无缝衔接的原则,规划建设了8个集航空、城际铁路、公路、地铁、公交等多种交通方式无缝衔接的综合客运枢纽,规划建立11个临铁、临空、临港、临高速公路出入口、临产业聚集区的综合货运枢纽(物流园区)及71个各类货运枢纽型物流园区(节点),加强与铁路(航空)大通道(走廊)衔接的综合客(货)运枢纽、与综合运输通道衔接的港口枢纽的布局和建设,推进区域交通一体化。目前,武汉杨春湖综合客运换乘中心、宜昌汽车客运东站相继开通运营;荆州、恩施、黄石等地综合客运枢纽和襄阳客运中心站等重点改扩建工程顺利开工建设。武汉东西湖保税物流园等一批相继开工或建成营运,孝感锦龙物流园等37个开工建设,武汉物流交易所等20余个正开展前期工作,货运枢纽物流功能逐步拓展。宜昌、荆州、武汉、黄石、襄阳大力打造综合枢纽港口,基本形成以3亿吨港口吞吐能力、400万标箱集装箱吞吐能力为标志的、公铁水为一体的五大综合交通枢纽。

3.运输市场不断发展,服务能力不断提升。随着京广高速铁路和多条客运专线相继开通,主要铁路干线全面实现电气化,铁路客运一直保持强劲增长的势头,多项指标连创新高,货物运输保持平稳发展。公路运输效率和服务水平提升明显,基本实现村村通班车,集装箱运输、特种货物运输等专业化运输发展迅猛,全省营运车辆达到47.4万辆。航运企业运力结构调整继续深化,船舶规模化、大型化、专业化发展趋势明显,航运企业平均船队规模不断壮大,全省船舶运力达到840万载重吨,货船平均吨位达到2300载重吨,武汉首条近洋航线—泸州-武汉-台湾集装箱快班服务启航运营,连同武汉至上海洋山江海直达班轮运输、三峡库区宜昌至重庆载货

汽车滚装运输、武汉至沪渝地区商品汽车滚装运输等水运重点航线,共推长江物流大通道建设。航空运输平稳发展,国航、东航和南航在武汉天河机场均拥有基地,进出港航班密度和通达城市数量逐步提升。

(二)研究推进我省省级综合交通运输管理体制改革具有重要意义

"十二五"以来,湖北综合交通各种运输方式均得到快速发展,但这种发展大多还是相对单一的数量增长和质量提高,不同运输方式之间缺乏有效衔接,没能形成综合运输效益,与"四化"同步发展所要求的一体化运输网络之间存在较大差距。来几年,是湖北基本建成现代交通运输网络的关键时期,也是我省交通运输业改革攻坚及转型发展的关键时期,对各种运输方式之间的对接、一体化运输和可持续运输的要求越来越强烈,顺应这一历史需求,加快推进我省省级综合交通运输体制改革是,对于我省发挥区位优势打造发展的交通大底盘、建设祖国立交桥,进而提升省域综合竞争力,推进湖北"建成支点、走在前列"具有重要意义。

一是有利于加快"建成支点、走在前列"的实现进程。我省地理区位十分优越,各种交通运输方式基础良好,加快构建综合交通运输体系,率先在中部乃至全国确立综合交通运输优势,是"建成支点、走在前列"的先决条件。近年来,依靠大量的资金投入,我省各种交通运输方式发展迅猛,但无序竞争、衔接不畅、综合运输效率和组合效益不高等突出问题严重制约了我省交通运输的发展。这些问题是仅靠资金投入无法解决的,必须依靠体制改革,理顺各种交通运输方式的体制机制,加快形成分工合理、协作高效、衔接顺畅的综合交通运输体系,才能把我省的地理区位优势转变成综合交通优势,进而转化为区域发展的比较优势,为"建成支点、走在前列"助力提速。

二是有利于加快"市场枢纽、内需前沿"的实现进程。综合交通和产业发展相互支撑,相互促进,综合运

输水平越高,产业集聚和发展程度就越高,同样,产业集聚和发展程度越高,对综合运输的需求就越高,又反过来推动综合运输水平的提高。当前,我国经济进入新的历史时期,扩内需成为经济发展的战略基点,同时伴随产业转移的加速推进,市场要素也在加速向中西部地区转移,国外的服务外包、沿海的专业市场和批发市场也出现了向湖北转移的趋势,港澳台和东盟都把武汉作为进入内陆市场的"窗口","十二五"期以来综合交通发展与物流枢纽优势的凸现也支撑了湖北市场枢纽优势。面对我国扩大内需和沿海产业向内陆转移的重要战略机遇期,加快我省综合交通运输体制机制改革,构建我省综合交通运输体系,不仅有利于降低市场要素的运输成本,加快把我省打造成要素集散的"市场枢纽",也有利于降低企业运营成本,吸引转移产业集聚,进一步提升产业综合竞争力,把我省打造成"内需前沿",使湖北建设成为辐射全国的中部物资集散中心、商贸流通中心和物流信息中心。

三是有利于加快"沿江综合立体交通走廊"的实现进程。依托黄金水道,建设长江经济带是新时期重大的国家战略,是湖北千载难逢的发展机遇。李克强总理在长江调研时多次强调:"要以沿江重要港口为节点和枢纽,打造网络化、标准化、智能化的综合立体交通走廊"。2014年9月12日,国务院发布了《国务院关于依托黄金水道推动长江经济带发展的指导意见》,同时下发《长江经济带综合立体交通走廊规划》,要求依托长江黄金水道,统筹铁路、公路、航空、管道建设,加强各种运输方式的衔接和综合交通枢纽建设,加快多式联运发展,建成安全便捷、绿色低碳的综合立体交通走廊。加快推进我省综合交通体制改革,有利于统筹各种交通运输方式发展的规划、政策和标准,整合各种交通运输方式的发展资源,避免无序竞争和资源浪费,加快形成网络化、标准化、智能化的沿江综合立体交通走廊,为我省抢抓长江经济

带战略机遇打牢基础，赢得先机。

四是有利于转变政府职能构建综合交通运输体系。省委十届全会提出要加快建成"祖国立交桥"，综合交通统筹协调发展任务非常繁重，急需在我省综合运输体制机制方面，加强顶层设计和创新，进一步增强改革的内生动力，充分发挥综合交通运输协调机构的作用，加快综合交通运输发展，争取我省综合运输体系建设走在全国前列。推进省级综合交通运输体制机制改革，建立健全交通运输大部门体制，是国家行政体制改革的重要内容，也是交通运输管理部门转变政府职能，提高行政效率，降低行政成本，减少职能交叉的有效途径，是构建综合交通运输体系，实现铁、水、公、空综合协调发展的必然选择。

二、国内外交通运输管理体制发展的经验与启示

（一）国外综合运输体系发展情况特点

1. 国外主要国家交通运输管理体制改革情况

国外交通管理体制的模式主要有三种：一是单行业模式，即在公路、铁路、水路、航空和管道等每个行业单独建立规制机构；二是部门综合模式，即五种行业综合到一个部门中设立规制机构；三是跨部门模式，即将与交通相关的行业整合，建立跨部门的管制机构。其中究竟选择何种模式是与其国家经济发展阶段和交通运输发展阶段密不可分的。对大多数的发达国家而言，他们大多采取部门综合模式或跨部门模式，整合与交通运输相关时领域，形成统一综合的运输部进行综合交通运输系的规制管理。

——美国。在1966年《美国运输部法案》颁布之前，交通运输管理职能分散在财政部、商务部、各种运输委员会等机构。1967年4月后，成立综合性的运输部，组成预算、政策、安全与航空、铁路、公路、城市交通、海运等十几个业务局，是联邦政府归口管理水、陆、空运输的机构，负责"运输方面的全面领导""鼓励运输技术进步""向总统和国会建议批准国家

运输政策和计划"等；

——英国。1919年，颁布《运输部法》，明确将政府其他部门与交通运输有关的事务全部移交给新成立的运输部，实行了"大部制"机构模式。后经多次调整、合并、重组和分拆，直到2002年6月，环境保护、交通运输管理以及地方事务三个部合并组成运输部，将业务相近或相关性强的部门尽可能进行合并，以利于部门之间的沟通协调和政府资源的有效利用；

——德国。与英国的"大部制"改革类似，将原来的联邦运输部与联邦土地规划和建设部、联邦房屋合并为运输部，主要职责是管理全国整个运输行业，包括铁路、公路、水路、航空。运输部主要负责运输、交通方面的法律政策制定和监督执行，具体管理工作一般通过"委托合同"的方式由各个州政府来执行。

——法国。早在1944年就成立了公共工程和交通部，将公路、铁路、航空、水运等各种运输方式的管理，放在一个部门进行综合管理。21世纪以来，在大部制改革的道路上，法国试图走得更远，在整个社会日益重视可持续发展问题的背景下，政府进一步考虑交通与环境保护、能源利用、区域发展、住房建设等方面存在的密切管理，进行更大规模的行政机构整合，组建更广泛意义的大部制。目前，法国主管交通的部门是"生态、可持续发展和能源部"，不仅赋予环境保护职能，还承担了能源、交通、住房规划建设和管理等多项职能。

——日本。近50年来，交通运输管理体制历经多次变革，总体趋势是由分散管理、各自为政向集中统一，综合管理的方向发展。1943年，成立运输通信省，下设铁道总局、海运总局、汽车局、航空局、港湾局等专业机构。1945年，改组为运输省，后经多次内部调整，强化了内部机构间的横向综合协调。2001年将运输省、建设省、国土厅以及北海道开发厅合并成立国土交通省，进一步畅通了交通管理体制，解决各种运输方式难以衔接的问题。

——俄罗斯。苏联解体前，国家

的交通运输系统分别由运输部（负责公路、海运、内河航运及航空）和交通部（负责铁路及工业铁路）两个部门进行管理。2004年，撤并原交通部、邮电和信息部、运输部成立交通运输和通信部，此后，又先后经过两次调整，从2007年9月24日开始，俄罗斯联邦运输部成为交通运输主管部门。

2. 国外主要国家交通运输管理体制的特点

通过对美国、英国、日本、俄罗斯等国交通行政管理体制的分析研究，发现各国交通运输管理体制演变及发展总体呈现出以下特点。

（1）由分散管理走向综合管理，实行"大部制"的横向部门格局，是世界交通运输管理体制演化的总体趋势。横向管理便于相近或相关业务部门之间的协调和政府资源合理有效地使用。一方面有利于政府关系的理顺，加强各部门之间的协调沟通、政府资源的有效利用、各部门政策的整合；另一方面则有利于促进政府职能不断向市场和地方政府转移。从世界范围看，发达国家目前基本形成了从中央到地方的综合交通运输一体化管理体制，但也经历了交通要素从分散管理到统一管理、机构设置由小部门到大部门的演变过程，并有进一步向超级大部门演进的趋势。20世纪60年代美国率先成立了统管各种运输方式的联邦运输部，此后，各西方国家在运输主管部门的设立上先是把分方式的主管部门合并为统一的运输部或交通部，90年代以后又逐渐把运输主管部门与其他相关主管机构合并为更加综合性的主管部门。各国运输主管部门的设立经过多年变化与整合，目前美国为运输部，英国为环境、运输与地区发展部，法国为公共工程、住宅、国土规划与运输部，日本为国土交通省，澳大利亚为运输与地区服务部，德国和韩国则为建设交通部。据粗略统计，世界上126个拥有铁路的国家中，119个实行综合交通运输管理体制，其中：40个设立了统管各种运输方式的综合交通运输主管部门，79个设立了包含交通运输管理在内的综合经济

管理部门。

（2）发挥市场机制的作用是提升综合运输服务水平的基本走向。发达国家注重充分发挥市场机制作用，加强对公益性运输等方面的社会监管，致力维护公平的市场竞争环境。20世纪70年代末以来，美国全面放松对运输业的经济管制，释放了运输市场活力，推动了多式联运和综合物流的发展。英、法等国从20世纪80年代开始，在公益性运输领域引入市场竞争机制，通过特许经营、合约经营等方式，在提高公益性运输效率和服务水平的同时，降低了运输服务成本。各国政府还从综合交通运输和可持续发展的角度，对公益性、环境友好型等可能存在"市场失灵"的运输业务进行不同程度的支持。

（3）发挥中央和地方两个积极性是综合交通运输管理体制正常运行的重要条件。中央和地方职责分工明确，有利于发挥中央与地方两个积极性，有助于综合交通运输体系的高效推进。不同国家在本国行政管理体制总体架构下，中央和地方分权的程度不同，在交通运输管理事务方面，中央和地方发挥的作用也存在较大差异。美国是典型的联邦制国家，在统一的联邦政权基础上，地方在交通运输事务上拥有高度自治权；联邦运输部负责全国交通发展政策、战略规划等制定，对各州的交通发展提供财政支持；地方运输主管部门负责本地区交通规划、建设、管理；在一些大的区域范围内，州与联邦之间设有区域性规划组织，协调区域间交通发展，如为解决综合运输系统特别是综合枢纽的规划与实施主体问题，美国还确定了16个大都市和23个跨州交通规划机构。日本是中央集权制国家，但吸收了西方地方自治制度的元素，实现了中央集权与地方自治的有机统一，全国性交通运输发展政策、规划制定与实施由中央主导，地方设有交通局，接受中央政府的宏观指导和监督，负责本地区交通运输规划、建设和管理等。

（4）加强立法是推进综合运输体系正常发展的重要保证。实现交通运输管理体制的法制化是国外交通运输管理的普遍经验，交通运输行政管理机构的设立及其职责权限均由相关法律法规予以明确规定，并对政府机构之间、地方政府之间的关系加以明确和规范，为行政机关执行交通运输管理职能提供了法律依据。如各国在推进体制改革进程中，大都以立法为保障，明确改革总体目标和各层次的目标。美国组建运输部前通过了《运输部法案》。日本2001年成立国土交通省依据了《国土交通省设置法》。为确保改革顺利实施，各国注重制定周密的工作方案，系统考虑、妥善处理改革中可能出现的问题，通过相关的舆论宣传，争取各方对改革的支持。

（二）国内交通运输管理体制改革情况

2008年以来，随着国家大部门制体制改革进展加快，交通运输管理大部门制改革进过两轮的创新发展，国家层面交通运输部综合交通运输管理职能逐步到位，江苏、广东、深圳、上海、重庆等地综合交通管理体制机制也取得重大进展。

1. 第一轮交通运输管理体制改革

2008年交通运输部实行了第一轮大部制改革，之后，各省市交通体制改革取得突破性进展。江苏、广东、深圳、上海等省市从有利于各交通方式统筹管理的角度，在部门职能整合、综合运输体系规划、项目立项与审批、资金拨付、政策制定、党政关系、行政执法等方面进行了改革。

（1）国家层面

——交通运输部成立。根据十一届全国人大一次会议审议通过的《国务院机构改革方案》，2008年3月23日，新组建的交通运输部挂牌。2009年2月19日，国务院常务会议正式批复了交通运输部的"三定"方案。将交通部、中国民用航空总局的职责，建设部的指导城市客运的职责，整合划入该部。交通运输部的主要职责是，拟订并组织实施公路、水陆、民航行业规划、政策和标准，承担涉及综合运输体系的规划协调工作，促进各种运输方式相互衔接等。同时，组建国家民用航空局，由交通运输部管理。为加强邮政与交通运输统筹管理，国家邮政局改由交通运输部管理。

（2）省级层面

——"江苏"特点。2006年8月江苏省铁路办成建制并入交通厅，2007年1月省交通厅又增挂省航空产业办公室牌子，2009年，省交通运输厅正式成立航空处，同时根据三定方案，省交通运输厅新增了组织编制全省综合运输体系规划等职责。江苏模式的特点在于在全国首次构建了公路、水运、铁路、民航齐抓共管的"大交通"体制框架。

——"广东"特点。2009年，省交通运输厅新设置了地方铁路处，在厅的层面加强对地方铁路的衔接协调。广东模式的特点在于通过增设铁路管理处室，推动地方铁路发展。

——"上海"特点。2004年，上海成立城乡建设和交通委员会，承担大交通的管理和协调工作。2009年，上海成立了交通运输和港口管理局，基本形成了"委局并存"的管理体制。上海模式的主要特点在于，上海建交委负责大交通的统筹管理，其主要抓手在于交通运输和港口局、上海市铁路局、民航华东管理局、中远集团、中海集团等党的关系均挂在建交委，为实现大交通的统一管理提供了组织保障。

——"深圳"特点。2009年，深圳市成立交通运输委员会，将全市所有行政管理部门涉及交通职能的部分全部整合到一起，具体而言，将交通局、公路局、城市交通综合治理领导小组办公室（轨道交通建设指挥部办公室）的职责、规划局、城市管理局（城市管理行政执法局）、公安局交通警察局的有关职责，整合划入交委，并在全国首次将城市道路纳入交委管理范畴。深圳模式除了职能整合彻底以外，首次在机构改革中按照决策、执行、服务相分离的理念优化内部组织结构。

2. 第二轮交通运输管理体制改革

2008年开始的第一轮改革成效显著，但在实际操作上，国家层面，铁道部依然排除在大交通之外，部分省市虽然建立了大交通管理体制机制，但依然存在权责不明确、上下非对口、管理无抓手等问题，2013 年以来，国家启动了铁路管理体制改革，交通运输部综合交通职责和机构逐步调整，重庆和上海等地紧随也启动了第二轮改革。

（1）国家层面

——交通运输部综合交通职责和机构调整到位。按照《中央编办关于交通运输部有关职责和机构编制调整的通知》（中央编办发〔2013〕133 号）的要求，交通运输部已于 2014 年 3 月将综合交通有关职责和机构调整到位，国家层面的综合交通体制改革顺利完成。主要内容如下：

一是完善了综合交通运输体制机制。明确了由交通运输部负责推进综合交通运输体系建设，并将其职能调整如下：①将原铁道部拟订铁路发展规划和政策的职责，划入交通运输部；②负责组织拟订综合交通运输发展战略和政策，组织编制综合交通运输体系规划；③负责组织起草综合交通运输法律法规草案，统筹铁路、公路、水路、民航、邮政相关法律法规草案的起草工作；④负责拟定综合交通运输标准，协调衔接各种交通运输方式标准；⑤管理国家铁路局、中国民用航空局、国家邮政局，并按有关规定管理国家铁路局、中国民用航空局、国家邮政局机关党的工作。

二是理顺了交通运输部与有关部门单位的职责分工。①理顺和明确交通运输部与国家发改委在规划和投资方面的职责分工。交通运输部组织编制综合交通运输体系规划，统筹衔接平衡铁路、公路、水路、民航等发展规划，国家发改委负责综合交通运输体系规划与国民经济和社会发展规划的衔接平衡；交通运输部负责提出铁路、公路、水路固定资产投资规模和方向、国家财政性资金安排意见，按国务院规定权限审批、核准国家规划内和年度计划规模内固定资产投资项目，参与铁路投融资改革和有关政策拟订工作。国家发改委审批、审核的项目，需事先征得交通运输部同意。

②理顺和明确交通运输部和国家海洋局有关职责分工。③理顺和明确交通运输部和中国铁路总公司的有关职责关系。中国铁路总公司研究提出铁路发展规划、政策等建议，由交通运输部统筹衔接平衡。交通运输部在制定涉及铁路的发展规划、政策时，应征求中国铁路总公司的意见。

（2）省级层面

——"重庆"新特点。交通运输部实行第二轮大部制改革后，重庆市调整市交通委员会有关职责和机构编制，增设铁路处、民航处，调整后，重庆市交委将负责推进综合运输体系建设，统筹规划铁路、公路、水路、民航以及邮政行业发展，促进各种运输方式融合；负责组织拟订综合交通运输发展战略和政策，组织编制综合运输体系规划；统筹铁路、公路、水路、民航、邮政相关地方性法规、政府规章的起草工作；提出铁路、公路、水路、民航、邮政固定资产投资规模和方向、财政性资金安排意见，参与铁路投融资体制改革和有关政策拟订工作等。

——"上海"新特点。2014 年以来，上海市按照"一城一交"的模式推进新一轮交通体制改革，拟将原上海建交委关于交通的全部职能与上海市交通运输和港口管理局职能合并，成立上海市交通运输委员会，原上海市城乡建设和交通委员会更名为上海市城乡建设和管理委员会。上海市交通运输委员会统筹负责全市综合交通运输规划编制，负责铁路、公路、水运、民航等重大项目的建设、管理以及相关协调工作。

在管理体制改革完成后，各省市交通管理部门协调相关单位，积极建立综合运输管理机制，加强与铁路、民航的进一步融合，相继制定出台了一系列政策措施，逐步实现了从"物理拼装"到"化学反应"的发展过渡。如江苏省践行"体制不畅、机制来补"的原则，在规划方面，大手笔开展了综合交通"顶层设计"，投入 1200 万研究经费，系统制定江苏综合运输发展战略和规划，指导各种交通方式全面协调可持续发展。在铁路方面，确

定省财政提供 50 亿元，按 3-5 年注入江苏交通控股公司，推进地方铁路建设。在航空方面，下发《省政府办公厅关于进一步加快航空产业发展有关问题的函》，对突破国际航线、培育干线航线给予财政补贴，优先对机场集疏运公路给予补助等。

（三）国内外交通运输管理体制改革发展的经验与启示

通过研究国内外交通运输管理体制机制发展特点，总结出综合运输不同的发展阶段对体制机制提出的不同要求，其发展历程可分为以下三个阶段：

1. 以单一运输方式为主导的初级发展阶段

初级阶段的发展目标是构建以基础设施发展为核心的运输网络。产业形态表现为各种运输方式竞相发展，基础设施网络和运输市场均处于成长期，以大规模建设为主导，缺乏市场服务意识。核心问题是基础设施"瓶颈"制约，运输供给短缺。政策逻辑是政府发挥强主导作用，扶持和培育运输市场的发展，制定不同运输方式的互补发展政策。体制特点是行业管理部门主导，宏观经济部门协调。这一阶段先后经历了以依赖天然河道、海洋等自然资源开展运输的"水运时代"，以及随着蒸汽机的应用迅速确立运输优势的"铁路时代"。

2. 各种运输方式激烈竞争的中级发展阶段

工业化发展的初期，运输技术突飞猛进，水路、铁路、公路、航空、管道等各种运输方式竞相发展，"分割"和"竞争"是这一阶段交通运输业发展的鲜明特征。中级阶段的发展目标是构建基础设施和优化运输结构，实现交通运输产业的转型升级。产业形态表现为各种运输方式的快速发展，运输业投资需求旺盛，市场处于成长期，骨干网络逐步形成，市场服务意识觉醒和发育成长，转型升级需求日渐显现。核心问题是运输基础设施的互联互通，运输供给结构的优化整合。政策逻辑是政府在基础设施建设和公共交通资源配置中发挥主导作用，运

输市场逐渐成熟，交通与土地使用相整合，以运输供给为中心，转变发展方式。体制需求是行业管理部门为主导，但更注重宏观协调，管理职能的功能型整合，迈向准大部门管理体制。

3.各种运输方式由竞争走向合作、由独立发展走向综合发展的高级阶段

工业化发展的中后期，随着各种运输方式恶性竞争、独立发展造成资源能源消耗多、运输效率低的问题日益凸显，综合交通运输体系逐步在发达国家得到重视并获得了快速发展，在这一阶段，各种运输方式之间虽然仍存在竞争，但更强调彼此融合发展、协调发展和高效衔接，这就需要综合的协调管理机制予以强力落实。高级阶段的发展目标是运输系统的全局最优化，形成与经济社会发展相适应、资源节约型、环境友好型、可持续发展的综合交通运输体系。产业形态表现为运输业高度技术化、信息化、网络化、智能化、市场化，运输市场和社会服务意识成熟。核心问题是促进运输业的技术、制度和组织深度整合并培育创新点。政策逻辑是健全法制、宏观监管，实现交通与资源、环境、经济、社会协调发展。体制需求是跨部门重组的综合交通大部门管理体制，涵盖各种运输方式的规划、建设、运营及维护的全过程管理，实行决策—执行—监管分离的行政运行机制，是监管型、法制型和服务型政府。

三、湖北省交通运输管理体制现状及改革优势条件

运输业发展不同阶段对政府的政策制定和行政能力提出了不同要求。在运输发展较初期阶段，各种运输方式大体处于各自单独发展状态，相对简单的系统状态也只需要相对简单的政策体系和行政管理体制。而在运输业发展较高级阶段，运输系统所具有的综合性和复杂性使得政府必须在更高层次上制定综合运输政策，并设立综合性的运输主管机构。我省综合交通管理体制机制的发展也基本遵循了这一基本规律。

（一）省级交通运输管理体制总体情况

从省级层面来看，湖北省涉及交通运输管理的部门和机构有：省发改委、省交通运输厅、武汉铁路监督管理局、长江航务管理局、长江航道局、长江海事局、长江通信管理局、长江航运公安局、长江三峡通航管理局、武汉新港管理委员会、民航湖北安全监督管理局、民航湖北空管分局、湖北省邮政管理局等单位和省铁路建设领导小组。具体为：

——涉及铁路管理的是武汉铁路监督管理局（国家铁路局垂直管理单位，负责郑州、武汉铁路局管界内的相关铁路监督管理工作），省政府铁路建设领导小组（办公室设在发改委，负责拟订全省铁路发展规划，对湖北省合资和地方铁路实行行业管理）。

——涉及民航管理的是民航湖北空管分局（负责空中交通管理等职责），民航湖北安全监督管理局（负责民航安全监督管理工作等）。

——涉及邮政管理的是湖北省邮政管理局（国家邮政局垂直管理单位，作为省级邮政监管机构，负责邮政市场监管），湖北省邮政公司（在省邮政管理局的监管下，依法经营邮政专营业务，承担普通服务义务，受政府委托提供邮政特殊服务，对竞争性邮政业务实行商业化运营）。

——涉及水路运输管理的是省交通运输厅（负责地方水运行业管理），交通运输部长江航务管理局及长江航道局、长江海事局、长江通信管理局、长江航运公安局、长江三峡通航管理局等（对长江航运行使行业管理职能）和武汉新港管理委员会（统一负责武汉新港规划建设和日常事务的管理工作）。

——涉及公路行业管理的是省交通运输厅。

——涉及综合协调的是省发改委交通处、交战办（负责交通运输网络布局规划、中长期发展规划、年度计划、各种运输方式的综合平衡和交通重大项目的前期工作、交竣工验收等）和省交通运输厅（承担涉及综合运输体系的规划协调工作，会同有关部门组织编制全省综合运输体系规划；承担

协调服务民用航空、铁路、邮政等工作；组织编制全省公路、水路行业中长期发展规划；负责重点交通建设项目的前期工作）等部门。

从上述情况看，现行的分部门管理模式导致部门分割、区域分割、职能分割，管理体制正在成为制约交通运输发展的关键因素，主要表现为：

一是体制不顺，职责交叉。目前，涉及交通管理职能的中央垂直管理单位有武汉铁路监督管理局、民航湖北安全监督管理局、民航湖北空管分局、湖北省邮政管理局、长江航务管理局、长江海事局等。涉及综合交通运输管理的部门为省交通运输厅和湖北省发展和改革委员会。同样是运输管理，形成了"垂直管理模式""块块管理模式""条块并行管理模式"并存的局面，存在职责交叉重叠，这与国务院要求的"一件事情原则上由一个部门负责"的机构改革原则不相适应。

二是机制不全，协调不畅。在协调方面，政府和有关部门做了大量工作，但由于各种运输方式的分部门管理，各个管理部门之间缺乏有效的沟通、协调与合作机制，不利于按照综合交通运输体系发展的要求整合交通资源、统一交通规划以及统筹运输市场的形成。如公路、铁路、港口、机场各自规划布局，在功能设计上趋于单纯考虑自身的重要性，而忽视其他运输方式，从而导致枢纽站场使用功能上的片面化，不利于综合交通枢纽的发展；省内港口铁路支线发展不足，大型机场轨道交通建设滞后，交通枢纽集疏运体系不完善，导致综合交通的整体效益不能充分发挥。

三是职能缺位，管理不力。由于湖北综合交通管理机制尚在完善过程中，部分职能还存在管理缺位的现象，成为制约综合运输协调发展的体制性障碍，如在民航方面，管理部门有民航湖北安全监督管理局、民航湖北空管分局等中央直属单位组成，但湖北机场规划、建设尚未明确相关管理部门，目前仍由湖北机场集团公司进行运营管理。另外，综合运输体系管理还缺乏统一的法规、标准以及完善的

市场监督管理体系，不利于政府职能的有效发挥。

未来几年，是基本建成现代交通运输网络的关键时期，也是我省交通运输业改革攻坚及转型发展的关键时期，对各种运输方式之间的对接、一体化运输和可持续运输的要求越来越强烈，而目前条块分割的运输业管理体制、运输负外部性问题严重、运输市场秩序和法律建设不能满足要求，特别是综合交通运输规划、政策、法规、标准调整滞后，已制约了综合交通运输服务质量和水平的提升，阻碍了我省交通运输业健康有序发展。党的十八届三中全会、中央经济工作会议和全国发展改革工作会议都明确指出要深化经济体制改革，把改革创新贯穿于经济社会发展各个领域各个环节。随着大部制改革的逐渐深入，部分省市已经开始行动，重庆和上海的交通大部门制改革已经启动。因此，湖北抢抓全面深化改革重大机遇，建立完善统一的一体化综合运输管理体制，解决现行管理体制中的体制不顺、机制不畅、职能不全等问题，合理划分交通运输主管部门与相关部门在具体管理事务或管辖范围上的事权势在必行。

（二）推进我省综合交通运输管理体制机制改革条件具备

目前，中央及各级政府高度重视并加快了交通运输体制改革工作，国家层面的交通运输大部制改革已顺利完成，省级层面的交通大部制改革也已启动，江苏、重庆、深圳、上海等省市已经改革调整到位，江西、安徽、湖南等周边省份正在加速推进，作为肩负建设"祖国立交桥"重担的湖北，启动交通大部制改革各方面条件均已具备。

1.国家交通运输大部门制改革为我省省级综合交通运输体制改革提供了政策方向。从中央及部委的推进力度来看，2013年两会期间审议通过的《国务院机构改革和职能转变方案》把综合交通体制改革放在首要位置重点推出，这是新一届中央决策层正式履职后推出的首项重大改革，彰显了

党中央、国务院对此项改革的高度重视和坚定决心。2013年11月26日，经国务院和中央编委批准，《中央编办关于交通运输部有关职责和机构编制调整的通知》正式印发，将原铁道部拟订铁路发展规划和政策的行政职责划入交通运输部，目前交通运输部有关职责和机构编制调整已基本到位，形成了由交通运输部负责管理国家铁路局、中国民用航空局、国家邮政局的管理架构格局，初步建立起与综合交通运输体系相适应的大部门体制机制。交通运输部杨传堂部长多次要求各省加快推进省级综合交通体制改革，在2014年7月重庆市交委完成综合交通体制改革的送阅件上，杨部长就亲自批示"希望各省区市交通运输主管部门把握机遇，主动作为，突出综合交通运输体系建设职责，以强烈的进取意识、机遇意识和责任意识，稳步推进交通运输大部制改革，促进铁路、公路、水路、民航、邮政协调发展，不断开创交通运输事业科学发展新局面"。

2.省委省政府高度重视为我省省级综合交通运输体制改革提供了政治保障。省委、省政府历来高度重视综合交通运输体系建设。早在省九次党代会就提出了"四基地一枢纽"战略定位，其中包括要把我省建成中部乃至全国重要的现代物流基地和综合交通运输枢纽。2013年3月，鸿忠书记、国生省长会见交通运输部杨传堂部长时表示，湖北要在构建综合交通运输体系方面走在前列，做综合交通运输改革的"急先锋"。省政府常务副省长、分管副省长多场合就我省综合交通运输体制改革作出重要指示。省交通运输厅认真贯彻落实省委省政府主要领导的指示精神，经过精心准备，积极争取，交通运输部已同意将我省列为全国首批综合交通改革试点，目前试点方案正在研究确定，将在综合交通运输体制机制改革、综合交通运输服务示范及多式联运等方面开展试点工作，省部形成合力，加快构建我省的综合交通运输体系。

3.国内其他省市综合交通运输体制改革实践为我省省级综合交通运输

体制改革提供了经验借鉴。多省市正推进综合交通体制改革迫使我省必须加快改革。综合运输水平高低是衡量一个地区交通运输发展和经济社会发展水平高低的重要指标。目前，全国多个省市都在抢占先机，积极推进综合交通体制改革，有的已经改革调整到位。以长江经济带上的省市为例，江苏、重庆、上海综合交通体制改革已经到位，其他省市也在加速研究和推进，这为湖北推进省级综合交通运输体制机制改革提供了经验借鉴。但我省要"建成支点，走在前列"，就必须要在综合交通发展上走在前列，在综合交通体制改革上先人一步。

4.湖北省已在省级综合交通运输体制改革方面做了很多基础工作并取得了明显成效。2009年，省人民政府批准的《湖北省交通运输厅主要职责内设机构和人员编制规定》赋予了省交通运输厅"承担协调服务民用航空、铁路、邮政等工作，承担涉及全省综合运输体系的规划协调工作"。省交通运输厅按照省委省政府关于综合交通运输体制改革的系列要求，积极进行了一系列探索和努力，通过加强协调、搭建平台、联盟合作等举措，不断推进大交通、大融合。

一是编制规划。2014年，根据省政府安排，省交通运输厅组织编制了"两圈一带"综合交通规划，并组织完成了"十二五"综合交通规划前期重大课题研究，目前省政府已正式明确由其省交通运输厅牵头组织开展"十三五"综合交通规划编制工作。

二是综合协调。以省级交通运输主管部门为主导，进一步强化综合交通运输六项协调工作机制，铁水公空邮综合交通部门定期就规划编制、运输联动等进行研究探讨，加快综合客运枢纽配套换乘设施建设，合理调整城市公交线路及运营时间，基本实现以公共交通为主体的市内交通网络与铁路和航空干线、长线运输的有效对接，推动武汉、襄阳、宜昌市交通运输部门建立交通枢纽城市旅客疏运工作衔接协调机制，会同铁路、民航及客运枢纽地区综合管理部门以及部分

重点运输企业，充分发挥综合运输整体效能，构建多种运输方式相互衔接的立体客运网络，及时有效解决重点时段和列车晚点、凌晨到达、异常情况下机场滞留等特殊情况下旅客疏运衔接问题，特别是在春运、暑运、清明、五一、十一等小长假及重大活动保障等方面表现突出，服务人民群众便捷安全出行，取得了明显成效。

三是整合资源。联合开展了一系列大交通文明创建活动，党建、史志编撰工作向大交通拓展延伸；联合铁路、民航、广电组建了湖北首个综合交通公共信息联盟，有力促进了运输信息资源共享及管理、服务效能提升。省交通运输厅主要领导亲自出席邮政等工作会议加强指导，邮政部门主要领导兼任交通运输部门副职，"交邮共建"创新模式得到交通运输部充分肯定，率先在全国出台了《湖北道路水路运输业与邮政业融合发展的指导意见》。

四是试点示范。我省武汉市已实践综合交通运输管理体制多年，充分利用综合运输协调机制的优势，紧密联系铁路、公路、民航等相关部门，创新管理手段和方法，努力提高运输组织效率，实现了运输环境安全、运输秩序良好的效果，在综合交通发展方面取得了丰硕的成果，也为我省全面推进综合交通体制改革打下了良好的基础，提供了可供复制和推广的样本。

综上所述，推进我省省级综合交通运输体制机制改革，不仅十分必要和重要，而且十分紧迫。省委十届全会提出要加快建成"祖国立交桥"，综合交通统筹协调发展任务非常繁重，急需在我省综合运输体制机制方面，加强顶层设计和创新，进一步增强改革的内生动力，充分发挥综合交通运输协调机构的作用，加快综合交通运输发展，争取我省综合运输体系建设走在全国前列。

四、推进省级综合交通运输管理体制机制改革的总体构想

（一）总体思路及基本原则

1. 总体思路。深入贯彻落实科学发展观，紧紧围绕国民经济和社会发展对交通运输业的总体要求，以中央及省委省政府关于深化行政管理体制改革的精神为指导，以构建省级综合交通运输大部门制为切入点，按照建设服务型、责任型、法治型、廉洁型政府部门的要求，着力转变政府职能、理顺内外关系、优化组织结构、规范机构设置、完善体制机制、提高行政效能，建立起权责一致、分工合理、决策科学、执行顺畅、监督有力的省级综合交通运输管理体制机制，加快构建结构合理、无缝衔接、安全高效、方便快捷、可持续发展的综合交通运输体系。

2. 基本原则

一是坚持有利于促进交通运输发展方式转变的原则。当前，交通运输发展的主要矛盾已经由总量矛盾向结构和效率矛盾转化，要求统筹各种交通运输方式，加强不同交通运输方式的衔接，集约利用土地和岸线资源，发挥综合交通运输的整体效益，这就要求综合交通运输体制机制改革要强化综合交通部门对各交通子系统的管理权限，适应综合运输体系在新阶段转变发展方式的内在要求。

二是坚持有利于促进交通运输综合管理和科学管理的原则。改革开放以来，交通运输业不断加大市场化改革步伐，从政企合一、各运输方式分部门管理，逐步朝政企分开、多种运输方式综合管理转变。改革要顺应这种改革的方向，推进和完善大部门制改革，进一步理顺职能部门关系，明确职责分工，优化工作程序，提高工作效能。

三是坚持有利于满足城乡居民出行和现代物流发展新需要的原则。当前我们正处于在实现全面建设小康社会目标的关键时期，随着城市化进程加快，城际间大客流、城市内大强度和时间集中客流运输需求大增，高端化、均等化、多样性运输需求发生新变化，货物方面的多式联运发展滞后、物流园区建设不协调、运输结构不合理等问题突出，这都对综合交通运输管理体制和机制改革提出新的要求，综合交通运输体制机制改革必须妥善解决宏观调控"缺位"和"越位"的问题，通过加强政府的综合管理职能，消除部门壁垒，加大公益投入，维护市场统一和公平环境，促进地区客货交通运输持续健康发展。

四是坚持有利于保持改革稳定进行的原则。要在省委省政府的统一领导下，统筹谋划行业体制改革大计，做到整体设计与因时制宜相结合，充分结合行业实际，做到长远目标与阶段性目标相结合、全面推进与重点突破相结合、统一规范与因地制宜相结合，处理好改革发展稳定的关系，积极稳妥、循序渐进，将行业体制改革纳入规范有序的轨道。

3. 处理好几个重大关系

一是职能整合和职能转变的关系。大部门体制仅是改革的形式，核心在于促进政府职能转变。要在大部门体制框架下大力推进政事、政企、政资、政社分开，决策和执行分离，进一步优化职能结构。

二是条条管理与块块管理的关系。处理好"条""块"关系，关键在于以"事权和财力对应、权力与责任对应"为界定依据，遵循分职治事原则，除在本级政府专属事权范围内可往下设置垂直部门统一管理外，其他事权应尽可能下放，不宜过于强化垂直管理体制。

三是体制改革与机制改革的关系。由于综合交通运输大部门体制改革难以一步到位，权责交叉问题也不可能一蹴而就，解决体制遗留问题，更要善于积极探索和创新部门间沟通协调机制。

四是因地制宜与因时制宜的关系。要把中央精神、地方部署、行业要求与本地交通运输发展的阶段特点有机结合起来，既不能急于求成，也不能因循守旧；既要把握好时机，又要掌握好节奏。

五是改革创新与依法行政的关系。深化改革尤其是机构改革，应当符合相关法律规定。改革既要解放思想、大胆创新，又不应超越依法行政这个原则底线。

（二）建立省级综合交通运输管

理体制

当前，我省正处于工业化中期向后期过渡的发展阶段，也是交通运输发展从中级向高级过渡阶段，要着手启动综合交通管理体制改革，构建综合交通大部门管理体制机制。国家层面的大部门交通管理体制已经形成，湖北也应主动作为，结合我省交通运输管理体制机制的现行架构和综合运输发展的阶段性特征，积极争取省委省政府和相关部门支持，协调多方利益关系，将地方铁路、机场等省级层面的相关职能纳入一个部门进行统筹管理，优化完善我省省级综合交通运输管理体制机制。

1.将省铁路建设领导小组办公室划入省交通运输厅

省铁路建设领导小组办公室负责湖北合资和地方铁路的行业管理、铁路建设协调。将省铁路建设领导小组办公室划入省交通运输厅，是贯彻落实中央精神、探索建立大部门体制的必然要求，符合机构改革"精减统一效能"和"理顺职责关系"的原则，有利于优化交通运输布局、促进各种运输方式相互衔接，提高交通资源的使用效率。

2.在省交通运输厅成立湖北省民用航空管理办公室

目前，由于民航与其他交通方式由不同部门管理，导致民航与公路、水路、铁路等其他的衔接仍存在较多的问题，比如机场主导型综合客运枢纽未能统一规划与设计，机场集疏运体系不够完善，集疏运效率不高等问题，需要建立专门的机构进行统筹规划。成立湖北省民用航空管理办公室，将办公室设在省交通运输厅，有利于加强衔接协调，让民航发展真正融入综合运输体系建设中。

3.明确省交通运输厅综合运输管理职能

将分散在省直有关部门的综合运输管理职能进行整合，划归省交通运输厅。由省交通运输厅负责组织编制全省综合运输发展战略和规划，组织拟订地方铁路、民用机场、邮政等行业规划；负责组织拟订综合交通相关政策、地方性法规和省政府规章草案等；负责提出地方铁路、民用机场固定资产投资规模、方向以及财政性资金安排意见；按省政府规定的权限审批、核准交通固定资产项目。同时，明确省交通运输厅与其他省直单位的职责分工。在规划方面，由省交通运输厅负责综合交通规划编制，省发改委负责交通与经济社会规划的衔接平衡。在水运方面，明确省交通运输厅与武汉新港管理委员会在建设武汉长江中游航运中心等方面的职责分工。

4.建立健全湖北综合运输管理协调机制

在整合省级层面综合运输管理职能的同时，还需积极加强组织协调，联合国家铁路、民航、长江航道等中央垂直管理部门及各市州交通主管部门，建立湖北综合运输协调机制，如综合交通运输议事协调机制、交通项目前期工作联动协作机制、重大交通项目建设定期调度机制等，加强中央、地方各级交通主管部门的沟通衔接，提升综合交通的整体效益。

（三）建立健全湖北综合交通运输管理工作机制

要按照建立服务性政府的要求，从规划、法规、标准、服务、监管等方面加快转变政府职能，加强发展战略、规划、政策、标准等制定和实施，加强市场活动监管，加强各类公共服务提供，提升综合交通的整体效益。

1.构建统一完善的综合运输规划体系，建立分级规划机制和多部门多层级合作机制。随着大部制改革深入推进，构建统一完善的综合运输规划体系是转变政府职能、深化改革成果的重要抓手之一。

——建立规划机制。一是建立分级规划机制。省级交通规划主管部门根据国家上位规划，负责制定全省交通运输发展战略规划，针对跨区域运输通道、区域交通枢纽以及主要交通网络进行规划。地方政府负责制订本地区综合交通基础设施发展规划，在城际和城市交通规划衔接方面，加强与上级政府沟通并发挥更大作用。项目层面的实体规划要向地方政府下移，充分发挥地方政府在交通运输发展规划中的作用。二是建立规划合作机制，综合交通的发展与土地、环境制约、城市发展等因素密切相关，需要与城市总体规划、城乡建设规划、环境保护规划以及社会保障规划等多个规划进行有效衔接，要建立与相关主管部门的协调议事机制，必要情况下，将合作机制以立法的形式确定。

——完善规划思路。尽快改变以各交通方式规划汇总来编制综合交通运输体系规划的模式，改变以分方式运输需求预测为基础，以项目建设为主要内容的传统规划模式，将各种交通方式作为一个整体来研究和预测，并从更广的视角分析并把握未来综合交通运输体系的发展，更好地满足社会经济的交通运输需求。此外，全省交通规划应该关注战略目标确定和方向引导，并探索新的规划方法和规划内容。

——优化规划程序。要理顺上下级规划和长短期规划的关系，特别是交通专项规划必须服从综合交通运输体系规划，短期规划必须服从长期规划，制止规划为项目服务并为项目让路的不正常状态。进一步强化规划执行，避免规划调整过于频繁等现象。加强财政预算和资源、环境对规划的约束，特别是要建立严格的规划预算制度，让规划制度具备内生限制和制约的功能。同时健全规划的公众参与制度，并建立完善的规划决策、实施与预算执行问责制度。

——加强规划保障。注重规划的基础性研究工作，逐步运用GIS、RS等先进技术，建立湖北综合交通规划决策平台，对综合交通运输基础数据进行收集、统计和整理，开展"大数据"研究，为编制规划提供数据支撑。进一步充实专业人才队伍，在规划编制、技术咨询等领域充分发挥市场作用，采用"政府购买服务"等方式，创新规划服务供给模式，提升服务质量。

2.加强湖北综合运输法规以及标准规范建设，提升交通运输管理法制化水平。当前国家正在抓紧建立综合运输法规体系框架，应该密切关注国家实施进展情况，在国家大框架下，进一步完善和促进省内综合运输相关法律法规、标准规范的整合和衔接，充分发挥法律制度和标准规范在综合运输体系建设中的保障作用。

——抓紧研究国家重要法规相关实施方案。紧密跟踪《综合运输促进法》《综合运输枢纽条例》《多式联运条例》等法规进展情况，重点研究省内实施方案，在法律中明确如下内容。一是明确全省综合运输发展的原则和战略目标；二是理顺相关管理部门的统筹、联系和协调机制；三是做好基础设施和运输市场的衔接，包括规划、建设、市场准入、相关标准和信息平台的衔接；四是建立综合运输枢纽管理制度；五是规范、引导和激励多式联运的发展，明确行为规范和基本责任制度。

——完善相关工作机制。加强与国家有关部门的衔接，积极配合国家层面开展立法调研等工作。对于国家层面尚不具备统一立法条件的领域，如对湖北确有意义，应积极争取试点，通过先期探索，以地方立法促进国家立法。同时进一步完善和落实交通立法工作程序及立法责任制、专家咨询机制、民主立法机制、立法后评估等立法工作机制。

——加强科研支撑和民主决策。加强对重大问题和重大法律制度的研究论证工作，为立法决策和制度建设提供理论支撑，进一步提高立法的科学性和前瞻性。扩大立法的公众参与程度，综合运输法规体系重点立法项目应当公开征求意见，并吸收专家参与立法，应更加注重管理相对人、中小企业、非公有制企业的意见。

——建议推进湖北交通标准化体系工作。推进交通运输标准化工作是在大部门制背景下实现政府职能转变、发挥市场决定性作用和更好发挥政府作用、提升行业服务能力和安全水平的必然要求。湖北交通标准体系建设应在国家标准体系框架下，从技术体系和管理体系两个方面进行研究。同时进一步健全相关机构，加强统筹协调，做好标准之间的衔接。

3.完善综合运输监管，构建公平有序的运输市场体系。党的十八大三中全会指出，要处理好政府和市场的关系，使市场在资源配置中起决定性作用，着力解决市场体系不完善、政府干预过多和监管不到位问题。交通设施具有准公共物品特性，交通运输产业也通常被认为是自然垄断产业，在充分发挥市场作用的同时，不能忽视监管体系的作用。从我国及全省交通实践来看，存在"以批代管"、"重审批、轻监管"的现象，有必要进行进一步完善。

——明确政府在交通运输市场中的职能定位。关于公益性较强的交通基础设施建设，比如铁路、航道、公共交通等设施，仍然需要坚持政府为主导的推进模式，或者在吸引社会投资建设的同时，加大力度进行监管，确保发挥交通基础设施的社会效益。关于综合运输体系中可以放开的环节，应该坚决予以放开，比如公路养护，应该逐步实现"管养分离"，通过市场化的手段，鼓励社会参与公路养护，进一步提升服务水平。关于综合运输体系中的政府引导问题，比如甩挂运输、多式联运等先进运输方式，在培育初期应该加大力度引导，待培育成熟后，应重点完善市场环境，通过市场作用来推进其发展。综合运输市场的完善是一个渐进过程，应立足于法律法规、规范的完善，有序对部分环节进行开放，特别重要领域的开放应考虑试点示范的方式进行推进。

——进一步推进交通运输行政审批改革。全面优化行政审批程序，全省综合交通所有行政审批事项，应创造条件实现网上审批，并纳入统一管理，实行一个窗口对外，一站式服务。对省级交通运输行政审批事项进行再调研、再论证，能简化的尽量简化，能下放的尽量下放。完善交通运输行政审批网上平台，全面推行交通运输行政网上申请，网上审批，网上办证。

——完善综合交通安全监管。在大交通体制框架下，一是进一步明确安全保障机构的职责与权力，解决交通安全监管中的职能交叉问题。二是健全综合交通运输安全生产法规制度和标准体系，开展安全隐患排查和专项整治，推进企业安全生产标准化达标考评和达标等级应用工作。加快安全防护设施建设和安全监管装备配备，加强公路安保、危桥改造等工程建设；完善应急预案，构建应急指挥体系，推进交通应急装备物资储备与救援中心建设，建立各级运输应急保障运力储备。

五、研究结论及有关建议

当前我省已经具备推进省级综合交通运输管理体制机制改革的基本条件，加强顶层设计和创新，进一步增强改革的内生动力，加快构建我省综合运输体系，既是顺势之为，又是必须之为。建议省委、省政府着重从以下三个方面加大改革力度。

1.高度重视。建议将综合交通运输管理体制改革纳入湖北省全面深化改革领导小组的专项改革议题和改革工作重点，并列为省改革办2015年重点督办改革事项，统筹抓好改革工作方案的总体设计、工作协调、整体推进和督促落实。

2.加强领导。鉴于我省省级综合交通运输管理体制改革涉及部门多，触及利益深，改革难度大，建议成立以省长为组长、分管副省长为副组长、发改、交通、民航、铁路、邮政等部门主要负责人为成员的综合交通运输改革工作领导小组，抓好改革总体设计、统筹协调、整体推进和督促落实。

3.政策保障。要在深入调研的基础上，搞好改革工作顶层设计，加强综合交通运输管理体制机制创新和政策创新，抓紧研究制定具体措施，制定好时间表和路线图，明确职责分工，落实责任主体，逐级分解任务，确保各项目标任务的落地落实，推动交通运输管理体制的融合，进一步完善综合交通运输体系。

湖北省农村公路工作情况调研报告

湖北省交通运输厅　马立军

湖北省位于我国中部，长江中游的洞庭湖以北，素有"九省通衢"之美称，具有承东启西、联南纳北的区位优势。我省共有17个市州（其中12个省辖市，1个自治州，3个省直管市，1个林区），94个县（市、区），1333个乡镇，28098个行政村，总面积18.59万平方公里。

湖北省是有名的农业大省，是全国重要的粮、棉、水产品生产基地，农村公路在我省农村经济发展过程中一直起着举足轻重的作用。"十五"以来，在交通运输部和我省各级党委政府的大力支持下，我们以"扶持农村、反哺农业、回报农民"为出发点，加快推进农村公路建设，基本形成了以县道为主骨架、乡道为支撑、通村公路为延伸的农村公路网络。截至2013年底，我省农村公路总里程达到207826公里，其中：县道20166公里、乡道63811公里、村道123849公里。农村公路总里程中，有一级公路1007公里、二级公路5475公里、三级公路11993公里、四级公路175370公里、等外公路13981公里。

一、工作开展情况及主要成效

（一）农村公路养护管理工作

1. 顶层设计，完善农村公路管养制度体系。为进一步明确各级党委政府农村公路养护管理的主体责任，省人大审议通过了《湖北省农村公路条例》；省政府出台了《湖北省农村公路管理养护体制改革实施方案》《关于进一步加强全省农村公路养护管理工作的意见》《关于加强全省农村公路交通安全工作的意见》等一系列指导性意见；全省17个市州均以政府名义出台了《农村公路管理养护办法》《农村公路管理养护实施细则》或《农村公路管理养护实施方案》等相关规范性文件。与此同时，我厅配套制定了《湖北省农村公路交通安全设施实

施技术指南（试行）》《关于加强农村公路安保工程建设质量监督管理意见》《关于进一步规范和加强农村道路客运管理工作的指导意见》，进一步规范了农村公路安保工程建设质量监管和农村道路客运管理；加强与省财政厅沟通协商，联合出台了《湖北省农村公路安保工程建设省级"以奖代补"资金管理办法》《湖北省普通公路危桥改造省级补助资金管理暂行办法》，为推进农村公路安全发展提供了资金政策保障。

2. 明确责任，健全农村公路管理养护机构。认真落实《湖北省农村公路条例》《湖北省农村公路管理养护体制改革实施方案》和交通运输部"农村公路管理养护年"活动的总体要求，不断健全农村公路管养机构，进一步强化县级人民政府农村公路建养管责任主体地位和各级交通主管部门的行业管理职能，逐步推动农村公路养护管理工作常态化、制度化、规范化。省交通运输厅增设了农村公路管理处；在市州级层面，有5个市州设立了专职农村公路管理机构，占29.4%；在县级层面（不含武汉近城区），有59个县市区设立了专职农村公路管理机构，占64.8%；部分乡镇和村民委员会成立了农村公路养护管理站、道班。

3. 典型示范，探索农村公路管养长效机制。针对我省农村公路养护里程长、地域差异大等特点，在管养模式上，我们遵循因地制宜的原则，采取专业养护与群众养护、常年养护与季节性养护相结合的方式实行农村公路管理养护。主要探索了以襄阳市谷城县为代表的"农村公路建设、养护、管理协会"（简称路协）模式、以潜江市为代表的"合同委托"模式、以仙桃市为代表的"七统一"模式、以黄冈市蕲春县为代表的"专群结合"模式、以武汉市为代表的"分级管理"

模式。襄阳市、县两级交通运输局均成立了县乡公路管理处和县乡公路管理所，机构设置齐全、人员配备到位。竹溪县建立"政府主导、乡村主体、财政补助、分段承包、交通监管、资金直达"的农村公路养护管理新机制，成立了农村公路管理局，48名工作人员经费全额纳入财政预算，分区域设立了5个中心管理站，推行农村公路养护网格化管理模式，全县共组建302个群众护路养路监督小组，采取招标承包养路模式，确定了368名承包养护人员，农村公路养护管理日趋规范。

4. 政府主导，开展农村公路安保工程建设。为了全面提高我省农村公路的服务水平，保障行车安全，我厅从2012年开始在全省农村公路上实施以"消除隐患、珍惜生命"为主题的农村公路安保工程建设大会战，制定下发了《湖北省农村公路安保工程建设实施方案》，力争在"十二五"末完成县、乡、村道亟待解决危险路段安保工程建设任务。我厅积极争取省政府支持，多次组织召开全省农村公路安保工程建设促进会。各级交通运输主管部门紧紧围绕工作目标，层层落实目标责任，农村公路安保工程建设取得明显成效。2012年以来，全省共完成农村公路安保工程建设近30000公里，农村公路安全行车水平明显提升。

5. 试点先行，加快农村公路危桥改造进程。2012年5月，根据我省农村公路危桥改造实际，我厅将湖北省荆州松滋市定为农村公路危桥改造项目试点县，分两年实施农村公路危桥改造150多座，实现松滋市农村公路无危桥。在示范活动取得较大成效的基础上，2013年将农村公路危桥改造作为省委省政府践行党的群众路线教育实践活动重要解决事项，纳入

"十二五"后三年农村公路工作重点，与农村公路安保工程大会战一同部署。2013 年 8 月，省政府召开全省农村公路安保工程建设和危桥改造推进会，与市州签订责任状，分解目标任务，印发《湖北省农村公路安保工程建设和危桥改造实施方案》，力争到"十二五"末，完成全省现有县乡道中型以上桥梁中危桥、村道大型桥梁中危桥的改造任务（633 座）；完成农村公路亟需解决的危险路段安保工程建设任务（36232 公里）。2014 年又将农村公路危桥改造作为省政府"十件实事"之一，加快推进改造进程。2013 年以来，全省共完成农村公路危桥改造 530 多座，我省农村公路桥梁安全营运状况得到初步改善。

（二）集中连片特困地区农村公路建设情况

1. 规划情况。根据交通运输部 2012 年 7 月制定的秦巴山、大别山、武陵山集中连片特困地区交通建设扶贫规划（2011-2020 年），"十二五"期末，所有具备条件的乡镇通沥青（水泥）路，秦巴山、大别山、武陵山分别实现 100%、100%、95% 以上的建制村通沥青（水泥）路，至 2020 年实现 100% 的建制村通沥青（水泥）路。其中，我省规划建设集中连片特困地区重要县乡公路 740 公里、建制乡镇通沥青（水泥）路 384 公里、建制村通沥青（水泥）路 6951 公里。

2. 实施情况。"十二五"以来，我省坚持"以人为本、惠及民生"的方针，对集中连片特困地区优先考虑，对脱贫试点县继续支持，对连通工程加大建设力度，做到突出重点、科学谋划、合理安排，做到集中力量办大事、办好事、办成事。截至目前，我省已安排重要县乡公路建设计划项目 575 公里、通乡镇公路建设项目 375 公里、通建制村公路建设项目 6511 公里，分别占集中连片特困地区规划里程的 77.7%、97.7%、93.7%；落实中央车购税共 35.55 亿元，其中：重要县乡公路建设项目 8.05 亿元、通乡镇公路建设项目 3 亿元、通建制村公路建设项目 24.5 亿元。预计 2014 年底，

全省累计完成重要县乡公路建设项目 575 公里、通乡镇公路建设项目 375 公里、通建制村公路建设项目 6511 公里，分别占规划里程的 77.7%、97.7%、93.7%，实现 100% 的乡镇通沥青（水泥）路，秦巴山、大别山、武陵山分别实现 100%、100%、97.8% 的建制村通沥青（水泥）路。2013 年底，我省仍有 374 个未通畅行政村，2014 年已安排 1966 公里，预计可新增 310 个行政村通畅，到 2014 年底还有 64 个行政村未通畅，力争在 2015 年底全部解决。

二、主要体会

一是政府重视、长抓不懈是农村公路发展的关键所在。省委省政府高度重视农村公路交通发展，连续 11 年将农村公路建设纳入"十件实事"公开承诺；各级党委政府主要领导深入基层调研、亲自动员部署、组织协调、指挥督战，涌现出了一大批"路书记""路县长""路镇长"。实践证明：地方政府及其主要领导重视程度越高，当地农村公路的发展就越快，社会主义新农村建设的成效就越好。

二是多方筹资、群策群力是农村公路发展的力量源泉。各市州结合实际出台了一系列以奖代补、政府投资、招商引资、社会捐资的多方筹资政策，建立了"国家投一点、省里补一点、地方筹一点、社会捐一点、群众出一点"的农村公路建设养护资金筹集机制。江陵县"十二五"以来县乡两级财政配套筹集农村公路管养资金 2333 万元，大冶市仅 2013 年就筹集农村公路管养资金 1300 余万元，竹溪县近两年年均筹集 200 万元用于通村公路救灾抢险应急，这些地区的农村公路建设和农村面貌都发生了翻天覆地的变化。这既是我们过去累积的成功经验，也是支撑今后农村公路发展的力量源泉。

三是迎难而上、艰苦奋斗是农村公路发展的精神法宝。广大农民群众积极投身农村公路建设，不计名利、投工投劳、捐款捐物、实干苦干，"资金不足精神补、机械不足力气补、水泥不足石头补"，涌现出了许多感人事迹。恩施州建始县龙坪乡店子坪村

党支部书记王光国，被誉为中国当代"愚公"，他率领村民在深山峡谷绝壁凿路 8 年，硬是徒手凿出一条通向山外的致富路，告别了全村肩挑背驮的历史，谱写了一曲震撼人心的时代壮歌。王光国同志的事迹打动了无数人的内心，在央视"寻找最美村官"大型公益活动中，高票当选十大最美村官，他的这种迎难而上、艰苦奋斗的劲头正是我们发展交通运输事业不可或缺的精神品格和宝贵财富。

四是典型示范、以点带面是农村公路发展的有效途径。各市州坚持典型示范、以点带面，积极探索新路子、新经验，取得了良好成效。黄冈市积极开展农村生态文明示范公路和农村公路安保工程精品线路评选活动，通过典型示范，引领全市农村公路向"畅安舒美"发展；恩施市龙凤镇、钟祥市柴湖镇围绕城镇化建设和产业区发展，科学规划农村公路，引领农村公路向纵深推进；潜江市的"合同管养模式"、咸安区的"专群结合管养模式"、谷城市五山镇的"协会管养模式"和鄂州市农村公路建设"八公开、五同步"等一大批好经验、好做法竞相涌现。全省农村公路发展呈现出由试点启动向全面推广、由基层摸索到顶层设计、由局部突出到整体提升的良好态势。

三、存在的主要问题

（一）主体责任落实不到位，导致养护资金未配套。受思想观念影响和财力所限，部分县市地方配套资金落实不到位，只是喊破"嗓子"，做做"样子"，未能切实履行主体职责。2007 年以来，大部分县级财政用于农村公路日常养护管理资金未按《湖北省农村公路管理养护体制改革实施方案》规定逐步加大投入，仍维持在乡道、村道每年每公里 1000 元的标准，且部分县市尚未按每公里 1000 元标准足额到位，历史欠账较多。

（二）管养组织机构不健全，导致日常监管不到位。目前，我省市、县两级专职管理机构尚未实现全覆盖。各地已成立的农村公路专职管理机构资金来源无保障，主要为自收自支单位，迫切需要将专职管理机构人员经

费纳入县级财政预算。同时，农村公路点多、线长、面广，管养作业面分散，管养难度大、任务重、专业性较强，我省专业管养人员数量少、欠专业，与当前农村公路发展的需求不相适应。由于农村公路管理力量薄弱，导致农村公路未能得到有效保护。

（三）养护资金标准过低，公路损毁修复不及时。我省现行年度养护工程省级补助资金"7351"政策，是按照"十一五"中期农村公路里程进行测算，基数和标准多年未加以调整。目前，我省农村公路共计20.78万公里，按照"7351"政策，共需补助资金4.88亿元，其中：列养县乡道1.67万公里，省应补助资金1.09亿元，实际补助2.67亿元；全省非列养农村公路19.11万公里，省应补助资金3.79亿元，实际下达2.55亿元，缺口资金为1.24亿元。同时，我省早期修建的农村公路已进入大中修周期，而且原材料价格不断上涨，人工费用大幅度提高，资金需求越来越大，省级安排的养护工程资金已不能满足实际需求，加之县级人民政府未能切实落实主体责任，加强资金配套保障，导致农村公路损毁修复不及时。

此外，还存在农村公路养护专业技术人员缺乏等问题，导致绝大部分农村公路养护工作仅限于路面保洁、培路肩等工作，养护工艺粗放、设备简陋、技术水平较低。对于像桥涵、隧道等养护技术要求较高的构造物，由于技术力量薄弱，导致我省农村公路大部分桥梁无法进行有效养护。

四、关于"十三五"农村公路发展的建议

一是恳请部对我省撤并行政村通村公路建设给予政策倾斜。我省纳入了交通运输部2014年撤并村通畅试点方案，且已获得4亿元试点启动资金。目前已完成试点项目采集、审核和建库工作，确保今明两年试点工作规范有序、示范效果良好。由于我省是2003年国家确定的农村综合改革试点省份，撤并乡镇数量众多。经过普查，全省约有10000个撤并村未通水泥路，要实现所有撤并行政村的通畅目标压力巨大。恳请交通运输部针对我省未通水泥路撤并村数量较多的实际，在"十三五"期间加大政策倾斜力度，支持我省完成撤并行政村的通村公路建设。

二是建议部出台政策引导各地加大养护投入比重。经过多年大规模的建设，当前大多数地区农村公路网络已经基本形成，规模总量不足已不再是农村公路发展的主要矛盾。建议交通运输部采取"差异化发展"的原则，对于极少数西部山区，重点放在提高通畅深度上，建设重点侧重于"撤并行政村"和"自然村"；对于较发达地区，建设重点侧重于提升、优化现有农村公路存量；同时提高国家补助资金标准，加大养护大中修、防护工程、桥梁改造加宽、涵洞配套等方面加大投入。建议"十三五"期公路养护与建设的资金投入比为8:2或9:1。

三是恳请部加大农村公路路网结构改造工程投入力度。我省农村公路上的桥梁大多修建于20世纪60-70年代，由于当时修建标准较低，经过多年运营，四五类危桥也在逐年增多，虽然近几年我省加大了农村公路危桥改造力度，但每年加固改造的危桥数量所占比例仍然很小。同时，由于农村公路建设时，投入资金有限，建设标准较低，安保设施、防护工程等各项配套设施没有同步完成，影响了农村公路通行安全。因此，建议部加大我省农村公路路网结构改造工程的投入力度，逐步减少我省农村公路危桥数量，完善农村公路配套设施，提高农村公路安全通行能力。

我省"十三五"期交通运输需求分析及预测专题调研

湖北省交通运输厅　谢强

为研究高铁建设发展对沿线地区公路、民航的影响，分析城市群交通运输需求，我们对湖北省"十三五"期交通运输需求分析及预测进行了调研，有关情况如下。

一、湖北综合交通运输基本情况

截至 2013 年底，水运方面，通航里程 8464 公里，高等级航道 1739 公里，2013 年完成港口吞吐量 2.6 亿吨、集装箱吞吐量 105 万标箱。

公路方面，总里程 22.69 万公里，高速公路通车里程 4333 公里，初步建成"四纵四横一环"网络，2013 年完成客运量 8.07 亿人次，客运周转量 415.1 亿人公里，同比增长 9.43% 和 10.97%；货运量 10，1 亿吨，货运周转量 2046.3 亿吨公里，同比增长 12.03% 和 16.14%。

铁路方面，湖北营运里程达 3687.2 公里，其中高速铁路 745.6 公里。

航空方面，航线网络通达全国 60 个大中城市、部分国际城市，2013 年完成旅客吞吐量 1659.5 万人次，货邮吞吐量 13.2 万吨，运输 15.8 万架次。

湖北交通运输发展，具有以下几个方面特点：

一是综合运输格局基本形成，具备建设中部枢纽基础条件。到 2013 年末陆上交通网总里程(不含民航航线、城市内道路)达 24.2 万公里，境内长江干线航道 1064 公里，还拥有武汉、襄阳、宜昌等全国性和区域性综合交通枢纽城市。

二是公路运输主体地位较为明显。公路客货运量和旅客、货物周转量占各种运输方式(不含管道)总货运量和货物周转量长期在 70% 和 30% 以上，而水运和铁路运输优势作用发挥不够突出。

三是交通发展的空间差异化特征突出。以武汉为核心的武汉都市圈交通体系，与湖北中西部、特别是鄂西生态旅游区域相比，在交通线网形态、交通网络密度和运输效能等方面差异性显著，后者仍处于快速成网甚至通达改善的发展阶段，鄂西圈 1/2 城镇尚不通高速，尚有一半以上城镇难以享受铁路客运和在 100 公里内的航空服务。

四是水运发展速度快、潜力大。目前湖北水运承担了湖北 90% 的煤炭、85% 以上的石油、96% 以上的电煤等大宗货物运输，90% 的进出口货物和 95% 的外贸集装箱经由水路中转。

五是在应急运输保障方面，公路旅客运输在综合运输体系中仍然发挥着主导作用。2010—2014 年春运，全省铁水公空累计发送旅客分别约为 7895 万、8899 万、9636 万、9991 万、1.04 亿人次，其中，道路发送旅客分别约为 6718 万、7412 万、8095 万、8137 万、8287 万人次，占比分别为 85.09%、83.3%、84.01%、81.45%、79.69%（详情见表 1）。

表 1　2010-2014 年春运旅客发送量构成表

单位：万人次

年份 / 发送量	铁路	民航	公路	水路	总客流量
2010 年	1019.66	91.45	6718	66.36	7895.47
占总量比（%）	12.91	1.16	85.09	0.84	100
2011 年	1334.9	83.33	7412.45	68.19	8898.87
占总量比（%）	15	0.94	83.3	0.77	100
2012 年	1381	93.5	8095.4	65.8	9635.7
占总量比（%）	14.33	0.97	84.01	0.68	100
2013 年	1685.96	107.53	8137.46	60.31	9991.26
占总量比（%）	16.87	1.08	81.45	0.6	100
2014 年	1917.8	135.5	8287.1	58.5	10398.9
占总量比（%）	18.44	1.3	79.69	0.56	100

二、高铁建设对我省客货运输影响（详情见表 2）

自 2009 年以来，我省相继开通 7 条高铁客专：2009 年 4 月开通的武合客运专线、2009 年 12 月开通的武广客运专线、2012 年 7 月 1 日开通的汉宜高铁、2014 年 6 月 18 日开通的武汉至黄石城际铁路等。

1. 铁路沿线对道路客运的影响

武广线：武汉至咸宁线路道路客运营业收入下降幅度 26.7%，武汉至岳阳、长沙线路客流量下降幅度达 58.8%，行业收入减少 1348 万元，幅度达 60%。

武合线：武汉至合肥、南京公路客运班线基本退出市场经营。

武郑线：武汉至郑州公路客运班线基本退出市场经营。

汉宜线：对沿线的汉川、仙桃、潜江、荆州、枝江、宜昌等地到武汉方向的道路客运班线受到不同程度的影响，其中武汉至宜昌线路遭受毁灭性冲击，客流量下降幅度达 83.35%，收入下降达 86%。

宜万线：对宜昌至恩施、万州及重庆等线路冲击较大，营业收入下降60%，利润总额平均下降70%。

武汉城际铁路：武汉至黄石、鄂州、咸宁、黄冈的城际高速铁路已相继开通，其中，黄石至武汉道路客运线路日均旅客流量减少了18.5%，客运收入减少30%。

停靠，使得当地居民不得不舍近求远，绕道去大城市乘坐火车，给短途公路客运带来一定客流量。并且，为给高速直达列车让路，普通列车增加了避让等待时间，反而使慢车更慢，晚点更多，旅客定会感到乘坐火车还不如乘坐汽车方便快捷。

以武广高铁开通为例，据有关数据表明，自2009年底武广高速铁路开通以来，我省武汉、宜昌、十堰等市的旅游拉动效应明显，来我省旅游的广东、湖南游客明显增加。如今年春节期间，乘坐武广高速铁路来武汉的游客超过5万人次，仅广东游客就突破3万人次；由旅行社接待的武广高速铁路旅游团队近千个，人数达2.6万余人次。三月的周末，武汉东湖磨山景区每日接待游客数量都超过了4万人，较往年增长4倍至5倍，其中武广"高速铁路"团占据了大半壁江山，甚至有600多名珠三角游客包下一趟高速铁路列车来此赏樱花。今年三峡大坝旅游区游客量就创历史性突破，特别是乘武广高速铁路来三峡旅游的广东游客成倍增长。今年一季度，武当山接待旅游团队700多个1.5万人次，其中广州团队近300个超过5000人，占团队游客的三分之一，大量旅游者到达旅游目的地最终还是要需要道路运输来完成。

表2 湖北省各高铁线路公铁运输总体比较优势和影响分析情况

铁路线	班线	运距（公里）	道路客运总体比较优势			对道路客运的负影响	
			过去	现在	未来	现在	未来
武广线	武汉—咸宁	90	很大	较大	没有	一般	很大
	武汉—岳阳	270	较大	一般	没有	较大	很大
	武汉—长沙	380	较大	一般	没有	较大	很大
	武汉—广州	1200	没有	没有	没有	一般	一般
武合线	武汉—麻城	120	很大	较大	没有	一般	很大
	武汉—合肥	470	较大	没有	没有	很大	很大
	武汉—南京	620	较大	没有	没有	很大	很大
	武汉—上海	950	较大	没有	没有	很大	很大
武郑线	武汉—孝感	70	很大	较大	没有	一般	很大
	武汉—郑州	600	一般	没有	没有	很大	很大
城际线路	武汉—鄂州	90	很大	较大	没有	一般	很大
	武汉—黄石	100	很大	较大	没有	较大	很大
武安线	武汉—随州	200	很大	较大	较大	一般	很大
	武汉—襄樊	350	较大	一般	一般	较大	较大
	武汉—十堰	520	较大	没有	没有	很大	很大
武宜线	武汉—宜昌	292	很大	很大	没有	很大	很大
宜万线	宜昌—万州	377	很大	很大	没有	较大	很大

注：运距是指道路客运班线运距，为整数。

归纳起来，高铁开通对公路旅客运输影响主要有：

一是道路客运市场发展空间遭受严重挤压。铁路系统凭借速度快、时间省、票价低、运行安全、乘坐舒适等明显优势，在巩固长途客运优势的同时，进一步扩大在中短途城际快速客运专线上的新优势，对道路客运构成强有力的冲击，尤其是对处于比较优势边缘（300-500公里）的道路客运线路，与高铁线路重合率较高，运输价格持平，动车组的开行以及高速铁路的发展大幅度分流旅客，道路客运需求大幅度减少。

二是道路运输业的发展格局和发展方向大幅调整。在经营业务方面，积极探索和发展与航空、铁路相衔接的运输业务，发展旅游专线、旅游包车、开发具有商务特点的商务班线，探索多元化经营，发展物流产业，寻求新的经济增长点。在中长途运输方面，着力发掘公路客运"点对点、门对门"的服务优势，调整班线和运距，发展节点运输，"车头向下"直接面对农村市场需求。在短途运输方面，目前，除城际快速铁路沿线外，其他短途公路客运受高铁影响不大，尤其在没有开通高铁的城镇旅客运输，公路运输充分发挥灵活性和高渗透的优势，仍然成为群众出行的主导运输方式。

三是铁路集疏运催生出新的道路客运需求。铁路运输的发展带动了大量人员的流动，同时也带动了公路客运的发展。高速铁路主要是在大城市之间干线铁路上，为了确保高速列车的快速直达，大量中小城市站点不再

2. 铁路建设对货运方面的影响

一是对原有干线铁路货运能力的提升作用。京广既有线路承载着南北货物运输的繁重任务，长期处于货物运输能力供给不足的局面，是全国最繁忙最密集干线。高铁的建成通车，意味着大量的客流被高铁分担，并且由于高铁运速快的特点，在同等数量的列车条件下，高铁意味着单位时间内更大的客运流量。这一部分由高铁分担的客流，减轻了铁路客运的负担，大大释放了其既有的货运能力。武汉铁路局的数据表明，自去年12月26日以来，武广高铁武汉站共发送旅客47.5万人次。如果换算成普通列车，这些人次需要330多列普通货车才能运完。正是由于高铁线路的存在，京广线客货分流的目的得以实现，缓解

了春运期间京广线"停货车保客车"的压力。

在2013年1月30日到3月3日春运期间的33天里，经京广线武汉铁路局界线蒲圻口发往广东的货车，共有774趟，而在2009年春运期间的33天里，只有700趟，按每趟车运载3300吨货物来算，今年春运，从武汉经京广线往南多运送了24万多吨货物。而在高铁成熟京广客货分线后，据估计，单向货运能力将到达7800万吨以上。当前京广线上还有100多对客车在运行，高铁网络全线贯通后，这100多对列车全部停运让out道给货运，那么京广线的货运能力，将可能从现在的4000多万吨提升到1.2亿至1.5亿吨。

2014年9月2日，我省首趟城际货运快速班列从吴家山车站正式开行。列车满载服装、食品、童车等500余吨零散货物，经随州、襄阳，一路开往十堰，全程约12小时。与普通货运列车不同，该班列每日1对，更像"动车组"，采取固定的车辆、开行时间、装卸方式、运输价格和运行线路。过去铁路主要运输煤炭、矿石、化肥等大宗货物，零散货物物流只能靠公路运输。城际班列开通后，单位货物运费能减少近一半。据了解，武汉到十堰的零担货物每吨运费51.42元，加上两端装卸费用，共81元左右，与目前普通货物铁路运输相比便宜了40%。同时，时间也大大缩短，以往通过铁路发货到襄阳需要1至2天时间，现在只需7小时左右。随着铁路部门跨区域合作的加强，更多"货运快铁"有望开行。

二是对公路货运的影响。首先，高速铁路网贯通后，大量原有普通铁路运能释放，以铁路运输量大、成本低、速度快的优势，必然会吸引铁路货运量快速增长，公路货运在综合运输中所占比例将会下降。其次，高铁货运的发展，对多式联运提出更多、更高的要求。适应这种要求，公路货运应加快调整运力结构，转变生产方式，提升服务水平，大力推进短途货物运输、先进生产工具和现代科技的

应用。第三，铁路货运的发展，将加快区域和城际大宗生产生活物资的流通，助推城镇化和电子商务的发展。适应不断增长的城市配送和小件快递需求，将为公路货运发展打开了广阔的空间。

三、城市群发展交通运输需求分析

1.城市群的发展特点和趋势

一是城市群是一个多层次、逐步扩张的有机整体。从空间布局来看，城市群通常以一个或多个经济发达的中心城市为核心，诸多中小城市和城镇为腹地，形成一个由内向外逐步扩张的城镇集合。

二是城市群发展拥有联动效应，发展潜力大。城市群的发展会发挥联动、集聚效应，各中心城市带头发展各自优势产业，对资源分配起到协调作用，带动周边省市发展，有利于加快城市群区域集成建设、集约发展和经济一体化进程。

三是城市群的发展与产业的集聚发展密切相关，城市之间有着十分紧密的分工协作关系。通过推动分工合作，城市群各区域之间的经济、技术、文化联系更加密切，有利于实现要素的加速流动和功能的有效整合，形成分工合理、各具特色的空间格局，有利于产业网的建设，实现商贸流通的一体化合作，实现区域协调发展。

长江中游城市群的各省市在交通体系、产业协作、要素市场建设和提升区域公共服务能力等方面均强调打破地域界限和整合资源利用，同时四省市在教育、文化和医疗等公共服务方面都探索实施跨省结算和跨省共享等机制，这些合作必将促进四省经济的融合、发展步伐的加快。

三是交通运输业和信息产业的快速发展是城市群发展的主要驱动力。不论城市群的空间结构形态如何，城市群总是有一条产业和城镇密集分布的走廊，通过发达的交通、通信网络相连。长江中游城市群已构筑了较完善的综合交通运输体系，基本形成了以高速公路、高速（干线）铁路、民航等多种交通方式相连的都市圈，为城市群的发展提供了重要的支撑。

2.城市群的发展对交通运输需求的影响

一是交通运输需求总量增长潜力巨大。城市群形成后各城市之间将形成功能互补，在商品、服务、资金、信息和通勤等方面将形成密切的双向联系、往返式流动的特点，大量的物流和人流将在城市间过境和中转。因此，城市群综合运输需求总量的增长潜力是巨大的。

二是交通运输需求结构调整不断深入。一方面随着城市群的发展，人民生活水平的提高，运输需求的结构调整还将继续深入，促进交通发展方式转变，就是要充分发挥各种运输方式的比较优势，做到"宜路则路、宜水则水、宜空则空"，才能获取各种运输方式的最高效率，最大限度地降低社会物流成本；另一方面，城市群经济空间布局的调整，将引起综合运输需求结构的变化，进而引发综合运输供需结构失衡，而交通运输需求结构也会随着城市群经济的发展而不断调整。

三是供给结构变化引起需求结构的变化。综合运输供给结构对需求结构有着重要引导和支持作用。随着城市圈内高速公路、城际铁路、机场扩能和高等级航道等，高等级、快速、大运量的交通基础设施的相继建成和投入运营，将引起供给结构发生巨大变化。综合交通基础设施引发的空间收敛效应，将引起生产和生活方式的变化，进而引发交通运输需求结构的变化。

四是需求与供给结构矛盾日益凸显。长江中游城市群承担了大量的过境运输需求，先期建设的综合运输体系以服务过境运输需求为主，随着区域贸易中心、商品集散中心以及物流中心的建成，引起运输需求格局变化和经济功能的变化，必将导致综合运输体系供给与需求结构矛盾日益凸显。

3.城市群需求总量规模分析

根据《设立国家长江中游四省综合交通运输试验区战略研究》的研究成果，四大城市群未来各特征年的客货量和客货运周转量的预测值见表3。

表3 长江中游四大城市群综合交通运输量预测值

城市群		武汉都市圈	长沙都市圈	南昌都市圈	合肥都市圈	合计
2011	客运量（亿人）	18	16	5	19	58
	客运周转量（亿人公里）	1548	1354	567	1574	5043
	货运量（亿吨）	22	14	7	25	68
	货运周转量（亿吨公里）	4054	2638	1733	7417	15842
2015	客运量（亿人）	27	22	7	26	82
	客运周转量（亿人公里）	2679	2104	843	2487	8112
	货运量（亿吨）	35	21	10	37	103
	货运周转量（亿吨公里）	7453	4316	2890	12031	26691
2020	客运量（亿人）	41	29	9	36	116
	客运周转量（亿人公里）	4917	3364	1274	4062	13617
	货运量（亿吨）	61	32	15	55	162
	货运周转量（亿吨公里）	14765	7374	5057	20329	47525

根据预测，到2020年，长江中游四省客货运量将达到116亿人次和162亿吨，在现有基础上分别增长2倍和2.4倍，客货运输周转量将分别达到1.36万亿人公里和4.75万亿吨公里，在现有基础上分别增长2.7倍和3倍。

4. 城市群运输方式结构分析

目前城市群主要的运输方式为公路、铁路运输，水运、民航为辅。结合相关研究成果，以武汉城市圈为例，预计到2015年武汉城市圈全社会客货运量分别达到9.6亿人次、9.9亿吨；2020年全社会客货运量分别达到13.4亿人次、13.3亿吨。

表4 2015年和2020年武汉城市圈各运输方式运输预测量

运输方式	2015年				2020年			
	客运量（万人）	旅客周转量（亿人公里）	货运量（万吨）	货物周转量（亿吨公里）	客运量（万人）	旅客周转量（亿人公里）	货运量（万吨）	货物周转量（亿吨公里）
铁路	23127	882	23583	907	36398	1341	32639	1289
公路	71658	527	60823	934	96393	680	79396	1214
水运	127	1.2	15044	1669	112	1.5	21831	2443
民航	1060	128	9.5	1.3	1371	181	12.1	1.6
合计	95973	1539	99459	3511	134273	2204	133877	4948

表5 2015年和2020年武汉城市圈各运输方式运输预测量所占比重

运输方式	2015年				2020年			
	客运量	旅客周转量	货运量	货物周转量	客运量	旅客周转量	货运量	货物周转量
铁路	24.10%	57.31%	23.71%	25.83%	27.11%	60.84%	23.38%	25.05%
公路	74.66%	34.24%	61.15%	26.60%	71.50%	30.56%	59.31%	24.54%
水运	0.13%	0.08%	15.13%	47.54%	0.08%	0.08%	17.31%	50.38%
民航	1.10%	8.32%	0.01%	0.04%	1.31%	8.52%	0.01%	0.03%
合计	100%	100%	100%	100%	100%	100%	100%	100%

根据预测结果，客运方面，随着居民人均收入的增加，生活条件的改善，高铁、城铁的建成，以及多式联运、多种运输方式无缝衔接的实现，居民更多倾向于选择动车、高铁及航空出行。经分析，铁路、公路、民航客运增长较快，在旅客运输中占主导地位，预计2015年和2020年武汉城市圈公路客运量将分别占城市圈总量的74.66%和71.50%，略有下降；水路客运量呈现下降趋势，预计2015年和2020年将分别占城市圈总量的0.13%和0.08%，比例有所下降；铁路客运将进一步增长，预计2015年和2020年将分别占城市圈总量的24.10%和27.11%，民航客运持续占据重要位置，比重有所上升。

货运方面，大宗货物需求的增长率将呈下降趋势。公路货运增长较快，在货物运输中占主导地位，预计2015年和2020年武汉城市圈公路货运量将分别占城市圈总量的61.15%和59.31%；水路货运将平稳增长，仍占重要地位，预计2015年和2020年将分别占城市圈总量的15.13%和17.31%，水路货运比例有所上升；铁路货运将进一步增长，但所占比例略有下降，预计2015年和2020年将分别占城市圈总量的23.71%和23.38%（详情见表4、表5）。

5. 城市群空间结构分析

未来，长江中游城市群对外需要加快综合运输大通道和交通圈层建设，打通长江中游四省与长三角、珠三角、京津冀、关中-天水、成渝、海峡西岸等城市群之间的快速运输通道，形成四省向外连接周边中心城市、城市群和区域经济中心的放射状通道布局。对内需要加快构建长江中游四省内都市圈"一小时城际高铁交通圈"和至周边城市群"一小时航空交通圈、三小时高铁交通圈"。

四、相关建议

一是加大对道路客运的补助扶持力度。随着运输市场格局的改变，为满足社会经济的发展和服务居民出行的需要，道路客运将由盈利性行业转变为具有一定公益性行业，需要政府部门加大资金扶持和政策引导力度，凸显道路客运的社会效益。

二是全方位制定多式联运的发展政策。"十三五"期，将是综合运输体系建设的爆发期，因此，建议加大对多式联运政策体系的研究制定，充分发挥各种运输方式的比较优势，优化发展方式和组织模式，调整运输结构，统一运输标准，切实改善我国多式联运的发展环境。

三是构建基于城市群交通运输一体化发展的政策体系。城市群的发展将带来交通基础设施建设的高强度和交通运输需求的大增长，因此，建议构建基于城市群交通运输一体化发展的政策体系，进一步加快城市群交通一体化建设，加大政策支持力度，完善城市群内交通运输网络和服务保障体系。

坚持责任导向，深入开展经济责任审计工作

湖北省交通运输厅　程武

当前我国经济发展进入转方式调结构的新常态，如何加强对领导干部行使权力的制约和监督成为新常态下内部审计工作面临的新课题，经济责任审计已成为对领导干部经济权力运行监督制约的重要方式。如何充分发挥经济责任审计在权力制约和监督体系中的作用，加强对厅直单位主要领导干部的管理和监督，促进领导干部守法守纪守规尽责，推进党风廉政建设，有待进一步研究和探讨。

一、开展经济责任审计工作的重要性

开展经济责任审计，是加强干部监督的一种有效方法。经济责任审计，是以领导干部所在单位的财政财务收支为基础，对领导干部任期内做出的重大经营决策情况、执行国家财经法规情况以及个人遵守廉政纪律情况等进行客观公正的审计评价。不仅可以及时发现和纠正工作中存在的问题和失误，避免造成重大经济损失，而且能够真实客观地对领导干部的经济责任进行评价，为党组（委）正确使用干部提供一定的参考，有助于对干部的公正使用。

开展经济责任审计，是从源头上预防和治理腐败，加强干部教育管理的重要方法。各级领导干部掌握着一定的权力，特别是在公共资源的分配、使用、管理中有一定的决策权，如果运用不当，不仅阻碍经济发展，还会引发腐败，危害党的执政地位。开展经济责任审计，能够及时发现领导干部在管理经济事务中出现的种种问题，防微杜渐，把问题消灭在萌芽状态，有利于从源头上预防和减少腐败行为，也能够从中发现线索，及时惩治腐败，提高党和政府的公信力。

开展经济责任审计，是促进领导干部依法履职的有力保障。经济责任审计，首先要审查各级领导干部目标

责任完成情况。同时强化效能审计，通过对责任人贯彻执行国家有关经济政策，重大经济事项决策程序和效果审计，考核其行政能力和行政效果，加以评判，有助于鞭策和提升责任人自觉履职意识，提高行政效率。

二、开展经济责任审计工作面临的新形势新要求

党的十八大报告明确指出，严格规范权力行使，加强对领导干部的行使权力的监督。十八届中央纪委三次全会明确指出，要加强和改进行政监察和审计监督，强化对主要领导干部行使权力的制约和监督。十八届四中全会做出的《关于全面推进依法治国若干重大问题的决定》和国务院印发的《关于加强审计工作的意见》，以及中央两办2015年底发布的《关于完善审计制度若干重大问题的框架意见》，对加强审计监督做出了重要部署和制度性安排，同时明确将"公共资金、国有资产、国有资源和领导干部履行经济责任情况"纳入审计全覆盖范围。这些充分说明党中央国务院加强对领导干部行使权力的制约和监督的决心，充分体现了经济责任审计在制约和监督领导干部权力行使中的重要作用。

当前在交通运输公共资源合理配置和公共资金安全高效使用、在公共基础工程建设、资金拨付、政府采购等重要环节拒风险、防腐败压力仍然巨大，贯彻落实"八项规定"、省委"六条意见"、防止"四风"问题反弹压力仍然存在，在近年的各项审计和财政检查中，也反映出厅直单位在政府采购、专项资金使用、预算编制及执行、会计核算和资产管理中仍存在违规行为和薄弱环节。开展厅直单位主要领导干部经济责任审计工作，加强内部审计监督具有重大意义和重大责任。

三、开展经济责任审计工作的主

要措施

我厅积极适应新常态，坚持责任导向，突出重点，创新思路，强化措施，扎实开展厅直单位经济责任审计工作，较好地发挥了内部审计"免疫系统"功能作用。

（一）成立机构，增强内部审计独立性。为加强我省交通运输内部审计工作，2015年初，经厅党组研究，我厅专门成立审计工作领导小组，主要领导亲自担任组长，纪检组长和分管人事厅长任副组长，保证了内部审计的独立性，保障了审计监督作用的充分发挥，有利于强化审计职能作用，有利于依法治交方针的贯彻落实。

（二）完善制度，规范审计监督标准。厅审计办成立后，根据中央、省最新文件，结合我厅实际，经厅审计工作领导小组成员单位共同研究并报厅领导同意，及时出台了《厅直单位党政主要领导干部经济责任审计实施办法》，实施办法包括了审计对象、组织管理、审计内容、审计实施、审计报告、审计评价和审计结果运用、审计纪律与监督等经济责任审计诸环节，涵盖内容全面，在强调操作性的同时，也强调了实施的及时性。这个办法既是厅直单位主要领导人经济责任审计的依据、规程，也可用于指导所属单位主要领导人经济责任审计工作。

（三）创新方式，提升审计监督时效。根据《实施办法》规定，"对重点部门、单位、关键岗位的领导干部任期内应当每两年审计一次"，改变了以往每三年审计一次、一次管三年的做法，提高审计的时效性。根据党委主体责任要求，按照"任内一次，两年一审"和"逐年递增，稳步推进"的原则，厅人劳处应于每年9月底前提出下一年度厅直单位主要领导人经济责任审计建议，厅领导小组研究形

成经济责任审计草案，经厅长同意后，纳入单位年度审计工作计划，对省管干部的离任，厅人劳处及时与省委组织部衔接。对厅参公单位，厅审计办根据实际，把经济责任审计与预算执行审计及其他专项资金审计、审计调查结合起来，把离任审计与任中审计结合起来，确保完成经济责任审计的各项任务。

（四）大胆问责，抓好审计成果运用。用好审计成果，是经济责任审计的最终目的。厅审计办向驻厅纪检组问计和学习，适当运用情况通报的形式，强化审计的效果，体现审计工作的原则性。经济责任审计结果报告归入领导干部个人档案。对审计中发现的违法违规问题，在依法做出审计处理的基础上，按照干部管理权限上报党委、移交纪检监察机关、组织人事部门，该问责的问责，该追究纪律责任的要给予党纪政纪处分，涉嫌犯罪的还要及时移送司法机关依法处理。对审计发现的问题，加强综合分析，揭示突出矛盾和隐患，从体制、机制和制度层面上研究解决和防范的措施，发挥好审计的建设性作用。

（五）密切配合，形成强大工作合力。经济责任审计不是审计部门或某个部门的事情，必须要纪检监察、组织人事、审计等相关部门来共同配合。组织部门要提出审计的计划，确定审计的对象。审计部门组织审计实施，审计完了审计结果还要移交给纪检监察，这几个环节少了哪一个环节都不是一个完整的经济责任审计。厅审计工作领导小组成员部门加强配合、协调，对交办的问题一件一件的办到位，一件一件抓落实，共同利用好、转化好经济责任审计成果。领导小组加强统筹指导，加强纪检监察监督与巡查监督的协调联动，努力形成任务共担、工作共推、成果共用的良好格局。

四、继续深入开展经济责任审计工作

经济责任审计制度是党风廉政建设、干部选拔任用机制和行政运行机制方面的一项重要制度。通过有效的经济责任审计，可以让我们的领导干部规范干事、干净干事，干成事、不出事，清廉为官、事业有为。为深入贯彻落实中央、省委有关精神，使经济责任审计工作为促进交通运输事业健康发展做出新的贡献，要继续做好以下工作。

（一）健全相关审计评价指标体系，推进审计监督标准化建设。审计评价指标应坚持定量与定性相结合的原则，在科学分类的基础上，明确不同性质领导干部的评价标准，保证审计成果的有效性和公正性。同时，要根据不同审计对象存在的风险点差异，建立不同的风险评估体系，科学界定领导干部权力边界，促进审计操作程序的标准化，提供经济责任审计的实效。

（二）大力推进任中轮审、同步审计制度，前移审计监督关口。要结合审计力量和审计能力，确定重点审计对象和审计周期，有效整合审计资源，对重点部门、单位、关键岗位的领导干部进行任中审计和同步审计，逐步推进任期内轮审制度，前移审计监督关口，提高审计的时效性。

（三）完善审计结果运用机制，促进审计监督规范化建设。进一步研究经济责任审计结果运用的途径和方式，明确审计结果运用各部门的分工，做到审计事项共商、审计信息共享、审计结果共用。完善违纪违规案件依法移送的统一标准、条件和程序，规范经济责任审计公告制度。

（四）创新方式方法，提升审计监督效能。新常态下要实现审计监督全覆盖，内部审计人员必须创新工作方式和方法，提升审计工作效率。在计划制定上，要根据审计力量，科学制定审计计划，突出审计重点。在组织方式上，整合审计资源，探索同步审计、交叉审计等方式。在技术手段上，积极运用数据化审计、送达审计等，提高信息化条件下审计实施能力。

对公路水毁防治及灾后重建工作的思考

湖北省交通运输厅　姜友生

一、引言

2016年6月18日以来，湖北省大部分地区出现多轮强降雨，突如其来的暴雨导致山洪暴发、河水陡涨，多地发生洪涝、泥石流、山体滑坡等自然灾害，造成了普通公路多处路基塌方、驳岸倒塌、路面损坏、桥涵冲毁等灾情，多条公路交通中断，全省普通公路设施受到严重损坏。经初步统计，全省普通公路灾毁点共20586个；累计中断2602处/1556条，累计损毁桥梁1820座，累计造成经济损失50多亿元。因此，分析普通公路水毁的类型及成因，因地制宜地提出整治措施，是防治公路水毁的关键，对指导灾后重建工作具有重要意义。

二、公路水毁主要类型

灾情发生后，省交通运输厅多次组织技术人员奔赴防汛抗洪救灾一线，对水毁受灾严重的地区进行调研，并与现场应急抢通人员沟通讨论，收集整理了第一手资料。通过对这些资料的研究分析，公路水毁可分为路基水毁、路面病害、桥涵破坏和防护工程损坏四种主要类型；从水毁的数量上看，路基水毁占57%、路面病害占13%、桥涵破坏占5%、防护工程损坏占25%；从受损金额上看，路基水毁占26%、路面病害占27%、桥涵破坏占7%、防护工程损坏占40%。

（一）路基水毁

路基水毁，主要指路基土体或沿线山体（或土石混杂的堆积物）在水的作用下，水和土体所产生的剪切力，超过了土体自身黏结力和摩擦力所构成的抗剪力，因而土体沿松动面下坠散开。路基水毁一般发生在山区公路及临河公路，主要是由于缺乏足够的排水设施和防冲刷加固措施，在较大降雨（洪水）条件下，在雨水的软化作用或洪水的直接冲刷作用下造成了路基坍塌，出现很多缺口或半幅以上路基被毁。也部分发生在深挖段路堑（边坡）中，由于路侧山体坡度过陡，石质较差，水渗入山体或沿开挖面下泄，就形成了山体垮塌、滑坡或泥石流。

（二）路面病害

路面病害是指由于路基不均匀沉陷，造成局部路段的基层破坏，进而使路面破损，如水泥混凝土路面的断板、沥青混凝土路面的开裂等；或者由于路面结构层水稳定性差而出现的路面松散、坑槽、沉陷、翻浆、龟裂、网裂和混凝土面板唧泥、断裂等。路基沉陷的主要原因是高填方或半填半挖路基的填料选择不当，施工中超厚度碾压，压实度不足，在水的作用下造成路基局部下沉和凹陷。路面结构层水稳定性差的主要原因，一是路面结构设计的问题，沥青路面的水稳定性较水泥混凝土路面差，在洪水和暴雨条件下易产生路面病害；二是沥青面层和基础的施工质量较差，在集料质量、沥青用量、摊铺、碾压温度等方面控制不严格，面层的受水浸泡或冲刷后产生破坏；三是路基、路面排水措施不当，路面、边沟形成积水，或路堤高度不满足设计洪水频率的要求，路面长期被水浸泡而产生的唧泥、脱皮、坑槽；四是公路路肩压实不够或硬化不足，导致路肩冲毁后直接冲刷路面，导致面层全部损坏。

（三）桥涵破坏

桥涵破坏主要是指在山洪暴发情况下，由于基础抗冲刷能力不足或过水断面不足，形成桥梁损坏和涵洞损毁。其主要原因有桥位河床的地质条件差，极易发生冲刷，影响桥梁基础及墩台结构；桥涵位置不当，跨径偏小，无法满足行洪需要；涵洞进出口抗冲刷能力弱或进出口位置不当，无法有效泄洪；河道中大量开采砂石引起的桥梁和路基冲刷；桥涵日常养护中得不到清理，发生阻塞，水流不畅等。

（四）防护工程损坏

防护工程损坏主要是指挡土墙、驳岸等防护工程在不断受到水流冲刷下，产生的滑移破坏。防护工程损毁是水毁工程中最常见的病害，往往是由于基础设置不合理、结构本身抗冲刷不足、防护工程挤占河道、施工质量差等原因而遭到重复水毁。

三、水毁防治的具体技术措施

公路水毁的防护与治理，应针对不同的水毁类型，寻找和分析具体原因，对症下药、分类施策，合理确定水毁工程的防护和治理方案，避免重复水毁。

（一）路基水毁的防治

1.路基填筑施工时，应严格按照设计选用适当的筑路材料，严格执行分层铺筑、分层碾压的施工规范，确保路基压实度；高填路堤应采取堆载预压的措施，并开展沉降观测，确保路基沉降达标。

2.对于开挖段或半填半挖段，两侧山体坡度必须开挖到合适的坡率，必要时设置合理碎落台；对于地质不良或坡率较陡路段，应对上边坡采用喷铺、防护工程或生物固化来加固，防止山体滑坡或泥石流。

3.路堑必须设置边沟，对于较长的路堑必须设置合理的纵坡，当纵坡较大，且有冲刷可能时，应加固加深或改用跌水与急流槽等设施。路堑挖方上侧距离挖方坡口5米外应设置一道或多道截水沟，以使地表水汇入截水沟引到排水沟或涵洞排出。

4.对于被水流横向冲断的路基，应加强横向排水设施，重新填筑路基；路基填料宜就地选择天然砂（砾）石等透水性良好材料，分层填筑、分层夯实。

5.对于上边坡坍方，应及时清除边坡溜（塌）方。根据水毁成因，可采取适度削坡、嵌补修复、坡面防护、挡墙等工程措施防护边坡；按其汇水面积及地形情况，可增设截水沟；截水沟的断面尺寸应满足排水流量需求，沟底应铺砌硬。

6. 对于下边坡坍塌，应及时清除坍塌的路基土石方，在基本达到路基稳定层后，人工挖台阶，分层回填土石方；同时根据水毁成因，增设必要的护脚、坡面防护、挡墙、路缘拦水带和排水沟槽等措施。

7. 对水毁灾害频发的路段，要对公路逐段进行调查分析，特别是要对边坡汇水、路基低洼等处进行详细调查，统筹规划排水设施的布置点位和密度，突出重点、分步实施。

8. 路基边沟纵坡不小于0.5%，单向排水长度不宜超过300米，应分段设排水沟、涵洞，及时将水引出路基，以免水积聚在边沟内而下渗，影响路基稳定。

9. 山体滑坡路段应贯彻"防重于抢"的理念，除必要的抢通措施外，应保持滑坡体的稳定，及时设立相应警示标志；同时，加强滑坡体监测、预警和监控，准确掌握现场动态。

（二）路面病害的防治

1. 合理选用适用的路面结构，年降雨量较大的地区应注意沥青路面表层的防水性能；沥青下面层与基层间宜设改性乳化沥青稀浆封层，用以封闭路面下渗水、扩散路面应力、增强面层和基层的连接等作用；宜受暴雨或洪水冲刷的路面，一般应采用水泥混凝土路面。

2. 完善路面排水设计。对于纵坡较大、竖曲线凹部、高路堤、桥头端部等路段，以及设有弯道超高路段的左侧路缘带处，为防止集中水流对路基、路肩、边坡的冲刷，应设置挡水缘石和急流槽等排水设施。

3. 提高沥青基层和面层的施工质量控制水平。加强路面原材料的进场验收，确保原材料质量达标；强化施工配合比的检验，确保混合料的级配质量；规范混合料摊铺的施工操作，减少混合料的现场离析；严格混合料的碾压控制，确保碾压遍数和沥青混合料的碾压温度。

4. 路基沉陷处置时，可采取地表注浆进行加固；也可挖除软弱土层或清除原有填料，重新充填碎石、砂砾石等透水性良好材料，分层填筑、分层夯实；同时根据水毁成因，可增加必要的路基防护工程。

5. 对于松散、坑槽、脱皮的沥青路面，局部病害路段应在水退路面干燥后及时挖除面层，然后用沥青混合料修补；对基层损坏的应挖除基层，用水泥稳定粒料修补后，再用沥青混合料修补；条件限制时也可用水泥混凝土进行修复。

6. 对于路面龟裂、网裂，局部病害路段，应在水退路面干燥后，采用稀浆封层、同步碎石封层或雾封层等进行罩面处理；对因受水浸泡而产生的大面积整段病害的路面则必须大修处治，即挖除损坏路基，整幅基层补强，重铺沥青面层。

7. 对于水泥混凝土板下脱空：采取压浆填充板下空隙的方法，同时对纵、横缝灌缝，防止发生面板断裂、破碎。

8. 对于水泥混凝土面板断裂、破碎，如基层尚未损坏，可采用面板灌缝、挖补沥青混合料等局部修复的方法进行处理；如因基层水稳定性差或强度不足而引起的面板破碎，可挖除破碎板与损坏的基层，换填水稳定性好的基层后再按原面板设计标准进行修复。

9. 对于水泥混凝土面板悬空，先采取水稳定性较好的材料修复路基，然后用水泥稳定粒料、低标号混凝土或灌注水泥浆填实板下基层空隙，填筑时要确保基层强度满足设计要求。

（三）桥涵破坏的防治

1. 新建桥梁工程应在设计工作中严格执行技术标准，详细调查水文和地质条件，合理确定桥梁设计标准、合理设置桥涵位置、合理布设桥涵孔跨。

2. 对于普通公路，一般应每隔300米设置一道涵洞，通常要设置在凹曲线底部和纵坡的陡缓变坡处，穿越村庄路段为排除村庄地面排水也应设置涵洞。涵洞应设置直径不小于100厘米的钢筋混凝土管涵或墙身高不小于200厘米的钢筋混凝土盖板涵或拱涵。

3. 对一般性损坏的桥梁可进行常规性修复维护；对损坏严重、危及安全运行的危险桥梁，应采取限载和应急加固措施；对中断交通一时难以修复的桥梁，要迅速抢修便道或设置绕行标志。

4. 对因水毁造成损坏的桥梁，在桥梁重建或维修的同时，还可根据水流情况，有针对性地设置导流堤、丁坝、顺坝、堆石坝等调治构造物，使水流均匀顺畅地通过桥孔。

5. 对于墩台基础冲空，①扩大基础：水深2米以下，可筑围堰将水抽干，以混凝土填补冲空部分，并适当增加基础的截面尺寸。水深2米以上，原则上应进行专项设计。②桩基础：经常受水冲刷、侵蚀时，应先检查损伤程度，用高强砂浆修补；同时，在桩基础四周采用抛填大块石或设置石笼防护等措施抵御冲刷。必要时，可采用钢护筒包裹外露桩基础，并填注混凝土进行加固。

6. 对于锥坡毁坏，应对易冲刷的锥坡基础进行加深和加固，采用浆砌片石修补坡面；必要时，可采取片石混凝土加固坡脚挡墙。

7. 对于水毁路段的涵洞应根据汇水流量确定断面尺寸；在有较大沉降与变形的高填土或地基承载力较低的水毁路段，宜优先采用钢波纹管涵。

8. 涵洞进出口两端均应进行铺砌，将水引入当地自然排水系统，铺砌长度应视现场而定；在纵坡陡、流速大的情况下，应采取相应的消力措施，如设置急流槽、跌水及消力池（坎），端部应设隔水墙。

9. 加强桥涵的日常养护，保持桥涵排水最好状态。

（四）防护工程损坏的防治

1. 挡墙设计时，位于常水位以下的部分应采用片石混凝土浇筑，常水位以上部分可采用浆砌结构；挡墙基础埋深应充分考虑水流冲刷，应在冲刷线下至少1米；挡墙的排水设计应符合规范要求，墙背应回填透水性良好的材料，均匀布设泄水孔。

2. 上边坡较陡，且岩质较软、节

理裂隙较发育、易于风化时，可视情况分别采用放缓边坡、嵌补修复、喷浆加固、锚固加强、柔性防护、高挡墙支撑等方式进行防护设计。

3.对于水流冲刷的受损挡墙，应适当加大基础的埋置深度，也可采取抛石加固、石笼堆砌、用片石将基础掏空部分塞实后灌浆或用水泥混凝土回填并加大基础尺寸的措施；对沿河冲刷特别严重的挡墙，也可采取堆石、丁坝等调治构造物改变水流方向、减缓冲刷。

4.驳岸修复：若基岩出露较浅的，可将基础直接设置在基岩上；若基岩埋置较深的，应采用打松树桩、水泥混凝土桩或废钢轨桩等方法加固基础，再修建驳岸；沿河路基设置驳岸时，应保持水流顺畅，不能挤压河道。

四、水毁防治的相关对策

公路水毁重建应秉持"应急与谋远相结合""恢复与改善相结合""重建于发展相结合"三个原则，标本兼治，打基础、管长远。公路水毁应以预防为主，清除水毁隐患，防患于未然。水毁修复应该在调查检测的基础上，认真分析水毁原因、机理，有针对性地开展修复方案设计，做到精心设计、精心施工，修一处、保一处，抓好灾后重建工作。

（一）提高标准、精心谋划设计

公路设计要牢固树立源头防灾理念，强化综合治理，补齐短板，提高标准，提高公路防灾抗灾能力。一是公路建设项目要坚持排水、防护、安全等配套工程与主体工程同时设计、同时施工、同时投产使用。二是改扩建工程要坚持利用老路资源，合理选择路线走向，注意绕避不良地质路段，从源头上防止诱发地质灾害。三是新建项目要严格执行技术标准，详细调查水文和地质条件，合理确定路基高度、合理设置桥涵位置、合理布设桥涵孔跨，临河路基不能挤占河道。四是路网升级改造项目，要同步完善挡墙、护坡、涵洞、边沟等附属设施，提高公路自身抗灾能力。

（二）超前谋划、做好汛前防灾准备工作

超前谋划，提前做好汛前防灾准备工作是减少水毁的关键。一是健全组织机构，落实工作职责。要完善应急组织保障体系，健全应急管理机构，确保责任落实、指挥通畅、处置有力。二是强化日常养护，提高预防时效。各级公路管理机构要做好日常养护工作，在春养工作中及时清理疏通排水沟、边沟、截水沟和桥梁涵洞；汛期来临前应对桥涵、挡墙等构造物和公路排水设施所存在的损坏或病害进行预防性整治，对施工路段、高陡边坡、重点桥梁等关键部位进行重点监控，完善各类警示标志，排除各类安全隐患。三是加大物资储备，完善应急预案。公路应急中心应加强汛期公路应急物资的储备，以及机械设备的全面维护保养；同时，针对山洪暴发、山体滑坡、公路塌方等现象，优化调整各项防汛应急预案；并通过实战演练，进一步修订完善应急预案，增强预案的针对性、时效性和可操作性。

（三）积极作为、加强汛期抗灾应对工作

一是加强公路巡查监测。应加强汛期公路巡查力度，尤其是重点监视前期已发生水毁和易发生塌方的路段，切实做到有问题早发现、早处理。对于危险路段必须设立警示警告标志，专人值守，引导通行，同时安排专职工程技术人员24小时对危险路段进行监测，防范可能发生的次生灾害。二是做好公路抢通工作。水毁灾情发生后，必须按照先通后畅、先主后次，突出重点、兼顾一般，应急抢修与全面恢复相结合的原则开展公路抢通工作。应及时清除公路沿线的塌方，疏通涵洞、边沟，安全快捷地完成抢修保通任务，并及时上报险情处治进展情况。对短期内无法抢通的路段，必须设置绕行线路或修建临时便道，保障救灾物资正常通行和人民群众安全撤离。三是针对具体问题，采取分类处置措施。对因横向排水不足造成边坡集中冲刷的，可采取挡、截、散等方法将路面水从急流槽或硬质边坡处排至路外；对受集中水流冲刷影响较大的边坡，可采取铺彩条布或土工布

等方法减缓水流冲刷；对临河路基宜受冲刷路段，特别是在河道中水工建筑物上下游及淤塞的河道下游，可采取集中抛石等办法进行护基并改变水流方向、减小水流冲刷；对分蓄洪区和内涝地区，待公路淹水消退后，应组织人员值守，在恢复公路功能前严禁大吨位车辆行驶，最大限度地减轻被淹路段的损坏；要抓住晴好天气，对路面坑槽进行及时修补，对路面松散层进行洒油处治，以防病害扩展蔓延；对滞水路段进行抢通抢修时，严禁抽排水直接冲刷公路路基和路面。

（四）严格程序、加强施工过程的管控

公路复建项目必须严格有关基建程序规定进行组织实施。一是要严格执行招投标制度，对大型水毁道路的复建工程必须严格执行招投标有关法律法规，加强招投标监督管理，择优选择施工单位。小型的修复工程可以走绿色通道，按应急工程的简易程序加快实施。二是要加强对项目的管理，在计划下达、队伍选择、施工组织、质量监管、工程监理、竣工验收等环节，严格执行规定的程序。项目实施过程中，交通公路部门要充分发挥行业管理职能，加强对施工现场、施工工艺的管理，加强施工队伍、材料、设备、技术的源头控制，突出抓好关键工序的监督检查，确保工程质量安全，把质量放在首位，防止埋下质量安全隐患。三是认真总结经验教训。要针对水毁损失，查找原因，认真总结防汛救灾及水毁修复过程中的经验及教训，制定《公路水毁防治实施细则》，提高公路整体抗灾能力。

（五）多方筹资、促进公路建设提档升级

由于建设资金严重不足，地方交通公路部门为了完成建设任务，在项目实施过程中出现了"重主体工程、轻排水防护工程""重路面轻路基""重桥梁轻涵洞"等现象；因此，必须将保证建设资金需求、促进公路提档升级的作为一项主要任务。一是根据"重建与发展相结合"的原则，将重建项目与年度项目计划申报结合起来，与

交通发展规划相结合，与扶贫开发相结合，统筹规划，通盘考虑。二是应适当提高公路建养项目的补助标准，切实发挥资金效益，避免低水平重复建设。三是各地应积极探索建立以地方政府筹资为主、部省资金为辅，全社会共同参与的综合筹资模式。鼓励各地广泛吸纳社会资金，鼓励企业带资、垫资建设，按约定期限给予一定回报，也可发动沿线群众投工投劳，想方设法拓宽筹资渠道。

五、结语

数十年一遇的大洪灾，既是一次大灾情，也是一次大考验、大检查。通过这次水灾暴露出来的主要问题，治本索源，查找相关管理部门自身在建养管方面存在的各种问题，进一步通过科学谋划、精细设计、严格施工等手段有效控制公路水毁灾害，减小公路水毁损失，提高公路抗灾能力，保障公路安全畅通。

经营性高速公路项目建设行业管理体制机制改革思考与探索

湖北省交通运输厅　高进华

近年来，伴随着我省经济的持续快速发展，我省的高速公路建设突飞猛进。"十一五"时期，我省高速公路建设逐步走向了政府投资和社会投资项目结合的多元化投资模式。"十二五"以来实行了市州政府为主体进行招商引资的全面改革，省厅实现了从具体项目的建设管理到行业管理的转变。政府还贷高速公路不断减少，经营性高速公路项目逐步占据主体地位。现结合从高速公路建设一线调研和协调督办掌握的情况，就加强经营性高速公路建设行业管理谈谈体会和想法。

一、我省高速公路投资建设模式

"十二五"以来，我省高速公路建设实行了由"以省为主"转向"以市州为主"的投融资体制改革，除了原已开工的省厅主导建设的宜巴、谷竹、保宜、郧十等8个项目于2014年2月将项目后续的建设事宜全部移交省交投公司外，2012年2月后新开工的高速公路项目均以市州政府为主体进行招商引资。承担高速公路融资建设任务的是省级交通投融资平台湖北省交通投资集团有限公司、市州地方交通投融资机构和市州政府招商引资引进的社会投资人。省交投集团承担了我省大部分的高速公路融资和建设任务。承担其他高速公路建设的主要有武汉市政府成立的武汉市交通投资集团公司，目前主要承担武汉市四环线、武深高速武汉段的融资和建设任务。其余部分为市州政府招商引资引进的社会投资人，包含国有企业中交集团、省联投集团以及外资企业香港保利达国际有限公司、民营企业天津国泰恒生实业发展有限公司和江西省路桥工程集团有限公司等。

根据《收费公路管理条例》确定的分类标准，高速公路管理模式大致可以分为政府还贷高速公路和经营性高速公路两大类。目前，我省政府还贷高速公路由省交投集团承担建设，主要集中在享受政府补助资金的国高网项目，其他项目均为国内外经济组织投资建设或受让政府还贷公路收费权益，经省政府批准或授权市州政府签订特许经营权协议的经营性高速公路。"十二五"期，我省建成高速公路2531公里，其中经营性高速公路1309公里，占比51.7%。随着我省国高网项目陆续建成，经营性高速公路逐步成为主体。截至2016年4月份，我省在建的16个高速公路项目580公里中，仅建恩高速剩余段67公里为政府还贷项目，其余513公里均为经营性高速公路。"十三五"期间，我省规划新建的33个高速公路项目1365公里中，国高网项目只有117公里，经营性高速公路占比将达到91%以上。

二、省厅行业管理开展的主要工作

"十二五"以来，省交通运输厅不折不扣地执行省委省政府关于高速公路的投融资体制改革决策，实现了从具体项目的建设管理到行业管理的转变。在建设程序行政审批方面，深入推进行政审批改革，推行行政审批"四减五制三集中"，省级审批事项同比全国最少，省市县交通运输实现网上审批全覆盖，涉及省厅建设程序办理加班加点、限定时间完成审批，将地方高速公路网建设项目的施工许可等权限下放到市州，提高了服务效率。在争取政策支持方面，积极推进交通筹融资体制改革创新，多渠道争取国家补助资金，"十二五"期全省公路水路交通基础设施建养争取中央车购税资金达502亿元，发挥补助资金杠杆作用，各地整合资金配套，为项目建设提供了有力保障。在高速公路项目推进督办方面，强化行业管理，加强协调服务，实施精准督导，加力考核督办，建立健全了目标责任制、领导联系制、巡视检查制、现场观摩制、分析通报制、驻点督办制等推进项目的机制并得到了有效落实，专人专班的高速公路建设督办管理和协调服务实现了常态化。

通过省交通运输厅高效快捷的行政审批、多措并举的争取政策、坚强有力的督办管理、积极主动的协调服务，"十二五"期间我省政府还贷项目与经营性高速公路项目齐头并进，促进了我省高速公路建设提档升级，进入全国第一方阵。

三、存在的主要问题

从近年来湖北高速公路发展的进程来看，投资多元化模式对缓解资金的压力起到了积极的作用，同时也带来一系列的行业监管难题，随着经营性高速公路逐步占据主体地位这一矛盾显得尤为突出。主要体现在以下方面：

1.省交通运输厅目标责任与承担职能不匹配。"十一五"时期，我省高速公路建设实行的省厅主导融资建设政府还贷高速公路与招商引资社会资本投资建设经营性高速公路相结合的模式，省厅是项目建设的责任主体，承担了部分项目的招商引资，高速公路项目多数为"省管项目"。"十二五"以来，省交投集团成立后，政府还贷高速公路项目融资和建设工作移交给省交投集团，经营性高速公路的特许经营权协议均由省政府授权地方政府与投资人签订，省厅不再是建设和招商引资的责任主体，高速公路项目转变为"市管项目"。目前，省委省政府对高速公路投资和建设目标责任的考核主体依然是行业管理部门省交通运输厅，对市州政府的考核中高速公路建设任务不够明确，对省交投集团等省级融资平台考核更多侧重于经营指标，高速公路建设目标责任与改革后省厅承担的行业管理职能不相匹配。

2.市州政府推进项目的主体责任不够明确。2009年省政府出台的《关于加快全省高速公路建设的意见》（鄂政发〔2009〕40号）提出的是高速公路建设由"以省为主"转为"省市（州）共建"，省交通运输厅负责提前实施纳入国家高速公路网的项目，各市州政府负责提前实施境内其他规划建设高速公路项目。此文件在省交投集团成立前发出，实际上，2012年后我省所有高速公路项目都是以市州政府为主体进行招商引资，项目建设的相关前期工作均由市州政府承担，相关投资协议和经营性高速公路的特许经营权协议只在投资人与市州政府之间签订。2014年省政府出台的《关于支持省重点项目建设的意见》（鄂政发〔2014〕4号）提出省重点项目实行分级负责制，指出各市（州）、县（市、区）政府是本地区省重点项目推进工作的责任主体，但市州政府在招商引资、推进目标等方面的责任不够明确。根据省委省政府履职尽责工作要求，市州政府在高速公路推进方面的主体责任未完全压实。

3.投资人违约行为制约手段欠缺。近年来，省厅在对项目督办中发现，少量社会投资重点项目存在资本金到位不足、银团组建困难、银行贷款难以落实等问题，筹融资困难致使工程进度滞后的问题突出，部分项目投资人在优惠政策上与地方政府博弈耗时较长，少量项目施工组织计划与规划目标和年度建设任务不相符，个别项目多年来反复停工、多次协调督办未果、社会影响极其恶劣，导致规划（或计划）建设目标任务落实不力。由于所有经营性高速公路项目投资建设相关协议是投资人与地方政府之间签订，协议约定的责任和义务与省交通运输厅没有直接关联。对个别的严重违约的投资人，省厅有意采取强硬措施，但缺乏相应的手段。

四、有关措施及建议

面对高速公路投资建设新形势、新常态，我们应该通过改革创新，不断提升高速公路项目建设行业管理水平。

1.遵循创新发展理念，落实依法治国要求，进一步加强高速公路项目建设行业管理顶层设计。吃透国家和省里的相关政策，学习和借鉴外省和外行业的先进管理经验，创新与新常态相适应的工作方法。研究制定与高速公路投融资体制改革相适应的行业管理制度和措施，出台经营性高速公路投资建设相关行业指导意见，促进高速公路项目建设行业管理有法可依、有章可循。

2.明确推进责任主体，强化责任担当，进一步压实高速公路项目建设主体责任。针对高速公路投融资体制改革的实际情况，建议各市州政府将高速公路建设纳入地方政府目标管理范畴，落实在招商引资、建设环境协调、推进项目建设等方面的责任和义务；建议省交投集团等省级筹融资平台落实在筹资融资、项目建设等方面的责任和义务。

3.完善监督考核机制，强化过程检查，进一步加大高速公路项目建设推进的力度。建立承担职能与目标责任相匹配的考核机制，将项目推进效果与干部履职尽责相结合。今年以来，省委组织部考核办已将重点项目建设列入市州政府领导班子履职尽责考核内容，建议各市州政府将高速公路建设纳入地方政府目标管理范畴，借鉴和推广武汉市考评办将重大项目征地拆迁工作纳入各区绩效目标考核的做法，将地方政府在推进高速公路项目建设的服务态度、工作力度、解决问题的措施以及达到的实际效果计入干部任用考核档案，强化考核结果的运用，督促各级政府部门及其干部履职尽责，引导和营造干事创业的良好氛围。

用理念推进公路转型升级

湖北省交通运输厅公路管理局　熊友山

"十三五"期是全面建成小康社会的重要战略机遇期。作为国家"一带一路""长江经济带""长江中游城市群"战略的重要节点，湖北省省委省政府提出了"当好发展先行官、建成祖国立交桥"的交通发展战略，作为湖北交通发展战略支撑体的普通公路，必须贯彻落实五大发展理念，加快公路行业转型升级，推动建管养服全面协调发展，为服务全面小康当好先行官。

优化完善路网，做好综合交通运输体系的支撑体

加快联通联接，做好各种交通运输方式的连接线。机场、火车站、港口码头等都是人流、物流的重要集散地，其间的互联互通必须依靠公路进行有效而紧密的连接。围绕湖北交通"两中心两枢纽一基地"（即长江中游航运中心、全国铁路路网中心、全国高速路网枢纽、全国航空门户枢纽、全国重要物流基地）建设，加快重要港区、机场、重要枢纽和物流园区的集疏运公路通道建设，打通最后一公里，形成铁水公空有机衔接的多式联运体系。

扩容主要通道，做好区域经济社会发展的支撑体。围绕"两圈两带一群"（即武汉城市圈和鄂西生态文化旅游圈、长江经济带和汉江生态经济带，以及长江中游城市群）等战略布局，扩容主要通道，形成以"一主两副"（即以武汉为全省主中心城市，宜昌、襄阳为省域副中心城市）为连接点的"中三角"国省道经济干线圈和沿长江、汉江的两条沿江经济干线，构建重要经济干线网络。积极推进与高速公路进出口、重要旅游公路等相衔接的公路网建设，促进区域公路协调发展，突出公路对城镇化建设、产业布局发展等的支撑带动作用。

补齐路网短板，做好内通外联的普通公路网络。按照"存量优先、先通后畅"的原则，打通断头路、改建瓶颈路、畅通出口路，注重短板领域和薄弱环节的建设，重点加快普通公路的提档升级，重点推进交通精准扶贫脱贫，加快以国省道为主的"康庄大道"、以农村公路为主的"扶贫小康路"、以修补危桥和消除隐患为主的"平安路"、以旅游和绿色产业支撑等为主的"产业路"的建设，建成秦巴山"环库生态路"、武陵山"清江画廊路"、幕阜山"香泉特色路"、大别山"红色旅游路"等4条特色公路，让老百姓共享公路发展成果。

推进养管现代化，提升公路服务品质

全面推行养护管理决策科学化。坚持建养管并重的原则，统筹考虑规划、建设、养护、运营全过程，全面推广全寿命周期理念，充分考虑干线公路的耐久性问题，实现公路使用寿命更长、投资更节省、综合成本最低。加快推广应用"公路养护管理信息化系统""桥梁管理系统""多功能路况快速检测系统"等信息系统，建立并完善公路养护管理数据库，建立以路况水平、服务水平、资金需求、投资效益评估为依据的公路养护决策机制。

健全完善养护质量评价考核体系。充分考虑相关综合服务指标，对普通公路的使用能力与服务水平进行综合评价。制定公路养护工程质量管理办法，明确养护工程设计要点、施工要求和验收程序，建立养护工程事前审批、事中监管、事后验收制度。进一步完善日常养护标准，规范养护作业流程，强化绩效考核模式，逐步实现日常保洁社会化、小修保养专业化、养护作业机械化、检查考核制度化的目标。加强农村公路养护管理工作，

建立健全农村公路管养长效机制，确保实现农村公路"有路必养"。

重点提升公路综合服务能力。沿长江、汉江经济带和京广、襄荆等经济长廊，全面打造"四纵两横"（国道105线、国道107线、国道207线、国道209线、国道316线、国道318线）的畅安舒美公路走廊，重点提高公路通行能力、路况水平、安全水平、便民和出行服务水平、路域环境综合水平。对标国内先进水平，积极开展养护应急中心、公路管理站、路政大队、超限检测站、服务区等规范化、标准化建设，提升公路建养管综合治理能力、应急救援能力、信息化管理能力，实现公路主体和配套服务协调发展。

推进科技进步，提高科技对公路的贡献率

加快智慧公路建设。整合现有应用系统，建设智慧公路综合管理服务平台，实现数据集中管理、业务信息共享互通、"一站式"信息服务平台，全面实现公路交通基础设施数字化、业务管理智能化、安全应急高效化、综合决策科学化和信息服务便捷化目标，基本建成"智慧公路"。

落实"品质工程"建设新理念。贯彻执行新颁布的《公路工程技术标准》《湖北省普通国省道设计技术指南》，落实"以人为本、安全至上，生态环保、资源节约"的建设理念，着力解决老路资源利用不充分、技术指标采用不够合理、建设质量标准要求不高、配套设施不完善、交竣工验收程序执行不规范等突出问题。

加大科技研发应用力度。针对公路管养过程中需要考虑的桥梁全寿命周期统筹、路面材料再生利用等问题，积极开展科学研究，争取在一系列关键技术上取得突破。加强科研成果转换及"四新"技术的推广应用，全面推广柔性基层、抗裂半刚性基层、大

跨度桥梁预应力加固技术、远红外供热系统在桥面融雪化冰领域的运用、智能照明控制系统等一批体现生态环保、绿色发展理念的技术成果。

强化行业监管,全面提升依法治路水平

深化公路管理体制改革。在突出普通公路公益性质的基础上,厘清事权与支出责任,建立事权与财权相匹配、建管养相协调的公路管理体制。研究制定适合公路发展的筹融资配套政策,完善普通公路建设市场信用体系,加强建设市场监管,探索建立既有效发挥省级统筹协调职能,又能充分调动市县积极性、责权利相统一的

新型普通公路建设筹融资体制。推广PPP模式,鼓励地方以财政投入、融资平台、土地捆绑和资源开发等方式,开放性吸引社会资本,增强普通公路发展的资金保障。

推进管养机制创新。按照事业单位分类改革的部署,依照"政事分开、事企分开、管办分离"的原则,建立"事权清晰、精简高效、权责一致、运转高效"的养护管理运行机制。重点推进附属企业改制、统一机构设置、消化冗员包袱、培育市场主体等工作,实现公路企事业单位彻底分离,事业单位经费纳入地方财政预算,养护企业全面市场化。

加强法治公路建设。进一步简政放权,提升公路发展活力。积极参与交通领域综合执法试点与改革,建立起政府主导、公路主抓、部门联合、综合治理的治超工作机制,形成政府领导重视、公路部门组织、多方协作合力、保障措施得力的路政管理工作体系。加强行业精神文明建设,践行社会主义核心价值观,打造一批具有荆楚文化特色的公路文化品牌,推树一批在全省乃至全国有影响力的先进模范典型,培树一批特色鲜明的公路党建示范品牌,推进公路"硬实力"和"软实力"同步提升。

关于交通综合体问题的思考

湖北省交通运输厅道路运输管理局　陶维号

一、交通综合体产生的背景和建设案例

城市综合体是按照功能聚合、土地集约的要求，将城市中的商业、办公、居住、旅店、展览、餐饮、会议、文娱和交通等城市生活空间三项以上进行组合，形成一个多功能、高效率的综合体。目前比较典型的是万达集团在各个城市的综合体。

交通综合体可以描述为：除满足交通基本功能之外，还承担其他相关城市功能的城市综合枢纽，以实现交通功能与城市功能有机融合，整体开发与利用。

交通综合体概念由城市综合体衍生而来，但又区别于城市综合体。城市综合体一般是一个一体化、连体式项目群，而交通综合体则不一定，除了客运交通综合体可能是一个一体化、连体式项目群外，港口和货运交通综合体往往是多个关联性项目在一定区域内的集聚区。

2013年，国家发改委印发《促进综合交通枢纽发展的指导意见》，第五条"鼓励综合开发"明确："要在保障枢纽设施用地的同时，集约、节约用地，合理确定综合交通枢纽的规模。对枢纽用地的地上、地下空间及周边区域，在切实保障交通功能的前提下，做好交通影响分析，鼓励土地综合开发，收益用于补贴枢纽设施运营"，这一政策明确鼓励交通综合体建设，并指明了方向。

近些年来，基于区域经济和交通转型发展的需要，按照交通综合体理念规划和建设城市综合交通枢纽，逐渐被城市建设者重视并实施。武汉市引入香港沙田交通综合体建设的成功经验，在武胜路公交枢纽采用公交枢纽站"公交＋物业"综合开发模式，改变过去单纯交通功能的平面布置，将公交系统与商业、商务办公等几种业态共同建设成"立体"形态的交通综合体，在确保枢纽站全部交通功能的前提下，不仅释放了土地价值，实现增值价值回报，而且改变了公交枢纽站建设财政资金的依赖。十堰水堤沟交通综合体将以汉十高铁站为核心，将建筑群体地下或地上有形交通要素和公共空间贯穿起来，与交通信息化大数据监控指挥和水陆铁空调度平台等智慧交通设施相连接，同时与城市街道、轻轨、停车场、市内交通以及建筑内部的交通系统有机联系，形成多种交通方式融为一体、高效衔接的综合交通格局，带动临路、临港、临铁、临空、临轨物流园和商贸经济圈的发展，将以此推进水堤沟高铁新区的形成。

二、交通综合体的大致分类

通过对我国现阶段交通运输发展现状和融合趋势的初步分析，交通综合体目前至少包括以下四类：

1. 客运交通综合体。功能板块：以客运服务基地为依托，包括基本客运服务、配套客运服务、小件和快递物流、商业服务功能板块等，以及信息管理和服务系统、政府公共管理与服务等，引领和推动客运（高铁）新区的形成与发展。基本依托形态：综合客运枢纽、城市交通与市外交通换乘枢纽、铁路沿线换乘枢纽、旅游集散中心等。无锡汽车客运综合体（集城铁、地铁、高铁、公交、班车客运和商业、服务、文娱等于一体，建筑面积12.4万平方米）、上海虹桥机场综合体、广东林安集团"商贸物流综合体"（现代物流与城市综合体有机融合）等，均是交通综合体建设的成功案例。

2. 货运交通综合体。功能板块：以货运基地为依托，包括物流基本功能、物流增值和配套服务、周边商业和城市开发、集疏运系统板块，以及信息管理和服务系统、政府公共管理与服务等，并以此引领和推动物流产业集聚区的形成与发展。基本依托形态：铁路货运中心或多式联运基地、公路港（无水港）、城市商贸物流中心等、航空港等。武汉北铁路物流枢纽建设，涉及铁路货运中心、公路港物流园、电商、多式联运基地、城际货运和城市配送网络等。正在推进的湖北孝感东传化货运枢纽，涉及物流园、电商、多式联运基地、城际货运和区域配送网络、产业园、商贸大市场、商业开发等。襄阳国际陆港、恩施好又多华硒物流园、宜昌三峡物流园、潜江新港货运综合体、鄂州货运枢纽机场等，均可以按照货运交通综合体进行谋划、规划和打造。

3. 港口综合体。功能板块：以港口为节点和枢纽形成，包括码头前沿操作平台、货运堆场与对接的物流园区、产业园区、集疏运板块等，以及信息管理和服务系统、政府公共管理与服务等。基本依托形态："一港双园"（港口＋物流园＋产业园）、港口枢纽、水陆中转中心。武汉阳逻港、宜昌云池港、荆州盐卡港、鄂州三江港、黄石棋盘洲港、松滋车阳河港、黄冈楚江港等，均可以按照"港口＋物流园＋多式联运基地＋开发区"为基本支撑的货运交通综合体思路进行谋划、规划和打造。

4. 高速公路服务综合体。功能板块：以服务区为依托，包括加油（气）、充电、修理、配件等车辆服务；接驳点、停车、厕所、购物、餐饮、娱乐等人员服务；快递和配送等物流服务；应急救援、医疗、公共管理等公共服务板块等。基本依托形态：高速公路服务区。

此外，交通信息综合服务平台也可以看作交通综合体。其服务类别：以服务、管理、对接、征信和大数据运用为目的路网路况监测、客运出行服务、物流服务等。其特点是跨越不同行业、部门、地区信息的融合、延伸、共享和增值。

由上可见，交通综合体既是交通枢纽，又是城市综合体，具有城市功能支撑；交通综合体是综合运输体系的具体形态和载体，也是交通优势转化为经济优势的具体实现形式。

三、推进交通综合体建设需要把握的几个关键问题

长期以来，交通综合体之所以不被人们所重视和推动，主要受制于传统的思维方式、单一的规划方法、部门的工作习惯等。为此，需要创新思维方式，冲破体制障碍，明确政策导向，开展试点示范。当前，需要注意把握以下几个关键问题。

1. 树立交通综合体建设理念。交通综合体概念的提出，其中一个重要的出发点是要纠正长期以来交通基础设施项目重建设、轻运营，重规模、轻效能，重近期、轻长远，习惯于简单的单体项目建设和平面对接、忽视和回避立体项目建设的统一规划和无缝衔接等弊端。为此，首先必须确立交通综合体思维，在城市政府、各交通运输部门、投资者、规划设计单位等强化交通综合体理念，并自觉运用和渗透到交通项目规划、建设、协调、使用等各个环节，以有效凝聚市场与政府多方力量，使交通综合体成为综合运输体系的有形、有效载体，推动

交通优势转换为区域经济优势。

2. 倡导并推动交通运输"多规合一"。交通综合体建设，必须解决现行多个"交通枢纽"规划自成体系、内容冲突、缺乏衔接协调等突出问题，因此，多规融合或合一是关键。在目前规划体系下，应当依据区域社会经济发展规划和城市总体规划，以区域综合交通运输规划（交通部门主导）为基础和载体，推动城市综合交通运输规划（住建部门主导）、物流业发展（或货运枢纽、物流园区）规划、铁路和航空发展规划、港口总体规划、集疏运规划等多个规划的相互融合或合一，实现一个城市一本交通规划、一张可以明确边界线的交通规划蓝图，为交通综合体的统一规划、设计提供基础。

3. 探索建立交通综合体建设与管理规范。交通综合体包含多种交通及配套功能、投资可能来源多条投融资渠道、后期的运营管理涉及多个主体，这就要求空间布局和功能区划分合理、地下地上建设边界科学、投资建设内容透明、内部和外部接口顺畅、运营管理高效衔接等。因此，国家有关部委应当组织研究单位，在各专项规范的基础上，探索建立一整套综合设计、建设和运营管理规范，或指导意见，以便城市建设者在规划、设计、建设、协调、运营等方面有章可循。

4. 建立以城市人民政府为主体的强有力的协调机制。交通综合体多种

功能的特点，决定了它的建设，横向涉及多个部门、多个行业，纵向涉及国家、省、城市等多个层级，在目前体制下，需要所在城市政府坚定的信心、耐心和强有力的协调。如，武汉天河机场交通综合体，经历了市政府20多次、多层次、艰苦卓绝的协调，才在规划、设计和建设方面实现航空、城铁、地铁、道路客运、城市公交以及航空物流、空港工业、商业配套、金融服务等领域的融合。常州综合客运枢纽的建设也是如此。

5. 组织开展交通综合体建设试点。交通综合体的建设已经被人们所认识，但是，如何将上面"千条线"，在下面凝结成"一个结"，还缺乏成熟、可靠的经验、规范。所以，国家有关部委可以结合"十三五"相关规划及政策的实施，作为推进综合运输体系建设的一种探索，开展试点，给予政策支持。试点内容可突出多规融合或合一、枢纽项目统一规划与设计、投资与建设开发模式、规划与建设协调机制、运营管理体制机制及考核规则等。

总之，交通综合体建设的着眼点是土地和设施开发、运用的综合，切入点是项目规划、设计的融合，着重点是项目的协调，落脚点是客运新区或物流产业集聚区的形成与发展。在交通运输部门职能转变和运输业转型发展双重要求下，交通综合体应成为综合运输体系建设的重要载体和"十三五"交通重点工作之一。

关于打造航运升级版、推进生态长江建设的调研报告

湖北省交通运输厅港航管理局　　王阳红

长江，润泽楚天，成就"千湖之省"，滋养荆楚儿女。作为拥有近1/3长江岸线的最长省份，三峡工程库坝区和南水北调中线工程核心水源区，湖北生态大省的地位举足轻重。加之位居"龙腰"，湖北也是航运大省，在长江经济带等一系列国家战略实施中担负着承东启西、连南接北的独特使命，生态长江建设的责任更为重大。在当前和今后相当长一个时期，我们要牢固树立"绿色决定生死"理念，坚决贯彻今年1月习近平总书记"走生态优先、绿色发展之路，共抓大保护，不搞大开发"的指示精神和5月10日鸿忠书记在长江经济带生态保护和绿色发展专题座谈会上的讲话精神，不断强化建设生态长江的担当和作为，主动把生态大省与航运大省建设有机结合起来，促进人水和谐。

一、发展振兴航运是生态长江建设的迫切需要

（一）生态长江建设面临严峻挑战

长江多样性的生物资源和丰富的水资源是长江经济带的生态命脉，是维系流域生态安全和经济社会可持续发展的根基。一段时期以来，受粗放式甚至是"掠夺式"经济发展方式影响，长江流域开发和生态保护之间面临着巨大的挑战，流域的系统性保护不足，污染物超标超量排放，局部江段水污染严重，流域灾害频发、石漠化、水土流失、河湖湿地退化、重点湖泊富营养化、大气污染加剧，许多珍稀物种种群日渐减少或灭绝，严重影响沿江地区的经济和生态安全。

（二）内河航运低碳、绿色、环保优势明显

湖北坐拥长江中游水网之利，具备发展内河航运的天然优势。内河航运既是一种最古老的运输方式，又是现代综合运输体系的重要组成部分，凭借其低成本、低能耗、低排放、占地少和运量大的独特优势，既为古代文明谱写了不朽的篇章，在资源环境约束日益趋紧的当下，也必将为现代经济社会转型升级"再立新功"。据统计，一条5000吨级船舶的运力，相当于100节火车皮、250辆20吨货车的运能，而同样里程的能耗，内河航运仅相当于公路运输的1/14，铁路的1/2。与公路、铁路运输相比，内河航运对环境的影响最小，单位周转量的碳氢化合物排放约是铁路的1/5、公路的1/7，一氧化碳排放约是铁路的1/3、公路的1/10，氮氧化物约是铁路的1/3、公路的1/20。内河航运的环境友好比较优势随着经济的快速发展和环境价值的提高而日益凸显。

（三）发展内河航运是生态优先战略的必由之路

2015年底，湖北经济总量已昂首跻身全国第一方阵，位居全国第八。"十三五"时期，湖北将加快推动"建成支点、走在前列"进程，在中部地区率先全面建成小康社会。越是在经济发展处于快速发展期，资源、环境的供应越是紧张，越是需要绿色、低碳、环保的运输方式支撑。通过发展内河航运，充分发挥长江、汉江、江汉运河等长江中游水网的黄金水道功能，可以缓解公路交通拥堵、交通建设占地压力，减少陆路交通事故，降低城镇的噪音与破坏，在提供大通道的同时降低物流对环境的影响。"在水路上货运得越多，堵在公路上的卡车就会越少，碳排放量也将更少。"新常态新经济下，随着沿海产业向内陆梯度转移和湖北自身经济结构转型"双双加快"，内河航运在大宗散货和外贸运输中发挥了不可替代的作用，优势日益明显。加快做大水运总量，提高水运在综合运输的比重，就是最大的节能减排和绿色发展。发展内河航运是生态优先战略的必由之路。

二、生态长江建设对内河航运转型升级提出更高要求

（一）航道建设和养护要更加突出新理念新技术新工艺运用

航道是支撑水运发展的重要基础设施，我省现有通航里程8898公里。传统的航道开发采取分阶段规划、分阶段建设，缺乏对内河水运资源的终极性谋划，注重局部问题重点整治，缺乏全水域系统治理的框架，造成航道等级难以适应经济发展水平、航道没有成网、航道等级提升面临净空资源不够的现实困境。重建设轻养护，轻则缩短航道设施寿命，重则导致航道投资"打水漂"。航道建设、养护新技术新工艺和信息化应用不够，不少项目仍着力于运用水泥、沥青、混凝土、石料等硬性材料，偏重于结构安全和经济，但易对自然环境、生态平衡带来负面影响，极大制约了内河航运的优势的发挥。随着经济社会发展，航道建设和养护要充分采用新理念新技术新工艺，实现航道治理与河势稳定、美化环境多赢。

（二）港口运营要更加突出集约高效、用能清洁和信息化

"以港兴市"、"以港兴县"甚至"以港兴乡"在我省沿江地区已普遍成为共识，港口开发的热情空前高涨，同时也造成重复建设和优质岸线的无序开发、碎片化利用和浪费现象严重，码头功能布局不尽合理，集疏运体系不全，锚地资源出现紧缺。不少港口码头功能单一，仍处于第一代港口的装卸阶段，企业集约化水平低，码头作业装备水平低，大量吊机依靠柴油驱动，港口生产粉尘、废气、废水污染周边环境。港口运营的信息化水平低，难以适应现代物流供应链的需要。未来要打造集绿色装备、清洁能源、节能环保、智慧信息、资源循环利用

于一体的绿色港口。

（三）船舶航行要更加突出节能减排

随着船型标准化和老旧渡船改造政策的实施，船舶的绿色化水平逐步提升，但仍存在建设标准低、超龄服役的短途运输船舶，既未安装污水处理设施，甚至使用非标准燃油以降低成本。目前，湖北还没有设立内河区域性排放控制区，LNG动力船舶发展缓慢，LNG加注站点建设面临困境。未来船舶航行仍要更加突出节能减排。

三、打造航运升级版 助推生态长江建设的发展目标

（一）发展生态航道，打造生态长江支撑带

发展集航运通道、绿化通道、景观通道、人文通道于一体的生态航道。航道规划要尽量突出长期性、系统性、终极性。航道整治工程要尊重自然规律，推行环保驱鱼、生态护坡等新技术，航电枢纽开发要同步建设鱼道、鱼类增殖放流站等设施，建立汉江梯级枢纽联合生态调度机制，在漂流性鱼类产卵期，所有枢纽同步开闸敞泄一周，以保护鱼类资源和生物多样性，最小程度影响和最大限度恢复生态环境。在航道养护中，加快太阳能一体化航标灯、纳米材质的航标船等设施设备的推广应用，促进航道设施节能减排技术改造。在航道运行中，大力开展数字航道的建设，提升航道通航潜力，利用电子航道图等技术提高船舶配载、航路设计的科学性，减少单位货运量的燃料消耗和管理消耗，实现航道向数字化、智能化方向转变，打造生态长江支撑带。

（二）发展绿色港口，串起生态长江珍珠链

在港口的规划设计阶段考虑与城市总体规划衔接，强化港口新能源运用、防污染设施等绿色设计，配套规划岸基供电设施和集疏运体系，大力发展多式联运。在港口建设中，综合运用工程、生物、园艺、管理等各方面措施保证港口建设有序稳妥进行，探索建设挖入式港池节约岸线资源。在港口运营中，推动应用港口大型起重机势能回收技术及变频技术、动态无功补偿与动态谐波治理技术；推广集装箱门式起重机"油改电"技术、港口装卸机械使用LNG清洁能源，推进港口设备节能改造，实现港口绿色照明，推动码头靠港船舶使用岸电；在港口大气污染综合防治方面，推广应用散货码头堆场、装卸料环节的粉尘综合防治技术、原油和成品油码头油气回收技术，在港口油污水处理方面，建立港口船舶垃圾和油污水接收设施和管理制度，提升港口水生态环境治理水平。加快港口信息化建设，实现港口运营组织与作业工艺创新，建设具备物流作业、电子政务、信息服务等复合功能的智慧港口。在宜昌云池、荆州车阳河、鄂州三江等多个条件成熟的港区实施绿色港口试点，打造一批低碳、绿色、环保的标志性港口集群。

（三）发展低碳船舶，高扬生态长江新风帆

加快发展干支直达、江海直达和以新能源技术为代表的绿色船舶。加快推广LNG动力示范船；研究发展江汉运河、江海直达船型；加快推进运输船舶标准化。鼓励老旧运输船舶提前报废更新，依法强制报废超过使用年限船舶，限期淘汰不能达标排放船舶；抓好船舶发动机及有关设备的排放检验，推进船舶生活污水处理装置改造工作，严禁新增不达标船舶进入运输市场。在丹江口库区、梁子湖库区开展绿色航运示范区试点，通过源头控制高扬生态长江新风帆。

四、制约航运转型升级的突出问题

（一）内河航运日益受到重视，但在水资源综合利用中仍处于相对弱势地位

生态长江建设离不开水，发展内河航运同样离不开水，水是生态和航运建设中最核心的要素。湖北虽为水资源大省，但围绕防洪、灌溉、供水、发电、养殖和航运等水资源综合利用方面，牵扯的行业和部门众多，业已形成"九龙治水、九龙争水"的利益格局。2011年，《国务院关于加快长江等内河航运发展的意见》（国发〔2011〕2号）首次将内河航运上升为国家战略并要求"统筹水资源综合利用，充分考虑内河水运发展要求"，在一定程度改善了航运在水资源综合利用中的弱势地位。但在实际运营中，由于各枢纽隶属不同的主体，航运与发电的矛盾依然突出，部分枢纽为了多蓄水多发电多创造直接的经济效益，在水资源调度和船闸调度上并未充分考虑航运用水实际需求，尽可能向发电倾斜，尽量减少开闸频次，尽量减少对下游的下泄流量，极易造成"堵船"和船舶搁浅，影响船舶通行效率和通航安全。航运在水资源综合利用中的弱势地位仍未得到根本改变。

（二）出台的各类规划不少，但引领指导作用发挥得仍不够

内河航运是一个复杂的系统工程，涵盖水上、岸上和软件、硬件，涉及港口航道、船舶船员、货物服务、支持保障等子系统，任何一个环节出现纰漏，都将影响运输业务的正常开展。我省内河航运方面的综合规划与专项规划出台的不少，但与当地城市发展规划、土地利用规划、产业规划、环境功能区划和生态环境保护规划仍存在协调不够、衔接不够、适应不够的问题，导致规划的整体效能大打折扣，难以发挥引领和规范的作用。

（三）水上执法门类众多，但综合执法力度不强，执法成效并不明显

且不论其他涉水法律法规，仅内河航运法律法规就涉及水路基础设施、水路运输、水上交通安全和防污染等方面，执法机构包括港政、运政、航道、海事、船检等，门类众多，体系复杂，在分工精细化的同时客观上也造成执法"割裂"、执法力量分散，难以形成水上交通执法合力，整个"大水上"综合执法体系的形成就更难，影响执法效果。"天下之事，不难于立法，而难于法之必行"，如何推进综合执法、严格执法责任，建立权责统一、权威高效的依法行政体制面临挑战。

（四）制定的支持政策不少，但仍需长期稳定的支持合力

内河运输并不是一般的竞争性服务业，在区域经济可持续发展中发挥了重要的支撑保障作用，需要各级政府给予支持。近年来，国家、省和市县政府制定了一系列土地、财税和资金支持政策，极大了促进了当地水运的快速发展。但我省水运"基础差、底子薄"，一直处于追赶和"补课"阶段，距离完善水运体系的建设和"水运强省"的实现仍有不小的差距，为实现弯道超越，客观上需要政府和社会各方协调一致、持续"注资"和长期支持，尤其是在爬坡过坎的关键冲刺期，一旦"失力"或"用力不均"则前功尽弃，因此保持各项支持政策的延续性和协调性，形成强大的支持合力就显得尤为重要。

五、发展振兴湖北航运的对策建议

（一）充分认识并发挥湖北水资源禀赋优势，贯彻落实省政府出台的武汉长江中游航运中心发展规划和实施意见，引领和促进"人、水、运、环境"和谐发展

湖北优势在水，命脉在水。水运资源是湖北宝贵的资源禀赋，水运兴省、水运强省是港航人的使命所在、责任所在。与其他运输方式比较，水运短板问题仍然突出；与外省比较，湖北水运资源开发不够、利用不够的问题仍然突出。当前和今后一段时期，要围绕武汉中游航运中心建设这个总目标，贯彻落实省政府出台的武汉长江中游航运中心建设实施意见，加快建设长江中游"六中心、两体系"，引领和促进湖北航运发展。着手编制《武汉长江中游航运中心实施规划》，把生态优先、绿色发展的总要求纳入规范化、制度化、常态化的轨道。按照交通运输部《船舶与港口污染防治专项行动实施方案（2015-2020年）》，将港口和船舶污染防控纳入全省大气和水污染防治规划。切实发挥规划指导作用，港口和航道规划要与当地城市发展规划、产业规划和环保规划要求相适应，突出水运发展规划中环境生态理念，保障内河运输长远发展所需资源的可得性与经济性，引领和促进"人、水、运、生态"和谐发展。

（二）加快长江、汉江和支流航道以及江汉平原骨干航道网建设，构

建"一主三江一网四支"长江中游高等级航道体系

水运发展，航道先行。按照"深长江、畅汉江、通清江、连支流"的要求，推进长江中游"645"深水航道整治工程分步实施，实现万吨级船舶从上海直达武汉；确保汉江五级枢纽（含夹河）2020年建成，完成交通运输部规划的汉江丹江口以下千吨级航道的建设任务，加强9级枢纽通航设施的统一调度和管理，破解汉江通航"瓶颈"；实施江汉运河航道电子航道建设；实施三峡库区支流、汉江丹江口库区支流、清江水布垭库区支流、鄂东南长江支流航道整治，加快富水、蕲河、陆水等支流航道升级和以内荆河航线、汉北河为支撑的江汉平原骨干航道网建设；延伸航运"北上"通道，与河南联手开发唐白河（唐河）航运，延伸航运"南下"通道，与湖南联手开发松虎航线；开展汉江丹江口枢纽、王甫洲枢纽、清江隔河岩、高坝洲枢纽通航设施升级改造研究论证工作，支持配合三峡枢纽第二船闸改造工程，着力打造"承东启西、接南纳北、干支相连、区域成网、通江达海"的长江中游高等级航道体系。

（三）推进港航资源进一步整合，实现更高规格的深度融合，增强港航企业的竞争力和辐射力

推动港口资源整合，以资本、管理为纽带组建"港口航母"，实现不同港口错位发展、优势互补，增强区域竞争力和辐射力。支持武汉港航发展集团发挥在武汉长江中游航运中心建设中的龙头企业作用，进一步深化资源整合、统筹岸线资源及后方陆域开发利用，全面参与航运中心相关基础设施及其他实体项目的建设及运营。支持港口企业与航运公司合资合作，以港口为核心向两端延伸物流链，拓展增值物流服务和供应链全过程服务。培植1-2家有全国性影响力的集装箱运输企业和危化品运输领军型企业，2-3家运力规模超过50万载重吨的航运企业。支持荆州、宜昌等地的水运物流企业开展专业化经营和差异化服务。支持中国远洋、招商局集团等中

央企业与我省企业合作发展集装箱铁水联运。

（四）严格审批，严肃执法，严肃问责，不断完善水上巡航搜救和溢油防污应急处置机制

"水能载舟，亦能覆舟"，没有严格的法治保障，航运寸步难行。实行最严格的岸线审批制度，对新建港口项目实行投入、产出、能耗"三指标"量化控制。严厉打击长江汉江干线治理非法码头，落实"取缔一批、规范一批、提升一批"要求，积极推动原有港口规划的修编，建立港口"绿色发展"长效机制。借长三角率先实施最严船舶减排令东风，加强对船舶防污染设施、污染物偷漏排行为和船用燃料油质量的执法检查，开展对尾气处理替代措施有效性的核查，坚决制止和纠正违法违规行为。加强港航企业和行业监管部门溢油处置和应急能力建设，制定应急预案，落实应急演练，确保关键时刻"拉得出、救得了"。贯彻落实《党政领导干部生态环境损害责任追究办法（试行）》和资源资产负债表编制和自然资源资产离任审计试点工作，以严肃问责让绿色发展落地生根。

（五）加大支持保障力度，凝聚水运发展合力

加大财税政策支持力度。按照事权划分，航道建设养护和港口公用基础设施的建设维护应以政府投入为主、社会融资为辅。省政府"十三五"期间继续安排长江港航建设专项资金，优化相关交通专项资金支出结构，支持全省港口、航道、锚地和支持保障项目建设。沿江地方政府要加大港口、航道、锚地、集疏运通道和支持保障系统的资金投入力度，出台港口、船舶使用岸电、船舶改造升级和应用清洁能源等资金鼓励政策。相关地方政府要实施铁水联运集装箱财政补贴政策。

做好用地保障工作。对符合发展规划和土地利用总体规划的港口物流园区、物流中心、配送中心以及重点物流企业项目建设所需用地，优先安排年度用地计划指标。对于水运工程

建设用地，相关地方政府可以参照高速公路建设用地优惠政策执行，可以委托港口企业对港口、航道与周边的土地进行统一开发，开发收益的一部分用于水运建设。

做好执法保障工作。建立水路交通综合执法队伍，开展综合执法改革试点，严格落实取消规费后执法经费由同级财政全额保障的机制，确保执法公开、公平、公正。

强化人才政策支持。依托在鄂高等院校及职业技术院校，加强现代航运人才培养，重点推进航运金融、保险、仲裁、结算、物流、电子商务等高端专业人才和船员等技能人才培养。支持航运人才培训、就业培训和岗位技能提升培训工作，按规定给予职业培训补贴和职业技能鉴定补贴。推进船员培训和船员租赁国际化合作。支持武汉航运交易所开展航运人才服务，积极引进航运业紧缺人才，建立航运人才诚信体系，促进航运人才有序流动，为武汉长江中游航运中心的建设与发展提供智力保障。

抢抓长江经济带战略机遇　构建综合立体交通体系

湖北省交通运输厅　研究室

2014 年 10 月，国务院印发《国务院关于依托黄金水道推动长江经济带发展的指导意见(国发〔2014〕39 号)》（以下简称《意见》），标志着长江经济带建设正式上升为国家战略。《意见》将"长江经济带综合立体交通走廊规划"作为《意见》附件下发，凸显了交通运输在打造长江经济带中的重要地位和作用。我们如何抓住这个最直接、最现实、最受益的重大发展机遇，依托承东启西、接南纳北的区位优势，推进湖北成为全国乃至全世界重要的综合交通枢纽，实现由"九省通衢"向"九州通衢"跨越。为此，我们开展了专题调研，现报告如下：

一、"十二五"期我省综合交通运输建设成绩斐然

近年来，我省交通不断做大做强，综合交通枢纽地位进一步提升，逐步赶上东部沿海省份交通水平，有力保障和促进了全省经济社会发展。

一是交通固定资产投资创历史新高。预计"十二五"时期，全省综合交通固定资产投资（不含城市交通）达 5228 亿元，是"十一五"时期（3263 亿元）的 1.6 倍。其中，公路水路预计完成投资 4200 亿元，是"十一五"时期的 2.2 倍。

二是铁路发展步伐全面加快。石武、汉宜、武黄等高速（城际）铁路相继建成，高铁、动车覆盖除荆门、神农架以外所有地市。武西、蒙华、黔张常等高速铁路、干线铁路相继开工，铁路支线建设加快推进，以武汉为中心的"六纵四横"铁路网初步形成。预计"十二五"末，全省铁路营业里程达 4060 公里，其中高速（城际）铁路 1300 公里。

三是公路网络覆盖水平全面提高。全省"九纵五横三环"高速公路骨架网基本形成，国道覆盖所有县市，国省道覆盖所有建制乡镇，实现除鹤峰、神农架以外所有县市通高速公路，98% 的建制乡镇通二级及以上公路，100% 的行政村通沥青水泥路。预计"十二五"末，全省公路总里程突破 24 万公里，其中高速公路突破 6000 公里，一级公路达到 5100 公里，二级及以上公路达到 3.16 万公里，均位居全国第一方阵。

四是港航建设提挡加速。全省"一主三江一网四支"高等级航道网基本形成，长江中游航道整治规划目标提前实现，江汉运河、汉江兴隆以下千吨级航道顺利建成，武汉阳逻等一批规模化、专业化港区建成使用，武汉港成为长江中上游第一个突破百万标箱的内河港口，迈入世界内河集装箱港口"第一方阵"。预计"十二五"末，全省高等级航道里程达 1738 公里，港口货物通过能力达 3.1 亿吨，集装箱通过能力达 433 万标箱，均位居长江中上游省市前列。

五是航空网络日趋完善。武汉天河机场三期加快推进，神农架、武当山、随州、仙桃机场相继建成，形成了"一主五支四通用"机场发展格局，民用机场覆盖全省 70% 以上的县级城市、75% 以上的人口。航线网络不断拓展，全省机场新增通航点 50 个，开通至旧金山、巴黎、莫斯科、澳大利亚等 30 余条国际航线，国际及地区旅客吞吐量排中部第一。

六是管道网络发展迅速。川气东送、西气东输二线等干线管道全面建成，武汉市天然气高压外环线、武汉至宜昌天然气输气管道等支线、联络线建设加快推进，基本形成覆盖全省、干支相连的管道网络。预计"十二五"末，全省高压、次高压油气管线里程达 6740 公里，其中天然气管道 5050 公里。

七是综合交通体制改革稳步推进。综合交通运输体制机制改革被纳入全省 2015 年重大改革项目，综合交通运输改革试点领导小组已经成立，综合交通运输改革试点方案已经拟定，综合交通运输体系建设试点示范加速推进，我省综合交通体制改革走在全国前列。

八是交通基础设施投融资改革突破推进。改革交通投融资体制，组建交通投融资平台，形成了以交通专项税费为基础，中央投资、地方筹资、社会融资的投融资格局，交通发展新旧融资机制突破进入转换期。PPP 投资模式推广成效显著，武深高速公路嘉鱼北段和赤壁长江公路大桥是交通运输部 PPP 第一批试点，全国 11 个项目我省占 2 个。虽然沿江综合交通运输网络建设取得了明显成绩，对促进流域经济协调发展发挥了重要作用，但安全、便捷、经济、高效、绿色的沿江综合交通运输体系尚未完全形成，湖北九省通衢的区位优势尚未充分发挥，主要表现在：一是主要通道供给能力不足，运输网络覆盖度不高，技术等级偏低，影响了长江上中下游联动发展。长江中游航道水深与上、下游航道相比明显偏低，长江干流呈现"两头深、中间浅"的状况，长江中游航道"梗阻"现象明显；三峡船闸提前 19 年达到设计通过能力，目前已成为长江流域东西交流的瓶颈；汉江梯级渠化进展缓慢，清江航道尚未完全打通等制约了水运优势的发挥。二是运输方式衔接不畅、换乘效率不高，影响了综合交通整体效益的发挥。缺乏大交通规划引领，铁路、港口、机场各自规划布局，在枢纽设计上偏重于自身功能实现，而忽视其他运输方式，导致枢纽站场转运衔接不畅。三是建设成本逐年上升，融资难度加大，影响了综合交通运输体系的建设。内河航道（不含长江）建设部补助资金少，地方配套不足，需要省自筹解决；高速公路建设招商引资困难，建设进度缓慢；普通公路建设资金面临形势更加严峻，随着公路规模的增加，养护资金缺口越来越大。

二、"十三五"期我省综合交通运输建设蓝图绘就

湖北要"建成支点、走在前列"，成为长江经济带的"脊梁"，牢牢把握千载难逢的历史机遇，依托长江黄金水道，加快建设安全便捷、绿色低碳的综合立体交通走廊，打牢我省经济发展"底盘"，增强对长江经济带建设的战略支撑力，为全面建成小康当好先行。

——打造"辐射中西部、面向全国"的快速铁路通道。一是全力推进客运专线建设，加强武汉与周边省会城市的快速连接，提升武汉"国家中心城市"辐射能力，缩短湖北与各大经济区之间的时空距离。二是加强城际铁路网建设，以"一主两副"为中心，加快推进武汉城市圈、宜荆荆城市群、襄十随城市群城际轨道交通建设，促进城市群快速发展。三是加强南北货运通道建设，彻底打通北煤南运运输瓶颈。四是完善区域性路网布局，形成布局合理的铁路网。五是加强港区铁路规划，推行无缝衔接的集疏运发展模式，发挥港口枢纽的节点作用，确保港口后方集疏运通畅。

——建设"服务沿江、通达全国"的高等级公路网。一是加快国家高速公路建设。加快推进全省境内未建成的国高网建设，加快形成沟通南北、连接东西的高速公路通道。二是加快推进省际高速公路建设，努力消除省际断头路。三是对拥挤路段进行扩容改造，重点推进京港澳高速公路鄂北段、沪渝高速公路武仙段等重要高速公路通道拥挤路段的扩容改造。四是加强高速公路网和普通公路网的衔接，进一步推进高速公路连接线、城市出口路建设，促进收费公路体系与免费公路体系协调发展。

——形成"能力充分、衔接顺畅"的深畅通道水路网。一是长江瞄准"深"，推进深水航道建设，全力做好前期各项工作。二是汉江瞄准

"畅"，加快推进雅口枢纽建设，建设碾盘山枢纽。三是清江瞄准"通"，推动水电枢纽建设运行过闸设施。四是港口综合枢纽瞄准"联"，推进物流中心城市铁水联运、水水转运、滚装运输、甩挂运输等运输方式品牌化发展。五是武汉航运中心瞄准"达"，深入学习借鉴上海、重庆经验，加快建设武汉航运交易所，并尽快实质性运作起来。

——构筑"覆盖广泛、干支衔接"的中部门户航空枢纽。一是强化武汉天河机场的区域枢纽功能。重点建设武汉机场三期工程及配套的交通中心，实现机场内多种交通运输方式合理配置、换乘方便、集疏快捷。大力发展空空中转、空地中转业务，加大国际航线开拓力度，建成中部"门户枢纽"机场。二是完善支线机场布局。新建荆州、黄冈机场，研究布局一批通用机场。到2020年，民用运输机场或通用航空机场覆盖全省70%以上的县级城市单元、80%以上的人口。三是加快航空物流发展，加快武汉天河机场货运中心建设，新建国际货运站。积极争取国内外大型物流企业在汉设立转运中心，大力开展空公联运、空铁联运、空水联运等联运模式，力争将武汉天河机场建成国际货运中心。

——完善"科学合理、安全规范"的区域油气管道布局。统筹油气运输通道和储备系统建设，合理布局沿江管网设施。加强内陆地区、沿江地区向腹地辐射的原油和成品油输送管道建设，完善区域性油气管网，加快互联互通，形成以沿江干线管道为主轴，连接沿江中游城市群的油气供应保障体系。

——强化"安全舒适、高效集约"的综合运输枢纽建设。一是加快推进综合运输枢纽设施建设，形成以武汉国家物流中心城市为核心，宜昌、襄阳为副中心，黄石、荆州、恩施、十堰等为区域性物流节点的"一主两副多支撑"运输节点网络，建立与交通整体通行能力相适应的客货集散和中转系统。二是加强各交通运输方式之间及其内部各环节之间的紧密融合，

按照客运零换乘、货运无缝衔接的要求，优化站场布局，提升交通枢纽功能，加快形成武汉天河机场、武汉火车站等大型综合客运枢纽内航空、城铁、地铁、公交等多种方式的快速换乘体系，构建完善的综合交通枢纽体系。三是以通达性一体化运输网络、城际间复合型快速运输网络、区域间通达型干线运输网络和全覆盖的交通运输信息化网络建设为重点，提高交通运输一体化服务水平。

——构建"机制健全、协调顺畅"的综合交通体制。以全国综合交通运输改革试点为契机，抓紧完善、推出我省《综合交通运输改革试点涉及调整问题初步方案》，明确职能、内设机构及编制等问题，加快完成大部门制改革和推进试点示范项目，在中部地区率先形成"大交通"管理体制和综合交通运输规划与发展机制，以局部试点示范和以点带面的形式，助推全国综合交通运输体系建设。

三、打造湖北综合交通升级版的对策建议

综合交通运输体系构建是城市经济融合的首要条件，没有"交通基础先行"，长江经济带开放开发就是一句空话。因此，湖北要以"四个全面"为统领，深入贯彻十八届五中全会精神，依托中部其他省份没有的综合交通比较优势，争取国家、部省对湖北的关注和政策倾斜，形成立足湖北、辐射中部、沟通各大重要经济区、联通国际的综合交通运输发展新格局，加快建成"祖国立交桥"。

1. 力争我省重点项目挤进国家"十三五"规划。一是全力推进实施长江深水航道整治"645工程"。"645工程"事关长江航运整体效益的提升，对我省长江经济带发展意义重大。目前，"645工程"已纳入国家"十三五"规划，我省要积极做好配合，争取明年开工建设。二是将武汉打造成为华中陆运中心和航空中心。目前，多家国内重量级快递企业（如申通、顺丰）的区域总部或集散中心落户武汉，京东、唯品会等电商已在湖北设立了华中区域中心，顺丰机场已落户湖北鄂

州。还需积极协调中国邮政集团将武汉作为中国邮政航空公司全国辅助中心立项及建设，加快中国邮政速递物流华中（武汉）陆路邮件集散中心二期建设，在武汉形成中国邮政集团"双中心"格局。三是争取集中连片特困地区交通基础设施建设的政策支持。如湖北幕阜山片区现有公路网等级较低且难以实现互联互通，明显制约了鄂南四县区域联动发展，建议将幕阜山片区作为精准扶贫的主战场之一，争取统筹纳入"十三五"扶贫规划范围。

2. 争取更多项目纳入我省建设"大盘子"。一是加大对综合交通发展的财政支持力度。加大对普通国省干线、高等级航道、农村公路的财政投入，继续保持交通物流、城市公交、农村客运等专项支持政策，明确对大型综合交通枢纽及其集疏运体系、综合交通信息平台以及公路和航道养护等的财政支持政策。二是加大对三峡翻坝转运体系建设的支持力度。加快构建完善三峡翻坝公路、铁路运输体系，大力推进江北翻坝太平溪至张家口高速公路、江北翻坝铁路等项目前期工作，推动项目尽快开工建设，以期解决三峡翻坝"卡脖子"的问题。三是将湖北打造为全国重要的多式联运示范引领区。协调相关部门和单位理顺体制机制，依托湖北区位和综合运输通道优势，加快推进多式联运发，把湖北打造为全国重要的多式联运组织基地和示范引领区。

3. 加快推进我省综合交通运输体制机制改革。目前，上海、重庆已经归口协调铁路、民航、邮政、海事等涉地管理工作。辽宁也已出台新三定方案，把铁路、管道交通的规划与管理纳入大交通体制。现阶段我省正在成立省综合交通运输工作领导小组，由省领导担任组长，省发展和改革委员会、省编办、省财政厅、省经济和信息化委员会、省住房和城乡建设厅、省交通运输厅、省商务厅、省邮政管理局、民航湖北监管局、武汉铁路局、长江航务管理局、省能源局等单位主要领导为成员。领导小组代表省政府全面负责综合交通运输的组织领导和统筹协调，领导小组办公室设在省交通运输厅，具体负责组织综合交通运输发展战略、政策、法规和标准的拟定和协调，组织编制综合交通运输体系规划，负责组织拟订铁路、公路、水路、民航、邮政、管道发展规划，指导综合交通运输枢纽规划和管理，指导全省城乡客运及有关设施的规划和管理，指导全省多式联运发展。下一步省厅将向省改革领导小组上报改革试点方案，会同有关部门争取省政府尽早批复省交通运输厅"新三定"方案，并依法履行省综合交通运输工作领导小组办公室职能，建立高效运转的综合交通运输协调机制。

4. 深化新交通发展筹融资机制改革。在原交通融资模式难以为继，新融资机制尚未建立的情况下，建议从以下方面突破交通融资困境：一是争取债券资金支持。除继续依靠车购税、成品油资金以及优化交通专项资金外，建议借鉴外省做法，在"十三五"时期安排150亿元左右债券资金用于普通公路建设。二是争取农业发展银行政策性贷款支持。学习四川等地经验，由政府授权特定公司向农业发展银行融资，并根据本省交通主管部门编制的项目投资计划，先行垫付项目省补助资金，所垫付资金及相关费用，按成本补偿原则以政府购买服务费用方式，分年纳入省交通运输厅部门预算安排，向农业发展银行争取贷款用于普通公路建设。三是探索设立"湖北省交通基础设施产业基金"。建议借鉴内蒙古、甘肃等地做法，通过基金平台吸引金融机构和社会资金投资。同时积极推广政府和社会资本合作（PPP）新机制，引导社会资本投入交通重点项目。

5. 打造面向全国、走向世界的国际综合运输体系。一是完善综合运输大通道。优先打造沿长江、福喀、京广、襄荆等综合运输通道，重点推进武西、郑万、武九等高速铁路建设，推进蒙华铁路建设，实现主要通道客货分线，打通铁路运输瓶颈。争取国家主干管网在湖北布局建设，油气管线和网络布局确保全省能源安全有效供给。二是完善综合运输大网络。进一步优化省域次级交通网布局，重点加快推进普通国省干线的升级改造，推进农村公路网深化完善，推进支流航道、支线铁路建设，全面实现市市通高铁（城际）、县县通高速、乡乡通二级、村村通沥青水泥路。三是完善综合运输大枢纽。重点加快武汉长江航运中心建设，力争将武汉长江中游航运中心打造为长江中游最大的"多式联运物流枢纽、现代航运服务中心、对外开放水上门户、沿江产业开发平台"。加快顺丰国际货运枢纽项目建设，打造全球第四个、亚洲唯一的航空物流枢纽，配合天河机场三期工程形成"客货运双引擎"的发展新格局，推动湖北更深更广地参与国际分工，扩大对外开放。

专题资料

省人民政府关于加快农村客运发展的若干意见

（鄂政发〔2015〕8号）

各市、州、县人民政府，省政府各部门：

为深入贯彻落实党的十八大和十八届三中、四中全会精神，加快改善全省农村交通条件，更好地满足农村人民群众安全、经济、便捷出行，为全面建成小康社会奠定坚实基础，现就加快全省农村客运发展提出如下意见：

一、重要意义

近年来，我省农村交通基础设施明显改善，农村人民群众出行难问题得到缓解，但广大农村地区特别是山区、边远地区和经济欠发达地区农村客运网络不完善、服务水平不高、安全管理薄弱、群众出行不便的问题仍然存在。当前，加快农村客运发展的重点是全面实现行政村通客车，让农村人民群众坐上安全车、经济车、便捷车。"村村通客车"是省委、省政府为全省农民办的实事，也是今年"三万"活动的主要内容，各地、各有关部门要从巩固党的群众路线教育实践活动成果、统筹城乡发展、促进民生改善、助推"四化同步"发展的高度，深刻认识加快农村客运发展的重要意义，增强责任感和紧迫感，切实把加快农村客运发展、改善农村群众出行条件摆在突出位置抓紧抓好。

二、基本原则和发展目标

加快农村客运发展的基本原则是：政府主导，合力推进，政策保障，市场运作，以人为本，因地制宜。以农村人民群众满意为总要求，充分发挥政府在提供公益性服务方面的主导作用，凝聚各方面力量，切实做到符合市场经济规律、符合农村发展实际、符合我省现阶段发展水平。

加快农村客运发展的总体目标是：到2015年底，全省行政村实现村村通客车，行政村农村公路通畅率100%，积极在有条件的地方开展镇村公交化试点示范。乡镇基本建成五级以上（含五级）客运站，通客运车辆的行政村建有候车亭或招呼站。运输装备水平明显提高，普遍推广使用适合农村路况和适应农村人民群众出行需要的农村客运车辆。加大农村渡口改造力度，完善库区渡口客运网络，加快"渡改桥"改造步伐，继续推进客渡船的标准化改造。到"十三五"末，农村客运基础设施进一步改善，"城乡客运一体化、农村交通公交化"格局基本形成，全省农村客运发展走在全国前列。

三、主要任务和措施

（一）科学编制农村客运发展规划。各县（市、区）人民政府要结合本地经济社会发展状况、地域特征、人口分布、农村公路条件、客流规律等实际，制定并组织实施农村客运发展规划，做到规划先行、规划引领。

（二）加强农村客运基础设施建设和维护。重点对达不到通客车条件的农村公路进行达标改造，主要措施是培路肩、修错车台、完善安保设施、连通循环路等。加快乡镇五级站、简易站建设，在公交化运行线路上适当建设港湾式站点。建立健全农村客运基础设施建、养、管、运长效机制。

（三）配置适合农村实际的客运车型和船型。按照因地制宜、安全适用的原则，根据地形条件、道路状况、线路走向、客运需求等因素，选配适用的、符合国家和湖北省地方标准主管部门制定的农村客运车辆结构和功能通用标准的农村客运车型。对县（市、区）城区至乡镇以及乡镇至乡镇的农村道路客运线路，可开行中型以上客车。对县（市、区）城区至行政村、乡镇至行政村以及行政村至行政村的农村道路客运线路，可开行中、小型客车。农村水路客运要选择有船舶检验机构检验合格的客渡船型。

（四）培育合格的农村客运市场主体。支持规模化、集约化、信誉好的道路客运企业、公交客运企业开拓农村客运市场。鼓励民营企业进入农村客运市场经营。新进入的农村客运经营者应实行公司化经营。在确保稳定的前提下，支持对现有部分农村客运线路实行公司化改造。

（五）实行多样化、差异化的农村客运经营方式。各县（市、区）人民政府可结合本地实际，合理布局农村客运线路，采取定班定线、区域经营、循环运行、冷热线搭配、电话预约以及开行赶集车船、学生车船等经营模式，提高农村客运车辆和船舶的运行效率和经营效益。对于城区周边乡镇、村庄比较集中的地区，可按照城乡客运一体化、农村客运公交化的要求，试行农村客运公交化运营模式，增加停靠站点，滚动发车，定线循环，促进农村客运网络和城市公交网络的合理衔接和有效融合。

（六）制定合理的农村客运价格。不断提升服务质量。按照既兼顾经营者基本经济利益，又考虑农村群众承受能力的原则，由县（市、区）人民政府根据车型、道路、客流和运行成本，确定本地区农村客运价格。不同的运输组织方式实行不同的票价，农村包车客运、电话预约客运可实行市场定价。同时，要制定农村客运服务质量标准和规范，提高经营者素质，服务农村人民群众安全、经济、便捷出行。统一农村客车标识，打造湖北农村客运"小康巴士"品牌。

（七）切实加强农村客运市场管理。对于行驶或途经路面宽度为3.5

米单车道四级公路的农村客运班线经营的申请许可事项，由县（市、区）人民政府组织有关部门对通行条件进行联合审查，县级交通运管机构根据联合审查意见办理相关许可手续。各地要按照农村客运发展规划，严格控制车辆规模、严格限定经营区域。建立农村客运市场退出机制。对不具备安全生产条件、存在重大安全隐患、违规经营的客运经营者，要依法责令停业整改。整改仍不达标的，取消经营资格。要加强农村客运管理队伍建设，选配作风好、素质高的运政、路政人员，并把人员经费纳入本级财政预算。

（八）严格落实农村客运主体责任和安全监管责任。县（市、区）人民政府是农村客运和安全监管的主体责任人，要健全"县管、乡包、村落实"工作机制。公安、交通管理部门要优化调整警力布局，加强路面交通安全监控，严厉整治道路交通违法行为；交通运管部门要切实加强客运源

头安全监管，严格履行有关工作职责。农村客运经营者要落实安全生产主体责任。支持和鼓励使用北斗卫星定位系统，对农村客运车船实施车辆动态监控管理。

四、保障政策

（一）落实农村客运扶持政策。省政府进一步加大对农村客运的投入力度，完善激励约束机制，通过以奖代补方式，支持农村客运发展。省级奖补资金通过财政转移支付方式下达市县，由市县政府根据相关规定统筹安排用于农村客运发展。市县人民政府应制定当地促进农村客运发展的支持政策。

（二）县（市、区）人民政府要制定农村客运可持续发展的保障政策。县（市、区）人民政府建立农村客运发展专项资金，与省级农村客运转移支付专项资金集中使用，落实对农村客运的各项补助补贴政策和国家关于支持农村客运经营者、农村客运基础设施建设的税收优惠政策，切实减轻

农村客运经营者的负担，提高客运企业发展农村客运的积极性。

五、组织领导

（一）切实加强对农村客运发展的组织领导。省人民政府成立农村客运发展领导小组，省发改、公安、财政、国土、交通、地税、工商、安监等主管部门为成员单位。领导小组下设办公室，办公室设在省交通运输厅，具体负责领导小组日常工作。市、州、县人民政府也要相应成立由政府牵头、相关部门参加的领导小组。

（二）强化目标责任考核。各级地方政府要建立农村客运发展评价考核机制和城乡客运服务质量规范和考评机制，将行政村通客车率、公交化运行率和农村客运惠民政策落实情况，纳入相关考核指标，并将考核情况与交通基础建设、养护和以奖代补资金拨付挂钩。

2015年1月19日

省交通运输厅党组关于建立完善党风廉政建设主体责任和监督责任体系的意见

（鄂交党〔2015〕49号）

为切实推动厅和直属单位进一步落实党风廉政建设主体责任和监督责任，根据省委《关于落实党风廉政建设党委主体责任纪委监督责任的意见》（鄂发〔2014〕18号）以及《厅党组关于进一步加强党风廉政建设工作的意见》（鄂交党〔2014〕11号）、《湖北省交通运输厅"三重一大"事项集体决策实施办法（试行）》（鄂交党〔2013〕65号）等相关规定，结合实际，提出如下意见。

一、总体要求

坚持力度统一论，牢固树立"抓党风廉政建设是本职、抓不好是失职、不抓是渎职"的观念，构建"党组（党委）率先负责、班子成员守土有责、主管

部门履职担责、纪检监察监督问责"的责任体系，努力形成党组督促党委、党委督促支部，一级抓一级、一级带一级，层层传导压力、层层压实责任的党风廉政建设工作格局。

二、党委（党组）领导班子的集体责任

1.加强组织领导。认真贯彻落实中央、省关于党风廉政建设和反腐败工作的决策部署，制定党风廉政建设工作计划、目标任务和工作举措。每年听取3-4次党风廉政建设工作汇报，解决工作中存在的突出问题。建立责任清单，细化分解责任，明确领导班子、领导干部以及有关职能部门在党风廉政建设工作中的职责分工，推动工作

任务落实。健全工作机制，发挥党风廉政建设责任制领导小组作用，明确成员单位职责并督促抓好落实，形成工作合力。组织开展党风廉政建设责任制检查考核并通报结果，将检查考核结果作为对领导班子总体评价和领导干部业绩评定、奖励惩处、选拔任用的重要依据。持续传导责任压力，督促下级党组织履行主体责任。每年年底前，向上级党委（党组）和纪委（纪检组）书面专题报告本年度党风廉政建设责任制落实情况。

2.抓好廉政教育。把党风廉政教育纳入教育培训规划，每年开展党风廉政建设宣传教育月活动，充分发挥互联网和"廉政书屋"、"勤廉工作室"

等载体的引领示范作用，开展理想信念、党性党风、廉洁从政和党纪法规教育，引导党员干部廉洁从政。

3. 选好用好干部。严格执行《党员领导干部选拔任用工作条例》，深化干部人事制度改革，健全科学的选人用人机制，进一步规范干部选任工作程序、标准、方式，完善考核评价、轮岗交流、任职回避等方面的制度。加强对选拔任用干部工作的监督，坚决防止和严肃查处选人用人上的不正之风和腐败问题。

4. 推进作风建设。不折不扣落实中央八项规定和省委六条意见精神，切实落实责任追究，创新作风建设教育实践载体，锲而不舍解决"四风"方面存在的突出问题，建立健全作风建设常态化长效化机制。

5. 领导和支持纪检监察部门履行执纪监督责任。落实纪检监察体制改革的部署，按规定明确纪委书记的排位和分工，进一步完善纪检监察机构，充实各级纪委的委员。在具备条件的厅直单位设置独立的监察室、配备专职纪检监察员。落实纪检监察人员的相关待遇。支持纪检监察部门依纪依法履行职责，及时听取工作汇报，切实解决重大问题。对党员干部严格管理、严格监督，抓早抓小，对存在的倾向性、苗头性问题早打招呼、早提醒。坚持有案必查、违纪必究，始终保持惩治腐败的高压态势。

6. 完善惩治和预防腐败体系。贯彻落实中央《建立健全惩治和预防腐败体系2013—2017年工作规划》和省委、厅党组实施办法，深化惩治和预防腐败体系建设，努力从源头上预防和治理腐败。

7. 加强对权力运行的监督和制约。坚持"三重一大"事项集体研究决策。积极构建决策科学、执行坚决、监督有力的权力运行体系，形成科学有效的权力制约和监督机制。坚持用制度管权管事管人，推动权力公开透明阳光运行，强化对权力运行全过程的监督，把权力关进制度的"笼子"，建设"廉政阳光交通"。

8. 组织开展巡查。按照厅《重点巡查工作办法》要求，组织开展重点巡查、专项巡查，做到对管辖范围内的单位全覆盖。强化问题意识、坚持问题导向，着力发现问题，注重结果运用，形成有力震慑。

三、党委（党组）主要负责人的第一责任

1. 带头研究部署。根据中央、省关于党风廉政建设的部署和要求，结合部门实际，对党风廉政建设工作作出具体部署和安排。每年主持召开3~4次专题会议，听取工作汇报，分析党风廉政建设和反腐败工作现状，及时研究解决存在的突出问题。

2. 带头推动落实。每年初，与机关处室和直属单位负责人签订党风廉政建设责任书。每年底，参加落实党风廉政建设责任制情况检查考核，约谈被检查单位领导班子成员，对被检查单位提出要求。每年与领导班子成员、直属单位党政主要负责人廉政谈话不少于1次，并形成谈话记录。

3. 带头支持纪检监察工作。对收到的重要信访举报件，亲自批示、亲自过问，督促纪委（纪检组）调查核实到位。加强对纪律审查工作的领导，推动各部门的协调配合，及时排除阻力和干扰，重要环节亲自协调、重要案件亲自督办。

4. 带头开展廉政教育。把党风廉政建设理论和党纪法规的学习作为理论学习的重要内容，开展经常性学习。积极参加党风廉政建设宣传教育活动，每年至少讲1次廉政党课。

5. 带头廉洁从政。严守政治纪律和政治规矩，模范遵守中央八项规定和省委六条意见精神以及党员领导干部廉洁从政有关规定。带头坚持民主集中制，重大事项提交党委（党组）会、行政办公会集体研究决策，慎重批示重要事项的请示和报告。自觉报告个人重大事项。抓好班子、带好队伍。对家庭成员和身边工作人员加强教育、管理和监督，对其存在的问题及时提醒，并督促改正。在年度述职述廉报告中，报告个人廉洁自律和落实党风廉政建设主体责任的情况。

四、党委（党组）其他班子成员

的领导责任

1. 主动研究部署。协助本级领导班子及其主要负责人抓好党风廉政建设工作，分析职责范围内的党风廉政建设状况，针对存在的突出问题研究制定预警防控措施。

2. 积极指导督促。指导和督促分管部门和单位制定与业务特点相符合的党风廉政建设工作计划，并推动实施。督促分管部门和单位整改群众反映强烈的突出问题；每年与分管部门和单位主要负责人廉政谈话不少于1次，并形成谈话记录。

3. 带队检查考核。按照党委（党组）统一部署，带队检查考核直属单位的党风廉政建设工作。

4. 支持案件查办。对涉及分管范围内的案件查办工作给予大力支持。

5. 严格廉洁自律。落实中央八项规定和省委六条意见精神，遵守党员领导干部廉洁从政有关规定，守纪律、讲规矩。坚持民主集中制原则，按照分工严格签批职责范围内的相关公务，属于重大事项范围的，主动提交集体讨论决策。自觉报告个人重大事项。教育管理好家庭成员和身边工作人员。在年度述职述廉报告中，报告个人廉洁自律和落实"一岗双责"的情况。

五、机关职能部门的共同责任

1. 按照党委（党组）关于党风廉政建设工作的安排部署和任务分解，积极承担职责范围内的党风廉政建设具体责任。

2. 制定权力清单、责任清单和权力运行流程图，查找廉政风险点，并制定防控措施。

3. 严格依法履行职责，健全完善相关制度并严格执行，形成用制度管"人、财、物、事"的机制。按规定程序办文办事、请示报告相关事项。

4. 按照"管业务必须管廉政"、"谁主管、谁负责"、"谁审批、谁监管"的原则，对相关单位实施监督管理，防范职责范围内的廉政风险；监管过程中发现涉嫌违纪的问题线索和相关证据，负责移送纪检监察部门处理。

5. 属于"三重一大"决策事项，必须提交党委（党组）或行政办公会研究决定。

六、机关党务工作机构的具体责任

1. 承办落实主体责任相关工作，推进党务公开，将党风廉政建设和反腐败宣传教育工作纳入交通运输系统党的建设、精神文明建设总体部署和年度安排，列入"红旗党支部"的创建内容，督促在各党总支、支部委员中明确1名纪检委员。

2. 督促和引导党员干部认真学习党章，自觉遵守党章，开展民主集中制教育，按照党内政治生活准则办事，严格执行党的政治纪律、组织纪律、财经纪律、工作纪律、生活纪律等各项纪律规矩，在思想上、政治上、行动上与党中央保持高度一致。

3. 组织开展廉政教育，推进廉政文化建设。每年安排党委（党组）中心组开展廉政交通主题教育，组织党风廉政建设宣传教育月活动，针对初任公务员、重点领域中层干部、主职干部、领导干部配偶开展廉洁从政专题教育。在交通党校开设廉洁从政课程，在厅门户网站、湖北交通报开辟并办好反腐倡廉专栏专题。充分利用网络、微博、微信等新兴媒体开展宣传。

4. 负责受理党员领导干部有关重大事项的报告。厅管处级干部按年度向厅人劳处报告个人有关事项。党员干部职工确需操办婚丧喜庆事宜的，厅直单位主要负责人和厅机关处级干部向厅人劳处、驻厅监察室，厅直单位其他处级干部向本单位党委、纪委，科以下党员干部职工向所在党支部上报《操办婚丧喜庆事宜报告表》和承诺书。

七、厅机关职能部门及"三重一大"事项承办部门的具体责任

厅机关处室要按照职责分工及"三重一大"事项集体决策实施办法，建立权力和责任清单制度，分项制定便于监督把关、规范用权的内部工作流程并予以公开。

（一）厅办公室要充分发挥参谋协调中枢作用，做好落实主体责任相关事项衔接和有关材料的报送工作。加强督办、协调和对相关事项的监督

把关。

1. 规范厅党组会和厅长办公会议办理程序，及时汇总并拟定议题、提出会议日期和参会部门建议，经厅主要领导同意后，连同会议材料提前1个工作日通过OA系统送达参会人员。

2. 拟定会议议程，做好会议记录、形成会议纪要或决定等文字性资料并存档。会议纪要或决定的文字材料须履行必要的签批手续，需向上级报告或备案的，及时向上级报告或备案。

3. 认真贯彻落实中央、省委和厅党组决策部署，组织开展政务督查工作，对"三重一大"决策执行情况进行跟踪督办，定期通报情况，确保政令畅通。

4. 严格落实"三短一简一俭"，牵头治理办公用房超标问题和实施公务用车改革；落实厅会议管理相关规定，严格会议审批程序；推进交通运输系统政务公开，做好信访接待和办理。

5. 负责处级干部外出报备管理工作。领导干部外出、请假等事项，按照《湖北省交通运输厅关于进一步加强领导干部外出报备工作通知》（鄂交办〔2013〕880号）的规定办理。处级干部因工作、探亲、看病等事由需要离开工作辖区的，本人提出书面报告，厅机关处室负责人报分管领导同意，厅机关、厅直单位其他处级干部报本部门或本单位主要负责人同意，并向厅办公室备案。

（二）厅人劳处具体负责提交厅党组会和厅长办公会的组织人事工作事项。要按照党和国家的相关法律法规和政策文件，做好干部任免、机构编制、人员招考（聘）、劳动工资、技术职称、出国出境、年度考核、干部个人重大事项报告以及涉及交通社团组织相关事务等方面的管理工作，深化政绩考核机制改革，推进交通运输事业单位分类改革，不断完善相关管理制度，严肃干部人事工作纪律，防范干部人事工作中的廉政风险，推进组织人事管理工作规范化、制度化、科学化建设。

1. 厅管处级干部任免及后备干部

管理等事项：按《党政领导干部选拔任用工作条例》及相关规定办理。在提交厅党组会研究之前，征求驻厅纪检组监察室意见。

2. 厅直单位机构设置、人员编制调整、人员招考（聘）、编外人员聘用等事项：由厅直单位上报方案，厅人劳处进行审查，报分管组织人事工作的厅领导审核后，提交厅党组会审定，按程序履行报批手续。厅直单位人员招考（聘）工作，由厅直单位按照国家、省、厅有关人员招考（聘）的规定办理，厅人劳处全程参与指导和监督。

3. 机关公务员（含参公管理人员）调入、调出事项：直接提出方案或对厅直单位提交的方案进行审查，报分管组织人事工作的厅领导审核后，提交厅党组会审定。

4. 厅直单位纪检监察部门处、科级干部职务任免事项：由驻厅纪检组监察室会同厅人劳处提名考察，报党组书记、驻厅纪检组长、分管组织人事工作的厅领导审核后，提交厅党组会审定。

5. 厅管退（离）休领导干部在社会团体兼职，兼任政治、法律、民族、宗教、对外交往、社会科学研究、社会公共安全等方面社会团体职务，或在其他社团兼任除领导职务、名誉职务、常务理事、理事以外职务等事项：由社会团体理事会讨论通过，经原单位党委（总支、支部）同意，由厅人劳处报分管组织人事工作的厅领导审核后，提交厅党组会审定，按程序履行报批手续。

6. 厅管处级干部辞去公职或者退（离）休3年内，到本人原任职务管辖的地区和业务范围外的企业兼职（任职）以及辞去公职或者退（离）休3年后到企业兼职（任职）等事项：由本人提出申请，拟兼职（任职）企业出具兼职（任职）理由说明材料，由原单位党委（总支、支部）审核，经分管厅领导同意，厅人劳处提出审查意见报分管组织人事工作的厅领导审核后，提交厅党组会审定。

7. 因公出国（境）事项：厅直单

位依据上级单位正式通知或正式邀请函提出申请，由厅人劳处牵头组织初审，报分管组织人事工作的厅领导审核后，报厅主要领导审批。出国（境）时间确定后，报厅人劳处备案。

8.处级干部因私出国（境）事项：本人提出申请，由所在单位党委（总支、支部）审查，厅人劳处牵头组织审核，副处级干部由分管厅领导批准，正处级以上干部经分管厅领导同意，由厅主要领导审批。出国（境）时间确定后，报厅人劳处备案。厅人劳处要按照有关规定做好处级干部因私出国（境）证件的管理。

（三）厅财务处负责规范权限范围内国有资产、预算资金管理和使用等事项。要按规定加强预算管理，健全财务预算、核准等制度，严格规范津贴补贴发放，控制"三公"经费支出，坚决制止奢侈浪费。健全完善财务制度，加强监督检查，防范财经财务方面的廉政风险。

1.对有关土地、房屋、大型设备、车辆等国有资产的配置购置处置、国有资产出租出借等重大事项进行财务审查，由主办处室按规定程序报分厅管领导审核并提交厅长办公会议讨论决定；需要上级审批的，及时上报。

2.对高速公路特许经营权出让方案进行审查，按规定程序报分管厅领导审核并提交厅长办公会议讨论决定，报上级部门审批。

3.对单位基本建设、维修项目以及房屋装潢、维修等50万元以上的项目，进行财务审查，督促相关单位按规定程序提交厅长办公会议审定。对厅机关预算内50万元以上项目支出和政府采购事项、10万元以上大型活动、大型会议开支进行财务审查，督促相关处室按规定程序提交厅长办公会议审定并抓好落实。

4.编制部门预算，按规定程序提交厅长办公会议审定部门预算方案。

（四）具有专项资金管理权的职能部门相应的具体责任。根据相关管理规定，明确申报条件、责任单位、工作流程、审批权限和完成时限等内容，对符合条件的，逐步推行竞争性

分配，促进专项资金分配公平公开。查找专项资金管理方面的廉政风险点，堵塞漏洞，加强预警防控。

1.按项目管理办法分配的交通建养资金（含公路、港航、站场建养资金），由市州交通运输局（委）按照财政部、交通运输部、商务部联合印发的《车辆购置税收入补助地方资金管理暂行办法》（财建〔2014〕654号）和《省人民政府办公厅关于进一步完善财政资金分配使用审批规程的通知》（鄂政办发〔2015〕3号）等专项资金管理办法，以及省交通运输厅印发的《湖北省交通运输建养计划管理办法（试行）》（鄂交计〔2012〕207号）的规定程序逐级上报，厅直业务管理局对市州申报项目进行审核并以正式文件报厅；厅计划处会同财务处根据资金来源综合平衡并征求省财政厅相关部门意见后提交建议计划，报分管业务、计划、财务的厅领导审核后，提交厅长办公会审定。资金拨付由厅财务处会同厅计划处提出方案，报厅分管财务领导审核后，按省有关财政资金分配使用审批规程的规定办理。

2.实行因素法分配管理以及切块下达的交通建养资金（包括普通公路小修保养、非列养农村公路养护、交通扶贫、航道养护以及应急保障资金等），由厅直业务管理局以正式文件提出具体分配使用方案，厅财务处、计划处审核后提出建议方案，报分管业务、计划、财务厅领导审核后，提交厅长办公会审定。厅长办公会审定后以正式文件报省财政厅，由省财政厅报省政府审批。

3.竞争性分配资金，项目业主按照年度竞争性分配实施方案网上公告要求提出项目申请，由市州交通运输局（委）汇总后上报省厅和厅直业务管理局；厅直业务管理局按照年度预算安排计划对申报项目进行审核后报厅；省厅（厅计划处会同财务处及其他业务处室）按照财政有关规定完成竞争性分配程序并报省政府审批；厅计划处根据竞争性分配结果提交建议计划，报厅领导审定。

4.国家节能减排以奖代补资金，由交通企事业单位按照年度申请指南要求提出项目申请，厅直业务管理局初审，省交通运输厅（厅运输处、财务处具体办理）会同省财政厅进行终审，审查意见报分管运输工作的厅领导审核后，提交厅长办公会审议后，与财政厅联合行文，上报交通运输部和财政部。资金拨付按财政转移支付有关规定执行。

5.省级节能减排专项资金，由省厅制定资金管理办法，相关交通企事业单位向厅直业务管理局提出项目申请，厅直业务管理局初审后报厅。厅运输处组织终审，提出审查意见，报分管运输工作的厅领导审核后，提交厅长办公会审定。资金拨付由厅运输处会同厅财务处提出审查意见，报分管运输和财务的厅领导审核后，提交厅长办公会审定。

6.农村班线客运燃油补助资金、岛际和农村水路客运成品油价格补助专项资金、城市公共客运交通燃油补贴资金、出租汽车燃油补贴资金等，由厅直业务管理局提供燃油量数据，经单位主要领导同意后报厅；厅运输处会同财务处提出审查意见，报厅分管运输和财务工作的领导审核后上报交通运输部。资金拨付按财政转移支付有关规定执行。

（五）组织项目评审的部门的具体职责。负责规范组织相关事项的评审工作，严格标准和程序，及时发现和解决评审方面出现的情况和问题。

1.厅计划处和建设处负责落实《关于下放交通基础设施建设项目可行性研究审批权限的通知》（鄂交计〔2014〕108号）、《关于下放交通基础设施建设项目初步设计审批权限的通知》（鄂交建〔2014〕177号）要求，做好权限下放后的行业监管和指导工作，保障审批质量。

2.厅综合交通处负责规范省级公路水路交通规划以及其他重点交通规划的审查、报批，负责省交通重点建设项目可行性研究阶段咨询审查。对交通规划的审批，属省交通运输厅审批权限的，由厅综合交通处组织专家

进行审查，经分管厅长审定后，报厅长办公会审议；属上级审批的，综合交通处按照规划管理程序履行相关职能。对重点项目可行性研究报告的咨询审查，由项目责任主体单位向省发改委、省交通运输厅提出咨询审查申请，综合交通处配合省发改委相关部门组织专家对项目可行性研究报告进行咨询审查。

3.厅计划处指导规范交通项目的前期工作审查报批。属省交通运输厅审批的，由市州向省交通运输厅上报申请文件，厅计划处组织专家进行审查，厅直业务管理局提出审查意见，报分管厅领导审核；属省发改委审批的，由市州向省发改委、省交通运输厅上报申请文件，省发改委、省交通运输厅组织专家进行审查，由省交通运输厅提出行业审查意见函报省发改委批复。

4.厅建设处指导规范交通项目的初步设计、施工图设计（高速公路）审查报批。由市州或项目建设单位（高速公路）向省交通运输厅上报申请文件。对上报的项目初步设计申请文件，由厅建设处组织专家进行审查，经厅直业务管理局提出审查意见，报分管厅领导审核；对上报的项目施工图设计（高速公路）申请文件，由厅建设处组织专家进行审查，审查意见报分管厅领导审核。

（六）厅科技教育处。负责规范厅科技项目管理及教育培训管理。

1.审核汇总年度教育培训计划，报厅长办公会议审定后印发。

2.严格按照《湖北省交通运输厅科技项目管理办法》（鄂交科教〔2011〕275号），做好厅科技项目的申请立项、组织实施、验收鉴定、成果管理等工作。

（七）内部审计部门。负责组织开展做好重大建设项目和重点资金审计、主要领导干部经济责任审计和离任审计、专项资金审计以及其他专项审计工作，参与重点巡查工作并及时向纪检监察部门移送审计发现的涉嫌违纪违规问题线索。

八、"廉政阳光交通"建设承办部门的具体责任

主要负责按照相关工作方案的要求，加强督促指导，定期检查进展，总结推广典型经验，推动落实到基层单位。

（一）厅审批办牵头负责"廉政阳光审批"建设工作。

1.深化交通运输行政审批制度改革，进一步转变职能，简政放权，科学合并、下放与减少行政审批，提升服务效能。

2.管理政务服务大厅，落实"四减五制三集中"。

3.建设和维护湖北交通运输网上审批服务平台，逐步覆盖全省交通运输系统。

4.对服务对象开展办理网上审批培训。

5.对网上审批办件情况进行检查、分析和通报。

6.开展审批窗口文明创建工作，改进工作作风。

7.受理和处理涉及行政审批事项的咨询投诉，配合开展对违纪违规问题的调查。

8.厅直单位经听证作出的重大行政许可决定，自作出决定之日起15日内报厅审批办备案；受厅委托以厅名义作出的行政许可决定，受委托单位的实施情况定期向厅审批办备案。涉及交通建设方面的，同时报厅建设处备案；涉及交通运输方面的，同时报厅运输处备案。

（二）厅政策法规处牵头负责"廉政阳光执法"建设工作。

1.推动落实交通运输行政管理、行政执法部门权力清单制度；深化交通运输系统执法体制改革，稳步推进综合执法。

2.进一步加强行政执法"三基三化"建设，规范执法自由裁量权，落实行政执法责任制。

3.对报上级立法机关制定的规范性文件、以本单位名义发布的规范性文件进行合法性审查、组织廉洁性评估。

4.对以本单位名义作出的重大行政处罚决定进行审查。

5.管理交通运输行政执法人员的行政执法证件。

6.受厅委托的厅直单位以厅名义作出吊销证照、责令停产停业，或对公民处以10000元以上、对法人或其他组织处以50000元以上大额罚款的处罚决定的，由该单位提出处理意见，相关证据材料报厅政策法规处审核后实施。

7.厅直单位按照法规授权，作出吊销证照、责令停产停业，或对公民处以10000元以上、对法人或其他组织处以50000元以上大额罚款的行政处罚决定的，在作出处罚决定15日内报厅政策法规处备案。

8.受厅委托以厅名义作出的一般行政处罚决定，受委托单位的实施情况要定期向厅政策法规处备案。涉及交通建设方面的，同时报厅建设处备案；涉及交通运输方面的，同时报厅运输处备案。

9.推动解决公路"三乱"问题，严肃查处交通运输行政执法中的各类违法违规行为。

（三）厅建设处牵头负责交通重点工程项目"廉政阳光工程"建设工作。

1.对交通重点工程项目招投标活动进行监督，按要求予以备案。

2.受理和调查处理交通重点工程项目相关举报投诉。

3.推进交通重点工程项目信息公开。

4.推进交通建设市场诚信体系建设。

5.整治交通重点工程建设市场招标投标、设计变更等方面的突出问题。

（四）厅农村处牵头负责推进农村公路"廉政阳光工程"建设工作。

1.在农村公路建设养护中推广"八公开、五同步"经验。

2.组织对农村公路建设、养护、管理工作的监督检查。

3.受理、查处在农村公路招标、建设、质量、奖补资金等方面的投诉。

（五）厅运输处牵头负责在交通运输服务领域推行"廉政阳光服务"建设工作。

1. 监督检查道路运输领域突出问题专项治理工作情况，包括超限运输专项治理、机动车驾驶员培训领域问题专项治理、机动车维修和性能检测领域问题专项治理、道路旅客运输领域问题专项治理等。

2. 督办运输服务领域公众诉求的及时回复和处理。

3. 监督检查运输服务相关规则、规范和标准的执行。

4. 监督执行交通运输行业试点示范项目申报、相关补助资金申请、道路客运班线许可、出租车运力投放以及船型标准化等廉政风险点的规范流程和操作。

5. 监督 12328 交通运输服务监督电话运行和服务情况。

九、纪检监察部门的监督责任

1. 协助党委（党组）落实主体责任。按照《党章》的规定，为党委（党组）落实主体责任当好参谋助手，出主意、提建议、拿方案，起草有关文件制度，培树勤廉典型，做好基础性工作。

2. 加强对"一把手"和班子成员的监督。通过参加重要会议、会签重要文件、对重要干部选拔任用进行监督等方式，严格审查把关，发表明确意见，加强和改进对领导班子和主要领导干部行使权力的制约和监督。

3. 协调督办。对部门用权履职情况进行再监督，督促和协调各部门、各有关方面抓好党风廉政建设责任制的贯彻实施、落实领导班子成员"一岗双责"、惩防体系建设、"廉政阳光交通"建设、廉政教育、作风建设、源头预防等工作，及时了解职能部门工作情况，收集反馈相关信息，通报有关情况，适时组织召开相关工作推进会。协调政风行风热线上线工作，督促相关意见及建议的办理。

4. 组织开展重点巡查和专项巡查等形式的监督检查。按照党组统一部署开展重点巡查和专项巡查，每 3 年对厅直单位巡查一遍。负责组织纪律审查协作组和相关重点工程建设项目廉政监督小组开展经常性的监督检查和专项纪律审查。重点开展政治纪律、组织纪律、财经纪律、工作纪律、廉

政纪律和政治规矩执行情况以及"为官不为"问题专项检查，对发现的问题，敢于瞪眼、敢于红脸，对顶风违纪者发现一起处理一起，点名道姓通报曝光。按干部廉政档案管理办法（鄂交监〔2014〕171 号）建立和管理廉政档案，强化对领导干部廉政情况的动态管理。

5. 加强信访举报的调查核实。要按照《驻厅纪检组监察室约谈党员干部实施办法》（鄂驻交纪字〔2014〕4号），广泛开展交心谈心、廉政谈话等活动，及时了解情况，进行廉政提醒，对存在的苗头性、倾向性问题及时督促整改。落实问题线索处置的有关规定，对发现的涉嫌违纪违规问题线索要及时向同级党委（党组）和上级纪委（纪检组）报告，按照拟立案、初核、谈话函询、暂存、了结 5 类标准分类处理，做到件件有着落。需要向党员干部本人调查核实的，应进行谈话调查或按《驻厅纪检组监察室函询党员干部实施办法》（鄂驻交纪字〔2014〕7 号）进行函询核实。需要就有关问题提请相关单位（部门）予以协助的，应报纪委书记（纪检组长）签批，涉及相关处室、下级单位主要领导或反映问题重大的，应报本单位主要负责人签批。对相关问题线索要集体研判，逐项核查，形成调查报告，提出处理意见，经纪委书记（纪检组长）同意后，按呈报签批程序报送。

6. 查办案件。坚持利剑高悬，严肃查办党员干部涉嫌违纪问题。实行分级初核和立案，上级纪检监察部门可以直接对涉嫌违纪的下级党组织和党员进行初核和立案调查。厅直单位处级干部和厅机关科级及科以下干部违反党纪的问题，由驻厅纪检组决定初核和立案。驻厅纪检组在决定初核和立案前，应向厅党组书记和省纪委相关纪检监察室报告。厅直单位其他党员干部违反党纪的问题，由所在单位纪委决定初核和立案；未设纪委的厅直单位，报上级纪委决定初核和立案。在决定初核和立案前，应向单位党委和驻厅纪检组监察室报告。要发挥案件的警示作用，定期收集整理交

通运输系统案件信息并下发通报，深入剖析并汇编典型案例，利用反面典型开展警示教育。

7. 加强纪检监察干部队伍建设。要按照"监督者更要接受监督"、"打铁还需自身硬"的要求，打造执纪监督"铁军"。厅直单位纪委书记每半年要向厅党组和驻厅纪检组报告一次班子成员的勤政廉政情况，每年向驻厅纪检组进行一次述职述廉。组织开展对纪检监察干部的业务培训，提高执纪监督、纪律审查的能力。重视对纪检监察干部的培养、选任和轮岗交流。制定纪委书记、副书记、监察室主任、专职纪检监察员提名考察及管理办法，规范工作流程。会同厅人劳处提名厅直单位纪委书记、副书记、监察室主任以及副处级专职纪检监察员并组织考察。严格管理和监督纪检监察干部，纪检监察干部有违纪行为的，从重追责问责。

十、责任追究

（一）责任追究原则。

实施责任追究，应当坚持实事求是、客观公正、权责一致的原则；要严格区分领导责任和直接责任、集体责任和个人责任，依据责任性质、行为轻重、损失大小及影响程度来追究领导班子、领导班子成员及职能部门负责人的责任。

（二）责任追究方式。

对领导班子的责任追究方式包括责令作出书面检查、通报批评、调整处理。对领导干部的责任追究方式包括批评教育、诫勉谈话、责令作出书面检查、通报批评、组织处理、党纪政纪处分。

（三）责任追究内容。

对不履行或不正确履行本意见明确的主体责任、监督责任和部门具体责任的，应当对有关组织和个人予以问责。

1. 追究主体责任。对不认真落实班子集体责任、主要负责人第一责任和班子成员领导责任的，追究党组织及其主要负责人的责任。

2. 追究监督责任。对纪检监察部门履行监督责任不到位，该发现的问

题没有发现，发现问题匿情不报、不处理，或者处理失之于宽、失之于软的，追究纪检监察部门及其主要负责人的责任。

3. 追究领导责任。对领导干部分管范围内发生严重违纪和顶风违纪问题、"四风"问题突出的，追究该领导干部的领导责任。

4. 追究部门责任。对职能部门不履行或不正确履行监管责任，不按规定程序行使权力、办理公务、决定重大事项，同意或默许部门工作人员在项目评审、科研成果鉴定、组织会议、培训、考试等活动中吃拿卡要、违规取酬，不及时移送问题线索或隐瞒问题线索不移交的，追究直接责任人、负有责任的领导人员的责任。

（四）责任追究程序。

违反有关规定，需要追究党组织主体责任的，由上级党组织按程序调查处理；需要追究纪检监察部门监督责任的，由同级党组织或上级纪检监察部门按程序组织调查处理。需要追究领导班子成员、职能部门负责人党纪政纪责任的，由纪检监察部门按照党纪政纪案件的调查处理程序办理；需要给予组织处理的，由组织人事部门或由负责调查的纪检监察部门会同组织人事部门，按照有关权限和程序办理。

2015 年 6 月 18 日

省交通运输厅关于推动长江中游城市群建设交通先行的实施意见

（鄂交办〔2015〕296 号）

各市州交通运输局（委），厅直各单位，厅机关各处室：

当前，国家正在实施长江经济带等重大发展战略，近期国务院批复同意《长江中游城市群发展规划》。贯彻落实好中央和省委省政府重大战略部署，"共建中三角，打造第四极"，交通运输是先行领域和重要基础。为了在推动长江中游城市群建设中发挥交通先行作用，现提出如下实施意见。

一、充分发挥交通在建设长江中游城市群中的先行作用

长江中游城市群是以武汉城市圈、长株潭城市群和环鄱阳湖城市群为主体，通过整体规划和集成建设形成的一体化特大型城市集群，是长江经济带的重要组成部分，在我国区域发展格局中地位十分重要。建设长江中游城市群，对于加快我国东中西部地区经济融合、打造全国经济新增长极、促进湖北经济"竞进提质、升级增效"具有突出的战略意义。

推进长江中游城市群建设，综合交通一体化建设和基础设施互联互通是基础和关键。当前，我省服务长江中游城市群战略，率先开展交通合力共建，强力推进省际大通道建设，为长江中游城市群建设提供了强有力的支撑保障。但是，长江中游城市群交通运力供需矛盾日益突出，三峡枢纽通过能力严重不足，重要交通干线通联不畅，极大降低了国家骨干交通网络的运行效率，也制约了长江中游城市群与其他经济区域的联系。真正发挥先行官作用，加快推进长江中游城市群建设，交通首当其冲、责无旁贷，必须担负起历史使命和责任担当。

二、加快推进长江中游城市群综合交通运输体系建设

（一）加强规划编制。积极推动湖北长江中游城市群综合交通运输规划编制，争取交通运输部的指导支持，开展相关项目对接和建设。积极做好"十三五"交通运输规划衔接，统筹推进一批项目进入国家综合交通运输发展规划。积极开展重大项目储备和研究谋划工作。

（二）加快推进综合运输网络一体化项目对接与建设。一是加快完善骨架公路网。重点推进省际高速公路建设，协调湖南加快建成杭瑞高速、恩来高速的省际衔接路段，全面消除省际断头路，协调江西将武汉经阳新至江西方向高速公路纳入规划并同步实施，打通武汉至南昌最便捷的陆路通道。重点提升过长江通道能力，尽快开工武穴长江公路大桥，会同湖南积极争取将监利长江公路大桥等项目纳入国家规划。进一步强化与湖南、江西国省干线的衔接，发挥省际公路通道的整体效益。二是加快完善内河航道网。合力推进长江"645工程"，尽快完成各前期研究专题并上报国家，力争纳入国家"十三五"规划，并启动部分航段整治。研究解决"645工程"改变局部航段航道中心线所涉及的省界划定影响等问题。加强与湖南合作，力争将松虎河航道整治纳入国家"十三五"规划，研究酉水等具有较高开发价值的支流省际航道整治。三是加快打造港口产业集群。积极推进鄂东南五市港口整合。大力推进宜昌、荆州、黄石等港口的转型升级，加快襄阳、鄂州、武穴、黄梅等重要港口的建设，引导产业、企业向港口集聚。推动建立长江中游城市群港口企业联盟，促进港口企业提高竞争力。共同推进襄阳、长沙、上饶等地无水港建设，扩大港口腹地范围。四是加快建设综合交通枢纽。打造以武汉、长沙、南昌等为主体的综合交通枢纽群。依托中心城市，重点通过统筹规划港口、场站、机场、物流中心等重要客货集散地，加快建设综合

客货运枢纽，完善集疏运系统及其配套设施，强化各种运输方式的整合，实现客运"零距离"换乘、货运"无缝化"衔接。

（三）突出武汉城市圈的龙头带动作用。一是充分发挥武汉市在长江中游城市群建设中的率先示范效应。主动对接"一带一路"、长江经济带等国家重大战略，服务一元多层次战略体系，围绕建设全国综合交通枢纽和国家物流中心目标，稳步促进武汉由"九省通衢"向"九州通衢"转变。其他城市也要主动加强对接重大战略，主动作为，率先行动，推动长江中游城市群建设。二是加快长江航运中心建设。重点打造长江黄金水道，全力推进"645工程"；重点建设阳逻三期后续工程、三江港区综合码头、白浒山二期等核心港区，加快完善武汉城市圈内的航运基础设施功能。全面提升"泸汉台"、武汉至东盟四国近洋航线服务水平，不断培育新的品牌航线。发挥省市两级力量，合力共建，加快推进武汉航运交易所建设。三是积极推动长江中游城市群省会城市合作。督促落实好《武汉共识》、《长沙宣言》等重要文件，积极支持开展规划研究和物流业发展，推进开展交通运输市场管理和行政执法合作，建立交通信息交流合作长效机制等。

（四）创新综合交通运输体制机制。以综合交通运输改革试点为契机，着力推进大部门制改革，建立适应综合交通运输发展的管理体制和协调机制，探索对各种交通运输方式实施高效统一规划管理，促进长江中游城市群交通互联互通。探索物流管理体制

改革，打破长江中游城市群物流业务条块分割和地区封锁，降低物流企业成本。开展铁路、公路、港口投融资和收费价格改革，建立跨区域铁路、公路共同投资建设及经营管理模式，吸引社会资本参与建设。

（五）积极开展综合交通运输体系示范建设。积极争取交通运输部支持，将武汉阳逻港、宜昌三峡枢纽港集装箱多式联运列入综合交通运输服务一体化示范项目。加强与湖南合作，将洞庭湖至三江口水域砂石过驳基地整体迁移至监利县白螺镇水域，促进岳阳和荆州抱团发展。推进咸宁、岳阳、九江"小三角"综合交通运输体系建设。

（六）加快构建综合交通运输一体化信息服务系统。运用"互联网＋"思维，加快建设一体化服务信息平台，完善长江中游城市群综合交通运输支持保障系统，实现信息交换与共享。重点推进综合性区域性信息化工程、综合交通运输出行信息服务系统、城市综合客运枢纽信息服务系统、港口集装箱多式联运信息服务系统等建设。加快实现我省高速公路ETC与全国联网，不断完善客户服务体系。加快区域物流基础信息生成和公共信息平台建设，有效整合GPS、GIS、EDI及3G通信等先进技术，加快形成具备信息交换、决策咨询、资讯验证等功能齐备的区域物流公共信息平台，提高流通效率，降低物流成本。开放水路交通信息平台，共享管辖公司船舶登记、注册船员、船舶检验等基础信息。探索实行船检审图互认，有效简化区域船舶检验业务办理程序。

三、保障机制

（一）建立完善推进长江中游城市群建设交通先行工作机制。省政府已经建立了长江中游城市群定期会商机制和工作推动机制。省厅将积极牵头协调湖南、江西共同继续推进国家长江中游综合交通运输示范区建设，提请交通运输部建立部级层面协调机制，明确相关司局统筹协调职能。同时，省厅成立以厅主要领导为组长、分管领导为副组长的"合力共建中三角，当好交通先行官"领导小组，建立完善合作推进长江中游城市群综合交通运输体系建设机制。各业务局也要分别成立相关工作专班，专注推动长江中游城市群规划衔接、项目对接、政策落地。

（二）建立长江中游城市群综合交通运输省际协调协商机制。完善省际交通运输联席会议及工作协调协商机制，轮流组织召开省际交通运输联席会议，协调协商重点项目、重大事项，搭建合作交流平台，实行信息共享和情况通报制度，开展重大课题联合研究，建立交通运输工作互动长效机制。

（三）加强督促检查和评估。共同加强对长江中游城市群交通运输规划实施的跟踪分析和协调指导，做好各项工作和政策措施落实的督促检查，落实好鄂赣、鄂湘战略合作协议确定的交通合作事项，定期会商开展规划实施情况评估，研究新情况，解决新问题，总结新经验。

2015年5月25日

湖北省公路设计企业信用评价实施细则（试行）

（鄂交建〔2015〕142号）

第一章　总则

第一条　为规范公路设计企业信用评价，根据交通运输部《关于建立公路建设市场信用体系的指导意见》和《公路设计企业信用评价规则（试行）》等规定，结合我省实际情况，

制定本细则。

第二条　本细则所称公路设计企业信用评价是指省交通运输厅及其委托机构依据有关法律法规、标准规范、合同文件等，按照评定标准对具有公路设计资质的企业在湖北公路建设市场中的从业行为所进行的评价。

第三条　本细则适用于参与国家和省批复初步设计的新建、改（扩）建公路工程项目设计的乙级及以上资质设计企业信用评价工作。评定的时间范围为从提交初步设计审查文件起至项目交工验收止。

第四条　公路设计企业信用评价遵循公平、公正、公开的原则，评价结果实行签认和公示公告制度。

第五条　信用评价管理工作实行统一领导、分级负责。

（一）省交通运输厅负责全省公路设计企业信用评价管理工作，主要职责为：

1. 制定、修订全省公路设计企业信用评价管理办法及信用行为评定标准，督促指导全省公路设计企业信用评价管理工作；

2. 组织对公路乙级及以上资质设计企业进行信用评价；

3. 发布信用评价结果等信息；

4. 按交通运输部和省的有关要求完成信用评价的其他工作。

（二）省公路局在职责分工范围内负责全省普通公路设计企业信用评价管理工作，主要职责为：

1. 督促指导相关部门、机构的信用评价管理工作；

2. 负责对普通公路设计审查审批阶段的信用档案的管理；

3. 对市级交通运输主管部门上报的初评结果进行汇总审核，将审核结果报省交通运输厅；

4. 按省交通运输厅要求完成信用评价的其他工作。

（三）市级交通运输主管部门负责辖区内公路建设项目从业设计企业的信用评价管理工作，主要职责为：

1. 督促指导辖区内公路项目建设单位对设计企业进行信用评价，加强信用动态管理；

2. 对本辖区内公路建设项目从业设计企业进行初评，将初评结果报省公路局；

3. 负责审核辖区内建设单位填报的所有信用评价数据，对辖区内建设项目设计企业的投标行为、履约行为、其他行为进行评价；

4. 按省交通运输厅和省公路局要求完成信用评价的其他工作。

（四）项目法人（建设单位）负责本项目设计企业的信用评价工作，主要职责为：

1. 按照部省有关要求，制定设计企业信用动态管理制度，建立公路设计企业的从业信用档案，负责对设计企业进行日常信用动态管理；

2. 负责填报设计企业的投标行为、履约行为、其他行为信用评价数据，对设计企业进行信用初评；

3. 按要求将设计企业信用评价数据报送有关部门审核，普通公路项目初评结果报市级交通运输主管部门，高速公路项目初评结果报省交通运输厅。

第二章　信用评价内容、方法和程序

第六条　信用评价应以下列书面文字材料作为评价依据：

（一）市级及以上交通运输主管部门及其公路管理、质量监督、造价管理、设计管理等机构评审、督查、检查结果或奖罚通报、决定；

（二）招标人、建设单位管理工作中的正式文件；

（三）举报、投诉或质量安全事故调查处理结果；

（四）司法机关做出的司法认定及审计部门的审计意见；

（五）其他可以认定不良信用行为的有关资料。

第七条　评价内容由公路设计企业投标行为、履约行为和其他行为构成，具体见《公路设计企业信用行为评定标准》。

第八条　投标行为和履约行为初始分值为100分，投标行为以单次投标为评价单元，履约行为以勘察设计合同段为评价单元，实行累计扣分制。

其中投标行为评价得分的权重系数为0.2，履约行为评价得分的权重系数为0.8。设计企业的综合评价得分为该企业的多个评价单元得分的加权平均值。投标活动中没有发现存在不良投标行为的，不予评价。企业发生附件1中所列其他行为的，相应扣分直接在综合评价得分中扣除；涉及其他行为加分项的，由设计企业直接向省交通运输厅或市级交通运输主管部门提供相应的证明文件。具体的评分计算方法见《公路设计企业信用行为评价计算方法》。

第九条　公路设计企业投标行为由项目法人（招标人）进行评价，履约行为由项目法人（建设单位）进行评价，其他行为由省交通运输厅、省公路局、市级交通运输主管部门进行评价。项目法人（招标人、建设单位）以及监管机构等对评价签认负责。

（一）投标行为评价。招标人完成每次招标工作后，仅对存在不良投标行为的公路设计企业进行投标行为评价，经签认后记入信用管理台账，写入评标报告向主管部门备案。被投诉举报并经查实投标过程中存在失信行为的，应追溯进行投标行为评价。

（二）履约行为评价。合同有效期内，项目法人（建设单位）对参与项目勘察设计的公路设计企业的履约行为实时记入信用管理台账进行评价。附件1中GLSJ2-4-4采用扣分制，GLSJ2-4-5采用评分制，由设计审查单位组织评审专家及相关单位进行评分，该项评分要求见附件1。其中，评价年度内同一个项目存在初步设计、技术设计、施工图设计等多次审查的，取其算术平均值。GLSJ2-4-5的评分作为项目设计的基础评分，在同一个项目的多个评价年度内沿用。

（三）其他行为评价。高速公路项目的其他行为评价由省交通运输厅负责，普通公路项目的其他行为评价由省交通运输厅、省公路局和市级交通运输主管部门负责。附件1中其他行为加分项，由设计企业直接向省交通运输厅（或省公路局）提供相应的证明文件。

第十条 设计联合体在信用评价过程中有不良行为的,评价人应按相应标准对联合体各组成企业分别予以扣分,并记入信用管理台账,确定信用等级。

第十一条 公路设计企业信用评价工作实行动态评价与定期评价相结合的方式。

(一)对公路设计企业存在直接定为D级信用等级的严重失信行为实行动态管理。

招标人、建设单位及项目监管机构发现公路设计企业存在直接定为D级信用等级的严重失信行为的,应及时报省交通运输厅。被省交通运输厅动态评价为D级的企业,自认定之日起,一年内在湖北的信用评价等级为D级。

(二)定期评价一般每年开展一次,对公路设计企业上一年度(1月1日至12月31日期间)的信用行为进行周期性评价。

1.高速公路项目,项目法人(建设单位)[x1]对公路设计企业的信用评价,并将履约行为评价得分L、投标行为得分T(如有)及相关依据材料报送省交通运输厅;普通公路项目,市级交通运输主管部门组织建设单位对公路设计企业的信用评价,并将履约行为评价得分L、投标行为得分T(如有)、其他行为扣分Q(如有)及相关依据材料报送省公路局。

2.省公路局对全省公路设计企业信用初评结果汇总和审核,并按规定上报省交通运输厅。

3.省交通运输厅对全省公路设计企业信用等级综合评定,并在厅网站进行公示、公告,公示期不少于10个工作日。发布湖北公路设计企业的信用评价结果,并报交通运输部。

第十二条 任何单位和个人可在综合评价得分公示期内,对设计企业的失信行为以及信用评价工作中的违纪、违规行为等向有关交通运输主管部门进行举报。举报应采取实名、书面方式,举报材料中应包括以下内容:

(一)举报人的姓名或单位名称、地址及有效联系方式;

(二)被举报人的单位名称或姓名;

(三)举报事项的基本事实;

(四)举报人相关请求及主张;

(五)有效线索和相关证明材料;

(六)举报人为单位的,应由法定代表人签名并加盖法人单位公章。

第三章 信用评价等级及应用

第十三条 公路设计企业信用评价等级分为AA、A、B、C、D五个等级。各信用等级对应的企业信用评分X分别为:

AA级:95分≤X≤100分,信用好;

A级:85分≤X<95分,信用较好;

B级:75分≤X<85分,信用一般;

C级:60分≤X<75分,信用较差;

D级:X<60分,或存在严重失信行为,信用差。

第十四条 公路设计企业资质升级的,其信用评价等级不变。企业分立的,按照新设立企业确定信用评价等级,但不高于原评价等级。企业合并的,按照信用评价等级较低企业的等级确定合并后企业信用等级。

第十五条 企业信用评价结果有效期原则上为1年。下一年度企业在湖北省无信用评价结果的,其在湖北省信用评价等级可延续1年。延续1年后仍无信用评价结果的,按照初次进入湖北省确定,但不高于其在湖北省原评价等级的上一等级。

第十六条 上年度未列入交通运输部和湖北省交通运输厅发布的设计企业信用等级名单的设计企业,在湖北省交通建设市场参与投标时,信用等级按B级对待。上年度已同时列入湖北省交通运输厅和交通运输部信用等级名单的设计企业,在湖北省交通建设市场参与投标时,信用等级以湖北省交通运输厅发布的为准。上年度未列入湖北省交通运输厅信用等级名单,但已列入交通运输部信用等级名单的设计企业,在湖北省交通建设市场参与投标时,信用等级按交通运输部发布的认定。设计企业组成联合体参与投标的,其信用等级按照联合体成员中最低信用等级方认定。

第十七条 建立激励和惩罚机制,对评为AA级或连续3年评为A级的守法诚信企业给予宣传表彰,在招投标、履约保证金、质量保证金等方面给予一定的优惠和奖励;对评为C级或D级的企业给予重点监管,在招投标、履约保证金、质量保证金等方面给予一定的限制和惩罚。

第十八条 项目法人(建设单位)、市级交通运输主管部门和省公路局应建立公路设计企业信用管理台账,及时、客观、公正地对企业不良信用评价予以记录,必要时应将信用记录及时告知有关从业企业或在网站公示。

第十九条 项目法人(建设单位)应实事求是,及时、客观、公正的按照评定标准评分,不得徇私舞弊,不得随意扣分或规避扣分。主管部门应加强信用评价工作的监督管理,结合日常督查工作对建设单位的信用管理工作进行检查、对企业的从业行为进行抽查,发现存在严重问题的,应报省交通运输厅。

第二十条 本细则由省交通运输厅负责解释。

第二十一条 其他公路项目的公路设计企业信用评价可参照执行。

第二十二条 本细则自印发之日起试行。

2015年3月24日

公路建设市场督查工作规则

（鄂交建〔2015〕428号）

第一章　总则

第一条　为加强公路建设市场管理，建设统一开放、竞争有序的公路建设市场环境，维护公平、公正、诚信的公路建设市场，保护国家、社会公共利益和从业者合法权益，根据《中华人民共和国公路法》、《公路建设市场管理办法》、《交通运输部关于印发公路建设市场督查工作细则的通知》（交公路法〔2015〕59号）等法律、规章，制定本规则。

第二条　本规则适用于湖北省交通运输厅及各地级交通运输主管部门依法组织的公路建设市场监督检查活动。

公路建设、设计、施工、监理、咨询和检测等市场从业单位和有关人员应依法接受监督检查。

第三条　督查工作实行统一组织、分级管理、省地联动、专家参与的工作方式。

省交通运输厅负责制定全省公路建设市场督查工作规则，建立省级督查专家库，编制年度督查计划并组织实施，组织全省公路建设市场督查工作，指导地市级交通运输主管部门开展公路建设市场督查工作。根据交通运输部制定的公路建设市场督查计划，配合部督查工作组开展督查工作。

地市级交通运输主管部门负责制定本辖区公路建设市场督查工作规则，建立地市级督查专家库，编制年度督查计划并组织实施，组织本辖区公路建设市场督查工作；根据省交通运输厅制定的全省公路建设市场督查计划，配合省督查工作组开展督查工作。

第四条　督查依据和标准：

（一）公路建设管理相关法律、法规、规章；

（二）国家及行业的技术标准和规范；

（三）工程项目的相关批复文件、设计文件、招标投标文件及合同文件；

（四）国家及行业其他相关规定。

第五条　督查工作应遵循公平公正、科学规范、严肃认真、廉洁高效的原则。

第二章　督查内容与方式

第六条　督查包括以下专项内容。

（一）市场准入管理；

（二）建设程序执行；

（三）招标投标管理；

（四）信用体系建设；

（五）合同履约管理；

（六）标准化建设管理；

（七）信息化建设管理；

（八）其他相关工作。

第七条　督查工作采取综合督查与专项督查相结合的方式进行。

综合督查是对所有督查专项内容和相关项目执行情况进行的全面督查。

专项督查是对部分督查专项内容和相关项目执行情况进行的详细督查。

第八条　督查工作实行督查工作组负责制，由交通运输主管部门根据督查内容和项目特点，在督查专家库中选调相关专家组成工作组，组长由交通运输主管部门选派。

第九条　督查工作一般按照下达督查通知、组成督查工作组、听取工作介绍、现场督查、交换督查意见、提交督查报告的工作程序组织进行。必要时，也可采取随机抽查、暗访、委托取样试验等辅助形式。

第三章　督查工作要求

第十条　省厅根据全省公路建设市场总体情况，在每年第一季度制订年度督查工作计划，明确督查地区和相关要求，统一部署全省公路建设市场督查工作。

地市级交通运输主管部门根据本地情况，确定年度督查地区、重点项目和具体要求，制定督查计划并组织实施。

第十一条　督查项目由督查工作组根据督查内容在赴现场前确定。

省厅重点督查国家高速公路网、省高速公路网等重点建设项目，也可选择国、省干线公路项目。原则上每地区选取2个项目，每个项目抽查的合同段一般≥3个（项目合同段总数少于3个时选取整个项目）。

第十二条　地市级交通运输主管部门应建立督查专家库，并实行动态管理。综合督查工作组专家不宜少于5名；专项督查工作组专家不宜少于3名。对督查专家的选择实行回避制度。督查专家应严格遵守有关规定，执行督查标准，对督查工作负责。

第十三条　督查工作组完成现场督查后，应按照《公路建设市场督查考评表》对督查内容进行督查评价，督查评价包括行业管理和项目管理两部分内容（高速公路项目的督查评价以项目管理为主）。

综合督查以被督查地区行业管理和项目管理为评价对象，分别对每个单项工作进行评分，再进行加权综合评价。

专项督查以单项工作为评价对象，分别对行业管理和项目管理进行评价，再进行加权综合评价。

第十四条　督查结束后一周内形成督查报告，交通运输主管部门根据督查报告，形成督查意见书。督查意见书应指出督查中发现的问题，提出问题处理意见及整改要求；对存在重大问题的，应进一步调查核实，依法处理。

第十五条　督查人员应严格遵守中央八项规定、廉政准则和工作纪律，认真执行督查程序和标准。

被督查地区和单位应严格遵守有关规定，不得以任何名义超标准接待，严格控制会议规模和陪检人员、车辆数量等。

第四章　结果处理

第十六条　被督查地区交通运输主管部门负责组织相关单位按督查意见书（或通报）提出的整改要求，在接到督查通报后一个月内，向省厅提交书面报告。省厅根据整改情况可适时组织复查，直至达到整改要求。

第十七条　根据督查结果，对管理严格、市场秩序规范、项目实施良好的可给予表扬；对发现的严重违法违规行为，按管理权限依法给予相应处罚。

第十八条　省厅市场督查所涉及从业单位和人员的相关信息纳入信用管理，在公路建设市场信用信息管理系统中予以记录，并纳入年度信用评价。

第十九条　省厅将建立公路建设市场督查情况通报制度，将全年公路建设市场各类督查情况进行通报，对行业管理和项目管理好的经验和做法予以推广，对督查中发现问题多、性质严重的地区、项目和有关从业单位给予通报批评。省厅将年度督查工作情况报交通运输部。

第二十条　省厅将年度督查情况，以及在督查中发现的违法违规行为和处理结果等相关信息，通过信用信息平台或媒体向社会公开。

第五章　附则

第二十一条　各地市级交通运输主管部门应根据督查工作需要，落实责任单位、人员和工作经费，确保督查工作效果。

第二十二条　各地市级交通运输主管部门可依照本规则，制定本地区公路建设市场督查工作规则。

第二十三条　本规则由省交通运输厅负责解释。

第二十四条　本规则自发布之日起施行。

2015 年 8 月 12 日

湖北省普通公路施工企业信用评价实施细则（试行）

（鄂交建〔2015〕575 号）

第一章　总则

第一条　为规范全省普通公路施工企业信用评价工作，统一方法和标准，根据交通运输部《公路施工企业信用评价规则》的规定，结合我省实际情况，制定本实施细则。

第二条　本细则所称施工企业信用评价是指省交通运输厅及其相关管理机构依据有关法律法规、标准规范、合同文件等，对具有公路施工或养护资质的企业在湖北普通公路建设市场中的从业行为所进行的评价。

第三条　本细则适用的项目范围为普通国省干线公路的新建、改扩建和养护工程及其他一、二级公路的新建、改扩建工程。评定的时间范围为参与施工招投标至项目缺陷责任期满。

第四条　普通公路施工企业信用评价遵循公平、公正、公开、科学、有效的原则。

第二章　管理职责

第五条　普通公路信用评价管理工作实行统一管理、分级负责。

第六条　省交通运输厅负责全省普通公路施工企业信用评价管理工作，主要职责为：

（一）制定、修订全省普通公路工程施工企业信用评价实施细则及信用行为评定标准，组织、指导全省公路工程施工企业信用评价管理工作；

（二）开发湖北省公路水运建设市场信用信息系统，并负责系统的日常维护；

（三）审核发布施工企业信用评价结果等信息；

（四）对全省普通公路施工企业信用评价实行动态管理；

（五）按规定配合国务院交通运输主管部门完成信用评价的其他工作。

第七条　省公路局主要负责协助省交通运输厅实施全省普通公路工程施工企业信用评价管理的具体工作，主要职责为：

（一）在职责分工范围内指导普通公路施工企业信用档案管理工作；

（二）对市州交通运输主管部门或公路管理机构上报的评价信息进行汇总审核；

（三）组织专家对公路工程施工企业进行信用评价，将省级综合评价结果报省交通运输厅；

（四）指导市州交通运输部门和公路管理机构开展施工企业进行信用评价工作；

（五）按规定配合省交通运输厅完成信用评价的其他工作。

第八条　市州交通运输主管部门负责辖区内公路工程施工企业信用评价的管理工作，主要职责为：

（一）督促指导辖区内公路工程建设单位对施工企业进行信用评价，加强动态管理，并将信用评价档案上传至管理系统；

（二）对本辖区内列入评价范围的公路工程建设项目进行梳理和汇总，将确认的参评项目名单上报省公路局；

（三）负责审核辖区内建设单位填报的所有信用评价数据，对辖区内建设项目施工企业的投标行为、履约行为、其他行为进行评价；

（四）参与省级综合评价工作，并配合省交通运输厅和省公路局完成信用评价的其他工作。

第九条　其他相关管理机构主要包括各级交通质监机构和市州公路管理机构，参与公路工程施工企业信用评价的管理工作，主要职责为：

（一）各级交通质监机构根据对项目的监管责任，及时将公路工程施工企业信用评价档案上传至管理系统，并参与公路工程施工企业信用评价的评定及动态管理；

（二）市州公路管理机构在职责分工范围内组织养护施工企业的信用档案的管理，督促公路养护工程建设单位对养护施工企业进行信用评价，审核养护工程建设单位填报的所有信用评价数据，同时配合省公路局和市州交通运输主管部门完成信用评价的其他工作。

第十条　建设单位（项目法人）负责本项目施工企业的信用评价工作，主要职责为：

（一）制定施工企业信用日常管理制度，建立公路施工企业的从业信用档案，负责对施工企业进行日常信用管理；

（二）负责施工企业信用管理的初步评价，填报施工企业投标行为和履约行为的评价数据；

（三）按要求将施工企业信用评价数据报送市州交通运输主管部门或相关管理机构审核，跨市州的普通公路项目初评结果直接报省公路局。

第三章　信用评价方式、内容和程序

第十一条　公路施工企业信用评价工作实行动态评价和定期评价相结合的方式。

第十二条　信用评价内容由公路施工企业投标行为、履约行为和其他行为构成，具体内容见《公路施工企业从业行为评定标准》。

投标行为以公路企业单次投标为评价单元，履约行为以单个施工合同段为评价单元。

第十三条　对公路施工企业存在严重失信行为、按规定直接进行定级的实行动态评价。招标人、建设单位及项目监管机构发现严重失信行为的应及时上报，由省交通运输厅和省公路局对公路施工企业进行动态评价。

第十四条　定期评价工作每年开展一次。省级交通运输主管部门在年初组织或委托相关管理机构完成公路施工企业上一年度（1月1日至12月31日期间）的信用评价工作。

（一）市州交通运输主管部门或相关管理机构组织建设单位完成对全省普通公路施工企业信用的初步评价，并将履约行为评价得分L、投标行为得分T（如有）、其他行为扣分Q（如有）及相关依据材料报送省公路局；

（二）省公路局完成全省普通公路施工企业信用评分的汇总和审核，组织专家对初评结果进行省级综合评价，将评价结果上报省交通运输厅；

（三）省交通运输厅完成全省普通公路施工企业信用评价结果的审批，并在厅网站公示、公告信用评价结果，公示期不少于10个工作日。公路施工企业对信用评价结果有异议的，可在公示期限内提出申诉；

（四）省交通运输厅发布湖北省普通公路施工企业的信用评价结果，并上报交通运输部。

第十五条　投标行为和履约行为初始分值为100分，实行累计扣分制。若有其他行为的，从企业信用评价总得分中扣除。具体评分计算见《公路施工企业信用评价计算方法》。

第十六条　信用评价应以下列书面文字材料作为评价依据：

（一）市州及以上交通运输主管部门及其公路管理、质量监督机构、造价管理机构督查、检查结果或奖罚通报、决定；

（二）市州及以上安全监督部门、招标投标监督部门的督查、检查结果或奖罚通报、决定；

（三）招标人、建设单位管理工作中的正式文件；

（四）举报、投诉或质量安全事故调查处理结果；

（五）司法机关做出的司法认定及审计部门的审计意见；

（六）其他可以认定不良信用行为的有关资料。

第十七条　普通公路施工企业信用评价程序为：

（一）投标行为评价。投标行为评价仅对存在不良投标行为的公路施工企业进行投标行为评价。

招标人应在签订承包合同后的15日内对参与投标且存在失信行为的普通公路施工企业按照《公路施工企业从业行为评定标准》和《公路施工企业信用评价计算方法》进行初步评价，并按职责分工报市州交通运输主管部门进行审核。市州交通运输主管部门完成初步评价审核后，将初步评价结果上报省公路局审核汇总。

省公路局完成审核汇总后，组织交通、公路、质监等部门专家对投标行为初步评价结果进行专家审查，并按照初步评价占80%、专家审查占20%的权重，计算企业投标行为信用评价得分。

（二）履约行为评价。结合日常管理情况，建设单位（项目法人）对参与项目建设的公路施工企业当年度的履约行为实时记录并进行评价。对当年组织交工验收的工程项目，建设单位（项目法人）应在交工验收时完成有关公路施工企业本年度的履约行为评价。

建设单位（项目法人）按照《公路施工企业从业行为评定标准》和《公路施工企业信用评价计算方法》进行初步评价，并于每年的1月31日前将上一年度的评价结果报市州交通运输主管部门。市州交通运输主管部门完成初步评价审核后，将初步评价结果上报省公路局审核汇总。各审核部门根据职责分工，对建设单位（项目法人）作出的履约行为评价进行审核确认，如有调整，必须对调整内容进行说明。

省公路局完成审核汇总后，组织交通、公路、质监等部门专家对履约行为初步评价结果进行专家审查，并按照初步评价占80%，专家审查占20%的权重，计算企业履约行为信用评价得分。

（三）其他信用行为评价。省公路局组织交通、公路、质监等部门专家按照《公路施工企业从业行为评定标准》进行评价。

（四）省级综合评价。省公路局按照《公路施工企业信用评价计算方法》进行省级综合评价，并将评价结果上报省交通运输厅。省交通运输厅完成审批后，在厅网站公示、公告信用评价结果。企业当年无履约行为、仅有投标行为但无严重失信行为的，不进行综合评价。

第十八条　联合体有不良投标行为的，其各方均按相应标准扣分，并记入信用管理台账，确定信用等级。

第十九条　公路施工企业对信用评价结果有异议的，可在公示期限内向省交通运输厅提出申诉。

第四章　信用评价等级及应用

第二十条　公路施工企业信用评价等级分为 AA、A、B、C、D 五个等级。各信用等级对应的企业信用评分 X 分别为：

AA 级：$95 分 \leq X \leq 100 分$，信用好；

A 级：$85 分 \leq X < 95 分$，信用较好；

B 级：$75 分 \leq X < 85 分$，信用一般；

C 级：$60 分 \leq X < 75 分$，信用较差；

D 级：$X < 60 分$，或存在严重失信行为，信用差。

第二十一条　被省交通运输厅动态评价为 C 级或 D 级的企业，自认定之日起，一年内在湖北省公路建设市场的信用评价等级为 C 级或 D 级。

第二十二条　公路施工企业资质升级的，其信用评价等级不变。企业分立的，按照新设立企业确定信用评价等级，但不得高于原评价等级。企业合并的，按照合并前信用评价等级较低企业等级确定。

第二十三条　公路施工企业无故未参与年度信用评价的，信用等级按 C 级确定。

第二十四条　公路施工企业信用评价结果按以下原则应用：

（一）对于近三年在湖北省公路建设市场信用等级公告中已列入的施工企业，其信用等级按照该单位最近的信用等级引用。

（二）对于近三年在湖北省公路建设市场信用等级公告中尚未列入的施工企业，其信用等级按照全国综合评价结果确定。尚无全国综合评价的施工企业，其信用等级按照其他省交通运输主管部门最新公布的公路建设市场信用等级公告中该单位最低等级直接引用。

（三）初次进入公路建设市场的施工企业，若无不良记录，可按 A 级对待。若有不良信用记录，视其严重程度按 B 级及以下对待。

（四）联合体参与投标的，其信用等级按照联合体中最低等级方认定。

第二十五条　公路施工企业信用评价结果在施工招投标中的奖惩办法：

（一）对最近一年信用等级为 D 级的施工企业不予通过资格审查。

（二）对评标结果进入前三名的投标单位的评标价或评分按下列方法进行相应调整，并根据调整后的评标价或评分，重新排定中标候选人。

1. 采用经评审的最低投标价法确定中标候选人的调整方法。

对最近两年及以上信用等级为 AA 级的投标单位，将其评标价降低 0.5% 计算最后评标价；对最近一年信用等级为 AA 级、A 级、B 级的投标单位，其评标价不作调整；对最近一年信用等级为 C 级的投标单位，将其评标价提高 0.5% 计算最后评标价。

2. 采用合理低价法确定中标候选人的调整方法。

对最近两年及以上信用等级为 AA 级的投标单位，将其评标价得分提高 0.5 分计算最后得分；对最近一年信用等级为 AA 级、A 级、B 级的投标单位，其评标得分不作调整；对最近一年信用等级为 C 级的投标单位，将其评标得分降低 0.5 分计算最后得分。

3. 采用综合评估法确定中标候选人的调整方法

对最近两年及以上信用等级为 AA 级的投标单位，将其评标得分提高 2 分计算最后得分；对最近一年信用等级为 AA 级、A 级、B 级的投标单位，其评标得分不作调整；对最近一年信用等级为 C 级的投标单位，将其评标得分降低 2 分计算最后得分。

第五章　信用管理及其他

第二十六条　省公路局、市州交通主管部门、其他相关管理机构和建设单位（项目法人）应建立公路施工企业信用管理台账，纳入湖北省公路水运建设市场信用信息系统，及时、客观、公正地对企业不良信用行为予以记录，及时、客观、公正地对公路施工企业进行信用评价，不得徇私舞弊，不得设置市场壁垒。

建设单位（项目法人）每月至少开展一次公路施工企业信用台账的登记工作。

市州交通主管部门、其他相关管理机构每季度至少开展一次公路施工企业信用台账的管理工作。

省公路局每半年至少开展一次公路施工企业信用台账的督查工作。

第二十七条　省交通运输厅建立健全信用评价工作机制和监督举报制度，发现有关人员在信用评价工作中徇私舞弊、以权谋私或弄虚作假的，将按有关规定进行处理。

省公路局和各市州交通运输主管部门应建立信用信息档案，加强对信用评价工作的监督检查。

第二十八条　任何单位和个人可在省级综合评价公示期内，对施工企业的失信行为以及信用评价工作中的违纪、违规行为等向有关交通运输主管部门进行举报。举报应采取实名、书面方式，举报材料中应包括以下内容：

（一）举报人的姓名或单位名称、地址及有效联系方式；

（二）被举报人的单位名称或姓名；

（三）举报事项的基本事实；

（四）举报人相关请求及主张；

（五）有效线索和相关证明材料；

（六）举报人为单位的，应由法定代表人签名并加盖法人单位公章。

第二十九条　本细则由省交通运输厅负责解释。

第三十条　本细则自 2015 年 12 月 1 日起试行。

2015 年 10 月 26 日

省交通运输厅关于进一步深化驾培和维修检测
行业管理改革工作的若干意见

(鄂交运〔2015〕401号)

各市州交通运输局(委)、省运管局:

为贯彻落实党的十八届三中、四中全会关于全面深化改革、全面依法治国的有关要求,进一步简政放权、放管结合,建设廉政阳光交通,促进机动车驾驶员培训和机动车维修、综合性能检测(以下简称"驾培和维修检测")行业持续、稳定、健康发展,现就进一步深化我省驾培和维修检测行业管理改革工作,提出如下意见。

一、进一步开放驾培和维修检测市场

(一)严格依法依规实施行政许可。各级道路运输管理机构(以下简称"运管机构")应严格执行国家关于驾培和维修检测经营许可及"先照后证"的有关规定,调整审批流程,简化审批程序;对申请从事驾培和维修检测经营的,凡符合法定条件和程序的,运管机构均应依法予以许可,不得以未经法定程序的规划或其他不正当理由进行数量控制,限制其发展。

(二)规范驾培计时培训系统使用管理。运管机构设置的驾培计时培训系统信息管理平台,必须对所有的驾培计时培训系统开发商开放数据传输接口,不得以任何方式限制符合部颁《机动车驾驶员计时培训系统平台技术规范》和《机动车驾驶员计时培训系统计时终端技术规范》的驾培计时培训系统进入我省驾培市场,也不得以任何理由强制驾培机构使用指定的驾培计时培训系统。

(三)推行检测结果全省互认。凡是我省具备资质的机动车综合性能检测站出具的检测结果,在全省范围内均应作为营运车辆办理相关营运手续的依据,各地运管机构不得以任何理由强制营运车辆到指定的检测站进行检测。

二、进一步推进简政放权和职责归位

(四)深入推进简政放权。将由省运管局负责的经营性道路旅客运输驾驶员、货物运输驾驶员、出租汽车驾驶员和道路危险货物运输(包含放射性物品道路运输)等4类从业人员资格考试考核员的培训、考试和日常管理工作,下放给市州运管机构负责;将由省运管局负责的驾培教练员的考试工作委托给经省运管局认定的、具备全电子化考试能力的市州运管机构组织实施。

(五)严格按照许可权限实施许可。市州运管机构越权实施的驾培和维修经营行政许可,应归位县级运管机构负责组织实施,同时将相关资料移交给属地县级运管机构;未设县级运管机构的,其驾培和维修经营行政许可仍由市州运管机构负责实施。

(六)严格按照许可条件和程序进行审查。运管机构在实施驾培和维修检测经营许可时,必须严格按照法定的许可条件、程序、期限和方式进行审查,并承担由此产生的所有费用;不得擅自增设许可条件和程序,不得超过规定期限,不得委托行业协会或其他中介机构实施审查。

三、进一步规范行业管理行为

(七)严格规范行政许可收费行为。各级运管机构应当严格执行行政事业性收费的有关规定,不得违规或变相收取驾培和维修检测经营的道路运输经营许可证件、驾培结业证和驾培计时培训系统IC卡、道路运输人员从业资格证等工本费。

(八)严禁参与或违规干预驾培和维修检测经营活动。各级交通运输主管部门和运管机构及其工作人员应严格执行国家关于严禁党政机关和党政干部经商、办企业的规定,不得以任何形式参与或违规干预驾培和维修检测经营活动;已经参与经营的,必须立即撤出投资,与驾培和维修检测经营活动彻底脱钩。

四、进一步提升运管机构行政效能

(九)提高运管队伍素质。要加强对运管工作人员的政策法规和业务培训,不断提高政策理论水平和业务素质;要充分运用科技手段,依托互联网平台,改进管理方式,提升管理效能。

(十)积极争取政策支持。各级交通运输主管部门要加强对所属运管机构的领导和监督,按照核定的机构编制控制人员数量,积极争取地方政府的支持,切实解决运管机构管理经费不足等实际问题。

(十一)推进政务信息公开。要通过门户网站、宣传橱窗及时公开市场供需经营状况、行政许可事项信息和相关办理流程及要求,为申请人提供咨询服务,依法保障申请人的知情权,做到行政许可公开透明、廉政阳光。

(十二)完善内部制约机制。各级运管机构要健全内部工作的监督、制约、协调和问责机制,做到业务受理、实质审查、许可发证等关键工作岗位相对独立、责任明确,各岗位既相互协调配合,又相互监督制约,坚决杜绝违规行为发生。

(十三)强化对下监督检查。各级交通运输主管部门和运管机构要加强对下级机构和单位行政行为的监督检查,公布举报投诉电话,建立完善举报投诉受理、调查、处理机制，主动接受社会监督。对违规实施许可的，要责令其及时予以纠正，直至依法撤销其行政许可。

（十四）严格违纪责任追究。对违反政策规定、失职渎职的运管机构工作人员，应依法依纪严肃处理，并追究有关责任人的责任；造成重大损失或影响的，要追究该运管机构主要负责人的责任；涉嫌犯罪的，移送司法机关查处。

2015 年 7 月 21 日

湖北省道路客运联网售票票证管理暂行办法

（鄂交运〔2015〕684 号）

第一条　为适应道路客运联网售票业务需要，规范道路客运联网售票票证管理，依据《中华人民共和国发票管理办法》和《湖北省道路运输条例》，结合本省道路客运行业实际，商请省国家税务局同意，制定本办法。

第二条　在本省行政区域内印制、领用道路客运联网售票票证（以下简称票证）的单位和个人，必须遵守本办法。

第三条　本办法所称票证，是指接入湖北省道路客运联网售票系统的客运站（以下简称联网客运站）、代售机构、道路客运经营者领用的票证。票证具有付款、报销凭证功能，具有乘车、托运物品等运输服务凭证功能。

第四条　票证管理实行统一样式、统一代码、统一编号原则。

第五条　票证统一冠名为"湖北省道路客运发票"，套印"湖北省国家税务局监制"印章。

第六条　票证分为机打客运票证和定额票证。

（一）机打客运票证是指通过湖北省道路客运联网售票系统开具的道路客运票证；

（二）定额票证是指随车售票员或驾驶员出具给沿途上车旅客使用的票证；用于退票、行李寄存、代售等道路运输延伸服务的票证。

第七条　湖北省交通运输厅道路运输管理局具体负责票证的管理工作。

第八条　湖北省交通运输厅道路运输管理局授权湖北省道路客运联网售票系统运维机构承担票证的印制管理等具体工作。其具体职责：负责受理代售申请、审核代售机构合法性，签订代售协议；负责向省国税局提交印制申请；负责监督检查票证的领用、保管情况，以及票证收入的归集、清分管理情况。

第九条　各联网客运站可在省国税局招标确定的发票印制厂家中自主选择厂家印制票证，也可委托湖北省道路客运联网售票系统运维机构统一印制票证。

票证印制费用由联网客运站、代售机构直接与承印厂家结算。

第十条　发生违规使用票证的行为，按照《中华人民共和国发票管理办法》的有关规定处理。

第十一条　省交通运输厅道路运输管理局负责制定本办法实施细则并组织实施。

第十二条　本办法由湖北省交通运输厅负责解释。

第十三条　本办法自 2016 年 1 月 1 日起施行。

2015 年 12 月 25 日

湖北省交通运输安全应急管理工作目标考核办法

（鄂交安〔2015〕49 号）

第一条　为加强安全应急目标管理，落实安全应急管理责任，提高安全应急管理水平，防范和控制交通运输安全生产事故，根据《湖北省安全生产工作责任目标考核办法》（鄂政发〔2014〕29 号）等规定，结合我省交通运输实际，特制定本办法。

第二条　本办法适用于省交通运输厅对各市州交通运输局（委）、厅直各业务局、各管理处（以下简称责任单位）安全应急管理工作目标的考核。

第三条　安全应急管理工作目标考核应当遵循党政同责、一岗双责、齐抓共管的原则。

第四条　安全应急目标考核工作由厅安委会统一领导，厅安委会办公室具体组织实施。

第五条　省厅年初与各责任单位签订年度安全应急管理工作目标责任书。各责任单位应当按照责任书规定的内容分解工作任务，强化工作措施，确保各项工作目标的完成。

安全应急管理工作目标责任书由厅安委会办公室组织起草，经厅安委会审定后签订实施。

考核年度为每年的 1 月 1 日至 12

月31日。

第六条　考核具体考核细则由省厅每年根据年度工作任务另行制定下发，内容主要包括以下几个方面：

（一）安全工作组织领导和安全责任体系建设情况；

（二）安全宣传、教育和培训工作情况；

（三）行业安全监管工作情况；

（四）安全督查检查、隐患排查治理、打非治违等安全专项工作情况；

（五）安全应急管理长效机制建设情况；

（六）应急管理工作和突发事件处置情况；

（七）工作目标与事故指标控制情况；

（八）省厅对各单位安全应急工作的督查或暗查暗访的情况；

（九）其他重点工作完成情况。

第七条　安全应急目标年度考核工作由厅安委办组织实施。实施考核时，应当组成若干考核组，赴被考核单位，对照年度工作目标，通过听取汇报、查阅资料台账、实地检查等方式对被考核单位安全应急工作逐项评分。

第八条　目标考核工作按照下列程序实施：

（一）省厅制定下发安全应急目标考核细则和年度考核通知；

（二）各责任单位对照目标责任书和考核细则组织自评，并将自评报告、自评结果和单位主要负责人安全应急工作履职情况报告报送厅安委会办公室；

（三）在自评基础上，省厅组织考核组分别对各责任单位进行年度目标考核。考核组在考核结束前，应向被考核单位反馈初步考核情况，指出存在的问题，提出有关建议；

（四）厅安委会办公室在综合各考核组意见的基础上，研究提出考核结果建议；

（五）考核结果报厅安委会或厅长办公会审议确定；

（六）考核结果在全省交通运输系统予以通报，并抄送省安委会办公室

和各市州人民政府。

第九条　考核原则上采用评分制，标准分为100分，其中：工作目标60分，事故控制指标40分。评分采用逐项扣分办法，每项扣分直至该项标准分扣完为止。

第十条　考核分优秀、先进、合格、不合格四个等次。优秀得分必须在95分以上，并按市州交通运输局(委)5名、厅直各业务局3名、厅直各管理处3名控制。其他得分在85分以上的为先进，得分在70分以上的为合格，得分在70分以下的为不合格。

第十一条　被考核单位要依据目标考核要求提供有关文件、资料和记录，并保证其真实性。在考核中弄虚作假的，一经查实，考核结果定为不合格。

第十二条　市州交通运输局（委）所辖区域发生特别重大交通运输安全生产事故或发生负有责任的重大交通运输安全生产事故的，其考核结果定为不合格。

第十三条　厅直单位管辖领域发生特别重大交通运输安全生产事故或发生负有责任的重大交通运输安全生产事故的，其考核结果定为不合格。

第十四条　对考核年度内有下列情形之一的，年度考核综合不得评定为"优秀"或"先进"等次：

（一）发生重大交通运输安全生产事故或发生两起以上负有责任的较大交通运输安全生产事故的；

（二）对较大及以上事故瞒报、谎报或故意拖延迟报的；

（三）对安全生产事故处置不力或发生事故后不及时组织救援，导致伤亡损失扩大或产生严重影响的；

（四）对重大事故隐患督办、治理不力，导致较大以上事故发生或造成严重危害后果的；

（五）当年目标考核细则中规定的不得评定为"优秀""先进"等次的其他情形。

第十五条　被考核单位因安全应急工作突出受到省部级以上或厅局级表彰的可予以加分，加分值分别为3分、1分；每单位加分次数不超过3次，

同一事项按最高加分值加分1次。

第十六条　考核等次为优秀、先进的，分别给予奖励。奖励资金从省厅安全专项经费中列支。

第十七条　安全应急年度目标考核奖励资金主要用于奖励单位安全生产党政主要领导、分管安全应急领导、安全应急部门负责人，以及具体从事安全监督和应急管理的工作人员。

考核获得优秀、先进等次的单位，可对本单位安全应急工作成绩突出的集体和个人给予适当奖励，费用从本单位安全应急专项经费中列支。

第十八条　对考核连续三年被评为优秀等次的单位，省厅将对该单位安全应急工作成绩突出的人员进行通报表彰，并推荐给有关组织人事部门，在评先评优、晋升职务职称方面优先考虑。

第十九条　考核不合格的，实行"一票否决"，取消单位评先评优资格，取消其安全生产第一责任人（党政主要领导）及相关责任人当年评先评优以及年度公务员考核评定为"优秀"等次的资格。厅直单位考核不合格的，其党政主要领导和分管领导应当承担领导责任，两年内不得提拔重用；市州交通运输局（委）考核不合格的，省厅将向当地党委政府通报有关考核结果，并提出相关建议。

第二十条　对考核不合格的单位，省厅将组织由纪检监察、人事劳动、安全监督、工会等部门参加的调查小组进行调查，对存在违法违纪问题的，将依法依规追究责任。不属于省厅干部管理范围的将移交有关部门处理。

第二十一条　各市州交通运输局（委）和厅直各业务局、各管理处可依据本办法制定本地区或者本部门的安全应急工作目标考核办法，并组织实施。

第二十二条　本办法由省交通运输厅负责解释。

第二十三条　本办法自印发之日起施行。

2015年1月21日

湖北省交通运输规范性文件管理办法

（鄂交法〔2015〕629号）

第一条 为规范交通运输规范性文件的制定和备案工作，维护法制统一，促进依法行政，根据有关法律、法规和《湖北省行政规范性文件管理办法》(2015年省政府令第379号)的规定，制定本办法。

第二条 本办法所称规范性文件，是指省交通运输厅和省公路管理局、道路运输管理局(物流发展局)、港航管理局(地方海事局)、高速公路管理局、厅工程质量监督局等具有行政管理职能的厅直单位(以下简称省厅和厅直单位)，依据法定职权和程序制定的，涉及公民、法人和其他组织权利义务，具有普遍约束力，在一定期限内反复适用的行政管理文件的总称。

第三条 省厅和厅直单位范围内规范性文件的起草、审查、公布、备案、评估、清理、监督等工作，适用本办法。

省厅和厅直单位内部工作制度、人事任免决定、对具体事项作出的行政处理决定以及向上级机关的请示、报告等文件不适用本办法。

第四条 制定规范性文件应当以法律、法规、规章为依据，体现党和国家的路线、方针、政策，按照法定职权和程序进行，做到有件必备、有备必审、有错必纠。

第五条 制定规范性文件，不得违反上级行政机关的命令、决定，不得超越本行政机关的法定职责和权限范围；不得创设行政许可、行政处罚、行政强制、行政收费等应当由法律、法规、规章规定的内容；不得违法增加公民、法人和其他组织的义务，不得违法限制公民、法人和其他组织的合法权利。

第六条 省厅和厅直单位依照法定职权可以制定用于管理本系统、本行业公共事务的规范性文件。

议事协调机构、临时机构、机关内设机构，不得制定规范性文件。

涉及省厅与其他行政主管部门职权的事项，需要制定规范性文件的，应当报请省人民政府制定规范性文件，也可以经省人民政府同意，由有关行政主管部门联合制定规范性文件。

第七条 省厅和厅直单位业务处室负责规范性文件的起草、修改及相关协调工作。联合起草的，应当明确一个处室主办，其他处室协办。

第八条 省厅和厅直单位办公室负责规范性文件的审核、登记、印制、分发，参与规范性文件的合法性审查和制度廉洁性评估等工作。

第九条 省厅和厅直单位法制机构(以下简称法制机构)负责本机关规范性文件的合法性审查、制度廉洁性评估、清理、备案审查、报送备案等工作。

第十条 制定规范性文件应当遵守下列程序：

（一）调研起草；

（二）公开征求意见；

（三）组织论证；

（四）合法性审查、风险评估和制度廉洁性评估；

（五）集体讨论决定；

（六）公布；

（七）备案。

规范性文件未经公开征求意见、合法性审查、制度廉洁性评估、集体讨论决定的，不得公布施行。

涉及交通运输重大行政决策和社会稳定的规范性文件，应当进行风险评估。

未向社会公布的规范性文件，不得作为实施行政管理的依据。

第十一条 起草规范性文件应当符合下列规定：

（一）符合宪法、法律、法规、规章，并同现行有效的规范性文件相衔接；

（二）坚持从实际出发，具有必要性、针对性和可行性；

（三）法律、法规、规章和上级规范性文件已经明确规定的内容，原则上不重复规定；

（四）用语准确规范，条文简明清晰；

（五）文种使用正确，符合《党政机关公文处理工作条例》和《党政机关公文格式》。

第十二条 制定规范性文件，应当进行充分的调研论证，并采取多种形式听取管理相对人、有关单位和部门以及专家、学者的意见，必要时可组织召开专家论证会或者听证会。

规范性文件起草过程中，相关方面意见不一致的，起草部门应当进行充分协商沟通。未协商一致的事项，原则上不在规范性文件中规定，确需规定的，起草部门应当在起草说明中说明各方意见及理由。

第十三条 厅直单位制定的，或者厅直单位起草拟以上级部门名义印发的规范性文件应当由本单位行政办公会议进行审议。

厅直单位冠"经省交通运输厅同意"制发的规范性文件，应经厅领导审阅并签署明确意见。

第十四条 规范性文件在提交会议审议前，起草单位或处室应当报送下列材料：

（一）规范性文件送审稿；

（二）起草说明；

（三）规范性文件制定的依据；

（四）征求意见情况和制度廉洁性评估等有关材料；

（五）需要的其他有关材料。

省厅或者厅直单位办公室对材料

的齐备性、规范性和制定该文件的必要性进行审查。符合要求的，移送本单位法制机构进行合法性审查。

起草说明应当载明制定规范性文件的必要性、可行性、拟设定的主要制度和措施，制定过程中听取意见的情况及协调的结果。

第十五条　合法性审查的主要内容包括：

（一）是否超越制定机关的法定职权；

（二）是否与法律、法规、规章和有关政策相抵触；

（三）是否违反本办法第五条中的禁止性规定；

（四）是否符合规范性文件的制定程序；

（五）需要审查的其他事项。

未经法制机构合法性审查的规范性文件，不得提交讨论决定。

风险评估和制度廉洁性评估，按照省政府法制办和省厅相关规定执行，可与合法性审查一并进行。

第十六条　规范性文件送审稿有下列情形之一的，法制机构可以要求起草部门修改、补正程序、补充材料后再报送审查，或者建议暂不制定该文件：

（一）制定的基本条件尚不成熟的；

（二）内容合法性、合理性存在较大问题的；

（三）草拟工作缺少必要程序的；

（四）相关方面存在重大分歧意见的；

（五）未按本办法第十四条规定提供相关材料的。

第十七条　有下列情形之一的，经制定机关主要负责人批准，可以简化本办法第十条、第十二条至第十五条规定的制定程序：

（一）为预防、应对和处置自然灾害、事故灾难、公共卫生事件和社会安全事件等突发事件，保障公共利益，需要立即制定和施行规范性文件的；

（二）执行上级行政机关的紧急命令和决定，需要立即制定和施行规范性文件的；

（三）需要立即施行的临时性措施；

（四）依法授权例行调整和发布标准的；

（五）需要简化制定程序的其他特殊情形。

第十八条　规范性文件经制定机关行政办公会议审议后，起草单位或处室根据会议意见对送审稿进行修改，经制定机关法制机构会签，分管领导审阅，主要负责人签署，并通过制定机关官方网站、省厅官方网站、省人民政府官方网站或者新闻媒体向社会公布。

公布规范性文件应当载明制定机关、文件名称、文号、发布日期、生效时间、有效期等内容。

规范性文件自发布之日起15日以后施行，紧急情况除外。

第十九条　规范性文件有效期一般为5年。标注有"暂行"、"试行"的规范性文件，有效期为2年。没有明确有效期的规范性文件，有效期为2年。

第二十条　规范性文件应当自公布之日起30日内，由制定机关按照下列规定报送备案：

（一）省厅制定的规范性文件，报省政府法制机构备案；

（二）厅直单位制定的规范性文件，报厅法制机构备案。

两个以上单位联合制定的规范性文件，由主办的单位报送备案。

第二十一条　规范性文件报送备案时，应当一式两份提交下列材料：

（一）规范性文件备案报告；

（二）规范性文件正式文本；

（三）规范性文件起草说明；

（四）法律、法规、规章和政策或者事实依据；

（五）合法性审查、风险评估和制度廉洁性评估材料；

（六）听证会、论证会等公开征求意见的材料；

（七）需要的其他相关材料。

提交前款材料时，应当一并提交电子文本。

第二十二条　报送备案的规范性文件，符合本办法规定的，予以备案

登记；不属于规范性文件的，退回制定机关；不符合第二十一条规定的，由法制机构通知制定机关在5个工作日内补充报送备案材料后，再予备案登记。

第二十三条　审查报备的规范性文件，可以采取征求意见、调查、函询、论证等方式。

法制机构在审查中，可以征求本单位相关处室、下级部门的意见，相关部门、处室应当及时回复；可以要求制定机关进一步提供相关材料或者说明有关情况，制定机关应当在规定的时限内报送材料或者作出说明。

第二十四条　对备案审查后发现存在问题的规范性文件，按下列规定处理：

（一）规范性文件与法律、法规、规章、上级规范性文件相抵触或者规定不适当的，经法制机构提出建议，由规范性文件制定机关在15日内自行撤销、变更或者改正；制定机关逾期不撤销、变更或者改正的，法制机构可以提请本厅予以撤销、变更或者责令改正。

（二）规范性文件制定程序不符合本办法相关规定的，经法制机构提出建议，由制定机关停止执行该规范性文件，并按规定补正程序后重新审查发布。

（三）厅直单位中两个或者两个以上部门的规范性文件对同一事项的规定不一致的，由厅法制机构进行协调，经协调不能取得一致意见的，由其提出处理意见，报厅决定。

法制机构依照前款（一）、（二）项规定提出处理意见时，应当向报送备案的单位出具《规范性文件备案审查意见书》，并加盖公章。

第二十五条　公民、法人或者其他组织认为规范性文件与法律、法规、规章和上级规范性文件相抵触，或者认为规范性文件之间相互矛盾的，可以向负责该规范性文件备案审查工作的法制机构提出书面审查的建议。

法制机构对公民、法人或者其他组织提出的书面审查建议，应当在5个工作日内作出受理或者不予受理的

书面决定。决定受理的，法制机构应当依法及时进行审查，并自受理之日起 30 个工作日内回复申请人；不予受理的，应当说明理由。

第二十六条　厅法制机构应当于每年的 1 月底前，将上一年度的规范性文件目录及备案审查情况汇总，向省政府法制工作机构和本厅报告。经备案审查确认合法的规范性文件目录，由厅法制机构在本厅官方网站上公布。

厅直单位法制机构应当于每年的 1 月底前，将上一年度的规范性文件目录及备案审查情况汇总，向厅法制机构和本单位报告。经备案审查确认合法的规范性文件目录，由厅直单位法制机构在本单位官方网站上公布。

第二十七条　规范性文件管理，实行评估和清理制度。

规范性文件有效期届满需要继续实施的，应当在有效期届满前 6 个月进行评估。

规范性文件实施后的评估工作由制定机关或者实施单位组织实施，或者由制定机关委托独立第三方机构承担。

规范性文件评估后，拟在有效期届满后继续实施的，由起草处室在该文件有效期届满前的 3 个月内向制定机关提出，由制定机关重新公布实施，并自公布之日起重新计算有效期。

制定机关每 5 年组织一次规范性文件清理，及时向社会公布继续有效、废止和失效的规范性文件目录，并做好编纂、汇编和报送备案工作。

第二十八条　规范性文件管理实行行政首长负责制。

省厅和厅直单位应当将规范性文件管理列入本单位目标责任制考核、绩效评价考核和依法行政考核内容。

省厅和厅直单位办公室、法制机构应当按照职责分工，加强对规范性文件管理工作的业务指导和监督审查，每年对规范性文件的备案审查情况进行一次通报。

第二十九条　违反本规定，有下列情形之一的，由厅法制机构予以通报；情节严重，造成不良后果的，由有权部门对负有领导责任的人员和直接责任人员依法给予行政处分：

（一）违反本办法第五条规定，违法制发规范性文件的；

（二）违反规范性文件制定程序规定，未经公开征求意见、合法性审查、集体讨论决定等程序而制发规范性文件的；

（三）违反本办法第六条第二款规定，越权制发规范性文件的；

（四）拒不执行法制机构备案审查意见的；

（五）漏报、迟报、瞒报应当报备的规范性文件，经督促仍不补报的；

（六）其他越权或者不依法制发规范性文件的。

第三十条　市州交通运输主管部门制定的规范性文件，报市州人民政府法制机构备案；县（市、区）交通运输主管部门制定的规范性文件，报县（市、区）人民政府法制机构备案。

县级以上地方交通运输主管部门冠"经本级人民政府同意"制发的规范性文件，按照本级人民政府的规范性文件管理办法执行。

第三十一条　规范性文件的制定机关负责对其制定的规范性文件进行解释。

第三十二条　修订、废止规范性文件的程序，参照本办法执行。

第三十三条　本办法由省交通运输厅解释。

第三十四条　本办法自 2016 年 1 月 1 日起施行。

2015 年 11 月 26 日

湖北省交通运输厅厅直单位党政主要领导干部
经济责任审计实施办法

（鄂交审计〔2015〕323 号）

第一章　总则

第一条　为了规范厅直单位经济责任审计工作，加强对厅直单位主要领导干部的管理监督，推进党风廉政建设和反腐败工作，根据《党政主要领导干部和国有企业领导人员经济责任审计规定》（中办发〔2010〕32 号）、《党政主要领导干部和国有企业领导人员经济责任审计规定实施细则》（审经责发〔2014〕102 号）、《湖北省领导干部经济责任问责暂行办法》（鄂办发〔2013〕25 号）和其他有关法律、法规，以及干部管理监督的有关规定，结合厅和直属单位实际，制定本办法。

第二条　本办法所称党政主要领导干部，包括下列人员：

（一）党委（党总支、党支部）正职领导干部；

（二）行政正职领导干部；

（三）主持工作一年以上的副职领导干部；

（四）在党政正职领导干部由上级领导干部兼任且不实际履行经济责任的单位中，实际负责该单位常务工作的副职领导干部。

第三条　本办法所称经济责任，是指领导干部在任职期间因其所任职务，依法对本单位的财务收支以及有关经济活动应当履行的职责、义务。

第四条　领导干部履行经济责任情况，应当依法接受任期内审计和离任审计。对重点部门、单位、关键岗位的领导干部任期内应当每两年审计一次，对其他领导干部在任期内应当至少审计一次。

第五条　厅直单位应结合本单位实际情况，建立健全内部管理干部的经济责任审计制度，完善内部审计机构，配备专（兼）职审计人员，支持内部审计机构和审计人员开展工作。经济责任审计工作所需经费，由各单位作出专项安排，列入单位部门预算。

第六条　审计人员应当恪守严格依法、正直坦诚、客观公正、勤勉尽责、保守秘密的基本审计职业道德。

第二章　组织与管理

第七条　厅审计工作领导小组负责厅直单位领导干部经济责任审计的管理、协调、指导、监督工作。领导小组下设的办公室（以下简称"厅审计办"）负责日常工作，督促落实领导小组决定的有关事项。

厅直单位应加强对领导干部经济责任审计工作的领导，建立经济责任审计工作领导小组或者联席会议制度。领导小组或联席会议由审计、组织（人事）、纪检监察等部门负责人组成。

第八条　领导干部的经济责任审计依照干部管理权限分级实施。

（一）省厅任命的领导干部，由厅审计办负责审计；

（二）厅直单位任命的领导干部，由各单位内部审计机构负责审计。

第九条　经济责任审计应当有计划地进行。组织（人事）部门根据干部管理监督的需要，于每年9月份底前提出下一年度经济责任审计建议，领导小组或联席会议研究形成经济责任审计计划草案，报经单位主要负责人同意后，纳入单位年度审计工作计划。

经济责任审计计划一经批准不得随意变更。确需调整的，应当按照上述规定程序进行调整。

第十条　内部审计机构负责按照经济责任审计计划组织实施经济责任审计，并出具审计报告。

确需聘请外部专家参与经济责任审计的，内部审计机构应当按程序报经主要领导批准。

确需将审计项目委托社会中介机构实施的，内部审计机构应当按程序报经主要领导批准。社会中介机构的选定按照政府采购相关规定办理。内部审计机构应当对社会中介机构实施审计的过程进行指导和监督，派员参加进点通报会、意见反馈会等重要会议，并对其审计质量作出评价。

第三章　审计内容

第十一条　经济责任审计应当以领导干部守法守纪守规、履职尽责情况为重点，以领导干部任职期间本单位财务收支以及有关经济活动的真实、合法和效益情况为基础，严格依法界定审计内容。主要内容包括：

（一）贯彻执行党和国家、省委省政府有关经济工作的方针政策和省厅有关交通运输工作的决策部署情况；

（二）遵守有关法律法规和财经纪律情况；

（三）有关目标责任完成情况；

（四）重大经济决策情况；

（五）本单位预算执行和其他财务收支的真实、合法和效益情况；

（六）国有资产的采购、管理、使用和处置情况；

（七）重要项目的投资、建设和管理情况；

（八）有关财务管理、业务管理、内部审计等内部控制制度的制定和执行情况；贯彻落实中央八项规定和省委六条意见精神，厉行节约反对浪费情况；

（九）机构设置、编制使用以及相关规定的执行情况；

（十）对下属单位的财务收支及有关经济活动的管理和监督情况；

（十一）履行党风廉政建设第一责任人职责情况，本人遵守廉洁从政规定以及个人收入所得情况；

（十二）对以往审计中发现问题的整改情况；

（十三）其他需要审计的内容。

第十二条　每个经济责任审计项目的具体审计内容应当根据被审计领

导干部的岗位职责、工作分工和责任范围确定。

上级领导干部兼任下级单位党政正职且实际履行经济责任的，对其进行经济责任审计时，审计内容仅限于该领导干部所兼任职务应当履行的经济责任。

第四章　审计实施

第十三条　内部审计机构在实施经济责任审计前，应当开展审前调查，了解被审计领导干部所在单位的基本情况，充分征询本单位组织（人事）、纪检监察等部门对被审计领导干部遵守财经纪律、廉洁自律等情况的意见。相关部门应当及时提供与审计事项有关的情况和群众举报线索。

第十四条　内部审计机构应根据审前调查了解到的情况，制定审计方案，确定审计重点，配置审计资源，组成审计组。委托中介机构实施审计的，所组成的审计组应当经过内部审计机构同意。

第十五条　内部审计机构应当在实施经济责任审计的3个工作日前，向被审计领导干部及其所在单位（或原任职单位，下同）送达审计通知书。特殊情况下，经本级分管领导同意，内部审计机构也可以持审计通知书直接到其所在单位实施经济责任审计。

第十六条　被审计领导干部应当按照要求在审计组进点前向审计组提交述职报告。述职报告应包含以下主要内容：

（一）基本情况。包括所在单位的基本情况；本人的基本情况；担任该职务的起（止）点时间，任期内的岗位职责、分管工作及变动情况。

（二）主要工作开展情况及成效。包括贯彻执行国家有关经济工作的方针政策和上级重大经济决策部署情况，制定和执行重大经济决策情况；各项目标任务及完成情况；财务收支、预算和资产管理等情况；重要建设项目的建设和管理情况；重要投资项目的收益和管理情况；对下属单位和所投资企业的监督管理情况。

（三）重要规章制度建设及执行

情况。包括内部控制制度建立及执行情况，执行国家财经纪律情况，个人遵守廉洁从政规定情况。

（四）所任职单位接受经济事项检查和审计的情况。包括检查或审计项目名称、组织实施单位、实施时间、主要结论、意见和建议，以及本单位对检查或审计提出的相关问题的整改落实情况。

（五）其他需要说明的情况。包括存在的问题和遗留事项，对今后改进工作的建议等。

第十七条　审计组进点前，内部审计机构应当在被审计领导干部所在单位范围内，通过公告栏、内部办公系统、单位门户网站等适当方式，发布审计公告，将审计对象、审计内容、审计时间、审计纪律和审计组联系方式等有关事项予以公示。

第十八条　审计组进点后，应当先召开有审计组主要成员、被审计领导干部及其所在单位有关工作人员参加的通气会，审计组通报审计工作安排、需要所在单位配合的事项及有关工作要求等情况，所在单位通报接受审计的准备情况，并就有关细节问题作进一步沟通。

随后召开经济责任审计进点通报会，该单位中层以上干部参加，审计组通报有关情况，被审计领导干部进行述职，并组织现场测评。

社会中介机构成立的审计组进点时，内部审计机构必须派员参加上述会议。

根据工作需要，领导小组或联席会议有关成员单位可派人参加上述会议。

第十九条　审计组在实施经济责任审计时，被审计领导干部及其所在单位，以及其他有关单位和人员应及时、全面、如实提供与被审计领导干部履行经济责任相关的资料，主要包括：

（一）部门预算及财务收支资料；

（二）工作计划、工作总结、会议记录、会议纪要、经济合同、目标考核检查结果、业务档案资料；

（三）任期末资产盘点和债权债务清理资料；

（四）重大经营或管理决策资料；

（五）现行有关经济管理的内部控制制度；

（六）审计、财税检查后提交的审计报告、检查结论及本单位整改报告；

（七）其他与审计有关的资料。

第二十条　被审计领导干部及其所在单位应当作出书面承诺，对所提供资料的真实性、完整性负责。

第五章　审计报告

第二十一条　审计组在实施审计后，应当形成审计报告初稿，并提交给内部审计机构。内部审计机构对审计报告初稿进行初步复核，送领导小组或联席会议成员单位和有关领导初步审定后，向被审计领导干部及其所在单位发出审计报告征求意见通知，附上审计报告初稿，书面征求被审计领导干部及其所在单位的意见。

第二十二条　经济责任审计报告的主要内容包括：

（一）基本情况，包括审计依据、实施审计的基本情况、被审计领导干部所在单位的基本情况、被审计领导干部的任职及分工情况等；

（二）被审计领导干部履行经济责任的主要情况，其中包括以往审计决定执行情况和审计建议采纳情况等；

（三）审计发现的主要问题和责任认定，其中包括审计发现问题的事实、性质、被审计领导干部应当承担的责任以及有关依据，审计期间被审计领导干部、被审计单位对审计发现问题已经整改的，可以包括有关整改情况；

（四）审计处理意见和建议；

（五）其他必要的内容。

审计发现的有关重大事项，可以直接报送本单位党委（党组），不在审计报告中反映。

第二十三条　被审计领导干部及其所在单位应当自接到审计报告征求意见通知书之日起10个工作日内，将其书面意见提交内部审计机构；逾期未提出书面意见的，视为无异议。

审计组应当针对被审计领导干部及其所在单位提出的书面意见，进一步核实情况，对审计报告作出必要的修改。

第二十四条　内部审计机构对审计组修改后的审计报告稿进行审核把关并签署意见，提交领导小组或联席会议讨论。领导小组或联席会议讨论通过后，由内部审计机构拟文正式印发经济责任审计报告，分别送达被审计领导干部及其所任职单位。

第二十五条　内部审计机构对审计中查出的违反国家规定的财务收支行为，应及时向本单位有关领导和领导小组或联席会议报告，经主要领导批准后，向被审计领导干部及其所在单位作出审计决定，并抄送组织（人事）等部门。

被审计领导干部及其所在单位在收到审计决定后，必须按审计决定规定的时间将执行结果报上级主管部门。

对审计中发现的重大问题或重要情况，内部审计机构应及时报告本单位分管审计工作的领导。

第二十六条　被审计领导干部对经济责任审计报告有异议的，应当在收到审计报告之日起30日内向审计组派出单位的内部审计机构提出申诉；内部审计机构自收到申诉之日起30日内作出复查决定；被审计领导干部对复查决定仍有异议的，可以自收到复查决定之日起30日内向内部审计机构所在单位或上一级审计部门申请复核。内部审计机构所在单位或上一级审计机构自收到复核申请之日起60日内提出复核意见。

第二十七条　审计工作结束后，内部审计机构应按照审计档案管理的有关规定，将相关材料立卷归档。

第六章　审计评价和审计结果运用

第二十八条　内部审计机构应当依照法律法规、国家有关政策以及干部考核评价等规定，根据审计查证或者认定的事实，对被审计领导干部在任期内履行经济责任情况作出实事求是、客观公正的评价。

审计评价应当与审计内容相统一，评价结论应当有充分的审计证据支持。对审计中未涉及、审计证据不适当或者不充分的事项不作评价。

第二十九条 内部审计机构对被审计领导干部履行经济责任过程中存在的问题应当按照权责一致的原则，区分不同情况界定其应当承担的直接责任、主管责任和领导责任。

第三十条 被审计领导干部对履行经济责任中的下列行为承担直接责任：

（一）直接违反有关法律法规、国家有关规定、单位内部管理规定的；

（二）授意、指使、强令、纵容、包庇下属人员违反有关法律法规、国家有关规定和单位内部管理规定的；

（三）未经民主决策、相关会议讨论而直接决定、批准、组织实施重大经济事项，并造成重大经济损失浪费、国有资产（资金、资源）流失等严重后果的；

（四）主持相关会议讨论或者以其他方式研究，但是在多数人不同意的情况下，直接决定、批准、组织实施重大经济事项，由于决策不当或者决策失误造成重大经济损失浪费、国有资产（资金、资源）流失等严重后果的；

（五）违反廉洁自律规定的；

（六）其他失职、渎职或者应当承担直接责任的。

第三十一条 被审计领导干部对履行经济责任中的下列行为承担主管责任：

（一）除直接责任外，领导干部对其直接分管或者主管的工作，不履行或者不正确履行经济责任的；

（二）除直接责任外，主持相关会议讨论或者以其他方式研究，并且在多数人同意的情况下，决定、批准、组织实施重大经济事项，由于决策不当或者决策失误造成重大经济损失浪费、国有资产（资金、资源）流失等严重后果的。

第三十二条 除直接责任和主管责任外，被审计领导干部对其不履行或者不正确履行经济责任的其他行为

承担领导责任。

第三十三条 经济责任审计结果应当归入被审计领导干部本人档案。组织（人事）部门应当将经济责任审计结果作为干部考核、任免和奖惩的重要依据。

第三十四条 纪检监察部门在审计结果运用中主要承担以下职责：

（一）依纪依法受理审计移送的案件线索；

（二）依纪依法查处经济责任审计中发现的违纪违法行为；

（三）对审计结果反映的典型性、普遍性、倾向性问题进行分析研究；

（四）以适当方式将审计结果运用情况反馈内部审计机构。

第三十五条 组织（人事）部门在审计结果运用中主要承担以下职责：

（一）根据干部管理工作的有关要求，将经济责任审计纳入干部管理监督体系；

（二）根据审计结果和有关规定对被审计领导干部及其他有关人员作出处理；

（三）将经济责任审计结果报告存入被审计领导干部本人档案，作为考核、任免、奖惩被审计领导干部的重要依据；

（四）要求被审计领导干部将经济责任履行情况和审计发现问题的整改情况，作为所在单位领导班子民主生活会和述职述廉的重要内容；

（五）对审计结果反映的典型性、普遍性、倾向性问题及时进行分析研究，并采取相应措施、完善相关制度；

（六）以适当方式及时将审计结果运用情况反馈内部审计机构。

第三十六条 内部审计机构在审计结果运用中主要承担以下职责：

（一）对审计中发现的相关单位和部门违反国家规定的财务收支行为，在经审计工作领导小组或联席会议讨论，并经单位主要领导批准后，作出处理；

（二）协助和配合干部管理监督、纪检监察等部门落实、查处与审计项目有关的问题和事项；

（三）对审计发现问题的整改情

况进行监督检查；

（四）对审计发现的典型性、普遍性、倾向性问题和有关建议，以综合报告、专题报告等形式报送本单位党委（党组）和上级审计部门。

第三十七条 其他有关主管部门在审计结果运用中主要承担以下的职责：

（一）对审计移送的违法违规问题，督促被审计单位落实审计决定和整改要求，在对相关单位管理和监督中有效运用审计结果；

（二）对审计结果反映的典型性、普遍性、倾向性问题及时进行研究，并将其作为采取有关措施、完善有关制度的参考依据；

（三）以适当方式及时将审计结果运用情况反馈内部审计机构。

第三十八条 被审计领导干部及其所在单位根据审计结果，应当采取以下整改措施：

（一）在党政领导班子内部通报审计结果和整改要求，及时制定整改方案，认真进行整改，及时将整改结果书面报告审计部门和有关干部管理监督部门；

（二）对审计处理决定，应当在规定期限内执行完毕，并将执行情况书面报告审计部门；

（三）根据审计结果反映出的问题，落实有关责任人员的责任，采取相应的处理措施；

（四）根据审计建议，采取措施、健全制度、加强管理。

第七章 审计纪律与监督

第三十九条 内部审计机构依法独立实施经济责任审计，任何单位和个人不得拒绝、阻碍，不得打击报复审计人员，不得干预审计工作。

对拒绝审计、提供虚假材料、设置障碍及有其他干扰审计工作行为的单位和个人，审计部门经本单位负责人批准，可以采取必要的临时措施，并提出追究有关组织和人员责任的建议，纪检监察部门应及时进行批评教育，对情节严重的应给予纪律处分。

第四十条 审计人员因玩忽职守

或徇私舞弊等造成审计结果严重失实以及对审计中发现的违纪违法问题不报告、重大案件不移送的，应按照《中华人民共和国审计法》的有关规定和审计过错追究制度，追究有关人员的责任。

第四十一条 参与经济责任审计的审计人员依法实行回避制度，审计人员认为自己与被审计单位的领导干部有利害关系可能影响公正审计的，应当回避。

被审计领导干部认为审计人员与其有利害关系可能影响公正审计的，有权向审计部门提出审计人员回避的要求；审计人员认为与被审计领导干部有利害关系，应当申请回避。审计人员是否回避，由派出审计组的内部审计机构决定。

第八章 附则

第四十二条 厅直单位应当根据本办法，制定实施细则或贯彻实施意见。

第四十三条 本办法由省交通运输厅负责解释。

第四十四条 本办法自印发之日起施行。

2015 年 6 月 12 日

全省交通运输系统领导名录

厅领导及厅机关处（室）负责人名单

厅领导

厅长、党组书记：尤习贵

副厅长、党组副书记（正厅级）：
　　　　唐　元（—2015.03）

驻厅纪检组长、党组成员：刘汉诚

副厅长、党组成员：
　　　　马立军
　　　　谢　强
　　　　程　武
　　　　石先平
　　　　胡超文（—2015.12）

副 厅 长：唐顺益

总工程师、党组成员：姜友生

党组成员、省交通重点建设领导小组
　办公室主任：
　　　　高进华

巡 视 员：高玉玲（2015.08—）

副巡视员：高玉玲（—2015.08）
　　　　魏公民（—2015.12）
　　　　刘立生（2015.05—）
　　　　阮云旻（2015.05—）

厅机关处（室）负责人

办公室

主　　任：阮云旻（—2015.05）
　　　　王　炜（2015.07—）

副 主 任：何军梅　丁红林

调 研 员：吕思齐

副调研员：戚　媛
　　　　范　建（2015.04—）

研究室

主　　任：王阳红（—2015.02）
　　　　徐海洋（2015.06—）

政策法规处

处　　长：李　敢（—2015.03）
　　　　冯学斌（2015.03—）

副 处 长：张　宏（—2015.04）
　　　　胡小松（2015.06—）

调 研 员：张　宏（2015.04—）

行政审批办公室

主　　任：徐海洋（—2015.06）

调 研 员：周佑林（2015.03—）

综合交通处

处　　长：徐文学

副 处 长：王　勇

调 研 员：谢圣松　廖向东

计划处（交通战备办公室）

处　　长：施载玲

交通战备办副主任（正处级）：曹翃

副 处 长：宋征难

调 研 员：罗红燕

农村公路管理处

处　　长：沈雪香（—2015.07）
　　　　陈光斌（2015.07—）

调 研 员：谭宏斌

建设管理处

处　　长：陈　飚

调 研 员：周炎新

副调研员：彭建光

财务处

处　　长：周拥军

副 处 长：万小芳

审计办公室

主任（调研员）：桂永胜

副 主 任：胡　敏（2015.04—）

运输处

处　　长：陶维号（—2015.02）
　　　　王　炜（2015.03-2015.07）
　　　　沈雪香（2015.07—）

副 处 长：杨建萍（2015.07—）

调 研 员：黄　钟

副调研员：李庆九
　　　　彭　刚（2015.11—）

安全监督处（应急办公室）

处　　长：陈光斌（—2015.07）

副 处 长：李裕民

调 研 员：孙春红　冯泽刚
　　　　胡树江（—2015.07）

副调研员：李永胜（2015.07—）

人事劳动处

处　　长：刘立生（—2015.08）
　　　　洪文革（2015.08—）

副 处 长：鲁　撰

调 研 员：方　敏

科技教育处

处　　长：余建平

调 研 员：徐小文　周建勋

副调研员：刘传文

机关党委

专职副书记、办公室主任（正处级）：
　　　　覃万兵

副 主 任：曹慧娟（—2015.11）

调 研 员：马万里　胡树江（2015.07—）

副调研员：江　飞（—2015.11）

交通运输工会工作委员会

专职副主任（正处级）：刘　畅

调 研 员：尹寿林

副调研员：江　飞（2015.11—）

离退休干部处

处　　长：王中宝（—2015.11）

副 处 长：黄　凌

厅直属单位领导名单

湖北省交通运输厅公路管理局

局长、党委书记：熊友山
副局长、党委副书记：
　　　　洪文革 (—2015.08)
纪委书记、党委委员：段　洁
副局长、党委委员：谢俊杰
　　　　毕　俊 (—2015.11)
　　　　蒋明星
监 督 长：王　庆
调 研 员：陈光新　陈太平

湖北省交通运输厅道路运输管理局
湖北省交通运输厅物流发展局
（湖北省交通运输厅客运出租车
管理办公室）

局长、党委书记：陶维号 (2015.02—)
纪委书记、党委委员：王义华
副局长、党委委员：闵　力　邵　迈
　　　　邓其春　王　泉
监 督 长：颜博文
调 研 员：秦介飞　魏友元　胡建明

湖北省交通运输厅港航管理局
湖北省地方海事局
（湖北省船舶检验局）

局长、党委书记：王阳红 (2015.02—)
副巡视员：王伯禹 (2015.05—)
纪委书记、党委委员：张　洁
副局长、党委委员：
　　　　王　伟　罗　毅　田红旗
监 督 长：王耀惠
调 研 员：罗　进　徐大福

湖北省交通运输厅高速公路管理局
（湖北省交通运输厅高速公路
路政执法总队）

局长、党委书记：谢　强 (—2015.03)
　　　　胡超文 (2015.03–2015.12)
　　　　张　磊 (2015.12—)

副巡视员：陈　缅 (2015.05—)
纪委书记、党委委员：黄　辉
副局长、党委委员：
　　　　陈　缅 (—2015.08)
　　　　方贻立 (—2015.03)
　　　　何雄伟　韩宏伟
　　　　苏　敏 (2015.08—)
调 研 员：朱书文　林景飞 (2015.04—)

湖北省交通运输厅工程质量监督局

党委书记：胡焰华
局长、党委委员：章征春
调 研 员：冯光乐
副局长、党委委员：李长民
总工程师、党委委员：卢　柯
副调研员：官　为　盛正豪

湖北交通职业技术学院

党委书记：戴光驰
院长、党委副书记：
　　　　陈方晔 (2015.11 月任党委副书记)
副院长、党委副书记：
　　　　李　全 (2015.04 月任党委副书记)
纪委书记、党委委员 (正处级)：
　　　　严若仪
副院长、党委委员：
　　　　王同庆 (—2015.11)
　　　　谢　彤
　　　　王孝斌 (2015.11 月任副院长)
工会主席、党委委员：
　　　　陈方先 (—2015.11)
　　　　李红艳 (2015.11—)
调 研 员：叶道清　余建平
副调研员：王树荣

湖北省交通基本建设造价管理站

党支部书记：曹传林
站　　长：姚　沅
副 站 长：付红勇

湖北省交通运输厅规划研究室

党支部书记：杨世武 (—2015.09)
主　　任：张昌伟
副 主 任：余厚振　邓国清

湖北省交通运输厅机关后勤服务中心

党支部书记：姜清浩 (2015.03—)
主　　任：姜清浩 (—2015.03)
　　　　沈　晖 (2015.03—)
副 主 任：李四新　明杨 (2015.11—)

湖北省交通运输厅
世界银行贷款项目办公室
（湖北省交通运输厅援外办公室）

党支部书记：向　阳
主　　任：夏智勇
副 主 任：刘　江
　　　　黄建国 (—2015.11)
　　　　万　帆 (2015.11—)
　　　　张　岚 (2015.11—)

湖北省交通运输厅宣传中心
（中国交通报湖北站）

党支部书记：周佑林 (—2015.03)
主　　任：石　斌
副 主 任：潘庆芳
副处级干部：刘智明　甘惠萍

湖北省交通重点建设领导小组办公室

副主任 (正处级)：方晓睿
　　　　徐建明 (2015.04—)

湖北省交通运输厅通信信息中心
（湖北省交通科学研究所）

主任、党支部书记：周文卫
副主任、党支部委员：
　　　　杨厚新　朱严郑红

湖北省交通运输厅
京珠高速公路管理处

党委书记：郑　建
处长、党委委员：王凡昌
纪委书记、党委委员：
　　　白亚子 (2015.03—)
路政支队长、党委委员：
　　　简海云 (2015.04 月任正处级)
副处长、党委委员：
　　　舒鄂南　夏　敏　唐红伟
总工程师、党委委员：李远军
工会主席、党委委员：
　　　朱业贵 (—2015.11)
　　　王云波 (2015.11—)

湖北省交通运输厅
汉十高速公路管理处

党委书记：周宇红 (—2015.07)
　　　周爱民 (2015.11—)
处长、党委委员：王伯禹 (—2015.05)
　　　周宇红 (2015.07—)
纪委书记、党委委员：曹公霞
副处长、党委委员：
　　　李　方　陈长江　彭　坚
总工程师、党委委员：廖卫东
工会主席、党委委员：欧阳亮
路政支队长、党委委员：丁进军
党委委员：游　峰 (2015.03—)

湖北省交通运输厅
鄂西高速公路管理处

党委书记：周爱民 (—2015.11)
　　　钱　兵 (2015.11—)
处长、党委委员：周大华
纪委书记、党委委员：
　　　顾俊阶 (—2015.09)
　　　黄建国 (2015.11—)

副处长、党委委员：刘华北
　　　陈骞臻　张剑彪
　　　张付松 (2015.03—)
总工程师、党委委员：聂品荔
工会主席、党委委员：曹　玲
路政支队长、党委委员：刘群峰

湖北省交通运输厅
随岳高速公路管理处

党委书记：苏　敏 (—2015.08)
　　　曹慧娟 (2015.11—)
处长、党委委员：乔　亮
纪委书记、党委委员：王和龙
副处长、党委委员：康　喆
　　　汪利军　胡道政
总工程师、党委委员：李满来
工会主席、党委委员：赵曙晖
路政支队长、党委委员：李新明

湖北省交通运输厅
黄黄高速公路管理处

党委书记：钱　兵 (—2015.11)
　　　王同庆 (2015.11—)
处长、党委委员：王　炜 (—2015.03)
　　　李　敢 (2015.03—)
纪委书记、党委委员：申　燕
正处级：范汉清
副处长、党委委员：朱书武
　　　程　慧　杨孟林
总工程师、党委委员：赵华耕
工会主席、党委委员：徐明华
路政支队长、党委委员：汪忠胜

湖北省交通运输厅
武黄高速公路管理处

党委书记：周秀汉
处长、党委委员：田晓彬

纪委书记、党委委员：杨天富
副处长、党委委员：李厚海　周永生
　　　齐建模 (兼总工程师)
　　　吴勇勤
工会主席、党委委员：
　　　白亚子 (—2015.03)
　　　周亚明 (2015.03—)
路政支队长、党委委员：汪家声

湖北省汉江崔家营航电枢纽管理处

党委书记：尹武东
处长、党委委员：童奇峰
副处长、党委委员：王小峰　刘惠玲
总工程师、党委委员：谢　红
党委委员：叶友勇 (—2015.09)

湖北省江汉运河管理处

处　　长：邵爱军
纪委书记：陈方先 (2015.11—)
副　处　长：邓定优　程世勇
总工程师：周召纯

龙泉山庄
(湖北省交通职工教育培训中心)
(—2015.03)

总经理、党支部委员：
　　　沈　晖 (—2015.03)
副总经理、党支部委员：
　　　游　峰 (—2015.03)
　　　陈元华 (—2015.03)

湖北省高速公路联网收费中心

主任 (正处级)：林　浩
副　主　任：李　辉 (2015.04—)
　　　刘小燕 (2015.04—)

市（州）交通运输局（委）、县（市）交通运输局领导名单

武汉市交通运输委员会

党组书记、主任：余世平
党组成员、纪检组长：郭万水
党组成员、副主任：陈佑湘　孙　江
　　　　　　　　　夏焕运　涂平晖
总工程师：贺　敏
副巡视员：刘志强
副局级干部：陈国安

江岸区经济和信息化局

党委书记：丁　忠（—2015.04）
　　　　　夏军勇（2015.04—）
局长、党委副书记：姜冬生
党委副书记：李向阳（2015.04—）
纪委书记：王　辉（—2015.04）
副局长：俞国钦（—2015.09）
　　　　陈　明（—2015.03）
　　　　王耀帮（—2015.04）
　　　　甘迎九（2015.04—）
　　　　施加耀（2015.04—）

（注：5月，江岸区交通运输局职责划
入江岸区经济和信息化局）

江汉区交通运输局

党组书记、局长：祝家平
党组成员、纪检组长：邓年红
党组成员、副局长：李保松　黄先春
调研员：田明谦（—2015.06）
副调研员：舒　快

硚口区城市管理委员会

党委书记：蔡先成（2015.06—）
党委副书记、主任（局长）：
　　　　　张启发（2015.06—）
纪委书记：丁元清（2015.06—2015.10）
党委委员、副主任（副局长）：
　　　　　戴淑珍（2015.06—）
　　　　　舒宝祥（2015.06—）
　　　　　王爱书（2015.06—）

张　波（2015.06—）
代　彦（2015.06—）
翁宝贵（2015.06—）
总工程师：张　宁（2015.06—）

（注：6月，硚口区交通运输局职责划
入硚口区城市管理委员会）

汉阳区城市管理委员会

党组书记、局长：李乐义（—2015.09）
副局长：向培金（—2015.09）
　　　　畅继恩（—2015.09）
副调研员：韩守田（—2015.09）
党委书记：李　执（2015.09）
主　任：阮祥耀（2015.09）
党委副书记、纪委书记：
　　　　　王兰芬（2015.11—）
副主任：陈　康（2015.09）
　　　　李乐义（2015.09）
　　　　谢汉生（2015.09—）
　　　　张明强（2015.09—）
副主任、总工程师：邱永忠（2015.09—）
副调研员：李华清（2015.09—）
　　　　　韩守田（2015.09—）

（注：9月，汉阳区交通运输局职责划
入汉阳区城市管理委员会）

武昌区城市管理委员会

党委书记：陈　勇（—2015.08）
局　长：邓斌生（—2015.08）
副局长：张　军（—2015.08）
副调研员：吴世峰（—2015.08）
党委书记、主任：刘重武（2015.08—）
党委副书记：陈　斌
副主任：邬汉东（2015.08—）
　　　　张　军（2015.08—）
　　　　张　琳（2015.08—）
　　　　魏光祥（2015.08—）
　　　　杨　帆（2015.08—）
　　　　李　军（2015.08—）
副调研员：董来兴（2015.08—）
　　　　　吴世峰（2015.08—）

（注：8月，武昌区交通运输局职责划
入武昌区城市管理委员会）

青山区城市管理委员会

党委书记：周京京（2015.03—）
主任、党委副书记：
　　　　　刘子舟（2015.03—）
党委副书记：吴　彦（2015.03—）
　　　　　　曾凡刚（2015.03—）
副主任（副局长）：
　　　　　刘　青（2015.03—）
　　　　　肖国新（2015.03—）
　　　　　郑德喜（2015.03—）
　　　　　何兴迁（2015.03—）
　　　　　罗　锋（2015.03—）
总工程师：王文军（2015.03—）

（注：3月，青山区交通运输局职责划
入青山区城市管理委员会）

洪山区交通运输局

局　长：赵　扬
党委书记：谈华宇
党委委员、副局长：魏世和　张金艳
　　　　陈志荣　严庆平　郑　锋
　　　　杨士启　袁运松
副调研员：宋玉玲

蔡甸区交通运输局

党委书记、局长：邓世刚
副局长：赵祥林　陈国桥　邓水桥
纪委书记：李旺生
总工程师：邹典宽

江夏区交通运输局

局　长：徐先成
党委书记：倪立松
党委副书记：张忠敏
纪委书记：王承驰
副局长：路　江

调 研 员：刘　芳
副调研员：吴　边　黄朝进　万兴良
总工程师：许应礼

东西湖区交通运输局

局　　长：赵　运
党委书记：胡　峰
纪委书记、副局长：王文全
副 局 长：翟玉峰 (—2015.11)
　　　　　王云进　李克银
调 研 员：王必财 (—2015.10)
副调研员：徐龙海

汉南区交通运输局

局长、党委副书记：
　　　　　刘又喜 (—2015.08)
党委书记：何爱明
党委副书记、纪委书记：
　　　　　杨　军 (—2015.08)
副 局 长：赵　勤 (—2015.08)

黄陂区交通运输局

党委书记：周义勇
局长、党委副书记：柳育青
党委副书记：祁建文
党委委员、纪检组长：范良俊
党委委员、副局长：江海明　李华松
党委委员、总工程师：蔡崇华
党委委员：胡　鸿　黄宏华
调 研 员：李　伟

新洲区交通运输局

党组书记、局长：夏西学
党组副书记、副局长：桂旺华
党组成员、纪检组长：余春梅
党组成员、副局长：胡先进　张建义
　　　　　　　　　夏正求　兰永康
党组成员、总工程师：汪亚峰
党组成员：廖志斌

黄石市交通运输局

党委书记、局长：黄曲波 (—2015.07)
　　　　　　　　黄荆国 (2015.07—)

党委委员、纪检组长：
　　　　　余章君 (2015.07—)
党委委员、副局长：
　　　　　吴建春　石大发　伊仕宏
党委副书记：李红卫
党委委员、总工程师：
　　　　　潘拥军 (2015.05—)
党委委员：王有平

大冶市交通运输局

党委书记、局长：张　松
党委副书记、副局长：纪应长
党委委员、副局长：
　　　　　钟贤文　吴金玲　李冬晨
党委委员：袁　松　陈敬乾
党委委员、工会主席：柯庆敏
副 局 长：王少伟
总会计师：石　红
总工程师：冯江华

阳新县交通运输局

局长、党委副书记：欧阳才华
党委书记：成家强
副 局 长：童德铭　刘合松
　　　　　徐为大　王义森
党委副书记：柯昌水
党委委员：赵建斌　乐庸兴
　　　　　李祥柏　钟江宏
党委委员、总工程师：余云名

十堰市交通运输局

局长、党委书记：张　涛 (—2015.07)
副局长、党委副书记：
　　　　　沈明云 (2015.08—)
党委委员、纪委书记：徐　涛
党委委员、副局长：卫　真　汪来富
　　　　　　　　　郭　婕　张申清
总工程师：余世根
工会主席：李　军

丹江口市交通运输局

局长、党委书记：陈　钧
副局长、党委副书记：张吉喆
党委副书记：杨　琴　张正强

党委委员：李成均　王爱军
副局长、党委委员：王瑞华　陈永红
党委委员、工会主席：侯建平

郧阳区交通运输局

局长、党委副书记：韩高虎
党委书记：尹明章
党委副书记、副局长：罗书贵
党委委员、副局长：
　　　　　李美清　李建军　卢光华
　　　　　金元鹏　刘秀英　康正权
党委委员、工会主席：田　勇
党委委员、总工程师：赵国林
党委委员：杜德海

郧西县交通运输局

党组书记、局长：冯有炎
局长、党委副书记：
　　　　　程　骏 (—2015.08)
党委委员、副局长：李作祥　王成国
　　　　　　　　　刘诗成　吴功余
党委委员、工会主席：詹学龙
总工程师：周俊波

房县交通运输局

党委书记：谢祥全
局长、党委副书记：
　　　　　杜　胜（—2015.04）
　　　　　王德洲（2015.07—）
副 局 长：邓青国　付　强　郑绪庆
工会主席：童　芳

竹山县交通运输局

局　　长：沈　军
党组书记：柯友朝
副 局 长：章　磊　冯　勇　全　波
　　　　　杨光斌　周治鹏

竹溪县交通运输局

党委书记、局长：王　林
党支部书记：李新华
副 局 长：严玉根　周益斌　胡智力
　　　　　杨　波　吴立祥

党委副书记：徐晓琴
工会主席：张　波
总工程师：谢　明

茅箭区交通运输局

局　　长：郑勤忠
党支部书记：刘青山
副局长：陈其兵　孙秋生　李勇进

张湾区交通运输局

局　　长：梅元华
副局长：梁正平　舒　伟

武当山特区交通运输局

局长、党总支书记：韩春丽
副局长：张　玲　梁　宏　谢　军

襄阳市交通运输局

党委书记、局长：张丛玉
党委副书记、副局长：
　　　　　曹　翃 (挂职—2015.12)
党委委员、纪检组长：武常林
党委委员、副局长：朱云地　李四清
　　　　金国联　彭祥森
　　　　宫世成(兼邮政局局长)
党委委员、总工程师：姜　舰

枣阳市交通运输局

党组书记：文斌武
党组副书记、局长：张继跃
党组副书记、副局长：
　　　　赵广合　田德常
党组成员、纪检组长：习心锋
党组成员、副局长：
　　　王昌建　李德才
　　　刘全红 (—2015.09)
　　　杨　帆 (2015.09—)

宜城市交通运输局

党委书记：王远华 (—2015.12)
局长、党委副书记：尚显合
党委副书记：高　峰 (—2015.11)

党委委员、纪检组长：李兰州
党委成员、副局长：
　　　龚家川　陈国荣　黄章友
　　　盛远清 (—2015.11)
　　　李青建 (2015.12—)
党委委员、总工程师：
　　　程天晴 (—2015.11)
党委委员：王维平

南漳县交通运输局

局长、党组书记：齐贤林
党组副书记、副局长：万林芳
党组成员、副局长：冯祖军　刘先华
　　　殷静泉 (—2015.11)
　　　杜永清 (—2015.11)
党组成员：别川银
　　　王晓红 (—2015.11)
总工程师：张天俊

保康县交通运输局

党组书记、局长：张祖涛 (—2015.12)
党组书记：王凤鸣 (2015.12—)
党组副书记、副局长、工会主任：
　　　陈远圣
党组成员、副局长：杨德义　梁万久
党组成员：刘　涛
党组成员、总工程师：雷　芳

谷城县交通运输局

党委书记、局长：张国富
党委副书记、副局长：张汉东
党委副书记：张光辉
党委成员、副局长：卢光文
　　　江之忠　王文平
党委委员：张萱琳
党委委员、总工程师：蔡　艳
副局长：王　欢

老河口市交通运输局

党组书记、局长：王山宏
党组副书记、副局长：张清顺
党组成员、副局长：陈大伟
党组成员、纪检组长：陈富军
党组成员：范　炜　王雪峰
总工程师：杨立新

襄州区交通运输局

党委书记、局长：彭少华
党委副书记、副局长：宋少林
党委委员、副局长：
　　　张志荣　谢远余　董　峰
党委委员、总工程师：赵　华

襄城区交通运输分局

局　　长：王定柱

樊城区交通运输分局

局　　长：何宗贵

宜昌市交通运输局

党组书记、局长：马宏彦
党组成员、纪检组长：李德宏
党组成员、副局长：胡开德
　　　胡朝晖 (—2015.06)
　　　程家振 (2015.06—)
　　　李中华　周江洪
党组成员、工会主任：张德义
党组成员、总工程师：唐云伟
副调研员：张天一

宜都市交通运输局

党委书记、局长：李德金
党委委员、纪委书记：刘仁华
党委委员、副局长：黄德松
　　　江晓临　黄治兵
党委委员、工会主席：周玉明
党委委员：李　刚　筍永刚
党委委员、总工程师：万尧方

枝江市交通运输局

党组书记、局长：骆　圣
党组成员、副局长：王家春
　　　李志刚 (2015.03—)
　　　胡庆红
党组成员、工会主席：袁　平
党组成员、总工程师：周明

当阳市交通运输局

党组书记、局长：杨兴中
党组副书记、副局长：鲁永发
党组成员、副局长：
　　　　周文东　林万清　雷　华
党组成员、工会主任：彭红斌
党组成员、总工程师：杨　勇

远安县交通运输局

党组书记、局长：刘志国
党组副书记：杨春芳
党组成员、总工程师：
　　　　李玉银 (—2015.10)
党组成员、副局长：
　　　　免德智　陈　涛　苏先科
党组成员：王丽鹏
工会主席：陈　红

兴山县交通运输局

党委书记、局长：余宏珊
党委委员、工会主席：彭业勋
党委委员、副局长：
　　　　李　涛　陈行达　王恩君
党委委员、总工程师：李明泽

秭归县交通运输局

局长、党组副书记：谭健康
党组书记：秦考学 (—2015.10)
党组副书记：梅云友
党组成员、副局长：李祖顶　郑　琼
　　　　王　勇 (—2015.10)
　　　　黄文清
　　　　余先忠 (2015.11—)
党组成员、总工程师：
　　　　郑宏伟 (—2015.10)
党组成员、工会主席：
　　　　马尚钦 (—2015.10)
党组成员：胡学林

长阳土家族自治县交通运输局

党委书记、局长：覃　红
党委副书记、副局长：
　　　　覃迎蓝 (2015.09—)

党委委员、纪检组长：秦　晴
党委委员、副局长：胡　卫　王春成
党委委员、工会主席：
　　　　赵宗翠 (2015.03—)
党委委员：钟和平　李建明
总工程师：赵　来 (2015.03—)

五峰土家族自治县交通运输局

局　　长：熊钰彩
党组书记：熊钰彩 (2015.02—)
党组书记、副局长：
　　　　黄家兵 (—2015.02)
党组成员、副局长：胡学虎　邓阳峰
　　　　朱　剑 (—2015.11)
党组成员、纪检组长、工会主席：
　　　　冯士菊
党组成员：肖长富

夷陵区交通运输局

党组书记、局长：赵学军
党组副书记：刘　平 (—2015.12)
党组成员、副局长：孙朝刚　周学海
　　　　陈学东 (2015.07—)
党组成员：房长麟
党组成员、工会主席：周　卫

西陵区交通局

局长、党支部委员：钟仕田
党支部书记、副局长：饶声海

伍家岗区交通局

党组书记、局长：利清山
党组成员、副局长：冯彦林
副　局　长：刘海彦

点军区交通运输局

党组书记、局长：李　波
党组成员、副局长：张建新　汪　军

猇亭区交通运输局

党组书记、局长：
　　　　王冬梅 (—2015.07)

　　　　钟家权 (2015.07—)
党组成员、副局长：张于锦
　　　　刘学军 (2015.11—)

荆州市交通运输局

党组书记、局长：郑道柏
党组副书记、副局长：卢有志
党组成员、纪检组长：万正祥
党组成员、副局长：彭　进　张黎明
　　　　李　义 (—2015.11)
　　　　徐柏材 (2015.11—)
　　　　毛丽萍 (—2015.06)
　　　　闫正斌 (2015.06—)
党组成员、工会主席：邹国欣
党组成员、总工程师：许开平
调 研 员：刘良才
　　　　肖元芳 (—2015.10)
副调研员：张　红　丁　弢
　　　　鄢贤才 (—2015.01)

荆州区交通运输局

党委书记、局长：秦富明
副书记、副局长：彭刚武 (—2015.07)
党委委员、副局长：
　　　　车孝金 (—2015.11)
　　　　贺光斌
党委委员、副局长、工会主席：
　　　　胡华钧
党委委员、总工程师：隋士发

沙市区交通运输局

党委书记、局长：吴　迪
党委委员、副局长：何才联　张正德
党委委员、工会主席：钟玉平

江陵县交通运输局

党委书记、局长：何永明
党委副书记、副局长：曾白珩
党委委员、副局长：
　　　　朱贤格　何文平　赵行权
党委委员、工会主席：
　　　　黄发高 (—2015.01)
党委委员、总工程师：张向静
党委委员：袁丹眉

松滋市交通运输局

党组书记、局长：吴林文
党组副书记、副局长：
　　刘家贵（—2015.11）
党组成员、副局长：印保华　熊　艺
　　刘志刚（2015.11）
党组成员、工会主席：
　　顾继平（—2015.11）
　　刘志刚（2015.11—）
党组委员、总工程师：苟中华
党组成员：郑章军

公安县交通运输局

党委书记、局长：苏振巨（—2015.06）
　　孙家军（2015.09—）
党委副书记、副局长：
　　孙家军（—2015.09）
党委委员、副局长：李　健　董延平
党委委员、工会主席：王政平
党委委员：陈爱国　管云丽
　　冯小聪（2015.05）
总工程师：周常平（2015.01—）

石首市交通运输局

党委书记、局长：田道锋
党委副书记、副局长：严若军
党委委员、副局长：
　　周继红　顿耀山　雷运宏
党委委员、总工程师：王中武
党委委员、工会主任：杨洪斌

监利县交通运输局

党委书记、局长：熊绍友（—2015.12）
党组书记：邹建成（2015.12—）
党委副书记、副局长：
　　王训富（—2015.11）
党组副书记、副局长：李家位
党组成员、副局长：廖昌华（2015.12—）
党委委员、副局长：
　　何劲松（—2015.11）
党组成员、副局长：肖友谊　刘　斌
　　钟明志　王少云　曾德智
党组成员、工会主席：李爱平
党组成员：胡超胜　徐燕子　张汉平

（注：局党委从2015年12月更改为局党组）

洪湖市交通运输局

党委书记、局长：杨元俊
党委委员、副局长：徐开南　杨思友
　　黄俊杰（—2015.01）
　　陈安法　卢天举　雷艳舞
党委委员、总工程师：史玉峰

荆州开发区交通局

局　　长：张丰立

荆门市交通运输局

党组书记、局长：伍应彪
党组副书记：张德宏
副局长：张德宏（2015.11—）
党组成员、纪检组长：宋慧琼
党组成员、市联合航空公司经理：
　　李学军（—2015.10）
党组成员、副局长：杨小明　罗楚平
　　高宏林　黄祥清
党组成员、工会主席：陈立新
党组成员、总工程师：何新龙
党组成员、市公交集团公司总经理：
　　赵吉美

京山县交通运输局

党组书记、局长：雷云安
党组副书记、副局长：徐　彬
党组成员、副局长：
　　丁金武　曾祥宏　许文华
党组成员、工会主席：赵金山
党组成员：徐利兵　董烈泽（2015.09—）

沙洋县交通运输局

党组书记、局长：吴传斌
党组副书记：杨　波（2015.12—）
党组副书记、副局长：
　　乔宝林（2015.12—）
党组成员、副局长：肖华锋　王幸辉
党组成员、工会主席：杨后军
党组成员、总工程师：周为华

党组成员：罗金华
　　韩志刚（2015.10—）

钟祥市交通运输局

党组书记、局长：蒋方贵
党组副书记：吴学斌　胡　敏
党组成员、副局长：
　　张星海　徐　军　刘从东
工会主任：孔长春
总工程师：王晓明
党组成员：杨学清
　　高良华（2015.08—）
　　黄贻斌（2015.08—）

东宝区交通运输局

党组书记、局长：付正佳
党组副书记、副局长：苏克家
党组成员、纪检组长：高　杰
党组成员、副局长：赵学刚
党组成员、工会主席：
　　戴宗祥（—2015.03）
党组成员、总工程师：杨小国
党组成员：张德美

掇刀区交通运输局

党组书记、局长：何　帆
副局长：蔡道斌　龙　云
党组成员：李宝静
总工程师：张　浩

漳河新区交通运输局

局　　长：胡维亮
副局长：张金华

屈家岭交通运输分局

党组书记、局长：熊建宏
副局长：刘　胜　景向阳　黄　斌
　　许荆卫（—2015.11）

鄂州市交通运输局

党组书记、局长：黄立楣
党组成员、纪检组长：王德友
党组成员、副局长：
　　任　东　王红山　朱　进
党组成员、工会主席：罗华明

党组成员、总工程师：董进行
调研员：张劲松　秦有平
副调研员：刘有兴

鄂城区交通运输局

局　长：徐祖民

华容区交通运输局

局　长：朱延平

梁子湖区交通局

局　长：陈　浪

孝感市交通运输局

党组书记、局长：李清华
党组书记、纪检组长：黄凤高
党组成员、副局长：
　　简明云　胡艳和　朱光辉
党组成员、总工程师：左振中
副调研员：周新元

孝南区交通运输局

党组书记、局长：陈　靖
党组副书记、副局长：黎春林
党组成员、纪检组长：李敬明
党组成员、副局长：秦儒平　岳　军
　　　　　　王　斌　万峰凌
党组成员、工会主席：张承文

汉川市交通运输局

党组书记、局长：赵炎华
党组成员、纪检组长：胡圣涛
党组成员、副局长：
　　李金战　何正喜　李文明
　　刘启华（—2015.10）
党组成员：张鸿彬　王卫东　田世鹏
总工程师：李洪才

应城市交通运输局

党组书记、局长：韩想宗
党组成员、副局长：范志虹

杨延年（—2015.12）
　　谢天超　王雄鹰
党组成员、工会主席：杨洪山
党组成员：丁国雄

云梦县交通运输局

党组书记、局长：张　颖
党组成员、副局长：
　　汪兰清　游喜安　邓　刚
党组成员、总工程师：彭　斌
党组成员：陈大双　褚智泉（2015.01—）
党组成员、工会主席：叶　波

安陆市交通运输局

党组书记、局长：吴以安
党组成员、纪检组长：余祥军
党组成员、副局长：罗光涛　刘　洪
　　　　　　胡定超　侯国平
党组成员、总工程师：余幼成

大悟县交通运输局

党委书记、局长：刘海华
党委委员、纪检组长：陈忠诚
党委委员、副局长：刘洪文　程保社
党委委员：张　健
党委委员、总工程师：邓传友
党委委员、工会主席：陈双全

孝昌县交通运输局

党组书记：何运桥（—2015.12）
　　　　易　昕（2015.12—）
局长、党组成员：胡仲杰（—2015.02）
　　　　易　昕（2015.02—）
党组副书记、副局长：
　　陈镜新（—2015.10）
　　何有为
党组成员、副局长：田俊军　王小华
总工程师：汪鹏兴
党组成员、工会主席：
　　刘晓春（—2015.11）
　　罗跃文（2015.11—）
党组成员：刘晓林

黄冈市交通运输局

党组书记、局长：周银芝
党组副书记：杜光荣
党组成员、纪检组长：
　　黄文浩（—2015.02）
　　吴秀梅（2015.02—）
党组成员、副局长：
　　吴秀梅（—2015.03）
　　江　明（2015.03—）
　　王正高
　　黄文浩（2015.03—）
　　郑志武
党组成员：江　明（2015.02—）
党组成员、工会主任：邵百坤
党组成员、总工程师：柯平飞

黄州区交通运输局

局长、党委副书记：吴　丹
党委书记、副局长：
　　丰　群（—2015.01）
党委委员、纪委书记：
　　桂博文（—2015.05）
党委委员、纪检组长：
　　陈方俊（2015.05—）
党委委员：桂博文（2015.05—）
党委委员、副局长：
　　何裕聪　吕仁斌　王宇兵
工会主席：丁秋生（—2015.01）
　　　　秦爱香（2015.05—）
总工程师：曾佑林

团风县交通运输局

党委书记、局长：周建平
党委委员、纪检组长：方学坤
党委委员、副局长：
　　王仲文（—2015.03）
　　袁　远
　　何国才（2015.04—）
　　余东平（2015.04—）
党委委员：张　琼
总工程师：王国清

红安县交通运输局

党组书记、局长：王辉军

党组副书记、副局长：许顺清
党组副书记：戴立世
纪检组长：胡习栋 (—2015.08)
党组成员、副局长：
　　陈忠禄
　　冯兴潮 (—2015.10)
　　赵全松
党组成员：戴松林　王　玲　秦　遥
工会主席：林更凯
总工程师：金汉春

麻城市交通运输局

党委书记、局长：崔利新
党委副书记、副局长：余仲华
党委委员、纪检组长：
　　陈宽顺 (—2015.04)
　　来　亮 (2015.04—)
党委委员、副局长：
　　邹功兵 (—2015.08)
　　史克勤　章德馨
党委委员、工会主席：戴福正
党委委员、总工程师：刘兴旺
党委委员：曾　文

罗田县交通运输局

局　　长：郑　耿
党委书记：郑　耿 (2015.11—)
党委副书记：郑　耿 (—2015.11)
党委委员、副局长：
　　方丛富　丁丽君　陈海军
党委委员、纪委书记：蔡忠良
党委委员：李　强
党委委员、总工程师：汪先锋
党委委员、工会主任：史继云

英山县交通运输局

局　　长：余　勇
党组书记：余　勇 (2015.08—)
党组副书记：余　勇 (—2015.07)
党组副书记、副局长：
　　王　勇 (2015.03—)
纪检组长：杨　平 (—2015.03)
　　黄　辉 (2015.03—)
副　局　长：袁建国　查耀坤
　　方金林 (—2015.03)

工会主任：余胜球
总工程师：王　欣

浠水县交通运输局

局长、党委副书记：夏志坚
党委书记：陈邦林 (—2015.11)
党委委员、纪检组长：邱　钢
党委委员、副局长：郭春风　郁金桥
　　　　　　　　　刘　剑　张成彬
党委委员、总工程师：吴　辉
党委委员、工会主任：陈金桥

蕲春县交通运输局

局长、党委副书记：陈中华
党委书记：陈　军
党委委员、纪检组长：陈君屏
党委委员、副局长：
　　　叶仕祥　甘应安　康小阳
党委副书记：李先明
党委委员、工会主任：文玉生
党委委员、总工程师：余　清
党委委员：王贤德

武穴市交通运输局

党组书记、局长：张美基
党组副书记：陈瑞山
党组成员、纪检组长：张慧平
党组成员、副局长：
　　周少红 (—2015.12)
　　范保生 (—2015.12)
　　吕灿华
　　项国盛 (—2015.12)
　　李志方　刘　川
党组成员：高小胜　胡筱武　徐　瑜

黄梅县交通运输局

局　　长：鲁　峰
党组书记：卢胜民
纪检组长：汪亚明
副　局　长：张亚良　石建中
　　　　　　桂国发　聂时新
工会主任：乐正二
总工程师：赵　丽

龙感湖交通运输分局

局　　长：徐先军 (2015.03—)
党总支书记：徐先军
副　局　长：陈建华 (—2015.03)
　　　　　　张海平 (2015.03—)
总工程师：陈　刚

咸宁市交通运输局

局长、党组书记：陈跃明
党组成员、纪检组长：黄学农
党组成员、副局长：王永红　毛小列
　　　　　　　　　王　荣　杨正合　雷伟民
党组成员、工会主任：余　智
党组成员：胡　斌　柯翔兵

咸安区交通运输局

局长、党组书记：田海湖
党组副书记、副局长：刘顺清
党组成员、纪检组长：陆青山
党组成员、副局长：陈　清　王　刚
　　　　　　　　　章建国　余晓林
党组成员、工会主席：朱泳桦
党组成员：余道继　陈次一　艾启明

嘉鱼县交通运输局

局长、党组书记：张玉双
党组副书记、副局长：张　旭
党组成员、纪检组长：彭　涛
党组成员、副局长：
　　金敬东 (—2015.08)
　　鲁万清　周高清
　　陈小丹　周万勇
　　陈文辉 (—2015.10)
工会主席：张盆发

赤壁市交通运输局

局长、党委副书记：谢　华
党委书记：黄旭平
党委委员、纪检组长：
　　肖少华 (2015.03—)
党委委员、副局长：
　　卢小年　陈　功　宋孟洲
工会主席：江欣生

党委委员、总工程师：李建国
党委委员：宋桂平　雷贤武　定贵平
　　　　　黄立新　宋献东

通城县交通运输局

局长、党委副书记：戴有才
党委书记：李　亭 (—2015.07)
党委副书记：李宏志
党委委员、纪检组长：张华平
党委委员、副局长：雷晨光　黎亮平
　　　　　黎俊丽　李学军　邓书龙
党委委员：何国斌 (2015.09—2015.12)

崇阳县交通运输局

局　　长：周国香
党委副书记、副局长：甘邦豪
党委委员、纪检组长：晏继平
党委委员、副局长：熊细明　饶广清
　　　　　余金刚　谭初华　石雄军
党委委员、工会主任：黄　斌

通山县交通运输局

局长、党组书记：曹可贤
党组成员、副局长：张治修　朱江华
　　　　　邵　阳　焦尔格　方宏彬
党组成员、总工程师：徐飞翔
党组成员、工会主任：夏淑芳
党组成员：郑晓东

随州市交通运输局

党组书记：曹　平 (—2015.05)
　　　　　朱　军 (2015.09—)
局　　长：曹　平 (—2015.05)
　　　　　朱　军 (2015.12—)
副 局 长：刘宇宙　万晓熙
　　　　　孙志友　沈新燕
　　　　　张　焜 (邮政局局长)
总工程师：赵克银
工会主席：田　彪

随州市交通运输局曾都分局

党委书记、局长：李运举
副 局 长：孙建国

党委委员：王文海　侯长文

广水市交通运输局

党组书记：李双庆
总工程师：喻　斌
副 局 长：余元福　徐晓春
　　　　　罗永明　孙章勇
工会主席：邓真珍
党组成员：黄小华　吴穆田

随县交通运输局

党组书记、局长：汪家强
党组副书记、副局长：张　涛
副 局 长：黄启斌　张自炳
工会主席：胡学刚
总工程师：龚传刚

随州市交通运输局
大洪山风景名胜区分局

副局长：杨培义

恩施土家族苗族自治州交通运输局

党组书记、局长：龙世奎 (2015.04—)
党组成员：朱克清　谭明威
党组成员、纪检组长：
　　　　　安之禄 (—2015.11)
　　　　　洪克敏 (2015.11—)
党组成员、副局长：宋杰成　杨国卫
　　　　　王　勇 (2015.08—)
　　　　　黄秀武 (2015.11—)
　　　　　谭忠厚 (邮政局局长)
党组成员、州高路办副主任：张志奇
总工程师：敖建华 (2015.12—)
州人大专职常委、州交通运输局正县级
　　干部：冷亚军
正县级干部：李　义　王和群
副调研员：郭　英　杨　穆

恩施市交通运输局

党委书记、局长：黄贵森
党委副书记、副局长：李剑锋
党委委员、副局长：张　生　朱爱平

党委委员、总工程师：
　　　　　尹锡峰 (—2015.05)
　　　　　廖兆锡 (2015.06—)
党委委员：廖兆锡 (—2015.05)
　　　　　柳景平 (—2015.10)
　　　　　申　琼 (2015.10—)
　　　　　柳景平 (2015.10—)
　　　　　史光武　夏　斌

利川市交通运输局

党组书记、局长：谭忠友
党组副书记、副局长：
　　　　　王智清 (—2015.10)
党组成员、副局长：周银娣　刘学平
　　　　　郎远才　冯　梅
党组成员：陶仁魁　郭德亮
总工程师：周汉生

建始县交通运输局

党组书记、局长：李泽斌 (—2015.04)
　　　　　谭　明 (2015.04—)
党组副书记、副局长：向国安
党组成员、副局长：
　　　　　杨知青 (—2015.08)
　　　　　冉再民
　　　　　黄国益 (—2015.08)
　　　　　胡传宗 (2015.08—)
党组成员：赵学成 (—2015.08)
　　　　　吕宗鲁 (2015.08—)
　　　　　马建宇
总工程师：冯双鸣

巴东县交通运输局

党组书记、局长：王从林 (—2015.02)
　　　　　饶光明 (2015.02—)
党组副书记、副局长：向会东
党组成员、副局长：李建平　宋建国
　　　　　袁红卫 (—2015.07)
　　　　　郑开顺
　　　　　柯中焕 (2015.07—)
党组成员：田　维
总工程师：宋子云

宣恩县交通运输局

局　　长：姚　敏
党组书记：洪学文
党组成员、副局长：杨友国　余志成
　　　　孙京保 (—2015.11)
　　　　谢应富　谭家庆
党组成员：李立发　屈代慧
党组成员、总工程师：李艳生

咸丰县交通运输局

党组书记、局长：刘爱国 (—2015.08)
　　　　　　　　申金桥 (2015.08—)
党组成员、副局长：
　　　　覃龙敏　魏　东　李军成
　　　　秦绍国　刘绍峰　刘兴华
党组成员、总工程师：鲁邦国

来凤县交通运输局

党组书记、局长：周　涛
党组成员、副局长：曹洪佑　林义兵
　　　　李兴国　李凌峰
　　　　贾友坤 (—2015.11)
党组成员、副局长、总工程师：
　　　　谭贤忠

党组成员：杨万杰　李　毅

鹤峰县交通运输局

党委书记、局长：周昌华
党委委员、副局长：
　　　　明传学 (—2015.10)
　　　　罗　斐　杨　华
　　　　何翠屏 (2015.10—)
总工程师：何翠屏 (—2015.10)
　　　　何世明 (2015.11—)

仙桃市交通运输局

党组书记、局长：张克非
党组副书记、副局长、总工程师：
　　　　秦前荣
党组成员、副局长：李水祥　李飞雄
　　　　韦团聚　彭少章　刘　俊
党组成员、武装部长：别　异
党组成员、工会主席：杨祥林
党组成员：邹　冲　严庆九
　　　　朱　军　肖松柏

天门市交通运输局

党组书记、局长：杨铁柱

党组成员、副局长：
　　　　彭圣平 (—2015.05)
　　　　赵　杰　黄国祥　周亚辉
　　　　石仁鑫　王华山
党组成员：张成顺
党组成员、总工程师：王　刚

潜江市交通运输局

党委书记、局长：舒中雄
党委副书记：赵仕安 (2015.04—)
副　局　长：赵仕安
　　　　从孝君 (2015.03—)
　　　　詹登振 (2015.03—)
党委委员：陈铁良
总工程师：吴启华 (2015.02—)

神农架林区交通运输局

党组书记、局长：姜　忠 (—2015.09)
　　　　　　　　戴光明 (2015.10—)
党组成员、纪检组长：韩阳群
党组成员、副局长：
　　　　袁发才　袁玉福　李　涛
党组成员、总工程师：杨健琳
党组成员：戴光明 (—2015.10)
　　　　宋德玺　杨　权

获奖名录

全国劳动模范和先进工作者
（中国共产党中央委员会，
中委〔2015〕246号）

1. 全国劳模模范

张　兵　武汉市公共交通集团有限责任公司第三营运公司驾驶员

宋俊明　宜昌公交集团有限责任公司驾驶员

王华君　宜昌市康龙出租车有限公司出租车驾驶员、雷锋车队队长

周全寿　麻城市公路管理局宏远路桥公司机械养护处主任

刘　念（女）　十堰市城市公交集团有限公司二公司驾驶员

2. 全国先进工作者

陈红涛　湖北省交通运输厅汉十高速公路管理处路政员

全国出租汽车行业和谐劳动关系创建活动先进集体和个人全国五一劳动奖状、全国工人先锋号
（中华全国总工会，总工发〔2015〕28号）

1. 全国五一劳动奖状
武汉市华昌出租汽车有限责任公司

2. 全国工人先锋号
宜昌市盛龙出租汽车有限公司刚毅车队

恩施市明德出租汽车有限公司白虎图腾示范车队

全国出租汽车行业和谐劳动关系创建活动第三批先进集体
（交通运输部，交运发〔2015〕53号）

1. 典型单位
黄石市出租车管理局

2. 优秀车队（班组）
宜昌市盛龙出租汽车有限公司刚毅车队

恩施市明德出租汽车有限公司白虎图腾示范车队

全国交通运输系统先进集体、先进工作者和劳动模范
（人力资源和社会保障部、交通运输部，
人社部发〔2015〕38号）

1. 先进集体
湖北省随岳高速公路管理处荆岳大桥收费管理所

武汉市交通运输委员会综合运输处

襄阳市公共交通总公司

十堰市交通运输局

荆州市港航海事局

随州市交通工程质量监督站

仙桃市公路管理局

2. 先进工作者
吕厚全　湖北省公路管理局养护处副处长

王　林　竹溪县交通运输局局长、党委书记

丁庆荣（土家族）　宜昌市公路管理局局长、党委书记

刘新华　黄冈市交通运输局局长、党委书记

童树林　咸宁市港航海事局副局长

3. 劳动模范
吴　迪　武汉华益路桥管理有限公司董事长

翟芳敏　鄂州市公路管理局路政支队梁子湖大队队长

韩士法　荆门市东宝区公路管理局栗溪公路管理站党支部书记、站长

张祚琼（女）　巴东县公路管理局绿葱坡公路管理站养路工

李　红　神农架林区公路管理局阳日管理站站长

董政家　潜江市公路管理局周矶苗圃专业养护队队长

万　雯（女）　湖北交通职业技术学院管理工程系教师

杨　丽（女）　湖北省京珠高速公路管理处武汉西收费管理所收费员

陈红涛　湖北省汉十高速公路管理处路政五大队路政员

许湘秦（女）　湖北省武黄高速公路管理处通山收费管理所所长助理

郑玉典（土家族）　湖北省鄂西高速公路管理处路政大队大队长

贾丽芬（女）　湖北省黄黄高速公路管理处信息监控中心主任

2015年春运"情满旅途"活动先进集体和先进个人
（交通运输部、公安部、安全监管总局、

中华全国总工会、共青团中央，
交运发〔2015〕92号）

1. 先进集体
湖北省交通运输厅黄黄高速公路管理处

黄冈市东方运输集团有限公司黄州客运站

石首市公路管理局三义寺渡口管理所

嘉鱼县牌洲轮渡公司

2. 先进个人
雷明凤　长阳土家族自治县港航海事局隔河岸港航海事所副所长

叶晓华　湖北省道路运输管理局工会副主席

吴海鹏　湖北省交通运输厅京珠高速公路管理处业务主管

卢登奎　神农架林区公路管理局红坪养护管理站站长

爱岗敬业驾驶员、汽修工楷模
（交通运输部，中华总工会，
交运发〔2015〕190号）

1. 驾驶员楷模
郑　瑞（女）　荆州市公共交通总公司城市公交驾驶员

熊会萍（女）　襄阳市公共交通总公司城市公交驾驶员

吕守军　鄂州市大鹏客运有限公司出租汽车驾驶员

陈俊华　湖北宜昌交运集团股份有限公司道路客运驾驶员

黄荣荣　湖北捷龙交通运业有限公司武汉旅游客运分公司道路客运驾驶员

刘天亮　仙桃市昌隆出租车有限责任公司出租汽车驾驶员

刘　超（女）　十堰佳裕工贸有限公司出租汽车驾驶员

2. 汽修工楷模
陈　忠　湖北省直机关汽车维修中心汽车维修工

肖俊斌　孝感合力安晟汽车销售有限公司汽车维修工

董克飞　十堰亨运集团汽车销售服务有限公司汽车维修工

全国公路交通系统"模范班组"
（中国海员建设工会全国委员会，
海员建设工发〔2015〕23号）

襄阳市公路管理局襄城公路段文垴公路管理站

荆州长江公路大桥管理局监控中心机电维护班

汉十高速公路管理处十堰东管理所收费二班

京珠高速公路管理处武汉西管理所收费四班

鄂西高速公路管理处恩施西管理所费收四班

随岳高速公路管理处京山管理所费收四班

武黄高速公路管理处武东管理所收费二班

黄黄高速公路管理处红安管理所收费四班

宜昌市公路管理局城区分局北风坳养护站

武汉市华昌出租汽车有限责任公司第五分公司四队一班

十堰市城市公交集团有限公司客运第一分公司1010班

2014年度全国"安康杯"竞赛先进集体和优秀个人
（全国安康杯竞赛组委会办公室，
组委会〔2015〕1号）

1. 优胜单位
汉江崔家营航电枢纽管理处
十堰市城市公交集团有限公司
湖北兴达路桥股份有限公司
2. 优胜班组
鄂西高速公路管理处第二养护站
3. 优秀组织单位
荆州市公共交通总公司

全国交通运输系统"六五"普法先进集体、先进个人
（交通运输部，交法发〔2016〕10号）

1. 先进单位
湖北省交通运输厅
湖北省交通运输厅高速公路管理局

宜昌市交通运输局
2. 先进个人
黄建生　恩施州公路管理局副局长
汪家声　高速公路管理局路政执法总队武黄支队支队长

2015年交通运输行政执法评议考核优秀单位、优秀执法人员
（交通运输部，交法函〔2016〕33号）

1. 优秀单位
湖北省交通运输厅高速公路路政执法总队京珠支队第三大队
十堰市郧西县公路管理局路政执法大队
2. 优秀执法人员
李维　宜昌市道路运输管理局运政员
熊远臣　武汉市港航管理局法规科科长

全国职工教育培训示范点
（中华全国总工会办公厅，
总工办发〔2015〕35号）

湖北交通职业技术学院

2015年"全国优秀船员"和"全国优秀船员家属"
（中华人民共和国海事局、中国海员建设工会
全国委员会，海船员〔2015〕345号）

1. 全国优秀船员
杨国宏　鄂州市三江油运有限责任公司船长
李德全　宜昌长江高速客轮有限责任公司长江三峡8号船长
2. 全国优秀船员家属
田来凤　湖北省鄂州市三江油运有限责任公司职员
覃晴　湖北清江画廊旅游开发有限公司游船部经理

湖北省劳动模范和先进工作者
（湖北省人民政府，鄂政发〔2015〕22号）

1. 劳动模范

姚婕（女）　武汉地铁集团轨道交通2号线汉口火车站中心站长

陈远凯　武汉正元置业有限公司出租车司机

施三九（女）　武汉市公交六公司驾驶员

余永强　大冶市公路管理局养护中心工程养护科科长

买德英（女）　房县恒通发展有限责任公司客运站站务员

郝文海　南漳县公路管理局养路护路中心养护工

史华　保康县公路管理局工程师

水波　襄阳市公共交通总公司党委书记

代红艳　云梦县梦泽养护工程有限公司养路工

张祚琼（女）　巴东县公路管理局绿葱坡管理站公路养护工

周晶（女）　湖北省交通运输厅京珠高速公路管理处武汉北管理所收费员

2. 先进工作者
樊军保　咸宁市咸安区公路管理局局长
肖松柏　仙桃市公路管理局局长

湖北省示范性职工（劳模）创新工作室
（湖北省总工会，鄂工发〔2015〕19号）

1. 宋俊明劳模创新工作室　宜昌公交集团有限责任公司
2. 罗春风劳模工作室　咸宁市兴达路桥股份有限公司

省级模范职工之家、省级模范职工小家先进集体和省级优秀工作者
（湖北省总工会，鄂工发〔2015〕33号）

1. 省级模范职工之家
武汉市公共客运交通管理办公室工会委员会
湖北襄阳安达运输有限公司工会委员会
荆门市众诚物流工会联合会
鄂州市公路养护管理中心工会委员会
利川市公路管理局工会委员会

仙桃市公共交通总公司工会委员会

武黄高速高速公路管理处工会委员会

2.省级模范职工小家

宜城市汽车客运站中心站中心站微机售票班工会小组

宜昌市夷陵区公路管理局鸦鹊岭养护管理站工会小组

武穴市宏森汽车运输集团有限公司车站工会小组

咸丰县公路局白眼公路管理站工会小组

恩施市公共汽车公司车辆维修保养中心工会分会

汉十高速公路管理处孝感北管理所工会小组

3.省级优秀工会工作者

孙晨光　武汉市公路管理处工会主席

夏凤娥（女）　湖北永通运输股份有限公司工会主席

尹寿林　湖北省交通运输工会调研员

全省工会示范职工服务中心和服务职工先进个人
（湖北省总工会，鄂工发〔2015〕36号）

1.全省示范职工服务中心

武黄高速公路管理处鄂东南管理所职工服务中心（站）

2.全省服务职工先进个人

王建民　湖北省公路管理局工会副主席

吴林娜（女）　汉十高速公路管理处机关工会主席

湖北省厂务公开民主管理示范单位
（湖北省厂务公开协调领导小组，鄂厂开组发〔2015〕2号）

汉江崔家营航电枢纽管理处

2015年度全省交通运输行业"十行百佳"标兵
（湖北省交通运输厅精神文明委员会，鄂交精〔2016〕2号）

1.铁路

叶元元（女）　武汉铁路局汉口车站汉川站客运值班员

屈培（女）　武汉铁路局武汉动车组车间G16组列车长

王斌　武汉铁路局武汉动车段动车组运用所技术组组长

郝彪　武汉铁路局武汉电务段鄂州车间技术员

罗江江　武汉铁路局麻城工务段潢川南线路工区工长

于利军　武汉铁路局襄阳机务段南线运用车间襄北调车队队长

汪召坤　武汉铁路局武昌客车车辆段设备轮轴质检班工长

罗明铭　武汉铁路局江岸车辆段武汉北南线运用车间检车员

童熙林　武汉铁路局武汉大功率机车检修段设备车间调度员

孙林　武汉铁路局信阳给水车间管道工区工长

2.民航

杨冰洁（女）　国航湖北分公司客舱部乘务一分部两舱乘务员

雷荡　国航湖北分公司综合保障部梦之翼班组驾驶员

杨士强　南航湖北分公司飞行部波音737机长教员

杨虎　南航湖北分公司运行运行指挥部签派室副主任

秦红（女）　南航湖北分公司市场部数据分析室主任

葛成年　东航武汉有限责任公司飞行部波音737机长

覃辉桃（女）　东航武汉有限责任公司乘务长

钟睿（女）　东航武汉公司地面服务部要客服务分部服务员

周少华　武汉天河机场公共区管理部运行监管室主任

邱成（女）　湖北空港地面服务公司国内客运服务台主管

3.邮政

石贵华　武汉邮区中心局长途邮件运输局驾驶员

周晓玲（女）　蕲春县邮政分公司狮子支局副支局长、投递员

全昌福　沙洋县邮政分公司十里支局投递员

刘宏　松滋市邮政分公司刘家场支局投递员

周小艳（女）　利川市邮政分公司清江大道支局理财经理

黄元望　应城市邮政分公司东马坊支局投递员

王建中　咸安区邮政分公司贺胜支局投递员

刘闰（女）　仙桃市邮政分公司宏达路支局副支局长、理财经理

李志平　中国邮政速递物流股份有限公司武汉市分公司

袁忠良　中国邮政物流有限公司武汉分公司车队队长

4.公路

朱翠兰（女）　武汉市公路管理处关山治超检测站副站长

李勇　枣阳市公路建设有限公司项目经理

刘静　荆州市沙市区公路局养护工

徐前锋　荆门市东宝公路管理局养护中心主任

余江涛　鄂州市公路管理局路桥工程公司项目经理

张健　随州市曾都公路管理局路政执法大队大队长

肖茂翠（女）　建始县公路管理局茅田公路管理站养路工人

刘彩军（女）　仙桃市安捷公路养护有限公司毛嘴管理站站长

张国祖　天门市公路管理局天达养护公司杨场公路管理站站长

董政家　潜江市公路管理局周矶苗圃专业养护队队长

5.运管物流

于冰（女）　武汉市公路运输管理处政务中心科员

刘伟　十堰市道路运输管理局张湾运管所所长

庹敏（女）　湖北亨运集团十堰汽车客运中心站班长

梁正平　襄阳市道路运输管理局直属第三管理所党支部书记

黄伟　荆州市道路运输管理局运政执法二大队大队长

黄发林　荆门市东宝物流发展局局长

翁友明　鄂州市道路运输管理处运输管理科高级工程师

汪丽红（女）孝感市孝客集团客运中心站售票班长

左必武　咸宁市咸安区道路运输管理所运输安全股股长

刘雯文（女）随州市道路运输管理局后勤中心职员

6. 港航海事

李　佳　长江海事局信息中心通信运维中心主任

黄成涛　长江航道规划设计研究院航道一所所长

朱　晶　武汉市港航管理局长江航务管理所所长

黄　亮　襄阳市港航管理局樊城港航管理所副所长

林建国　宜昌市港航管理局运输科科长

董　军　监利县港航管理局局长

周宁波　钟祥市港航海事局副局长

黄桂锋　鄂州市港航管理处、地方海事局杨叶港管理所所长

雷　琼　利川市地方海事处主任

罗武华　仙桃市港航管理局航道段副段长

7. 城市公交

谢舒明　武汉公交集团四公司轮胎管理员

曹应成　黄石市城市公交集团通顺分公司1路线驾驶员

朱　霞（女）十堰市城市公交集团三公司4路驾驶员

熊会萍（女）襄阳市公共交通总公司二分公司驾驶员

余华刚　宜昌公交集团100路公交驾驶员

杨年强　荆州市公共交通总公司20路驾驶员

刘明才　荆门市公共交通集团公司公汽二公司驾驶员

王华林　鄂州市公共汽车公司23路公交车驾驶员

邹夏斐　武汉地铁运营有限公司客运一部值班站长

吴　亚（女）武汉地铁运营有限公司乘务员

8. 出租车

肖建方　华昌出租汽车有限责任公司出租汽车驾驶员

张　勇　襄阳市保安出租汽车有限公司出租汽车驾驶员

戴　彬　宜昌市康龙出租车公司出租车驾驶员

朱应香（女）荆州市九天出租汽车有限公司驾驶员

朱郝平　荆门市中宇客运出租有限公司出租车驾驶员

徐凯桥　鄂州市中联汽车出租有限公司出租车驾驶员

曹　程　孝感市汽销出租车公司驾驶员

陶喜书　湖北黄冈明天汽车销售服务有限公司出租车驾驶员

钏　建　咸宁市城顺出租汽车有限公司"诚信文明号"车队队长

马祖斌　随州市城区出租汽车驾驶员

9. 高速公路

万小鹏　京珠高速公路管理处鄂北管理所收费员

邱怀中　汉十高速公路管理处工程养护科养护科长

谢　玲（女）鄂西高速公路管理处贺家坪管理所监控员

肖　婷（女）随岳高速公路管理处荆岳大桥所稽查员

柳　智　黄黄高速公路管理处路政支队第六大队路政大队长

田小光　武黄高速公路管理处养护管理站养护站长

程　蓉（女）湖北楚天高速股份有限公司沙市所收费员

兰　天　湖北省联合交通投资发展有限公司养护工程师

全　威　葛洲坝控股有限公司大广北兰溪所收费员

廖　豪　湖北广晟集团汉鄂高速华蒲收费所收费员

10. 重点工程

王先强　武汉西四环高速公路建设管理有限公司副总经理

李芳武　武汉中交沌口长江大桥投资有限公司副总经理

王　靓　中铁大桥局集团有限公司碚孝高速项目经理部经理

李长贵　汉江碾盘山至兴隆段航道工程建设指挥部副指挥长

彭文才　湖北中交嘉通高速公路发展有限公司副总经理

叶志华　湖北交投宜张高速公路建设指挥部指挥长

曹勇涛　湖北交投孝仙洪高速公路建设指挥部质量管理部主任

刘　勇　湖北交投麻武穴高速公路建设指挥部副指挥长

李光宇　湖北交投荆潜高速公路建设指挥部指挥长助理

高怀鹏　麻竹高速公路宜城至保康段中交一公局项目经理

2015年度全省交通运输系统先进集体、先进个人

（湖北省交通运输厅，鄂交文办〔2016〕35号）

1. 先进集体

武汉交通工程建设投资集团有限公司

黄石市交通运输局

襄阳市公路管理局

宜昌市交通运输局

荆州市交通运输局

十堰市城市公交集团有限公司

安陆市交通运输局

荆门市港航海事局

黄冈市交通运输局

嘉鱼县交通运输局

随州市公路管理局

恩施州交通运输局

仙桃市公路管理局

潜江市交通运输局

天门市交通重点工程项目建设管理处

神农架林区交通运输局

湖北省公路管理局

湖北省运管物流局办公室

湖北省港航海事局

湖北省高速公路联网收费中心

2. 先进个人

骆寿权　武汉市公路管理处总工程师

程良佳　黄石市道路运输管理局局长

汪淑芳（女） 襄阳市公共交通总公司营运部主任

狄先均 宜昌交通工程质监局局长

董 军 监利县港航海事局局长

沈 军 竹山县交通运输局局长

周 非 孝感汽车客运集团有限公司客运公司安全员

苏克家 荆门市东宝区交通运输局党组副书记、副局长

肖运堂 鄂州市交通运输局运输安全科科长

龚林生 崇阳县道路运输管理局局长

李双庆 广水市交通运输局党组书记

朱一进 恩施州港航海事局局长

胡 策 仙桃市航运总公司党委书记、总经理

宋 华（女） 天门市道路运输管理局从业人员培训中心主任

李 涛 神农架林区交通运输局副局长

朱信峰 省高速公路管理局路政法规处副主任科员

邵红勇 湖北省交通运输厅工程质量监督局办公室主任

石小平 湖北交通职业技术学院物流与交通管理学院副院长

尹少荣 黄黄高速公路管理处武英养护站副主任工程师

钟红梅（女） 鄂西高速公路管理处白羊塘管理所收费员

统 计 资 料

2015 年主要指标表

指 标 名 称	计算单位	2015 年	2014 年	指 标 名 称	计算单位	2015 年	2014 年
一、全省公路里程	公里	252980	236932	长度	延米	2657899	2191714
1. 按技术等级分				其中：特大桥 数量	座	309	225
(1) 等级公路	公里	240936	224183	长度	延米	602114	424983
高速公路	公里	6204	5096	大桥 数量	座	4436	3691
一级公路	公里	5231	3344	长度	延米	1210276	978797
二级公路	公里	21555	18033	2. 公路隧道 数量	处	979	781
三级公路	公里	10812	12089	长度	米	962537	727595
四级公路	公里	197134	185621	3. 公路渡口	处	162	165
(2) 等外公路	公里	12044	12749	其中：机动渡口	处	132	134
等级公路占总里程比重	%	95.24	94.62	三、公路密度及通达情况			
其中：二级及以上公路	%	13.04	11.17	公路密度	公里/百平方公里	136.08	127.45
2. 按路面等级分				乡镇通达率	%	100	100
(1) 有铺装路面里程	公里	204468	184397	乡镇通沥青（水泥）路率	%	100	100
其中：沥青混凝土路面	公里	23641	18011	行政村通达率	%	100	100
水泥混凝土路面	公里	180827	166386	行政村通沥青（水泥）路率	%	100	99.75
(2) 简易铺装路面里程	公里	15486	17864	四、全省内河航道通航里程	公里	8638.0	8553.5
(3) 未铺装路面里程	公里	33026	34671	1. 等级航道	公里	6137.3	6102.8
铺装路面（含简易）里程占总里程比重	%	86.95	85.37	一级	公里	269.4	269.4
3. 按行政等级分				二级	公里	768.5	768.5
国道公路	公里	6916	6691	三级	公里	729.9	688.3
省道公路	公里	13221	12340	四级	公里	418.5	449.9
县道公路	公里	20159	20166	五级	公里	929.1	939.3
乡道公路	公里	63872	63865	六级	公里	1810.9	1780.5
专用公路	公里	785	785	七级	公里	1210.9	1206.9
村道公路	公里	148026	133085	2. 等外航道	公里	2500.7	2450.7
二、全省公路桥梁、隧道、渡口				等级航道占内河航道通航总里程比重	%	71.1	71.3
1. 公路桥梁数量	座	40279	37589	其中：三级及以上航道所占比重	%	20.5	20.2

续上表

指 标 名 称	计算单位	2015年	2014年	指 标 名 称	计算单位	2015年	2014年
五、全省内河港口码头泊位	个	2031	2017	干散货	万吨	24910.97	20207.06
生产用码头泊位个数	个	1950	1936	件杂货	万吨	3282.67	3892.20
非生产用码头泊位个数	个	81	81	集装箱	万标箱	132.21	125.65
六、营运汽车拥有量					万吨	1935.34	1823.72
载货汽车	辆	389352	431735	滚装汽车	万辆	66.51	58.11
	吨位	2567141	2583616		万吨	2083.74	2194.27
载客汽车	辆	39479	40553	十、交通固定资产投资总额	亿元	1107.64	1090.05
	客位	858228	902473	1.公路建设	亿元	988.89	964.07
七、全省水路运输船舶拥有量				其中：重点工程	亿元	434.46	503.50
1.机动船　艘数	艘	4155	4500	2.港航建设	亿元	76.56	75.98
净载重量	吨位	7391699	7283608	3.站场建设	亿元	42.19	50.00
载客量	客位	42647	45671	十一、水上安全			
集装箱位	标箱	20869	23368	水上交通事故	件	1.70	2.50
功率	千瓦	1913117	1865489	死亡人数	人	1.00	2.00
2.驳船　艘数	艘	202	244	沉没或全损船舶	艘	0.00	2.00
净载重量	吨位	318926	349329	事故直接经济损失	万元	4.59	22.00
八、公路、水路运输量				十二、其他			
1.公路客运量	万人	87953	87803	1.地区生产总值（按当年价格计算）	亿元	29550	27367
公路旅客周转量	亿人公里	489.30	483.89	第一产业	亿元	3310	3177
2.公路货运量	万吨	115801	116279	第二产业	亿元	13504	12840
公路货物周转量	亿吨公里	2380.60	2340.55	第三产业	亿元	12737	11350
3.水路客运量	万人	574	548	2.全社会固定资产投资额	亿元	28250.48	24303.00
水路旅客周转量	亿人公里	3.32	2.92	3.社会消费品零售总额	亿元	13978.05	11806.00
4.水路货运量	万吨	33968	29794	4.对外贸易总额	亿美元	455.86	430.00
水路货物周转量	亿吨公里	2530.91	2316.20	其中：进口	亿美元	163.72	164.00
九、全省内河港口货物吞吐量	万吨	32949.51	28969.15	出口	亿美元	292.13	266.00
其中：液体散货	万吨	736.79	851.89				

注：1.自2006年全国农村公路通达情况专项调查后，公路里程和通达率按专项调查统计标准进行统计。

2.2015年全省经济指标来源于《湖北省2015年国民经济和社会发展统计公报》。

3.机动船集装箱箱位：原统计口径是仅算集装箱船箱位，从2014年起统计口径是按2013年专项调查船舶口径，将多用途船能装集装箱船舶箱位均计算。

2015 年公路技术等级情况图

里程单位：公里

技术等级	总计	高速	一级	二级	三级	四级	等外公路
里程	252980	6204	5231	21555	10812	197134	12044

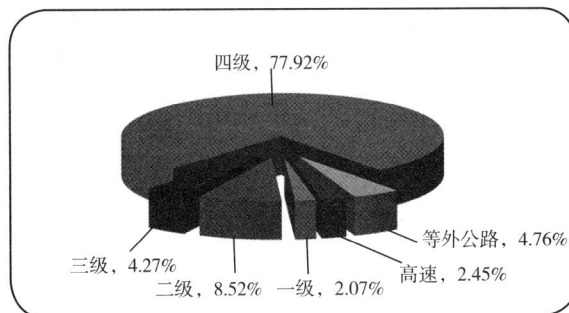

2015 年公路行政等级情况图

里程单位：公里

行政等级	总计	国道	省道	县道	乡道	专用公路	村道
里程	252980	6916	13221	20159	63872	785	148026

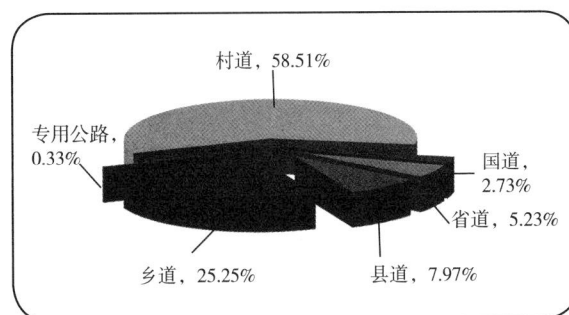

2015 年公路桥梁数量比重图（按跨径分）

公路桥梁	总计	特大桥	大桥	中桥	小桥
座	40279	309	4436	6878	28656

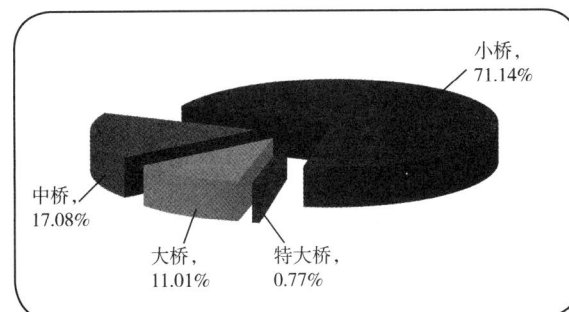

2015 年公路隧道数量情况图

公路隧道	总计	特长隧道	长隧道	中隧道	短隧道
道	979	76	208	239	456

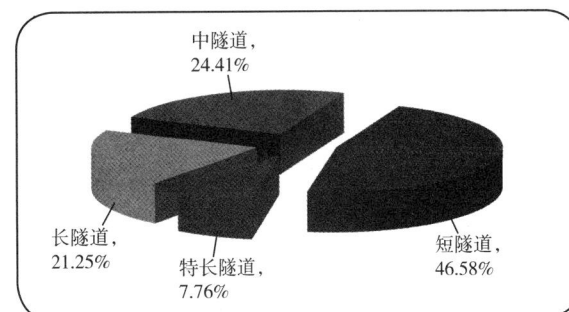

2015 年中部六省公路基本情况排名（一）

名次	总 里 程		高速公路里程		二级及以上里程		二级及以上比例	
	省份	公里	省份	公里	省份	公里	省份	%
	总计	1 224 975	总计	32 497	总计	145 134	总计	—
1	湖北	252 980	河南	6 305	河南	34 633	山西	16.12
2	河南	250 584	湖北	6 204	湖北	32 990	河南	13.82
3	湖南	236 886	湖南	5 653	山西	22 721	湖北	13.04
4	安徽	186 940	江西	5 058	湖南	19 550	江西	10.95
5	江西	156 625	山西	5 028	安徽	18 082	安徽	9.67
6	山西	140 960	安徽	4 249	江西	17 158	湖南	8.25

2015 年中部六省公路基本情况排名（二）

名次	国省干线中二级及以上比例		国省干线水泥、沥青路面铺装率		等级公路里程		等级公路比例	
	省份	%	省份	%	省份	公里	省份	%
	总计	—	总计	—	总计	1 105 587	总计	—
1	湖北	99.25	山西	100.00	湖北	240 936	安徽	97.83
2	河南	94.16	安徽	100.00	湖南	213 512	山西	97.79
3	安徽	93.52	湖北	99.90	河南	200 470	湖北	95.24
4	山西	90.38	河南	99.71	安徽	182 877	湖南	90.13
5	江西	87.75	江西	99.55	山西	137 844	江西	82.97
6	湖南	39.37	湖南	95.56	江西	129 948	河南	80.00

2015 年中部六省公路基本情况排名（三）

名次	水泥、沥青路面里程		水泥、沥青路面铺装率		公路密度			
					以国土面积计算		以人口计算	
	省份	公里	省份	%	省份	公里/百平方公里	省份	公里/万人
	总计	962 935	总计	—	总计	—	总计	—
1	湖北	219 955	山西	87.22	河南	150.05	湖北	43.50
2	河南	188 020	湖北	86.95	安徽	143.80	山西	38.64
3	湖南	176 827	江西	78.80	湖北	136.08	湖南	34.92
4	安徽	131 781	河南	75.03	湖南	111.84	江西	34.48
5	江西	123 413	湖南	74.65	江西	93.84	安徽	26.95
6	山西	122 939	安徽	70.49	山西	90.19	河南	24.75

2015 年中部六省公路基本情况排名（四）

名次	乡镇通达率		乡镇通畅率		建制村通达率		建制村通畅率	
	省份	%	省份	%	省份	%	省份	%
	总计	—	总计	—	总计	—	总计	—
1	湖北	100.00	湖北	100.00	湖北	100.00	湖北	100.00
2	安徽	100.00	安徽	100.00	河南	100.00	江西	100.00
3	江西	100.00	江西	100.00	江西	100.00	安徽	99.99
4	河南	100.00	河南	100.00	安徽	99.99	河南	99.98
5	山西	100.00	湖南	100.00	湖南	99.97	湖南	99.93
6	湖南	100.00	山西	100.00	山西	99.93	山西	99.47

2015 年全国公路基本情况排名（一）

里程单位：公里

名次	总里程		高速公路里程		二级及以上里程		二级及以上比例	
	省份	里程	省份	里程	省份	里程	省份	%
	总计	4 577 296	总计	12 523	总计	574 897	总计	12.56
1	四川	315 582	广东	7 021	山东	40 634	上海	36.05
2	山东	263 447	河北	6 333	江苏	40 170	天津	33.92
3	湖北	252 980	河南	6 305	广东	37 170	北京	26.21
4	河南	250 584	湖北	6 204	河南	34 633	江苏	25.30
5	湖南	236 886	四川	6 020	湖北	32 990	辽宁	21.52
6	云南	236 007	湖南	5 653	河北	31 398	宁夏	19.78
7	广东	216 023	山东	5 348	辽宁	25 908	广东	17.21
8	安徽	186 940	贵州	5 128	内蒙古	25 633	河北	17.01
9	贵州	186 407	陕西	5 094	四川	23 316	浙江	16.93
10	河北	184 553	江西	5 058	山西	22 721	山西	16.12
11	新疆	178 263	山西	5 028	新疆	20 101	山东	15.42
12	内蒙古	175 374	内蒙古	5 016	浙江	19 976	内蒙古	14.62
13	陕西	170 069	福建	4 813	湖南	19 550	福建	14.45
14	黑龙江	163 233	江苏	4 539	安徽	18 082	吉林	14.34
15	江苏	158 805	黑龙江	4 346	黑龙江	17 584	广西	14.00
16	江西	156 625	新疆	4 316	江西	17 158	河南	13.82
17	山西	140 960	广西	4 288	广西	16 514	青海	13.37
18	重庆	140 551	安徽	4 249	云南	16 017	湖北	13.04
19	甘肃	140 052	辽宁	4 195	福建	15 108	新疆	11.28
20	辽宁	120 365	云南	4 006	陕西	14 876	江西	10.95
21	浙江	118 015	浙江	3 917	吉林	13 956	黑龙江	10.77
22	广西	117 993	甘肃	3 522	甘肃	11 818	海南	10.68
23	福建	104 585	青海	2 662	贵州	11 776	安徽	9.67
24	吉林	97 326	吉林	2 630	重庆	11 080	陕西	8.75
25	西藏	78 348	重庆	2 525	青海	10 108	甘肃	8.44
26	青海	75 593	宁夏	1 527	宁夏	6 576	湖南	8.25
27	宁夏	33 240	天津	1 130	北京	5 736	重庆	7.88
28	海南	26 860	北京	982	天津	5 614	四川	7.39
29	北京	21 885	上海	825	上海	4 757	云南	6.79
30	天津	16 550	海南	803	海南	2 867	贵州	6.32
31	上海	13 195	西藏	38	西藏	1 070	西藏	1.37

2015 年全国公路基本情况排名（二）

里程单位：公里

名次	国 道		省 道		国省干线中二级及以上比例		等级公路里程		等级公路比例	
	省份	里程	省份	里程	省份	%	省份	里程	省份	%
	总计	185 319	总计	329 662	总计	76.65	总计	4 046 290	总计	88.40
1	新疆	10 889	湖南	38 523	湖北	99.25	四川	266 064	北京	100.00
2	内蒙古	10 039	云南	19 857	江苏	99.17	山东	262 445	天津	100.00
3	云南	9 241	河南	17 432	辽宁	98.40	湖北	240 936	上海	100.00
4	四川	8 747	山东	17 369	上海	98.22	湖南	213 512	山东	99.62
5	河北	8 427	广东	16 431	山东	96.99	广东	201 456	宁夏	99.41
6	山东	8 058	新疆	15 730	天津	96.78	河南	200 470	浙江	97.93
7	陕西	7 859	河北	15 662	河南	94.16	云南	197 071	海南	97.92
8	广东	7 841	内蒙古	14 364	安徽	93.52	安徽	182 877	安徽	97.83
9	甘肃	7 827	四川	13 841	北京	92.62	河北	178 597	山西	97.79
10	广西	7 474	湖北	13 221	浙江	91.02	内蒙古	163 767	河北	96.77
11	湖南	7 267	山西	11 724	山西	90.38	陕西	153 845	江苏	95.37
12	黑龙江	7 195	贵州	10 044	河北	90.37	江苏	151 459	湖北	95.24
13	辽宁	6 949	青海	9 910	福建	89.73	山西	137 844	内蒙古	93.38
14	湖北	6 916	江西	9 687	广东	88.08	新疆	137 012	广东	93.26
15	河南	6 867	辽宁	9 619	江西	87.75	黑龙江	136 325	吉林	92.56
16	江西	6 461	江苏	9 350	广西	85.81	江西	129 948	陕西	90.46
17	青海	5 666	黑龙江	9 208	黑龙江	81.66	贵州	120 613	湖南	90.13
18	西藏	5 618	吉林	9 039	吉林	79.89	甘肃	120 447	广西	89.00
19	福建	5 616	重庆	8 754	宁夏	76.86	浙江	115 568	辽宁	88.49
20	江苏	5 600	安徽	8 402	重庆	76.28	重庆	112 889	甘肃	86.00
21	安徽	5 427	广西	7 824	海南	76.27	辽宁	106 514	青海	85.51
22	山西	5 272	福建	7 355	陕西	75.84	广西	105 019	四川	84.31
23	贵州	4 905	甘肃	6 551	内蒙古	75.58	吉林	90 087	福建	83.66
24	吉林	4 880	陕西	6 517	四川	73.97	福建	87 494	黑龙江	83.52
25	浙江	4 356	浙江	6 382	贵州	71.53	青海	64 640	云南	83.50
26	重庆	3 145	西藏	6 332	甘肃	70.94	西藏	58 416	江西	82.97
27	宁夏	2 205	天津	2 824	青海	63.55	宁夏	33 045	重庆	80.32
28	海南	1 723	宁夏	2 589	新疆	62.49	海南	26 302	河南	80.00
29	北京	1 360	北京	2 245	云南	50.96	北京	21 885	新疆	76.86
30	天津	845	海南	1 809	湖南	39.37	天津	16 550	西藏	74.56
31	上海	644	上海	1 067	西藏	8.96	上海	13 195	贵州	64.70

2015 年全国公路基本情况排名（三）

里程单位：公里

名次	水泥、沥青路面		水泥、沥青路面铺装率		桥梁数量		公路密度			
							以国土面积计算		以人口计算	
	省份	里程	省份	%	省份	座	省份	公里/百平方公里	省份	公里/万人
	总计	3 301 978	总计	72.14	总计	779 159	总计	46.50	总计	33.46
1	山东	246 711	天津	100.00	江苏	69 925	上海	208.09	西藏	247.16
2	湖北	219 955	上海	100.00	浙江	48 701	重庆	170.57	青海	130.30
3	四川	205 078	浙江	98.37	山东	48 630	山东	168.12	新疆	77.57
4	河南	188 020	北京	97.81	广东	45 589	江苏	154.78	内蒙古	70.94
5	湖南	176 827	海南	97.21	辽宁	44 813	河南	150.05	甘肃	53.71
6	河北	164 446	山东	93.65	河南	43 584	安徽	143.80	贵州	53.14
7	广东	157 394	江苏	90.85	河北	40 951	天津	139.07	宁夏	50.82
8	江苏	144 278	河北	89.10	湖北	40 279	湖北	136.08	云南	50.07
9	安徽	131 781	山西	87.22	四川	38 635	北京	133.36	重庆	48.15
10	陕西	127 446	湖北	86.95	湖南	37 716	广东	121.43	黑龙江	45.05
11	江西	123 413	福建	82.85	安徽	36 808	浙江	115.93	湖北	43.50
12	山西	122 939	宁夏	81.87	江西	26 794	湖南	111.84	黑龙江	42.58
13	浙江	116 097	江西	78.80	福建	26 145	贵州	105.85	重庆	38.64
14	黑龙江	114 997	吉林	77.39	云南	25 384	河北	98.32	湖南	35.36
15	新疆	113 455	河南	75.03	陕西	24 747	江西	93.84	吉林	34.92
16	云南	104 350	陕西	74.94	黑龙江	20 695	山西	90.19	江西	34.50
17	内蒙古	104 295	湖南	74.65	贵州	19 808	福建	86.15	四川	34.48
18	贵州	95 434	广东	72.86	广西	17 320	陕西	82.72	海南	30.98
19	甘肃	89 063	广西	72.75	内蒙古	16 362	辽宁	82.50	辽宁	28.36
20	福建	86 647	安徽	70.49	山西	14 200	海南	79.23	山东	27.49
21	广西	85 842	黑龙江	70.45	新疆	13 762	四川	64.72	福建	27.48
22	辽宁	79 155	辽宁	65.76	吉林	13 347	云南	59.90	安徽	26.95
23	吉林	75 320	四川	64.98	上海	11 153	吉林	51.93	河南	24.99
24	重庆	72 943	新疆	63.64	重庆	10 445	宁夏	50.06	河北	24.75
25	青海	37 877	甘肃	63.59	甘肃	10 119	广西	49.85	浙江	24.29
26	宁夏	27 214	内蒙古	59.47	西藏	8 188	黑龙江	35.95	广西	21.55
27	海南	26 112	重庆	51.90	北京	6 381	甘肃	30.82	广东	20.14
28	北京	21 406	贵州	51.20	海南	5 950	内蒙古	14.82	江苏	19.79
29	天津	16 550	青海	50.11	青海	5 360	新疆	10.74	天津	10.91
30	西藏	13 736	云南	44.21	宁夏	4 498	青海	10.48	北京	10.84
31	上海	13 195	西藏	17.53	天津	2 870	西藏	6.38	上海	5.44

2015 年全国公路基本情况排名（四）

名次	乡镇通达率		乡镇通畅率		建制村通达率		建制村通畅率	
	省份	%	省份	%	省份	%	省份	%
	总计	99.99	总计	98.62	总计	99.87	总计	94.45
1	北京	100.00	北京	100.00	北京	100.00	北京	100.00
2	天津	100.00	天津	100.00	天津	100.00	天津	100.00
3	河北	100.00	河北	100.00	河北	100.00	河北	100.00
4	山西	100.00	山西	100.00	辽宁	100.00	辽宁	100.00
5	内蒙古	100.00	内蒙古	100.00	吉林	100.00	上海	100.00
6	辽宁	100.00	辽宁	100.00	上海	100.00	江苏	100.00
7	吉林	100.00	吉林	100.00	江苏	100.00	福建	100.00
8	黑龙江	100.00	上海	100.00	福建	100.00	江西	100.00
9	上海	100.00	江苏	100.00	江西	100.00	湖北	100.00
10	江苏	100.00	浙江	100.00	山东	100.00	广东	100.00
11	浙江	100.00	安徽	100.00	河南	100.00	安徽	99.99
12	安徽	100.00	福建	100.00	湖北	100.00	河南	99.98
13	福建	100.00	江西	100.00	广东	100.00	山东	99.98
14	江西	100.00	山东	100.00	重庆	100.00	湖南	99.93
15	山东	100.00	河南	100.00	贵州	100.00	吉林	99.93
16	河南	100.00	湖北	100.00	陕西	100.00	海南	99.91
17	湖北	100.00	湖南	100.00	甘肃	100.00	浙江	99.71
18	湖南	100.00	广东	100.00	青海	100.00	山西	99.47
19	广东	100.00	广西	100.00	宁夏	100.00	黑龙江	98.81
20	广西	100.00	海南	100.00	安徽	99.99	宁夏	92.68
21	海南	100.00	重庆	101.00	内蒙古	99.98	新疆	91.05
22	重庆	100.00	贵州	102.00	海南	99.97	陕西	90.27
23	四川	100.00	陕西	103.00	湖南	99.97	广西	88.68
24	贵州	100.00	甘肃	104.00	广西	99.97	四川	85.84
25	云南	100.00	宁夏	105.00	山西	99.93	青海	85.71
26	陕西	100.00	云南	99.93	浙江	99.72	甘肃	78.02
27	甘肃	100.00	黑龙江	99.91	云南	99.64	内蒙古	76.71
28	青海	100.00	新疆	98.81	黑龙江	99.56	云南	75.80
29	宁夏	100.00	青海	98.57	四川	99.34	重庆	75.23
30	新疆	99.85	四川	95.99	新疆	98.64	贵州	74.86
31	西藏	99.71	西藏	54.47	西藏	98.12	西藏	23.49

注：1. 公路密度以国土面积计算单位为公里／百平方公里，以人口计算单位为公里／万人。

2. 建制村通水泥、沥青路面比重指标按报交通运输部数值进行排名。